本書受到以下項目的直接或間接資助

· 教育部人文社會科學研究基金青年項目（16YJCZH101）
· 中國博士後科學基金第 63 批面上一等資助項目（2018M630546）
· 湖南省社會科學基金一般項目（17YBA187）

王晚霞 编著

濂溪志 新编

中国社会科学出版社

圖書在版編目（CIP）數據

濂溪志新編 / 王晚霞編著 . —北京：中國社會科學出版社，2019.3
ISBN 978 – 7 – 5203 – 4211 – 7

I. ①濂⋯ II. ①王⋯ III. ①周敦頤(1017 – 1073)—哲學思想—研究
IV. ①B244. 25

中國版本圖書館 CIP 數據核字(2019)第 052610 號

出 版 人　趙劍英
責任編輯　宋燕鵬
責任校對　韓天煒
責任印製　李寡寡

出　　　版　中國社會科學出版社
社　　　址　北京鼓樓西大街甲 158 號
郵　　　編　100720
網　　　址　http://www.csspw.cn
發　行　部　010 – 84083685
門　市　部　010 – 84029450
經　　　銷　新華書店及其他書店

印　　　刷　北京明恒達印務有限公司
裝　　　訂　廊坊市廣陽區廣增裝訂廠
版　　　次　2019 年 3 月第 1 版
印　　　次　2019 年 3 月第 1 次印刷

開　　　本　710 × 1000　1/16
印　　　張　41
插　　　頁　2
字　　　數　623 千字
定　　　價　168.00 元

序一　新時代道學志書佳作

楊柱才

　　周張二程及邵雍合稱北宋五子，共同建立了道學。綿延至南宋，經過道南學派和湖湘學派的大力推闡，道學影響日見擴大。經由集大成者朱熹的整合與開新，道學逐漸成為佔據主導地位的思想學說，影響中國傳統社會極為深遠，至今仍有其積極的意義和價值。道學的開創者為周敦頤，學者稱濂溪先生，諡元，後世又稱周元公。周敦頤的著作較少，當時真正瞭解的人不太多，由於他是二程的老師，他的著作也主要通過程門後學得以流傳。到了南宋，朱熹和張栻等分別注解周敦頤的著作，並以書堂記、祠堂記、州縣學記等方式大力表彰周敦頤及其學說。於是，周敦頤及其著作受到越來越多學者的關注，周敦頤在道學中的地位也就得到公認。

　　當然，周敦頤受到包括朱熹和張栻在內的後世學者的高度重視和廣為關注，主要還是由於周敦頤自身有其重要性，一方面人品高潔，如光風霽月；一方面其著作極具哲學原創性，蘊含精深的哲學思想。光風霽月一說，到了南宋，被譽為"善形容有道者氣象"，成為道學家觀聖賢氣象的一個模本。而周敦頤的《太極圖說》和《通書》對於朱熹以理氣論為主題的宇宙本體論的哲學建構提供了恰切的文本依據。歷史地看，周敦頤的地位和影響也是隨著二程理學的發展與傳播，得以逐漸確立和擴大。

　　二程兄弟雖然對於周敦頤的記述並不太多，但說得還是較清晰明確。比如程明道就多次講到受學于周茂叔，因而慨然有求道之志，吟風弄月以歸，有"吾與點也"之意，等等。程伊川年輕時所作《顏子所好何學論》就有周敦頤的影響在。雖然二程是在十三四歲的少年時期從學周敦頤，然周敦頤所教看來並不是一般的知識和義理，而是教他們思考"孔顏樂處"的問題，體會"孔顏之樂"的精神意境。這實在是別具一格的教育法，也印證了二程父親一見即知周敦頤為"知道者"的識見。可見周程授受，是關乎"道"的體察與傳承。二程後來力排俗見，提倡道學，與從學周敦頤是有相當關聯的。正是由於這個緣故，程門後學也就自覺把周程聯繫起來，也表現出對周敦頤的推崇。突出的一例，羅從彥《觀書有感》說"周誠程敬應粗會，奧理休從此外尋"，揭示出周程有一種學理的內在關聯。這已接近北宋末年了。南宋初，對於周敦頤的尊崇也就凸顯出來。李侗、胡宏等道學家都討論到周敦頤的著作，也特別關注周敦頤的地位與影響。于此同時，紀念周敦頤的祠堂也開始出現，紹興四年（1134），楊萬里作《邵州希濂堂記》。紹興二十八年（1158），曾幾作《永州倅廳拙堂記》，以周敦頤《拙賦》之意為記。紹興二十九年，道州知事向子忞奉祀周敦頤於州學。同年，胡銓作《道州先生祠記》。這些記文，都表現出對周敦頤的特別推崇。而此時的道學還遠未成為學術的主流和正統，而是出於學人及士大夫對周敦頤的學理認同和尊敬。進入淳熙時期，奉祀周敦頤的書院、祠堂、州縣學等紛紛修建，可謂遍佈南宋各地。也正是這個時期，朱熹完成並刊行了《太極通書解》；張栻更早于朱熹刊行其《太極圖說解》，儘管張栻注解受到朱熹的影響，而朱熹並不主張張栻過早印行。這是一個值得繼續討論的話題，這裡姑且從略。朱張還有一個共同的舉措，就是幾乎不失任何時機，為各地寫了大量的奉祀周敦頤的文字。在這些記文裡，他們有一個基本的理念，周敦頤默契道體，建圖作書，上繼孔孟，下啟河洛，是"道學宗主"。朱張的系列作為，不僅確定不移地樹立了周敦頤在道學中的地位，而且開啟了後世刻印和注解周敦頤著作，奉祀周敦頤的主要模式。

　　僅從《宋元學案》來看，著錄周敦頤著作的注本不下二十種，儘管多數已不可見，但仍可知周敦頤著作影響之大。南宋以後至清代，各地以周濂溪名號建立，兼具奉祀和講學功能的周濂溪祠堂、書院、州縣學等，時序之綿密，地域之廣布，在道學中十分可觀。因此，歷代刊刻周敦頤著作，修建祠堂亭閣，編纂濂溪志，可謂蔚然成風。比較而言，清吳大鎔《道國元公濂溪周夫子志》在各種濂溪志中，編例優異，搜羅廣泛，是全面瞭解周敦頤的有益輔助。

修志書是中國傳統文化的一個重要方面，不僅可以讓讀者集中閱讀和瞭解歷史人物及其思想學說，也可以通過觀摩人物圖像及其家世譜系以察見其氣貌，瞭解其淵源，興起讀者向學崇道之意願，希聖慕賢之心志，而達到周敦頤所宣導的"善人多則天下治"的願景。志書作為史書的一種，兼有譜牒的某些功能，隨著時間推移和世事變遷，續修和新修是必要的舉措。周敦頤是道學宗主，理學開山，存世志書有若干種，各本之間詳略不一，優劣不等，然又互有參考價值。在當今大力提倡和弘揚優秀傳統文化的新時代，濂溪志的重修也是一項很有學術文化價值的工作。

王晚霞博士多年致力於周敦頤研究，取得了顯著的成績，五年前曾出版《濂溪志八種彙編》，並做了扼要的校注，為學界提供了便利。在此基礎上，王晚霞博士不避煩難，詳加研討，細緻校訂，重修濂溪志，完成《濂溪志新編》。王博士將宋元明清刊刻的周濂溪文集、全書、志書等共二十六種文獻，反復比對，擇善而從，每一文每一目，綜合考慮文章內容、底本清晰、年代較早等因素，達到信實的效果。該書凡十一卷，體例上參照吳大鎔《道國志》，然內容卻體現了王博士的精心謀劃和審慎擇取，體例雖舊，命意取新。該書不僅為學者研究提供了方便，也為廣大讀者瞭解周敦頤，瞭解道學，興起崇文重教、向學好善的意趣，提供了可靠的文獻依據。讀者從中可以瞭解多方面的知識，可以立體地瞭解一位道學宗師。該書是一部新時代的志書佳作，必將為道學以至優秀傳統文化的傳承與發展發揮積極的作用。

是為序。

（作者系南昌大學江右哲學研究中心研究員、主任，南昌大學哲學系教授）

2019 年 1 月 16 日

序　二

〔韓〕　鄭相峯

從宋代開始，周濂溪的著作則使得整理以陸續付梓之，已有數十種，其中乾隆二十一年董榕整理的《周子全書》、道光二十七年鄧顯鶴整理的《周子全書》，學界一般認為是其中翹楚，然此二刊本，仍是有再完善之可能。不僅如此，對其文獻的闡釋實際上亦有相當豐富。

此次王晚霞博士所編的《濂溪志新編》十一卷，則蒐集自宋至清的有關濂溪的文獻資料，遍求 26 種刊本，將之"方以類聚，物以群分"，終於作出如下 11 個項目：《遺像道範志》《元公芳跡志》《周子世家志》《年表行實志》《遺書文獻志》《諸儒論斷志》《歷代褒崇志》《優卹後裔志》《春秋享祀志》《宗支蕃衍志》《古今藝文志》。在編撰內容上較為全面，體例上較為恰當，爲此編撰工作，想必需付出不少辛勞。我想趁着作此《序》之機會予以慰問。

周濂溪之"開山破暗""道學宗主"的學術地位，是必有其歷史根據也。其實濂溪學雖受道佛兩家之衝擊與影響，而奠定了其宇宙論與本體論的理論基礎，但其學術思想則的確是繼承孔孟儒學的精微，以倫理綱常爲其樞要內容。從而所謂"天人合一"的儒家倫理學，具備起其誠通誠復且一本萬殊、萬殊一本的道德形上學的義理間架。元公闡發"學爲聖人"之旨，並自道"志伊尹之所志，學顏子之所學"，而開導了儒學的新天地以啓出所謂宋明理學。其承先啓後的學術成果，豈不極甚有功於聖門哉！周子曾有窗前草不除之說，云"與自家意思一般"，並且深愛"出淤泥而不染""中通外直""香遠益清"的蓮花，顯露出其生機益然的人生美學與獨造高貴的審美意識。濂溪先生一生充滿了和諧之樂就像如此氣象，後生何日窺見其"胸中灑落，如光風齊月"的門庭？元公周子的學術與人生之史料，可說是匯集於此《濂溪志新編》。若使鑽研濂溪學的各方面專家學者翻開此書，而用以深入窮究之，則一定會有不少的收獲。從而濂溪學之更爲發揚光大，則或許王晚霞博士亦有功矣。

　　於是本人爲王晚霞博士所編的《濂溪志新編》樂意作此一文爲其《序》。

　　（作者系韓國建國大學哲學系教授，韓國中國現代哲學研究會會長，前韓國哲學史研究會會長，前韓國中國學會會長）

2018 年 10 月 12 日於首爾

凡　例

一、時間。從宋到清末。民國至今的周敦頤文獻未錄。

二、體例。略倣吳大澂《道國元公周夫子志》而變通之。首為《遺像道範》，次《芳跡遺範》，皆周子圖像及遺跡相關的圖志一類；由先生遺範而思先生之原始、行事，列《周子世家》卷三，《年表行實》卷四；先生圖書上繼孔孟，下啓程朱，列《遺書文獻》卷五；先生畫圖著書，聞者興起，列《諸儒論斷》卷六；先生圖書士子信從，儒林依歸，朝廷追尊表彰，列《歷代褒崇》卷七；因褒崇之典，饗俎豆之榮，列《春秋享祀》卷八；賞延於世，德厚流光，列《憂姻後裔》卷九；祖積恩德，開枝散葉，列《宗支蕃衍》卷十；希聖希賢，感慕流連，列《古今藝文》卷十一。

各卷內文章從宋到清依次排列。但在同一朝代內，因顧及其他維度，並未嚴格按作者出生的時間先後安排。根據本書各卷內容，對選文各篇所在位置進行重新編排，很可能與選文在原刊本中的位置不同。

三、選文。在綜合各本的基礎上，每篇文章只選一篇，於文末註明出處。若一篇文章在多個版本中出現，則綜合考慮文章內容完整、底本清晰、年代較早等因素，寧詳勿畧，寧信勿疑，寧反覆校正以示信徵，勿輕易脫畧以滋掛漏。如明黃廷聘撰《刻宋濂溪周元公先生集序》一文，周與爵本為 775 字左右，吳大澂本被刪減為 379 字左右，故選周與爵本。凡是某篇文章僅在某個版本中獨出者，皆得入選。如周誥本中收集了更為豐富和翔實的宸綸、冊命、公移之類，周與爵本的《周元公世系遺芳集》。

四、編輯。對個別篇目，如《年譜》、《太極圖說》朱熹注、《通書》

朱熹注，做了多個版本的集解式整合，對各單條材料在文末註明出處。對一些文章的標題做了調整，或增加，或補缺。明確每篇文章的作者，對作者脫者，或從該刊本的底本目錄中補，或與其他刊本互校補，對同一篇文章在不同刊本中的作者署名不同的情況，在腳註中做出說明。并對每一位作者加上了所在的朝代。同一篇文章在選擇內容更加可信的較早版本後，若未選的晚出版本卻又有附加之讚語或評論等，則將該讚語或評論直接附著在該文章後，並註明該段出處。如張栻的《通書後跋》選了周木本，但吳大鎔本文末附有讚語，則將此讚語直接附在周木本全文末尾，並註明本段讚語選自吳大鎔本。盡可能保留原底本面貌，一般不對底本文字做改動，對一些影響文意理解的地方，及不同刊本間互相矛盾處，則在腳註中做校記。一些底本的部分文章在標題處註明了寫作時間，如果該文正文中明確可見本篇文章作於某年，則刪掉標題中的時間；如該文中不可見，則在腳注中註明。

五、校勘。選錄不同刊本的單篇文章，難免失卻該選本的全貌，亦牽扯到新本的文字統一問題，為此，本書每篇選文與其來源刊本在文字上盡可能保持一致，包括一些異體字、簡體字的寫法，故同一字在不同選文，甚至是同一篇文章中可能會有多種寫法並存，實因底本如此而已。個別底本中實在模糊難辨之文，皆以"□"代之。一些刻本中有大字小字同時行文，依今日習慣，凡小字不影響原文閱讀者，均如大字一樣錄於文中；凡小字屬說明性，必須加以區分者，均加之括號，以示區別。

六、刊本。為行文簡潔，對選文的源底本均簡稱之，具體是：

1. 宋刊《元公周先生濂溪集》，簡稱宋刻本。

2. 周木編《濂溪周元公全集》，簡稱周木本。

3. 胥從化編《濂溪志》，簡稱胥從化本。

4. 李楨編《濂溪志》，簡稱李楨本。

5. 李嵊慈編《宋濂溪周元公先生集》簡稱李嵊慈本。

6. 徐必達編《周張全書》，簡稱徐必達本。

7. 吳大鎔編《道光元公濂溪周夫子志》，簡稱吳大鎔本。

8. 周誥編《濂溪志》，簡稱周誥本。

9. 周誥編《濂溪遺芳集》，因此本於周誥編《濂溪志》內容并無重複，故亦簡稱周誥本。

10. 彭玉麟編《希賢錄》，簡稱彭玉麟本。

11. 周與爵編《宋濂溪周元公先生集》，簡稱周與爵本。

12. 周與爵編《周元公世系遺芳集》，該本內容與周與爵編《宋濂溪周元公先生集》內容并無重複，故亦簡稱周與爵本。

13. 周沈珂、周之翰編《周元公世系遺芳集》，簡稱周沈珂本。

14. 呂柟編《宋四子抄釋·周子抄釋》，簡稱呂柟本。

15. 林學閔編《濂溪志》，簡稱林學閔本。

16. 董榕編《周子全書》，簡稱董榕本。

17. 鄧顯鶴編《周子全書》，簡稱鄧顯鶴本。

18. 張伯行編《周濂溪集》，又名《太極圖詳解》，簡稱張伯行本。

19. 張伯行編《濂洛關閩書》，簡稱張伯行濂洛本。

20. 賀瑞麟編《周子全書》，簡稱賀瑞麟本。

21. 黃敏才編《濂溪集》，簡稱黃敏才本。

22. 王倲、崔惟植編《宋濂溪周元公先生集》，簡稱崔惟植本。

23. 劉汝章編《宋濂溪周元公先生集》，簡稱劉汝章本。

24. 顧造編《周子全書》，簡稱顧造本。

25. 黃克儉編《宋元公周濂溪先生集》，簡稱黃克儉本。

26. 周有士編《周氏遺芳集》，簡稱周有士本。

前　　言

　　幾年前，筆者在整理校注《濂溪志八種彙編》（湖南大學出版社 2013 年版）時，為完整保存文獻並便學者閱覽，將八種《濂溪志》各自完整內容原貌呈現。好處是讀者可見各刊本之特點與異同，而諸多內容往往在多個版本中重出，整部書顯得冗餘沉悶，使用起來也頗不便，對某個單篇文章，讀者需在其中辨別比較後才能確定選用其中一個較佳版本，這就影響了使用效率，浪費了許多社會必要勞動時間。加之，該書所收刊本並不全面，即便是將其完美綜合使用，依然有頗多史料遺漏。

　　在近年的濂溪學研究中，筆者時常感到需要一部盡可能全面收錄古代濂溪學史料，又準確可信、使用便捷的資料書。這樣就不用在研究時挨個翻閱幾十本書，以致有時顧此失彼。而目前學界尚沒有這樣的書稿。於是在項目的助力下，就產生了做這樣一部書的想法。恰好陸續在美國康奈爾大學遊學時，藉助康大強大的館際互借系統，可借到多所美國著名大學圖書館、日本多個大學圖書館和中國台灣圖書館的豐富藏書，基本解決了資料來源問題。故本書所選底本，部分來源于外國藏本。

　　本書在 26 種濂溪學史料（若算上同一刊本、內容卻各有差異的藏本，共計有 30 個刊本）的基礎上整合編校而成。採取地方志的體例，涵蓋圖志、史志、藝文志等。選文基本遵循以下原則，一是僅在某一刊本中特出的篇目，必定入選。如周與爵本《周元公世系遺芳集》，整本書入選。二是同一篇文章在多種刊本中重出時，僅選錄其中一篇。選錄時大致顧及文章內容完整、年代較早、底本清晰等因素。三是去除一些價值不大的資料。如李楨本中的《古今紀述題詠姓氏》，各刊本中的底本目錄等。所選底本的基本情況及信息大致如下：

1. 宋刻《元公周先生濂溪集》，中華古籍再造善本據中國國家圖書館藏宋刻本影印，北京圖書館出版社 2003 年版。此本比較常見，是現存最早的周敦頤文獻刊本。

2. 周木編《濂溪周元公全集》十三卷，附《歷代褒崇禮制》一卷，事實一卷，年表一卷。據宋本而成，明弘治間（1488—1505）刊。周木字近仁，號勉思，周子後裔。該本筆者從日本國立公文圖書館獲得副本，刊印清晰，字體優美，堪稱善本，其中有諸多特出篇章。

3. 黃敏才編《濂溪集》六卷，明嘉靖十四年（1535）遞修本。底本不太清晰，一些地方模糊難辨。本書採用國家圖書館藏本。

4. 王俸、崔惟植編《宋濂溪周元公先生集》十卷，明萬曆三年（1575）刻本。卷端題有"永州知府王俸、丁懋儒，同知邵城，通判紀光訓、郎尚綱，署道州事推官崔惟植、郡人僉事進階蔣春生，監察御史黃廷聘，太常寺少卿呂藿，府儒學教授康求德，道州儒學學正胡梅編次，世襲博士嫡孫周道，府儒學廩膳生員王之臣校正"。本書採用湖南省圖書館藏本。

5. 胥從化編《濂溪志》十卷，明萬曆二十一年孟秋（1593）刊。此本由謝覬編校，劉報國同校，目前僅存七卷，據底本目錄，已軼的第四卷為元公事狀，第五卷為諸儒議論，第六卷為歷代褒崇。現存部分約十萬字。據《永州府志》載，胥從化為巴縣人，己丑進士。以地方志的形式來編輯周敦頤文獻，之前魯承恩也編輯過一部，無存。此本是現存《濂溪志》刊本中最早的。本書採用《中國歷史名人別傳錄——周濂溪先生實錄》（學苑出版社 2007 年出版）中的影印本作為底本。

6. 李楨編《濂溪志》九卷，明萬曆二十一年冬十月（1593）刊。此本收入四庫，比較常見，約 8 萬字，內容因循胥從化本而來，但因保存全面，彌補了胥從化本缺失了的部分。本書所採用此本的四庫本多處模糊難辨，除獨出篇章外，其餘則優選他本。

7. 劉汝章編《宋濂溪周元公先生集》十卷，明萬曆二十七年（1599）刻本。序文中闡述了刊刻事宜，文尾題作"萬曆巳亥仲春之吉，谷陽劉覲文燊熙父。"本書採用國家圖書館藏本。

8. 林學閔編《濂溪志》四卷，明万历三十七年己酉（1609）刊。林學閣前承胥從化本和李楨本，后启李嵊慈本、吳大鎔本，而從實際内容上看，只是李楨本的"挖改本"①。該本僅選錄了卷首的序，本書底本採用日本國立公文圖書館藏本。

9. 顧造編《周子全書》七卷，明萬曆四十年（1612）刻本。前有多篇序文不見於他本，内容與周敦頤集相類。本書採用國家圖書館藏本。

10. 周與爵編《宋濂溪周元公先生集》十卷，萬曆甲寅（1614）刊。該本内容完整，刊印明晰，有諸多獨出内容。本書以哈佛大學燕京圖書館藏本作為底本。

11. 周與爵編《周元公世系遺芳集》五卷，萬曆甲寅（1614）刊。此本作為周與爵《宋濂溪周元公先生集》的附錄而附於其後，内容與周誥本《遺芳集》完全不同，以周子7世孫一直到17世孫的相關資料為主線展開，無周敦頤本人著述，在体例和内容上都另辟蹊径，自成体系，與周與爵《宋濂溪周元公先生集》内容並無重出。本書以哈佛大學燕京圖書館藏本作為底本。

12. 黃克儉編《宋元公周濂溪先生集》十卷，明天啟三年（1623）刻本。該本據王俸、崔惟植本和劉汝章本而來，本書採用國家圖書館藏本。

13. 李嵊慈編《宋濂溪周元公先生集》十三卷，明天啓四年（1624）刊。此本由李嵊慈元穎父纂修，李嵊萱元旭父、洪良質義卿父、王學淵鶴嵩父參閱，車較岷籠父、胡秋芳孟桂父、柯日新銘吾父、李正宗因可父訂正，劉曰梵汝靜父、曹廷芳仲郁父、黃時中權甫父、傅良弼肖說父、李自逵用之父編輯。約十萬字，名雖為"集"，但版心署作"濂溪志"，且編修體例近於志體，内容較胥從化本有所增補。本書採用《中國歷史名人別傳錄——周濂溪先生實錄》（學苑出版社2007年版）中的影印本作為底本。

14. 吳大鎔編《道國元公濂溪周夫子志》十六卷，清康熙二十四年（1685）刊。該刊本筆者共參考了三個刊本，一是學苑出版社2007年出版的《中國歷史名人別傳錄——周濂溪先生實錄》影印本，該本多處模

---

① 　王晚霞：《日藏兩種〈濂溪志〉價值考論》，《南昌大學學報》2017年第4期。

糊難辨。二是美國華盛頓大學收藏的《道國元公濂溪周夫子志》，該本清晰美觀，彌補了實錄中刊本的不足，但華盛頓大學的刊本中不知何故，未收錄吳大鎔本新增的部分內容。之後筆者又得到台灣廣文書局在 1974 年據康熙二十四年凝翠軒藏板刻本的影印本，即第三種刊本，此本被收入進中國哲學思想要籍叢編的《道國元公濂溪周夫子志》上下兩冊，扉頁註明："原缺：志敘第六頁，卷八第十六頁，卷九第二十八頁，重出：卷十二第五頁。"下冊卷尾處有後手抄補寫的"後學袁希粲"的詩一首，因是後人手寫上去，故本書未選錄。此本恰好又補足了華盛頓大學缺失了的內容，其編纂體例最接近地方誌體，頗有創新，內容最為龐雜翔實，較明代《濂溪志》新增了諸多內容，本書體例即借鑒該本充善而成。

15. 周沈珂、周之翰編《周元公世系遺芳集》五卷，清康熙三十年（1691）刻本。該本與周與爵本內容幾乎完全相同，筆者有文專論其是周與爵《周元公世系遺芳集》的挖改本①，目前四庫本中注為"明周沈珂、周之翰"編輯，"北京師範大學圖書館藏明萬曆刻宋濂溪周元公先生集附"有誤，周氏父子是清代人。周與爵本中的《漢章公行實》，周沈珂本作"微垣公行實"，內容差別多是字詞的刪減、更換，文意大致相同，且周沈珂本將文字從 884 字刪減為 377 字。周與爵本的《時臣公行實》《子猷公行實》，錢允治、嚴澂、錢之泰、蘇隆、嚴澂、蔣之芳、孫朝肅、朱仲彥、劉際隆九人撰寫的《餘濂翁便服小像贊》，周沈珂本均無。兩書卷尾的《元公十四世至十七世行畧》差異較大，故兩篇均選錄，以便觀覽。

16. 周有士編《周氏遺芳集》五卷 2 冊，雍正六年（1728）修補本。卷二卷端題有"裔孫周有士同男振業、震重輯"，卷三卷端又題有"裔孫周有士炳文甫重輯"，可知周有士為周子後裔。內容承周與爵、周沈珂本而來，無大變化。本書採用湖南省圖書館藏本。

17. 董榕編《周子全書》三冊，清乾隆二十一年（1756）刻本。內容上與其他周敦頤集頗有不同，充實了諸多相關內容。本書選擇的底本是王雲五主編國學基本叢書四百種之一，台灣商務印書館 1968 年版。

18. 周誥編《濂溪志》，清道光己亥（1839）刊，愛蓮堂藏板。此本

---

① 王晚霞：《日藏兩種〈濂溪志〉價值考論》，《南昌大學學報》2017 年第 4 期。

編排條理清晰，門類整齊，其中許多内容是胥從化、李楨、吴大鎔本没有的，但周木本、周沈珂本卻有，可知此本採集了多個版本的内容，主要祖於周木本。但此本的内容不如周木本齊備，如，朱熹的《齋居感興詩》，周木本録兩首，此本僅一首；另外，同樣的詩歌，周誥本中的内容在字句上有多處隨意改動，如王庶的《濂溪詩》，周木本作"逢時多艱難，戎夷變華夏"句，周誥本改作"逢時多艱難，匏觝無休暇。"黄榦的《無欲齋記》末尾，周誥本少"而斷之以無欲則静之一言，至其論聖學，則曰無欲則静虚動直"句等。

該本筆者參考了兩個刊本，一是永州市江永縣楊宗君先生餽贈的個人藏本，該藏本基本保存了周誥本全貌，但也有多處令人疑惑及模糊難辨處，惜無他本可參校。后筆者得到美國哥倫比亞大學圖書館藏的周誥《濂溪志》，該本清晰美觀，讀來賞心悦目，堪稱善本，閲讀該本才發現楊本中的錯誤，解答了當時心中的疑惑，也補全了其中難以辨認的文字。如卷首湯金釗和白延禧撰的兩篇序言，楊本錯頁散亂，以致在編校《濂溪志八種彙編》時誤將湯金釗序的前九頁當成白延禧序而置之首，想來不禁愧汗淋淋，幸得今改之。周誥字午橋，為周子後裔。

19. 周誥編《濂溪遺芳集》二卷，道光己亥（1839）刊。此本作為周誥本《濂溪志》的附録附於其後，刊本情況與《濂溪志》同，僅收録歌詠濂溪的詩文。此本也參考了兩個刊本，一是楊宗君先生的殘缺藏本，二是美國哥倫比亞大學的完整全面藏本，較楊本增加了部分詩文。

20. 鄧顯鶴編《周子全書》道光二十七年（1847）刻本。該本第一卷下署"道州濂溪志原本"，次行署"新化後學鄧顯鶴子立謹編，湘鄉後學彭洋中彦深校刊"，收集周敦頤史料自有特點也較全面，其中增加了許多清代史料，均前所未有。本書採用湖南圖書館藏本。

21. 彭玉麟編《希賢録》兩卷，光緒九年（1883）刊。此本由方宗誠、胡傳釗分校，李成謀、丁義方合刊，1.6萬字左右，條理清楚。本書採用《中國歷史名人别傳録——周濂溪先生實録》（學苑出版社2007年出版）中的影印本作為底本。

還有一些選録内容不多的底本：吕柟編《宋四子抄釋·周子抄釋》，中華書局1985年據惜陰軒叢書本排印，叢書集成初編本。張伯行編《周濂溪集》，又名《太極圖詳解》，學苑出版社 1990 年影印本。張伯行編《濂洛關閩書》福州正誼書院藏板，美國密西根大學藏本。徐必達編《周張全書》萬曆丙午刻本，日本國立國會圖書館藏本。清光緒十三年賀瑞麟編《周子全書》清光緒丁亥十三年（1887）西京清麓叢書本，美國普林斯頓大學東亞圖書館藏本。

　　如果要從周敦頤文獻的版本系列上給本書一個定位，也許不屬於任何一個系列。僅為學者方便使用起見勉力為之爾。因學力知識有限，錯訛衍脫之處必不可免，敬請學界同仁批評指正。謝謝！

王晚霞於湖南科技學院

2018 年 9 月 23 日

目 録

濂溪志新編卷之八　優卹後裔志

奏疏

國朝英宗睿皇帝正統七年壬戌八月十七日，奉欽依行道州，

濂溪志新編卷之一

遺像道範志

　　古帝王、聖賢、列侯、將相皆有像，以傳於後，後之人乃得據以為品題，蓋亦左圖右史之意。若太史公謂留侯子房為魁梧奇偉，而其狀貌乃若婦人女子是也。《禮》曰：“古者造木主以棲神，天子諸侯之廟皆有主，大夫束帛以依神，士結茅為蕝，無有設像之事。”先正丘瓊山亦曰：“郡邑設像以祀聖賢，豐瘠異貌老少殊狀，無當于聖賢之容，則木主之制為近古矣。”惟是元公遺像，舊志繪之卷首，自宋而明，師元公者莫不肖而祀之，或不遠千里求諸子若孫而得之，如諸祠記之所稱是矣。其在舂陵，則又刻石而揭于應門之內，以供學者之所求，與舊志所繪亦不甚相遠。善夫黃魯直之言曰：“茂叔人品甚高，襟懷灑落如光風霽月。”嗚呼！盡之矣。志《遺像道範》。(吳大鎔本)

元公像

（李楨本）　　　　　　（胥從化本）

周元公像

（吳大鎔本）　　　　　　　　（李嶧慈本）

周元公像

（呂柟本）　　　　　　　　（鄧顯鶴本）

濂溪周元公遺像

（周誥本）

（崔惟植本）

濂溪周元公遺像

（周木本）

濂溪周元公遺像　　濂溪周元公遺像

（周有士本）

（周與爵本）

（劉汝章本）

宋先儒谏议大夫遗像

（周與爵本）

武功大夫观察使遗像

（周與爵本）

像　記　　宋　宋濂

　　金華宋濂曰："濂溪周子，顏玉潔，額以下漸廣，至顴而微收。朕頤下豐腴，修目末微聳。鬚疏朗微長，頰上稍有髯。三山帽後有帶，紫衣褒袖，緣以皂白，內服緣如之，裳無緣，烏赤色。袖手而立，清明高遠，不可測其端倪。"（吳大鎔本）

像　贊　　宋　朱熹

道喪千載，聖遠言湮。不有先覺，孰開我人？
《書》不盡言，《圖》不盡意。風月無邊，庭草交翠。（周木本）

像　贊　　宋　張栻

于惟先生，絕學是繼。窮原太極，示我來世。（周木本）

像　贊　　明　李嵊慈

　　嗚呼！此無極翁之翁也哉！踐形肖貌，豈在區區！滿天風月，一峽圖書。蓮香撲鼻，草色盈裾，噫！當此之時，動直而靜虛。依希乎，無極翁也與！春陵拙吏後學李嵊慈譜。（李嵊慈本）

贊　　清　桑日升

　　仁樂山，知樂水，先生兼之。山水具體，身不繫乎一州，心能包乎萬里。有點之狂，而不必乎鼓瑟風雩；有顏之樂，而不必乎簞瓢巷止。人曰潔靜精微是之謂《易》，予曰潔靜精微是謂周子。
　　贊曰：季友文手穀也，豐下一節偏長，且有殊者。帝賚良弼，傳嚴之野。因夢得真，厥形誰寫。我懷先哲，卓乎大雅。氣象沖容，風月瀟

灑。（吳大鎔本）

故里祠謁周夫子像　　清　王遵度

道隱空千載，人情惜所私。不因詮太極，誰復見庖犧。
自古明良會，方將德化施。獨行猶默喻，合撰已無疑。
天欲生夫子，星先聚盛時。遙同前聖轍，畚正浚賢岐。
共領茲光霽，咸由我誨為。陰陽潛遂暢，化育悉紛披。
困勉皆全性，思誠各致知。源流遡所自，條貫實同師。
學大均堂奧，才殊有藉資。已嘗趨俎豆，猶願識芝眉。（吳大鎔本）

濂溪志新編卷之二

元公芳跡志

濂溪祠堂圖

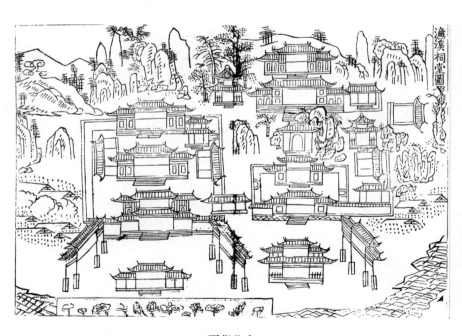

（胥從化本）

故里濂溪祠堂圖

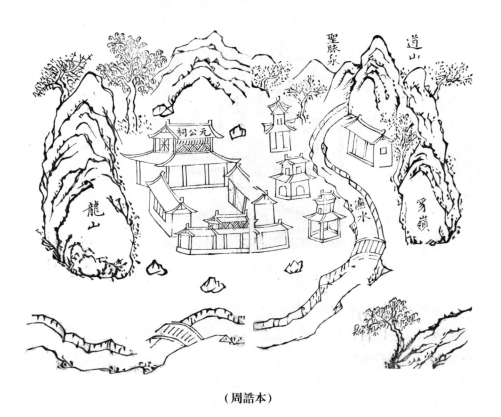

（周誥本）

濂溪周先生祠

此濂溪世祠也，建於吾蘇長洲縣絃歌裡。舊祠勅建於吳縣胥臺鄉，春秋享祀，屢經兵燹煨燼，僅存家廟，名曰崇本堂，祀典隨曠。會國朝以濂溪厥考躋配啟聖祠，裔孫與爵感皇上旣優禮以崇儒，子孫當承恩以報本。因吳中勅祠寢蕪，先靈未妥，呈請本府勘明詳允，奉文捐貲，重建專祠。經始於戊戌之三月，竣工於已亥之仲春。中堂祀元公，後堂祀諫議，以武功大夫為配，木主、門額，俱太府朱公命大尹鄧公所立。祠宇煥然一新，恍若勅建之舊制，以復歷朝隆重之盛典也。

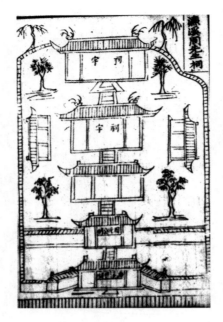

（周與爵本）

維皇明萬曆二十七年，歲次巳亥二月丁卯朔越十六日丙寅之吉，蘇州府知府朱燮元帖行長洲縣，謹備木主，委儒學訓導袁本奉入本縣絃歌里專祠，爰用釋菜禮致祭于宋先儒道國元公周惇頤暨厥考諫議大夫周輔成之神曰：斯文千古，炳朗日星。有開必先，誕育鐘靈。伊惟元公，圖書闡奧，創啓沈盲。前承孔孟，後裕朱程。揆厥所自，發源輔成。禮宜並秩，歆薦逡巡。百年曠祀，再睹於今。厥猷誰屬？遙遙孝孫。篤請鼎建，專祠孔殷。嗚呼木主！輝煌映吳。分人文互，古榛題輪。奐式士民，興起千齡。俎豆在列，肅拜紛綸。尚饗！

維萬曆二十七年歲次己亥二月丁卯朔，越二十日庚午之吉，十七代守祠奉祀孫與爵，率男希阜、希夒，茲因迎奉木主入祠，蒙舉釋菜禮，行爰用烝祭，昭報始祖道國元公，溯自上祖諫議大夫暨四世祖武功大夫之神，曰：道學開源，發祥詒穀。忠義啓承，鐘靈紹續。壁立斯文，高宗芳躅。向泥家廟之紛紜，致匱明禋之馨馥，越捐糗材，請建祠宇。載獲薦殷，敢告悃愊。徵盛典於報功，祐昭穆乎昌歜。亙古垂休，丕承啓淑。裕我後昆，歲沾恩沐。庶幾接眄饗於同堂，瞻儀形乎鐫木。烝嘗禴

祀，世載拳曲。尚饗！（周與爵本）

濂溪書院祠堂圖

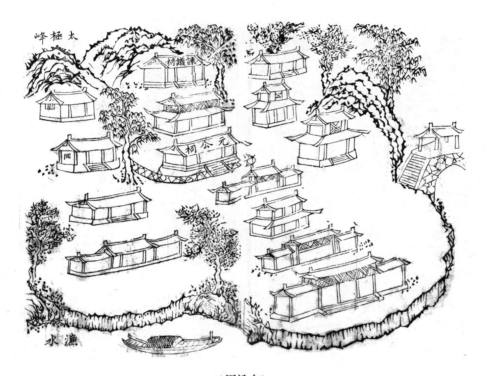

（周誥本）

　　周子祠，正廳三間，飛閣重檐，前為拜廳，左為御碑亭。宋理宗書賜"道州濂溪書院"額也。中為儀門，其樓曰"光霽"，今則像亭存焉。中奉石刻元公像，鐫《愛蓮說》於碑陰，外則欞星門，其基即羽翼道統門也。前臨通衢，左右二坊，曰"繼往"，曰"開來"。舊有聖學源流坊、崇德報功坊，今存會元鐘萃坊、道脈相承坊而已。西即文獻世家門，實宋大儒第，向有恩榮坊，吉水羅洪先扁其堂曰"特恩"。濂溪宗祠居其後，仰濂樓在其東南，俯瞰濂水。最北為諫議祠，東為先代祠，迤南為味道亭，即太極亭，中藏《太極圖說》《巧拙賦》石碣。東北為愛蓮亭，山曰"太極峯"，名賢題咏甚多，奇石古木城郭之大觀也。（周誥本）

濂溪書院祠堂圖

（吳大鏐本）

　　右《濂溪書院祠堂圖》，前刺道州王君會詳哉言之，已備載於《書院志》矣。其在有明全盛時，成、弘、正、嘉、隆、萬之際，休養生息幾二百年，其民沐浴膏澤，歌咏勤苦，士大夫宦轍所至，往往表章賢哲，道古稱先，于以鼓吹休明，民不勞而事易集。故雖濂溪先生之里遠在天末，上而巡方使節，次之郡縣守令，建祠宇、修坊楔，書院有樓，欞星有門，崇德報功有坊，以迄濯纓之亭、有本之亭、御碑之亭、風月之亭，凡可以致其景行者，無之弗備。而今皆瓦礫矣，僅存祠堂、拜廳，以春秋享祀無恙，修葺整餝，稍存舊跡。我國家垂統已四十餘年，藩鎮之難既平，海內晏安無事。廟堂之上從容論道，業已疏先生子孫而官之矣，

則復先朝之舊制，樹昭代之美觀，不無望於當事賢君子焉。春陵拙吏重鼎氏識。（吳大鎔本）

元公祠宇圖

（周與爵本）

　　此濂溪先生故里也，在永州府道州營樂里，距州西十五里，即古營道縣，先生家焉，左龍山，右豸嶺，岡壠丘阜，拱楫環合。相傳有五墩繞宅，若五星然，世久為鄉人所夷，僅有其一。先生生於此山之西。石壁上有古刻"道山"二大字，下有石竇，深廣莫測。有泉湧出，所謂濂溪者也。清冷瑩徹，如飛霜噴玉，不溢不涸。知州方進刻其上曰"聖脈"，故人呼為聖脈泉。泉之上有亭曰風月，沿流而東為濯纓亭，又東乃故居，家廟在焉，厥嗣孫居之。又東為大富橋，先生初年釣遊其上，濯纓而樂之，即其地也。夫吾楚山川雄勝，迆邐而南，浩瀚如洞庭，峭拔如衡嶽，至九疑列峙，環奇異狀，而極扶輿之精必鐘於人，先生以直接軻氏之傳，篤生其間，以應乾德聚奎之兆，蓋亦非偶然也，萬曆甲戌春，撫臺趙按屬，至即謁奠祠下，環視故居祠宇，湫隘弗稱，遂命庀材鳩工飭新之。厥制前堂後室，兩翼列峙，而重門嚴邃，務極宏麗，以示尊崇之意。時本府節推崔適視州篆，又為增廓近宅田以供祀事，其所謂五墩者，雖夷頹過半，俱跡其舊，復崇焉，珠聯錯落，儼若五星矣。夫天不愛道五星聚，地不愛寶五墩列，茲又復舊墩於九廢之餘，以補造化之所不及，而況祠宇煥然，瞻者起敬，周子之道，不亦愈明於今日哉。郡人蔣春生識。（周與爵本）

宋大儒第

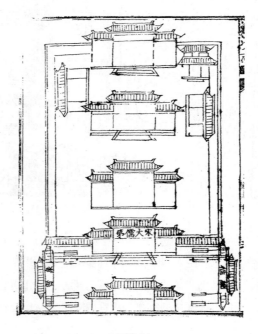

（李楨本）

濂溪墓圖

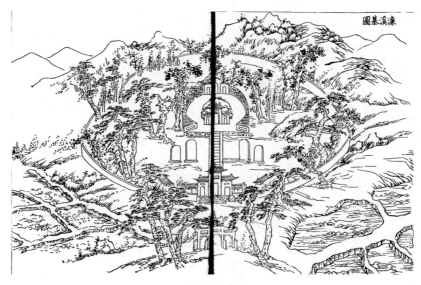

（彭玉麟本）

故里圖

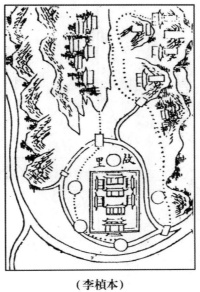

（李楨本）

元公故里圖

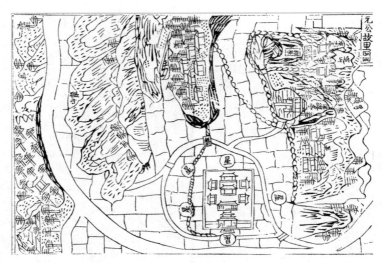

（胥從化本）

濂溪故里圖

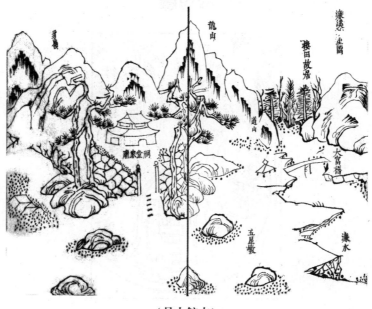

（吳大鎔本）

元公故里總圖

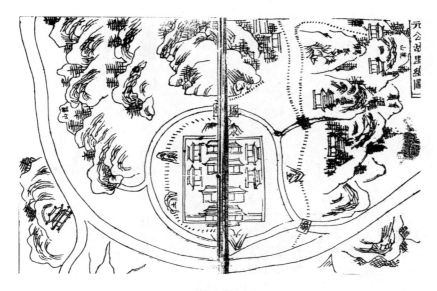

（李嶸慈本）

元公故里家祠圖

（李嶸慈本）

濂溪故里圖

（周與爵本）

濂溪家祠圖

（劉汝章本）

濂溪故里圖

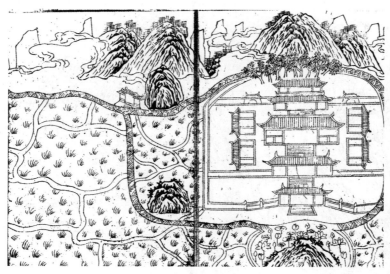

（劉汝章本）

濂溪故里圖

（劉汝章本）

濂溪故里圖

（劉汝章本）

月巖圖

（李楨本）

（李嵊慈本）

月巖圖

（胥從化本）

月巖圖

（劉汝章本）

月巖圖

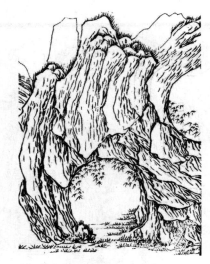

（劉汝章本）

月巖圖

（吳大鎔本）

月巖圖

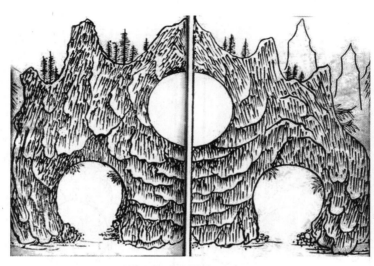

（崔惟植本）

月巖圖

（周與爵本）

月巖圖

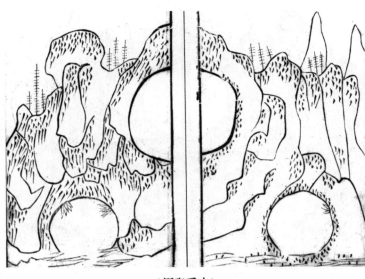

（周與爵本）

故里月巖書院圖

（周誥本）

濂溪周先生書院圖

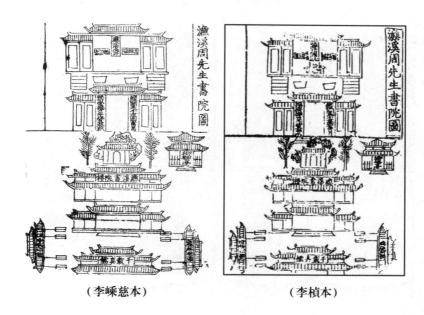

（李嶧慈本）　　　　　（李禎本）

濂溪書院圖

（周與爵本）

濂溪書院圖

（劉汝章本）

右濂溪書院，一在府學後高山寺之右，嘉靖末，知府黃翰建，扁曰"宗濂書院"，郡人蔣春生為之記。一在州學西，代有沿革，今考宋南軒張栻以先生倅永，闢祠堂於郡學殿宇之東，今廢，而在州者，則自宋元以來，若向子忞、鄒勇、趙汝誼先後修葺。國家崇重道學，首建書院，弘治正統間，知府曹來旬、知州方瓊相繼修理，而御史姚虞檄視州事，通判金椿重建，嗣孫翰又增飾之，前為御賜亭，卽宋理宗賜也，左右二坊曰"光風"，曰"霽月"，亭二曰"太極"，曰"愛蓮"，詳載碑刻，視昔煥然改觀矣。夫先生之學再闢渾淪，續道統之傳於千載之後，固天下後世之所崇祀而景仰之者，故書院之建，何處無之，而吾永乃先生故里，道學淵源，風韻不泯，士類依歸，而□□衣被者也，是故誠不可不加之意也已。（周與爵本）

濂溪書堂圖

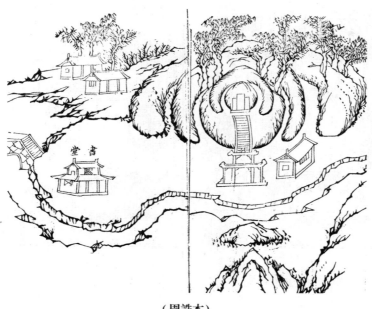

（周誥本）

光霽亭

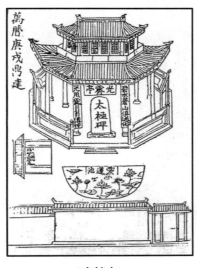

（李楨本）

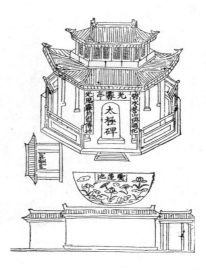

（李嶸慈本）

谏议公祠

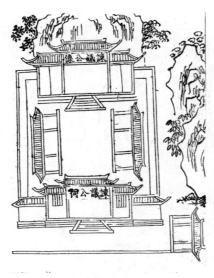 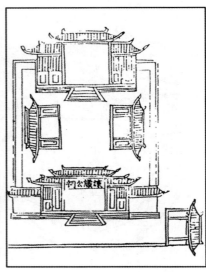

(李嵊慈本)　　　　　　　　(李槙本)

新建濂溪后裔书院图

(胥従化本)

濂溪志新編卷之三

周子世家志

攷之邦乘，列《周子世家》，而永州舊志，或列之"人物"，或傳之"儒林"。於戲！周子之學，豈"人物"、"儒林"所可槩乎？亦可謂不知類矣。子長《史記》，於孔子作"世家"，于仲尼弟子作"列傳"，弟子而繫于仲尼，尊之也，故別之，別之而後尊之也。葢至先生，上承孔孟，下啟程朱，太史操觚，其位置當何等也。在先儒論斷，謂先生為孟子而後一人，非所稱"奮乎百世之上，百世之下聞者，莫不興起者"乎？王臨川有言曰："仲尼之道，世天下可也，何特世其家哉！"夫仲尼世天下，則周子之世其家也固宜，而表章揚厲，斷自朱子之論始。志《周子世家》。（吳大鎔本）

宋史道學本傳

道學之名，古無是也。三代盛時，天子以是道為政教，大臣百官有司以是道為職業，黨庠術序師弟子以是道為講習，四方百姓日用是道而不知。是故盈覆載之間，無一民一物不被是道之澤，以遂其性。於斯時也，道學之名，何自而立哉。

文王、周公既沒，孔子有德無位，既不能使是道之用漸被斯世，退而與其徒定禮樂，明憲章，刪《詩》《書》，修《春秋》，讚《易》象，討論《墳》《典》，期使五三聖人之道昭明於無窮。故曰："夫子賢于堯舜遠矣。"孔子沒，曾子獨得其傳，傳之子思以及孟子，孟子沒而無傳，兩漢而下，儒者之論大道，察焉而弗精，語焉而弗詳，異端邪說起而乘之，幾至大壞。

千有餘載，至宋中葉，周惇頤出於舂陵，乃得聖賢不傳之學，作《太極圖說》《通書》，推明陰陽五行之理，命於天而性於人者，瞭若指掌。張載作《西銘》，又極言理一分殊之旨，然後道之大原出於天者，灼然而無疑焉。仁宗明道初年，程顥及弟頤寔生，及長，受業周氏，已乃擴大其所聞，表章《大學》《中庸》二篇，與《語》《孟》並行，於是上自帝王傳心之奧，下至初學入德之門，融會貫通，無復餘蘊。

迄宋南渡，新安朱熹得程氏正傳，其學加親切焉。大抵以格物致知為先，明善誠身為要，凡《詩》《書》六藝之文，與夫孔、孟之遺言，顛錯于秦火，支離於漢儒，幽沉于魏、晉、六朝者，至是皆煥然而大明，秩然而各得其所。此宋儒之學所以度越諸子，而上接孟氏者歟！其于世代之污隆，氣化之榮悴，有所關系也甚大。道學盛于宋，宋弗究於用，甚至有厲禁焉。後之時君世主，欲復天德王道之治，必來此取法矣。

邵雍高明英悟，程氏實推重之，舊史列之《隱逸》，未當，今置張載後。張栻之學，亦出程氏，既見朱熹，相與博約，又大進焉。其他程、朱門人，考其源委，各以類從，作《道學傳》。

周惇頤，字茂叔，道州營道人，元名惇實，避英宗舊諱，改焉。以舅龍圖閣學士鄭向任為分寧主簿，有獄，久不決，惇頤至，一訊立辨。邑人驚曰："老吏不如也。"部使者薦之，調南安軍司理㕘軍。有囚，法不當死，轉運使王逵欲深治之。逵，酷悍吏也，眾莫敢爭，惇頤獨與之辨，不聽，乃委手板歸，將棄官去，曰："如此尚可仕乎！殺人以媚人，吾不為也。"逵悟，囚得免。移郴之桂陽令，治績尤著。郡守李初平賢之，語之曰："吾欲讀書，何如？"惇頤曰："公老，無及矣，請為公言之。"二年，果有得。徙知南昌，南昌人皆曰："是能辨分寧獄者，吾屬得所訴矣。"富家大姓，黠吏惡少，惴惴焉不獨以得罪於令為憂，而又以汙穢善政為恥。歷合州官，事不經手，吏不敢決，雖下之，民不肯從。部使者趙抃惑於譖口，臨之甚威，惇頤處之超然，通判虔州，抃守虔，熟視其所為，乃大悟，執其手曰："吾幾失君矣，今而後乃知周茂叔也。"熙寧初，知郴州。用抃及呂公著薦，為廣東轉運判官，提點刑獄，以洗冤澤物為己任。行部不憚勞苦，雖瘴癘險遠，亦緩視徐按。以疾，求知南康軍。因家廬山蓮花峯下，前有溪，合于溢江，取營道所居濂溪以名之。抃再鎮蜀，將奏用之，未及而卒，年五十七。

黃庭堅稱其"人品甚高，胸懷灑落，如光風霽月。廉於取名而銳於求志，薄於徼福而厚於得民，菲於奉身而燕及煢嫠，陋於希世而尚友千古"。博學力行，著《太極圖》，明天理之根源，究萬物之終始，其說曰："無極而太極，動而生陽，動極而靜，靜而生陰，靜極復動。一動一靜，互為其根，分陰分陽，兩儀立焉。陽變陰合，而生水、火、木、金、土，五氣順布，四時行焉。五行，一陰陽也，陰陽，一太極也，太極，本無極也。五行之生也，各一其性。無極之真，二五之精，妙合而凝。乾道成男，坤道成女，二氣交感，化生萬物，萬物生生，而變化無窮焉。惟人也，得其秀而最靈，形既生矣，神發知矣。吾①性感動，而善惡分，萬物出矣。聖人定之以中正仁義而主靜，立人極焉，故聖人與天地合其德，日月合其明，四時合其序，鬼神合其吉凶。君子修之吉，小人悖之凶。故曰：立天之道曰陰與陽，立地之道曰柔與剛，立人之道曰仁與義。又曰：原始反終，故知死生之說。大哉《易》也！斯其至矣。"又著《通書》四十篇，發明太極之蘊，序者謂其言約而道大，文質而義精，得孔孟之本源，大有功於學者也。

掾南安時，程珦通判軍事，視其氣貌非常人，與語，知其為學知道，因與為友，使二子顥、頤往受業焉。惇頤每令尋孔、顏樂處，所樂何事。二程之學，源流乎此矣。故顥之言曰："自再見周茂叔後，吟風弄月以歸，有'吾與點也'之意。"侯師聖學于程頤，未悟，訪惇頤。惇頤曰："吾老矣，說不可不詳。"留，對榻夜談，越三日乃還。頤驚異之曰："非從周茂叔來耶？"其善開發人類此。嘉定十三年，賜諡曰"元公"，淳祐元年封"汝南伯"，從祀孔子廟庭，二子：壽、燾，燾官至寶文閣待制。
（周木本）

記國史濂溪傳後　宋　朱熹

戊申六月，在玉山邂逅洪景盧內翰，借得所脩國史中有濂溪、程、張等傳，盡載《太極圖說》及《通書》，蓋濂溪於是始得立傳，作史者

---

① "吾"：據文意，當作"五"。

於此為有功矣。然此說本語首句但云"無極而太極"，今傳所載乃云：
"自無極而為太極。"不知其何所据而增此"自為"二字也，夫以本文
之意，親切渾全，明白如此，而淺見之士猶或妄有譏議，若增此字，其
為前賢之累，啟後學之疑，益以甚矣。謂當請而改之，而或者以為不
可。昔蘇子容特以為父辨謗之，故請刪國史所記草頭木腳之語，而神祖
猶俯從之，況此乃百世道術淵源之所繫耶？正當援此為例，則無不可改
之理矣。（周木本）

宏簡錄別傳

　　周敦頤，字茂叔，道州營道人，初名敦實，避諱改。天資英睿，聞
道甚早，黃庭堅稱其"人品甚高，胸懷灑落，如光風霽月"，世以為知
言。敦頤嘗曰："士希賢，賢希聖，聖希天。伊尹、顏淵，大賢也，志伊
尹之所志，學顏子之所學，過則聖，及則賢，不及則不失於令名。"論作
聖，曰："聖可學乎？曰：'可。'有要乎？曰：'有。'請問焉。曰：'一
為要。一者，無欲也。無欲則靜虛動直，靜虛則明，明則通，動直則公，
公則溥。明通公溥，庶矣乎。'"論處己曰："天地間有至貴至愛可求，而
異乎彼者，見其大而忘其小焉耳。見其大，則心泰，心泰則無不足，無
不足則處之一也，處之一，則能化而齊。"論文學曰："文辭，藝也，道
德，實也，篤其實而藝者，書之美則愛，愛則傳焉。賢者得以學而至之，
是為教。"論天下曰："治天下有本，身之謂也。治天下有則，家之謂也。
本必端，端本，誠心而已矣。則必善，善則和親而已矣。家難而天下易，
家親而天下疏，是治天下觀於家，治家觀身而已矣。身端，心誠之謂也，
誠心，復其不善之動而已矣。"作《太極圖》《易通》，妙契千百年以來
不傳之遺旨，上以接堯、舜、禹、湯、文、武、周公、孔子、顏、曾、
思、孟道統之緒，下以啟發後來諸學者，河南程珦使其二子顥、頤往受
學焉。每令尋孔顏樂處，所樂何事。二程之學淵源於此。河東人侯師聖
學於二程，未悟，令訪敦頤，晉，對榻夜談，三日還，自謂有得，曰：
"如見天之廣大。"頤亦驚異曰："非從周茂叔來耶？"其善開發人類如此。
初以母舅鄭向蔭補分寧簿，滯訟一訊立辨，邑人驚曰："老吏不如也。"

調南安司理參軍，有囚，法不當死，轉運王逵欲深治之，敦頤力爭，不聽，乃委手板出，曰："殺人以媚人，吾不為也。"逵悟，囚得免。遷桂陽令，治績尤著，徙知南昌，人皆曰："是能辨分寧獄者，吾屬得所愬矣。"富家大姓，黠吏惡少，惴惴焉恒以污穢善政為恥。歷合州判官，通判虔州，知郴州，趙抃、呂公著薦為廣東轉運判官，提點刑獄，以洗冤澤物為己任，行部不憚煩勞，雖瘴且遠，按察必至，尋有疾求郡知南康軍，因家廬山蓮花峯下，前有溪，合於溢江，取營道所居濂溪以名之，學者稱為濂溪先生。卒年五十七，嘉定十三年，賜諡"元公"，紹定末，李心傳乞以敦頤、司馬光、程顥、程頤、邵雍、張載、朱熹七人，列於從祀，淳祐元年，詔封汝南伯，從祀孔子廟庭。二子：壽、燾，燾官至寶文閣待制。(鄧顯鶴本)

九江志・理學傳

周惇頤，字茂叔，道州營道人，元名惇實，避英宗舊諱改焉。以舅龍圖閣學士鄭向任分甯主薄，調南安軍司理參軍，移桂陽令，徙知南昌，歷合州判官事，通判虔州。熙甯初，知郴州，擢廣東轉運判官，提點刑獄。所至皆有實政，詳國史。最後以疾求知南康軍，因來九江廬山蓮花峯下，前有溪合于溢江，以濂名之，遂居焉。卒年五十有七，學者俱稱濂溪先生。先是，母沒，葬廬山之麓，曰三起山。先生卒，亦祔葬於旁，子孫因家世江州。後裔綿衍，祠宇書院，詳載另卷。自孔孟既沒，兩漢及唐雖代有名儒，其純粹以精，以宋為最，而先生實開其先。嘗著《太極圖說》，明天理之根源，究萬物之終始。又著《通書》四十篇，發明太極之蘊。其言約而道大，文直而義精，淵源直接孔孟，博學力行，聞道最早，詳于朱子表彰。椽南安時，程珦通判軍，知其為學知道，因與為友，使二子顥、頤往受業焉。二程子之學，皆先生學也。黃庭堅稱惇頤："人品甚高，胸懷灑落，如光風霽月，廉於取名而銳於求志，薄於徼福而厚於得民，菲於奉身而燕及煢嫠，陋於希世而尚友千古。"朱子作傳亦復有取於庭堅之說。嘉定十三年賜諡曰"元公"，淳祐元年封"汝南伯"，從祀孔子廟庭。二子：壽、燾，燾官至寶文閣待制。(彭玉麟本)

先賢世家

元公先生姓周，諱惇實，避英宗諱改惇頤，字茂叔，世居道州營道縣。其遠祖名智強，智強五子，長式，終汀州上杭令；次鐸，次正，皆不仕；次輔成，次輅。輔成卽先生之父，大中祥符八年，蔡齊榜以特奏名，賜進士出身，終賀州桂嶺令，累贈諫議大夫，葬于營道之營樂里。先娶唐氏，生礪，礪生仲章。唐卒，左侍禁鄭燦，成都人，有女適盧郎中，盧卒，諫議以為繼室，封仙居縣太君，實生先生。先生幼孤，依舅龍圖閣學士鄭向，以先生有遠器，愛之如子。景祐三年，先生年二十，行誼名稱有聞於時，龍圖公奏試將作監主簿。四年，仙居縣太君鄭氏卒，葬於潤州丹徒縣龍圖公之墓側。康定元年，先生服除，調洪州分寧縣主簿。慶曆四年，部使者薦其才，為南安軍司理參軍。六年，先生年三十，大理寺丞知興國縣。程公珦假倅南安，視先生氣貌非常人，與語，果知道者。令二子師之，卽明道、伊川也。時明道年十五，伊川年十四。故明道傳云：“自十五六時，與弟頤聞周惇實論學，遂厭科舉之習，慨然有求道之志。”八年，以轉運使王逵薦為郴州郴縣令。知州事李初平知其賢，不以屬吏遇之，嘗聞先生論學，遂日聽講，二年而有得。皇祐四年，為桂陽令。至和元年，用薦者言改大理寺丞。知洪州南昌縣。嘉祐元年，以太子中舍簽書合州判官事。先生性好山水，沂峽至秭歸，聞龍昌洞之勝，與盧陵蔣㮮、洪崖彭德純遊焉。至合州十日，轉殿中丞，賜五品服。事不經先生手，吏不敢決，民不肯從。六年，遷國子博士，通判虔州。趙清獻公薦之於朝，遷虞部員外郎，贈父桂嶺君，爵郎中。是歲，虔州失火，延燒千餘家，朝廷行遣，遂對移通判永州。治平二年，遷比部員外郎。先生素貧，入京師，鬻其產以行，田十餘畝，界周興耕之，以洒掃其父郎中之墓。至是，自永移文營道言之，因歸故里展墓，神宗登極，遷朝奉郎、尚書駕部員外郎，加贈父諫議大夫。先生在永三年，既去，永人思之，為之立祠。攝邵州事，邵之學在牙城中，左獄右庾，先生始度高明之地，遷於城之東南。熙寧元年，呂文獻公聞先生名，力薦之，擢廣南東路轉運判官。三年，轉虞部郎中提點廣南東路刑獄。杜諮知端州，禁百姓采石，獨知州占斷。先生發之，請買石毋得過二枚，遂著為令。先生俄得疾，聞水齧仙居縣鄭太君墓，遂乞南安。八月，移知南安軍，改葬鄭太君于江州德化縣廬阜清泉社三起山，葬畢曰："強疾而來，為葬爾，今猶以病污麾紱耶。"上南康印，分司南京而歸，其治績俱詳本傳中。先生平日俸祿悉以周宗族、奉賓友，及分司而歸，妻子饘粥不給，曠然不以為意。酷愛廬阜，遂築堂而定居焉。六年，清獻公再尹成都，聞先生去位，拜章乞留，朝命及門而先生卒矣，年五十七，葬江州德化縣鄭太君墓左。

先生著《太極圖說》，明天理之根源，究萬物之始終。又著《通書》四十篇，發明太極之蘊，得孔孟不傳之緒，大有功於學者。二程子之學得之先生，謝上蔡、楊龜山、游定夫、侯師聖、尹彥明得之二程。龜山傳之羅仲素，仲素傳之李延平，延平傳之晦菴先生。師聖傳之胡文定，文定傳之五峯，五峯傳之張敬夫，敬夫及晦菴相繼召用，推明先生之學所在。祠先生于學宮，以興起學者。

嘉定十三年，臨邛魏了翁請舉易名之典，下太常議曰："按諡法，主善行德曰'元'，請諡先生曰'元'。"詳載《褒崇志》中。淳祐元年，封"汝南伯"，從祀孔子廟庭。元延祐六年，封道國公。明景泰七年，以先生嫡孫周冕授翰林院五經博士，世襲。先生生二子，長壽，字季老，一字元翁，生於合州，元豐五年登第，授吉州司戶，終司封郎中。次燾，字通老，一字次元，生於虔州，元祐三年登第，知成都府，終朝奉大夫徽猷閣待制。壽六子，伯逵、叔夏、虞仲、季友、季仲、季次。季仲生興裔，興裔二子：昺、昱，歷七代孫，直、中、恭、經、綱、維、繼，為先生長子一派。燾生三子：演、綱、緼。演生四子：正卿、直卿、良卿、賢卿。正卿二子：洵、沉。洵五子：應高、應斗、應隆、應貴、應初。應斗三子：仁孫、義孫、智孫。仁孫三子：宗文、宗武、宗成。宗文二子：塤、篪。塤五子：泰賚、泰定、泰亨、泰貞、泰宇。泰賚三子：文淵、文裔、文傳。文裔二子：冕、賢。冕初授翰林五經博士，冕子繡麟襲博士，繡麟子道襲博士，道六子，聯極無嗣，聯官襲博士，芳、班、位、輝，皆庶出。聯官子治，引疾。治五子：長汝忠，襲博士，余四子庠。忠子蓮，明季襲博士。蓮生四子，長子嘉耀，康熙廿四年取襲博士，為先生仲子一派。

詳譜贊曰：孔子至聖，遠哉尚矣！百有餘年，唯子輿氏。南服哲人，發祥濂水。繼往開來，嬗厥懿嫩。文成數萬，謹書太史。（吳大鎔本）

湖南通志傳

周惇頤，字茂叔，原名敦實，避英宗舊諱改焉。以舅龍圖閣學士鄭向奏授分寧主簿，有獄久不決，敦頤至，一訊立辨，眾口交稱之，部使者薦以為南安司理參軍，有囚，法不當死，轉運使王逵欲深治之，逵，苛刻吏，無敢相可否，惇頤獨力爭之，不聽，則置手版歸，取告身委之去曰：「殺人以媚人，吾不為也。」逵悟，囚得免，移郴之桂陽令，治績尤著。郡守李初平賢之，語之曰：「吾欲讀書，何如？」惇頤曰：「公老，無及矣，請為公言之。」二年，果有得。徙知南昌，南昌人曰：「是能辨分寧獄者，吾屬得所訴矣。」富家大姓，黠吏惡少，惴惴焉不獨以得罪於令為憂，又以污穢善政為恥。歷合州判官，事不經手，吏不敢決，雖下之，民不肯從。部使者趙抃惑於譖口，臨之甚威，惇頤處之超然。及抃守虔，惇頤通判州事，抃熟視其所為，乃大悟，執其手曰：「吾幾失君矣！今而後乃知周茂叔也。」改永州權發遣邵州事，新學校以教其人，用抃及呂公著薦為廣東轉運判官提點刑獄，以洗冤澤物為已任。行部不憚勞苦，雖瘴癘險遠，荒崖絕島，亦緩視徐按，未幾而病，求知南康軍以歸。會抃再尹成都，復奏起用，朝命及門，而惇頤已卒，年五十七，葬江州德化縣清泉社。

惇頤博學力行，聞道甚早，遇事剛果，有古人風，為政精密嚴恕，務盡道理。奉已甚約，俸祿盡以周宗族，家或無百錢之儲。李初平卒，子幼，獲其喪歸葬之，又經紀其家，終始不懈。及分司歸，妻子饘粥不給，亦曠然不以為意，襟懷飄灑，雅有高趣，尤樂佳山水，遇適意處，或徜徉終日 。盧山之麓，有溪發源於蓮花峯下，潔清紺寒，下合溢江，因取營道所居濂溪以名之，而築書堂於其上。黃庭堅稱其「人品甚高，如光風霽月，廉於取名而銳於求志，薄於邀福而厚於得名，菲於奉身而燕及煢嫠，陋於希世而尚友千古」。掾南安時年尚少，不為守所知，時程珦通判軍事，視其氣貌非常人，與之語，知其為學知道，因與為友，使二子顥、頤往受業焉。惇頤每令尋孔顏樂處，所樂何事，二程之學源流乎此矣，故顥之言曰："自再見周茂叔，吟風弄月以歸，有'吾與點也'之意。"侯師聖學於程頤，未悟，訪惇頤，惇頤曰："吾老矣，說不可不詳。"留，對榻夜談，越三日乃還。頤驚異曰："非從周茂叔來邪？"其善開發人類此。嘉定十三年賜謚曰元公，封汝南伯，從祀孔子廟廷。（鄧顯鶴本）

沅湘耆舊集前編小傳

周子，諱惇頤，字茂叔，原名敦實，避英宗諱改焉，道州營道人，父輔成，大中祥符八年進士，終賀州桂嶺令，先生以舅龍圖閣學士鄭向廕奏補試將作監主簿，丁母艱，服除，從吏部調洪州分寧縣主簿，部使者以為才，奏調南安軍司理參軍，遷郴州郴縣令，改桂陽令，用薦者言，改大理丞知南昌縣，尋遷太子中舍，簽書署合州判官，以國子監博士通判虔州，又以英宗登極，恩遷虞部員外郎，判虔州如故已對移永州，權發遣邵州事，用趙抃及呂公著薦為廣東轉運判官，轉虞部郎中，擢提點廣南東路刑獄，因疾求知南康軍，會抃再尹成都，復奏起用，朝命及門，而先生已卒，年五十七，葬江州德化縣清泉社。

先生權知邵州時，以舊學在牙城中，偪處獄庾，卑陋弗稱，度地遷於城之東南，今邵陽學官是也，其上有景濂堂，今為濂溪書院，其南有泉曰濂泉，皆以先生得名。其求知南康，卽家盧山蓮花峯下，德化之感人，有如此。歷合州判官，事不經先生手，吏不敢決，卽下之，民不肯從。蜀人翕然稱之，時趙清獻公為守，人或譖先生於公，公臨之甚威，先生處之怡然也，然公意終不釋。及先生通判虔州，公復為守，熟視先生所為，乃大悟，執其手謂之曰："吾幾失君矣，今日方知周茂叔也。"遷虞部員外郎，通判永州，權發遣郡州事，至則興學校，以淑郡人，教化大行。熙寧初，用清獻及呂正獻公薦為廣東轉運判官，又三年，轉虞衡郎中，提點刑獄。先生不憚勞瘁，雖荒崖絕島，人跡罕到之處，亦必緩視徐按，以矜恕平反為已任，諸得罪者皆自以為不冤，蓋先生盡心職事，即犯瘴癘、冒險遠有所不顧，乃措置未盡其所為，而先生寢疾矣，遂移疾乞知南康軍，尋上其印，綬分司南京。因家盧山蓮花峯下，山之麓有溪，泠然合於溢江，清潔紺寒，先生濯纓其閒而樂之，遂築堂於其上，顧謂友人曰：“他日與子相從歌詠先王之道，足矣。”因取營道故所居濂溪以名之，志不忘其鄉邦也，學者稱為濂溪先生。居無何，清獻再鎮蜀，奏起先生將大用之，而先生卒矣，時熙寧六年六月七日也，年五十有七，葬江州德化縣之清泉社。子壽、燾，燾官至寶文閣待制。

先生聞道甚早，不由師傳，嘿契微妙。著《太極圖》，明天理之根源，究萬物之終始。又著《通書》四十篇，發明太極之蘊，皆言約而道大，文質而義精，得孔孟之本源，大有功於學者云。掾南安時，洛人程公珦通判軍事，視先生氣貌非常人，與語，知其為學道君子也。因與為友，使二子往受學焉。先生每令尋孔顏樂處，所樂何事，二子者，即所謂河南二程先生者也，故明道之言曰：“自見周茂叔後，吟風弄月以歸，有‘吾與點也’之意。”而侯師聖學於伊川，未悟，造訪先生，先生留，對榻夜談，越三日乃還。伊川驚異之曰：“非從周茂叔來耶?”其善開發人類此。先生自少信古好義，以名節自砥礪，奉己甚約，俸祿盡以周宗族，奉賓友，家或無百錢之儲。李初平卒，子幼，為獲其喪歸葬之，又往來經紀其家，終始不懈。及分司而歸，妻子或饘粥不給，亦曠然不以為意也。性尤嗜佳山水，遇適意處，或徜徉終日不能去。豫章黃庭堅嘗曰：“茂叔人品甚高，胸襟灑落，如光風霽月，好讀書，雅意林壑，初不為人窘束，廉於取名而銳於求志，薄於徼福而厚於得民，菲於奉身而燕及煢嫠，陋於希世而尚友千古。”知德者亦深有取於其言云。嘉定十三年，賜謚曰“元”，淳祐元年封汝南伯，從祀孔子廟廷，後改封道國公，明嘉靖中祀稱先儒周子。（鄧顯鶴本）

寶慶府志·理學傳　　清　梁碧海

蘭陽梁碧海撰，碧海字梁園，一字醒齊，康熙十九年为寶慶知府。

周子名惇頤，字茂叔，舂陵人，治平四年，以朝奉郎尚書員外郎通判永州，來攝邵州事，先是郡之學在牙城中，左獄右庚，卑陋弗稱，先

生始至度地城東，得高明之地遷焉。因故學之材而新之，邵人喜悅，荷
鍤助役，逾月而成。時講學於中，士烝烝向化。九月改定《同人說》，發
遞寄傳伯成，五年，荆湖北轉運使孔延之為先生作《邵州遷學記》，先生
自為釋菜文，見公年譜。今有愛蓮池遺蹟，其南有濂溪泉，學者稱為濂
溪先生。延之，新喻人，家貧好學，夜則燃松照讀，晝則戴經以鋤，生
平道契服膺先生，為荆湖北轉運使，治平四年，先生遷邵州學，五年學
成，延之為作學記，詔示邵士。（鄧顯鶴本）

濂溪志新編卷之四

年表行實志

當讀《春秋年表》，撮二百四十二年之事于前，而孔子之經、左氏之傳，燦若指掌矣。太史公既作世紀、本紀、列傳，而又列世表、年表、月表，使人一見而知其大端，識者謂之無字文章，全部《史記》綂居其中，知言哉！考先生舊志，僅得度正《年譜》《行實》，而表則闕焉，讀者弗察且相沿而謂之"年表"也，不惟譜與表之義例乖舛，即先生之行事，亦先後參差而有不相屬繫者矣。茲特立表于前，而仍度氏之譜于後，表以提綱，譜以列目，互相發明，若合符節，庶幾並行而不悖也。志《年表行實》。(吳大鎔本)

年　表

宋	真宗天禧	元年丁巳	仁宗天聖元年癸亥		七年己巳	八年庚午
生長		周子生。按，先生以神宗熙寧六年癸丑卒，年五十七，應生於是年 先生生于道州營道縣之營樂里濂溪保，元名惇實，字茂叔，避英宗諱，改惇頤	年七歲		年十三，志趣高遠	年十四
仕宦						

续表

宋	真宗天禧	元年丁巳	仁宗天聖元年癸亥		七年己巳	八年庚午
言行					濂溪保有橋，橋有小亭，先生常釣遊其上，吟弄風月	濂溪之西十里，有岩洞高敞虛明，東西兩門入之若月上下弦，中圓若月望，俗呼月岩，先生好遊其間，相傳睹此而晤太極，想當肰爾
交遊						

宋	九年辛未	明道元年壬申	二年癸酉	景祐元年甲戌	二年乙亥	三年丙子
生長	年十五	年十六	年十七	年十八	年十九	年二十，始冠，娶陸氏，職方郎中參之女
仕宦						龍圖公鄭向奏補先生試將作監主簿，仕宦始此
言行						
交遊	諫議公既卒，先生從母仙居縣太君入京師，依舅氏龍圖閣學士鄭向	明道先生當生於此年	伊川先生當生於此年			

续表

宋	四年丁丑	寶元元年戊寅	二年己卯	康定元年庚辰	慶曆元年辛巳	二年壬午	三年癸未
生長	年二十一，母仙居縣太君鄭氏卒，葬潤州丹徒縣	年二十二	年二十三	年二十四	年二十五	年二十六	年二十七
仕宦				起試用分寧縣主簿	攝袁州盧溪鎮市征局		
言行	居喪	居喪	居喪	服除	分寧有獄，久不決，先生一訊立辨，邑人驚詫曰："老吏不如也。"		
交遊					袁之進士來講學於公齋者甚眾		

宋	四年甲申	五年乙酉	六年丙戌	七年丁亥	八年戊子
生長	年二十八	年二十九	年三十	年三十一	年三十二
仕宦	舉南安軍司理參軍		是年冬，以轉運使王逵，薦移郴州郴縣令		
言行		南安有囚，法不當死，轉運使王逵欲深治之，先生委手板告身去，曰："殺人以媚人，吾不為也。"因得釋	先生在郴縣首修學校	修郴學成，有《修學記》，舊志失載，無考	
交遊			南安倅程珦令二子師事先生，長卽明道先生顥，次伊川先生頤也		郴州守李初平日聽先生講學

宋	皇祐元年己丑	二年庚寅	三年辛卯	四年壬辰	五年癸巳
生長	年三十三	年三十四	年三十五	年三十六	年三十七
仕宦		改郴州桂陽令			
言行	李初平卒，子幼，先生護其喪歸葬，經紀其家				在郴、桂有治績，當道交薦
交遊					

宋	至和元年甲午	二年乙未	嘉祐元年丙申	二年丁酉
生長	年三十八	年三十九	年四十	年四十一
仕宦	用薦者言，改大理寺丞，知洪州南昌縣，南昌人喜曰："是能辨分寧疑獄者。"		改太子中舍，簽書合州判官事，十一月至合州	轉殿中丞，賜五品服，仍判合州
言行	先生得疾，更一日夜始甦，潘興嗣視其家，止一敝篋，錢不滿百			志稱長子壽生於合州，當是此年。作《彭推官宿崇聖院詩序》，見遺書雜著
交遊			至秭歸，聞龍昌洞之勝，與廬陵蔣檗、洪崖彭德純遊焉	先生妻党陸丞鮮官東歸，過合陽，為先生言傅者之賢，耆遂得交于先生，以《姤說》示之

宋	三年戊戌	四年己亥	五年庚子	六年辛丑
生長	年四十二，繼雲縣君陸氏卒	年四十三，繼娶蒲氏	年四十四	年四十五
仕宦			六月，鮮合州判事還京師，先生在合四年，人心悅服，事不經手，吏不敢決，民不肯從，既去，合人祠之	遷國子博士，通判虔州

宋	三年戊戌	四年乙亥	五年庚子	六年辛丑
言行	或譖先生于部使者趙公抃，趙臨先生甚威，先生處之超然		合士張宗范為先生所重，作《養心亭說》以勉之。王荊公提點江東刑獄，先生與之語，荊公精思，至忘寢食	先生判虔，道出江州，愛廬山之勝，築書堂於其麓，以故鄉濂溪之名，名其溪水
交遊		左丞蒲宗孟師道之子也，飾其妹歸先生為繼室	奉台檄按赤水縣簿書，與縣令費琦遊龍多山，刻詩于石。先生去合，給事呂闕為銅梁令，作詩並序送先生	趙清獻抃知虔州，執先生之手歎曰："今日乃知周茂叔也。"薦之

宋	七年壬寅	八年癸卯	英宗治平元年甲辰	二年乙巳	三年丙午
生長	年四十六	年四十七	年四十八	年四十九	年五十
仕宦		四月遷虞部員外郎，仍判虔州。贈父桂嶺君爵郎中	虔民失火，焚千餘家，移先生官判永州	先生赴永州通判任	
言行	《志》稱次子燾生於虔州，當是此年	五月作《愛蓮說》			在永作書與族叔諸兄，有"來春歸鄉，卽遂拜侍"語。作詩《寄鄉關故舊》

宋	七年壬寅	八年癸卯	英宗治平元年甲辰	二年乙巳	三年丙午
交遊		先生在虔，行縣至零都，與餘杭錢建侯、四明沈幾聖遊羅巖	程師孟洪，以詩送先生赴永	趙清獻尹成都，聞先生移永，寄以詩。自虔赴永，同宋復古遊廬山大林寺，有詩。過武昌道中，以詩寄蒲宗孟。運使李大臨，以詩謁先生	

宋	四年丁未	神宗熙寧元年戊申	二年己酉	三年庚戌
生長	年五十一	年五十二	年五十三	年五十四
仕宦	遷朝奉郎尚書駕部員郎。贈父爵諫議大夫。永人立康功祠，是秋，攝邵州事，先生去永	呂文獻薦先生擢廣南東路轉運判官		轉虞部郎中，擢提點廣南東路刑獄
言行	自永攜二子歸展墓，作《拙賦》。九月自邵陽以《同人說》寄知平羌傅伯成，遷邵州學	邵州學成，作《釋菜文》		
交遊	自永歸道，與鄉人蔣瑾、區有鄰、歐陽麗、理椽陳庚遊含暉洞，刻石洞中，云治平四年六月初六日，今猶在焉	孔延之作《邵州遷學記》		

宋	四年辛亥	五年壬子	六年癸丑
生長	年五十五	年五十六	年五十七，六月七日卒。葬江州德化縣清泉社仙居鄭太君墓左

续表

宋	四年辛亥	五年壬子	六年癸丑
仕宦	正月赴廣南任。遘疾，乞南康，八月改知南康軍，十二月十六日改葬仙居縣太君，上南康印，分司南京而歸		
言行	行部至潮州，有《題大顛堂》詩。端州石研為刺史占斷，先生惡其專利，奏請仕端者買研勿得過二枚，遂著為令	定居廬山，饘粥不給，曠斁不以為意	
交遊			

（吳大鎔本）

年　譜[①]　宋　度正　附桑日昇等議

　　宋真宗天禧元年丁巳月日，先生生於道州營道縣之營樂里（先生之生，所係甚大，而史及墓銘皆失其月日，今存其目闕之，以俟博考）。

　　宋真宗天禧元年丁巳　五月五日，先生生於道州營道縣之營樂裡樓田保。（胥從化本）

　　諱敦實，字茂叔，後避英宗舊諱，改惇頤。維周之先，自帝嚳生后稷，至太王，邑于周，後遂以為氏。漢興，封周後於汝南，先生蓋其後也（明道行狀稱汝南周茂叔）。世家營道，莫詳其遷徙所自，族眾而業儒，曾祖從遠，祖智強（別本世家青州，遠祖崇昌，唐永泰中為廉、白二州太守，因卜居道之寧遠縣大陽村。其裔孫諱虞賓，虞賓中子諱從遠，始徙家營道焉，從遠即先生曾大父也，生智強，智強即先生大父）。智強五子，長識（別本作式），天聖五年，王堯臣榜第二甲及第，終汀州上杭

---

　　①　本篇以周木本為底本，雜匯他本。

縣令。次鐸、次正，皆不仕。次輔成、次伯高（別本作縚）舉進士，某年特奏名迪功郎。輔成卽先生父也。大中祥符八年蔡齊倘六舉以上，特奏名賜進士出身，終賀州桂嶺令。葬道州營道縣營樂鄉鐘樂里樓田，累贈諫議大夫。先娶唐氏，生礪，礪生仲章。唐卒，左侍禁鄭燦，其先成都人，隨孟氏入朝。因留于京師，有女先適盧郎中，盧卒，後為諫議公繼室，是生先生。善夫朱文公於江州祠記論之曰："藝祖受命，五星集奎，實開文明之運。清明之稟得以全付于人。而先生出焉，不由師傳，默契道體，而周公、孔子、孟氏之傳，煥然復明於世。"蓋實錄也，可謂極本窮源之論矣。謹案，濂溪在營道之西，距縣二十餘里，蓋營川之支流也，以營道大富橋古碑記考之，自有所謂濂水者，蓋春陵溪泉之名，大率多從水如洄溪、淲泉、浐泉之類，濂溪亦然耳。而蘇文忠公、黃太史皆其同時人，乃專指清濂為義，若先生名之，以自況者，不知何所據也。先生嘗寓潯陽，愛廬山之勝，貧不能歸，遂卜居其下，因溪流以寓故鄉之名，筑室其上，名曰濂溪書堂，示不忘父母之邦之意，學者宗之，號為濂溪先生云。

愚荛桑氏曰："先生自虔移官永州，趙閱道自成都寄詩云：'君向濂溪湖外行，倅旛仍喜便歸程。'蓋指道州之濂溪。楊傑《無為集》有詩云：'山為康仙傳舊姓，溪因廉士得新名。'蓋指九江之濂溪，見《通志》。"愚荛名日昇，零陵人，所著有《易經圖解》《周子太極通書解》，藏于家。

二年戊午

三年己未

四年庚申

五年辛酉　先生年五歲。辨五星墩於宅之左右，前後分配五行。顯鶴案，明道州牧王會有《濂溪故里圖記》略云："濂溪故里在州西十五里，營道鄉有山曰安定，上有砦，鄉人築以避寇者，曰安心砦，其麓周氏家焉，岡隴王皁拱揖環合有五墩繞宅，若五星，然先生實生於祠，墩歷久為鄉人所夷，今僅存其一。"（鄧顯鶴本）

乾興元年壬戌

仁宗天聖元年癸亥

二年甲子

三年乙丑

四年丙寅

五年丁卯

六年戊辰

七年己巳　先生年十三。志趣高遠，里有濂溪，有橋，橋有小亭，先生釣游其上，吟弄風月，至今父老猶能言之。

天聖庚午　先生年十四。濂溪之西十里有山抚聳，中為巖洞，門通東西，當洞之中虛，其頂圓，象月之望，離而東西視之，則如月上下弦焉，故俗呼為月巖。先生好遊其間，世傳先生睹此而悟太極理，或肰也。（吳大鎔本）

天聖辛未　先生時年十五。侍禁之子龍圖閣學士向（向南省元大中祥符元年姚曄倚第三人及第），令先生同母兄盧惇文挈之，遂偕母僊居縣太君自營道濂溪入京師，依舅氏。

按，石刻家譜，以惇文為先生弟，非也，惇文乃盧郎中子，鄭夫人先適盧郎中，盧卒後，為桂嶺公繼室而生先生焉。惇文，先生同母兄，以先生友愛之篤，後人存之于譜云。

明道元年壬申

二年癸酉　先生年十七。伊川先生當生於此年。顯鶴案，此年下原本有王伯厚《困學紀聞》一條，曰"周元公生於道州，程子生於明道元二間，天所以續斯道之緒也。"不知何人羼入周卿年譜，成於嘉定十四年，而遽引王伯厚之言，斯不然矣。今案，歐陽文公《道州修學記》有云"道之得名，因營道二字，見於記載，山有是名，而州遂名，宜非偶然者。"子周子得孔孟不傳之緒，為百世道學之倡，實生道州，豈偶然哉？宋仁宗改元，明道僅及二載，元年程道子生，二年程叔子生，伯子之卒，文彥博表之曰："明道先生，二程傳周子之道者也。"以是推之，州之得名，年之改號，擬議雖定於人謀，默定又存乎天意，觀於周、程可知矣。其言實出於此，並錄之。（鄧顯鶴本）

二年乙亥

景祐丙子　先生時年二十。行義名稱有聞於時，龍圖公名子皆以

"惇"字，因以"惇"名先生，奏補先生試將作監主簿，故盧氏子亦名惇文。

是年，娶陸氏。（吳大鎔本）

景祐丁丑　先生時年二十一。七月十六日，僦居縣太君鄭氏卒，葬於潤州丹徒縣龍圖公之墓側。

是歲居潤，讀書鶴林寺，時范文正公、胡文恭公諸名士與之游，獨王荊公少年不可一世，懷刺謁先生，足三及門而不得見，荊公恚曰："吾獨不可求之六經乎？"顯鶴按，此年下原本有按舅氏鄭公衡州人，祖籍開封陳畱望族，由進士甲科大理評事遷兩浙轉運使，疏潤州蒜山漕河，以龍圖公直學士知杭州，卒葬於潤，其故宅在衡州城南，衡人以先生幼，依舅氏居，因卽宅舊址建濂溪祠，亦不知何人語。今按宋史本傳，鄭向字公明，陳畱人，登進士，為大理評事，歷官度支員外郎，鹽鐵判官，出為兩浙運副擢知制誥，再遷兵部郎中，以龍圖閣直學士知杭州卒，鄭公嘗疏潤州蒜山漕河抵於海，人以為便，固有功於潤者，其卒也，由杭返葬於潤，而先生始終依倚焉。然無由知其必為湖南人也，今方志相沿，殆以先生舅氏，故附會為衡州人與。（鄧顯鶴本）

寶元元年戊寅

二年己卯

康定元年庚辰　先生時年二十四。服除，從吏部調洪州分寧縣主簿。

慶曆辛巳　先生時年二十五。先生序彭應求詩，自言慶曆初為分寧主簿，當是此年。赴上時，分寧縣有獄，久不決，先生至，一訊立辨。士大夫交口稱之。脩州《志》，先生初仕分寧縣，有疑獄，久不決，先生至，一訊立辨。邑人驚詫曰："老吏不如也。"嘗被台檄攝袁州盧溪鎮市征局，鮮事，袁之進士來講學于公齋者甚眾。

二年壬午

三年癸未　先生年二十七。作《論語序》，劉黻《蒙川集》載先生《論語序》。顯鶴案，劉黻字聲伯，樂清人，淳祐初試入大學伏闕攻丁大全，送南安軍安置，盡取濂洛諸書，摘其精切語，集成十卷，名曰《濂洛論語大全》，敗後召還，累官吏部尚書，母喪不出。會宋亡，二王航海追從入廣，至羅浮而卒，有《蒙川集》十卷，見宋史本傳，四庫著錄僅

四卷，今亦未見，先生此序遂佚矣。（鄧顯鶴本）

四年甲申　先生時年二十八。部使者以先生為才，奏舉南安軍司理參軍。脩川①《志》，分寧簿廳舊在縣西七十步，燬於兵火，紹興初移在縣治西園，其西有虛直堂，晦菴朱文公為清江劉升之名，取《通書》中靜虛動直之義，分寧舊祠先生于學，雜以諸賢似不專，後遂特祠。

五年乙酉　先生時年二十九。南安獄有囚，法不當死，轉運使王逵欲深治之，逵，苛刻吏，無敢相可否。先生獨力爭之，不聽，則置手板歸，取告身，委之而去，曰：“如此尚可仕乎？殺人以媚人，吾不忍為也！”逵感悟，囚得不死。

逵以深文失人非辜，賴先生力爭，囚得減死，逵既無憾于先生，且以為賢而薦之。至誠而不動者，未之有也。（瀟山艸堂私考，吳大鎔本）

六年丙戌　先生時年三十。大理寺丞知虔州興國縣，程公珦假倅南安，視先生氣貌非常人，與語，果知道者。因與為友，令二子師事之。每遷授，當舉代，輒以先生名聞。二子即明道、伊川也。明道生於明道元年，伊川生於明道二年，時明道年十五，伊川年十四耳，故明道傳云：“自十五六時，與弟頤聞周惇實論學，遂厭科舉之業，慨然有求道之志。”其後先生作《太極圖》，獨手授之，他莫得聞焉。別本按，程氏家傳，珦知虔州興國縣二年，就移知襲州，二年覃明堂恩，改殿中丞，代還在途而儂智高亂蹈襲州，按國史，皇祐二年，有事于明堂，其明年，智高叛，則珦之宰興國正是年也。以轉運使王逵薦，移郴州郴縣令，長沙王民極云：“先生首修縣學有《修學記》。”當考。

按：明道從先生學，年十五，當生於仁宗明道元年壬申，伊川年十四，當生於明道二年癸酉。一師二弟疊生一時，昌明氣象，櫟可想見矣。（瀟山艸堂私考，吳大鎔本）

顯鶴謹案，清逸《誌》文云：“尤善談名理，深於易學，作《太極圖》《易說》《易通》數十篇。”而性善《年譜》因之，特書曰“其後先生作《太極圖》，獨手授之，他莫得聞焉。”以明非有所受於人，所為獨得千載絕學之傳也。朱子云：“潘清逸誌先生之墓，敘所著書，特以作

---

①　“川”：據文意當作“州”。

《太極圖》為稱首，然則此圖為先生首書無疑，先生既手以授二程，因附書後，傳者遂誤以圖為書之卒章，不復釐正，此則諸本之失也。"又嘗讀朱內翰震《進易說表》，謂此圖之傳，自陳摶、種放、穆修而成，而五峯胡氏作序，又以為先生非止為種、穆之學者，此特其學之一師爾，非其至者也。夫以先生之學之妙，不出此圖，以為得之於人，則決非種、穆所及，以為非其至者，則先生之學又何以加於此圖哉？是以竊嘗疑之，及得清逸《誌》文考之，然後知其果出先生所自作，而非有受於人者，二公蓋未嘗見此《誌》而云云爾。（鄧顯鶴本）

七年丁亥　作書堂于郴之魚鮮山。（胥從化本）

八年戊子　先生時年三十二。為郴縣令，知州事，職方員外郎。李初平知其賢，不以屬吏遇之，嘗聞先生論學，歎曰："吾欲讀書，如何？"先生曰："公老，無及矣。請得為公言之。"初平遂日聽先生語，二年而後有得。初平兩知郴州，按題名記，此再任時也。

皇祐元年已丑　先生時年三十三。李初平卒，子幼，先生曰："吾事也。"為護其喪歸葬之，往來經紀其家，始終不懈。

二年庚寅　先生時年三十四。為郴州桂陽令。

三年辛卯

四年壬辰　先生年三十六。時於桂陽縣廳置木匭一，高四尺，闊視其高加尺焉，以貯官文書，上鋟"皇祐四年置桂陽縣令周"十字，而書押於下。（胥從化本）

五年癸巳　先生時年三十七。先生在郴、桂皆有治績，諸公交薦之。別本云，伺候至丙申，載先生出處疑有小誤，讀者更當以歲月參考。

至和元年甲午　先生時年三十八。用薦者改大理寺丞，知洪州南昌縣。南昌人見先生來，喜曰："是初仕分寧，始至能辨其疑獄者，吾屬得所訴矣。"嘗得疾，更一日夜始甦，友人潘興嗣視其家，服御之物止一弊篋，錢不數百。

二年乙未

嘉祐元年丙申　先生時年四十。以太子中舍簽署合州判官事。先生性好山水，泝峽至秭歸，聞龍昌洞之勝，與廬陵蔣椷、洪崖彭德純遊焉，蔣記之事，見《秭歸集》。至十一月至合州。十日視事，有《田謁鄉官昌州司錄黃君慶牒》（牒見遺文），尋轉殿中丞，賜五品服。

別本云，按先生序彭推官詩，石刻在嘉祐二年正月十五，是時繫御猶云承奉郎，守太子中舍，僉署合州軍事判官廳公事，周某撰文。又，傅耆嘉祐二年冬作先生書，尚稱為宮舍，則轉殿中丞賜五品服，疑不在元年。

二年丁酉　先生時年四十一。正月十五日作《彭推官宿崇聖院詩序》，九月，囘謁鄉士，牒稱為解元才郎，今不詳其為誰氏子，當是去年鄉貢，今年南省下第二歸者，聞先生學問故來求見耳。

遂寧傅耆伯成，少有俊才，年十四薦於鄉，先生妻黨陸丞自小溪解官東歸，過合陽，為先生言傅之為人，先生致書於傅，傅答書云："執事以濟眾為懷，神所勞賚，故得高士與施至術，而心朋遠寓名方，豈不盛哉！賤子聞之，弗勝喜蹈。"書言"心朋"，意似指二程。後書又云："違遠高賢，鄙吝復萌，曩接高論，固多餘意。行思坐想，嘿有所得，不遂溺於時好，失于古道也。"時傅已來合陽見先生矣。後書又謂："蒙示《說妬》，意遠而不迁，詞簡而有法，雜之元結集中，不知孰為周也。"盧次山亦謂"詞深意密，如軻之文"。鄭夫人前適盧郎中，次山，必其族黨之知學者，味其言尤為知先生，是歲有傅和先生席上酬孟翱大傅詩。

鄧顯鶴案，彭推官，名應求，吉州人，有《宿崇聖院》詩，先生抵合州任，艤舟溫泉寺見而愛之，錄示其子思永，時思永為益州路轉運使，得詩感謝，且曰願刻一石，若蒙繼以短序，尤荷厚意，故先生序而刻於石。思永，字秀長，事蹟具宋史本傳。是年元翁生，何平仲、呂元鈞皆有賀詩。（鄧顯鶴本）

三年戊戌　先生年四十二。傅伯成請策題，先生未暇作，因遣人至遂寧探問，新合州使君有書寄傅，且託買皂紗作夏衫，幷樗蒲綾袴段二箇。按，先生在合州，與同事者三人，何涉，董宗式，李郢，何涉之來在先生前，李郢在四年十月，惟宗式在三年三月，此乃三月四日書，則所探新合州為宗式無疑耳。

縉雲縣君陸氏以疾卒。（吳大鎔本）

四年己亥　先生時年四十三。左丞蒲公宗孟從蜀江道于合初見先生，相與欵語連三日夜，退而歎曰"世有斯人歟"！乃議以其妹歸之。

　　五年庚子　先生時年四十四。六月九日，先生解職東歸時，呂給事
陶為銅梁令，有送先生序并詩，今載集中。先生初娶職方郎中陸參女，
封縉雲縣君。按，嘉祐二年，傅與先生書云，封君尊候康寧，又云，聞
封君雅候甚平，復當是素抱疾，故門人書問及之，然竟以不起。又按，
呂和叔有詩賀其弄璋，未知陸所出否也。至是再娶太常丞蒲師道女，是
為左丞宗孟之妹，左丞二姊五妹，其別黎郎十娘詩云：“六娘周家婦，晚
方偶良姻。乃是我手娉，不見五六春”是也。先生在合，士之從學者眾
矣，而尤稱張宗范有文有行，故名其所居之亭曰養心，且語以聖學之要，
其汲汲於傳道受業也如此。一郡之人，心悅誠服，事不經先生手，吏不
敢決，苟下之，人亦不從。既去，相與祠之，南禪正少時，猶及見之。
南禪，濱涪江為大水所漂，今不存，淳熙八年，僉判何預祠之官舍，紹
熙二年，正請於漕臺祠之郡學，其後郡侯任逢重加修葺，姚自舜創田以
備釋菜之用，今大帥曹叔遠又倣書院之意，增廣其田，以備延請堂長，
及養生徒之費云。

　　按《劍門集》有先生詩，先生在合陽無因過劍門，或是嘗過閬中，
蒲氏聞劍門之勝，因往遊耳，先生東歸時，王荊公安石年三十九，提點
江東刑獄，與先生相遇，語連日夜，安石退而精思，至忘寢食（詳見遺
事）。是歲，趙清獻公抃以言事切直出知虔州（別本先生是年被外臺檄按
臨赤水縣簿書，與將仕郎赤水縣令費琦遊龍多山，有唱和詩八首，正月刻
石，又東歸時，十月二十一日與余從周五人相會于江州東林寺，有題名）。

　　《鶴林玉露》曰：“荊公少年不可一世，獨懷刺，謁濂溪先生，足三
及門而不得見，荊公恚曰：‘吾獨不可求之六經乎’。”（吳大鏐本）

　　六年辛丑　先生時年四十五。遂寧傅耆登第，相遇京師，先生刺云
從表殿中丞，前合州從事周某專謁賀新恩，先輩傅弟三月十二日手謁，
是歲二月辛未，御崇政殿試禮部進士。三月癸巳賜進士，王俊民等一百
三十九人及第，傅第三十人，十二日則唱名之三日耳。遷國子博士，通
判虔州，先生前在合陽或譖之，清獻臨之甚威，先生處之超然，清獻疑
終不釋，至是熟試①先生所為，執其手嘆曰：“幾失君矣。今日乃知周茂

────────────

①　“試”：他本皆為“視”，當從。

叔也。"薦之於朝，論之於士大夫，終其身。

遷國子博士，通判虔州。道出江州，愛廬山之勝，有卜居之志。因築書堂於其麓，堂前有溪，發源蓮華峰下，潔清紺寒，合于溢江，先生濯纓而樂之，遂寓名以濂溪。謂友人潘興嗣曰："此濂溪者，異時與子相從於其上，歌詠先生之道足矣。"（吳大鎔本）

趙清獻，君子也，以讒言怒先生，君子而不仁者，非耶。人固不易知，知人亦不易也。卒之銅芥之投，論薦交至，《復》之初九曰："不遠復，無祇悔，元吉。"其此之謂與？（瀟山艸堂私考）（吳大鎔本）

七年壬寅　先生年四十六。同趙清獻游馬祖山。次子燾生。（胥從化本）

八年癸卯　先生時年四十七。行縣至雩都，邀餘杭錢建侯拓、四明沈幾聖希顏遊羅巖，正月七日刻石，四月壬申朔。英宗登極，遷虞部員外郎，追贈父桂嶺君爵郎中，五月作《愛蓮說》，是歲虔州民家失火，焚千餘間，朝廷行遣差替，時先生季點外縣，不自辨明，韓魏公、曾魯公皆知之，遂對移通判永州，程師孟，吳下人，樂易純質，喜為詩，時知洪州，以詩送行（詩見附錄）。

顯鶴案，《愛蓮說》當時撰文書篆上石，月日歷歷可考，年譜皆謹書於策，朱子又重刻而詳記之，且歷述得墨本於濂溪曾孫直卿手，其源流授受明白如此，江昱《瀟湘聽雨記》之謬說，尚足辨耶？而《寶慶府志》乃從而暢其說，斯之不可解矣。（鄧顯鶴本）

英宗治平元年甲辰

二年乙巳　先生時年四十九。三月十四日有《同宋復古遊廬山大林寺至山巔》詩。復古名迪，善畫，江南西路轉運使，成都李公大臨才元詩謁先生于濂溪云："簷前翠靄逼廬山，門掩寒流盡日閑。"指江州之濂溪也。運使李公丁憂，四月先生以疏慰之，清獻公自成都寄詩先生云："君向濂溪湖外行，倅藩仍喜便歸程。"指道州之濂溪也。按，成都記清獻以是年四月視事，所寄詩當在四月以後，十一月合饗天地于圓丘，先生遷比部員外郎，在武昌嘗以詩一軸遞中寄蒲左丞，除夕方達，次年正月左丞成十詩答之，今載《清風集》（別本所寄詩有《對雪寄吳延之》等作，今皆不存矣。或曰觀大林詩并李才元詩，及蒲詩有云："溢浦方名業，濂溪旋結廬。"疑先生往來廬山，定居九江，在此一二年間）。

冬，虔民失火，焚千餘家。朝廷行遣差替，遂對移通判永州。時程師孟知洪州，以詩送行，有"永水自昳勝灘水，浯溪應不讓濂溪。沙頭候吏瞻旌腳，境上鄉人待馬蹄"之句。謝昳曰："舊志載虔民失火，先生移官一事，先生時出行縣，不自辨明，韓魏公、曾魯公皆知之，遂對移永州通判。夫先生出縣與否姑不必論，昳失火行遣乃朝廷之公法，先生以道自處，以民瘼為任，一夫不獲，皆己之辜，豈容有自辯保官之理？假令先生不出行縣，能保虔民之不焚乎？故失火不必為先生諱，而出行不辯，不足為先生美談也。"此論甚正，故著之。① （吳大鎔本）

治平丙午　先生年五十。在永與族叔及諸兄書云"來春歸鄉，卽遂拜侍"。又寄詩與鄉人，有"故人若問吾何況，為道舂陵只一般"之句。（吳大鎔本）

四年丁未　先生時年五十一。先生素貧，初入京師，鬻其產以行，擇留美田十餘畝，畀周興耕之，以瀍歸其父郎中之墓，至是自永州移文營道言之，因携二子歸舂陵展墓，三月六日與鄉人蔣瓛（仕至朝議大夫）、區有鄰（仕至大理寺丞）、歐陽麗、理掾陳賡同遊含輝洞，洞在今營道縣南二里，刻石其陰。八月，營道給吏文付周興，從先生之言也。

神宗登極，遷朝奉郎尚書駕部員外郎，加贈父諫議大夫。六月十四日，與其兄之子仲章手帖云："可具酒果香茶，詣墳前告聞先公諫議是也。"其帖後歸張敬夫，今刻之道州桂林學官。先生在永三年，嘗作《拙賦》，既去，永人思之，為立祠，題曰"康功"。胡宏仁仲（別本作胡寅明仲）有詩云："千古濂溪周別駕，一篇清獻錦江詩。"是秋攝邵州事，九月，先生自邵陽發遞，以《改定同人說》寄傅伯成，傅時知嘉州平羌縣，明年傅復書云："蒙寄昳《同人說》，徐展熟讀，較以舊本，改易數字，皆人意所不到處，宜乎使人宗師仰慕之不暇也。"先是邵之學在牙城之中，左獄右庚，卑陋弗稱，先生始至，伏謁先聖祠下，起而悚然，乃度高明之地，遷于城之東南，逾月而成。

神宗熙寧元年戊申　先生時年五十二。荊湖北路轉運使孔延之為先

---

①　"虔民失火"事，吳大鎔本錄在先生四十九歲下，與周木本異，今照吳大鎔本錄於此，可參校。

生作《邵學記》，書曰治平五年。正月三日，其日先生率僚吏諸生告于先聖先師，亦書治平五年。神宗即位，改治平五年為熙寧元年，時改元詔未到，故學記及祝祠皆作治平五年耳。後人狗尋常利便之說，輒徙其學他所。乾道九年，知州事，胡侯始復其舊，張敬夫為詳其事而記之。呂正獻公公著在侍從，聞先生名力薦之，會清獻公在中書，擢授廣南東路轉運判官，有啟謝正獻公云：“在薄宦有四方之遊，於高賢無一日之雅。”

顯鶴謹案，先生《易說》久佚，此年寄傅耆之《改定同人說》與前寄示《姤說》，當卽《易說》中之一，今亦不傳，而《同人說》自邵州遞發，則尤邵人所宜與聞者也。今東山講學之地，尚名濂溪，顯鶴來東山卽取先生《暮春卽事》“閒坐小窗讀周易”語，以名其齊為“讀易窗”，竊疑先生在邵州宜有詩，今卽以《暮春卽事》及《觀易象》二詩與《改定同人說》，同編入年譜，為邵州掌故，亦未為臆斷也。又方志載邵州城南衛前山麓有泉，從石縣出，清徹無滓，舊名沃泉。濂溪先生來攝州事時，歎而甘之易名濂溪。案，《爾雅》云“沃泉縣出，縣出，下出也”，郭注：“從上溍下”，疏引《曹風》“洌彼下泉”為證，今郡人建龍泉庵於左以護之，水甘洌異常，土人呼為龍頭泉，又南城有官井相傳，亦先生所飲，或以為濂泉非是。(鄧顯鶴本)

二年已酉　先生年五十三。至廣南端州，時正月，題名陽春岩。三月，題名七星岩，均刻石。(胥從化本)

三年庚戌　先生時年五十四。轉虞部郎中，擢提點廣南東路刑獄。

四年辛亥　先生時年五十五。以正月九日領提點刑獄職事（治在韶州），行部至潮州，有《題大顛堂詩》（至春州有詩，至惠州有《題羅浮山》詩）。時虞部郎中杜諮知端州，禁百姓采石，獨知州占繼，人號為杜萬石。先生惡其奪民之利，因為起請，凡仕於州者，買硯毋得過二枚，遂為著令。先生盡心職事，務在矜恕，得罪者自以為不冤。俄有疾，聞水齧儡居縣太君墓，遂乞南康，八月朔移知南康軍，十二月十六日改葬於江州德化縣清泉社三起山，葬畢曰：“強疾而來者，為葬耳，今猶欲以病污麾綏邪？”上南康印分司南京。

五年壬子　先生時年五十六。平日俸祿，悉以周宗族，奉賓友，及分司而歸，妻子饘粥或不給，曠然不以為意。既不能返其故鄉，尤愛廬阜之勝，遂於書堂而定居焉。（正過九江必造焉，距州城十里許，堂之左即先生之祠，乃塑像，三山帽，紫衣，方領，赤鳥，坐乎方狀之上，又左則為光風霽月亭，自州城來者先至焉。右則愛蓮亭，拙堂後為一室，室之前刻《愛蓮說》《拙賦》及《太極圖》《通書》《墓碣祠記圖書》，皆附晦翁解釋於其下，不著何人書，或云永嘉陳益之。書之門外數步，即發源蓮花峯下，先生寓名以為濂溪者，溪之外不二十里即廬山，正嘗留詩，今夔漕王忠甫甞為德化縣近因書道舊云，好事者重修書堂，前詩不復存矣，詩見附錄）。

　　六年癸丑　先生時年五十七。清獻公再尹成都，聞先生之去拜章乞留，朝命及門，以六月七日卒。二子壽、燾，時皆太廟齊郎，以十一月二十一日葬先生於僊居縣太君墓左，從遺命也。清逸處士潘興嗣為墓銘，左丞蒲宗孟為墓碣，而孔延之之子文仲為文以祭之，有“玉色金聲”、“伊傅自視”等語，其後蘇文忠公追賦濂溪詩，有曰：“先生豈我輩，造物乃其徒。”黃大史亦稱先生“人品甚高，胸中灑落，如光風霽月”，必其嘗見《太極圖》，與親見先生容貌，接其辭氣，故其為言方能曲盡其妙如此也。今其文具載附錄，可考而知。惟先生稟生知之異質，加以汲汲於學，故一時老師宿儒、專門名家，一藝一能，有過於人，有聞於世者，無不訪問，然其所至，皆天造自得，所謂不由師傳，默契道體者是為得之，或謂陳摶傳種放，放傳穆脩，脩傳先生，今種、穆所著，存於世者，古文而已，然亦未純於理，觀摶與張忠定語及公事，先後有太極動靜分陰陽之意，然其所為《龍圖記》，蓋直陳其數，無復文言，與《太極圖說》，絕不相似。今觀《太極圖說》，精妙微密，與《易大傳》相類，蓋非為此圖者不能為此說，非為此說者不能為此圖，義理混然出於一人之手，決非前人創圖，後人從而為之說也。或謂“無極”二字出於老子，先生之學蓋本於此，然老子之言無極，如列子、莊子之言無窮、無極，釋氏之言無量、無邊，是指四旁為義，先生之言無極而太極，是指中間極至之理，未形之妙，今但以其字之同而不察其指之大異，比而同之，不惟不足以知先生之意，恐於老子之言亦未識其指歸也。或謂先生與胡文恭公同師潤州鶴林寺僧壽涯，或謂邵康節之父邂逅文恭於廬山，從隱者老浮圖遊，遂同授易書，所謂隱者，疑即壽涯也。其後康節著《皇極經世》書，以數為宗，文恭立朝，論堯遷閼伯於商丘，主辰，遷實沉於大夏，主參，商丘為宋，宋火德，大夏為并，并為水，古稱參辰不並，火盛則水衰，宜進辰抑參，蓋亦星曆之學也。先生之學得之者，莫如明道伊川，明道伊川嘗云："靈山會下若干人皆悟道，某敢道無一人悟者，若果有一人悟道，臨死時須求一尺帛裹頭。"因謂曾子以士之身死於大夫之簀，為非禮，必易之，而後已彼斷髮之人不能全而歸之，本之則無，知先生之所不取也。今以先生嘗請問於此二人者，即謂其學本出於此二人，失之遠矣。昔孔子問禮於老聃，訪樂於萇洪，謂孔子生知，未嘗問老聃、萇洪者，固不可，謂孔子之學本出於老聃、萇洪者，可乎？此不待聖智者知其必不然矣。先生既沒，舂陵人祠之學官，復於里舍塑像，春秋二仲有職於學官者遵故事，宿舍中夙興盥薦惟謹，淳熙庚子郡博士章穎捐俸金，率士子增大之於廳之左右，闢兩齊扁曰"吟風""弄月"。以處學者，晦菴師長沙首遣祝幣臨奠云云，詳見附錄。今文刻祠中。

壽字季老，一字元翁，第百一，生於合州，郡人何平仲及銅梁令呂陶皆以詩賀之，娶鄭氏，即先生母黨。元豐五年，黃裳榜登第，初任吉州司戶，次秀州知錄，終司封郎中。

生於合州，縉雲縣君陸氏出也。元豐五年，黃裳榜登第，初任吉州司戶，改秀州知錄，終司封郎中。嘗與黃山谷同僚相友善，故山谷稱其"純粹動金石，清節不朽，雖與日月爭光可也。言語文章，發明妙慧。"生子六，從官居吳中。（胥從化本）

燾字通老，一字次元，蒲所出，生於虔州，初授司法。元祐三年，李長寧榜登第，嘗知成都府，終朝議大夫，徽猷閣待制，二子既顯，累贈宣奉大夫。

德清縣君蒲氏出也。初授司法，元祐三年，李長寧榜登第，為貴池令，遷兩浙轉運使，知成都府，終朝議大夫徽猷閣待制。累贈先生宣奉大夫。蘇東坡知杭州時與之同官，親如兄弟，倡酬詩甚多，著有《愛蓮堂詩文集》。人稱茂叔有子良，不誣也。生子三，居道州。（胥從化本）

先生之學，門人、弟子多矣，而二程獨能傳之。二程之學，門人弟子亦多矣，而謝上蔡、楊龜山、游定夫、張思叔、侯師聖、尹彥明為能聞之，龜山傳之羅仲素，仲素傳之李延平，延平傳之晦菴先生。上蔡及師聖傳之胡文定，文定傳之五峯，五峯傳之張敬夫。敬夫及晦翁相繼稍被召用，推明先生之學所在，祠先生於學官以興起學者，而又解釋《太極圖說》及《通書》，正學者之差繆，明其心法，以詔後世，使百世之下有志之士，得其書而讀之，如親授於先生，聖賢事業可學而能，孔孟之學可繼而續，豈誣也哉！然必嘗從事於此心通默識，然後為能真知之矣。近年以來，世之推行其學，講明踐修者益眾，臨卭魏華父了翁除潼川憲下問政令，所當先者正謂之曰濂溪先生，幸仕樊鄉，下車之初，宜遣祝幣委簽判，或教官告之，以導學者趨嚮，既而華父更思所以表顯之者，遂有易名之請，上即可之。於是下太常定議吏部覆議。久之，議上，賜諡曰“元”，實嘉定十三年六月二十二日也，故併書之，以見聖朝褒崇儒學，風勵學者之盛意如此其至，有志者可不知所勉哉！

寧宗嘉定十三年，賜諡曰“元”。（吳大鎔本，以下六段倣此）

理宗淳祐元年，封“汝南伯”，從祀孔子廟庭。

元延祐六年，封“道國公”。

明正統元年，賜其家世復。

明景泰七年，賜其嫡長子孫官翰林院五經博士，世襲。

大清康熙二十四年五月，奉聖旨：“周惇頤子孫准與程、朱子孫一例，世襲五經博士。”允禮部覆准都憲姚公之請也。

贊曰：唯德、言、功，稱三不朽。任重道遠，既大且久。可仕可止，先民是守。志伊學顏，流光積厚。伊人之生，夫豈其偶。朝斯夕斯，如飲醇酒。

右正少時，得明道、伊川之書讀之，始知推尊先生，而先生仕吾鄉時，已以文學聞于當世，遂搜求其當時遺文石刻，不可得，又欲於架閣庫討其書判行事，而郡當兩江之會，屢遭大水，無復存者。始仕遂寧，聞其鄉前輩故朝議大夫知漢州傅者曾從先生遊，先生嘗以《說姤》及《同人說》寄之，遂訪求之，僅得其目錄及《長慶集》，載先生遺事頗詳，久之，又得其手書手謁二帖，其後過秭歸得《秭歸集》，之成都得李才元《書臺集》，至嘉定得呂和叔《淨德集》，來懷安又得蒲傳正《清風集》，皆載先生遺事，至於其他私記小說及先生當時事者，皆纂而錄之。一日與今夔路運司帳幹楊齊賢相會成都時，楊方草先生年譜，且見囑以補其闕，刊其誤，楊先生之鄉士也，操行甚高，記覽亦極詳博，意其所考訂，必已精審，退而閱之，其載先生來吾鄉歲月，頗自差舛，甚者以周恭叔事為先生事，又以程師孟送行詩為趙清獻詩，於是屢欲執筆未暇也。及來重慶，官事稍閒，遂以平日之所聞者而為此編，然其所載於先生入蜀本末為最詳。其他亦不能保其無所遺誤。正往時嘗有志遍遊先生所遊之處，以訪其遺言遺行。今自以衰晚，莫能遂其初志，有志之士儻能垂意搜羅，補而修之，使無遺缺，實區區之志也。嗚呼！天之未喪斯文也，故其絕千有餘年而復續，續之未久，復又晦昧，至近世而復燦然大明，小人之用事者，自以為不利於已，盡力以抑絕之。賴天子聖明，大明黜陟，而斯文復興，如日月之麗，天人皆仰之，有願學之志假令百世之下復有沮毀之者，其何傷於日月乎？其何傷於日月乎？嘉定十四年八月二十有九日，後學山陽度正謹序。

　　顯鶴謹案，度正字周卿，四川合州人，少從學於朱子，登紹熙進士，歷官國子監丞，上疏言李全必反，且獻斃全三策，其言鯁亮激切，遷軍器少監，輪對，言陛下推行聖學，當自正家始。進太常少卿，遷禮部侍郎，國史實錄院同修撰致仕卒。所著有《性善堂文集》，見宋史本傳，不言其仕遂寧，蓋漏載也。所作先生年譜，詳核簡潔，本傳亦不載。今案，譜序所引傳者諸人，皆有名迹，其稱之成都得李才元《書臺集》，才元為李大臨，字華陽，人與宋敏求、蘇頌相繼當制，稱熙寧三舍人，有《濂溪謁周虞部》詩。其稱至嘉定得呂和叔《淨德集》，和叔即呂陶，成都人，一字元鈞，號淨德，集因以名，有《送周茂叔殿丞》及《賀茂叔弄璋》二詩。來懷安又得蒲傅正《清風集》，傅正名宗孟，則先生戚也。有《奉寄周茂叔虞曹》十首。三人事蹟，皆具宋史本傳。惟過秭歸，得《秭歸集》，不知何人，考其時有沅江陳起曾令姊歸，疏鑿新灘以便舟楫，歐陽文忠公曾銘其功於石，終永州通判，起字輔聖，見澹山巖題名款稱。嘉祐祐享後十一日，有詩一首，今采入《沅湘耆舊集前編》，其人當有集，與周子同鄉同時，或即其人未可知。至所稱今夔路運司帳幹楊齊賢，則注太白詩之春陵楊子建也。今其書尚著錄四庫全書提要，以為杜甫集，自北宋以來，注者不下數十家，《李白集注》，宋元人所撰輯者，今惟此本行世而已，又稱其注中多徵引，故實兼及意義，其大致詳贍，足資檢閱於白集，固不為無功。按之此譜所云，操行甚高，記覽亦極詳博，猶可想見其人。惜宋史未為立傳，其著作今遂無一字畱傳，《湖南通志》僅見姓名，并不知有注，太白集事文獻之湮如此為可歎也，因校刊是譜，而附記其略如此。（鄧顯鶴本）

　　正頃在成都夜讀通鑑，其後常患目昏不能多作字，至編類濂溪家世、年表，皆口授弟蕃執筆從傍書之，及至買平紋紗衫材樗蒲綾袴段，蕃曰：“不太苛細否？”曰：“此固哲人細事，如食之精、膾之細、魚之餒，紺緅之飾，紫紅之服，當暑之絺綌，鄉黨皆備書之，今讀之如生於千載之前，同堂合席也，豈可忽乎？”恐觀者之不達乎此，故併記之，以示同志云。嘉定十四年九月二十五日記。（周木本）

事　狀　　宋　朱熹

　　先生家世道州營道縣濂溪之上，姓周氏，名惇實，字茂叔，從避英宗舊名改惇頤，用舅氏龍圖閣學士鄭公向奏，授洪州分寧縣主簿。縣有獄，久不決，先生至，一訊立辨，眾口交稱之。部使者薦其以為南安軍司理參軍，移郴及桂陽令，用薦者改大理寺丞，知洪州南昌縣事，簽書合州判官廳公事，通判虔州事，改永州，權發遣邵州事。熙寧初，用趙清獻公、呂正獻公薦，為廣南東路轉運判官，改提點刑獄公事。未幾而病，亦會水齧其先墓，遂求南康軍以歸，既葬，上其印綬分司南京。時趙公再尹成都府，復奏起先生，朝命及門，而先生卒矣。熙寧六年六月七日也，年五十有七。葬江州德化縣德化鄉清泉社。

　　先生博學力行，聞道甚早，遇事剛果，有古人風。其為政精密嚴恕，務盡道理。嘗作《太極圖》《易說》《易通》數十篇。在南安時，年少不為守所知。洛人程公珦攝通守事，視其氣貌非常人，與語，知其為學知道也，因與為友，且使其二子往受學焉。及為郎，故事，當舉代，每一遷授，輒以先生名聞。在郴時，郡守李公初平知其賢，與之語而歎曰：“吾欲讀書，何如？”先生曰：“公老，無及也，某也請得為公言之。”於是初平遂日聽先生語，二年果有得。而程公二子，卽所謂河南二先生者也。

南安獄有囚，法不當死，轉運使王逵欲深治之，逵苛刻，吏無敢與相可否。先生獨力爭之，不聽，則置手板歸，取告身，委之而去，曰："如此尚可仕乎！殺人以媚人，吾不為也！"逵亦感悟，囚得不死。在郴桂，皆有治績。來南昌，縣人迎喜曰："是能辨分寧獄者，吾屬得所訴矣。"於是更相告語，莫違教命，蓋不惟以抵罪為憂，實以汙善政為恥也。在合州，事不經先生，吏不敢決，苟下之，民不肯從。蜀之賢人君子皆喜稱之。趙公時為使者，小人或讒先生，趙公臨之甚威，而先生處之超然。趙公疑終不釋，及守虔，先生適佐州事，趙公熟視其所為乃悟，執其手曰："幾失君矣，今日乃知周茂叔也。"

于邵州，新學校，以教其人。及使嶺表，不憚出入之勤，瘴癘之侵，雖荒崖絕島，人跡所不至，亦必緩視徐按，務以洗冤澤物為己任。施設置措，未及盡其所為而病以歸矣。自少信古好義，以名節自砥礪，奉己甚約，俸祿盡以周宗族，奉賓友，家或無百錢之儲。李初平卒，子幼，護其喪歸，葬之。又往來經紀其家，始終不懈，及分司而歸，妻子饘粥或不給，而亦曠然不以為意也。

襟懷飄灑，雅有高趣，尤樂佳山水，遇適意處，或徜徉終日。廬山之麓有溪焉，發源於蓮花峯下，潔清紺寒，下合于湓江，先生濯纓而樂之，因寓以濂溪之號而築書堂於其上。豫章黃太史庭堅詩而序之曰："茂叔人品甚高，胸中灑落，如光風霽月。"知德者亦深有取於其言云。晦庵卽潘《志》、蒲《碣》及孔司封、黃太史所記先生行事之實，刪去重復為此事狀。（周木本）

顯鶴謹案：朱子《濂溪先生事狀》引用山谷語："若以'濂'之為字，出於自製。"後乃用鄒聳《遊濂溪辭序》及何棄仲《營道齋詩序》改正，而後度氏年譜、宋史本傳因之，世始知濂溪為營道故里之本號，見朱子《書通書後》，今節錄其文於左，全文仍別錄於後，以徵實云。營道何棄仲《營道齋詩并序》略云："春陵郭縣曰營道，三十里而近有村落曰濂溪，周氏家焉，族眾而業儒，有子曰惇頤，字茂叔，遠宦南歸，弛肩廬阜，力不能返故居，乃結屋臨流，寓濂溪之名，志鄉關在目中也。"修水江夏公敬慕之，每稱獎。其子壽、燾，燾卽次元，亦為坡公所知，坡有故茂叔濂溪詩。唯多其廉，退修水，亦止述其廉平，莫詳僑寓之意，殆子弟不能達先志也。夫修水相去甫數舍，坡其同時人皆失本意，文字傳誤可嘆已。宋邵武鄒勇《遊濂溪辭并序》略云："道州城西十五里，有村曰濂溪保，蓋周茂叔先生之居也，先生宦游過九江，愛廬阜，不能歸，故以濂溪榜書堂，示不忘本。山谷，一世冷聞者也，而曰：'有水發源於廬阜，蓮花峯下，茂叔樂之，用其平生所安樂，媲水而成，名曰濂，而近世士大夫又謂本名廉溪先生，子求詩於山谷，避其叔父諱，遂加以水，且曰廉於濂，應殊而音暌，不應媲水以明其廉。'其說具載九江學宮先生祠堂記。"以勇觀之，俱失也，勇縻粟道州，考濂溪頗詳，因暇日遊焉，訪先生之遺跡，且道世人之惑也，敢述以辭，朱子《書通書後》："熹舊記先生行實，采用黃太史詩序中語，若以濂之為字，為出於先生所自製，以名廬阜之溪者，其後累年乃得何君所記，然後知濂溪云者，實先生故里之本號，而非一時媲合之強名也，欲加是正，則其傳已久，懼反以異辭致惑，故特附何君語於遺事中，以著其實，後又得張敬夫所刻先生墨帖，後記先生家譜，載濂溪隱居在營道縣榮樂鄉石塘橋西，而春陵胡良輔為敬夫言，濂實溪之舊名，父老相傳。先生晚居廬阜，因名其溪，以示不忘其本之意。近邵武鄒勇官春陵，歸為熹言，親訪先生之舊廬，所見聞於何、張之記皆合，但云其地在州西南十五里許，蓋溪之源委自為上下保，而先生居下保，其地又別自號為樓田，至字之為濂，則疑其出於唐刺史元結七泉之遺俗也，勇嘗有文辨說甚詳。其論制字之所從，則熹蓋嘗為九江林使君黃中言之與勇說合，方將并附其說於書後，以證黃序之失。"而婺源宰三山張侯適將鋟板焉，因書以遺之，庶幾有補於諸本之闕。（鄧顯鶴本）

濂溪先生行錄　　宋　朱熹

先生姓周氏，名惇實，字茂叔，避厚陵藩邸名，改惇頤，世居道州營道。父輔成，大中祥符八年登蔡齊榜進士第，嘗為賀州桂嶺令，贈諫議大夫。母鄭氏，封仙居縣太君。先生少孤，養外家。景祐中，用舅氏龍圖閣學士鄭公向奏，試將作監主簿，授洪州分寧主簿。先生博學力行，遇事剛果，有古人風。其為政精密嚴恕，務盡道理。縣有獄，久不決，先生至，一訊立辨，眾口交稱之。部使者薦其才為南安軍司理，獄有囚，法不當死，轉運使王逵欲深治之，逵苛刻，吏無敢與相可否者。先生獨與之辯，不聽，則置手板歸，取告身，委之而去。曰：“如此尚可仕乎！殺人以媚人，吾不為也！”逵感悟，囚得不死。且賢先生，薦之。移郴州桂陽令，皆有治績。用薦者改大理寺丞，知洪州南昌縣，於是更相告語，勿違教命，而以污善政為恥也。改太子中書舍人，簽書合州判官事，轉殿中丞。一郡之事，不經先生手，吏不敢決，民不肯從。清獻公為使者，小人或讒先生，趙公臨之甚威，而先生處之超然也。轉國子博士，通判虔州，趙公來為守，熟視先生所為，執其手曰：“今日乃知周茂叔也。”遷尚書虞部員外郎，通判永州，權發遣邵州事，新學校，以教其人。熙寧元年，用趙公及呂正獻公薦，為廣南東路轉運判官。三年，轉虞部郎中，提點刑獄。先生不憚出入之勞、瘴毒之侵，雖荒崖絕島，人跡所不至處，亦必緩視徐按，務以洗冤澤物為己任。設施措置，未及盡其所為，而先生病矣，因請南康軍以歸。趙公再尹成都，復起先生，朝命及門，而先生卒矣。熙寧六年六月七日也，年五十有七。葬江州德化縣清泉社。娶陸氏，封緝雲縣君。再娶蒲氏，封德清縣君。子壽、燾皆太廟齋郎。

先生所著書有《太極圖》《易說》《易通》數十篇，詩十卷藏于家。先生在南安時，年甚少，不為守所知。洛人程公珦攝通守事，視其氣貌非常人，與語，知其為學知道也，因與為友，且使其子顥、頤受學焉。及為郎，故事，當舉代，每一遷授，輒以薦之。程公二子皆唱鳴道學，以繼孔孟不傳之緒。世所謂二程先生者，其原蓋自先生發之也。在郴時，其守李公初平知先生賢，不以屬吏遇之，既薦諸朝，又周其乏困，嘗聞先生論學，歎曰：“吾欲讀書，如何？”先生曰：“公老矣，無及也，惇頤請得為公言之。”初平逐日聽先生語，蓋二年而有得。王荊公提點江東刑獄時，已號為通儒，先生遇之，與語連日夜。荊公退而精思，至忘寢食。先生自少信古好義，以名節自砥礪，其奉己甚約，俸祿盡以周宗族。在南昌時，得疾暴卒，更一日夜始甦，或視其家，只一敝篋，錢不滿百。李初平卒，子幼，不克葬，先生護其喪，歸葬之。分司而歸，妻子饘粥不給，曠然不以為意也。廬山之麓有溪焉，築室其上，名之曰濂溪。因語其友清逸居士潘延之曰：“可仕可止，古人無所必。束髮為學，將有以設施可澤於斯民者，必不得已，止未晚也。此濂溪者，異時與子相從於其上，歌詠先王之道，足矣。"此其出處之本意也。豫章黃庭堅稱之曰："茂叔人品甚高，胸中灑落，如光風霽月。好讀書，雅志林壑。不卑小官，職思其憂，論法常欲與民決訟，得情而不喜。其為使者，進退官吏得罪者，自以不冤。濂溪之名，雖不足以對其美，然茂叔短于取名而樂於求志，薄於徼福而厚於得民，菲於奉身而燕及惸嫠，短於希世而尚友千古。聞茂叔之風，猶足律貪。則此溪之水配茂叔以永久，所得多矣！"識者亦或有取於其言云。（周木本）

濂溪志新編卷之五

遺書文獻志[①]

嘗讀《性理大全》書，揭《太極圖》《通書》于其首，蓋先生為開代大儒，群公、諸子皆誦法先生者，故取為壓卷也。若狀，則先生之書，盡人而知之矣。奚藉此之贅贅為夫《志》，為先生作也。《太極圖說》《通書》，先生之靈爽憑焉，詩文筆扎，雖軼逸弗備，亦嘉言懿行，文獻之有徵者。是之弗志，惡用志為? 志《遺書文獻》。河出《圖》，洛出《書》，聖人則之。畫疇演《易》，文明啟運，日月中天矣! 先生生聖遠言湮之後，潛心默契，闡圖著書。太極一圖，萃河洛之精微。《圖說》《通書》，貫《範》《易》之經緯。子朱子贊先生曰："《書》不盡言，《圖》不盡意。"後之言圖書者，蔑以加矣。（吳大鎔本）

太極圖

---

① 本卷周敦頤本人著述，未標明出處者，均選自宋刻本，各篇不再註明。

太極圖解義　　宋　朱熹

熹曰：此所謂無極而太極也，所以動而陽、靜而陰之本體也。然非有以離乎陰陽也，即陰陽而指其本體不雜乎陰陽而為言爾。◑，此○之動而陽，靜而陰也。中○者，其本體也。☽者，陽之動也，○之用所以行也。☾者，陰之靜也，○之體所以立也。☽者，☽之根也。☾者，☽之根也。 [五行圖] ，此陽變陰合而生水、火、木、金、土也。丶者，陽之變也。丿者，陰之合也。㊌陰盛，故居右。㊋陽盛，故居左。㊍陽穉，故次火。㊎陰穉，故次水。㊏沖氣，故居中，而水火之乂交係乎上，陰根陽，陽根陰也。水而木，木而火，火而土，土而金，金而復水，如環無端，五氣布，四時行也。○◑ [五行圖] 五行一陰陽，五殊二實，無餘欠也。陰陽一太極，精粗本末，無彼此也。太極本無極，上天之載，無聲無臭也。五行之生，各一其性，氣殊質異，各一其○，無假借也。☿，此無極二五，所以妙合而無間也。○，乾男坤女，以氣化者言也。各一其性，而男女一太極也。○，萬物化生，以形化者言也。各一其性，而萬物一太極也。惟人也得其秀而最靈，則所謂人○者，於是乎在矣。然形，☾之為也。神，☽之發也。五性， [五行圖] 之德也；善惡男女之分也，萬事萬物之象也。此天下之動，所以紛紜交錯，而吉凶悔吝所由以生也。惟聖人者，又得其秀之精一，而有以全乎○之體用者也。是以一動一靜，各臻其極，而天下之故，常感通乎寂然不動之中。蓋中也，仁也，感也，所謂☽也，○之用所以行也。正也，義也，寂也，所謂☾也，○之體所以立也。中正仁義渾然全體，而靜者常為主焉，則人○於是乎立，而○◑ [五行圖] ，天地、日月、四時、鬼神，有所不能違矣。君子之戒謹恐懼，所以修此而吉也。小人之放僻邪侈，所以悖此而凶也。天地人之道，各一〇也。陽也、剛也、仁也，所謂《也，物之始也。陰也、柔也、義也，所謂》也，物之終也。此所謂易也，而三極之道立焉，實則一〇也。故曰“易有太極”，◉之謂也。（宋刻本）

太極圖说

周子曰：無極而太極。太極動而生陽，動極而靜，靜而生陰，靜極復動。一動一靜，互為其根。分陰分陽，兩儀立焉。陽變陰合，而生水、火、木、金、土，五氣順布，四時行焉。五行一陰陽也，陰陽一太極也，太極本無極也。五行之生，各一其性。無極之真，二五之精，妙合而凝。乾道成男，坤道成女，二氣交感，化生萬物。萬物生生而變化無窮焉，惟人也得其秀而最靈。形既生矣，神發知矣，五性感動而善惡分，萬事出矣。聖人定之以中正仁義而主靜，立人極焉。故聖人與天地合其德，日月合其明，四時合其序，鬼神合其吉凶。君子修之吉，小人悖之凶。故曰：立天之道曰陰與陽，立地之道曰柔與剛，立人之道曰仁與義。又曰：原始反終，故知死生之說。大哉《易》也，斯其至矣。

太極圖說解[①]　附多人解
無極而太極
朱曰：上天之載，無聲無臭，而實造化之樞紐，品彙之根柢也。故曰：“無極而太極。”非太極之外復有無極也。

張曰：此極夫萬化之源而言之也。曰“無極而太極”，其立言猶云莫之為而為之之辭也，有無本不足以論道，而必曰“無極而太極”者，所以明動靜之本，著天地之根，兼有無、貫顯微，該體用者也。必有以見乎此，而後知太極之妙不可以方所求也。其義深矣。

桑氏曰：此蓋發明孔子“易有太極”之意也。（吳大鎔本）

---

①　底本此處注云：“晦庵朱子、南軒張子解義附。”

太極動而生陽，動極而靜，靜而生陰，靜極復動，一動一靜，互為其根，分陰分陽，兩儀立焉。

朱曰：太極之有動靜，是天命之流行也，所謂"一陰一陽之謂道"。誠者，聖人之本，物之始終，而命之道也。其動也，誠之通也；繼之者善，萬物之所資以始也。其靜也，誠之復也；成之者性，萬物之各正性命也。"動極而靜"，"靜極復動"，"一動一靜，互為其根"，命之所以流行而不已也。動而生陽，靜而生陰，分陰分陽，兩儀立焉，分之所以一定而不移也。蓋太極者，本然之妙也；動靜者，所乘之機也。太極，形而上之道也；陰陽，形而下之器也。是以自其著者而觀之，則動靜不同時，陰陽不同位，而太極無不在焉。自其微者而觀之，則沖漠無朕，而動靜陰陽之理已悉具於其中矣。雖然，推之於前，而不見其始之合；引之於後，而不見其終之離。故程子曰："動靜無端，陰陽無始。"非知道者，孰能識之？

張曰：太極，涵動靜之理者也。有體必有用，太極之動始而亨也。動極而靜，利而貞也。動靜之端立，則陰陽之形著矣。一動一靜，互為其根，動為靜之根，而靜復為動之根。非動之能生靜，靜之能生動也。動而靜，靜而動，兩端相感，太極之道然也。故曰："一闔一闢，謂之變；往來不窮，謂之通。"語其體，則無極而太極，冥漠無朕，而動靜陰陽之理，無不具於其中。循其用，則動靜之為陰陽者，闔闢往來，變化無窮，而太極之體，各全於其形器之丙，此易之所以為易也。

陽變陰合而生水、火、木、金、土，五氣順布，四時行焉。

朱曰：有太極，則一動一靜而兩儀分；有陰陽，則一變一合而五行具。然五行者，質具於地而氣行於天者也。以質而語其生之序，則曰水、火、木、金、土，而水、木，陽也，火、金，陰也。以氣而語其行之序，則曰木、火、土、金、水，而木、火，陽也，金、水，陰也。又統而言之，則氣陽而質陰也；又錯而言之，則動陽而靜陰也。蓋五行之變，至於不可窮，然無適而非陰陽之道。至其所以為陰陽者，則又無適而非太極之本然也，夫豈有所虧欠間隔哉！

張曰：陽主乎變，陰主乎合，其性情然也。陰陽變合，五行之質形焉，五行之質形於地，而氣行於天。質之所生，則水為首，而火、木、金、土次焉。氣之所行，則木為先，而火、木、金、水次焉。五氣順布，四時之所以行也。二氣五行，乃造化之功用，亦非先有此而後有彼，蓋無不具在於太極之中，而命之不已者然也。

御案，朱子雖以陰陽分質之序、氣之序，然實陰陽合體、氣質同歸，何則天一陽也，加五為六，卽地之陰也。地二陰也，加五為七，卽天之陽也。三與八，四與九亦然，其陰陽合體者如此，是故以氣言之，以冬春為陽，夏秋為陰可也。以陽氣生於冬至，而盛於春，陰氣生於夏至，而盛於秋也，以春夏為陽，秋冬為陰，亦可也。以陽功發於春，而極於夏，陰功成於秋，而終於冬。以質言之，以水木為陽，火金為陰可也。水之滋潤，故能生木，陽之舒也。火之燥烈，故能成金，陰之斂也。以木火為陽，金水為陰，亦可也。木溫火熱，氣稟乎陽也。金涼水寒，氣稟乎陰也。又通而言之，則陽始於水，盛於木，極於火，而終於金。陰始於火，盛於金，極於水，而終於木，此又時令與物理皆然。而無氣質之異者也。讀者不可不知。（鄧顯鶴本）

桑氏曰：前面分陰分陽二句，言二氣始乎太極。至此逐漸言五行四時之義，以明太極生生之無窮。（吳大鎔本）

五行一陰陽也，陰陽一太極也，太極本無極也，五行之生也，各一其性。

朱曰：五行具，則造化發育之具無不備矣，故又卽此而推本之，以明其渾然一體，莫非無極之妙；而無極之妙，亦未嘗不各具於一物之中也。蓋五行異質，四時異氣，而皆不能外乎陰陽。陰陽異位，動靜異時，而皆不能離乎太極。至於所以為太極者，又初無聲臭之可言，是性之本體然也。天下豈有性外之物哉！然五行之生，隨其氣質而所稟不同，所謂“各一其性”，則渾然太極之全體，無不各具於一物之中，而性之無所不在，又可見矣。

張曰：此復沿流以極其源也，言五行一陰陽，陰陽一太極，而太極本無極，然則萬化之源可得而推矣。非太極之上，復有所謂無極也，太極本無極，言其無聲臭之可名也。五行生質雖有不同，然太極之理未嘗不存，故曰：各一其性（正本"五行之生，各一其性"附在下段）。

桑氏曰：自無極而太極句遞說至此，作一小結，以足上文之意。（吳大
鎔本）

　　無極之眞，二五之精，妙合而凝。乾道成男，坤道成女，二氣交感，
化生萬物，萬物生生，而變化無窮焉。

　　朱曰：夫天下無性外之物，而性無不在此無極、二五所以混融而無
間者也，所謂"妙合"者也。"眞"以理言，無妄之謂也；"精"以氣
言，不二之名也。"凝"者，聚也，氣聚而成形也。蓋性為之主，而陰陽
五行為之經緯錯綜，又各以類凝聚而成形焉。陽而健者成男，則父之道
也；陰而順者成女，則母之道也。是人物之始，以氣化而生者也。氣聚
成形，則形交氣感，遂以形化，而人物生生變化無窮矣。自男女而觀之，
則男女各一其性，而男女一太極也。自萬物而觀之，則萬物各一其性，
而萬物一太極也。蓋合而言之，萬物統體一太極也。分而言之，一物各
具一太極也。所謂天下無性外之物，而性無不在者，于此尤可見其全矣。
子思子曰："君子語大，天下莫能載焉；語小，天下莫能破焉。"此之
謂也。

　　張曰：無極之眞，與夫二五之精，妙合凝聚，故有男女之象，非無
極之眞為一物，與二五之精相合也。言無極之眞，未嘗不存於其中也。
無極而曰眞，以理言也；二五而曰精，以氣言也。男女之象既成，則二
象交感，而化生萬物，萬物生生，而變化不窮矣。蓋有太極，則有二氣
五行，而萬物生焉，此所謂性外無物也。萬物之生，稟二五之氣，雖成
質各不同，而莫不各具一太極，此所謂物外無性也。故《通書》曰："二
氣五行，化生萬物，五殊二實，是萬為一，一實萬分。"此之謂也。

　　御案，無極之眞，眞即誠也。《通書》誠字實根於此。又案，圖末二
圖象與上圖象不二，則知人之性，即天地之渾然合一，而無加損也，然
氣化形化，似不必分，而周子必分為二象者，則有深意焉，蓋人之體性，
受於父母，易知也。人之體性，受於天地，則習焉不察者多矣，故自男
女構精，而遡夫天地絪縕之始，由父子似續，而推於厥初生氏之先，則
知父母之為父母，又知乾坤之為大父母矣。為父母之子，則身體髮膚受

之者，不敢毀傷；為天地之子，則形色天性，必如聖人，然後可以踐形也。此卽《西銘》之大指，然已具於周子圖象之中矣。（鄧顯鶴本）

桑氏曰：此下將言人稟受之故，而先以人與物之所同受于天者言之，以起'惟人也'一段。（吳大鎔本）

惟人也，得其秀而最靈。形旣生矣，神發知矣。五性感動，而善惡分，萬事出矣。

朱曰：此言眾人具動靜之理，而常失之於動也。蓋人物之生，莫不有太極之道焉。然陰陽五行，氣質交運，而人之所稟獨得其秀，故其心為最靈，而有以不失其性之全，所謂天地之心，而人之極也。然形生於陰，神發於陽，五常之性，感物而動，而陽善陰惡，又以類分，而五性之殊，散為萬事。蓋二氣五行，化生萬物，其在人者又如此，自非聖人全體太極有以定之，則欲動情勝，利害相攻，人極不立，而違禽獸不遠矣。

張曰：人與物均稟乎天，而具太極者也。然人也，稟五行之秀，其天地之心之所存，不為氣所昏隔，故為最靈。物非無是，而氣則昏隔矣，然就萬物之中，亦有靈者，蓋於其身，有氣之所不能盡隔者也，人則為最靈矣。然人所稟之氣，就其秀之中，亦不無厚薄昏明之異。故及其形生神發，五行之性為喜怒憂懼愛惡欲者，感動於內，因其所偏，交互而形，於是有善惡之分，而萬事從此出焉。蓋原其本始，則天地之心，人與物所公共也。察其氣稟之分，則人獨為秀而最靈，而物則有異焉。又察其成質之後，於人之中，又有厚薄昏明之殊焉。然人之賦質，雖有殊，而其殊者可得而反也。其可得而反者，則以其氣為最靈，太極之未嘗不在者，有以通之，故爾物雖昏隔，而太極之所以為者，亦何有虧欠乎哉？

桑氏曰：此言人所得于天之理，而人或不能自全。以起下"聖人定之以中正仁義而主靜，立人極焉"。（吳大鎔本）

聖人定之以中正仁義（聖人之道，仁義中正已矣），而主靜（無欲故靜），立人極焉。故聖人與天地合其德，日月合其明，四時合其序，鬼神合其吉凶。

朱曰：此言聖人全動靜之德而常本之於靜也。蓋人稟陰陽五行之秀氣以生，而聖人之生，又得其秀之秀者，是以其行之也中，其處之也正，其發之也仁，其裁之也義。蓋一動一靜，莫不有以全夫太極之道而無所虧焉，則向之所謂欲動情勝、利害相攻者，於此乎定矣。然靜者，誠之復而性之貞也，苟非此心寂然無欲而靜，則亦何以酬酢事物之變，而一天下之動哉！故聖人中正仁義，動靜周流，而其動也必主乎靜。此其所以成位乎中，而天地、日月、四時、鬼神有所不能違也。蓋必體立而後用有以行，若程子論乾坤動靜而曰：「不專一，則不能直遂，不翕聚，則不能發散。」亦此意爾。

張曰：人不能以反其初，則人極不立，而去庶物無幾矣，故定之以中正仁義而主靜。聖人所以立人極也，動為誠之通，靜為誠之復。中也，仁也，動而通也，始而亨者也；正也，義也，靜而復也，利以貞者也。中見於用，所謂時中者也；仁主乎生，所謂能愛者也，故曰動而通也。正雖因事而可見，然其則先定，義雖以宜而得名，然其方有常。故曰靜而復也，中也，仁也，本為體，而周子則明其用；正也，義也，本為用，而周子則明其體，蓋道無不有體有用，而用之中有體存焉。此正乾始元而終貞之意，動則用行，靜則體立，故聖人主靜，而動者行焉。動者行而不失其靜之妙，此太極之道，聖人所以為全盡之也。太極立，則天地、日月、四時、鬼神之理其有外是乎？故無所不合也，則以其一太極而已矣。

桑氏曰：周子言中正仁義，晦翁于《通書》第六章解「中正」為「禮智」，此語可議，朱子只見五常俱在，人性如何去得一件，故強把「中」字解做「禮」字，「正」字解做「智」字。有謂「信」字從何安頓，却便指值載于四德之中，不知周子所言甚是明白，下面引故曰「立人之道」三句，便見學有根據，周子不過發明陰陽剛柔之理。與人所得陰陽剛柔之理，須要歸于大中至正之地。如仁不中正，愛無差等，其流至于無父。義不中正，一毛不拔，其流至于無君。「中正」二字只須如此解，若將「中正」解做「禮智」，則後面所引「立人之道曰仁與義」，如何說得去？（吳大鎔本）

君子修之吉，小人悖之凶。

朱曰：聖人，太極之全體，一動一靜，無適而非中正仁義之極，蓋不假修為而自然也。未至此而修之，君子之所以吉也；不知此而悖之，小人之所以凶也。修之悖之，亦在乎敬肆之間而已矣。敬則欲寡而理明，寡之又寡，以至於無，則靜虛動直，而聖可學矣。

張曰：聖人者不勉而中，不思而得，降於聖人，則貴乎修為。君子修之，而人極立，所謂吉也；小人悖之，而絕於天，所謂凶也。修之之要，其惟敬乎？程子教人，以敬為本，即周子主靜之意也。要當於未發之時，即其體而不失其存之之妙，已發之際，循其用，而不昧乎察之之功，則人欲可息，天理可明，而聖可希矣。

故曰：立天之道，曰陰與陽；立地之道；曰柔與剛；立人之道，曰仁與義。又曰：原始反終，故知死生之說。

朱曰：陰陽成象，天道之所以立也；剛柔成質，地道之所以立也；仁義成德，人道之所以立也。道一而已，隨事著見，故有三才之別，而於其中又各有體用之分焉，其實則一太極也。陽也，剛也，仁也，物之始也；陰也，柔也，義也，物之終也。能原其始而知所以生，則反其終而知所以死矣。此天地之間，綱紀造化，流行古今，不言之妙。聖人作《易》，其大意蓋不出此，故引之以證其說。

張曰：此說明三才之所以立也。天之陰陽，地之柔剛，人之仁義，皆太極之道然也。故《易》曰："六爻之動，三極之道也。"死生之說，非別為一事也，亦不越乎動靜陰陽者而已。原始而知其所以生，則反終而知其所以死矣。

御案，此節引《易》以證前文之意，立天之道曰陰與陽，則四時之氣是也；立地之道曰柔與剛，則五行之質是也；立人之道曰仁與義，則五性感動，而必定之以中正仁義者是也。真精合凝，化生萬物者，人物之所以始而生之說也。眾人蚩蚩，草木同腐，而聖人者立人之極，至於與天地參人物之所以終而死之說也，引此之意，所以明夫三才之道並立，而人必全受而全歸之，蓋亦《西銘》卒章之指也。（鄧顯鶴本）

桑氏曰：此結"聖人定之以中正仁義"一句，而併結上文之意也。

（吳大鎔本）

　　大哉《易》也！斯其至矣。

　　朱曰：《易》之為書，廣大悉備，然語其至極，則此圖盡之，其指豈不深哉！抑嘗聞之，程子兄弟之學於周子也，周子手是圖以授之。程子之言性與天道，多出於此。然卒未嘗明以此圖示人，是則必有微意焉，學者亦不可以不知也。

　　張曰：易有太極，是生兩儀，兩儀生四象，四象生八卦，八卦定吉凶，吉凶生大業。易之道，蓋備於此圖，亦盡之矣。

　　晦庵論曰：愚既為此說，讀者病其分裂已甚，辯詰紛然，苦於應酬之不給也。故總而論之，大抵難者或謂不當以繼善成性分陰陽，或謂不當以太極陰陽分道器，或謂不當以仁義中正分體用，或謂不當言一物各具一太極。又有謂“體用一源，不可言體立而後用行者”；又有謂“仁為統體，不可偏指為陽動者”；又有謂“仁義中正之分，不當反其類者”。是數者之說，亦皆有理，然惜其於聖賢之意，皆得其一，而遺其二也。夫道體之全，渾然一致，而精粗本末、內外賓主之分，粲然於其中。有不可以毫釐差者，此聖賢之言所以或離或合，或異或同，而乃所以為道體之全也。今徒知所謂渾然者之為大，而樂言之，而不知夫所謂粲然者之未始相離也，是以信同疑異、喜合惡離，其論每陷於一偏卒為無星之秤、無寸之尺而已，豈不悮哉！夫善之與性，不可謂有二物，明矣。然繼之者善，自其陰陽變化而言也；成之者性，自夫人物稟受而言也。陰陽變化流行，而未始有窮，陽之動也；人物稟受一定，不可復易，陰之靜也。以此辨之，則亦安得無二者之分哉！然性善，形而上者也，陰陽，形而下者也，周子之意，亦豈直指善為陰，而性為陰哉！但語其分，則以為當屬之此耳，陰陽太極不可謂有二物必矣。然太極無象，而陰陽有氣，則亦安得無上下之殊哉！此其所以為道器之別也，故程子曰：形而上為道，形而下為器。須着如此說，然器亦道也，道亦器也，得此意而推之，則庶乎其不偏矣。仁義中正，同乎一理者也，而析為體用，誠若有未安者。然仁者，善之長也；中者，嘉之會也；義者，利之宜也；正者，貞之體也。而元亨者，誠之通也；利貞者，誠之復也。是則安得為無體用之分哉！萬物之生，同一太極者也，而謂其各具，則亦有可疑者，然一物之中，天理完具，不相假借，不相陵奪，此統之所以有宗，會之所以有元也，是則安得不曰各具一理哉！若夫所謂體用一源者，程子之言蓋已密矣，其曰"體用一源"者，以至微之理言之，則沖漠無朕，而萬象昭然已具也。其曰"顯微無間"者，以至著之象言之，則卽事卽物，而此理無乎不在也。言理則先體而後用，蓋舉體而用之理已具，是所以為一源也；言事則先顯而後微，蓋卽事而理之體可見，是所以為無間也。然則所謂一源者，是豈漫無精粗先後之可言哉！況旣曰體立而後用行，則亦不嫌於先有此後有彼矣。所謂仁為統體者，則程子所謂專言之，而包四者是也。然其言蓋曰四德之元，猶五常之仁，偏言則一事，專言則包四者，則是仁之所以包夫四者，固未嘗離夫偏言之一事，亦未有不識夫偏言之一事，而可以驟語夫專言之統體者也。況此圖以仁配義，而復以中正參焉，又與陰陽剛柔為類，則亦不得為專言之矣，安得遽以夫統體者言之，而昧夫陰陽動靜之別哉！至於中之為用，則以無過不及者言之，而非指所謂未發之中也；仁不為體，則亦以偏言一事者言之，而非指所謂專言之仁也。對此而言，則正者所以為中之幹，而義者所以為仁之質，又可知矣，其為體用，亦豈為無說哉！大抵周子之為是書，語意峻潔而混成，條理精密而疎暢，讀者誠能虛心一意，反復潛玩，而毋以先入之說亂焉，則庶幾其有得乎周子之心，而無疑於紛紛之說矣。

又復南軒書曰：熹旣為此說，嘗錄以寄廣漢張敬夫，敬夫以書來曰："先生所與門人講論問答之言，見於書者詳矣。其於《西銘》，蓋屢言之，至此圖，則未嘗一言及也。"謂其必有微意，是則固然，然則所謂微意者，果何謂耶？熹竊以為此圖立象盡意，剖析幽微，周子蓋不得已而作也。觀其手授之意，蓋以為惟程子為能當之。至程子而不言，則疑其未有能受之者爾。夫旣未能默識於言意之表，則馳心空妙，入耳出口，其弊必有不勝言者（近年已覺，頗有此弊矣）。觀其《答張閎中論易傳》成書，深患無受之者。及《東見錄》中論橫渠清虛一大之說，使人向別處走，不若且只道敬，則其意亦可見矣。若《西銘》，則推人以之天，卽近以明遠，於學者日用最為親切。非若此書詳于性命之原，而畧於進為之目，有不可以驟而語者也。孔子雅言詩書執禮，而于《易》則鮮及焉，其意亦猶此耳。韓子曰："堯舜之利民也大，禹之慮民也深。"熹于周子、程子亦云，既以復乎敬，夫因記其說於此。乾道癸巳四月既望，熹謹書。

南軒序曰：二程先生道學之傳，發于濂溪周子，而《太極圖》乃濂溪自得之妙。蓋以手授二程先生者，或曰濂溪傳《太極圖》於穆修，修之學出於陳摶，豈其然乎？此非諸子所得而知也，其言約而意微，自孟氏以來，未之有也。《通書》之說，大抵皆發明此意，故其首章曰："誠者，聖人之本。大哉乾元，萬物資始，誠之源也。乾道變化，各正性命，誠斯立焉。"夫曰"聖人之本，誠之源"者，蓋深明萬化之一源，以見聖人之精蘊，此即《易》之所謂密，《中庸》之所謂無聲無臭者也。至於"乾道變化，各正性命"，則是本體之流行發見者，故曰"誠斯立焉"。其篇云五行陰陽，陰陽太極，四時運行，萬物終始，混兮闢兮，其無窮兮，道學之傳實在乎此。愚不敏，輒舉大端，與朋友共識焉，雖然，太極豈可以圖傳也？先生之意，特假圖以立義，使學者默會其旨歸，要當得之言意之表可也，不然而謂可以方所求之哉？廣漢張栻敬夫序。

又圖解後序云：或曰："《太極圖》，周先生手授二程先生者也。今二程先生之所講論答問之見於《遺書》者，大畧可睹，獨未及此圖，何聊以為未可遽示，則聖人之微辭見於《中庸》《易繫》者。先生固多所發明矣，而何獨祕於此耶？"栻應之曰："二程先生雖不反此圖，然其說固多本之矣，試詳玩之，當自可見。學者誠能從事於敬，直積力久，則夫動靜之幾將深有感於隱微之間，而是圖之妙可以嘿得於胷中。不然從使辯說之詳，猶為無益也。嗟乎！先生誠通誠復之論其至矣乎？聖人與天地同用，通而復，復而通，一往一來，至誠之無內外，而天命之無終窮也。君子修之，所以戒謹恐懼之嚴者，正以須臾不在乎是，則窒其通，迷其復，而遏天命之流行故爾，此非用力之深者，孰能體之？近歲新安朱熹當為圖傳其義，固多得之。栻復因之約以已見，與同志者講焉。噫，言之易，蓋亦可懼也已。"（周木本）

發明：朱子曰："伏羲演《易》，自一畫以下，文王演《易》，自乾元以下，皆未嘗言太極也，而孔子言之。孔子贊《易》，自太極以下，未嘗言無極也，而周子言之。先聖後聖豈不同條而共貫哉？"

又曰："不言無極，則太極同於一物，而不足為萬化之根。不言太極，則無極淪於空寂，而不能為萬物之根。"

又曰："老子之言有無，以有無為二。周子之言有無，以有無為一。"

又曰："'無極'二字，乃周子灼見道體，說出人不敢說底理，令後之學者曉然見得太極之妙，不屬有無，不落方體，真得千聖以來不傳之祕。"

又曰："《太極圖》窮二氣之所根，極萬物之所行，而明主靜之為本，以見聖人之所以立人極，而君子之所修為者。由秦漢以來，蓋未有臻於斯也。"

遊氏九言曰："《易》有太極，濂溪夫子加'無極'，何也？人肖天地，試卽吾心驗之。方其寂然無思，萬善未發，是無極也。雖云未發，而此心昭然，靈源不昧，是太極也。欲知太極，先識吾心，澄神端慮，察而見焉，始知夫子發明造化之蘊，啟悟萬世，而義《易》奧旨益著。"

李氏方子曰："人生而靜，性之本體。湛然無欲，斯能主靜，此立極之要領也。"

真氏德秀曰："大凡有體而後有用，故周子以主靜為本，程子以主敬為本，皆此理也。"

又曰："周子因羣聖之言，而推其所未言。昔也太極自為太極，今知吾身有太極矣。昔也乾元自為乾元，今知吾心卽乾元矣。有一性則有五常，有五常則有百善，循源而流，不假人力，道之全體煥然復明者，周子之功也。"（以上九段選自周譜本）

朱子總論曰："濂溪《太極圖》，首尾相因，脈絡貫通。首言陰陽變化之妙，其後卽以人所稟受明之自。惟人得其秀而最靈，純粹至善之性也，是所謂太極也。形生神發，則陽動陰靜之為也，五性感動，則陽變陰合而生水、火、木、金、土之性也。善惡分，則成男成女之象也，萬事出，則萬物化生之象也。聖人定之以中正仁義而主靜，立人極焉，則又有得乎太極之全體，而與天地渾合而無間矣。"

謝氏方叔曰："濂溪周先生獨傳千載不傳之祕，上祖先天之《易》，著太極一圖，所謂太極云者，蓋本于《易》。有太極，而陰陽、五行、人物由此而生，卽太極生兩儀，兩儀生四象，四象生八卦之謂也。自太極分陰陽，陰陽分五行，五行分四時，皆指太極之在造化者，自無極二五之妙合，而推萬物之化生。自人物之並生，而別人心之最靈。自五性之感動，而明聖人之立極，此皆指太極之在品彙者。自其在造化者言之，則卽天地可以推太極動靜之妙。故曰：'立天之道，曰陰與陽；立地之道，曰柔與剛'。自其在品彙者言之，惟聖人會太極動靜之全，故曰：'立人之道，曰仁與義'。終始不窮，流行今古。此所謂六爻之動，三極之道也。六爻之中，五、上為天，三、四為人，初、二為地，統而言之，三極同一太極。析而言之，三極各一太極。故周子於《圖說》之終斷之曰：'大哉《易》也！斯其至矣。'此周子作圖之本意也，至于《易通》之書，則又與此《圖》相表裡矣。"（以上兩段選自吳大鏴本）

太極圖解問答

問："自太極以至萬物化生，只是一個圈子，何常有異？"答曰："人物本同，氣稟有異，故不同。"又問："是萬為一，一實萬分，又將如何說？"曰："只是這一個，只是氣質不同。"甘節。

上一圈卽是太極，但挑出在上。

太極一圈，便是一畫，只是撒開引教長一畫。並湯泳。

問："陽之變也，陰之合也，不知陽何以言變？陰何以言合？"曰："陽動而陰隨之，故云變合"。林。

問："水陰盛故居右，火陽盛故居左，不知陰盛何以居右？陽盛何以居左？"曰："左右但以陰陽之分耳。"林子玉。

問："木陽穉故次火，金陰穉故次水，豈以水生木，土生金耶？"曰："以四時之序，推之可見。"林子玉。

問："乾男坤女以氣化者言，萬物化生以形化者言，不知何以見得？"曰："天地生物，其序固如此，《遺書》中論氣化處可見。"林。

或問："《太極圖》下二圈，固是乾道成男，坤道成女，萬物化生，是各有一太極也。如曰'乾道成男，坤道成女，方始萬物化生'。《易》中卻云：'有天地，然後有萬物，有萬物，然後有男女'，是如何？"曰："太極所說，乃生物之初，陰陽之精，自凝結成兩個，後來方漸漸生去，萬物皆然，如牛羊草木皆有牝牡，一為陽，一為陰，萬物有生之初，亦各自有兩個，故曰'二五之精，妙合而凝'。"葉。

天地之初，如何討個人種，自是氣結成兩個人，後方生出許多萬物，所以先說乾道成男，坤道成女，後方說化生萬物。當初若無那兩個人，如何有而今許多人，那兩人便似而今人身上蝨子，是自然爆出來。黃義剛。

問：“氣化形化，男女之生在氣化否？”曰：“凝結成個男女，因甚得如此，都是陰陽，無物不是陰陽，問天地未判時，下面許多都已有否？”曰：“事物雖未有，其理則具。”徐寓。

問：“太極解義，以太極之動為誠之通麗乎陽，而繼之者善屬焉；靜為誠之復麗乎陰，而成之者性屬焉。其說本乎《通書》，而或者猶疑周子之言，本無分隸之意，陽陰善惡，又以類分。”又曰：“中也，仁也，感也，所謂陽也，極之用所以行也；正也，義也，寂也，所謂陰也，極之體所以立也。或者疑如此分配，恐學者因之，或漸至於支離穿鑿，不審如何？”曰：“此二義但虛，心味之久當自見，若以先入為主，則辯說紛挐，無時可通矣。”答程允夫。

無極而太極（間見總說）。

林黃中曰：“既曰易有太極，則不可謂之無。濂溪乃有無極之說，何也？”曰：“有太極是有此理，無極是無形器、方體可求，兩儀有象，太極則無象。”李閎祖錄。

無極而太極，而今人都想像有個光明閃爍底物事，在那裏卻不知是說無這物事，只是有個理解，如此動靜而已。林夔孫。又黃義剛錄云：當初皆無一物，只是有此理而已，既有此理，便有此氣；既有此氣，便分陰陽，以此生許多物事，云云。

問：“沖漠無朕章曰此只是說無極而太極。”林。

問：“先生之意莫止是以無極太極為理？”曰：“此非某之說，他道理自如此，着自家私意不得，太極無形象，只是理云云。”問：“既曰太極又有個無極，如何？”曰：“太極本無極，要去就中看得這意出方見得。”徐寓。

無極而太極，只是說無形而有理，所謂太極者只二氣五行之理，非別有物為太極也。又云：“以理言之，則不可謂之有；以物言之，則不可謂之無。”沈僴。

　　無極是有理而無形，如性，何嘗有形？太極是五行陰陽之理皆有，不是空底物事，若是空時，如釋氏說性相似。又曰："釋氏只見得個皮殼，裏面許多道理，他卻不見，他皆以君臣父子為幻妄。"甘節。

　　問："云云，明道言人生而靜，以上不容說，則周子之所謂無極也，不可容言也。若太極則性之謂也，太極固純是善，自無極而言，則只可謂之繼明道之言，所以發明周子之意也。"曰："周子所謂無極而太極，非謂太極之上別有無極也。但言太極非有物耳，如云'上天之載，無聲無臭'，故下文云'無極之真，二五之精'，既言無極，則不復別舉太極也。若如今說，則此處豈不欠一'太極'字耶？"云云。答王子合書。

　　問："無極之真，與未發之中同否？"曰："無極之真，是包動靜而言；未發之中，只以靜言。太極只是極至，更無去處了，至高至妙，至精至神，更沒去處，濂溪恐人道太極有形，故曰'無極而太極'，是無之中有個至極之理。"云云。徐寓錄。

　　葉賀孫問："無極而太極，極是極至無餘之謂，無極是無之至云云。至無之中乃至有存焉，故云'無極而太極'。先生曰："本只是個太極，只為這本來都無物事，故說無極而太極。如公說無極，恁地說卻好，但太極說不去。"賀孫云："'有'字便是'太'字地位。"先生曰："將'有'字訓'太'字不得，太極只是個理。"賀孫曰："至無之中，乃萬理之至有也。"

　　問："無極且得做無形無像說。"曰："雖無形，卻有理。"又問："無極太極，只是一物。"曰："本是一物，被他恁地說似兩物。"林夔孫。

　　太極動而生陽止，兩儀立焉。

　　問："《太極圖》曰無極，竊謂無者，蓋無氣而有理，然理無形，故卓然而常存，氣有象，故闔闢斂散而不一圖。"又曰："太極動而生陽，靜而生陰，不知太極理也。有形則有動靜，太極無形，恐不可以動靜言。"南軒云："太極不能無動靜，未達其意。"曰："理有動靜，故氣有動靜，若理無動靜，則氣何自而有動靜乎？且以目前論之，仁便是動，義便是靜，又何關於氣乎？"答鄭子上。

　　太極動而生陽，靜而生陰，不是動後方生陽，靜後方生陰，蓋纔動便屬陽，靜便屬陰，動而生陽，其初本是靜，靜之上又須動矣。所謂動靜無端，今且自動而生陽處看去。潘時舉。

又問：“太極動然後生陽，則是以動為主，所答與此畧同。”

“動而生陽”，元未有物，且是如此動盪，所謂“化育流行”也，靜而陰，陰主凝，然後萬物“各正性命”。廖德明。

問：“太極動而生陽，靜而生陰，見得理先而氣後。”曰：“雖是如此，然亦不須如此理會，二者有則皆有。”廖。

問：“太極之有動靜，是靜先動後否？”曰：“一動一靜，循環無端，無靜不成動，無動不成靜，譬諸鼻息，無時不噓，無時不吸，噓盡則生吸，吸盡則生噓，理自如此。”廖。

或問：“理先而氣後。”曰：“有是理，便有是氣，但理是本，今且從理上說氣云云，如云‘一陰一陽之謂道’、‘繼之者善也’，這‘繼’字是動之頭，若只一闔一闢而無繼，便合殺了。”問：“繼是動靜之間否？”曰：“是靜之終，動之始也。且如四時，到得冬月，萬物都歸窠了。若不生來年，便都息了。蓋是貞而復生元，無窮如此。”黃義剛。

太極本無這物事，只是有箇理解，如此動靜而已。及至一動一靜，便是陰陽，一動一靜，循環無端，太極動而生陽，亦只是從動處說起。其實動之前，又有靜，靜之前，又有動，推而上之，其始無端；推而下之，以至未來之際其卒無終云云。林夔孫。

太極，理也，動靜，氣也，氣行則理亦行，二者常相依，而未常相離也。

太極之有動靜，是天命之流行也，或疑靜時如何流行。曰：“惟是一動一靜，所以流行，如秋冬之時謂之不流行，可乎？若謂靜不能流行，則何以謂之靜而生陰也，觀‘生’之一字可見。”

太極動而生陽，只是如一長物，不免就中間截斷說起。其實動之前，未嘗無靜，靜之前，又未嘗無動，如繼之者善也，亦是就此說起云云。龔蓋卿錄。

梁文叔云：“太極兼動靜而言。”先生曰：“不是兼動靜，太極有動靜也。”林恪錄。

問：“以未發為太極。”曰：“未發者，太極之靜，已發者，太極之動也。須如此看得，方無偏滯。”又問：“太極動而生陽，動則為已發矣。”

曰："以動而生陽為已發是也，卻不知靜而生陰為已發，為未發邪？"答呂子約。

未發之前，太極之靜而陰也；已發之後，太極之動而陽也。其未發也，敬為之主，而義已具；其已發也，必主於義，而敬行焉，則何間斷之有哉？答何叔京書。

太極自是涵動靜之理，不可以動靜分體用，蓋靜卽太極之體，動卽太極之用也。自見在事物而觀之，則陰陽涵太極，推原其本，則太極生陰陽。

太極生陰陽，理生氣也，陰陽既生，則太極在其中，理復在氣之內也。

所謂太極者，便只在陰陽裏；所謂陰陽者，便只是在太極裏。而今人說陰陽上面別有一箇無形無影底是太極，非也。

才說太極便帶着陰陽，才說性便帶着氣，不帶着陰陽與氣，太極與性那裏收附？然要得分明，又不可不折開說。徐㝢。

陰陽有箇流行底，有箇定位底。一動一靜，互為其根，便是流行底，寒暑徃來是也；分陰分陽，兩儀立焉，便是定位底，天地上下四方是也。黃義剛。

喚做一氣固是，然看他日月男女牝牡處，便見周先生所以說一動一靜，互為其根，此是說那箇對立底無一物，無陰陽，如至微之物也。有箇背面，若說流行處，卻只是一氣。㬊淵。

陰陽做一箇看，亦得做兩箇看。亦得做兩箇看，是分陰分陽，兩儀立焉；做一箇看，只是一箇消長。陳文蔚。

余國秀說太極。先生曰："公說太極是箇物事，不得說太極中便有陰陽也，不得他只說太極動而生陽，動極而靜，靜而生陰，公道未動以前是如何？"曰："只是理。"曰："固是理，只不當對動言，未動卽是靜，未靜又卽是動，伊川云動靜無端。"云云。葉賀孫錄。

問："繼善成性。"竊謂："妙合之始，便是繼；乾道成男，坤道成女，便是成。"曰："動而生陽之時，便有繼底意，及至靜而生陰，方是成。如《易》六十四卦之序，至《復》而繼。"廖子晦。

問："《太極圖》第二章解義。"曰："動而生陽，誠之通也止。萬物各正其性命也，德明謂無極之眞誠也，動而生陽，靜而生陰，動靜不息，而萬物繼此以出，與因此而成者，皆誠之著，固無有不善者，亦無非性也，似不可分陰陽而為辭。如以資始為係於陽，以正性命為係於陰，則若有獨陽而生獨陰而成者矣。詳究先生之意，必謂陽根於陰，陰根於陽，陰陽元不相離，如此則非得於言表者不能喻此也。”曰：“繼善成性，分屬陰陽，乃《通書》首章之意，熟讀之自可見矣。蓋天地變化，不為無陰，然物之未形，則屬乎陽。物正其性，不為無陽，然形器已定，則屬乎陰。嘗讀張忠定公語，云‘公事未著字以前屬陽，著字以後屬陰’，似亦窺見此意。”廖。

靜者，性之所以立也，動者，命之所以行也。然其實則靜亦動之息爾，故一動一靜皆命之行，而行乎動靜者，乃性之眞也，故曰“天命之謂性”。太極說。

陰陽只是一氣，陰氣流行卽為陽，陽氣凝聚卽為陰，非直有二物相對也。此理甚明，周先生於《太極圖》中已言之矣。答楊元範書。

分陰分陽，兩儀立焉。分之所以一定而不可移也，不知名分之分，性分之分。曰：“分獨定位耳”。答林子玉。

問：“程子感通之理。”曰：“如晝而夜，夜而復晝，循環不窮，所謂一動一靜，互為其根，皆是感通之理。”陳器之。

問：“太極者，本然之妙，動靜者，所乘之機，如何？”曰：“太極，理也，動靜，氣也。氣行則理亦行，二者常相依而不相離也。太極猶人，動靜猶馬，馬所以載人，人所以乘馬，馬之一出一入，人亦與之一出一入，蓋一動一靜，而太極之妙，未嘗不在焉，此所謂所乘之機，無極二五，所以妙合而凝也。”董銖。

問：“同前。太極只是理，理不可以動靜言，惟動而生陽，靜而生陰，理寓於氣，不能無動靜。所乘之機，乘如乘載之乘，其動靜者，乃乘載在氣上，不覺動了靜，靜了又動。”先生曰：“然。”葉賀孫。又云：“先生云‘動靜者所乘之機’，蔡季通謂此語最精，蓋太極是理，形而上者，陰陽是氣，形而下者，然理無形，氣有迹，氣旣有動靜，則所載之理，亦安得謂之無動靜？”直卿云，賀孫錄。

問：“動靜者，所乘之機。”曰：“是關捩子，踏著動底機，便挑撥那靜底，踏著靜底，機便挑撥那動底。”黃義剛。

伊川云：“動靜無端，陰陽無始，惟知道者識之。動極復靜，靜極復動，還當把那箇做劈初頭始得。今說太極動而生陽，是且把眼前卽今箇動斬截說起，其實那動以前又是靜，靜以前又是動”云云。葉賀孫。

動靜無端，陰陽無始，本不可以先後言，然就中間截斷言之，則亦不害其有先後也。觀周子所言“太極動而生陽”，則其未動之前，固已嘗靜矣。又言靜極復動，則已靜之後，固必有動矣。如春秋冬夏，元亨利貞，固不能無先後，然不冬則何以為元？就此看，又自有先後也，如克己復禮，然後可以為仁，固不可謂前此無仁。然必由靜而後動也，惟精惟一，而後可以執中，固不可謂前此無中，然亦由靜而後動也。舉此類而推之，反復循環，無非至理，但看從甚處說起，則當處便自有先後也。答王子合書。

動靜無端，陰陽無始，天道也。始於陽，成於陰，本於靜，流於動，人道也。然陽復本於陰，靜復根於動，其動靜亦無端，其陰陽亦無始，則人蓋未始離乎天，而天亦未始離乎人也。太極說。

問：“太極解何以先動而後靜，先用而後體，先感而後寂？”曰：“在陰陽而言，則用在陽，而體在陰，然動靜無端，陰陽無始，不可分先後。今此只是就起處言之，畢竟動前又是靜，用前又是體，感前又是寂，陽前又是陰，而寂前又是感，靜前又是動，將何者爲先後，不可只道今日動便爲始，而昨日靜不說也。”趙子欽。

陽變陰合止，四時行焉（間見圖解）。

陽變陰合，初生水、火，水、火，氣也，流動閃爍，其體尚虛，其成形猶未定。次生木、金，則確然有定形矣，水、火初是自生，木、金則資於土，五金之屬，皆從土中旋生出來。廖德明。

問：“以質而語其生之序，不是相生否？只是陽變而助陰，故生水。陰合而陽盛，故生火。木、金各從其類，故在左右。”先生曰：“水陰根陽，火陽根陰，錯綜而生，其端是天一生水，地二生火，天三生木，地四生金，到得運行處，便水生木，木生火，火生土，土生金，金又生水，水又生木，循環相生。如甲、乙、丙、丁、戊、己、庚、辛、壬、癸，皆是這箇物事。”葉賀孫。

　　問：“以質而語其生之序。”則曰：“水、火、木、金、土，而水、木，陽也，火、金，陰也，此豈就圖而指其序耶？而水、木何以謂之陽？火、金何以謂之陰？”曰：“天一生水，地二生火，天三生木，地四生金，一、三陽也，二、四陰也。”林子玉。

　　問：“以氣而語其行之序。”則曰：“木、火、土、金、水，而木、火，陽也，金、水，陰也，此豈卽其運用處而言之邪？而木、火何以謂之陽？金、水何以謂之陰？”曰：“此以四時而言，春夏爲陽，秋冬爲陰。”林。

　　陰陽二氣，更無停息，如金、木、水、火、土。五行分了，又三屬陽，二屬陰，然而各又有一陰一陽，如甲便是木之陽，乙便是木之陰，丙便是火之陽，丁便是火之陰，只這箇陰陽，更無休息。形質屬陰，其氣屬陽，金銀坑有金礦銀礦便是陰，其光氣爲陽。葉賀孫。

　　周元興問：“子在川上章下註云‘與道爲體’。”曰：“天地日月，陰陽寒暑，皆與道爲體。又問：“此‘體’字如何？”曰：“是體質，道之本然之體不可見，觀此則可見無體之體，如陰陽五行爲太極之體。”又問：“太極是體，二五是用。”曰：“此是無體之體。”董叔重曰：“如其體則謂之《易》，先生應。”甘節錄。

　　曼兄亞夫問：“太極、兩儀、五行，先生云兩儀卽陰陽，陰陽是氣，五行是質，‘立天之道曰陰與陽’，是氣，‘立地之道曰柔與剛’，是質，又如蒐是氣，體魄是質。”襲蓋卿錄。

　　五行一陰陽止，各一其性。

　　五行陰陽，陰陽太極，非太極之後別生二五，而二五之上，先有太極也。詳見總論。答陽子直。

　　五行一陰陽也止，萬物生生，而變化無窮焉。便是天地之塞吾其體，天地之帥吾其性，只是說得有詳畧緩急耳。林夔孫。

　　得五行之秀者爲人，只說五行，而不言陰陽者，蓋做這人須是五行方做得成，然陰陽便在五行中，所以周子云“五行一陰陽也”，舍五行無別討陰陽處，如甲、乙屬木，甲便是陽，乙便是陰；丙、丁屬火，丙便是陽，丁便是陰。不湏更說陰陽，而陰陽在其中矣。或曰：“如言四時，而不言寒暑耳。”曰：“然。”沈僩。

金、木、水、火、土雖曰五行，各一其性，然一物又各具五行之理，不可不知康節曾細推出來。沈僩。

曼兄云：“太極生兩儀，兩儀生四象，此如母生子，子在母外之義，若二氣五行，却是子在母內。”先生云：“是如此，陰陽、五行、萬物，各有一太極。”襲蓋卿錄。

問：“五行之生，各一其性。”曰：“氣質是陰陽五行所為，性卽太極之全體，但論氣質之性，則此全體墮在氣質之中耳，非別有一性也。”嚴時亨。

問：“聖賢說性，有指義理而言者，有指氣稟而言者，敬讀誨語，謂氣質是陰陽五行所爲，性卽太極之全體，始悟周子所謂‘各一其性’，專是主理而言，蓋五行之氣質不同，人所共知也，而太極之理無乎不具，人所未必知也，此周子喫緊示人處，今所在板行傳文，皆云五行之生，隨其氣質而所稟不同，所謂各一其性也（詳此文義，這箇‘性’字，當是指氣而言）。各一其性，則渾然太極之全體，無不各具於一物之中，而性之無不在又可見矣（詳此文義，這箇‘性’字，當是指理而言）。各一其性，周子之意，固是指五行之氣質，然水潤下，火炎上，木曲直，金從革，土稼穡，此但可見氣質之性所稟不同，如何便見得太極全體無不各具於一物之中，而性之無不在也，莫是如上一節，所謂五行異質，而不能外乎陰陽，陰陽異位，而皆不能離乎太極否？”曰：“五行太極，便與生之謂性相似，以爲同，則同中有異，以爲異，則未嘗不同。”嚴時亨。

陰陽五行之爲性，各是一氣所稟，而性則一也，故自陰陽五行而言之，則不能無偏，而人稟其全，所以得其秀而最靈也。答甘節書。

問：“前曰先生答書云‘陰陽五行之爲性，各是一氣所稟，而性則一也’，兩性字同否？”曰：“一般。”又曰：“同者，理也，不同者，氣也。他所以道五行之生，各一其性，復問這箇，莫是木自是木，火自是火，而其理則一。”先生應。甘節。

問：“五行之生，各一其性，五性感動，而善惡分。此‘性’字是兼氣稟言之否？”曰：“性離氣稟不得，有氣稟性方存在裏面，無氣稟，性便無所寄劄了。稟得氣清，性便在清氣中，這清氣不隔蔽那善，稟得氣濁，性又在濁氣中，爲濁氣所蔽。五行之生，各一其性，這又隨物各具去了。”

問：“如何謂之性？”曰：“天命之謂性。”問：“天之所命者，果何物也？”曰：“仁、義、禮、智、信。”又問：“周先生作《太極圖》，何爲列五者於陰陽之下？”曰：“五常是理，陰陽是氣，有理而無氣，則理無所立，有氣而後理方有所立，故五行次陰陽。”又問：“如此則是有七？”曰：“義、智屬陰，仁、禮屬陽（甘節按，《太極圖》列金、木、水、火、土於陰陽之下，非列仁、義、禮、智、信於陰陽之下也，以氣言之曰陰陽五行，以理言之曰健順五常之性。此問似欠分別）。”

問：“先生說太極‘有是性則有陰陽五行’云云，此說性是如何？”曰：“此‘性’字爲稟於天者言，若太極只當說理，自是移易不得，《易》言‘一陰一陽之謂道’，繼之者則謂之善，至於成之者方謂之性，此謂天所賦於人物，人物所受於天者也。”徐寓。

無極之眞止，變化無窮焉（間見圖解）。

無極之眞，二五之精，妙合而凝。此數句甚妙，是氣與理合而成性也。葉賀孫。

天地之間，有理有氣，理者，形而上之道也，生物之本也；氣者，形而下之器也，生物之具也。是以人物之生，必稟此理，然後有性，必稟此氣，然後有形云云。《詩》曰：“天生烝民，有物有則。”周子曰：“無極之眞，二五之精。”所謂眞者，理也，所謂精者，氣也，所謂物者，形也，所謂則者，性也云云。答黃道大書。

或問：“必有是理，然後有是氣，如何？”曰：“此本無先後之可言，然必欲推其所從，本則須說先有理，然理又非別爲一物，即存乎是氣之中，無是氣，則是理亦無挂搭處。”

氣則爲水、火、金、木，理則爲仁、義、禮、智。

所謂理與氣，此決是二物，但在物上看，則二物渾淪，不可分開各在一處，然不害二物之各爲一物也；若在理上看，則雖未有物而已，有物之理，然亦但有其理而已，未嘗實有是物也云云。只看《太極圖》，某所解第一段，便見意思矣。答劉叔文。

惟人也止，萬事出矣。

問：“五性感動而善惡分。”曰：“天地之性是理也，才到有陰陽五行處，便有氣質之性，至此便有昏明厚薄之殊，得其秀而最靈，乃氣質以後事。”金去偽。

或問：“有陰陽便有善惡。”曰：“陰陽、五行皆善。又曰：“陰陽之理皆善。”又曰：“合下只有善，惡是後一截事。”又曰：“堅起看皆善，橫看後一截方有惡。”又曰：“氣有善惡，理却皆善（‘皆善’二字又記是無惡）。”甘節。

問：“孟子謂‘乃若其情，則可以爲善’，而周子謂‘五性感動而善惡分’，是又以善惡於動處並言之，豈孟子就其情之未發，而周子就其情之已發而言之乎？”曰：“情未必皆善也，然其本則可以爲善，而不可以為惡，惟反其情，故爲惡耳。孟子指其正者而言也，周子兼其正與反者而言也，莊子有遁天倍情之語，亦此意也。”張敬之。

聖人定之以中正仁義而主靜止，合其吉凶。

問：“聖人定之以中正仁義而主靜。”曰：“中正仁義皆謂發用處，正者，中之質，義者，仁之斷，中則無過不及，隨時以取中；正則當然之定理。仁是惻隱慈愛之處，義是裁制斷決之事，主靜者主正與義也，正義便是利貞，中是亨，仁是元。”廖德明。又云：“聖人主靜，正是要人靜定其心，自作主宰。程子又恐只管靜去，遂與事物不相交涉，却說箇敬，云敬則自虛靜，湏是如此做工夫。”又云：“主靜看夜氣一章可見。”廖。

問：“同前。所以主靜者以其本靜，靜極而動，動極復靜。靜也者，物之終始也，萬物始乎靜，終乎靜，故聖人主靜。”曰：“伊川先生曰‘動靜無端，陰陽無始’。若如此，則倚於一偏矣，動靜理均，但靜字勢重耳。”石子重。

問：“同前。曰此是聖人脩道之謂教處。”葉賀孫。

問：“同前。曰中正仁義分屬動靜，而聖人則主於靜，蓋正所以能中，義所以能仁，克己復禮，義也，義故能仁。《易》言‘利貞者，性情也’，元亨是發用處，必至於利貞，乃見乾之實體，萬物到秋冬收斂成實，方見得他本質，故曰性情，此亦主靜之說也。”董銖。

陳安卿問：“同前。中仁是動，正義是靜。如先生解曰‘非此心無欲而靜，則何以酬事物之變，而一天下之動哉？'今於此心寂然無欲，而靜時欲見所謂正義者，何以見？"先生曰："只理之定體便是。"又曰："只是一箇定理，截然不相侵犯，雖然就其中又各有動靜，如惻隱是動，仁便是靜，羞惡是動，義便是靜。"黃義剛錄。

周貴卿問："同前。曰如那克處便是義，非禮勿視、聽、言、動，禁止處便是義。或曰'正義方能靜，謂正義便是靜却不得。'"先生曰："如何恁地亂說，今且粗解，則分外有精神。如四時有秋冬收斂，則春夏方能生長，若長長是春夏，只管生長將去，有甚了期？便有許多元氣，故復，其見天地之心乎！這便是靜，後方見得動恁地好，這'中正'只是將來替了那'禮智'字，皆不離這四般，皆是主靜。"黃義剛錄。

貴卿說主靜未透。先生曰："這四箇物事，流轉在這裏，然常靠着靜底做本，若無夜則晝不分曉，無冬則春夏不長茂。且如終日應接，歸來歇霎時却出去，則便分外精神，如春夏生長，若一向恁地，元氣也須解竭，所謂'復，其見天地之心乎'！"又曰："中仁是動，正義是靜，《通書》都是恁地說，如云'禮先而樂後之類'皆是。"黃。

問："定之以中正仁義，本無先後。"曰："此四句配金、木、水、火而言，中有禮底道理，正有智底道理，如乾之元、亨、利、貞，元卽仁，亨卽中，利卽義，貞卽正，皆是此理。至於主靜一辭，蓋是以正與義爲體，中與仁爲用。聖人只是主靜，自有動底道理，譬如人說話也，須是先沉默，然後可以說話。蓋沉默中便有言語底意思。"金去偽。

以事言之，則有動有靜；以心言之，則周流貫徹。其功夫初無間斷也，但以靜爲本耳（周子所謂主靜者，亦是此意，但言靜則偏，故程子只說敬兼已發未發說）。

元亨，誠之通，動也；利貞，誠之復，靜也。元者，動之端也，本乎靜；貞者，靜之質也，著乎動。一動一靜，循環無窮。而貞也者，萬物之所以成終，而成始者也，故人雖不能不動，而立人極者必主乎靜，惟主乎靜，則其著乎動也無不中節，而不失其本然之靜矣。太極說。

問："自太極一動而爲陰陽，以至於爲五行，爲萬物，無有不善，在人則才動便差，是如何？"曰："造化亦有差處，如冬熱夏寒，所生人物有薄厚，有善惡，不知自甚處差，將來便沒理會了。"又問："惟人纔動便有差，故聖人主靜，以立人極歟？”曰：“然。”輔廣。

自有天地，便只是這物事，在這裏流轉，一日便有一日之運，一月便有一月之運，一歲便有一歲之運，都只是這箇物事衮衮將去，如水車相似，一箇起，一箇倒，一箇上，一箇下，其動也，便是中，是仁；其靜也，便是正，是義。不動則靜，不靜則動，如人不語則默，不默則語，中間更無空處。又如善惡，不是善，便是惡，不是惡，便是善。聖人定之以中正仁義，便自主張這箇物事，蓋聖人之動便是元亨，其靜便是利貞，都不是閒底動靜云云。林夔孫。

大凡人須是沉靜云云，周先生所以有主靜之說，如《蒙》《艮》二卦，皆有靜止之體。葉賀孫。

李守約問：“云閎祖比會江西一士人謂‘《太極圖》主靜之說，非吾儒之所宜，乃出於老氏之說’。”曰：“江西士人，大抵皆對塔說，相輪之論，未嘗以身體之，故如此易其言耳。”

汪長孺說：“江西所說主靜，看其語是要不消主這靜，只我這裏動也靜，靜也靜。”先生云：“若如其言，天自春了夏，夏了秋，秋了冬，自然如此，也不須要輔相、裁成始得。”葉賀孫。

問：“周子不言禮智，而言中正，如何？”曰：“禮智說得猶寬，中正則切而實矣。且謂之禮尚或有不中節處。若謂之中，則無過不及矣。無非禮之禮，則節文恰好處也。謂之智尚，或有正不正，若謂之正，則是非端的分明，乃智之實也。”董銖。

問：“《太極圖》何以不言禮智，而言中正，莫是此圖本為發明《易》道，故但言中正否？”曰：“亦不知是如何，但中正二字較有力。”李閎祖。

天地之間，一氣而已，分陰分陽，便是兩物，故陽爲仁，而陰爲義，然陰陽又各分為二，故陽之初爲木，爲春，爲仁；陽之盛爲火，爲夏，爲禮；陰之初爲金，爲秋，爲義；陰之極爲水，爲冬，爲智。蓋仁之惻隱，方自中出，而禮之恭敬，則已盡發於外；義之羞惡，方自外入，而智之是非，則已全伏於中。故其象類如此，非是假合附會，若能默會於心，便自可見元亨利貞，其理亦然，文言取類尤爲明白，非臆說也。苔袁機仲書。

仁、禮屬陽，義、智屬陰。袁機仲却說義是剛底物，合屬陽；仁是柔底物，合屬陰。殊不知舒暢發達，便是那剛底意思；收斂藏縮，便是那陰底意思。沈個。

先生答董叔重疑問曰：“仁體剛而用柔，義體柔而用剛。”廣請曰：“自太極之動言之，則仁爲剛，義爲柔；自一物中陰陽言之，則仁之用柔，義之用剛，不知如此說得否？”曰：“也是如此，仁便有箇流動發越之意，然其用則慈柔；義便有箇商量從宜之義，然其用決裂。”輔廣。

學者疑問：“中謂就四德言之，仁卽是動，義卽是靜。”先生云：“周子《太極圖》中乃是如此說。”又云：“某前日答一朋舊書云‘仁體剛而用柔，義體柔而用剛’。”萬人傑。

或問：“智者動，仁者靜，如《太極圖說》，則智爲靜，仁爲動，如何？”曰：“且自體當到不相礙處，方是良久。”曰：“這物事，直看一樣，橫看一樣。子貢說‘學不厭爲智，教不倦爲仁’。子思却言‘成己爲仁，成物爲智’。仁固有安靜意思，然施行却有運用之意。”又云：“智是潛伏淵深底道理，至發出則有運用，然至於運用，各當其理而不可易處，又不專於動。”萬。

問：“仁義中正。”竊謂：“仁義指實德而言，中正指體段而言，然嘗疑性之德有四端，而聖賢多獨舉仁義不及禮智，何也？”曰：“中正卽是禮智。”答程允夫。

君子脩之吉，小人悖之凶。

周子太極之書，明道體之極致，而其所說用功夫處，只說定之以中正仁義而主靜，君子脩之吉而已。答廖子晦，詳見總論。

聖人定之以中正仁義云云，所謂繼天地之志，述天地之事，便是如此，如知得恁地便生，知得恁地便死，知得恁地便消，知得恁地便長，此皆是繼天地之志，隨他恁地進退消息盈虛，與時偕行。小而言之，飢食渴飲，出作入息；大而言之，君臣便有義，父子便有仁，此都是述天地之事，只是這箇道理，所以君子脩之便吉，小人悖之便凶。這箇物事機關一下撥轉，便攔他不住，如水車相似，才踏發這機，更住不得，所以聖賢兢兢業業，一日二日萬幾，戰戰兢兢，至死而後知免大化恁地流行，只得隨他恁地，故曰“存心養性，所以事天也；夭壽不貳，脩身以俟之，所以立命也”。這與《西銘》都相貫穿，只是一箇物事云云。林夔孫。

故曰：“立天之道止，原始反終，故知死生之說。”

林問：“太極原始反終，故知死生之說，南軒解與先生解不同，如何?”曰：“南軒說不然，恐其偶思未到云云。始處是生生之初，終處是已定之理，始有處說生，已定處說死，死則不復變動矣，因舉張乖崖說斷公事云云，《通書》無非發明此二端之理。”徐寓録。

大哉《易》也! 斯其至矣。

問：“《解義》曰程氏之言，性與天道多出此圖，然卒未嘗明以此圖示人者，疑當時未有能受之者也，是則然矣。然今乃遽為之說以傳之，是豈先生之意耶?”曰：“當時此書未行故可隱，今日流布已廣，若不說破，却令學者枉生疑惑，故不得已而為之說爾。”程允夫。

問：“先生謂程子不以《太極圖》授門人，蓋以未有能受之者，然而孔門亦未嘗以此語顏魯，是如何?”先生曰：“焉知其不曾說。”曰：“觀顏魯做工夫處，只是切已做將去。”曰：“此亦何嘗不切已，皆非在外，乃我所固有也。”曰：“言此恐徒長人億度料想之見。”曰：“理會不得者固如此，若理會得者，莫非在我便可受用，何億度之有?”輔廣。

諸說異同。

伏羲畫卦只就陰陽以下，孔子又就陰陽上發出太極，康節又道須信畫前元有《易》，濂溪《太極圖》又有許多詳備。

問：“《太極圖》自一而二，自二而五，卽推至扵萬物;《易》則自一而二，自二而四，自四而八，自八而十六，自十六而三十二，自三十二而六十四，然後萬物之理備。《西銘》則止言陰陽，《洪範》則止言五行，或詳或略不同，何也?”曰：“理一也，人所見有詳略耳，然道理亦未始不相值也。”李閎祖。

問：“先生以為一分為二，二分為四，四分為八，又細分將去，程子何以說性中只有箇仁義禮智四者而已，只分到四便住，何也?”曰：“周先生亦分到五行住，若要細分，則如《易》樣分。”甘節。

問：“《先天》《太極》二圖。”曰：“《先天》乃伏羲本圖，非康節所自作，雖無言語，而所該甚廣，凡今《易》中一字一義，無不自其中流出者，《太極》却是濂溪自作發明，《易》中大槩綱領意思而已，故論其格局，則《太極》不如《先天》之大，而詳論其義理，則《先天》不如《太極》之精而約，蓋合下規模不同，而《太極》終在《先天》範圍之內，又不若彼之自然，不假思慮安排也。若以數言之，則《先天》之數，自一而二，自二而四，自四而八，以為八卦；《太極》之數，亦自一而二（剛柔），自二而四（剛善、剛惡、柔善、柔惡），遂加其一（中），以為五行，而遂下及於萬物，蓋物理本同，而象數亦無二致，但推得有大小詳略耳。"答黃直卿書。

又書曰："云云。先天之說，亦是太極散爲六十四卦，三百八十四爻，而一卦一爻，莫不具一太極，其各具一太極處，又便有許多道理，須虛心平氣，就事觀理，不可只就圖想像思惟也。"

問："《先天圖》陰陽自兩邊生，若將坤爲太極，與《太極圖》不同，如何？"曰："他自擄他意思說，卽不曾契勘濂溪底。若論他太極，中間虛者便是，他亦自說圖從中起，今不合被橫圖在中間塞，却待取出於外，他兩邊生者，卽是陰根陽，陽根陰，這箇有對，從中出卽無對。"

問："劉子所謂'天地之中'，卽周子所謂'太極'否？"曰："只一般。但名不同，中只是恰好處，《書》'惟皇上帝，降衷于下民'，亦只是恰好處，極不是中，極之爲物，只是在中，如這燭臺，中央簪處便是極，從這裏比到那裏，也恰好，不曾加些，從那裏比到這裏，也恰好，不曾減些。"徐寓。

孔子謂性相近也，習相遠也，孟子辯告子生之謂性，亦是說氣質之性，近世被濂溪先生拈掇出來，而橫渠二程先生始有氣質之性之說。全去僞。

孟子多是專以性言，故以為性善，才亦無不善，到周子、程子、張子，方始說到氣上，要之須兼是二者言之方備。

問："孟子言仁義禮智，義在第二，《太極圖》以義爲利，却成在第三。"曰："禮是陽，故云亨，謂之仁義禮智，猶東西南北。所謂元亨利貞，猶東南西北，一個是對說，一各是從一邊說。"林夔孫。

問："康節所謂一陽初動處，萬物未生時云云。"曰："某嘗謂康節之學，與周子程子所說小有不同。康節於那陰陽相接處，看得分曉，故多舉此處爲說，不似周子說‘無極而太極’，與‘五行一陰陽，陰陽一太極’，如此周遍。若如周子程子之說，則康節所說在其中矣。康節是指貞元之間言之，不似周子程子說得活，體用一源，顯微無間。”輔廣。

漢卿問：“一陽初動處，萬物未生時。以人心觀之，便是善惡之端，感物而動處。”曰：“此是欲動未動之間云云，故上云‘冬至子之半’，是康節常要就中間說云云。便與周濂溪程先生不同，周、程只是五行一陰陽也，陰陽一太極也，太極本無極也，只是體用動靜，互換無端。康節便只要說循環，便須指消息，動靜之間，便有方了，不似二先生。”葉賀孫。

張乖崖曰：“陽如人有罪，而未書案子，尚變得，陰是已書案，更變不得，此人曾見希夷言，亦似《太極圖》。”

問：“橫渠太虛之說，本是說無極，却只說得‘無’字。”曰：“無極是該虛實清濁而言，‘無極’字落在中間，‘太虛’字落在一邊了，便是難說，聖人熟了說出，便恁地平正，而今把意思去形容他，却有時偏了。”林夔孫。

論橫渠《正蒙》說道體處，如太和太虛，虛空云者，止是說氣，說聚散處，其流乃是箇太輪迴，蓋起思慮，玫索所至，非性分自然之知，若語道理，唯是周子說“無極而太極最好”。萬人傑。

問：“張子曰‘由太虛而有天之名，由氣化有道之名，合虛與氣有性之名，合性與知覺有心之名。’”曰：“本只是一箇太虛，漸漸細分，說得密耳。”問：“太虛便是《太極圖》上面底圓圈，氣化便是圓圈裏陰靜陽動否？”曰：“然。”沈僩。

問：“濂溪作《太極圖》，發明造化之原。橫渠作《西銘》，揭示進爲之方。然二先生之學，不知所造爲，孰深？”曰：“此未易窺測，然亦非學者所當輕議也。”程允夫。

問：“《近思錄》載橫渠論氣二章，其說與《太極圖》動靜陰陽之說相出入，然橫渠立論不一而足，似不若周子之言有本末次第也。”曰：“橫渠論氣與《西銘》《太極》，各是發明一事，不可以此而廢彼，優劣亦不當輕議也。”

舉論性不論氣，不備，論氣不論性，不明，二之則不是。須兼性與氣說，方盡此論，蓋自濂溪太極言陰陽、五行，有不齊處，推出氣質之性來，使程子生在周子之前，未必能發明到此。

問："孟子言性與伊川如何？"曰："不同。孟子是剔出而言性之本，伊川是兼氣質而言，要之不可離也，所以程子云'論性不論氣，不備，論氣不論性，不明'，而某於《太極解》亦云'所謂太極者，不離乎陰陽而爲言，亦不雜乎陰陽而爲言'。"楊道夫。

周子《太極圖》經許多人不與他思量出，自某逐一與他思索，方見得他如此精密。葉賀孫。

濂溪著《太極圖》，某若不分別出許多節次來，如何看得？未知後人果能如此子細去看否？萬人傑。又一條，上文略同，末云"但未知後來讀者知其用功如此之至否"。

《通書》太極之旨更宜虛心熟玩，乃見鄙說，一字不可易處，政使濂溪復生，亦必莞爾而笑。

劉子澄言，本朝只有四篇文字好《太極圖》《西銘》《易傳序》《春秋傳序》。（周木版）

延平師生答問　　宋　李侗

問："太極動而生陽？"先生曰："此只是理做已發看不得。"熹疑既言動而生陽，卽與《復卦》一陽生而見天地之心何異？切恐動而生陽，卽天地之喜怒哀樂發處於此，卽見天地之心；二氣交感，化生萬物，卽人物之喜怒哀樂發處於此，卽見人物之心。如此做兩節看，不知得否？

先生曰：太極動而生陽，至理之源，只是動靜闔辟，至於終萬物始萬物，亦只是此理一貫也。到得二氣交感，化生萬物時，又就人物上推，亦只是此理。《中庸》以喜怒哀樂、未發已發言之，又就人身上推尋，至於見得大本達道處又袞同，只是此理。此理就人身上推尋，若不於未發已發處看，卽何緣知之。蓋就天地之本源與人物上推來，不得不異。此所以於動而生陽，難為以喜怒哀樂、已發言之，在天地只是理也。今欲作兩節看，切恐差了，《復卦》見天地之心，先儒以為靜見天地之心。伊川先生以為動乃見此，恐便是動而生陽之理。然於《復卦》發出此一段示人，又於初爻以顏子不遠復為之，此只要示人無間斷之意，人與天理

一也，就此理上皆收攝來，與天地合其德，與日月合其明，與四時合其序，與鬼神合其吉凶，皆其度內爾。（周木本）

晦庵與南軒書　宋　朱熹

《太極解》後來所改不多，別紙上呈未當處，更乞指教。但所論無極二五不可混說，而“無極之真”合屬上句，此則未能無疑。蓋若如此，則無極之真，自為一物，不與二五相合，而二五之凝，化生萬物，又無與乎太極也，如此豈不害理之甚！兼“無極之真”屬之上句，自不成文理，請熟味之，當見得也。各具一太極來喻固善，然一事一物上，各自具足，此理著箇一字，方見得無欠剩處，似亦不妨。不審得尊意以為如何？

太極中正仁義之說，若謂四者皆有動靜，則周子於此更列四者之目為剩語矣。但熟玩此四字，旨意自有動靜其於道理極是分明，蓋此四字便是“元亨利貞”四字（仁，元；中，亨；義，利；正，貞）。元亨利貞，一通一復，豈得為無動靜乎？近日深玩此理，覺得一語嘿，一起居，無非太極之妙，正不須以分別為嫌也。（宋刻本）

晦菴答呂伯恭書　宋　朱熹

東萊書云：周子仁義中正主靜之說，前書所言仁義中正皆主乎此，非謂中正仁義皆靜之用，而別有塊然之靜也。人生而靜，天之性也，乃中正仁義之體，而萬物之一源也。中則無不正矣，必竝言之曰中正，仁則無不義矣，必竝言之曰仁義，亦猶元可以包四德，而與亨利貞俱列；仁可以包四端，而與義禮智同稱。此所謂合之不渾，離之不散者也。

動靜陰陽之說，竟未了然，何耶？云云。夫所謂人生而靜是也，然感於物者，亦豈能終不動乎？今指其未發而謂之中，指其全體而謂之仁，則皆未離乎靜者而言之。至於處物之宜謂之義，處得其位謂之正，則皆以感物而動之際為言矣，是則安得不有陰陽、動靜、賓主之分乎？故程子曰：仁體義用也，知義之為用，而不外焉者，可以語道矣。世之論義者多外之，不爾則混然而無別，非知仁義之說者也。此意極分明，且體用之所以名正以對待而不相離也。今以靜為中正仁義之體，又謂中正仁義非靜之用，不亦矛盾扞挌之甚乎？意者專以知覺名仁者，似疑其不得為靜，恐當因此更加究察。所謂仁者，似不專為知覺之義也。（周木本）

晦菴答陸子美書　　宋　朱熹

梭山陸九韶書云：敬覽所著《太極圖說》，左扶右掖使不失正，用力多矣。然此圖本說自是非正，雖曲為扶掖，恐終為病根，貽感後學云云。

太極篇首一句，最是長者所深排，殊不知不言無極，則太極同於一物，而不足為萬化之根；不言太極，則無極淪於空寂，而不能為萬化之根。只此一句，便見其下語精密微妙，而向下所說許多道理，條貫脈絡，井井不亂，互古互今，擺撲不破，只恐自家見得未曾如此分明直截，則所可疑者，乃在此不在彼也云云。

又書云："太極"二字，聖人發明，道之本源，微妙中正，豈有下同一物之理，左右之言過矣。今於上又加"無極"二字，是頭上安頭，過為虛無，好高之論也云云。

太極之說，熹謂周先生之意，恐學者錯認太極別為一物，故著"無極"二字以明之，此是推原前賢立言之本意，所以不厭重復。蓋有深指而來諭，便謂熹以太極下同一物，是則非惟不盡周先生之妙旨，而於熹之淺陋妄說，亦未察其情矣。又謂著"無極"字，便有虛無好高之獘，則未知尊兄所謂太極是有形器之物耶？無形器之物耶？若果無形，而但有理，則無極即是無形，太極即是有理，明矣，又安得為虛無而好高乎？（周木本）

晦菴答陸子靜書　　宋　朱熹

象山陸九淵第一書云：梭山兄謂："《太極圖說》與《通書》不類，疑非周子所為。不然，則是其學未成時所作，不然，則或是傳他人之文，後人不辨也。蓋《通書·理性命》章言'中焉止矣，二氣五行，化生萬物，五殊二實，二本則一'，曰'中'曰'一'，即太極也，未嘗於其上加'無極'字。《動靜》章言五行陰陽，陰陽太極，亦無'無極'之文。假令《太極圖說》是其所傳，或其少時所作，則作《通書》時，蓋已知其說之非矣，此言殆未可忽也。"云云。

尊兄鄉與梭山書云：“不言無極，則太極同於一物，而不足為萬化根本。不言太極，則無極淪於空寂，而不能為萬化根本。”夫太極者，實有是理，聖人從而發明之耳。非以空言立論，使後人簸弄於頰舌紙筆之間也。其為萬化根本，固自素定。其足不足，能不能，豈以人言不言之故邪？《易大傳》曰：“易有太極。”聖人言有，今乃言無，何也？作《大傳》時不言無極，太極亦何嘗同於一物，而不足為萬化根本邪？《洪範》五皇極列在九疇之中，不言無極，太極亦何嘗同於一物，而不足為萬化根本耶？太極固自若也云云。

後書又謂：“無極即是無形，太極即是有理。周先生恐學者錯認太極別為一物，故著‘無極’二字以明之。”《易大傳》曰：“形而上者謂之道。”又曰：“一陰一陽之謂道。”一陰一陽已是形而上者，況太極乎？曉文義者舉知之矣。自有《大傳》，至今幾年，未聞有錯認太極別有一物者。設有愚謬至此，奚啻不能以三隅反，何足上煩老先生，特地于太極上“無極”二字，以曉之乎？且“極”字亦不可以“形”字釋之。蓋極者，中也。言無極，則是猶言無中也，是奚可哉？若懼學者泥於形器而申釋之，則宜如《詩》云“上天之載”，而於下贊之曰“無聲無臭”可也，豈宜以“無極”字加於太極之上？朱子發謂濂溪得《太極圖》於穆伯長，伯長之傳出於陳希夷，其必有考希夷之學，老氏之學也。“無極”二字，出《老子》“知其雄”章，吾聖人之書所無有也。老氏首章言“無名天地之始，有名萬物之母”，而卒同之，此老氏宗旨也。“無極而太極”，即是此旨。老氏學之不正，見理不明，所蔽在此。兄於此學，用力之深，為日之久，曾此之不能辨，何也？《通書》中焉止矣之言，與此昭然不類，而兄曾不之察，何也？《太極圖說》以“無極”二字冠首，而《通書》終篇未嘗一及“無極”字。二程言論文字至多，亦未嘗一及“無極”字。假令其初實有是圖，觀其後來未嘗一及“無極”字，可見其學之進而不自以為是也。兄今考訂注釋，表顯尊信如此，其至恐未得為善祖述者也云云。

晦庵答云：來書反復其於無極、太極之辨，詳矣。然以熹觀之，伏羲作《易》，自一畫以下，文王演《易》，自乾元以下，皆未嘗言太極也，而孔子言之。孔子贊《易》，自太極以下，未嘗言無極也，而周子言之。

夫先聖後聖，豈不同條而共貫哉？若於此有以灼見太極之真體，則知不言者不為少，而言之者不為多矣，何至若此之紛紛哉！今既不然，則吾之所謂理者，恐其未足以為羣言之折衷；又況於人之言有所不盡者，又非一二而已乎。既蒙不鄙而教之，熹亦不敢不盡其愚也。且夫《大傳》之太極者，何也？卽兩儀四象八卦之理，具於三者之先而蘊於三者之內者也。聖人之意，正以其究竟至極，無名可名，故特謂之太極。猶曰“舉天下之至極無以加此”云爾，初不以中而命之也。至如“北極”之“極”，“屋極”之“極”，“皇極”之“極”，“民極”之“極”，諸儒雖有解為中者，蓋以此物之極常在此物之中，非指“極”字而訓之以中也。極者，至極而已。以有形者言之，則其四方八面，合揍將來，到此築底，更無去處，從此推出，四方八面都無向背，一切停勻，故謂之極耳。後人以其居中而能應四外，故指其處而以中言之，非以其義為可訓中也。至於太極，則又初無形象方所之可言，但以此理至極而謂之極耳。今乃以中名之，則是所謂理有未明而不能盡乎人言之意者一也。《通書·理性命》章，其首二句言理，次三句言性，次八句言命，故其章內無此三字，而特以三字名其章以表之，則章內之言固已各有所屬矣。蓋其所謂“靈”、所謂“一”者，乃為太極；而所謂“中”者，乃氣稟之得中，與剛善、剛惡、柔善、柔惡者為五性，而屬乎五行，初未嘗以是為太極也。且曰“中焉止矣”，而又下屬於“二氣五行，化生萬物”之云，是亦復成何等文字義理乎？今來喻乃指其中者為太極，而屬之下文，則又理有未明而不能盡乎人言之意者二也。若論“無極”二字，乃是周子灼見道體，迴出常情，不顧旁人是非，不計自己得失，勇往直前，說出人不敢說底道理，令後之學者曉然見得太極之妙，不屬有無，不落方體。若於此看得破，方見此老真得千聖以來不傳之祕，非但架屋下之屋，疊牀上之牀而已也。今必以為未然，是又理有未明而不能盡乎人言之意者三也。至於《大傳》既曰：“形而上者謂之道”矣，而又曰“一陰一陽之謂道”，此豈真以陰陽為形而上者哉？正所以見一陰一陽雖屬形器，然其所以一陰而一陽者，是乃道體之所為也。故語道體之至極，則謂之太極；語太極之流行，則謂之道。雖有二名，初無兩體。周子所以謂之無極，正以其無方所、無形狀，以為在無物之前而未嘗不立於有物之後，以為在陰陽之外而未嘗不行乎陰陽之中，以為通貫全體，無乎不在，則又初無聲臭影響之可言也。今乃深詆無極之不然，則是直以太極為有形狀、有方所矣；直以陰陽為形而上者，則又昧於道器之分矣；又於"形而上者"之上復有"況太極乎"之語，則是又以道上別有一物為太極矣。此又理有未明而不能盡乎人言之意者四也。至熹前書所謂"不言無極，則太極同於一物，而不足為萬化根本；不言太極，則無極淪於空寂，而不能為萬化根本"，乃是推本周子之意，以為當時若不如此兩下說破，則讀者錯認語意，必有偏見之病，聞人說有，即謂之實有，見人說無，即以為真無耳。自謂如此說得周子之意，已是大煞分明，只恐知道者厭其漏泄之過甚，不謂如老兄者，乃猶以為未穩而難曉也。請以熹書上下文字詳之，豈謂太極可以人言而為加損者哉？是又理有未明而不能盡乎人言之意者五也。來書又謂："《大傳》明言'易有太極'，今乃言無，何耶？"此尤非所望於高明者。今夏因與人言《易》，其人之論正如此，當時對之不覺失笑，遂至被劾。彼俗儒膠固，隨語生解，不足深怪。老兄平日自視為如何，而亦為此言耶？老兄且謂《大傳》之所謂"有"，果如兩儀、四象、八卦之有定位，天地、五行、萬物之有常刑？周子之所謂"無"，是果虛空斷滅，都無生物之理耶？此又理有未明而不能盡乎人言之意者六也。老子"復歸於無極"，無極乃無窮之義，如莊生"入無窮之門，以遊無極之野"云爾，非若周子所言之意也。今乃引之，而謂周子之言實出乎彼，此又理有未明而不能盡乎人言之意者七也云云。

象山第二書云：來書本是主張"無極"二字，而以明理為說，其要則曰"於此有以炯然實見太極之真體"。九淵竊謂尊兄未嘗實見太極，若實見太極，上面必不更加"無極"字，下面必不更着"真體"字。上面加"無極"字，正是疊牀上之牀；下麵着"真體"字，正是架屋下之屋。虛見之與實見，其言固自不同也。

又謂極者，正以其究竟至極，無名可名，故特謂之太極，猶曰"舉天下至極，無以加此"云爾。就令如此，又何必更於上面加"無極"字也。若謂欲言其無方所、無形狀，則前書固言宜，如《詩》言"上天之載"，而於其下贊之曰無聲無臭可也，豈宜以"無極"字加之太極之上？《繫辭》言"神無方矣"，豈可言無神？言"易無體"矣，豈可言無易？

老氏以無為天地之始，以有為萬物之母，以常無觀妙，以常有觀徼，直將“無”字搭在上面，正是老氏之學，豈可諱也。惟其所蔽在此，故其流為任術數，為無忌憚，此理乃宇宙之所固有，豈可言無？若以為無，則君不君、臣不臣、父不父、子不子矣。楊朱未遽無君，而孟子以為無君；墨翟未遽無父，而孟子以為無父。此其所以為知言也，極亦此理也，中亦此理也。五居九疇之中，而曰皇極，豈非以其中而命之乎？民受天地之中以生，而《詩》言“立我蒸民，莫匪爾極”，豈非以其中而命之乎？《中庸》曰：“中也者，天下之本也；和也者，天下之達道也。致中和，天地位焉，萬物育焉。”此理至矣，外此豈更復有太極哉？以極為中，則為不明理；以極為形，乃為明理乎？字義固有一字，而數義者用字，則有專一義者云云。中即至理，何嘗不兼至義，《大學》《文言》皆言“知至”，所謂至即此理也。語讀《易》者曰：“能知太極，即是知至”。語讀《洪範》者曰：“能知皇極，即是知至”。夫豈不可，蓋同指此理，則曰極、曰中、曰至，其實一也云云。至如真以陰陽為形器，而不得為道，此尤不敢聞命。《易》之為道，一陰陽而已。先後、始終、動靜、晦明，上下、進退，往來、闔闢，盈虛、消長，尊卑、貴賤，表裏、隱顯，向背、順逆，存亡、得喪，出入、行藏，何適而非一陰一陽哉！奇耦相尋，變化無窮。故曰：“其為道也屢遷。”變動不居，周流六虛，上下無常，剛柔相易，不可為典要，惟變所適。《說卦》曰“觀變於陰陽”，而立卦發揮於剛柔，而生爻和順于道德，而理於義，窮理盡性，以至於命。又曰：“昔者聖人之作《易》也，將以順性命之理，是以立天之道曰陰與陽，立地之道曰柔與剛，立人之道曰仁與義。”下《繫》亦曰：“《易》之為書也，廣大悉備，有天道焉，有人道焉，有地道焉。兼三材而兩之，故六六者非他也，三材之道也。”今顧以陰陽為非道，而直謂之形器，其孰為昧於道器之分哉云云。

前書舉《大傳》“一陰一陽之謂道”、“形而上者謂之道”兩句，以見粗識文義者，亦知一陰一陽是形而上者，必不至錯認太極別為一物。故曰“況太極乎”，此其指歸，本自明白，而兄曾不之察，乃必見誣以道上別有一物為太極。《通書》曰：“中者，和也，中節也，天下之達道也，聖人之事也。故聖人立教，俾人自易其惡，自至其中而止矣。”周子之言中如此，亦不輕矣。外此豈更別有道理，乃不得此虛字乎？所舉《理性命章》五句，但欲見《通書》言"中"言"一"，而不言"無極"耳。"中焉止矣"一句，不妨自是斷章，兄必見誣以屬之下文。兄之為辯，失其指歸，大率類此云云。《大傳》《洪範》《毛詩》《周禮》與《太極圖說》孰古？以極為形，而謂不得為中，以一陰一陽為器，而謂不得為道，此無乃少絀古書為不足信，而微任胸臆之所裁乎？來書云云。又謂周子所以謂之無極，正以其無方所、無形狀，誠令如此，不知人有甚不敢道處，但加之太極之上，則吾聖門正不肯如此道耳。夫乾，確然示人易矣，夫坤，隤然示人簡矣，太極亦曷嘗隱於人哉。尊兄兩下說無說有，不知漏洩得多少云云。（周木本）

晦菴答書　　宋　朱熹

來書云：尊兄未嘗實見太極止，其言固自不同也。

熹亦謂：老兄正謂未識太極之本無極而有眞體，故必以中訓極，而又以陰陽為形而上者之道。虛見之與實見，其言果不同也。

來書云：老氏無以為天地之始止，豈可諱也。

熹詳老氏之言有無，以有無為二；周子之言有無，以有無為一。正如南北、水火之相反，更請子細着眼，未可容易譏評也。

來書云：此理乃宇宙之所固有止。□不□矣。

更請詳看，熹前書曾有"無理"二字否。

來書云：極亦此理也止。外此，豈更復有太極哉！

"極"是名此理之至極，"中"是狀此理之不偏。雖然同是此理，然其名義各有攸當。雖聖賢言之，亦未嘗敢有差互也。若"皇極"之"極"、"民極"之"極"，乃為標準之義，猶曰："立於此而示於彼。使其有所向望，而取正焉"耳。非以其中而命之也。"立我烝民"，"立"與"粒"同，即《書》所謂"烝民乃粒，莫匪爾極"，則亦指后稷而言。蓋曰："使我眾民皆得粒食，莫非爾后稷之所立者是望"耳。"爾"字不指天地，"極"字亦非指所受之中（此義尤明白，似是急於求勝，更不暇考上下文，推此一條，其餘可見）。中者，天下之大本，乃以喜怒哀樂之未發，此理渾然無所偏倚而言。太極固無偏倚而為萬化之本，然其得名，自為“至極”之極，而兼有標準之義，初不以中而得名也。

來書云：以極為中止，乃為明理乎？

老兄自以“中”訓“極”，熹未嘗以“形”訓“極”也。今若此言，則是已不曉文義，而謂他人亦不曉也，請更詳之。

來書云：《大學》《文言》，皆言知至。

熹詳“知至”二字雖同，而在《大學》則“知”為實字，“至”為虛字，兩字上重而下輕。蓋曰：“心之所知無不到”耳。在《文言》則“知”為虛字，“至”為實字，兩字上輕而下重。蓋曰：“有以知其所當至之地”耳。兩義既自不同，而與太極之為至極者，又皆不相似，請更詳之（此義在諸說中亦最分明，請試就此推之，當知來書未能無失，徃徃類此）。

來書云：直以陰陽為形器止，孰為昧道器之分哉？

若以陰陽為形而上者，則形而下者復是何物？更請見教。若熹愚見，與夫所聞，則曰：凡有形有象者，皆器也；其所以為是器之理者，皆道也。如是，則來書所謂始終、晦明、奇耦之屬，皆陰陽所為之器，獨其所以為是器之理，如目之明、耳之聰、父之慈、子之孝、乃為道耳。如此分別，似差明白，不知尊意以為如何（此一條亦極分明，切望畧加思索，便見愚言不為無理，而其餘亦可以類推矣）？

來書云：《通書》曰“中者，和也”止。大率類此。

周子言“中”，而以“和”字釋之。又曰“中節”，又曰“達道”，其言顯與《中庸》相庚，則亦必有說矣。蓋此“中”字，是就氣稟發用而言，其無過不及處耳。非直指本體未發無所偏倚而言也。豈可以此而訓“極”為“中”也哉云云。

來書云：《大傳》《洪範》《詩》《禮》《爾雅》與《太極圖說》孰古？

《大傳》《洪範》《詩》《禮》皆言極而已，未嘗謂極為中也，先儒以此極處常在物之中央，而為四方之所向內而取正，故因以中釋之，蓋亦未為甚失，而後人遂直以極為中，則又不識先儒之本意矣。《爾雅》乃是纂集，古今諸儒訓詁以成書其間，蓋亦不能無誤，不足据以為古，又況其間但有以極訓至，以殷齊訓中，初未嘗以極為中乎。

來書又謂：周子所以謂之無極止。則吾聖門正不肯如此道耳（前又云，若謂欲言其無方所、無形狀止，豈宜以"無極"字加之"太極"之上哉）。

"無極而太極"，猶曰"莫之為而為，莫之致而至"，又如曰"無為之為"，皆語勢之當然，非謂別有一物也（向見欽夫有此說，嘗疑有贅，今乃正使得著，方知欽夫之慮遠也）。其意則固，若曰"非如皇極、民極、屋極之有方所形象，而但有此理之至極"耳。若曉此意，則於聖門有何違叛，而不肯道乎？"上天之載"，是就有中說無；"無極而太極"，是就無中說有。若實見得，卽說有說無，或先或後，都無妨礙云云。

來書云：夫乾，確然示人易矣止，不知漏洩得多少。

太極固未嘗隱於人，然人之識太極者則少，徃徃只是於禪學中認得個昭昭靈靈，能作用底，便謂此是太極，而不知所謂太極乃天地萬物本然之理，亙古亙今，攧撲不破者也云云。

近見國史《濂溪傳》載此圖說，乃云"自無極而為太極"。若使濂溪本書實有"自為"兩字，則信如老兄所言，不敢辯矣。然因渠添此二字，郤見得本無此字之意，愈益分明，請試思之。

晦庵門人程端蒙與象山書云：夫太極之理妙矣。實萬化之根柢，而此理之本原也。夫天下萬事萬物行於有形之中，非有為之本者，則亦安能亙古今而不息哉？天理而不本於是理，則造化之功有窮；人生而不得於是理，則人道之大不立。至於一事之細，一物之微，苟不能得是理焉，則亦何能屈伸徃來、闔闢聚散於百千萬變之中，而不自已哉。然斯理也，無聲之可聞，無臭之可接，搏之而不得，舉之而不勝，非有形體物象之可見，是以周子必曰"無極而太極"焉。蓋聞太極乃無形之理，而非有形之物，其意混然，非以無極太極為兩物，相對而言也云云。《大易》雖不言無極，而曰"神無方，易無體"；《中庸》雖不言無極，而曰"無聲無臭"，周子之意，亦猶是耳。閣下又謂一陰一陽已是形而上者，況太極乎？太極理也，陰陽則氣也。氣固不離乎理，而遂指氣為理則不可。《易大傳》曰"一陰一陽之謂道"。蓋陰陽非道，而所以陰陽者道也。今閣下又謂"自有《大傳》，至今幾年，未聞有錯認太極別為一物者"。以閣下之言觀之，謂周子於太極上復加無極，則是謂太極之上復有無極，而無極自為一物，太極又自為一物，其為錯認大矣。大抵閣下之學，用力於存想，馳心於空妙，乃禪者之餘習，而不知天地之間，只是一個實理，該貫動靜，通徹內外，舉理而不遺物，存體而必及用，乃古今相傳之正學，而非若異端之為也云云。（周木本）

晦菴文集并語錄答問　　宋　朱熹

太極總論。

《太極圖》舊本，極荷垂示，然其意義終未能曉，如陰靜在上，而陽動在下，黑中有白，而白中無黑，及五行相生先後次序，皆所未明。

太極之旨，周子立象於前，為說於後，互相發明，平正洞達，絕無毫髮可疑，而舊傳圖說，皆有謬誤，幸其失於此者，猶或有存於彼，是以向來得以參互考證，改而正之，凡所更改，皆有據依，非出於己意之私也（舊本圈子既差，而說中"靜而生陰"，"靜"下多一"極"字，亦以圖及上下文意考正而削之矣）。若如所論，必以舊圖為據，而曲為之說，意則巧矣。然既以第一圈為陰靜，第二圈為陽動，則夫所謂太極者，果安在耶？又謂"先有無陽之陰，後有兼陰之陽"。則周子本說，初無此意，而天地之化，似亦不然，且程子所謂"無截然為陰陽之理"，即周子所謂"互為其根"也。程子所謂"升降生殺之大分不可無"者，即周子所謂"分陰分陽也"。兩句相須，其義始備，故二夫子皆兩言之，未嘗偏有所廢也。今偏舉其一，而所施又不當其所，且所論先有專一之陰，後有兼體之陽，是乃截然之甚者云云，答胡廣仲書。

天地之間，只有動靜兩端，循環不已，更無餘事，此之謂易，而其動其靜，則必有所以動靜之理焉，是則所謂太極者也，聖人既指其實而名之。周子又為之圖以象之，其所以發明表著，可謂無餘蘊矣。原極之所以得名，蓋取樞極之義，聖人謂之太極者，所以指夫天地萬物之根也。周子因之，而又謂之無極者，所以著夫無聲無臭之妙也。然曰"無極而太極，太極本無極"，則非無極之後，別生太極，而太極之上，先有無極也。又曰"五行陰陽，陰陽太極"。則非太極之後，別生二五，而二五之上，先有太極也。以至於成男成女，化生萬物，而無極之妙，蓋未始不在是焉。此一圖之綱領，《大易》之遺意，與老子所謂"物生於有，有生於無", 而以造化為真有始終者, 正南北矣。來諭乃欲一之, 所以於此圖之說, 多所乖礙, 而不得其理也。熹向以太極為體, 動靜為用, 其言固有病, 後已改之, 曰"太極者, 本然之妙也;動靜者, 所乘之機也"。此則庶幾近之來諭, 疑於體用之云甚當, 但所以疑之之說, 則與熹所以改之意, 又若不相似, 然蓋謂太極函動靜則可(以本體而言也), 謂太極有動靜則可(以流行而言也)。若謂太極便是動靜, 則是形而上下者不可分, 而"易有太極"之言亦贅矣云云, 答楊子直書。

周子喫緊為人特著《太極》之書, 以明道體之極致, 而其所說用功夫處, 只說"定之以中正仁義而主靜"、"君子修之吉"而已, 未嘗使人日用之間, 必求見此無極之真, 而固守之也。蓋原此理之所自來, 雖極微妙, 萬事萬化, 皆自此中流出, 而實無形象之可指。故曰"無極"耳。若論功夫, 則只中正仁義便是理會此事處, 非是別有一段根原功夫, 又在講學應事之外也云云, 答廖子晦書。

所論太極散為萬物, 而萬物各具太極, 見得道不可須臾離之意, 而與一貫之指、川上之歎、萬物皆備之說相合, 學者當體此意, 造次顛沛不可間斷, 此說大槩得之。但周子之意, 若只如此, 則當時只說此一句足矣, 何用更說許多陰陽五行, 中正仁義, 及《通書》一部, 種種諸說耶(此下注見《通書》問答)? 蓋既曰"各具太極", 則此處便有陰陽五行許多道理, 湏要隨處一一盡得云云, 答黃直卿書。

太極非是別為一物即陰陽, 而在陰陽即五行, 而在五行即萬物, 而在萬物只是一個理而已。因其極至, 故名曰"太極"。答輔廣問。

太極便是性, 動靜陰陽是心, 金、木、水、火、土是仁、義、禮、智、信, 化生萬物是萬事。答葉賀孫問。

或問《太極圖》之說。先生曰:"以人身言之, 呼吸之氣, 便是陰陽;軀體血肉, 便是五行;其性便是理。"又曰:"其氣便是春夏秋冬, 其物便是金木水火土, 其理便是仁義禮智信。"又曰:"氣自是氣, 質自是質, 不可衮說。"黃義剛錄。

大而天地萬物, 小而起居食息, 皆太極陰陽之理也。又曰:"仁木, 義金, 禮火, 智水, 信土。"曾祖道。

性與天道, 性便是自家底, 天道便是上面一節, 這個物事上面有個腦子，下面便有許多物事，徹底如此，舉《太極圖說》云，此便是這個物事。又曰："此個道理，大則包括乾坤提挈造化，細則入毫釐絲忽裏去，無遠不周，無微不到，但湏是見個周到底是甚。"林夔孫。

鄭仲履云："太極便是人心之至理。先生曰'事事物物，皆有個極'，是道理之極。至蔣兄進曰'如君之仁、臣之敬，便是極'。先生曰'此是一事一物之極，總天地萬物之理，便是太極，太極本無此名，只是個表德'。"龔蓋卿錄。

有問太極者，先生云："太極只是個極好至善底道理，人人有一太極，物物有一太極。周子所謂太極，是天地人物萬善至好底表德。"廖謙錄。

太極只是一個理字。萬人傑。

在天只是陰陽五行，人得之只是剛柔五常之德。湯泳。

或問"太極一陰陽"。先生曰："一陰陽，道也；陰陽，器也。"廖謙。

周子太極之書，如《易》六十四卦，一一有定理，毫髮不差，自首至尾，只不出陰陽二端而已。徐寓。

周子說出太極，已是大煞分明矣。且如惻隱之端，從此推上，則是此心之仁，仁即所謂天德之元，元即太極之陽動，如此節節推上，亦自見得大總腦處，若今看得太極處分明，則必能見得天下許多道理條件，皆自此出。事事物物上，皆有此個道理，元無虧欠也。董銖。

致道謂心為太極，林正卿謂："心具太極。"先生曰："云云，心有動靜，其體則謂之易，其理則謂之道，其用則謂之神。"答葉賀孫。

太極如一本生上，分而為枝幹，又分而生花、生葉，生生不窮，到得成果子，裏面又有生生不窮之理。生將出去，又是無限個太極，更無停息，只是到成果實時，又卻略少歇也。不是止到這裏，自合少止，正所謂終始，萬物莫盛乎艮艮，止是生息之意。葉。

某嘗說太極是個藏頭底，動時在陽，未動時又屬陰了。李方子。

太極是個大底物事，四方上下曰宇，古往今來曰宙。無一個物似宇樣大，四方去無極，上下去無極，是大小大；無一個物似宙樣長遠，亙古亙今，徃來不窮，自家心下湏常認得這意思。葉。（周木本）

南軒文集并語錄答問　　宋　張栻

某意卻疑仁義中正分動靜之說，蓋是四者皆有動靜之可言，而靜者常爲之主，必欲於其中指二者爲靜，終有弊病，兼恐非周子之說（周子於主靜下注云"無欲故靜"可見）。周子此圖固是毫分鏤析，首尾洞貫，但此句似不必如此分。仁義中正，自各有義，初非渾然無別也。答朱元晦書。

元晦仁義中正之論，終執舊說。濂溪自得處渾全，誠爲二先生發源所自，元晦特其說，句句而論，字字而解。故未免反流於牽強，而亦非濂溪本意也。觀二先生《遺書》中與學者講論多矣。若《西銘》，則再四言之，至太極則未嘗拈出此意，恐更當研究也。寄呂伯恭書。

太極所以形性之妙也，性不能不動；太極所以明動靜之蘊也，極乃樞極之義。聖人於《易》特名"太極"二字，蓋示人以根柢，其意微矣。若只曰性，而不曰太極，則只去未發上認之，不見功用，曰太極則性之妙都見矣。體用一源，顯微無間，其太極之蘊歟？所謂太極天地之性，語意亦未圓，不若云天地亦形而下者，一本於太極。又曰惟其有太極，故生生而不窮。夫生生不窮，固太極之道然也。所云一陰一陽之謂道，繼之者善也，不若云有太極則有兩儀，生生而不窮焉。言其如此，則曰性；其言如此，則曰太極，似亦不必如此說。又曰惟天地及人具此大本，亦有病人仁則太極立，而天地之大，萬物之多，皆吾分內耳云云。答吳晦叔。

元晦太極之論，太極固是性，然情亦由此出，曰性情之妙，似亦不妨云云。太極之說，某欲下語云易者生生之妙也。太極者，所以生主者也，曰易有太極，而體用一源可見矣。吳。

其所解《太極圖》，伯逢終疑"物雖昏隔不能以自通，而太極之所以爲極者，亦何有虧欠乎哉"之語，此正是渠緊要障礙處，蓋未知物則有昏隔，而太極則無虧欠故也。若在物之身，太極有虧欠，則是太極爲一物，天將其全與人而各分畀子與物也，此爲於大本甚有害，從容間更以告之可也。

問："明道先生曰上天之載止，其命於人，則謂之性，率性則謂之道，修道則謂之教。"又曰："民受天地之中以生，天命之謂性也。人之生也，直意亦如此。"又曰："孟子曰'仁也者，人也，合而言之，道也'。《中庸》所謂率性之謂道是也，詳此則是《中庸》首兩句明道，便屬人說矣。而伊川先生乃曰'天命之謂性，率性之謂道者'，天降是於下，萬物流形各正性命者，是所謂性也。各正性命而不失，是所謂道也。此通人物而言，循性者馬，則爲馬之性，又不做牛之性云云。所謂率性也，修道之謂教，此則專在人事。伊川之說，則自首兩句已兼人物言之，二先生所說不同，如何？"

答："某竊詳所錄明道先生之說，蓋明性之存乎人者也。伊川先生之說，蓋明性之統體無乎不在也。天命之謂性者，大哉乾元，天與物所資始也，率性之謂道者，在人爲人之性，在物爲物之性，各正性命而不失，所謂道也。蓋物之氣稟雖有偏，而性之本體則無偏也。觀天下之物，就其形氣中，其生理何嘗有一毫不足者乎？此極之無乎不在也。惟人稟得其秀，故其心爲最靈，而能推之，此所以爲人之性，而異乎庶物者也。若元不喪失率性，而行不假脩爲，便是聖人。故惟天下之至誠，能盡其性，而人之性、物之性亦無不盡，惟其有所喪失，則不能循其性，故有脩道之教焉，所以復其性之全也。明道於人身上指出，要人就已體認耳，然亦豈遂謂物無天命乎？伊川發明其統體，可謂完備耳（侯子解稱，兼人物而言者，爲明道說，恐此亦必有据）。或曰'天命獨人有之，而物不與焉'，爲是說者，但知萬物氣稟之有偏，而不知天命初物偏也。知太極之有一，而不知物物各具太極也。故道與器離析，而天地萬物不相管，屬有害於仁之體矣，謂之識太極，可乎？不可察也（伊川不特解天命之謂性一章有此意，《遺書》中如此說處極多，如說萬物皆備我處亦然，幸詳考而深思之）。區區所見，未知然否，辭不逮意，惟高明察之。"答胡伯逢。

程子曰："萬物皆備於我，不獨人爾至。添得皆子道多元來依舊。"又曰："萬物皆備於我，此通人物而言至。其它皆誘之。"又曰："萬物皆備於我矣，反身而誠，樂莫大焉，不誠則逆於物而不順也。"又曰："學者必先識仁，仁者與物渾然同體。孟子曰'萬物皆備於我'，須反身而誠，乃爲大樂，若反身未誠，則猶是二物有對，以已合彼，終未有之，又安得樂？此四段皆程子之說，前二說謂人與物皆然，後二說則獨指人而言。据孟子謂萬物皆備於我，未嘗曰物皆備萬物也，如前二說，則人與物更無差別，與告子生之謂性何異？夫惟物不能備萬物，故止有一物之用（所以不能推者，只爲合下不曾備得）。人則備矣，所以能參贊化育也。至於秔喪處雖多，這裏元來何曾增減，庶民自去之爾，故謂物莫不有天命，莫不有太極，則可謂物皆備萬物，則似恐未可。"

答："旣曰莫不皆有太極，則所謂太極者，固萬物之所備也。惟其賦是氣質，而拘隔之，故物止爲一物之用，而太極之體則未嘗不完也。"答周允升。

王通謂夫子與太極合德，若如先生之說，則人與物莫不有太極，詎止合而已。通之爲是言，殆將太極別爲一物耶！某竊嘗疑焉，於是反覆思之意，夫通之說，蓋指其初者言之也。當其三才未判，兩儀未分，五行未布，而太極已固存矣。逮夫太極動而生陽，動極而靜，靜而生陰，陰陽分而兩儀立，陽變陰合而五行生，無極之真，二五之精，妙合而凝。乾道成男，坤道成女，二氣交感，化生萬物，而人始具此太極矣。逆通之意，其指夫生物之初者言之耶？今夫人莫不具是性也，而盡性者誰歟？性中皆有天也，而配天者誰歟？是以《中庸》之論，惟天下至誠爲能盡性，惟天下至聖，故曰配天，太極亦猶是也。儻曰太極吾所固有，何合德之云，則配天之說，亦非耶？某嘗譬之日光，凡世間一切物皆容光者，莫不具日光焉。畢竟空中之日光自若也，今曰能容光也，非日光也，固不可也，謂日光盡在是，而空中者無與焉，亦不可也。是故物生之初，太極存焉，生物之後，太極具焉。人雖各具太極，要其初者固自若也。此通所以有合德之說歟云云。

答："天可言配，指形體也。太極不可言合，太極，性也。惟聖人能盡其性，人極之所以立也。人雖具太極，然淪胥陷溺之，則謂之太極不立，可也。"周。

問："無極而太極。"曰："此語只作一句玩味，無極而太極存焉，太極本無極也。若曰自無生有，則是析爲二體矣。"答彭子壽。

性之本，一而已矣，而其流發見，則人物所稟有，萬不同焉。蓋何莫而不由於太極，亦何莫而不具於太極，是其本之一也。然有太極，則有二氣五行，絪縕交感，其變不齊，故其發見於人物者，未嘗不各具於其氣稟之內。故原其性之本一，而察其流行之各異，知其流行之各異，而本之一者，初未嘗不究也，而後可與論性矣。故程子曰："論性不論氣，不備，論氣不論性，不明。"蓋論性而不及氣，則昧夫人物之分，而太極之用不行矣；論氣而不及性，則迷夫大本之一，而太極之體不立矣。

太極動而二氣形，二氣形而萬化生，人與物俱本乎此者也。原物之始，亦豈有不善者哉，其善者天地之性也云云。人之性善，非被命受生之後，其性旋有善也。性本善，而人稟夫氣之正，初不隔其全然者耳。若物則為氣所昏，而不能以自通也。存齊記，為呂季克作。

太極混淪，生化之根，闔闢二氣，樞紐羣動，惟物由乎其間而莫之知，惟人則能知之矣。人之所以能知者，以其為天地之心，太極之動，發見周流，備乎已也，然則心體不既廣大矣乎？擴齊記，為胡廣仲作。

曰："太極之體至靜也，沖漠無朕而無不偏該焉，某所謂至靜，蓋本體貫乎已發與未發而無間也。然太極不能不動，動極而靜，靜極復動，此靜對動者也。有動靜則有形器，故動則生陽，靜則生陰，一動一靜，互為其根，蓋動則有靜，而靜所以有動也。非動之能生靜，靜之能生動也，動靜者，兩儀之性情；而陰陽者，兩儀之質也。分陰分陽，兩儀立矣，有一則有兩，一立則兩見矣。而兩所以為一之用也，一不可見，則兩之用或幾乎息矣。"解義初本，以下皆同。

又曰："新安朱熹曰'太極立，則陽動陰靜而兩儀分，兩儀分，則陽變陰合而五行具，五行者，質具於地，而氣行乎天者也。'語至於是，則造化之功用無餘蘊矣。然此亦推本其所自來，非以為至此而始具也。"

又曰："所謂無極者，非謂太極之上，復有所謂無極也。太極本無極，故謂之至靜，而至靜之中，萬有森然，此天命之所以無窮，而至誠之所以無息也"云云。

又曰："朱子曰'有是性，則有陰陽五行；有陰陽五行，則有人物生生而無窮焉'，凡此皆無極之真者也。陰陽五行，經緯錯綜，混融無間，其合妙矣，於是陰陽又各以類凝結而成象焉。陽而健者，父之道，五行之所以布其氣也；陰而順者，母之道，五行之所以成其質也。是乃天地所以施生之本，男女所以為男女者，非指男女之身而言也。男女雖分，然實一太極而已，於是二氣交感，陽施陰生，而萬物各隨氣質，以正性命，陰陽五行之類有萬物不同，而其本亦一太極而已。"（元本以"五行之生也，各一其性"附在下段，而以"無極之真"屬之上句）

又曰："人之性，不能不感物而動，感物而動，固性之常然，而善惡自此分，萬事自此出矣。五性感動，動而心不宰，則情流而不知止。性以陷溺矣，所以爲惡也，譬之水發而無泥滓之雜，則固水之本然者，泥滓或參焉，則汩之矣。雖汩之，而水之本然者自在也，故貴於澄之，以復其初而已。人雖流於惡，其本然者，亦豈遂忘乎？此聖人所以有教也。"此下述晦菴解。

又曰："常人感物而動，動而不知止，故流於惡，而失其性。聖人則定之以中正仁義，中正，不偏也，仁義，其體用也。"曰："而主靜者，天性之本然，純粹至善，太極之存乎人者也。立人極者，言爲人道之準，其中而不可過者也。微聖人則天下貿貿焉，莫知反躬之道，而無以爲極矣。聖人之所以爲人極者，是太極之所以爲極者也。其曰'無欲故靜'者，非言人之無欲也，言天性之本然，欲之未萌者也。此固造化之根柢，聖人所爲主之者也，由是而動，無非本體之流行發見者矣。此下舉《通書·聖學章》。"

又曰："天地之德，日月之所以明，四時之所以序，鬼神之所以吉凶，皆是理也。聖人得太極之道，而備諸躬，則其合也，豈在外乎？蓋其理不越乎此而已。學聖者，盍亦勉夫修道之教乎？修之之要，其惟敬乎？太極之妙，不可以臆度而力致也。惟當一本於敬，以涵養之，既發之際，則因其端而致夫察之之功，未發之時，則即其體而不失其存之之妙，則其所以省察者，乃所以著存養之理，而其所以存養者厚，則省察者益明矣，此敬之功也，所謂主靜者也。"

又曰："君子脩之吉者，順理之謂吉也；小人悖之凶者，逆理之謂凶也。順理則平直坦易而無悔，非吉乎？逆理則艱難險阻而有礙，非凶乎？"

又曰："天之陰陽，地之柔剛，人之仁義，皆太極之蘊然也。人而居仁由義，則人道立而天道流行矣。夫萬物本乎五行，五行本乎陰陽，陰陽本乎太極，而太極本無極也，則原始之義，其趣味豈有窮始乎？始終

一理也，知始則知終矣。古今死生、晝夜、語默，無不然也，非謂死生之說，別爲一事也，只此理而已。"（周木本）

書晦菴太極圖解後　　宋　度正

正始讀先生所釋《太極圖說》，莫得其義，然時時覽而思之不敢廢，其後十有餘年，讀之旣久，然後始知所謂上之一圈者，太極本然之妙也。及其動靜旣分，陰陽旣形，而其所謂上之一圈者，常在乎其中，蓋本然之妙，未始相離也。至於陰陽變合而生五行，水、火、木、金、土各具一圈者，所謂分而言之，一物一太極也。水而木，木而火，火而土，土而金，復會於一圈者，所謂合而言之，五行一太極也。然其指五行之合也，總水、火、木、金而不及土者，蓋土行四氣，舉是四者以該之，兩儀生四象之義也。其下之一圈，爲乾男坤女者，所謂男女一太極也。又其下之一圈，爲萬物化生者，所謂萬物一太極也。以見太極之妙，流行於天地之間者，無乎不在，而無物不然也。然太極本然之妙，初無方所之可名，無聲臭之可議，學者之求之，其將何以求之哉？亦求之此心而已矣！學者誠能自識其心，反而求之日用之間，則將有可得而言者。夫寂然不動，喜怒哀樂之未發者，此心之體，而太極本然之妙於是乎在也。感而遂通，喜怒哀樂之旣發者，此心之用，而太極本然之妙於是而流行也。然已發者可見，而未發者不可見。已發者可聞，而未發者不可聞。學者於此深體而默識之，因其可見，以推其不可見，因其可聞，以推其不可聞，庶乎融會貫通。太極本然之妙可求，而心極亦庶乎可立矣。或者不知致察乎此，而於所謂無極云者真以爲無，而以爲周子立言之病，失之遠矣。先生嘗語正曰："萬物生於五行，五行生於陰陽，陰陽生於太極。"其理至此而極，正當時聞之，心中釋然，若有以見夫理之所以然，名之所以立者。先生又曰："乾道成男，坤道成女"，何也？此程子所謂海上無人之境，而人忽生乎其間者。此天地生物之始，禮家所謂感生之道也。又曰："生天生地，成鬼成帝，卽太極動靜生陰陽之義。"蓋先生晚年表裏洞然，事理俱融，凡諸子百家一言一行之合於道者，亦無不察，況聖門之要旨哉！遂寧傅耆伯成未第時嘗從周子遊，而接其議論。先生聞之，嘗令正訪其子孫，而求其遺文焉。在吾鄉時，傅嘗有書謝其所寄

《遇說》，其後在永州，又有書謝其所寄《改定同人說》，但傅之書藁無恙，而周子之《易說》，則不可復見耳聞之。先生今之《通書》本名《易通》，則六十四卦疑皆有其說。今考其書，獨有《乾損益》《家人睽復無妄蒙艮》等說，而亦無所謂"遇說""同人說"者，則其書之散逸亦多矣，可不惜哉！夫太極者，所以發明此心之妙用也；《通書》者，又所以發明太極之妙用也。然其言辭之高深，義理之微密，有非後學可以驟而窺者。今先生既已反復論辯，究極其說，章通句解，無復可疑者，其所以望於後之學者至矣，正也，輒不自量，併以其聞之先生者，附之于此，學者其亦熟復而深味之哉。嘉定六年二月丁卯門人度正謹書。(周木本)

陳北溪太極字義　　宋　陳淳

未有天地萬物，先有是理，然此理不是懸空在那裏，纔有天地萬物之理，便有天地萬物之氣；纔有天地萬物之氣，則此理便全在天地萬物之中。周子所謂"太極動而生陽，靜而生陰"，是有這動之理，便能生陽，纔動而生陽，則是理便已具於陽動之中。有這靜之理，便能生陰，纔靜而生陰，則是理便已具於陰靜之中。然則纔有理，便有氣，纔有氣，理便全在這氣裏面，那相接處全無皆子縫罅，如何分得孰爲先孰爲後？所謂動靜無端，陰陽無始，若分別得先後，便偏在一邊，非渾淪極至之物。總而言之，渾淪一理，只是一箇太極；分而言之，則天地人物，各具此理，亦各有一太極。又都渾淪無欠闕處，自其分而言，便成許多道理。若就萬物上總論，則萬物體統渾淪，又只是一箇太極。人得此理，聚於吾心，則心爲太極，所以邵子曰"道爲太極"，又曰"心爲太極"。謂道爲太極者，言道卽太極，無二理也。謂心爲太極者，只是萬理總會於吾心，此心渾淪，是一箇理耳。只這道理流行，出而應事接物，千條萬緒，各得其理之當然，則是各一太極。就萬事總言，其實依舊只是一理，是渾淪一太極也。譬如一大塊水銀，恁地圓散，而爲萬萬小塊，箇箇皆圓，合萬萬小塊復爲一大塊，依舊又恁地圓。陳幾叟月落萬川，處處皆圓之譬，正是如此，此太極所以先乎天地萬物之表，而行乎天地萬物之中，在萬古無極之前，而貫於萬古無極之後，只是一理總爲一太極耳。此理流行，處處皆圓，無一處欠闕，纔一處欠闕，便偏了，不得謂之太極也。

無極之說，始於誰乎？柳子曰"無極之極"，康節《先天圖說》亦曰"無極之前陰含陽也，有極之後陽分陰也"，是周子以前已有無極之說矣，但其主意各不同，柳子、康節是以氣言，周子則專以理言之耳。（周木本）

北溪性理字義　　宋　陳淳

天所命於人，以是理本只善而無惡，故人所受，以為性亦本善而無惡。孟子道性善，是專就大本上說來，說得極親切，只是不曾發出氣稟一段，所以啓後世紛紛之論，蓋人之所以有萬殊不齊，只緣氣稟不同，這氣只是五行之氣，如陽性剛，陰性柔，火性燥，水性潤，金性寒，本①惟溫，土性遲重，七者夾雜，便有參差不齊，所以人隨所值，便有許多般樣。然這氣運來運去，自有箇貞元之會，如曆法算到本數湊合，所謂日月如合璧、五星如連珠時相似。聖人便是稟得這貞元之會來，然天地間參差不齊之時多，不寒不暑、光風霽月之時少，最難得恰好時，人生多是值此不齊之氣。如有一等人，非常剛烈，是值陽氣多；有一等人，極是軟弱，是值陰氣多；有人躁暴忿属，是又值陽氣之惡者；有人狡譎姦險，此又值陰氣之惡者。有人性圓，一撥便轉也，有一等極愚拗，雖一句善言亦說不入，與禽獸無異，都是氣稟如此。陽氣中有善惡，陰氣中亦有善惡，如《通書》，所謂"剛善剛惡，柔善柔惡"之類，不是陰陽氣本惡，只是分合轉移，齊不齊中便自然成粹駁善惡耳。因氣有粹駁，便有賢愚。氣雖不齊，而大本則一，雖下愚亦可變而為善，然工夫最難，非百倍其功者不能，故子思曰："人一能之，已百之，人十能之，已千之，果能此道，雖愚必明，柔必強，正為此耳。

自孟子不說到氣稟，所以荀子便以性為惡，楊子便以性為善惡混，韓文公又以為性有三品，都只是說得氣。近世東坡蘇氏，又以為性未有善惡。五峯胡氏又以為性無善惡，都只含糊捉摸，就人與天相接處說箇性，是天生自然底物，竟不曾說得性端的指定是甚底物，直至二程得濂

───────────

① "本"：據文意當作"木"。

溪先生《太極圖》發端，方始說得分明極至，更無去處，其言曰："性卽理也，理，則自堯舜至於塗人，一也。"此語最是簡切端的，如孟氏說善，善亦只是理，但不若"理"字下得較確定。胡氏看不徹，便謂善者，只是贊嘆之辭，又誤了。旣是贊嘆，便是那箇是好物，方贊嘆，豈有不好物而贊嘆之耶？程子於本性之外，又發出氣稟一段，方見得善惡所由來，故其言曰："論性不論氣，不備，論氣不論性，不明，二之則不是也。"蓋只論大本，而不及氣稟，則所論有欠缺未備。若只論氣稟，而不及大本，便只說得粗底，而道理全然不明，千萬世而下，學者只得按他說不可改易。

孟子："道性善從何而來？"孔子《繫辭》曰："一陰一陽之謂道，繼之者善也，成之者性也。"所以一陰一陽之理者為道，此是統說箇太極之本體，繼此者善，乃是就其間說。造化流行，生育賦予，更無別物，只是箇善而已。此是太極之動而陽時，所謂善者以貫理言，卽道之方行者也。到成此者為惟①，是說人物受得此善底道理去，各成箇性耳。是太極之靜而陰時，此"性"字與"善"字相對，是卽所謂善，而理之已定者也。"繼成"字與"陰陽"字相應，是指氣而言，"善性"字與"道"相應，是指理而言。此夫子所謂"善是就人物未生之前"、造化原頭處說，"善"乃重字，為實物，若孟子所謂性善，則是就成之者性說，是人生之後事，善乃輕字，言此性之純粹至善耳。其實由造化原頭處有"善繼之者善"，然後"成之者性時"，方能如是之善，則孟子之所謂善實淵源，於夫子所謂善者而來，而非有二本也。《易》言、周子《通書》及程子說已明備矣，至明道，又謂孟子所謂性善者，只是說繼之者善也，此又是借《易》語移就人分上說，是指四端之發處言之，而非《易》之本旨也。

禮者，心之敬，而天理之節文也。心中有箇敬，油然自生便是禮，見於應接，便自然有箇節文。節則無太過，文則無不及，如做事太質無文彩，是失之不及，末節繁文太盛是流於太過，天理之節乃其恰好處，恰好處便是理，合當如此，更無太過，更無不及，當然而然，便卽是中，

① "惟"：宋刻本作"性"，當從。

故濂溪說"仁義中正"，以"中"字代"禮"字，尤見親切。

"中"有二義，有已發之中，有未發之中。未發是就性上論，已發是就事上論，已發之中當喜而喜，當怒而怒，那恰好處無過不及，便是中。此中卽所謂和，所以周子《通書》亦曰："中者，和也。"是指已發之中言也。（周木本）

黃勉齋語錄問答　　宋　黃榦

太極動而生陽，不成太極在一處，動陽在一處，生動靜底便是陰陽，天地間都是這氣拍塞，卽無些子空闕處。愚人見天在上，地在下，便道中間有空闕處，不知天地間逼揍都實，吾身之外都是氣，如脫了衣服，便覺寒冷，是這氣襲人。舊嘗寓一間屋，兩頭都垂簾，揭起這一箇，那一箇也掣動，這是氣揍出，橫渠云"知虛空卽氣"，無無是如此，又云"所以致中和，便天地位，萬物育"，只是如此。

太極之有動靜止，而命之道也（晦菴《圖解》）。一陰便是靜，一陽便是動，道是太極，誠是太極。其動也，其靜也，二條上合動靜說，此分動靜說，動極而靜止，分之所以一定而不移也。此又換形了一箇說流行底，一箇說定分底，蓋太極而下，上文解圖周匝，此下文又衮說箇太極與陰陽。自其著而觀之，著是陰陽；自其微而觀之，微是太極。問："旣太極、陰陽不是二物，如何又有微有著？"曰："須看觀字，是我去他裏面拆看，卻非他有兩箇頭面。"又曰："'所乘之機'一句最妙。"又曰："此旣言氣與理合，雖然以下言雖是恁地，卻那裏見他入頭處，所以不見他合，不見他離，正以其無端無始云云。"下面若有縫，這太極也須漏出了。

問："《太極圖解》所乘之機，'機'字是如何？"曰："太極動而生陽，靜而生陰，太極不是會動靜底物，動靜，陰陽也，所以《圖解》云動靜者，所乘之機也，所乘之機四字最難看。舊蔡季通對朱先生問："所乘之機，如何下得恁地好？"先生微笑，大抵只看太極乘着什麼機，乘着動機便動，乘着靜機便靜，那太極卻不自會動靜。"問："動靜旣是陰陽，如何又說生陰生陽？"曰："生陰生陽亦猶陽生陰生太極，隨陰陽而爲動靜，陰陽則於動靜而見其生，不是太極在這邊動，陽在那邊生。譬如蟻在磨盤上一般磨動，則蟻隨他動，磨止則蟻隨他止，蟻隨磨轉，而因蟻之動靜可以見磨之動靜。”

問：“陽變陰合，而生水、火、木、金、土，次序如何？”曰：“水與火對生，木與金對生，因云這裡有兩項看，如作建寅看時，則木火是陽，金水是陰（此以行之序論）；如作建子看時，則水木是陽，火金是陰（此以生之序論）。大槩冬春夏可以謂之陽，夏秋冬可以謂之陰。因云《太極圖解》有一處可疑，圖以水陰盛故居右，火陽盛故居左，金陰穉故次水，木陽穉故次火，此是說生之序。下文卻說水、木陽也，火、金陰也，卻以此爲陽，彼爲陰論來物之初生，自是幼嫩，如陽始生爲水尚柔弱，到生木已強盛；陰始生火尚微，到生金已成質，如此則水爲陽穉，木爲陽盛，火爲陰穉，金爲陰盛，不知《圖解》所指是如何？”後請問：“云《圖解》所分，恐是解剝圖體，言其居左居右之位次否？”先生云：“舊也，如此看只是水而木，木而火，以下畢竟是說行之序，這畢竟是說生之序，畢竟是可疑。”

問：“聖人定之以中正仁義而主靜。解云正義是靜，正義如何謂之靜？”曰：“是向這裏栽一栽便住。”又問：“此是聖人主靜工夫，學者要主靜時，莫是向事物上各得箇當然之則，便是主靜否？”曰：“主靜下小注云‘無欲故靜’，須就裡面下工夫。今人終日紛擾，心不定疊也。須着片時去那裏靜坐，收這心，不專一則不能直遂，不翕聚則不能發散，但看天地之間，冬間纔溫煗，陽氣發洩得盡了，來歲生物必不十分暢茂也，多有疫癘之氣。若是凝肅藏閉，大寒極凍，方藏得許多氣，一發出便自充塞萬物。自是箇箇長茂，人亦如此，孟子言夜、氣亦是如此。日間固不可不存，若於早晨清明未接物時纔存養得，日間也自別。”《太極圖說》中正仁義，是就五行相次敘上說，小註仁義中正，便卽是孟子所說底。

（周木本）

又問答　宋　黃榦

逐段牽引《通書》，以證《圖說》。

《太極圖說》曰“無極而太極”，妄意謂無極而太極者，非老氏之“出無入有”，與佛氏之“所謂空也，乃斯道之本體，萬化之領會”，而子思所謂"天命之性",而孟子所謂"生之謂性也"。《通書》統論之曰"誠者,聖人之本也"止,純粹至善者也,此所以發明無極而太極,原始而要其終也。既又引《易》之《繫辭》而明之曰"一陰一陽之謂道"止,性命之源乎?蓋沖漠無朕之中,萬象森然已具,而無所虧欠。天之所以覆,地之所以載,日月之所以照,鬼神之所以幽,風雷之所以變,江河之所以流,性命之所以正,倫理之所以著,人之所以爲聖人,本末上下,貫乎一理,其實然而不可易者歟。

《圖說》曰:"太極動而生陽止,兩儀立焉。"妄意謂此非老氏"有生於無",與佛氏之所謂妄也,一必有兩,體必有用,動必有靜,動靜迭興而分陰陽,變化之所由生也。即《通書》之言,析而求之,若曰"元亨,誠之通;利正①,誠之復"。蓋元者,始而亨者也,太極之動也,利正②者,性情也,動極而靜,靜極復動也。又曰:"聖人之道,仁義中正而已矣。"又曰:"動而正。"曰"道靜而和",曰"德觸類而長之",其此之謂乎?

《圖說》曰:"陽變陰合(止),四時行焉。"妄意謂陰陽分,兩儀立矣。陽中之陽,陰中之陰,變合相得而五位成質。橫渠先生曰:"水火,氣也,故炎上潤下,與陰陽相爲升降。土不得而制焉,木金者,土之華實,其性有水火之雜,故木之爲物,水漬而得生火,然而不離,蓋得土之浮華於水火之交也,金之爲物,得火之精於土之燥,得木之精於水之濡,故水火相得,而不相害。鑠之則反流而不耗,蓋得土之精實於水火之際也。土者,物之所以成始反終者也,地之質也,化之終也,水火之所以升降,物兼體而不遺者也。"即是而參之,五行之生,一陰陽之所爲也。木之氣盛於東,於時爲春;火之氣盛於南,於時爲夏;土之氣盛於中央,而寄旺於四時之戊已,而獨盛於季夏之時。金之氣盛於西,而於時爲秋。水之氣盛於北,而於時爲冬。春夏秋冬,而氣以成此五物者,同出而異名者也。四時之行,即五氣之流通,五氣之流通,即一氣之妙用,非截然一彼一此也。《通書》曰"動而無靜(止),神妙萬物",此

---

① "正":據文意應作"貞"。

② 同上。

以名太極動而生陽，以至四時行焉，無非神之所爲也。又曰"水陰根陽（止），其無窮兮"，以明五行之生，四時之行，百物之產，一太極而已矣，其然乎，豈其然乎？

《圖說》曰："五行一陰陽也，陰陽一太極也，太極本無極也。"妄意謂此三言者，即所謂混兮，闢兮也。懼學者支離其說，故又舉而言之，前之言原始而要其終，今之言遡流而窮其源，五行陰陽，同一太極，而不相妨也。又曰："五行之生也（止），萬物生生，而變化無窮焉。"夫所謂五行之生，各一其性者，言五行之成質，雖其別有五，而各具一太極也。無極之真，二五之精，妙合而凝者，無極之實理，具於二氣五行之精，相摩相盪，而妙合凝聚也。乾道成男，坤道成女，二氣交感，化生萬物者，言無極之真，二五之精，既妙合凝聚，則男女之象已分，而二氣交感，化生萬物，如《易》所謂天地絪縕，萬物化醇，男女構精，萬物化生也。繼之曰"萬物生生，而變化無窮焉"，言天命流行而不息，萬物形化而無窮也。蓋生生不窮之理，沖漠於太極之先，成象成形於化生之際，而無一毫之間斷也。

《通書》曰："二氣五行，化生萬物（止）。"小大有定，其此之謂乎？

《圖說》曰："惟人也（止），萬事出矣。"此即人而明太極之理，與前之言一致也。蓋盈天地之間者惟萬物，而人居萬物之一，物之感人，人之應物，無時不然，其廣充運用，正三綱，明五教，序萬事，窮理盡性，以至於命。致中和，贊化育，參天地，而相爲無窮者，聖人也，故繼之曰"聖人定之以中正仁義而主靜，立人極焉"。又引《易》之辭以明之，曰"故聖人與天地合其德（止），鬼神合其吉凶"，以此見聖人與太極爲一也。而其所以然之妙，則原於主靜焉。聖人立極，固不假修爲而後能，然推本其經綸之所自，因其用以言其體，則有在乎是也。主靜云者，非不動也，猶《易》所謂"君子敬以直內，義以方外"，敬義立而德不孤，敬義固未嘗相逆也，而敬爲之體也。《中庸》曰："喜怒哀樂之未發，謂之中，發而皆中節，謂之和。中也者，天下之大本；和也者，天下之達道。"中和固未嘗相違也，而中爲之體也，是亦無極而太極之意，初非有先後次序也，又懼夫學者指爲聖人之事，高遠微妙而不可及。則又繼之曰："君子修之吉，小人悖之凶。"庶乎其不自暴自棄，改過遷善而趨吉避凶，主一無適而克己復禮，真積力久，行著習察，忽不自知其自至於貫通處，則是亦聖人矣，吉孰大焉。苟惟拒之以不信，絕之以不爲，窮人欲滅天理，其禍可勝言哉！玩吉凶之二辭，何其爲天下後世憂之深、言之切，如是乎，又引《繫辭》以明三才之本，曰"立天之道（止）曰仁與義"，於以見此理之所寓，雖有陰陽柔剛仁義之名，而其立處無以異也。

或問伊川先生曰："聖人可學而至歟（止）?"所謂自明而誠也（顏子所好何與[①]論），嗚呼！此其心受於濂溪者歟？此人之所以爲聖人，而聖人之所以與太極爲一者歟。

《圖說》曰："原始要終（止），斯其至矣。"此申無極而太極，太極本無極之理，使人知生死本非二事，而老氏謂"長生久視"，佛氏謂"輪廻不息"，能脫是則無生滅者，皆誕也。

伊川曰："近取諸身，百理皆具，屈伸往來之義，只於鼻息見之云云。"生生之理，自然不息，如《復卦》七日，來復其間，元不斷續，陽已復生，物極必反，其理須如此，有生便有死，有始便有終（詳見《遺書》）。橫渠曰"物之初生，氣日至而滋息；物之既盈，氣日反而游散。至之謂神，以其伸也，反之謂鬼，以其歸也"，此之謂矣。(周木本)

無極而太極辯　　宋　黃榦

極之得名，以屋之脊棟爲一屋之中居高處，盡爲衆木之總會，四方之尊仰，而舉一屋之木，莫能加焉。故極之義雖訓，爲至而實，則以有方所、形狀而指名也。如北極，皇極，爾極，民極之類，皆取諸此，然皆以物之有方所、形狀，適似於極，而具極之義，故以極名之。以物喻物，蓋無難曉，惟《大傳》以《易》之至理，在《易》之中爲衆理之總會，萬化之本原，而舉天下之理，莫能加焉。其義莫可得名，而有類於極，於是取極名之，而係以"太"則其尊而無對，又非它極之比也。然則太極者特假是物以名是理，雖因其有方所、形狀以名，而非有方所、

---

① 　與：據文意當作"學"。

形狀之可求。雖與他書所用極字取義畧同，而以實喻虛，以有喻無，所喻在於言外，其意則異，周子有見於此，恐夫人以它書閑字之例求之，則或未免滯於方所、形狀，而失聖人取喻之意，故爲之言曰"無極而太極"。蓋其措辭之法，猶曰"無形而至形"，"無方而大方"，欲人知夫非有是極，而謂之太極，亦特托於極，以明理耳。又曰："太極本無極也。"蓋謂之極，則有方所、形狀矣。故又反而言之，謂無極云耳。本非有極之實，欲人不以方所、形狀求，而當以意會於此，其反覆推本聖人所以言太極之意最爲明白，後之讀者字義不明，而以"中"訓"極"已爲失之，然又不知"極"字，但爲取喻，而遽以理言，故不惟理不可無於周子無極之語，有所難通，且太極之爲至理，其辭已足，而加以無極，則誠似於贅者矣。因見象山語無極書，正應不能察此，而輒肆於詆辯，爲之切歎，故著其說如此云。（周木本）

五行說　宋　黃榦

五行之序，以質之所生而言，則水本是陽之濕氣，以其初動爲陰，所陷而不得，遂故水陰勝。火本是陰之燥氣，以其初動爲陽，所揜而不得達，故火陽勝。蓋生之者微，成之者盛；生之者形之始，成之者形之終也。然各以偏勝也，故雖有形，而未成質，以氣升降，土不得而制焉。木則陽之濕氣，浸多以感，於陰而舒，故發而爲木，其質柔，其性煖；金則陰之燥氣，浸多以感，於陽而縮，故結而爲金，其質剛，其性寒；土則陰陽之氣各盛，相交相搏凝而成質。以氣之行而言，則一陰一陽往來相代，木、火、金、水云者，各就其中，而分老少耳。故其序各由少而老，土則分旺四季，而位居中者也。此五者序若参差，而造化所以爲發育之具，實並行而不相悖，蓋質則陰陽交錯，凝合而成；氣則陰陽兩端，循環不已。質曰水、火、木、金，蓋以陰陽相間言，猶曰東、西、南、北，所謂對代者也；氣曰木、火、金、水，蓋以陰陽相因言，猶曰東、南、西、北，所謂流行者也。質雖一定而不易，氣則變化而無窮，所謂易也。（周木本）

中庸總論　　宋　黃榦

　　云云。竊謂此書皆言道之體用云云。子思子所以必言夫體用者，知道有體用，則一動一靜皆天理自然之妙，而無一毫人僞之私也云云。孔子之學傳之曾子，曾子之學傳之子思，子思傳之孟子，皆此道也。曾子曰：“夫子之道，忠恕而已矣。”忠卽體，恕卽用也，維天之命於穆不已，非道之體乎？乾道變化，各正性命，非道之用乎？此曾子得之孔子，而傳之子思者也。孟子曰：“惻隱之心，仁之端也；羞惡之心，義之端也；辭遜之心，禮之端也；是非之心，智之端也。”惻隱羞惡，辭遜是非，非道之用乎？仁義禮智，非道之體乎？此又子思得之曾子，而傳之孟子者也。道喪千載，濂溪周子繼孔孟不傳之緒，其言太極者，道之體也；其言陰陽五行、男女萬物者，道之用也，聖賢之道，又安有異指哉？或曰：“以性爲體，則屬乎人矣。”子思以爲天命，又以爲發育萬物，峻極于天，又以爲經綸大經，知化育，立大本，乃合天人爲一，何也？曰“性卽理也”，自理而言，則屬乎天；自人所受而言，則屬乎人，屬乎人，本乎天也。故曰萬物體統一太極，天下無性外之物，屬乎天者也；一物各具一太極，性無不在，屬乎人者也。或曰：“《中庸》言體用，旣分而爲二矣，又言性卽氣，氣卽性，道亦器，器亦道，則何以別其爲體用？”曰：“程子有言：“體用一源，顯微無間。”自理而觀，體未嘗不包乎用，沖漠無朕，萬象森然已具之類是也；自物而觀，用未嘗不具乎體，一陰一陽之謂道，形色天性之類是也云云。”（周木本）

真西山答問　　宋　真德秀

　　夫所謂無極而太極者，豈太極之上別有所謂無極哉？特不過謂無形無象，而至理存焉耳。蓋極者，至極之理也，窮天下之物，可尊可貴，孰有加於此者，故曰太極也。世之人以北辰爲天極，以屋脊爲屋極，此皆有形而可見者。周子恐人亦以太極爲一物，故以“無極”二字加於其上，猶言本無一物，只有此理也。自陰陽以下，則麗於形氣矣。陰陽未動之前，只是此理，豈有物之可名耶。卽吾一心而觀之，方喜怒哀樂之未發也，渾然一性而已。無形無象之中，萬理畢具，豈非所謂無極而太極乎？以是而言，則思過半矣云云。《太極圖說》首章言無極而太極，次言陰陽五行，亦可謂高且遠矣。要其歸宿，只在中正仁義而主靜之一語云云。學者儻能居敬以立其本，而又窮理以致其知，則學問之道無餘蘊矣云云。答南雄李教授所問。

萬物各具一理，萬理同出一原，所謂萬物一原者，太極也。太極者，乃萬理總會之名。有理即有氣，分而二，則爲陰陽，分而五，則爲五行。萬事萬物皆原於此，人與物得之則爲性，性即太極也，仁義即陰陽也，仁義禮智信即五行也。萬物各具一理，是物物一太極也；萬理同出一原，是萬物統體一太極也。太極非有形有器之物，只是理之至者而已，故曰"無極而太極"。

大凡有體而後有用，如天地造化發生於春夏，而斂藏於秋冬。發生是用，斂藏是體。自十月純坤，陽氣既盡，不知者謂生氣已熄，不知斂藏者，乃所以爲發生之根，自此霜雪凝固，草木凋落，蟲蛇伏藏。微陽雖生於下，隱而未露，一年造化實基於此，惟冬間斂藏凝固，然後春來發生有力，所以冬煖無霜雪，則來歲五穀不登，正以陽氣發洩之故也。人之一心，亦是如此。須是平居湛然虛靜，如秋冬之祕藏，皆不發露，渾然一理，無所偏倚，然後應事方不差錯，如春夏之發生，物物得所。若靜時先已紛擾，則動時豈能中節，故周子以主靜爲本，程子以主敬爲本，皆此理也。（周木本）

太極圖原說　　宋　蔡淵

易有太極，是生兩儀，兩儀生四象，四象生八卦，八卦定吉凶，吉凶生大業。天一地二，天三地四，天五地六，天七地八，天九地十，天數五，地數五，五位相得而各有合。天數二十有五，地數三十，凡天地之數五十有五，此所以成變化而行鬼神也。剛柔相摩，八卦相盪，皷之以雷霆，潤之以風雨，日月運行，一寒一暑，乾道成男，坤道成女，天地絪縕，萬物化諄，男女構精，萬物化生。《易》曰："三人行，則損一人，一人行，則得其友。"言致一也，大人者與天地合其德，與日月合其明，與四時合其序，與鬼神合其吉凶，先天而天弗違，後天而奉天時，天且弗違，而況於人乎！況於鬼神乎！昔者聖人之作《易》也，將以順性之理，是以立天之道曰陰與陽，立地之道曰柔與剛，立人之道曰仁與義。仰以觀於天文，俯以察於地理，是故知幽明之故，原始反終，故知死生之說。

無極而太極（止），大哉《易》也！斯其至矣。

易有太極，易，變易也，夫子所謂無體之易也。太極，至極也，言變易無體，而有至極之理也。先儒皆以"太極"二字便爲萬化之原，而於"易"之一字，但目爲《易》書，故周子《太極圖說》，特以"無極而太極"發明"易有太極"之義，其所謂"無極而太極"者，蓋亦無體之易，而有至極之理也。是其無極之真，實有得於夫子，易之一言，而或以爲周子妄加者謬也。且其《圖說》皆出於《易》，生陰生陽，即生兩儀之義也。五行之用，即天地數五之用也。至於二氣之化，萬物之生，聖人與合之事，三才立道之故，始終死生之說，無非取於《易》者，而篇末又以"大哉《易》也"結之，況所謂無極者，又一篇之首語，而獨無取於《易》乎！蓋亦不思之甚矣。今取夫子周子之言，參而錄之，學者其深思靜玩，而反乎窮理盡性之實，則聖賢之言有不待辯而明者。嘉定戊寅四月望日後學蔡淵跋。（周木本）

太極圖說　　宋　余宋傑

宋傑聞之師說無極而太極者，上天之載，無聲無臭，而實造化之樞紐，品彙之相①柢也。太極動而生陽，動極而靜，靜而生陰，靜極復動者，是天命之流行也。一動一靜，互爲其根者，命之所以流行而不已也。分陰分陽，兩儀立焉者，分之所以一定而不移也。陽變陰合，而生水、火、木、金、土，五氣順布，四時行焉者，有太極則一動一靜而兩儀分，有陰陽則一變一合而五行具。語其生之序，則爲質。語其行之序，則爲氣也。五行一陰陽，陰陽一太極，太極本無極者，推本而言之，以明其渾然一體，莫非無極之妙也。五行之生，各一其性者，以無極之妙，未嘗不各具於一物之中也。無極之真，二五之精，妙合而凝，乾道成男，坤道成女，二氣交感，化生萬物者，無極二五，渾融無間，以類凝聚，

---

① 　相：據文意當作"根"。

陽健成男，陰順成女，而人物之始以氣化而生者也。萬物生生，變化無窮者，氣聚成形，則形交氣感，遂以形化，而人物之生，變化無窮者也。惟人也，得其秀而最靈者，陰陽五行，氣質交運，而人之所稟，獨得其秀，而其心最為靈者也。形既生矣，神發知矣，五性感動，而善惡分，萬事出矣者。形生於陰，神發於陽，五常之性，感物而動，而陽善陰惡，又以類分，五性之殊，散為萬事者也。聖人定之以中正仁義而主靜，立人極焉，故聖人與天地合其德，日月合其明，四時合其序，鬼神合其吉凶者，聖人全動靜之德，而常本於靜也。蓋人稟陰陽五行之秀氣以生，而聖人之生，又得其秀之秀者，是以其行之也中，其處之也正，其發之也仁，其裁之也義，動靜周流，而其動也必主乎靜，此其所以成位乎中，而天地、日月、四時、鬼神有所不能違也。君子脩之吉，小人悖之凶者，聖人全體太極，不假脩為，而自然全備，未至此而脩之，君子之所以吉。不知此而悖之，小人之所以凶也。故曰："立天之道曰陰與陽，立地之道曰柔與剛，立人之道曰仁與義。"又曰："原始反終，故知死生之說者。"三才之別，各有體用之分，其實則一太極也。陽剛，仁者，物之始也。陰柔，義者，物之終也。能原其始，而知所以生，則反其終，而知所以死矣。此天地之間，紀綱造化，流行古今，不言之妙，聖人作《易》，大意不出此也。大哉《易》也！斯其至矣者，《易》之為書，廣大悉備，然語其至極，則此圖盡之也。

　　右濂溪先生《太極圖說》，宋傑聞之師訓，大畧如此，其詳則見於《解義》，晚學蓋未能盡究其精微之蘊也。然嘗試讀之，切有感焉。自開闢以來，人文肇見，如河圖授義，龜書卑剡，其大本大原蓋出於天，是故羣聖代興，闡發幽祕，天人之際，昭晰著明，使當世之人，知上帝所降之衷，烝民所秉之彝，以故教化興行，習俗粹美，萬世之下，式瞻盛際，光明卓絕，不可企及。粵自孔孟既沒，道學不傳，秦漢以來，人心潰潰，不知天之所付，人之所受，無非性命之全體，是以氣稟得以拘之於前，物慾得以錮之於後，醉生夢死，舉世沈迷，千餘年間，人道蓋幾乎熄矣。至于我宋，天佑生賢，有濂溪夫子者出，不由師傳，默契道體，建圖立象，根極領要，指陳造化，如示諸掌，於是天道隱然而忽彰，人心闇然而驟明。舉凡天下之人，皆知天地之果為萬物父母，而斯人果為萬物之靈。盡其性，則為聖人，順而脩之，則為君子，逆而背之，則為小人。開萬世生民之耳目，續千古聖賢之墜緒，所謂再造斯文，一正人極。故自是以來，先覺大賢因得以廣大推明之，啟迪後人，永世無斁，蓋自孟氏以來，昉見夫子，其有功於名教可謂至矣。士生此邦，去夫子之世為未遠，接夫子之居為至近，又幸遇賢邦君，屬意斯文，嘉惠後學，卽夫子之故居，鼎新書堂，教養多士，使得以致高山景行之思，屬希賢學聖之業，其盛舉也。宋傑旁郡諸生，聞風踴躍，深願一覩盛事，玆蒙不鄙微賤，呼而進之，且俾與諸友共講所學，自顧虛庸，何敢當此懇辭弗許？輒誦所聞夫子《太極圖說》與夫平日尊慕感慨之誠，如此睠我同志日處斯堂，願攷夫子之迹，以觀其用，察夫子之言，以求其心。加立[①]靜無欲之功，造誠立明通之域，達而在上，則施澤以加乎民；窮而在下，則脩身以見於世。庶於夫子之乘世立教，邦君之建學、育材，兩無所負，豈不體哉！區區淺陋，未能有進乎此，惟先達之賢，後來之秀，併有以教之。（周木本）

書太極圖解後　　宋　游九言

易有太極，濂溪夫子加"無極"，何也？人肖天地，試即吾心驗之，方其寂然無思，萬善未發，是無極也。雖云未發，而此心昭然，靈源不昧，是太極也。欲知太極，先識吾心，澄神端慮察而見焉，始知夫子發明造化之蘊，啟悟萬世，而羲易奧旨益著，或謂妄加無極，或以訓詁文義名之，失夫子之意遠矣。建安游九言謹書。（宋刻本）

近思錄集解序　　宋　葉采

皇宋受命，列聖傳德，跨唐越漢，上接三代統紀，至天禧明道間，仁深澤厚，儒術興行，天相斯文，是生濂溪周子。抽關發矇，啟千載無傳之學，既而洛二程子、關中張子纘承羽翼闡而大之，聖學湮而復明，道統絕而復續，猗與盛哉。中興再造，崇儒務學，遹遵祖武，是以鉅儒輩出，沿泝大原，考合緒論，時則朱子與呂成公採摭四先生之書，條分

---

① 立：據文意當作"主"。

類別，凡十四卷，名曰《近思録》。規模之大，而進修有序；綱領之要，而節目詳明。體用兼該，本末殫舉，至於闢邪說，明正宗，罔不精該洞盡，是則我宋之一經，將與四子並列，詔後學而垂無窮者也。嘗聞朱子曰：“四子，六經之階梯，《近思録》，四子之階梯。”蓋時有遠近，言有詳約不同，學者必自近而詳者，推求遠且約者，斯可矣云云。淳祐戊申長至日建安葉采謹序。（宋刻本）

近思録·太極圖集解　　宋　葉采

濂溪先生曰：“無極而太極。”

朱子曰：見《解義》。

蔡節齊曰：“朱子曰‘太極者，象數未形，而其理已具之稱’，又曰‘無極者，只是說這道理，當初元無一物，只是有此理而已’，‘此箇道理便會動而生陽，靜而生陰’。詳此三條，皆是主太極而爲言也。又曰：‘從陰陽處看，則所謂太極者，便只在陰陽裹，而今人說陰陽上面別有一箇無形無影底，是太極非也。’又曰：‘太極只是天地萬物之理，在天地則天地中有太極，在萬物則萬物中有太極。’又曰：‘非有以離乎陰陽，卽陰陽而指其本體。’詳此三條，皆是主陰陽而爲言也。故主太極而言，則太極在陰陽之先；主陰陽而言，則太極在陰陽之內。蓋自陰陽未生而言，則所謂太極者，此當先有；自陰陽既生而言，則所謂太極者，卽在陰陽之中也。謂陰陽之外別有太極，常爲陰陽主者，固爲陷乎列子不生不化之繆，而獨執夫太極只在陰陽之中之說者，則又失其樞紐根柢之所爲，而大本有所不識矣。”愚按，節齊先生，此條所論最爲明備，而或者於陰陽未生之說有疑焉？若以循環言之，則陰前是陽，陽前又是陰，似不可以未生言。若截自一陽初動處、萬物未生時言之，則一陽未動之時，謂之陰陽未生亦可也。未生陽而陽之理已具，未生陰而陰之理已具，在人心則爲喜怒哀樂未發之中，總名曰太極。然具於陰陽之先，而流行於陰陽之內者，一太極而已。

太極動而生陽（止），兩儀立焉。

朱子曰：見《解義》。

愚謂動而生陽，動極而靜，靜而生陰，靜極復動者，言太極流行之妙，相推於無窮也。一動一靜，互爲其根，分陰分陽，兩儀立焉者，言二氣對待之體一定而不易也。邵子曰：“用起天地先，體立天地後”是也，然詳而分之，則動而生陽，靜而生陰者，是流行之中定分未嘗亂也。一動一靜，互爲其根者，是對待之中妙用實相流通也。

陽變陰合（止），四時行焉。
朱子曰：見《解義》。
或問：“陽何以言變，陰何以言合”？曰：“陽動而陰隨之，故云變合。”

愚謂水一火一木一金一土者，陰陽生五行之序也；木一火一土一金一水者，五行自相生之序也。曰：“五行之生與五行之相生，其序不同，何也？”曰：“五行之主也，蓋二氣之交變，合而各成，天一生水，地二生火，天三生木，地四生金，天五生土，所謂陽變陰合而生水、火、木、金、土是也。五行之相生也，蓋一氣之推，循環相因，木生火，火生土，土生金，金生水，水復生木。所謂五氣順布，四時行焉是也。”曰：“其所以有是二端，何也？”曰：“二氣變合而生者，原於對待之體也；一氣循環而生者，本於流行之用也。”

五行一陰陽也（止），本無極也。
朱子曰：見《解義》。
愚按此圖，卽《繫辭》“易有太極，是生兩儀，兩儀生四象”之義而推明之也，但《易》以卦爻言，圖以造化言，卦爻固所以擬造化也。

五行之生也，各一其性。
張南軒曰：“五行生質，雖有不同，然太極之理，未嘗不存也，故曰‘各一其性’。五行各一其性，則爲仁義禮智信之理，而五行各專其一焉。”

無極之真（止），變化無窮焉。
朱子曰：見《解義》。

愚按，《繫辭》"天地絪緼，萬物化醇，氣化也；男女構精，萬物化生，形化也"，《圖說》蓋本諸此。

惟人也（止），萬事出矣
朱子曰：見《解義》。

聖人定之以中正仁義（止），鬼神合其吉凶。
朱子曰：見《解義》。
李果齊曰："五性感動，而善惡分，是五性皆有動有靜也。惟聖人能定其性，而主於靜，故動罔不善，而人心之太極立焉。蓋人生而靜，性之本體湛然無欲，斯能主靜，此立極之要領也。"或問："周子不言禮智，而言中正，何也？"愚謂此圖辭義悉出於《易》，《易》本陰陽而推之人事，其德曰"仁義其用"，曰"中正"，要不越陰陽之兩端而已，仁義而匪中正，則仁爲姑息，義爲忍刻之類，故《易》尤重中正。

君子修之吉，小人悖之凶
朱子曰：見《解義》。

故曰：立天之道（止），故知死生之說。
朱子曰：見《解義》。
愚謂，一陰一陽之謂道，道卽太極也，在天以氣言，曰陰陽，在地以形言，曰柔剛，在人以德言，曰仁義，此太極之體所以立也。死生者，物之終始也，知死生之說，則盡二氣流行之妙矣。此太極之用，所以行也，凡此二端發明太極之全體大用，故引以結證一圖之義。

大哉《易》也！斯其至矣。
蔡節齊曰：見《太極圖》原說。（周木本）
太極圖辯。此道家相傳之《太極圖》，陳圖南得之以明陰陽之消長者也。第於陰陽，則知有甲子消長，則知有禍福《易》，則知有《連山》學，則知有術數出處，則知有隱居，非聖人之道也。聖人於至動之中，知有中正仁義。故以之而定者恒於斯，主之而靜者恒於斯，立之而立者恒於斯。太極所以為人極也，是實學也。蓋聖人之藏于密也，君子之貞夫一也，《大學》之止至善也，《中庸》之素其位也，古帝之安汝止也，哲王之建其極也，孔子之不逾矩也，孟子之不動心也。胥是道耳，陳圖南何足以知之？考亭據潘《誌》，以正朱漢上之誣，千古之論定矣。或曰："晁景迁又有同師壽涯之說，何也？"夫胡武平嘗受《易》於浮圖，度性善以為卽壽涯，則與胡同師者。乃邵天叟也，至於浮圖以黃白秘術相示武平，且不欲聞，況全體太極之元公乎？是說也，與受圖之誤將毋同，皆前賢所不取，故辯之以證其失，亦可知元公太極之畫以明無極之真，猶《河圖》之中太極也，《河圖》之虛其中無極也，太極本無極也，其象呈於天，豈人之所授哉！濂溪二十四代孫誥謹識。（周諩本）

金陵記聞注辯[①]　　宋　饒魯

嘉熙已亥之夏，予之金陵，有問於予者曰："無極之云，未之前聞也。是出於老子書，國朝儒先獨濂溪有無極太極之說，康節有無極之前之說。"

注云："無極"二字固出於《老子》，然邵子用之，則曰："無極之前，陰含陽也；有象之後，陽分陰也。"周子用之，則曰："無極而太極，太極動而生陽，動極而靜，靜而生陰，靜極復動。"又曰："陰陽一太極也，太極本無極也。"如邵子之言，則無極與有象爲二，而無極專屬乎陰靜；如周子之言，則無極、太極，一物也；而陰陽、動靜無不該焉。是其字之所因者雖同，而意之所主者絕異。且讀書窮理者，將求其意乎？抑泥其字乎？若泥其字，則"體用"二字出於佛書，而程子以之論"忠恕"；"活潑潑"三字出於佛書，而程子以之論"費隱"，謂程子之學亦源流於佛氏，可乎？

朱子發以謂《太極圖》傳自穆伯長，而源流於濮上，有是理也。

注云：朱氏得於所聞，其說難憑。

獨潘《誌》以爲周子所自作，他何所據？

---

① 底本此處注云："大字記聞，小字注辯"，現將所有小字分段排列，前加"注云"二字。

注云：潘氏得於所見，其說可据。

國史載《太極圖》"自無極而爲太極"，胡本無"自""爲"二字，國史與胡本孰爲可信？且其曰："太極本無極"，安知其不曰："自無極而爲太極，而太極實根本於無極也。"

注云：《圖說》"無極之真，二五之精"，《通書》云："五行陰陽，陰陽太極"；或言無極而不言太極，或言太極而不言無極，明無極即太極，太極即無極也。又云："是萬爲一，一實萬分"，未聞言"一"之上，復有所謂"無"也，二字出於史官之妄增，亦復何疑？

《圖說》以動靜爲太極，《通書》以動靜爲神。與《易大傳》合矣。本圖則以動靜爲陰陽，太極者，本然之妙也，動靜者，所乘之機也。又與《圖說》《通書》之旨有異否也？

注云：《圖說》以動而生陽，靜而生陰，爲太極之動靜，而非以動靜爲太極。《通書》以動而無動，靜而無靜，爲神之動靜；而非以動靜爲神，《易大傳》亦然，請詳之。至於本圖以動靜屬之陰陽，而《圖解》謂動靜爲太極所乘之機者，亦曰："動靜者氣，而所以動靜者理爾"，其與《圖說》《通書》亦曷嘗有異旨耶？

《蒲碣》載："周子嘗以僊翁隱者，自許與高僧道人放肆山水間，寓懷塵埃之外，有高棲遐遯之意，世人未必知之也。"蒲，周子之懿戚，其知之審矣，今《事狀》削之，果何所據耶？

注云：《通書》云："志伊尹之所志，學顏子之所學。""志伊尹之志"，則非隱者；"學顏子之學"，則非僊翁。況《通書》所說："脩已治人之道"，非一未聞有長生久視之說，高棲遐遯之意也。且潘氏贈先生之詩有曰："每懷顏子能聆聖，猶笑梅眞只隱仙"，又於《誌》文述先生之語曰："可仕可止，古人無所必。束髮爲學，將有以設施可澤於斯人者，必不得已，止未晚也。此濂溪者，異時與子相從於其上，詠歌先王之道，足矣。"此豈仙翁隱者之言耶？蒲《碣》以此稱述先生，其見陋矣。《事狀》削之，不亦宜乎？

邢和叔序濂溪與荊公語連日夜，荊公退而深思，至忘寢食。蓋荊公亦嘗從穆伯長學者，周子與之語而合固宜，今何以見其無是事？

注云：聞先生之言而說者多矣，豈必同師而後然哉？

考周子之進用在熙寧年間，未必非荆公之所引扳。

注云：按，熙寧初元，呂正獻公爲中丞，力以先生操行、才術、治聲爲神宗薦，會趙清獻公在政府，亦素知先生者，遂自永州通判擢授廣南東路轉運判官，故《誌》謂先生廣東之除用清獻薦。而呂氏《童蒙訓》亦記先生啟謝正獻之語，不聞荆公有所引扳也。

其贊歎新政之語，蒲《碣》以爲先生之手書，此固有所据也，今何以信其無是語？

注云：稱贊新政，蒲之佞也，抵書於已之云，何足憑信？且蒲《碣》作於先，而潘《誌》成於後。今此語獨載於《碣》，而不錄於《誌》，意者潘固已知其妄而削之也。夫潘與蒲，雖皆不足以知先生之心，然以蒲較潘，潘賢於蒲遠矣，凡此恐當以潘爲据。又《邵氏聞見錄》記神宗聞永樂之敗，臨朝歎息曰："永樂之舉，無一人言其不可者。"左丞蒲宗孟進曰："臣嘗言之。"上正色曰："卿何嘗有言。"又記宗孟爲左丞日，嘗對神宗毀司馬公，上曰："司馬光未論別事，只辭樞密一節，朕即位以來唯見此人。若他人則雖迫之使去，亦不肯矣。"又固泛論古今人物，宗孟盛稱楊雄之賢，上不樂，作而曰："雄著劇秦美新，不佳也。"觀此則蒲之爲人可知矣，其矯先生之言，以諛新政也宜哉。

二程先生固當受學於濂溪者，然明道薦賢於神宗，以父表弟及弟爲首，何爲不能顯揚師道？

注云：明道薦賢，乃熙寧二年爲御史時也，時橫渠、伊川皆抱道山林，而未爲神宗所知。故特以為稱首。若先生，則趙、呂二公已交舉而扳擢之矣，此所以不復及之也歟。然明道當時所薦者數十人，亦安知先生不在其中？且太中公自爲郎後，每遷輒薦先生以自代，父之所薦，子必與聞，故伊川以是爲太中之美，而著之《家傳》，以示萬世，是其心曷嘗不欲顯揚師道哉？

又嘗言："吾接人多矣不雜者，三人張子厚、邵堯夫、司馬君實，乃不曰四人，何也？"

注云：三人友也，先生師也，胡可並論？且程子之於三人，皆嘗議其得失，獨於先生有所稱而無所議，非特尊師，亦以心悅而誠服之故也？

師之所存，道所存也。二程所與門人朋友問難往復之書，不一而足，何獨簡於師門？

注云：善之有無存亡，皆不可知。

濂溪卒於熙寧之六年，橫渠卒於熙寧之八年，二程之於橫渠，哭之甚哀，獨於濂溪不聞其哭諸寢門之外也。程子嘗有言："師不立，服不可立也。"顏子之於孔子，當斬衰三年，可也。況伊川以師道自尊，如是，安有師存而遂忘之，師死而遂倍之者耶？

注云：《太中公家傳》云："公假倅南安時，以獄橡周某知道，與之爲友"，而明道自云："昔受學於周茂叔"，如此，則是以程子而視先生——乃父之執友，而己之師也，若死而不哭不弔，何足以爲程子哉？

至於濂溪《誌》《銘》，則屬之於其友，《墓碣》則屬之於所親，而門人高第反不得與焉，將濂溪之絕二程耶？抑二程之自外於濂溪也？

注云：不屬《誌》《銘》於門人高第，此壽、燾之罪也，潘《誌》云："壽、燾列次其狀來請銘"，《碣》云："二甥求吾銘"，人謂先生以《誌》屬友，以《碣》屬親，何所據？且先生以熙寧四年改葬其毋僊居縣太君，《誌》稱幼孫二人曰壽、燾，後二年而先生歿，然則壽、燾，蓋亦幼而未有所知也，其不能屬《誌》《銘》於門人高第，奚怪哉？

考之二氏之書，則誠不能無少不同，周子曰"無極"，曰"靜虛"，程子曰"無"，"太虛"，皆實理也，天下無實於理者，周子曰"靜無而動有"，程子曰"言無無，則多'無'字，言'有無'，則多'有'字"，"有無"與"動靜"，同周子曰"太極動而生陽，靜而生陰"，程子曰"動靜無端，陰陽無始"，非知道者孰能識之？

注云：先生曰"靜虛"，程子曰"心兮本虛"，程子曰"皆實理也"，先生曰"元亨，誠之通；利貞，誠之復"，程子曰"言有無，則多'有'字；言無無，則多'無'字"，先生則曰"無極而太極"，又曰"太極本無極"，言無極而太極，則無而非無也，言太極本無極，則有而非有也。程子曰"動靜無端，陰陽無始"，先生則曰"一動一靜，互爲其根"，又曰"水陰根陽，火陽根陰。動靜互根，是無端也；陰陽互根，是無始也，若夫靜無而動有"，則先生固曰"靜而無靜，動而無動矣"。至於"太極動而生陽，靜而生陰"，則程子亦曰"陰陽，氣也，所以陰陽者，道也"，其言無不合者，何疑耶？

周子謂“一爲要”，程子謂“主一無適爲敬”，周子謂“無欲故靜”，程子謂“敬而無失爲中”，靜中須有物始得，此其文義類，多有不同者。

注云：先生以“一”爲學聖之要，而程子教人以主敬；先生以“思”爲聖功之本，而程子教人以格物；先生以無極太極、陰陽五行，開示道之大原；而程子教人以盡性至命，必本於孝悌，窮神知化由通於禮樂。此程子下學之功，精密詳盡，能因其師傳，以益廣其所未備者也。法始於伏羲而成乎堯，詳畧雖殊，亦何嘗其爲同條而共貫哉？若夫靜中有物，則先生已曰“靜而無靜矣”。

程子之書，其發天地之祕，盡事物之情，亦已至矣。獨未嘗一言及於《圖說》與《通書》者，固有深意也。事有發於毫釐之間，而其末流之差，不但尋丈之遠者，窮理之君子所當辨也。

注云：按，明道《行狀》稱：“十五六時，聞汝南周茂叔論道”，蓋太中公攝倅南安，而先生爲獄掾，故明道兄弟因受學焉。當是時，先生年才甚少，《圖》與《書》蓋未作也，所謂“論道”者，不過以其意口授之耳。自是而後，明道兄弟還于北，而先生專仕於南，聲迹寖相遠矣。唯明道嘗云“再見先生”，雖不知的在何年，然以詩可以興及“吾與點也”之語推之，計亦早年耳。竊意《太極圖》《通書》，皆先生中年以後之所著，而程子亦未之見也。是以明道識端慤之壙，銘李仲通之墓，與伊川之論顏子好學，其言天地賦予人物稟受之原，雖皆不出乎《圖》《書》之意，而於《圖》《書》之文字語言，則未嘗及焉。至於門人問辨之際，亦未聞有援此以質疑者，亦可見矣。若曰程子以《圖說》《通書》爲害道而不語，則無極靜虛之外，如《志學章》《乾損益動章》之類，至平之實，莫非切於學者之入德，而亦不爲之拈出以示人，何耶？且無極之云，雖出於老子，而太極之云則出於孔子，而程子俱未嘗一言及之，豈程子亦以孔子之言爲害道而併點之哉？是其深意，或者他有所在，而非此之謂乎？

予不能答，姑以質之同志云爾。

注云：或人之難予，既隨事辨析於前矣，然其所以立論之本，意則以疑“無極”兩字而發予，雖畧爲言之，然其義理至精，未易以口舌辨也，余謂或人但知以程子之所謂言有無者譏先生，而不知其自墮於無無，蓋以有無論，道則氣外尋理，心外求性，固淪於老氏之虛無；以無無論，道則認氣爲理，指心爲性，亦將流於釋氏之作，用所謂事有發於毫釐之間，而末流之差不但尋丈之遠者，要不可不兩致其察也。惟先生之言，該貫有無，而無此失，此其所以光啓伊洛、紫陽之傳而無斁也歟，嗚呼，是非知道者，其孰能識之？未易以口舌爭也，抑或人雖疑先生，而尚知尊信程子，納約自牖，或者其在是乎？今試遍采程子所以稱述先生之語，備錄于後，使虛心平氣以玩之，而有覺焉。則亦庶乎其可反矣。

右歷考程子之書，其所以稱述先生之道德、言行，與其所以受學於先生，而先生之所以發之者，如此可謂尊之信之之至矣。曾未聞有半言隻字微寓其不滿之意也。今或人號爲尊信程子，而乃反致疑於先生，且併與程子而誣之，其誤深矣，盍亦退省其所以偏蔽之原，而速求反於大中至正之極，不然，信一已之私見，違天下之公，是非議先師，疑惑後學，其不獲咎於名教也幾希。是歲六月甲子謹書于端之西澗書堂。（周木本）

通　書　<small>附多人解</small>

朱子曰："潘興嗣誌先生所著書有《太極圖》《易說》《易通》，今《易說》世無傳本，依經以解義者，此則通論其大旨。故曰《易通》特不知去'易'字，而曰《通書》始於何時爾。"愚荐桑氏曰："前面《太極圖說》是明生天、生地、生人、生物之原，《通書》則明作聖之功也。"（吳大鎔本）

朱子曰："《通書》者，濂溪夫子之所作也。夫子姓周氏，名惇頤，字茂叔。自少卽以學行有聞於世，而莫或知其師傳之所自。獨以河南兩程夫子嘗受學焉，而得孔孟不傳之正統，則其淵源因可概見。然所以指夫仲尼、顏子之樂，而發其吟風弄月之趣者，亦不可得而悉聞矣。所著之書，又多散失。獨此一篇，本號《易通》，與《太極圖說》並出，程氏以傳於世。而其爲說，實相表裡。大抵推一理、二氣、五行之分，合以紀綱、道體之精微，決道義、文辭、利祿之取合①，以振起俗學之卑陋。

---

① 據文意當作"舍"。

至論所以入德之方，經世之具，又皆親切簡要，不為空言。顧其宏綱大用，既非秦漢以來諸儒所及；而其條理之密，意味之深，又非今世學者所能驟而窺也。是以程氏既沒，而傳者鮮焉。其知之者，不過以為用意高遠而已。

　　熹自早歲即幸得其遺編而伏讀之，初蓋茫然不知其所謂，而甚或不能以句。壯歲，獲游延平先生之門，然後始得聞其說之一二。比年以來，潛玩既久，乃若粗有得焉。雖其宏綱大用所不敢知，然於其章句文字之間，則有以實見其條理之愈密，意味之愈深，而不我欺也。顧自始讀以至於今，歲月幾何，倏焉三紀，慨前哲之益遠，懼妙旨之無傳，竊不自量，輒為注釋。雖知凡近不足以發夫子之精蘊，然創通大義，以俟後之君子，則萬一其庶幾焉。（以上兩段選自周譜本）

誠上第一

　　誠者，聖人之本。

　　誠者，至實而無妄之謂，天所賦、物所受之正理也，人皆有之。聖人之所以聖者，無他焉，以其獨能全此而已。此書與《太極圖》相表裏，誠即所謂太極也。

　　“大哉乾元，萬物資始”，誠之源也。

　　此上二句，引《易》以明之。乾者，純陽之卦，其義為健，乃天德之別名也。元，始也。資，取也。言乾道之元，萬物所取以為始者，乃實理流出，以賦於人之本，如水之有源，即圖之“陽動”也。

　　“乾道變化，各正性命”，誠斯立焉。

　　此上二句亦《易》文。天所賦為命，物所受為性。言乾道變化，而萬物各得受其所賦之正，則實理於是而各為一物之主矣，即圖之“陰靜”也。

　　純粹至善者也。

　　純，不雜也。粹，無疵也。此言天之所賦、物之所受，皆實理之本然，無不善之雜也。

　　故曰：“一陰一陽之謂道，繼之者善也，成之者性也。”

　　此亦《易》文。陰陽，氣也，形而下者也。所以一陰一陽者，理也，形而上者也。道，即理之謂也。繼之者，氣之方出而未有所成之謂也。

善，則理之方行而未有所立之名也，陽之屬也，誠之源也。成，則物之已成；性，則理之已立者也。陰之屬也，誠之立也。

元亨，誠之通；利貞，誠之復。

元，始；亨，通；利，遂；貞，正；《乾》之四德也。通者，方出而賦於物，善之繼也。復者，各得而藏於己，性之成也。此於《圖》，已為五行之性矣。

大哉《易》也，性命之源乎！

易者，交錯代換之名。卦爻之立，由是而已。天地之間，陰陽交錯，而實理流行，一賦一受於其中，亦猶是也。

御案，繼之者善，是天道之流行賦與，所謂命也。成之者性，是人物之稟受成質，所謂性也。其理自《易》發之，故曰性命之源。（鄧顯鶴本）

誠下第二

聖，誠而已矣。

聖人之所以聖，不過全此實理而已，即所謂"太極"者也。

誠，五常之本，百行之源也。

五常：仁、義、禮、智、信，五行之性也。百行：孝、悌、忠、順之屬，萬物之象也。實理全，則五常不虧，而百行修矣。

靜無而動有，至正而明達也。

方靜而陰，誠固未嘗無也，以其未形而謂之無爾。及動而陽，誠非至此而後有也，以其可見而謂之有爾。靜無，則至正而已；動有，然後明與達者可見也。

五常、百行非誠，非也，邪暗塞也。

非誠，則五常、百行皆無其實，所謂不誠無物者也。靜而不正，故邪；動而不明不達，故暗且塞。

故誠則無事矣。

誠則眾理自然，無一不備，不待思勉，而從容中道矣。

至易而行難。

實理自然，故易；人偽奪之，故難。

果而確，無難焉。

果者，陽之決；確者，陰之守。決之勇，守之固，則人偽不能奪之矣。

故曰："一日克己復禮，天下歸仁焉。"

克去己私，復由天理，天下之至難也。然其機可一日而決，其效至於天下歸仁，果確之，無難如此。

發明：朱子曰："果而不確，即無所守；確而不果，則無所決。二者不可偏廢，猶陰陽不可相無也。"（周語本）

誠幾德第三

誠無為。

實理自然，何為之有？即太極也。

幾善惡。

幾者，動之微，善惡之所由分也。蓋動於人心之微，則天理固當發見，而人欲亦已萌乎其間矣，此陰陽之象也。

德：愛曰仁，宜曰義，理曰禮，通曰智，守曰信。

道之得於心者謂之德，其別有是五者之用，而因以名其體焉，即五行之性也。

性焉安焉之謂聖。

性者，獨得於天；安者，本全於己；聖者，大而化之之稱。此不待學問勉強，而誠無不立，幾無不明，德無不備者也。

復焉執焉之謂賢。

復者，反而至之；執者，保而持之；賢者，才德過人之稱。此思誠研幾以成其德，而有以守者也。

發微不可見，充周不可窮之謂神。

發之微妙而不可見，充之周徧而不可窮，則聖人之妙用而不可知者也。

發明：黃氏榦曰："《誠幾德》此一章，只把'體用'二箇字來讀他，便見誠是體，幾是用。仁、義、禮、智、信，是體，愛、宜、理、通、守，是用。在誠為仁，則在幾為愛；在誠為義，則在幾為宜。性焉，復焉，發微不可見是體。安焉，執焉，充周不可窮是用。"趙氏致道曰："善惡雖相對，當分賓主。程子先善後惡之謂。"（周語本）

桑氏曰："作聖之功首在立誠，其次知幾，朕後可與進德。蓋誠不立

則幾必不能知，幾不知則德何由而進？此相因之理也。"（吳大鎔本）

聖第四

寂然不動者，誠也；感而遂通者，神也；動而未形，有無之間者，幾也。

本然而未發者，實理之體；善應而不測者，實理之用。動靜體用之間，介然有頃之際，則實理發見之端，而眾事吉凶之兆也。

誠精故明，神應故妙，幾微故幽。

清明在躬，志氣如神，精而明也；不疾而速，不行而至，應而妙也；理雖已萌，事則未著，微而幽也。

誠、神、幾，曰聖人。

性焉，安焉，則精明應妙，而有以洞其幽微矣。

桑氏曰："周子說到此處，其作聖之心不容自已，有長言之不足，咏嘆咨嗟之妙。"（吳大鎔本）

發明：蔡氏淵曰："誠者，寂也，靜也，而具動靜之理。神者，感也，動也，而妙動靜之用。蓋誠為神本，神為誠用。本不動而用動，故誠則靜意多，神則動意多。要其實則各兼動靜陰陽也。幾者，誠發而為神之始也，在靜無而動有之間，雖動而微，亦未可見，實為神之端也。"（周語本）

慎動第五

動而正曰道。

動之所以正，以其合乎眾所共由之道也。

用而和曰德。

用之所以和，以其得道於身，而無所待於外也。

匪仁，匪義，匪禮，匪智，匪信，悉邪也。

所謂道者，五常而已。非此，則其動也邪矣。

邪動，辱也；甚焉，害也。

無得於道，則其用不和矣。

故君子慎動。

動必以正，則和在其中矣。

桑氏曰："周子此章，大約與《無妄》之《象》相表裏。"（吳大鎔本）

道第六

聖人之道，仁義中正而已矣。

中即禮，正即智，《圖解》備矣。

"中即禮，正即智"，桑氏駁之說，見《圖解》。（吳大鎔本）

守之貴，

天德在我，何貴如之！

行之利，

順理而行，何往不利！

廓之配天地。

充其本然，並立之全體而已矣。

豈不易簡，豈為難知？

道體本然故易簡，人所固有故易知。

不守，不行，不廓爾。

言為之則是，而嘆學者自失其幾也。

發明：朱子曰："謂之禮，尚或有不中節處。謂之中，則無過不及，無非禮之禮，乃節文恰好處也。謂之智，尚或有正不正。謂之正，則是非端的分明，乃智之實也。中者，禮之極；正者，智之體；中正仁義，言生之序，以配水、火、木、金也。仁義中正，以聖人之心言之，猶孟子言仁義禮智也。"（周語本）

師第七

或問曰："曷為天下善？"曰："師。"曰："何謂也？"曰："性者，剛柔善惡，中而已矣。"

此所謂性，以氣稟而言也。

不達。曰："剛善，為義，為直，為斷，為嚴毅，為幹固；惡，為猛，為隘，為彊梁。柔善，為慈，為順，為巽；惡，為懦弱，為無斷，為邪佞。"

剛柔固陰陽之大分，而其中又各有陰陽，以為善惡之分焉。惡者固為非正，而善者亦未必皆得乎中也。

惟中也者，和也，中節也，天下之達道也，聖人之事也。

此以得性之正而言也。然其以和為中，與《中庸》不合。蓋就已發、無過不及者而言之，如《書》所謂"允執厥中"者也。

故聖人立教，俾人自易其惡，自至其中而止矣。

易其惡則剛柔皆善，有嚴毅慈順之德，而無彊梁懦弱之病矣。至其中，則其或為嚴毅，或為慈順也，又皆中節，而無太過不及之偏矣。

故先覺覺後覺，闇者求於明，而師道立矣。

師者，所以攻人之惡，正人之不中而已矣。

師道立，則善人多；善人多，則朝廷正而天下治矣。

此所以為天下善也。此章所言剛柔，即《易》之兩儀；各加善惡，即《易》之四象；《易》又加倍，以為八卦。而此書及圖止於四象，以為火、水、金、木，而即其中以為土。蓋道體則一，而人之所見詳畧不同，但於本體不差，則並行而不悖矣。

發明：陳氏淳曰："中有二義，有已發之中，有未發之中。未發是就性上說，已發是就事上說。已發之中當喜而喜，當怒而怒，那恰好處無過不及便是中。此中即所謂和也，所以周子曰：'中也者，和也'。是指已發之中而言。"（周語本）

幸第八

人之生，不幸不聞過，大不幸無恥。

不聞過，人不告也；無恥，我不仁也。

必有恥，則可教；聞過，則可賢。

有恥則能發憤而受教；聞過，則知所改而為賢。然不可教，則雖聞過而未必能改矣，以此見無恥之不幸為尤大也。

發明：朱子曰："'人之生不幸不聞過，大不幸無恥。'此兩句只是一項事，知恥是由內心以生，聞過是得之于外人，須知恥方能聞過而改，故恥為重。"（周語本）

思第九

《洪範》曰："思曰睿，睿作聖。"無思，本也；思通，用也。幾動於彼，誠動於此。匪思而無不通，為聖人。

睿，通也。無思，誠也；思通，神也。所謂"誠、神、幾，曰聖人"也。

不思，則不能通微；不睿，則不能無不通。是則無不通生於通微，通微生於思。

通微，睿也；無不通，聖也。

故思者，聖功之本，而吉凶之機也。

思之至，可以作聖而無不通；其次亦可以見幾通微，而不陷於凶咎。

《易》曰："君子見幾而作，不俟終日。"

睿也。

又曰："知幾其神乎！"

聖也。

發明：朱子曰："無思而無不通，是聖人；必思而後無不通，是睿。"又曰："《通書》中數數指出'幾'字，要當於此著力，自然有個省力處。"（周語本）

桑氏曰："前言不聞過無恥，此輩之病皆由不慎思，若知道慎思，却便恐過不聞恥不有。人不要把聖人看做不可及的聖人，亦須從下學做起，只是由思造到無思，而無不通便是。"（吳大鏴本）

志學第十

聖希天，賢希聖，士希賢。

希，望也，字本作"晞"。

伊尹、顏淵，大賢也。伊尹恥其君不為堯、舜，一夫不得其所，若撻于市。顏淵不遷怒，不貳過，三月不違仁。

說見《書》及《論語》，皆賢人之事也。

志伊尹之所志，學顏子之所學。

此言"士希賢"也。

過則聖，及則賢，不及則亦不失於令名。

三者隨其用力之淺深，以為所至之近遠。不失令名，以其有為善之實也。胡氏曰："周子患人以發策決科、榮身肥家、希世取寵為事也。故曰：'志伊尹之所志'；患人以廣聞見、工文詞、矜智能、慕空寂為事也。故曰：'學顏子之所學'。人能志此志，而學此學，則知此書之包括至大，而其用無窮矣。"

發明：間問："過則聖，及則賢，若過於顏子，則工夫又更絕細。此固易見，不知過伊尹時如何說？"朱子曰："只是更加些從容而已，過之

便似孔子、伊尹，終是有擔當底意思。"（周語本）

順化第十一

天以陽生萬物，以陰成萬物。生，仁也；成，義也。

陰陽，以氣言；仁義，以道言。詳已見《圖解》矣。

故聖人在上，以仁育萬物，以義正萬民。

所謂定之以仁義。

朱註自云，定之以仁義而不及中正，則知中正不作禮智看矣。桑氏之論益確。（瀟山艸堂註。吳大鎔本）

天道行而萬物順，聖德脩而萬民化。大順大化，不見其迹，莫知其然之謂神。

天、地、聖人，其道一也。

故天下之眾，本在一人。道豈遠乎哉！術豈多乎哉！

天下之本在君，君之道在心，心之術在仁義。

桑氏曰："此聖人法天之學，以見斯道之內聖外王也。"（吳大鎔本）

發明：朱子曰："仁義如陰陽，只是一氣。陽是正長底氣，陰是方消底氣。仁便是方消的義，義便是收回的仁。"又曰："舒而為陽，慘而為陰。孰非天地生物之心哉！仁義之於人，亦猶是已。"（周語本）

治第十二

十室之邑，人人提耳而教且不及，況天下之廣，兆民之眾哉？曰純其心而已矣。

純者，不雜之謂。心，謂人君之心。

仁義禮智四者，動靜言貌視聽無違之謂純。

仁義禮智，五行之德也。動靜，陰陽之用，而言貌視聽，五行之事也。德不言信，事不言思者，欲其不違，則固以思為主，而必求是四者之實矣。

心純，則賢才輔。

君取人以身，臣道合而從也。

賢才輔，則天下治。

眾賢各任其職，則不待人人提耳而教矣。

純心要矣！用賢急焉！

心不純，則不能用賢；不用賢，則無以宣化。

發明：朱子曰："心有動靜，其體則謂之易，其理則謂之道，其用則謂之神。"度氏正曰："夫寂然不動，喜怒哀樂之未發者，此心之體，而太極本然之妙於是乎在也。感而遂通，喜怒哀樂之既發者，此心之用，而太極本然之妙於是而流行也。"真氏德秀曰："心要精一。方靜時，便湛然在此，如鏡樣，遇事時方好。"（周語本）

禮樂第十三

禮，理也；樂，和也。

禮，陰也；樂，陽也。

陰陽理而後和，君君、臣臣、父父、子子、兄兄、弟弟、夫夫、婦婦，萬物各得其理而後和。故禮先樂後。

此"定之以中正仁義而主靜"之意，程子論"敬則自然和樂"，亦此理也。學者不知持敬，而務為和樂，鮮不流於慢者。

發明：朱子曰："無禮之節，則無樂之和，惟有節，而後有和也。"又曰："如曲禮之目，皆禮也。然皆理義之所宜，人情之所安。行之而上下親疏各得其所，豈非和乎？"（周語本）

務實第十四

實勝，善也；名勝，恥也。故君子進德脩業，孳孳不息，務實勝也。德業有未著，則恐恐然畏人知，遠恥也。小人則偽而已，故君子日休，小人日憂。

實修而無名勝之恥，故休；名勝而無實脩之善，故憂。

發明：程子曰："學者須是務實，不要近名。有意近名則為偽也。大本已失，更學何事？為名與為利，清濁雖不同，然其利心則一也。"（周語本）

愛敬第十五

有善不及。

設問。人或有善，而我不能及，則如之何？

曰："不及，則學焉。"

答言。當學其善而已。

問曰："有不善？"

問人有不善，則何以處之。

曰：“不善，則告之以不善。且勸曰：‘庶幾有改乎！’斯為君子。”

答言。人有不善，則告之以不善，而勸其改。告之者，恐其不知此事之為不善也；勸之者，恐其不知不善之可改而為善也。

“有善一，不善二，則學其一，而勸其二。”

亦答詞也。言人有善惡之雜，則學其善而勸其惡。

“有語曰：‘斯人有是之不善，非大惡也？’則曰：‘孰無過，焉知其不能改？改則為君子矣。不改為惡，惡者天惡之，彼豈無畏邪？焉知其不能改！’”

此亦答言。聞人有過，雖不得見而告勸之，亦當答之以此，冀其或聞而自改也。有心悖理謂之惡，無心失理謂之過。

故君子悉有眾善，無弗愛且敬焉。

善無不學，故悉有眾善。惡無不勸，故不棄一人於惡。不棄一人於惡，則無所不用其愛敬矣。

桑氏曰：“此章設為問答，以見君子樂善之誠也。”（吳大鎔本）

發明：王氏應麟曰：“充善端于《蒙》泉之始，絕惡念於履霜之萌。冥於《豫》而勉其有渝，開遷善之門也。冥於《升》而勉其不息，回進善之機也。”（周譜本）

動靜第十六

動而無靜，靜而無動，物也。

有形，則滯於一偏。

動而無動，靜而無靜，神也。

神則不離於形，而不囿於形矣。

動而無動，靜而無靜，非不動不靜也。

動中有靜，靜中有動。

物則不通，神妙萬物。

結上文，起下意。

水陰根陽，火陽根陰。

水，陰也，而生於一，則本乎陽也；火，陽也，而生於二，則本乎陰也。所謂“神妙萬物”者如此。

五行陰陽，陰陽太極。

此卽所謂“五行一陰陽，陰陽一太極”者，以神妙萬物之體而言也。

四時運行，萬物終始。

此卽所謂“五行順布，四時行焉，無極二五，妙合而凝”者，以神妙萬物之用而言也。

混兮辟兮！其無窮兮！

體本則一，故曰混；用散而殊，故曰闢。一動一靜，其運如循環之無窮，此兼舉其體用而言也。此章發明圖意，更宜參考。

桑氏曰：“此言人自有陰陽，有太極，固不獨在造化間也。”（吳大鎔本）

發明：朱子曰：“所謂神者，初不離乎物，如天地，物也。天之收斂，豈專乎動？地之發生，豈專乎靜？此卽神也。”又曰：“混言太極，闢言為陰陽、五行以後，故末句曰‘其無窮兮’，言既辟之後為陰陽、五行，以後為萬物無窮盡也。”（周諝本）

樂上第十七

古者聖王制禮法，脩教化，三綱正，九疇敘，百姓太和，萬物咸若。

綱，網上大繩也。三綱者，夫為妻綱，父為子綱，君為臣綱也。疇，類也。九疇，見《洪範》。若，順也，此所謂理而後和也。

乃作樂以宣八風之氣，以平天下之情。

八音以宣八方之風，見《國語》。宣，所以達其理之分；平，所以節其和之流。

故樂聲淡而不傷，和而不淫。入其耳，感其心，莫不淡且和焉。淡則欲心平，和則躁心釋。

淡者，理之發，和者，和之為。先淡後和，亦主靜之意也。然古聖賢之論樂，曰“和而已”。此所謂淡，蓋以今樂形之，而後見其本於莊正齊肅之意爾。

優柔平中，德之盛也；天下化中，治之至也。是謂道配天地，古之極也。

欲心平，故平中；躁心釋，故優柔。言聖人作樂，功化之盛如此。或云“化中”當作“化成”。

後世禮法不脩，政刑苛紊，縱欲敗度，下民困苦。謂古樂不足聽也，代變新聲，妖淫愁怨，導欲增悲，不能自止。故有賊君棄父，輕生敗倫，不可禁者矣。

廢禮敗度，故其聲不淡而妖淫；政苛民困，故其聲不和而愁怨。妖淫，故導欲而至於輕生敗倫；愁怨，故增悲而至於賊君棄父。

嗚呼！樂者，古以平心，今以助欲；古以宣化，今以長怨。

古今之異，淡與不淡，和與不和而已。

不復古禮，不變今樂，而欲至治者，遠矣！

復古禮，然後可以變今樂。

發明：呂東萊曰："上天下澤，《履》，此《易》之言禮。雷出地奮，《豫》，此《易》之言樂。"王氏應麟曰："西山先生言禮中有樂，樂中有禮。朱文公謂嚴而泰，和而節。禮勝則離，以其太嚴，須用有樂；樂勝則流，以其太和，須用有禮。"（周語本）

樂中第十八

樂者，本乎政也。政善民安，則天下之心和。故聖人作樂，以宣暢其和心，達于天地，天地之氣感而大和焉。天地和，則萬物順，故神祇格，鳥獸馴。

聖人之樂，旣非無因而強作，而其制作之妙，又能真得其聲氣之元，故其志氣天人，交相感動，而其效至此。

發明：王氏應麟曰："《文子》云：'聽其音則知其風，觀其樂卽知其俗，見其俗卽知其化。'與《樂記》意同。"又曰："《咸》之感無心，感以虛也。《兌》之說無言，說以誠也。堯之于變時雍，其感至矣，文王靈台之樂，其說深矣。"（周語本）

樂下第十九

樂聲淡則聽心平，樂辭善則歌者慕，故風移而俗易矣。妖聲豔辭之化也亦然。

桑氏曰："此結上文兩章之意，言樂之感人最深，在位者宜慎所以感之也。"（吳大鎔本）

發明：胡致堂曰："不知者指《樂記》為《樂經》。孔子曰：'吾自衛反魯，然後樂正，《雅》《頌》各得其所。'是《詩》與《樂》相須，不可謂《樂》無書。"王氏應麟曰："子擊好《晨風》,《黍離》而慈父感悟;周磐誦《汝墳》卒章,而為親從仕;王褒讀《蓼莪》,而三復流涕,裴安祖講《鹿鳴》,而兄弟同食,李柟和伯亦自言,吾於《詩·甫田》悟進學,《衡門》識處世。"（周語本）

聖學第二十

"聖可學乎?"曰:"可。"曰:"有要乎?"曰:"有。"請聞焉。曰:"一為要。一者,無欲也。無欲,則靜虛動直。靜虛則明,明則通;動直則公,公則溥。明通公溥,庶矣乎!"

此章之指最為切要。然其辭義明白,不煩訓解。學者能深玩而力行之,則有以知無極之真,兩儀四象之本,皆不外乎此心,而日用間自無別用力處矣。

發明:朱子曰:"一即所謂太極,靜虛即陰靜,動直即陽動,明通公溥即是五行。大抵周子之書才說起,便都貫串太極許多道理。靜虛明通,精義入神也。動直公溥,利用安身也。"（周語本）

公明第二十一

公於己者公於人,未有不公於己而能公於人也。

此為不勝己私、而欲任法以裁物者發。

明不至,則疑生。明,無疑也。謂能疑為明,何啻千里!

此為不能先覺、而欲以逆詐億不信為明者發。然明與疑,正相南北,何啻千里之不相及乎!

桑氏曰:"前言明通公溥可以作聖,此又將公明二義反覆暢言之也。"（吳大鎔本）

發明:朱子曰:"有善於己,然後可以責人之善;無惡於己,然後可以正人之惡。張子所謂'以愛己之心愛人,則盡仁'是也。"又曰:"人之詐、不信,吾之明足以知之,是之謂先覺。彼未必詐,未必不信,而逆以詐、不信待之,此則不可。周子云'明則不疑',凡事之多疑,皆生於不明。如以察為明,皆主暗也,唐德宗之流是也。如放齊稱胄子朱啟明,而堯知其嚚訟,堯之明有以知之,是先覺也。"（周語本）

理性命第二十二

厥彰厥微,匪靈弗瑩。

此言理也。陽明陰晦，非人心太極之至靈，孰能明之！

剛善剛惡，柔亦如之，中焉止矣。

此言性也。說見第七篇，卽五行之理也。

二氣五行，化生萬物。五殊二實，二本則一。是萬為一，一實萬分。萬一各正，小大有定。

此言命也。二氣五行，天之所以賦受萬物而生之者也。自其末以緣本，則五行之異，本二氣之實；二氣之實，又本一理之極。是合萬物而言之，為一太極而已也，自其本而之末，則一理之實，而萬物分之以為體。故萬物之中，各有一太極，而小大之物，莫不各有一定之分也。此章與十六章意同。

桑氏曰："此周子與天合一之學全體太極，故其立言較諸篇簡奧如此。"（吳大鎔本）

發明：朱子曰："自下推而上去，五行只是二氣，二氣又只是一理。自上推而下來，只是這一個理，萬物分之以為體，萬物之中又各具一理。所以'乾道變化，各正性命'，蓋體統是一太極，然又一物各具一太極，所謂一實萬分，萬一各正，便是理一分殊處。"（周語本）

御案，此章與《易繫傳》言窮理盡性至命處相發明，彰者、微者，如《易》所言，幽明死生人鬼也。剛柔必要於中，如《易》所謂知不過而仁不流也，二氣五行，萬物皆一者之所貫，如《易》所謂萬物之生、晝夜之道，統於《易》而妙於神也。（鄧顯鶴本）

顏子第二十三

顏子一簞食，一瓢飲，在陋巷，人不堪其憂，而不改其樂。

說見《論語》。

夫富貴，人所愛也。顏子不愛不求，而樂乎貧者，獨何心哉？

設問。以發其端。

天地間有至貴至愛可求，而異乎彼者，見其大而忘其小焉爾。

"至""愛"之間，當有"富可"二字。所謂"至貴至富、可愛可求"者，卽周子之教程子，"每令尋仲尼、顏子樂處，所樂何事"者也。然學者當深思而實體之，不可但以言語解會而已。

見其大則心泰，心泰則無不足，無不足則富貴貧賤處之一也。處之一則能化而齊，故顏子亞聖。

　　"齊"字意複，恐或有悮。或曰："化，大而化也。齊，齊於聖也。亞，則將齊而未至之名也。"

　　發明：朱子曰："惟是私欲旣去，天理流行，動靜語默日用之間，無非天理。胸中廓然豈不可樂？此與貧窶自不相干，故不以此而害其樂。"又曰："聖賢之心與道為一，故無適而不樂。若以道為一物而樂之，則心與道二，非所以為顏子爾。"（周語本）

師友上第二十四

天地間至尊者道，至貴者德而已矣。至難得者人，人而至難得者，道德有於身而已矣。

　　此略承上章之意，其理雖明，然人心蔽於物欲，鮮克知之，故周子每言之詳焉。

　　求人至難得者有於身，非師友，則不可得也已！

　　是以君子必隆師而親友。

　　桑氏曰："此周子推明親師取友之功，以見師友之不容緩也。"（吳大鎔本）

　　發明：歐陽永叔曰："教學之法本於人性，磨揉遷革使趨於善。其勉於人者勤，其入於人者漸。善教者以不倦之意，須遲久之功，至於學之成，將見士皆道德明秀。"（周語本）

師友下第二十五

道義者，身有之則貴且尊。

　　周子於此，一意而屢言之，非複出也，其丁寧之意切矣。

　　人生而蒙，長無師友則愚，是道義由師友有之。

　　此處恐更有"由師友"字，屬下句。

　　而得貴且尊，其義不亦重乎！其聚不亦樂乎！

　　此重此樂，人亦少知之者。

　　發明：程子曰："大學之法以豫為先。人之幼也，知思未有所至，便當以格言至論日陳於前。雖未曉知，且當薰聒使盈耳充腹，久自安習，若固有之，雖以他言惑之，不能入也。若為之不豫，及乎稍長，私意偏好生於內，眾口辯言鑠於外，欲其純完，不可得也。故所急在先入。"又

曰："開發之道，蓋自有方朋習之，益最為至切。"（周語本）

過第二十六

仲由喜聞過，令名無窮焉。今人有過，不喜人規，如護疾而忌醫，寧滅其身而無悟也。噫！

桑氏曰："須要想子路喜聞過之心，當是何心。"（吳大鎔本）

發明：程子曰："子路人告之以有過則喜，亦可謂百世之師矣。"（周語本）

勢第二十七

天下，勢而已矣。勢，輕重也。

一輕一重，則勢必趨於重。而輕愈輕，重愈重矣。

極重不可反。識其重而亟反之，可也。

重未極而識之，則猶可反也。

反之，力也。識不早，力不易也。

反之在於人力，而力之難易，又在識之早晚。

力而不競，天也。不識不力，人也。

不識，則不知用力；不力，則雖識無補。

天乎？人也。何尤！

問勢之不可反者，果天之所為乎？若非天，而出於人之所為，則亦無所歸罪矣。

發明：朱子曰："說天下之勢如秦，至始皇強大，六國便不可敵。東漢之末，宦官權重，便不可除。紹興初，只殺陳少陽，便成江左之勢。極重，則反之也難；識其重之幾，而反之則易。"王氏應麟曰："《坤》曰早辨，《解》曰夙吉。治之於未亂，為之於未有。周子謂之'幾'，張子謂之'豫'。"（周語本）

文辭第二十八

文所以載道也。輪轅餙而人弗庸，徒餙也，況虛車乎！

文所以載道，猶車所以載物，故為車者必餙其輪轅，為文者必善其詞說，皆欲人之愛而用之。然我餙之而人不用，則猶為虛餙而無益於實；況不載物之車，不載道之文，雖美其餙，亦何所為乎！

文辭，藝也；道德，實也。篤其實，而藝者書之，美則愛，愛則傳焉。賢者得以學而至之，是為教。故曰："言之無文，行之不遠。"

此猶車載物，而輪轅飾也。

然不賢者，雖父兄臨之，師保勉之，不學也；強之，不從也。

此猶車已飾，而人不用也。

不知務道德而第以文辭為能者，藝焉而已。噫！弊也久矣！

此猶車不載物，而徒美其飾也。或疑有德者必有言，則不待藝而後其文可傳矣。周子此章，似猶別以文辭為一事而用力焉。何也？曰："人之才德，偏有短長，其或意中了了而言，不足以發之，則亦不能傳於遠矣。故孔子曰：'辭達而已矣。'程子亦言：'《西銘》吾得其意，但無子厚筆力，不能作爾。'正謂此也，然言或可少，而德不可無，有德而有言者常多，有德而不能言者常少。學者先務，亦勉於德而已矣。"

發明：曾氏鞏曰："《唐虞》為二典者，所記豈獨其迹耶？並與其深微之意而傳之之方，是時豈特任政者皆天下之士哉？蓋執簡操筆而隨者，亦皆聖人之徒也。"陳氏師道曰："昔之詩人歌其政事，則並其道德而傳之。"（周語本）

聖蘊第二十九

不憤不啓，不悱不發，舉一隅不以三隅反，則不復也。

說見《論語》。言聖人之教必當其可，而不輕發也。

子曰："予欲無言。天何言哉！四時行焉，百物生焉。"

說亦見《論語》。言聖人之道，有不待言而顯者，故其言如此。

然則聖人之蘊，微顏子殆不可見。發聖人之蘊，教萬世無窮者，顏子也。聖同天，不亦深乎！

蘊，中所蓄之名也。仲尼無迹，顏子微有迹。故孔子之教，既不輕發，又未嘗自言其道之蘊，而學者唯顏子為得其全。故因其進脩之迹而後孔子之蘊可見。猶天不言，而四時行，百物生也。

常人有一聞知，恐人不速知其有也，急人知而名也，薄亦甚矣！

聖凡異品，高下懸絕，有不待校而明者。其言此者，正以深厚之極，警夫淺薄之尤耳。然於聖人言深，常人言薄者，深則厚，淺則薄，上言首，下言尾，互文以明之也。

發明：朱子曰："夫子之道如天，惟顏子得之。夫子許多大意思盡在顏子身上發見，譬如天地生一瑞物，卽此物上盡可以見天地純粹之氣，謂之發者，乃亦足以發之，發不必待顏子言而後謂之發也。顏子所以發聖人之蘊，恐不可以一事言，蓋聖人全體大用，無不一一於顏子身上發見也。"（周語本）

精蘊第三十

聖人之精，畫卦以示；聖人之蘊，因卦以發。卦不畫，聖人之精不可得而見。微卦，聖人之蘊殆不可悉得而聞。

精者，精微之意。畫前之《易》，至約之理也。伏羲畫卦，專以明此而已。蘊，謂凡卦中之所有，如吉凶消長之理，進退存亡之道，至廣之業也，有卦則因以形矣。

《易》，何止五經之源，其天地鬼神之奧乎！

陰陽有自然之變，卦畫有自然之體，此《易》之為書，所以為文字之祖，義理之宗也。然不止此，蓋凡管於陰陽者，雖天地之大，鬼神之幽，其理莫不具於卦畫之中焉。此聖人之精蘊，所以必於此而寄之也。

發明：朱子曰："如易有太極，是生兩儀，兩儀生四象，四象生八卦，便是易之精。"又曰："方其初畫也，未有《乾》四德意思。到文王始推出來。然文王、孔子，雖能推出意思，而其道理亦不出伏羲始畫之中，故謂之蘊。"又曰："先儒以《序卦》為非聖人之蘊，某以為非聖人之精則可，謂之非聖人之蘊則不可。《序卦》正是《易》之蘊。"又曰："天地是體，鬼神是用，鬼神只是陰陽二氣屈伸，如春夏是神，秋冬是鬼，晝是神，夜是鬼。消息生死，呼吸語默，皆是。"（周語本）

乾損益動第三十一

君子乾乾，不息於誠，然必懲忿窒慾、遷善改過而後至。《乾》之用其善是，《損》《益》之大莫是過，聖人之旨深哉！

此以《乾卦》爻詞、《損》《益》《大象》，發明思誠之方。蓋乾乾不息者，體也；去惡進善者，用也。無體則用無以行，無用則體無所措，故以三卦合而言之。或曰"其"字亦是"莫"字。

"吉凶悔吝生乎動。"噫！吉，一而已，動可不慎乎！

四者一善而三惡，故人之所值，福常少而禍常多，不可不謹。此章論《易》所謂"聖人之蘊"。

桑氏曰："此君子有得於《乾》《損》《益》之學而後動也。"（吳大鏞本）

發明：朱子曰："所謂懲忿窒欲，遷善改過，皆是動上有這般過失。須于方動之前審之，方無凶悔吝，所以再說個動。"又曰："遷善改過是修德中緊要事。蓋只修德而不遷善改過，亦不能得長進。君子乾乾不息於誠，便是修德底事，下麵便是接說遷善改過底事。"（周語本）

家人睽復無妄第三十二

治天下有本，身之謂也；治天下有則，家之謂也。

則，謂物之可視以為法者，猶俗言則例、則樣也。

本必端；端本，誠心而已矣。則必善；善則，和親而已矣。

心不誠則身不可正，親不和則家不可齊。

家難而天下易，家親而天下疏也。

親者難處，疏者易裁；然不先其難，亦未有能其易者。

家人離，必起於婦人。故《睽》次《家人》，以二女同居，而志不同行也。

《睽》次《家人》，《易卦》之序。"二女"以下，《睽·象傳》文。二女，謂《睽卦》，《兌》下《離》上。《兌》，少女，《離》，中女也。陰柔之性，外和悅而內猜嫌，故同居而異志。

堯所以釐降二女于媯汭，舜可禪乎？吾茲試矣。

釐，理也。降，下也。媯，水名。汭，水北，舜所居也。堯理治，下嫁二女於舜，將以試舜而授之天下也。

是治天下觀于家，治家觀身而已矣。身端，心誠之謂也。誠心，復其不善之動而已矣。

不善之動息於外，則善心之生於內者，無不實矣。

不善之動，妄也；妄復，則無妄矣；無妄，則誠矣。

程子曰："無妄之謂誠。"

故《無妄》次《復》，而曰"先王以茂對時，育萬物"，深哉！

《無妄》次《復》，亦卦之序。先王以下，引《無妄卦·大象》，以明對時育物，唯至誠者能之，而贊其旨之深也。此章發明四卦，亦皆所謂"聖人之蘊"。

桑氏曰："此舉《家人睽復無妄》之義，以明起化之本也。"（吳大鎔本）

發明：真氏德秀曰："心不誠，則私意邪念紛紛交作，欲身之修，得乎？親不和，則閨門乖戾，情意隔絕，欲家之正，得乎？夫治家之難，所以深于治國者。門內尚恩易於掩義世之人，固有勉於治外者矣。至其處家，則或狃于妻妾之私，或牽於骨肉之愛，鮮見以正自檢者。蓋疏則公道易行，親則私情易溺，此其所以難也。夫女子陰柔之性，鮮不妒忌而險詖者，故二女同居則情間易生。堯欲試舜，必降以二女者。能處二女，則能處天下矣。舜之身正而刑家如此，故堯禪以天下而不疑也。身之所以正者，由其心之誠，誠者無他，不善之萌動於中，則亟反之而已。誠者，天理之真；妄者，人為之偽；妄去，則誠存矣。誠存，則身正，身正，則家治，推之天下，猶運之掌也。"（周誥本）

御案，上章言不息於誠，而後言慎動，由本體之操存，以察於思慮事為也。此章言復其不善之動，而後言誠由思慮事為之省察，以復其本體也，二意蓋互相發。（鄧顯鶴本）

富貴第三十三

君子以道充為貴，身安為富，故常泰無不足，而銖視軒冕，塵視金玉，其重無加焉爾！

此理易明而屢言之，欲人有以真知道義之重，而不為外物所移也。

發明：歐陽永叔曰："士之所負者愈大，則其自顧也愈重。"朱子曰："內重而外輕，則有以自重，而不慕乎人爵之榮。有以自安，而不狥乎外物之誘矣。"（周誥本）

陋第三十四

聖人之道，入乎耳，存乎心，蘊之為德行，行之為事業。彼以文辭而已者，陋矣！

意同上章。欲人真知道德之重，而不溺於文辭之陋。

桑氏曰："於此可悟仲尼默識之學，於此可悟顏子不違如愚之學。後世學者博文強識，只要播之文詞，其用心自是不同，此世之所以無聖人也。"（吳大鎔本）

發明：朱子曰："聖賢之心，既有是精明純粹之實，以磅礴充塞乎其內，則其著見於外者，亦必自然條理分明，光輝發越而不可掩蓋，不必托於言語、著于簡冊而後謂之文。但自一身接於萬事，凡其語默，人所可得而見者，無適而非文也。姑舉其最而言，則《易》之卦畫，《書》之記言，《詩》之詠歌，《春秋》之述事，與夫《禮》之威儀，《樂》之節奏，皆已列為六經而垂萬世，其文之盛，後世固莫能及。然其所以盛而不可及者，豈無所自來？而亦莫之識也。"（周語本）

擬議第三十五

至誠則動，動則變，變則化，故曰："擬之而後言，議之而後動，擬議以成其變化"。

《中庸》《易·大傳》所指不同，今合而言之，未詳其義。或曰：至誠者，實理之自然；擬議者，所以誠之之事也。

桑氏曰："學至於誠，則言不妄言，擬之而後言。動不妄動，議之而後動。夫惟不動，動則變化生焉，所謂擬議以成其變化者也，學者須以大意會之。"（吳大鏴本）

發明：朱子曰："動是方感動他，變則已改其舊俗，然尚有痕瑕在，化則都消化了無復痕迹矣。"問："擬議是一言一行皆即易而擬之否？"曰："然，這變化是就人動作處說。"（周語本）

刑第三十六

天以春生萬物，止之以秋。物之生也，既成矣，不止則過焉，故得秋以成。聖人之法天，以政養萬民，肅之以刑。民之盛也，欲動情勝，利害相攻，不止則賊滅無倫焉，故得刑以治。

意與十一章略同。

情偽微曖，其變千狀。苟非中正明達果斷者，不能治也。《訟卦》曰："利見大人"，以"剛得中"也。《噬嗑》曰"利用獄"，以"動而明"也。

中正，本也；明斷，用也。然非明則斷無以施，非斷則明無所用，二者又自有先後也。《訟》之"中"，兼乎正；《噬嗑》之"明"，兼乎達。《訟》之"剛"，《噬嗑》之"動"，即果斷之謂也。

嗚呼！天下之廣，主刑者，民之司命也，任用可不慎乎！

發明：朱子曰："聖人之心涵養發生，真與天地同德，品物或自逆於理以干天誅，則夫輕重取舍之間，亦自有決然不易之理，如天地四時之運，寒涼肅殺常居其半，而涵育發生之心未始不流行乎其間。”張南軒曰：“夫中正者，仁之所存；而明達者，智之所行；果斷者，又勇之所施也。以是詳刑，本末具矣。”（周語本）

公第三十七

聖人之道，至公而已矣。或曰：“何謂也？”曰：“天地至公而已矣。”

桑氏曰：“《中庸》曰：‘博厚配地，高明配天。’”（吳大鎔本）

發明：程子曰：“天地之常，以其心普萬物而無心；聖人之常，以其情順萬物而無情。故君子之學莫若廓然而大公，物來而順應。”（周語本）

孔子上第三十八

《春秋》，正王道，明大法也，孔子為後世王者而脩也。亂臣賊子誅死者於前，所以懼生者於後也。宜乎萬世無窮，王祀夫子，報德報功之無盡也。

桑氏曰：“《易》《書》《詩》《禮》皆受成于孔子，而周子獨舉《春秋》以為言，何也？譬之五經皆律，而《春秋》則引律以定功罪之書也。”（吳大鎔本）

發明：歐陽永叔曰：“孔子何為而修《春秋》？正名以定分，求情而責實，別是非、明善惡，此《春秋》之所以作也。孔子，聖人也，萬世取信一人而已。”（周語本）

孔子下第三十九

道德高厚，教化無窮，實與天地參而四時同，其惟孔子乎！

道高如天者，陽也；德厚如地者，陰也；教化無窮如四時者，五行也。孔子其太極乎！

發明：陳氏淳曰：“五行之氣自有個貞元之會，所謂日月如合璧，五星如連珠時相似。聖人便是稟得這貞元之會來，如夫子亦得至清至粹，合下便生知安行，作六經為萬世師。”黃氏幹曰：“天地亦大矣，人以藐然之身與於天地立為三，至其為道，又與天地混然而無間，其可不知所以自立哉。”（周語本）

蒙艮第四十

童蒙求我，我正果行，如筮焉。筮，叩神也。再三則瀆矣，瀆則不告也。

此通下三節，雜引《蒙卦·彖》《象》而釋其義。童，稚也。蒙，暗也。我，謂師也。筮，揲蓍以決吉凶也。言童蒙之人，來求於我以發其蒙，而我以正道，果決彼之所行，如筮者叩神以決疑，而神告之吉凶，以果決其所行也。叩神求師，專一則明。如初筮則告，二三則惑，故神不告以吉凶，師亦不當決其所行也。

"山下出泉"，靜而清也。汩則亂，亂不決也。

山下出泉，《大象》文。山靜泉清，有以全其未發之善，故其行可果。汩，再三也。亂，瀆也。不決，不告也。蓋汩則不靜，亂則不清。既不能保其未發之善，則告之不足以果其所行，而反滋其惑，不如不告之為愈也。

御案，汩則亂，亂，不決也。此二句皆是就泉說，以況人事，決本者必俟其源清而後決之，若汩亂濁穢，則不決也。（鄧顯鶴本）

慎哉！其惟時中乎！

"時中"者，《彖傳》文，教當其可之謂也。初則告，瀆則不告；靜而清則決之，汩而亂則不決，皆時中也。

艮其背，背非見也。靜則止，止非為也，為不止矣。其道也深乎！

此一節引《艮卦》之《彖》而釋之。艮，止也；背，非有見之地也。"艮其背"者，止於不見之地也。止於不見之地則靜，靜則止而無為。一有為之之心，則非止之道矣。此章發明二卦，皆所謂"聖人之蘊"，而主靜之意也。（宋刻本）

按度氏《年譜》，先生年四十一歲時，有《姤說》寄傅伯成。五十一時又有《改定同人說》寄傅伯成，今《通書》四十章，而《姤》與《同人說》俱無之。先生在郴州有《修學記》，而今不載，晦菴本傳稱先生有詩十卷，而今輯詩裁二十八篇，肰則先生之書其軼遺者，多矣。《瀟山艸堂私考》（吳大鎔本）

御案，《通書》言無欲則明通公博，□□□書只言明通，亦側重靜虛一邊主靜之意也。（鄧顯鶴本）

發明：問《蒙》，學者之事，始之之意也。《艮》，成德之事，終之之意也。朱子曰："周子之意當是如此，然於此亦可見主靜之意。"

胡氏一桂曰：“六十四卦惟《蒙》《比》以筮言，《蒙》貴初而《比》貴原者，蓋發《蒙》之道，當視其初筮之專；誠顯《比》之道，當致其原筮而謹審；所以不同也。”

郭氏雍曰：“艮者，限也。限立而內外不越天命。限之內也，不可出人欲；限之外也，不可入。”

總論：朱子曰：“《通書》一部，皆是解太極說這道理，自一而二，二而五，如‘誠無為，幾善惡’，德以下，便配著太極、陰陽、五行，須仔細看。”

又曰：“《通書》文雖高簡，而體實淵愨，且其所論不出乎修己治人之事，未嘗劇談無極之先，文字之外也。”

又曰：“周子《通書》，乃近世道學之原也，而其言簡質如此，與世之指天畫地者，氣象不侔。”

或問：“《通書》便可上接《語》《孟》否？”朱子曰：“比《語》《孟》較分曉精深，結構得密，《語》《孟》較說得闊。”

陳氏淳曰：“濂溪先生與河南二程先生，卓然以先覺先知之資相繼而出。濂溪不由師傳，獨得於天，提綱啟鑰，其妙具在太極一圖。而《通書》四十章，又以發圖之所未盡。上與羲皇之《易》相表裡，而下以振孔孟不傳之墜緒，所謂再辟渾淪。二程親受其旨，又從而光大之，故天理之微，人倫之著，事物之眾，鬼神之幽，與凡求道入德之方，修己治人之術，莫不秩然各有條理。備見於《易傳》《遺書》，使世之英才志士，得以探討服行，而不失其所歸。河南之間，斯文洋洋，與洙泗並聞，而知者有朱文公，又即其遺言遺旨，益精明而瑩白之，上以達羣聖之心，下以統百家而會於一。蓋所謂集羣儒之大成，而嗣周程之嫡統，接乎洙泗濂洛之淵源者也。”

度氏正曰：“遂寧傅者伯成未第時，嘗從周子遊，而接其議論，傅嘗有書，謝其所寄《姤說》，其後在永州又有書謝其所寄《改定同人說》，今周子之書，無所謂《姤說》《同人說》者。又聞先生之《通書》本名《易通》，則六十四卦疑皆有說，今考其《書》，獨有《乾損益》《家人睽復無妄》《蒙艮》等說，而餘無之，則其書之散逸亦多矣。”

葉氏水心曰：“聖遠言湮，俗淪士散，求道者離乎器，而不知一理二氣之互根，言性者離乎氣，而不知元亨變化之實理。知剛柔之為善惡，不知剛不一於善，柔不一於惡也。知陰陽之為動靜，不知陰不一於靜，陽不一於動也。先生始為圖書，貫融而劈析之，二程親得其傳，道日以彰，迨胡子朱張推演究極，亦幾無餘蘊矣。"

黃氏幹曰："周子以誠為本，以欲為戒，此周子繼孔孟不傳之緒者也。至二程子則曰：'涵養須用敬，進學則在致知。'又曰：'非明則動無所之，非動則明無所用。'而為《四箴》，以著克己之義焉。此二程得統于周子者也。"

王氏柏曰："夫子之傳，一貫乃合而言之，是萬為一，所謂分殊而理一也。周子之圖太極，是分而言之，一實萬分，所謂理一而分殊也。《通書》正是上接《中庸》，《中庸》是終之以誠，《通書》是首之以誠，《太極圖》是天命之謂性以上道理，《通書》是續《中庸》以後道理。此正是聖學絕續交接處，向所謂要知統緒之正者此也。"

許氏衡曰："志伊尹之所志，學顏子之所學。出則有為，處則有守，丈夫當如此。出無所為，處無所守，所志所學將何為？"

宋氏濂曰："自孟子沒，孔子之學不傳，千載之下獨周子得之，以授二程氏，遂大白於天下。《通書》文雖高簡，體實淵愨。誠可上繼孟氏，非餘子比也。"

曹氏端曰："竊謂孔顏之樂者，仁也。非是樂這仁，仁中自有其樂耳。且孔子安仁，而樂在其中。顏子不違仁，而不改其樂。安仁者，天然自有之仁，而樂在其中者，天然自有之樂也。不違仁者，守之之仁；而不改其樂者，守之之樂也。《語》曰'仁者不憂'，不憂非樂，而何周子不直說破？欲學者自得之。"

薛氏瑄曰："《太極圖》不過一理，陰陽五行化生萬物。《通書》亦不過明一理，陰陽五行，五性散為萬事。故《通書》一字一義皆與圖意相合，程子不言太極，其論性天道，即太極也。"

王氏守仁曰："循理之謂靜，從欲之謂動。欲者，非必聲色貨利外誘也，有心之私皆欲也。故循理焉，酬酢萬變皆靜也，濂溪所謂主靜無欲之謂也。是謂集義者也。"（以上十七段選自周語本）

延平師友問荅　　宋　朱熹

承惠示濂溪遺文，極荷愛厚，不敢忘，不敢忘。《通書》，向亦曾見一二，但不曾得見全文，今乃得一觀，殊慰卑抱也云云。餘見遺事。

熹近看《中庸》鬼神一章，切謂此章正是發明顯微無間只是一理處，且如鬼神有甚形迹，人都自然有畏敬之心，以承祭祀，便如真有一物在上在左右云云。蓋秉彝之性才有主着這裏，便似見得許多道理，參前倚衡，雖欲頃刻離，而遁之不可得，只為至誠貫徹，實有是理，無端無方，無二無雜，方其未感，寂然不動，及其既感，無所不通，濂溪翁所謂"靜無而動有，至正而明達"者，於此亦可以見之。先生曰：此段看得甚好。更引濂溪翁所謂"靜無而動有"作一貫曉會尤佳，《中庸》發明顯微之理，於承祭祀時為言者，只為於此時鬼神之理昭然易見，令學者有入頭處爾。（周木本）

通書總論　　宋　朱熹

此下五條皆晦菴先生統論《通書》大旨，故列于首。

大抵近世諸公知濂溪甚淺，如呂氏《童蒙訓》記其嘗著《通書》，而曰"用意高遠"。夫《通書》太極之說所以明天理之根源，究萬物之終始，豈用意而為之，又何遠近、高下之可道哉云云，與汪帥書。

《通書》文雖高簡，而體實淵愨，且其所論不出乎陰陽變化、修己治人之事，未嘗劇談無物之先、文字之外也云云。答何叔京書，餘見後。

黃丈云："《通書》，便可上接《語》《孟》。"先生曰："比《語》《孟》較分曉精深，結構得密。《語》《孟》說得較闊。"又曰："濂溪，無有知其學者，惟程太中知之。"李方子錄。

周子留下《太極圖》，若無《通書》，都教人如何曉得，故《太極圖》得《通書》而始明。余大雅錄。

誠上章

問："誠者，聖人之本。"曰："此言本領之本，聖人之所以聖者，誠而已。"董銖。

或人問："呂氏謂'誠者，理之實然'。"曰："誠之為言實也，呂氏此說，卽周子所謂‘誠者，聖人之本’，蓋指實理而言也。如周子所謂‘聖，誠而已矣’，卽《中庸》所謂‘天下至誠者’，指人之實有此理者而言也。溫公所謂‘誠’，卽《大學》所謂‘誠其意者’，指人之實其心，而不自欺者言也。”

問：“‘至善’二字，與《大學》中‘至善’同否？”曰：“《通書》‘至善’猶曰純粹而至善云耳，至善與《大學》理無不同。”吳伯豐。

善，須是至善始得，如《通書》至善，亦是。湯泳。

問：“一陰一陽之謂道，繼之者善也，成之者性也。”曰：“一陰一陽，此是天地之理，如大哉乾元，萬物資始，乃繼之者善也。乾道變化，各正性命，此成之者性也。這一段是說天地生成萬物之意。”金去偽。

一陰一陽之謂道，太極也。繼之者善，生生不已之意，屬陽。成之者性，各正性命之意，屬陰。如純粹至善，卻是統言道理。萬人傑。

張元德書問“通”“復”二字。曰：“誠之通，是造化流行，未有成立之初，所謂繼之者善。誠之復，是萬物已得此，而皆有所歸藏之時。所謂誠之者性，在人則感而遂通者，誠之通，寂然不動者，誠之復云云。”潘時舉。

問：“元亨，誠之通；利貞，誠之復。元亨是春夏，利貞是秋冬，秋冬生氣既散，何以謂之收斂？”曰：“其氣已散，收斂者乃其理爾。曰冬間地下氣煖，便也是氣收斂在內。曰上面氣自散了，下面煖底乃自是生來，卻不是已散之氣復為生氣也。”潘時舉。

元亨利貞是一箇道理之大剛目，須時復將來子細研究，如《通書》，只是反覆說這一箇道理，蓋那裏雖千變萬化，千條萬緒，只是這一箇做將去。楊道夫。

黃直卿問：“利貞，誠之復。如先生注下言，復如伏藏。”先生曰：“復只是回來，這箇是周先生添這一句，孔子只說‘乾道變化，各正性命’。”又曰：“這箇物事（又記‘物事’二字是氣字）流行到這裏來，這裏住着，卻又復從這裏做起。”又曰：“如母子相似，未生之時，母無氣不能成其子，既生之後，子自是子，母自是母。”又曰：“如樹上開一花，結一子，未到利貞處，尚是運下面氣去蔭（又記是‘養’字）他，及他到利貞處，自不用養（又記‘養’字是‘恁地’字）。”又問：“自一念之萌，以至于事之得其所，是一事之元亨利貞。”先生應之曰：“他又自這裏做起，所謂生生之謂《易》也，是恁地。”甘節錄。

元者，用之端，而亨利貞之理具焉。至於為亨，為利，為貞，則亦元之為耳，此元之所以包四德也。若分而言之，則元亨，誠之通；利貞，誠之復。其體用固有在矣，恐亦不得如龜山之說也。以用言，則元為主；以體言，則貞為主。答方伯謨書。

誠下章

問：“誠者，五常之本。”曰：“誠是通體地盤。”李方子。

問：“果而確，果者陽決，確者陰守？”曰：“此只是一事，而首尾相應，果而不確，即無守。確而不果，則無決。二者不可偏廢，猶陰陽不可相無也。”董銖。

誠幾德章

光祖問：“誠無為，幾善惡。”曰：“誠是當然合有這實理，所謂寂然不動者，幾便是動了，或向善，或向惡。”葉賀孫。

誠無為只是自然有實理，恁地不是人做底都不犯手勢，幾善惡，則是善裏面便有五性，所以為聖，所以為賢，只是這箇云云。黃義剛。

道夫言：“誠無為，幾善惡。蓋誠者，自然之實理，無俟營為，及幾之所動，則善惡著矣，善之所成，則為五常之德，聖人不假修為，安而全之。賢者則加克復之功，聖賢雖有等降，然及其成功，則一而已，故曰‘發微不可見，充周不可窮之謂神’。”曰：“固是如此，但幾是動之微，是欲動未動之間，便有善惡，便須就這處理會，若至於發著之甚，則亦不濟事矣，更怎生理會，所以聖賢說戒謹乎其所不睹，恐懼乎其所不聞，蓋幾微之際，大是要切。又問：“以誠配太極，以善惡配陰陽，以五常配五行，此固然，但陽變陰合，而生水、火、木、金、土，則五常必不可謂共出於善惡也，此似祇是說得善之一脚。曰《通書》從頭是說配合，但此處却不甚似，如所謂‘剛善剛惡，柔善柔惡’，則確然是也。”楊道夫。

賀孫問：“‘誠無為，幾善惡’一段看，此與《太極圖》相表裏？”曰：“然，周子一書都是說這道理。”葉賀孫。

誠無為，只是常存得這箇實理，在這裏方始見得幾，方始識得善惡，若此心放而不存，一向反覆顛錯了，如何別認得善惡？葉賀孫。

《通書》中所謂誠無為者，太極也。幾善惡者，陰陽也。德曰仁義禮智信者，五行也。皆就圖上說出，其餘如"靜虛動直"、"禮先樂後"、"淡且和"、"果而確"之類，亦是圖中陰陽動靜之意也。答黃直卿論太極書註云云。

濂溪先生說得的當，《通書》中數數拈出'幾'字，要當如此，瞥地卽自然有箇省力處，無規矩中却有規矩，未造化時已有造化，然後本隱之顯，推見至隱，無處不脗合也。答蔡季通書。

舉似先生答蔡文書，濂溪先生《通書》數數括出'幾'字云云。曰："幾是要得，且於日用處省察，善便存放這裏，惡便去而不為，便是自家切已處。"葉賀孫

人傑問："去歲見蔡丈季通說'《通書》誠無為，幾善惡'。"愛曰："仁一段云周子亦有照管不及處。旣曰誠無為，則其下未可便着善惡字，如何？"先生云："正淳如何看？"人傑曰："若旣誠而無為，則恐未有惡。若學者之心，其幾安得無惡？"先生云："當其未感，五性具備，豈有不善？及其應事，才有照顧不到處，這便是惡。古之聖賢戰戰兢兢過了一生，正謂此也"云云。萬人傑。

當寂然不動時，便是誠無為。有感而動，卽有善惡，幾是動處，大凡人性，不能不動，但要頓放得是，於其所動處頓放得是時，便是"德，愛曰仁，宜曰義"。頓放不是時，便一切反是，人性豈有不動，但須於中分得天理人欲時方是。"曾祖道。

天理人欲之分，只爭些子，故周先生只管說"幾"字，然辨之又不可不早，故橫渠每說豫字。余大雅。

問："周子曰'誠無為，幾善惡'。"此明人心未發之體，而指其已發之端。蓋欲學者致察於萌動之微，知所決擇，而去取之，以不失乎本然之體而已，或疑有類於胡子"同體異用"之云者，遂妄以意揣量為圖如後。

善惡雖相對，當分賓主。天理人欲，雖分泒，必省宗孽。自誠之動，而之善則如木之自本而榦，自榦而末，上下相達者，道心之發見，天理之流行，此心之本主，而誠之正宗也。其旁榮側秀，若寄生庬贅者，此

雖亦誠之動，則人心之發見，而私欲之流行，所謂惡也，非心之固有，蓋客寓也。非誠之正宗，蓋庶孽也。苟辨之不早，擇之不精，則客或乘主，孽或代宗矣。學者能於萌動幾微之間，而察其所發之向背，凡其直出者為天理，旁出者為人欲，直出者為善，旁出者為惡，直出者固有，旁出者橫出，直出者有本，旁出者無源，直出者順，旁出者逆，直出者正，旁出者邪。而吾於直出者利導之，旁出者遏絕之，功力既至，則此心之發，自然出於一途，而保有天命矣。於此可以見未發之前有善無惡，而程子所謂不是性中元有此兩物相對而生。又曰"凡言善惡，皆先善而後惡"。蓋謂此也，若以善惡為東西相對，彼此角立，則是天理人欲同出一源，未發之前已具此兩端，所謂天命之謂性，亦甚汙雜矣。此胡氏同體異用之意也。先生曰："此說得之。"答趙致道問。

愛曰仁，猶惻隱之心，仁之端也。是就愛處指出仁，韓子博愛之謂仁，便把博愛做仁了，瞭不同。说誠幾德章。

性焉安焉之謂聖，是就聖人性分上說。發微不可見，充周不可窮之謂神，是他人見其不測耳。林夔孫。

問："《通書》第三章解性者獨得於天，如何言獨得？"曰："此言聖人合下清明完具，無所虧欠，此是聖人所獨得者，此對了'復'字說，復者，已失而反其初，便與聖人獨得處不同。'安'字對了'執'字說，執是執持，安是自然，大率周子之言秤等得輕重，極是合宜。"董銖。

聖章

林問：“入德莫若以幾，此最要否?”曰：“然。”問：“《通書》中聖第四章解‘幾’字，云動靜體用之間，如何是動靜體用之間?”曰：“似有而未有之時，在人識之爾。”徐寓。

《通書》多說幾，《太極圖》上却無此意。曰：“五性感動，動而未分者便是。”李方子。

問：“《通書》誠精故明，先生引‘清明在窮，志氣如神’釋之，却是自明而誠。”先生云：“便是看得文字麁疎，周子說‘精’字最好，‘誠精’者，直是無㿟夾雜，如一塊銀，更無銅鉛，便是通透好銀，故只當以清明釋之。志氣如神，卽是至誠之道，可以前知之意也。”萬人傑。

慎動章

問：“動而正曰道（止），悉邪也，以《太極圖》配之，五常配五行，則道德配陰陽，德陰而道陽也。”曰：“亦有此理。”萬人傑。

《通書》云：“動而正曰道，用而和曰德。”先生曰：“正是理雖動而得其正，理便是道，若動而不正，則不是道。和亦只是順理，而和順，便是得此理於身，若用而不和順，則此理不得於身。故下云‘匪仁，匪義，匪禮，匪智，匪信，悉邪也’，只是此理。故又云‘君子慎動’。直卿云‘《太極圖》中只說動而生陽，靜而生陰，《通書》又說箇幾，此是動靜之間’，又有此一頂①。”葉賀孫。

道章

元者，善之長。以下四句說天德之自然，君子體仁足以長人。以下四句說人事之當。然元只是善之長，萬物生理皆始於此，衆善百行皆統於此，故於時為春，於人為仁。亨是嘉之會，嘉會，衆美之會，猶言齊好也。物到夏時，洪纖高下，各各暢茂，其在人，則禮儀三百，威儀三千，事事物物、大大小小，一齊到恰好處，所謂動容周旋皆中禮，故於時為夏，於人為禮（周子遂喚作中）。利者為義之和，萬物至此，各遂其性，事物至此，無不得宜，故於時為秋，於人為義。貞者，乃事之幹，萬物至此，收斂成實，事理至此，無不的正，故於時為冬，於人為智。

---

① “頂”：據文意當作“項”。

此天德之自然，其在君子云云。貞，正也，知其正之所在，固守而不去，故足以為事之幹。幹事言事之所依以立，蓋正而能固，萬事依此而立，在人則是智。至靈至明，是是非非，確然不可移易，不可欺瞞，所以能立事云云。無是非之心，非智也，知得是是非非之正，堅固確守，不可移易，故曰知（周子則謂之正也）。董銖。

知是非之正為知，故《通書》以正為知。（甘節）

問："《通書》注云'中即禮，正即智'。"《圖解》備矣，必大向者侍教，雖已略聞大意，今按，《圖解》有曰"其行之也中"，又曰"中者，嘉之會也"。所謂中即禮者，固明白矣。至於正，則不過曰其處之也正。又曰："正者，貞之體，智之義。固在其中，然恐初學者讀之，猶未能分明，欲乞更詳，下一語如何？"曰："元亨利貞，分配仁義禮智，先儒已有定論矣，故只如此說意亦自見。"吳伯豐。

師章

問："《師》一章先生解以善惡配四象，如何？"曰："凡物具兩端，如這扇，便有面有背。自人心言之，則有善有惡，在其中便是兩物。周子止說到五行住，其理亦只消如此說，自多說不得。包括萬有，舉歸於此。"徐㝢。

或問："性者，剛柔善惡，中而已。"曰："此性便是言氣質之性，四者之中去卻兩件剛柔善惡，卻於剛柔二善中擇一中而立焉。"金去偽。

文蔚曰："《通書》'性者，剛柔善惡中而已'，此句說得好。"先生曰："古人自是說得好了，後人說出來又好。"陳。

"纔說性時，便已不是性也"，蓋纔說性時便是兼氣稟而言矣云云。性須是有箇氣質，方說得箇"性"字，若人生而靜以上，只說得天道，下"性"字不得。子貢曰："夫子之言性與天道，不可得而聞也。"便是如此，所謂天命之謂性者，是就人身上指出這箇是天命之性，不雜氣稟者而言耳。若纔說性時，則便是夾氣稟而言，所以說，便已不是性也。濂溪說"性者，剛柔善惡中而已矣"。濂溪說性，只是此五者，他又自有說仁義禮智底性時，若論氣稟之性，則不出此五者，然氣稟底性，便只是那四端底性，非別有一種性也，所謂剛柔善惡中者，天下之性固不出此五者，然細推之，極多般樣，千般百種，不可窮究，但不離此五者爾。

沈僩。

《中庸》之中是兼以其發而中節，無過不及者得名。故周子曰："惟中者，和也，中節也，天下之達道也。"若不識得此理，則周子之言，更解不得，所以程子謂"中者，天下之正道"。《中庸章句》以《中庸》之"中"實兼中和之義，《論語》集註以"中者，不偏不倚，無過不及之名"，皆此意也。萬人傑。

周子云："中也者，和也，天下之達道也。"別人也不敢恁地說，"君子而時中"，便是恁地看。林夔孫。

所諭氣質過剛，未能自克，而欲求所以轉移變化之道，夫知其所偏而欲勝之，在吾日用之間屢省而痛懲之耳，故周子有"自易其惡，自至其中"之說，是豈他人之所得，而與於其間哉！答孫吉甫書。

潘君者，豈非清逸家子弟耶？清逸之子亦參禪，雖或及識濂溪，然其學則異矣云云。此書謂中為有物，而必求其所在於未生之前，則是禪家本來面目之緒餘耳，殊不知中者，特無偏倚、過不及之名，以壯性之體段，而所謂性者，三才五行，萬物之理而已矣，非有一物先立乎未生之前，而獨存乎既沒之後也。其曰執，曰用，曰建，亦體此理，以脩已治人而已矣，非有一物可以握持運用，而建立之也。《通書》中但云："中者，利也，中節也。"又云："中焉，止矣。"周子之意，尤為明白。答何叔京書。

幸章

"人之生，不幸不聞過，大不幸無耻"，此兩句只是一項事，知耻是由內心以生，聞過是得之於外，人須知耻，方能聞過而改，故耻為重。沈僩。

思章

問："《通書》云'無思本也，思通用也'，無思而無不通為聖人，不知聖人是有思耶，無思耶？"先生曰："無思而無不通是聖人，必思而後無不通是睿。"時舉云："聖人寂然不動是無思，才感便通，特應之耳。"先生曰："聖人也，不是塊然由人撥後方動，如莊子云'推而行，曳而止'之類，只是才思便通不待大故地思索耳。"時舉因云："如此，則是無事時都無所思，事至才思便通耳。"潘時舉。

睿有思，有不通，聖無思，無不通。又曰："聖人時思便通，非是塊然無思撥着便轉，恁地時只是箇瓠子。"甘節

志學章

問："'聖希天。'若論聖人，自是與天相似了，得非聖人未嘗自以為聖，雖已至聖處，而猶戒謹恐懼，未嘗頃刻忘所法則否？"曰："不消如此說，天自是天，人自是人，人終是如何得似天？自是用法天。"沈僩。

問："志伊尹之所志，乃是志於行？"曰："只是不志於私。今人仕宦，只為祿，伊尹卻'祿之天下弗顧，繫馬千駟弗視也。'"又云："雖志於行，道若自家所學元未有本領，如何便能舉而措之，天下又須有那地位。若身處貧賤，又如何行？然亦必自修身始，修身齊家，然後達諸天下也。"又曰："此箇道理緣為家家分得一分，不是一人所獨得而專者，經世濟物，古人有這箇心，若只是我自會得，自卷而懷之，卻是私。"廖德明。

志伊尹之所志，不是志於私，大抵古人之學，本是要行伊尹耕於有莘之野，而樂堯舜之道。凡所以治國平天下者，無一不理會，但方處畎畝之時，不敢言必於用耳。及三聘幡然，便一向如此做去，此是堯舜事業，看二典之書，堯舜所以卷舒作用，直如此熟。廖德明。

志伊尹之所志，伊尹恥君不及堯舜，一夫不得其所，若撻于市，學者若橫此心在胷中，卻是志於行，莫不可？曰："非是私，修身養性與致君澤民只是一理。"竇從周。

問："過則聖，及則賢。若過於顏子，則工夫又更純細，此固易見，不知過伊尹時如何說？"曰："只是更加皆從容而已，過之便似孔子，伊尹終是有擔當底意思多。"沈僩。

禮樂章

仁父問："禮之用，和為貴。集注載程子禮樂之說，何如？"曰："也須先是嚴敬，方有和。若直是盡得敬，不會不和，如臣子入朝，自然極其恭敬，也自和。這不待勉強如此，只是他情願如此，便自和。君君臣臣、父父子子、兄兄弟弟、夫婦朋友各得其位，這自然和，若君失其所以為君，臣失其所以為臣，這如何會和？如諸公在此坐，都恁地收斂，這便是和。若退去自放肆，或乖爭，便是不和。《通書》：'禮，理也。

樂，和也（止）.'故禮先而樂後，說得最好."葉賀孫。

禮樂固必相須，然所謂樂者，亦不遇，謂胷中無事，而自和樂耳，而非是着意放開一路，而欲其和樂也，然欲胷中無事，非敬不能，故程子曰："敬則自然和樂，而周子亦以為禮先而樂後，此可見也."答廖子晦書。

動靜章

來諭動靜之外，別有不與動對之靜，不與靜對之動，此所未諭"動靜"二字相為對代，不能相無，乃天理之自然，非人力之所能為也。若不與動對，則不名為靜。不與靜對，則亦不名為動矣。但眾人之動，則流於動而無靜，眾人之靜，則淪於靜而無動。此周子所謂物則不通者也，惟聖人無人欲之私，而全乎天理，是以其動也，靜之理未嘗亡，其靜也，動之機未嘗息。此周子所謂神妙萬物者也，然而必曰"主靜"云者，蓋以其相資之勢言之，則動有資於靜，而靜無資於動，如乾，不專一則不能直遂；坤，不翕聚則不能發散。龍蛇不蟄，則無以奮；尺蠖不屈，則無以伸，亦天理之必然也。來諭又有動則離性之說，尤所未諭，蓋人生而靜，雖天之性，感物而動，亦性之欲。若發而中節，欲其可欲，則豈嘗離天性哉！惟夫眾人之動，動而無靜，則或失其性耳。故文定《春秋傳》曰："聖人之心，感物而動."《知言》亦云："靜與天同德，動與天同道."皆未嘗有聖人無動之說也。却是後來分別感物而通，感物而動，語意迫切，生出許多枝節，而後人守之太過，費盡氣力，百種安排，幾能令藏三耳矣。然甚難而實非，恐不可不察也。答胡廣仲書。

問："《通書》:'動而無靜，靜而無動，物也；靜而無靜，動而無動，神也.'所謂物者，人在其中否?"曰："人在其中."問："所謂神者，是天地造化否?"曰："神卽此理也."問："物則拘於有形，人則動而有靜，靜而有動，如何却同萬物而言?"曰："人固是靜中動，動中靜，亦謂之物。凡言物者，指形器有定體而言，然自有一箇變通底在其中，須知器卽道，道卽器，莫離道而言器可也。凡物皆有此理，且如這箇竹椅，固是一器，到通用處便有箇道在其中."徐寓。

問："'動而無動，靜而無靜，神也'，此理如何?"曰："譬之晝夜，晝固是屬動，然動却來管那神不得；夜固是屬靜，然靜亦來管那神不得，蓋神之為物，自是超然於形器之表，貫動靜而言，其體常如是而已矣。"潘時舉。

《動靜章》所謂"神者，初不離乎物，如天地物也，天之收斂，豈專乎動！地之發生，豈專乎靜！"此卽神也。李閎祖。

楊至之問："《通書》'水陰根陽，火陽根陰'與'五行陰陽，陰陽太極'為一截。'四時運行，萬物終始'與'混兮闢兮，其無窮兮'為一截。'混兮是利貞，誠之復，闢兮是元亨，誠之通，注下自五而一，自五而萬'之說，則是太極常在貞上，恐未穩。"先生大以為然，曰："便是猶有此等硬說處。"李方子錄。

問："楊子云'君子於仁也柔，於義也剛'何如？"曰："仁體柔而用剛，義體剛而用柔。"銖曰："此豈所謂陽根陰，陰根陽耶？"曰："然。"董銖。

聖學章

或問："聖可學乎（止）？一為要，這箇是分明底一，不是鶻突底一。"問："如何是鶻突底一？"曰："須是理會得敬着落處，若只塊然守一箇'敬'字，便不成箇敬，這箇亦只是說箇大槩，明通，在己也，公溥，接物也，須是就靜虛處涵養，始得明通，方能公溥，若便要公溥定不解得，靜虛、明通，精義入神也，動直、公溥，利用安身也。"又曰："一卽所謂太極，靜虛、明通，卽圖之陰靜，動直、公溥，卽圖之陽動。"葉賀孫。

周先生只說"一者，無欲也"，然這話頭高卒急，亦難揍泊，尋常人如何便得無欲？故伊川只說箇敬字。余大雅。

又試看無欲之時，心豈不一？人只為有欲，此心便千頭萬緒。

問："明通公溥云云。"曰："此四字只是依春夏秋冬之序相配，將去明配木，仁元；通配火，禮亨；公配金，義利；溥配水，智貞。"沈僴。

問："明通公溥，於四象何所配？"曰："只是春夏秋冬模樣云云。然這處亦是偶然相合，不是正恁地說。"葉賀孫

問："程子說'修己以敬'，因及聰明睿智皆由此出，如何？"曰："敬則自是聰明，身心怠慢便昏塞了云云。"問："周先生云靜虛則明，明則通，是此意否？"曰："意亦相似。"葉。

理性命章

如《繫辭》《文言》，若是孔子做，如何又却有"子曰"字？某嘗疑此等處，如五峯刻《通書》相似，去了本來所有篇名，却於每篇之旨加"周子曰"字，《通書》去了篇名，有篇內無本篇字，如《理性命》章者，煞不可理會，蓋"厥彰厥微，匪靈弗瑩"是說理，"剛善剛惡，柔亦如之，中焉止矣"是說性。自此以下却說命，章內全無此三字，及所加"周子曰"三字，又却是本所無者，次第《易繫》《文言》，亦是門人弟子所勤入耳。問："五峯於《通書》，何故輒以己意加損？"曰："他病痛多。"楊道夫。

陰陽之氣相勝而不能相無，其為善惡之象，則異乎此。蓋以氣言，則動靜無端，陰陽無始，其本固竝立，而無先後之序，善惡之分也。若以善惡之象而言，則人之性本獨有善而無惡，其為學，亦欲去惡，而全善不得，復以不能相無者而為言矣。今以陰陽為善惡之象，而又曰不能相無，故必曰小人日為不善，而善心未嘗不間見，以為陰不能無陽之證。然則曷不曰君子日為善，而惡心亦未嘗不間見，以為陽不能無陰之證耶！蓋亦知其無是理矣云云。大凡義理精微之際，合散交錯，其變無窮，而不相違悖，且以陰陽善惡論之，則陰陽之正皆善也，其沴皆惡（周子所謂"剛善剛惡，柔亦如之者"是也）。以象類言，則陽善而陰惡；以動靜言，則陽客而陰主。此類甚多，要當大其心以觀之，不可以一說拘也。答王子合書。

忠恕一以貫之云云。賀孫因舉《大學》，或問云："心之為物，實主於身，其體則有仁義禮智之性，其用則有惻隱羞惡、恭敬是非之情。渾然在中，隨感而應，以至皆有當然之則，而不容自已。所謂理也，元有一貫意思。"曰："然。施之君臣，則君臣義。施之父子，則父子親。施之兄弟，則兄弟和。施之夫婦，則夫婦別。都只由這箇心，如今最要先理會此心。"又云："《通書》說'陰陽五行，化生萬物，五殊二實，二本則一'亦此意。"又云："如千部萬部文字，字字如此好，面面如此好，只是一箇印版印將去。"又云："且看《論語》，如鄉黨等處，待人接物，千頭萬狀，是多少般！聖人只是這一箇道理做出來。"葉賀孫。

問："春作夏長，仁也。秋斂冬藏，義也。此《易》所謂天道人道之立歟?"曰:"此卽《通書》所謂二氣五行之說。"金去偽。

問:"五殊二實,一實萬分,二謂陰陽,一謂太極,然不曰二氣一理,而皆以實自之者,蓋曰此皆實有之理,非但強為之名耳。"曰:"五、二、一、萬,皆實字,殊實、實分,皆虛字。以此推之,所謂二實一實,不相礙也。"吳伯豐。

問:"五殊二實。"曰:"分而言之有五,總而言之只陰陽。"甘節。

或問:"一實萬分,豈太極有分裂乎?"曰:"本只是一太極,而萬物各有稟受,又自各全一太極,如月暎萬川相似。"

行父問:"萬物各具一理,萬理同出一原,此所以可推而無不通也。"先生曰:"近而一身之中,微而一草一木之衆,莫不各具此理。如此四人在坐,各有這個道理,不用相假借,然雖各自這一箇理,又却同出於一箇理耳。如排數器水相似,這盂也是這樣水,那盂也是這樣水,各各滿足,不待求之於外,然打破放裏,却也只是這箇水,此所以可推而無不通也。所以謂格得多後自能貫通者,只為是一理。釋氏云:'一月普現一切水,一切水月一月攝。'這是那釋氏也,窺見得這㫼道理,濂溪《通書》只是說這一事。"楊道夫錄。

顏子章

胡叔器問:"顏子樂處,莫是'樂天知命',而不以貧窶累其心否?"曰:"不干事。這四字拈不上。"義剛問:"這樂正如'不如樂之者之樂'"?曰:"那說從'樂天知命'上去底,固是不是了這說,從'不如樂之者'上來底,也不知那樂是樂箇什麼物事,'樂'字只一般,但是要人識得,這須是去做工夫涵養,得久自然見得,因言《通書》數句論樂處也好云云。"黃義剛錄。

問:"程子曰'使顏子以道為樂,則非顏子'。周子《通書·顏子章》,又却似言以道為樂。"曰:"顏子之樂,非是自家有箇道,至富至貴,只管把來㤗後樂,見得這道理後,自是(又記是'然'字)樂。故曰'見其大則心泰,心泰則無不足,無不足則富貴貧賤處之一也'。"甘節。

問:"周子令程子尋顏子所樂何事,而周子程子終不言不審,先生以為所樂何事?"曰:"人之所以不樂者,有私意耳。克己之私,則樂矣。"

甘節。

問：“濂溪教程子尋孔顏樂處，蓋其自有其樂，然求之亦甚難。”曰：“先賢到樂處，已自成就向上去了，非初學所能求，況今之師非濂溪之師，所謂友者非二程之友，所以說此事，却似莽廣，不如且就聖賢着實用功處，求如克己復禮，致謹於視聽言動之間，久久自會成熟，充達向上去。”徐㝢。

或問：“顏子能化而齊。”曰：“此與‘大而化之’之化異，但言消化，却富貴貧賤之念方能齊，齊亦一之意。”金去偽。

勢章

問：“《通書》云‘極重不可反知其重，而亟反之可也。’”先生曰：“是說天下之勢，如秦至始皇强大，六國便不可敵。東漢之末，宦官權重，便不可除。紹興初，只斬陳少陽，便成江左之勢，極重則反之也難，識其重之機，而反之則易。”萬人傑。

聖蘊章

或問：“發聖人之蘊，教萬世而無窮者，顏子也。”曰：“夫子之道如天，惟顏子盡得之。夫子許多大處，盡在顏子身上發見，譬如天地生一端物，卽此盡可以見天地純粹之氣，謂之發者，乃亦足以發之，發不必待顏子，然後謂之發也。”金去偽。

精蘊章

《通書》言“聖人之精，畫卦以示，聖人之蘊，因卦以發”。精是聖人本意，蘊是偏旁帶來道理，如《春秋》，聖人本意只是載那事，要見世變，禮樂征伐自諸侯出，臣弑其君，子弑其父，如此而已。就那事上見得是非、美惡、曲折，便是因卦以發。黃義剛。

乾損益動章

乾乾不息者，懲忿窒慾，遷善改過，不息是也。甘節。

問：“《乾損益動章》前面‘懲忿窒慾，遷善改過’皆是自脩底事，後面忽說動者，何故？”曰：“所謂‘懲忿窒慾，遷善改過’皆是動上有這般過失，須於方動之時審之，方無凶悔吝，所以再說簡動。”沈僴。

家人睽復無妄章

周先生曰“誠心，復其不善之動而已”，只是不善之動消於外，則善心實於內，操則存，捨則亡，只是操則此心便存。葉賀孫。

蒙艮章

問："《蒙》，學者之事，始之之事也。《艮》，成德之事，終之之事也。"曰："周子之意當是如此，然於此，亦可見主靜之意。"答石子重。

問："《通書》艮其背，背非見也 云云。"程子解此下文，解得甚好，上面艮其背，是止於其所當止之地也。不獲其身，行其庭，不見其人，萬物各正其所了，都純是理也，不見有己，也不見有人，都只見是理。徐寓。

艮其背云云。《通書》背非見也，亦似伊川說止非為也，亦不是本意。《語錄》中有云："周茂叔謂'看一部《華嚴經》，不如看一《艮卦》'，下面注云'言各止其所'，他這裏却看得'止'字好。"曼淵。

人之四支百骸皆能動作，惟背不能動，止於背，是止得其當止之所（又一條云亦似《大學》言"君止於仁，臣止於敬"之類）。明道《答橫渠定性書》，舉其語是此意。伊川說却不同，又自是一說，伊川說："艮其止，止其所也。"又說："得分曉，却解艮其背。"又自有異想，是照顧不到。周先生《通書》之說，却與伊尹同。葉賀孫。

《通書》諸說同異（多見前段）。

同一陰一陽之謂道云云。曰："周子以萬物資始為善，各正性命為性，此就造化處說云云。程子云'今人說性，只是說繼之者善'，此又近下就人性分上說。"答呂子約。

繼之者善也，周子是說生生之善。程子說作人性之善，用處各自不同。若以此觀彼，必有窒礙。萬人傑。

伊川與濂溪說"復"字亦差不同，用之云："濂溪就歸處說，伊川就動處說，所以不同。"曰："然。濂溪就坤上說，就回來處說，如云'利貞者，誠之復'，'誠心，復其不善之動而已矣'，皆是就歸處說。伊川却正就動處說，如元亨利貞。濂溪就利貞上說'復'字，伊川就元字頭上說'復'字，以《周易》卦爻之義推之，則伊川之說為正。然濂溪伊川之說，道理只一般，非有所異，只是所指地頭不同。以《復卦》言之，下面一畫，便是動處。伊川云'下面一爻正是動，如何說靜得？雷在地中，復。云云'，看來伊川說得較好，王弼說與濂溪同。"沈僩。（周木本）

南軒文集幷語錄問答　　宋　張栻

先生舉《通書》首章謂世榮，曰：“看得此章如何？”世榮答：“以此又《太極圖解》之要旨也。”先生曰：“元亨，誠之通。利貞，誠之復。‘通’‘復’二字，尤為緊要，方其通也，是這箇。及其復，也是這箇。今之人，其動也，未嘗通，其靜也，未嘗復，某只說得如此，公自去推。”梁伯仁。

舉濂溪說：“元亨，誠之通。利貞，誠之復。因賞此語之妙。”曰：“如人一向應對酬酢，必至於顛倒錯亂。”程椅。

所引濂溪“無欲則靜虛動直”之語，所謂無欲者，無私欲也。無私欲，則可欲之善著，故靜則虛，動則直，虛則天理之所存，直則其發見也（順理之謂直）。若異端之談，無欲則是批根扳本，泯棄彝倫，淪實理於虛空之地，此何翅霄壤之異哉？不可不察也。答羅孟弼書。

《通書·聖學》篇云：“聖可學乎（止）？一者無欲也，無欲則靜虛動直，夫一者，主靜之謂也。云云。”《圖解》初本。

《理性命》篇云：“厥彰厥微，匪虛弗瑩。”言微彰一理也，而非虛則不足以瑩，其理主靜，故虛也。“剛善剛惡，柔亦如之，中焉止矣”，言剛柔有善惡焉。惟中則止，而不過此，定之以中正仁義之意也。二氣五行，化生萬物，五殊二實，二本則一，言殊而為五行，而其實則陰陽也，而陰陽則本乎太極而已。“是萬為一，一實萬分，萬一各正，小大有定”，言萬有該乎一，一立而萬有具焉，一則其實，而萬則其分也。萬一各正而小大定，天下之能事畢矣。同前。（周木本）

勉齋問答　　宋　黃榦

問：“誠之源也，是說誠之用。誠斯立焉，是說誠之體。却先言用，而後言體，何也？”曰：“體用不可分先後，自不相妨，如一語一默，一晝一夜，春夏了，方秋冬，不成說秋冬了，方說春夏。今看箇物，把陰做頭也，不得。”又曰：“他這話是看得《易》精貫後，故說出許多道理。”

誠無為，誠實也。此心之誠實，本湛然無為，卽是喜怒哀樂未發之時，天命之謂性，無極而太極，誠卽是理。幾善惡，幾心之所發，發從好處去，便為善。發從不好處去，便為惡。卽是喜怒哀樂已發之時，率性之謂道，有太極而分陰分陽。德愛曰仁，宜曰義，理曰禮，通曰智，守曰信。所發之善，而為愛，則謂之仁。所發之善，而事得其宜，則為之善。所發之善，而各得其理，則謂之禮。所發之善，而無所不通，則謂之智。所發之善，而知所執守，則謂之信，卽是修道之謂教。陰陽分，而為五行，仁義禮智信屬誠，愛宜通理守屬幾，性焉安焉之謂聖，能推此所發之善，安而行之者謂之聖，復焉執焉之謂賢，復此所發之善，執而守之者謂之賢。發微不可見，充周不可窮之謂神。此善之發精微而不可見，至於充之於外，至周而不可窮者，謂之神。

直卿云：“《通書》言主靜、審幾、謹動三者循環，與孟子夜氣、平旦之氣，旦晝所為相似。”文公語錄。

問：“聖可學乎一段。”曰：“一為要，一字有數樣，如作左右看，則一為純一之一，如作前後看，則一為專一之一，此所謂一是純一不雜之謂也。譬如一物恁地光潔，更無些塵汙了。他但看下文言無欲是一靜虛，虛也，是一動直，直也是一何謂無欲？只是純然是箇天理無一點私慾，此須作兩路看，莫非欲也。飲食男女，人之大欲，此不待說，須看見面前許多物，苟有一念，掛着底都是欲（一功嗜好之類）。此是一路，又須識得，不待沈溺其中，而後謂之欲。伊川曰‘才有所向，便是欲’，這箇甚微，才起念處，便是欲。譬如止水上打一動相似，若到酒池肉林，已狼當了，無欲則自是湛然一物不留，故靜便虛，未發時這虛靈知覺如明鏡止水，恁地虛動便直，做事時只有一路直出，那裏有偏曲路徑，虛便明，明則見道理透徹，故通直便公，公自是無物我故溥云云。”

又曰：“氣有偏正，則所受之理隨而偏正。氣有昏明，則所受之理隨而昏明。木之氣盛，而金之氣衰，故仁常多，而義常少。金之氣盛，而木之氣衰，故義常多，而仁常少。知此則剛善柔善，畢竟也有偏處，不得謂之中也。”（周木本）

節齊議論　宋　蔡淵

《誠上章》曰：“夫子曰‘閑邪存其誠’，是以誠為性之德也。”子思則以誠為天之道，為無息，為物之終始，為能盡人物之性。經綸天下大經，立天下大本，知天地化育，孟子以萬物皆備於我為言，是皆以天理人性合言之矣。而周子以誠為聖人之本，以乾元資始為誠源，以各正性命為誠立，為五常之本，百行之源，又以誠為易，故曰"無為"，曰"寂然不動"。以理言之，固為實理，以動言之，固為無妄。又須合是數說之類，而精思之，乃能盡其妙也（此言聖人之誠，即天道之誠也）。

《誠下章》曰："此言思誠者，人之道，五常之本，百行之源，大本也。"方其靜也，誠固未嘗無也，以其未形改謂之無耳，而至正之理存焉。及其動也，誠非至此，而後有也。以其可見，故謂之有耳。而明達之義行焉，誠苟不存，則非正而邪，非明而暗，非達而塞矣。學聖工夫，惟在存誠，誠存則五常百行皆自然無一不備也。

《誠幾德章》曰："此言誠動為五常之德也。"聖人本誠，故幾自動，而德自形，何為之？有學聖人者，則當復性而研幾，及其至也，亦與聖人司矣。故以發微不可見，充周不可窮，通結之。蓋發微不可見者，幾也，充周不可窮，則神矣。周子於此，特發明"幾"之一字，幾者，神之微也，故充周必至於不可窮，詳玩此語，未見有惡。《義聖章》又以為"誠神幾，曰聖人"，亦未嘗言幾有惡焉。《易》曰："幾者動之微，吉之先見者也。"此乃曰幾善惡，則與此義不合。又嘗於《慎動章》考之，則是動而正。曰："道動而失正，則為邪矣。"道即善，邪則為惡，動出乎正，即發微之幾也。再以《師章》剛柔善惡者考之，乃是眾人動失乎正，而後有惡，故聖人立教，俾人自易其惡，自至于善而又中節也。其所謂幾善惡者，更當於此等考之，乃得其意。

《聖章》曰："誠，寂也，靜也，而具動靜之理。神，感也，動也，而妙動靜之機。"蓋誠為神本，神為誠用，本不動而用動，故誠則靜意多，神則動意多，要其實，則各兼動靜陰陽也。幾者，誠將發而為神之始也，在靜無動有之間，雖動而微，亦未可見實為神之端也。

《慎動章》曰："正即至正之正，道即太極流行之道。"動出乎正，則是太極流行之道，而無邪動之辱矣，動出乎正，即前所謂幾也。和即中也者之和，德即五性之德，用得其和，則是五性之德，而無剛柔善惡之失矣，用得其和，即後所謂中節者也。

《思章》："《洪範》曰：'思曰睿，睿作聖。'曰：'言學聖之事，睿即通微也，無思，本也（止）。'"無思而無不通為聖人。曰"無思，本也"，言聖人無思而自然，幾動而至於神，故曰本思通用也。言學聖人者，則當思誠，然後知幾而至於神，故曰'用幾'，動於彼，誠動於此。無思而無不通，為聖人之幾，自然而動，不待思而無不通，所謂神也。不思則不能通微（止）。吉凶之機也，曰"通微，幾也，無不通，神也"，此言君子思誠，然後見幾，幾動方能至神，故思者，乃作聖之功也。《易》曰："（止）知幾其神乎？"曰："言作聖之事，全在幾，神。"故舉《易》合幾與神結之，上兩句說幾，下一句說幾而神也。

《動靜章》："動而無靜（止），神妙萬物。"曰："物滯於形，故不能通，神無形，故通而不滯。"神者，不疾而速，不行而至，未嘗不動不靜，妙乎動靜之物也。《易》曰："神也者，妙萬物而為言者也。"水陰根陽，火陽根陰，曰："陽動也，而妙水，陰之靜。陰靜也，而妙火，陽之動。"所謂妙者，變化之道也。《易》曰："知變化之道者，其知神之所為乎？"又曰："陰陽不測之謂神，五行陰陽，陰陽太極。"曰"五行"，因上文水火而併言之，推至陰陽、太極。更明妙合而凝，混融無間，渾然今古不言之妙，即下文所謂混也。"四時運行（止），其無窮兮。"曰"四時運行"，即下文所謂闢也，於妙合而凝之前言之，則冬也，萬物之所終也，於妙合而凝之後言之，則春也，萬物之所始也。此言闢而混，混而闢也，混則動靜陰陽合，闢則動靜陰陽分，其混、其闢皆神妙之所為，混而復闢，終而復始，故生生變化，而無窮焉。

《蒙艮章》曰："先師朱子曰'山靜水清，有以全其未發之善，艮靜止於不見之地，則靜止而無為'。"此章發明二卦，皆所謂聖人之蘊而主靜之意也。周子，朱子言之至矣，今細玩之，是說流行中之樞紐也。蒙靜者，靜而動者也，艮靜者，動而靜者也。以二者之靜言之，蒙靜乃為靜之終，艮靜乃為靜之始。合而言之，終而復始，始而復終，非流行之樞紐歟。(周木本)

通書志學章講義　　宋　蔡元思

聖希天，賢希聖，士希賢，伊尹、顏淵，大賢也。伊尹恥其君不為堯舜，一夫不得其所，若撻于市。顏淵不遷怒，不貳過，三月不違仁，志伊尹之所志，學顏子之所學，過則聖，及則賢，不及則亦不失於令名。學必宗孔孟尚矣，然居是邦，而有先賢君子，後孔孟千餘載，而獨得孔孟之傳者，將天下萬世之為學者，實賴之。況在同邦，而可不知所尊尚師承也哉？恭惟濂溪周先生，蓋嘗不鄙是邦而辱居焉。迄今高山景行之思，其隱然於人心者未泯也，天相斯文，幸遇明師帥之臨，欲與邦人士相勵，以聖賢之事請于朝，家肇新書堂，使凡有志講學者，日從容俯仰乎其間。嘉惠之意，甚盛甚厚，而希賢名堂之義，顧獨有取於《通書·志學》之一章，抑嘗伏讀是章之言曰云云。

夫濂溪先生上接洙泗之統，下啓伊洛之派，建圖屬書，闡發幽祕，其於天人性命之蘊，脩己治人之方，固莫不畢舉，而是章之言尤切切於志學之云者。意者士莫陋於無志，莫病於無學，志則欲其弘大，學則欲其細密，不弘大則不足以為志，不細密則不足以為學。伊尹自任以天下之重，必欲堯舜其君，堯舜其民者，此可以驗其志之弘大也。顏子從事於克己復禮之目，而不遷怒，不貳過，三月不違仁者，此可以見其學之細密也。今日共學於斯堂者，誠能以伊尹之志為志，則知人之有生，父乾母坤，同得其氣以為形，同得其理以為性，故雖勢在匹夫之賤，而視天下猶一家，中國猶一人，皆其胸中素定之規模矣。誠能以顏子之學為學，則知天理人欲同行異情，其始有毫釐之差，則其終有千里之繆，故凡日用動靜之間，居敬以求其存養之固，窮理以致其察識之精，皆其日新不已之工夫矣，立弘大之志，充細密之學，循序而進，歷階而升，由士而賢，由賢而聖，由聖而天，皆在我耳。夫豈患其終難至哉？如此而後，庶幾可以無愧於邦之先賢，垂訓立言，私淑後學之功，無負於明師帥興學宣化，作成人材之意，顧不韙歟。凡我切偲之友，願相與勉旃毋忽。（周木本）

論語孔顏所樂二章　　宋　蔡元思

子曰：“飯疏食飲水，曲肱而枕之，樂亦在其中矣。不義而富且貴，於我如浮雲。”

子曰：“賢哉，回也！一簞食，一瓢飲，在陋巷，人不堪其憂，回也不改其樂，賢哉，回也！"

　　昔程子之學於周子也，每令尋仲尼、顏子樂處所樂何事，夫程子之世，去孔顏千五百餘載，其時遠矣，其人亡矣，何從而尋其所樂也哉？且疏食飲水，曲肱而枕，簞瓢陋巷，人不堪憂，本非有可樂者也，然曰"樂在其中"，而視不義富貴如浮雲之無有。曰"不改其樂"，而稱贊其賢，至於一再而不容已，其所謂樂者果何所措也？以不可措名之樂，而令尋之於茫茫往古，已沒之聖賢，不幾於誣乎？然濂洛淵源，上接洙泗，續道統之正傳，壽斯文之命脉，以惠我後之人於於萬斯年之遠者，其口傳心受之妙端，有在於此，決非誣也。蓋嘗反復思之，抑程子有言仲尼，元氣也，顏子，春生也，仲尼無迹，顏子微有迹。夫元氣渾融，故無迹之可求；春生發達，故微有迹之可驗。欲尋孔子之所樂，當自顏子之所樂始；欲尋顏子之所樂，又當自其進脩之迹始。顏子進脩之迹，何如也？觀其發喟然之歎於一旦之頃，以孔子之道，無窮盡也，則仰之而彌高，鑽之而彌堅。以孔子之道，無方體也，則瞻之而在前，忽焉而在後。然夫子道雖高妙，而教人有序，其博我也，則以文，其約我也，則以禮，故說之深，而至於欲罷不能，力之盡而至於既竭，吾才然後卓爾有立，而所見為益親，欲從末由而無所用其力，蓋述其先難之故，後得之由，而歸功於聖人之善誘也。然其所以為善誘者，則不出乎博文約禮而已，蓋博文約禮，即《大學》之所謂"格物、致知、誠意、正心、脩身也"，《中庸》之所謂"博學審問，謹思明辨篤行也"，《孟子》之所謂"盡心知性，存心養性，而夭壽不貳，脩身以俟命者也"。蓋博文則有以窮古今，該事變，而開發其聰明；約禮則有以尊所聞，行所知，而檢束其踐履。自昔聖賢之所以為教法者，舉不越此，而顏子之學於孔子，所以必以二者為言，而為之喟歎也。異時顏子嘗問為邦矣，夫子告之以夏時、殷輅、周冕、韶舞四代之禮樂，皆帝王經綸制作之大者，非其得於探討之素，何以能領悟於一問之餘，則其博文之實可知矣。又嘗問仁矣，而夫子告之以"克己復禮"之目，在於"非禮勿視聽言動"，而回也，即請事斯語，直以為已任而無疑，則其約禮之實，可知矣。學者用力之地，要在恢拓弘大，以致其博文之功，持守收斂，以極其約禮之趣。則氣質之昏，不得以蔽其清明；物欲之累，不得以屈其志操，而顏子之樂真可尋矣。顏子之樂可尋,則孔子之樂,亦不殊心而得矣。孔顏之樂在我,則知周子之胷中灑落,如光風霽月者,此樂也。"牕前草木不除去,與自家意思一般"者,亦此樂也。程子之再見周子,而吟風弄月以歸,有吾與點也之氣象者,此樂也。從容靜觀萬物之自得,而與四時之佳興同焉者,亦此樂也。周子以此樂,而付之程子,程子復以此樂,而望之後學,此樂之在人心,得於降衷,根於秉彝,不為孔、顏、周、程而有餘,不為後學而不足,誠能尋而得之,則處乎天地之間,而仰無所愧,俯無所怍,心廣體胖,晬面盎背,素富貴而行乎富貴,素貧賤而行乎貧賤,素夷狄而行乎夷狄,素患難而行乎患難,果何往而非樂地也哉!故士不博文,而局知識於卑汙蹇淺之中者,不足以尋此樂。士不約禮,而肆軀殼於規矩準繩之外者,不足以尋此樂,是謂自棄於孔、顏、周、程之教者也。凡我士友之共學於斯堂者,其亦反之於身,而勉之以仰稱明師帥,所以拳拳於世道,人材作興之盛心也哉。(周木本)

愛蓮說

水陸草木之花,可愛者甚蕃。晉陶淵明獨愛菊,自李唐來,世人盛愛牡丹。予獨愛蓮之出淤泥而不染,濯清漣而不妖。中通外直,不蔓不枝,香遠益清,亭亭淨植,可遠觀不可褻玩焉。予謂菊,花之隱逸者也;牡丹,花之富貴者也;蓮,花之君子者也。噫!菊之愛,陶後鮮有聞;蓮之愛,同予者何人?牡丹之愛,宜乎衆矣。

春陵周惇實撰,四明沈希顏書,太原王博篆額,嘉祐八年五月十五日,江東錢拓上石。

書濂溪先生《愛蓮說》後　　宋　朱熹

右《愛蓮說》一篇,濂溪先生之所作也。先生嘗以"愛蓮"名其居之堂,而為是說以刻焉。熹得竊聞而伏讀之有年矣。屬來守南康郡,實先生故治。然寇亂之餘,訪其遺跡,雖壁記文書一無在者,熹竊懼焉。既與博士弟子立祠於學,又刻先生像、《太極圖》於石,《通書》遺文於版。會先生曾孫直卿來自九江,以此說之墨本為贈,乃復寓其名於後圃

臨池之館，而刻其說置壁間。庶幾先生之心之德來者，有以觀考焉。淳熙已亥秋八月甲午，朱熹謹書。(周木本)

養心亭說

孟子曰："養心莫善於寡欲。其為人也寡欲，雖有不存焉者，寡矣；其為人也多欲，雖有存焉者，寡矣。"予謂養心不止於寡焉而存耳，蓋寡焉以至於無，無則誠立明通。誠立，賢也；明通，聖也。是聖賢非性生，必養心而至之。養心之善，有大焉如此，存乎其人而已。

張子宗範有行有文，其居，背山而面水。山之麓，構亭甚清淨。予偶至而愛之，因題曰"養心"。既謝，且求說，故書以勉。

書濂溪先生《養心亭說》後　　宋　朱熹　度正

朱文公云："誠立，謂實體安固；明通，則實用流行。立，如三十而立之立，通則不惑，知命而鄉乎耳順矣。"

度性善記云：按吾鄉前輩《何平仲詩集》有《贈周茂叔詩》，又有《聞周茂叔中年有子，以詩賀之》。又有《題張氏養心亭》詩，又有《留題養心亭》詩，又有《題茂叔拙賦》，又《和劉職方遊張氏園亭》詩，首句云："此地吾鄉境。"味此言然後知張子宗範者，乃吾鄉士也。今觀濂溪《養心亭說》，自言"偶至其亭，愛之，遂為題此名"，且稱其人有行有文，又語之以聖學之要，其為濂溪與進如此，張子之賢不問而可知也。惜乎其事業不見於當時所為張氏園亭者，今已湮廢，不復可考，當訪其子孫及鄉之父老，問其遺基所在，使好事者葺之，而置先生祠其中，以為吾鄉故事云。嘉定十六年十二月十一日記。(周木本)

拙　賦

或謂予曰："人謂子拙。"予曰："巧，竊所恥也，且患世多巧也。"喜而賦之："巧者言，拙者默；巧者勞，拙者逸；巧者賊，拙者德；巧者凶，拙者吉。嗚呼！天下拙，刑政徹。上安下順，風清弊絕。"

碧落石汝礪書篆。

書濂溪先生《拙賦》後　　宋　朱熹

右濂溪先生所為賦一篇，聞之于其曾孫直卿，云近歲耕者得之溪上之田間，已斷裂，然尚可讀也。熹惟此邦雖陋，然往歲先生嘗辱臨之，乃闢江東道院之西室，榜以"拙齋"而刻置焉，既以自警，且以告後之君子，俾無蹈先生之所恥者，以病其民云。淳熙己亥秋八月辛丑朱熹謹記。(周木本)

顯鶴謹案，《通志·金石門》引《格古要論》云："《拙賦》，周子作，浚儀向子廓隸書，宋淳熙趙師俠刻於郡丞廳，後有跋，碑在道州用拙堂。"又引潛研堂《金石目錄》云："濂溪先生《拙賦》八分書。淳熙戊申重午，刻有趙師俠跋正書，以朱子淳熙己亥守南康書，後推之是《拙賦》。在宋時江西有兩刻，蓋已亥乃淳熙之六年，戊申則十五年也。湖南道州之刻當又在先，以《拙賦》作於通判永州時也。今道州用拙堂濂溪拙賦碑，亦八分書。"《通志》引《古泉山館》，謂以《格古要論》考之，當是向子廓書，而無姓名，及刻碑年月或後人重刻，而近刻《濂溪志·拙賦》後，又有"碧落石汝礪書篆"七字，未識何云也。(鄧顯鶴本)

吉州彭推官詩序

惇實慶曆初為洪州分寧縣主簿，被外臺檄，承乏袁州廬溪鎮市征之局。局鮮事，袁之進士多來講學於公齋，因談及今朝江左律詩之工。坐間，誦吉州彭推官篇者六七人，其句字信乎能覷天巧而膾炙人口矣。俄聞分寧新邑宰上未踰月，而才明之譽已飛數百里。有謂惇實曰："邑宰太博寺永，即嚮所誦之詩推官之子也。吉與袁鄰郡，父兄輩皆識推官，第為善內樂，殊忘官之高卑，齒之壯老，以至於沒。其慶將發於是乎！惇實故又知推官之德。暨還邑局，聞推官之詩益多，亦能記誦不忘。

十五年，而太博為刑部郎中直史館、益州路轉運使。惇實自南昌知縣就移僉署巴川郡判官廳公事。益、梓鄰路也。泝流赴局，過渝州，越三舍，接巴川境。間有溫泉寺，艤舟遊覽。忽覩榜詩，乃推官之作。喜豁讀訖，録本納于轉運公。公復書重謝，且曰：“願刻一石，若蒙継以短序，尤荷厚意。”故序於詩後，而命工刻石，置寺之堂焉。實嘉祐二年正月十五日云。承奉郎守太子中舍僉署合州軍事判官廳公事周惇實撰。

宿崇聖[①]

公程無暇日，暫得宿清幽。始覺空門客，不生浮世愁。

溫泉喧古洞，晚磬度危樓。徹曉都忘寐，心疑在沃州。（胥從化本）

度性善跋　　宋　度正

濂溪雅好佳山水，復喜吟詠。吾鄉北巖釣魚，巴岳龍多，皆其勝處，意其當時經行所賦所題，必有存者。每至其處，從容搜訪，不復可得。嘉定十二年冬，邸吏報至正，蒙恩知重慶軍府事，於是溫泉寺僧於過道得片石，髣髴若有字畫者，拂拭之，見其姓名曰“新史君”。每誦說濂溪先生，此其筆蹟耶！則以告吾友羅堅甫，堅甫以告時，正方集濂溪遺文，且脩其年譜，得之喜甚。此序乃濂溪自述其平日所歷，比其他所記最為詳備。濂溪初仕時，年方踰冠，從而講學者已如此，亦足見其聞道之甚早也。謹按明道十四五、伊川十三四從濂溪問學，遂厭科舉，慨然有求道之志，其後推官之子，一見明道，歎其老成，遂以女妻之，其講聞之蓋有所自矣。推官以其子貴，贈尚書，濂溪既盛稱其詩，而明道亦謂其治經術，以能詩名世，慷慨有大節，仕不得志，未老而以東宮官退居，二先生所推如此，然正閱百家詩選，及江西宗派皆無之。嗚呼！前輩遠矣，後生日趨於文貴華而賤實，遂使大雅清風之作日以湮晦，可勝歎哉！正恐此刻躝籍之餘，久而漫滅，遂摹刻二石，一置郡齊，一置濂溪祠堂，以示吾黨之士。十四年四月十二日，後學巴川度正記。（周木本）

---

① 本篇周木本作者題為“彭應求”，宋刻本、鄧顯鶴本、周誥本亦持此見。李楨本、李嵊慈本、吳大鎔本作者與胥從化本同。

邵州新遷學釋萊祝文

維治平五年歲次戊申正月甲戌朔三日丙子，朝奉郎尚書駕部員外郎通判永州軍州，兼管内勸農事，權發遣邵州軍州事，上騎都尉賜緋魚袋周惇頤敢昭告于先聖至聖文宣王：

惟夫子道德高厚，教化無窮，實與天地參而四時同，上自國都，下及州縣，通立廟貌，州守縣令，春秋釋奠。雖天子之尊，入廟肅躬行禮，其重誠與天地參焉。儒衣冠、學道業者，列室於廟中，朝夕目瞻睟容，心慕至德，日蘊月積，幾于顏氏之子者有之，得其位，施其道，澤及生民者代有之，然則夫子之宫可忽歟？而邵置於惡地，招于牙門，左獄右庚，穢喧歷年，惇頤攝守州符，嘗拜堂下，惕汗流背，起而議遷，得地東南，高明協卜，用舊增新，不日成就。彩章冕服，儼坐有序，諸生既集率僚告成，謹以禮幣藻齊，式陳明薦。以兗國公顏子配。尚饗。

附邵州新迁州學記　　宋　孔延之

先王知天下之士不可不養，常欲濬其淵源，培其根本，故不憚為之高堂大室，以便其講習。爼豆詩書，以實其内。清池修梁，以環其外。大抵欲後進之士得以優遊燕息，專其思慮，成文武之才，就道德之實，故曰處士就閒燕，此之謂也。三代之時，學校最盛，故其政理風化，後世莫及。兩漢以來，雖亂多治少，然歷千餘載，而理義綱紀未至息滅者，以夫學校猶有存焉。宋承五代兵火之後，補苴漏缺，剪鋤荒穢，至于百年，民大休息。慶曆中，詔天下郡縣皆得立學，而守令不能揚德音、廣上意，因循故習以至於復壞，其後有能奮然興之者，鮮矣。何先王之所重，而時人輕之甚也。其弊在不知道德之所由出，風化之所由成，故爾非好古不倦者，安能汲汲於此！

吾友周君惇頤茂叔，以駕部員外郎通判永州來攝邵事，患其學舍弊隘，乃擇地于牙門之東南，因故學之材徙而新之。郡民悅喜，荷鍤簞食來助其役，逾月而成。有殿以事先聖，有堂以集諸生。栖士有齋，藏書有閣。遠而望之，儼乎其可觀而法也。卽而趨之，靚乎其可居而樂也。

於是邵之士交相告語，其各奮勵修飭，以無負吾周侯教育之意，而為鄉間之羞。

嗚呼！邵雖小邦，然亦古荊楚之地。左氏所謂梗楠杞梓，名卿之材多由楚出。夫豈無豪俊之士可束帶而立於朝廷者耶？然而近歲未有顯者，非士之罪，乃教化之不素也。今周君能知先王之本務，而勇於敢為，邵之士能知周君之用心，而銳於進學，吾將見才冠天下、名聞京師者，多邵人也，惟在勉之而已。

周君好學博通，言行、政事皆本之六經，考之《孟子》，故其所施設卓卓如此。異時《宋史》書周君之善，以為後世法，未必不以邵學為先。延之既聞命，遂為之記。治平五年正月三日也。（周木本）

告先師文

敢昭告于先師兗國公顏子：爰以遷修廟學成，恭修釋菜于先聖至聖文宣王。惟子睿性通微，實幾於聖。明誠道確，夫子稱賢。謹以禮幣藻齋，式陳明獻，從祀配神。尚饗！

書舂陵門扉

有風還自掩，無事晝常關。開闔從方便，乾坤在此間。

《南軒先生語錄》中一條，或於舂陵舊門扉上得一詩云云，先生詠之曰“此濂溪詩也”。

書堂

元子溪曰瀼，詩傳到于今。此俗良易化，不欺顧相欽。
廬山我久愛，買田山之陰。田間有流水，清泚出山心。
山心無塵土，白石磷磷沈。潺湲来數里，到此澄澄深。
有龍不可測，岸竹寒森森。書堂構其上，隱几看雲岑。
倚梧或欹枕，風月盈中襟。或吟或冥默，或酒或鳴琴。

數十黃卷軸，賢聖談無音。牕前即疇圃，圃外桑麻林。
千蔬可卒歲，絹布足衣衾。飽煖大富貴，康寧無價金。
吾樂盖易足，名溪朝暮侵。元子與周子，相邀風月尋。

思歸舊隱

靜思歸舊隱，日出半山明。醉榻雲籠潤，吟窻瀑瀉清。
閑方為達士，忙只是勞生。朝市誰頭白，車輪未曉鳴。

夜雨書窻

秋風拂盡熱，半夜雨淋漓。遠屋是芭蕉，一枕萬響圍。恰似釣魚船，
蓬底睡覺時。
舊隱濂溪上，思歸復思歸。釣魚船好睡，寵辱不相隨。肯為爵祿重，
白髮猶羈縻。①

石塘橋晚釣

濂溪溪上釣②，思歸復思歸。釣魚船好睡，寵辱不相隨。肯為爵祿
重，白髮猶羈縻。（周木本）

贈虞部員外郎譚公昉致仕

清時望郎貴，白首故鄉歸。有子紆藍綬，將孫着綵衣。
松喬新道院，鶴老舊漁磯。知止自高德，寧為遁者肥。

---

①　本首詩宋刻本後六句與下一首《石塘橋晚釣》大致相同。周木本、胥從化本、李嵊慈
本、李楨本、吳大鎔本、周誥本前六句作《夜雨書窻》，後六句皆作《石塘橋晚釣》，可參校。
②　本句周木本作："舊隱溪濂上。"

天　池

斯須暮雲合，白日無餘暉。金波從地湧，寶燄穿林飛。
僧言自雄誇，俗駭無因依。安知本地靈，發見隨天機。（胥從化本）

治平乙巳暮春十四日同宋復古
遊山巔至大林寺書四十字

三月山房暖，林花互照明。路盤層頂上，人在半空行。
水色雲含白，禽聲谷應清。天風拂巾袂，縹緲覺身輕。

題浩然閣

劉侯戴武弁，政則心吾儒。士茂先興學，子賢勤讀書。
猷為莫不善，才力蓋有餘。西北方求帥，浩然寧久居。

題寇順之道院壁

一日復一日，一杯復一杯。青山無限好，俗客不曾來。
徃事已如此，朱顏安在哉。寄語地上客，歷亂竟誰催。

憶江西提刑何仲容

蘭自香為友，松何枯向春。榮來天澤重，歿去繡衣新。
畫作百年夢，終歸一窖塵。痛心雙淚下，無復見賢人。

劍　門①

劍立溪峯信險深，吾皇大道正天心。百年外戶都無閉，空有關名點貢琛。

---

① 宋刻本此處注云："出劉禹卿集，劍門銘詩集。"

春　晚

花落柴門掩夕暉，昏鴉數點倚林飛。吟餘小立闌干外，遙見樵漁一路歸。(周譜本)

按部至潮州題大顛堂壁

退之自謂如夫子，《原道》深排釋老非。不識大顛何似者，數書珍重更留衣。

按部至春州

按部廣東經數郡，若言嵐瘴更無春。度山煙鎖埋清晝，為國天終護吉人。

萬里詔音頒降下，一方恩惠盡均勻。丈夫才略逢時展，倉廩皆無亟冨民。

牧　童

東風放牧出長坡，誰識阿童樂趣多。歸路轉鞭牛背上，笛聲吹老太平歌。(周譜本)

暮春即事

雙雙瓦雀行書案，點點楊花入硯池。閒坐小窗讀《周易》，不知春去幾多時。(周譜本)

觀易象

書房兀坐萬機休，日暖風和草色幽。誰道二千年遠事，而今只在眼睛頭。（周譜本）

游山上一道觀三佛寺

琳宮金刹接峯巒，一徑潛通竹樹寒。是處塵勞皆可息，時清終未忍辭官。

附費令詩　　宋　費琦

巖扉相望路紆盤，杉桂風高夏亦寒。遊遍陡忘名宦意，恨無生計可休官。（宋刻本）

行縣至雩都，邀餘杭錢建侯拓四明 沈幾聖希顏同游羅巖①

聞有山巖即去尋，亦躋雲外入松陰。雖然未是洞中境，且異人間名利心。

題惠州羅浮山

紅塵白日無閑人，況有魚緋繫此身。闕上羅浮閑送目，浩然心意復吾真。

---

① 宋刻本此處注云："嘉祐八年五月七日刻石。"

題酆都觀三首刻石觀中

仙都觀

山盤江上虯龍活，殿倚雲中洞府深。欽想真風杳何在，偃松喬柏共蕭森。

讀英真君丹訣

始觀丹訣信希夷，蓋得陰陽造化機。子自母生能致主，精神合後更知微。

宿山房

久厭塵坌樂靜元，俸微猶乏買山錢。徘徊真境不能去，且寄雲房一榻眠。

書仙臺觀壁

先生在合陽沿外臺檄，按，臨赤水縣簿書與將士郎赤水令費琦游龍多唱和八首。

到官處處須尋勝，惟此合陽無勝尋。赤水有山仙甚古，躋攀聊足到官心。

附費令琦詩　　宋　費琦

先生舊隱寄煙岑，丹竈仙臺暫訪尋（觀有馮蓋羅爐竈在）。自歎不如雞犬幸，偶霑靈藥換凡心。（宋刻本）

喜同費長官遊

尋山尋水侶尤難，愛利愛名心少閑。此亦有君吾甚樂，不辭高遠共躋攀。

附費令詩　　宋　費琦

平生癖愛林泉處，名利縈人未許閑。不是儒流霽風采，登山遊騎恐難攀。（君沿外臺牒請臨，按本邑簿書）（宋刻本）

和費君樂遊山之什

雲樹巖泉景盡奇，登臨深恨訪尋遲。長棲未得於何記，猶有君能雅和詩。

呈謝簽判殿丞寵示遊山之什　　宋　費琦

夫君落筆盡珠璣，不比相如意思遲（君只與肩輿往還，遂成三章，其俊敏如此）。從此合陽湏紙貴，夜來新有愛山詩。（宋刻本）

附李悅齊跋　　宋　李㙦

㙦乙酉歲曾游龍多，愛其幽勝，獨恨山衷未有。建炎紹興以前，諸賢題詠。今聞同年友戎監周卿嘗屬，其鄉士趙飛鳳訪求，飛鳳為梯空陟險，至高崖危嶝、斗絕荒阻之間，乃得濂溪周元公與令君費琦唱酬詩八首。實嘉祐五年正月，所刻苔蘚剝蝕，嵐霧蒙翳，飛鳳洗剔除治，幸字畫未至刓缺，然猶謂向刻石處，人迹罕到，今雖刮磨表出之，恐久仍復埋廢，乃別伐石屬㙦大書，刻之鷲臺寺，俾來游者，皆得縱觀，豈但增茲山之重，又以興起士俗賢賢之心，於世道不為無補。紹定庚寅春分日眉山李㙦題。（宋刻本）

江上別石郎中

葉落蟬声古渡頭，渡頭人擁欲行舟。別離情似長江水，遠亦随公日夜流。

萬安香城寺別虔守趙公

公暇頻陪塵外遊，朝天仍淂送行舟。軒車更共入山脚，旌旆且從留渡頭。精舍泉聲清瀰瀰，高林雲色淡悠悠。談終道奧愁言去，明日瞻思上郡楼。

附清獻和詩　宋　趙清獻

顧我入趨堯闕去，煩君出餞贛江頭。更逢蕭寺千山好，不惜蘭船一日留。清極到來無俗語，道通何處有離憂。分携豈用驚南北，水闊風高萬木秋。

別本云："清獻自虔州赴召，舟至造口，同游香林寺，石刻可考《大成集》。以為萬安香城，非也。"（宋刻本）

同石守遊山

朝市誰知世外遊，杉松影裏入吟幽。爭名逐利千繩縛，度水登山萬事休。野鳥不驚如得伴，白雲無語似相留。傍人莫笑凭欄久，為戀林居作退謀。

任所寄鄉関故舊

老子生来骨性寒，宦情不改舊儒酸。停盃厭飲香醪味，舉筯常餐淡菜盤。事冗不知筋力倦，官清赢得夢魂安。故人欲問吾何況，為道舂陵只一般。（胥從化本）

與二十六叔等手帖

惇頤啟：孟秋猶熱，伏惟二十六叔、三十一叔、諸叔母、諸兄長尊體起居萬福。

周興來，知安樂，喜無盡。惇頤守官於外，與新婦幸如常，不勞憂念。來春歸鄉即遂拜侍。未間伏望順時倍加保愛，不備。姪男惇頤狀拜上二十六叔、三十一叔、諸叔母、諸兄長座前。七月六日夜。諸弟、諸姪安樂。好將息！好將息！

與仲章姪手帖

仲章：夏熱，計新婦男女安健。我此中與叔母、季老、通老、韓姐、善善以下並安。

近遞中得先公加贈官誥，贈諫議大夫，家門幸事。汝備酒果香茶詣墳前告聞先公諫議也。未相見，千萬好將息，不具。叔頤付仲章，六月十四日。

諸處書，立使周一父子送去。叔母、韓姐傳語：汝與新婦、姪女、侄兒各計安，好將息！將息！百一、百二附兄嫂起居之問，善善與新婦安安安。汝切不得來，不得來。周三翁夫妻安否？周一父子看守墳塋小心否？周幼二安否？如何也？

顯鶴案，此帖作於治平四年六月十四日，仲章先生史礦之子，其時神宗登極恩，先生遷朝奉郎尚書駕部員外郎，加贈先公諫議大夫，故云家門幸事也，周一即看守墓田之周興，興已有子，故云周一父子，看守墳小心否也。（鄧顯鶴本）

與仲章姪手帖跋　　宋　鄒勇

先生之文章傳於世者，有《通書》遺文，唯其字畫人無識之者。乾道七年十月，勇來舂陵，訪先生遺跡，久而後得此於諸生胡元鼎之家，嘗以墓誌及家譜考之。先生始名惇實，避英宗舊諱，改惇頤。仲章其猶子名也，當先生之世，朝廷所以褒贈其先人者，止於諫議大夫。前帖之名，蓋其未避諱之時，而與猶子書，豈先生季年為嶺南使者，與守南康時耶？辭氣溫厲，讀之如見其人，敬刻之石，植之祠前，祠舊在郡學稽古閣，往來者莫之見，無以感發，於是遷于敷教堂云。淳熙二年正月日迪功郎道州州學教授昭武鄒勇謹書。（宋刻本）

與仲章姪手帖跋　　宋　張栻

栻來桂林，邇先生之鄉，因其鄉之士何士先來訪，屬以尋訪先生舊蹟，已而胡良輔者持二帖及周氏家譜石刻來，良輔，先生姻族也。按石刻，先生皇考諱輔成，任賀州桂嶺縣令，累贈諫議大夫，葬道州營道縣營樂鄉鍾樂里樓田，生二子，長曰礪，礪之子仲章，第二帖所寄是也。次即先生。石刻又載，濂溪隱居在其鄉石塘橋西，蓋舊有此名。先生晚築廬山之下，有溪焉，因亦以名之，示不忘其本之意。良輔云："父老相傳，尚能道先生此意也。"栻不佞，竊誦習先生之言行，蚤歲獲拜遺像，今又得心畫而實藏之。慕仰涵泳，不勝拳拳，敢敬書左方，刻石桂林學官，與學者共焉。淳熙三年月日張栻。(宋刻本)

回謁鄉官昌州司錄黃君慶牒

承奉郎守太子中允、簽書合州判官廳公事周惇實，右某謹祇候謝都曹員外，伏聽處分。件狀如前，謹牒。嘉祐元年十一月　日具位某牒。

與傅耆伯成書

惇實頓首傅君茂才足下：昨日飯會上草草致書，不識已達否？日惟履用休適。惇實自春來，郡事併多，又新守將至，諸要備辦。稍有一日空暇，則或過客，或節辰，或不時聚會。每會必作詩，雅則雅矣，形勞神瘁。故尚未有意思為足下作策問，勿訝勿訝！

遂州平紋紗輕細者，此中人喚作漫（去聲）紗，染得好皂者，告買一疋，自要作夏衫。并買栟蒲、綾袴段二箇。碎事煩聒，愧悚愧悚！急遣人探新守次，走筆不謹。暄燠加愛，不宣。惇實頓首傅君茂才足下，三月四日。

附傅耆書　　宋　傅耆

云：耆啟微陽復來，君子道長，恭惟茂對。穀旦多集，繁禧欣扶。

昨辱急步至傳誨筆，且審公餘起居百福，對君尊候康寧，蓋執事以濟衆為懷，神所勞賚，故得高士與施至術，而心朋遠寓名方，豈不盛哉！賤子聞之，弗勝喜蹈，又得知陸丞沿流，一無驚憂，平達荆渚。良辰計至，輦轂欣躍之至，弗可勝既，惟未克趨見增鬱耳，伏計為國自重。

又書云：耆再拜，邇者石照公皁回嘗具短書，少致敘謝之懇，諒已塵清視。日來恭惟郡政多暇，尊候萬福。耆居里中亦常式，但違遠高賢，倐已浹日，鄙吝之懷，又復萌芽矣。所幸曩接高論，固多餘意。行思坐誦，黙有所得，俾不遂溺於時習，而失於古道也，然必待再卜，言侍以卒其業焉。

又書云：宮舍明公執事，兩旬不偶便翼，弗克上記，可量傾想。兵卒至，忽捧來教，且幸聞公介萬福，得聞封君雅候甚平。復又得聞陸丞已抵荆渚，諸況安吉。又得聞短序有疎脫處，是皆可喜事，感刻感刻。兼承寵示《說妒》，意遠而不迂，詞簡而有法，以之雜於《元次山集》中，能文之士觀之，亦不能辨其孰周而孰元也。若耆小子，屢得觀雄文，以為模範，豈非幸之大乎！唱和詩《濟川集》皆已寫訖，欲於此卒回附上，却慮不能護。惜計非遠，必有急足來，即得拜納也。前所告者二集，因便切希借示。萬祝萬祝，霜寒加甚，伏冀為國自重。(宋刻本)

傅耆答盧次山書　　宋　傅耆

云：茂叔《妒說》，竊謂以之雜元結集中，俾識者觀之，不能辨其孰周而孰元。來論以謂辭淳義密，如軻之文，真知言也。

又書云：惟識中下，又為時事所役，不克專一於道。日來復多作雕刻無益之詞，以混吾常習。嗚呼！其不得已也。忽捧執事誨筆，副以二何詩集，且喜且讀，併釋煩悶，若盛暑沃冰雪，何快如之。又聞邇辰甚多詩章新吟，以匆遽未暇寫示，彌益思念。後訊切希借睨，以為規範，則後進生之懷抱，愈有所開發矣。獻歲發春，恭惟云云。

又書云：耆頓首再拜。去歲季秋，邵陽遞筒傳及執事教墨，發而伏讀，詞與意厚。雖在數千里外，若奉高標大論，其欣快何如哉？又蒙寄睨《同人說》，徐展熟讀，較以舊本改易數字，皆人意所不到處，宜乎使人宗師仰慕之不暇也。歲且春矣，恭惟貳政窮經之餘，起居萬福。

耆兹粗如，老幼幸無恙。惟是書策筆硯，不敢少輟，但寡師友磨之耳。濂溪詩文，皆當世名公所為，自顧頑鈍，未敢措手。或時強為，皆未能脫俗氣，故遲疑蓄縮，久而未敢塵聽也。又聞陵陽韓識方為代中，前來漢嘉求船，計必如期南下，伏想知悉，西南相邇，未涯趨拜，益冀為宗社自壽。按《傅氏家集》，濂溪在吾州，嘗以《說姤》示之，其後在零陵，又以所改《同人說》寄之，二說即所謂《易通》者，今不載於《通書》。（宋刻本）

賀傅伯成手謁

從表殿中丞、前合州從事周惇實，專謁賀新恩先輩傅弟。三月十二日手謁。

賀傅伯成手謁跋　　宋　度正

濂溪以嘉祐元年為君吾州僉判，至五年六月九日解去，越明年，從遊之士，遂寧傅耆登進士第，相遇京師。是歲唱名在三月癸巳十三日。濂溪徃賀之，蓋釋褐之三日耳。按傅氏家集，濂溪在吾州，嘗以《姤說》示之，其後在零陵，又寄所改《同人說》，二說當即所謂《易通》者。徃時晦菴先生書正所藏《伊川手狀》有曰：“濂溪遺迹，計其族姻閭里間，必有存者。”後書又曰：“濂溪文字更曾訪問得否？”先生拳拳之意，冀欲得《易說》，以補《通書》之遺，傳之後世，而歲月深遠，不可復得。未幾，而先生亦已易簀矣。然正平日所以聞諸先生者，則何敢忘也。項自嘉定還成都寓，於二程祠堂之右塾，偶得此紙，及明道、伊川書各一，伊川筆蹟宛如前帖，明道以蜀牋作小簡漫滅者數字，先生所以丁寧於正者，雖不止是，然斯文之傳三君子者，實啟發之。盤盂几杖，尚不可忽，而况於心畫之微乎。嘉定十三年八月日，後學樂活度正謹書于重慶之郡齊。（宋刻本）

顯鶴案，《金石粹編》云，書譜引《魏鶴山集》稱濂溪先生帖遂寧傅氏藏，則周子有書名也云云。今案傅氏所藏，即此帖也。（鄧顯鶴本）

慰李大臨才元書

惇實頓首：變故不常，竊審尊夫人太君奄棄榮養，伏惟號天永慕，難以勝處。罔極奈何！孝思奈何！敢冀節哀，以從中制，卑情不任苦痛之至，謹奉疏以慰。不宣，謹疏。四月 日，汝南周惇實疏上。

東林寺題名

周惇實茂叔、余從周元禮、孫儼安禮、王深之長源、沈遁睿達、樂岳惟嶽，嘉祐庚子十月二十一日相會東林寺。

含暉洞題名

周惇頤携二子壽、燾，歸舂陵展墓，三月六日與鄰人蔣瓘、區有鄰、歐陽麗、理掾陳賡同遊含暉洞。治平四年。

顯鶴按，《濂溪志》云後蔣瓘仕至朝議大夫，區有鄰仕至大理寺丞。
（鄧顯鶴本）

澹山巖扃題名

尚書都官郎中知軍州事陳藻君章、尚書虞部員外郎通判軍州事周惇頤茂叔、郡從事項隨持正、零陵令梁宏巨卿同遊。治平三年四月六日題。
（正書八行）（鄧顯鶴本）

澹山巖題名

比部員外郎通判永州軍州事周惇頤茂叔治平四年一月一日沿牒歸舂陵鄉里展墓，三月十三日廻至澹山巖，將家人輩偕遊，姪立、男壽、燾、姪孫蕃侍。（鄧顯鶴本）

顯鶴案，潛研堂《金石跋》尾云："右周茂叔題名在永州澹山巖，其文凡七行五十四字。"今案，《濂溪志》所載，缺略大甚，今以拓本校之，實五十六字，潛研堂所云，可補史之缺，不誣也。（鄧顯鶴本）

澹山巖重題名

尚書比部郎中知軍州事鞠拯道濟、尚書比部員外郎通判軍州事周惇頤茂叔、軍事推官項隨、前錄事參軍劉璞、零陵令梁宏、司法參軍李茂宗、縣尉周均，治平四年三月十四日同遊永州澹山巖。

顯鶴案，先生澹山巖題名有二刻，先日從營道囘永州，將家人輩偕遊。次日鞠拯、項隨諸人同來，復偕遊均題名刻石，四年四月十三、十四兩日事也，五月七日來權邵守，同家屬去永州百里，過洪陵寺遊九龍巖，題名刻石未見拓本。（鄧顯鶴本）

朝陽巖題名

荊湖南路提點刑獄公子尚書職方郎中程濬治之、尚書虞部郎中知軍州事鞠丞道濟、尚書比部員外郎通判軍州事周惇頤茂叔，治平三年十二月十二日同遊永州朝陽洞。（正書五行）（鄧顯鶴本）

華巖巖題名

荊湖南路轉運判官沈紳公儀、尚書虞部郎中知軍州事鞠丞道濟、尚書比部員外郎通判軍州事周惇頤茂叔，治平四年正月九日同遊永州華巖巖。（鄧顯鶴本）

連州城西大雲巖畱題

轉運判官尚書駕部員外郎周惇頤茂叔、尚書屯田郎中知軍州事何延世懋之，熙寧元年十二月十六日同遊。

德慶府三洲巖留題

濂溪周惇頤茂叔熙寧元年季冬二十六日遊。(周譜本)

肇慶府星巖留題

轉運判官周惇頤茂叔熙寧二年正月七日遊。

附蔣檗巴東龍昌洞行記　　宋　蔣檗

循瀼而上，有溪湛然者，龍昌也，舟行逾百步，而山呀然者，溪口也，繇溪口北行數十步，漸見幽洞然，一碧水激而溪深，長崖如截，高數百丈，聳然而對峙者，龍昌之勝勢也。扁舟夷猶迤邐而深靜，忽然飛煙散空，屑玉而亂下者，峯端之飛泉也。有巖如刳，有石如乳，中可藏舟而不知風雨者，溪間之怪壁也，山廻水轉，或掩或絕，偃而望之則別在乎一天，直而面之則不知其所之。游者皆曰"茲境盡矣"！已而少行，試窮其源，又縈紆盤屈，徐適一二，曲折恍然，嶔崖若闕，迎舟而通，益見溪山函束澄湛秀拔，層巒怪峯下鑑淵底，銳者螺者，若踦若紆，又得其氣象淒爽，常若秋至，澗草、岩花、異卉，鬬發龍潭，湮深雷電，晝伏是時，予與游者浩然而觸覺其身在太虛之上，而不知其飲之多也。然亦恐其過清不可久居，乃移舟疾行，將窮而後歸，又視其前，則有物若我，留而與游人有意，而情甚相樂者，時《復卦》猿飛雉飲，啄而上下，游鱐水鳥出沒於前後，葆蓋嘉樹，可蔭可息，又使人愛而不能去者也。外游者之樂，自溪口至此凡十餘里，其千怪萬象，嗟予不可得而狀也。須臾，樂鳴嘔啞漸出，平曠竹林，陰翳隱然而窮者佛寺也，此龍昌之大檗也。予與遊者愛賞不已，既而嘆曰："大凡山水之嘉，非造物者昔嘗著意於其間，則不能如此奇且怪也。此固神工有私於茲境矣！"惜乎生不得其地而埋沒已久，不為人所知爾，予舊嘗閱桃源圖，有漁者颺舟而來，類於今之游龍昌，但無樓屈仙人，霞裾飄然，俯蟠桃，飲嘉客而已。然而異世荒誕之說，予固未可知，其必勝也，亦欲寫為龍昌圖，將傳於中州，以示喜異者，然恐舉畫者之手必不能得其一二，自然以此，故不必畫也。昔柳子厚頗愛永之鈷鉧潭，嘗曰：“孰使予樂居夷而忘故土者，非茲潭歟？”故予為縣於此，月嘗醉而遊者以三四自視，愛而不知已，猶恐其往之不密，故未始以為勤也，其居蠻而樂者亦以此溪矣。予嘗客夷陵，屢遊元、白所謂三游洞者，梯崖蹬險僅至其下，未見其所以為勝。若以吾之龍昌，山奇水麗，一洞十里，可以浮舟去來，如在乎畫圖之中，以校其幽深偉絕，則嫫母之與西子矣，使元、白昔日知吾龍昌之勝，必不肯以此易彼。此溪常漲與盛夏，予之游，實在於六月，其與之游者：洪崖彭德純、舂陵周茂叔二子，皆有泉石之趣。是行也，與予為三，僅輒厚自誇大，亦命之為三游洞。蓋山水之洞非石洞也，後來者或不見賞猶當俟於後來者。昔游在至和二年，後二年夏五月廬陵蔣槩記。（此先生赴合陽簽判任時，泝峽至秭歸，聞龍昌之勝，與廬陵蔣槩、洪崖彭德純同遊，蔣槩為之記，因附載行記之後）（周木本）

濂溪志新編卷之六

诸儒论斷志

子輿氏論道統之傳曰，由堯、舜、禹、湯、文王以至孔子，大約歷五百餘歲，其中絕續之會，或見而知之，或聞而知之。乃《春秋傳》又曰："立乎定、哀，以指隱、桓。"所見異詞，所聞異詞，所傳聞異詞，二者未知所取衷焉。夫《春秋》之作，游夏莫贊非不能贊也，孔子之筆削，游夏無所庸其贊焉爾。而顏、閔之賢，則善言德行豈非見而知之者耶？周子生後孟子，相去千有餘年，仁義、中正之旨直接薪傳。二程受業周子，語言氣象親承函丈。"吾與點也"之意，極盡其形容矣。子朱子受業程子，發明圖書表裏；洞達如萍鄉胡氏，又受業於朱子者，宜其言之親切，為後世尊崇、表章者之所宗師也。其他或見或聞，立言各有所本，夫豈世遠人湮而傳聞之異詞者耶？志《諸儒論斷第五》。（吳大鎔本）

議　　論[1]

山谷黃氏曰："茂叔人品甚高，胸中灑落，如光風霽月。好讀書，雅意林壑。初不為人窘束。短於取名而樂於求志，薄於徼福而厚於得民，菲於奉身而燕及婢孥，陋於希世，而尚友千古。"

明道程子曰："昔受學於周茂叔，每令尋仲尼、顏子樂處，所樂何事。"

又曰："自再見茂叔後，吟風弄月以歸，有'吾與點也'之意。"

---

[1]　《諸儒議論》一節中未註明出處者，均選自李楨本。

又曰：“茂叔牕前草不除，問之，云：‘與自家意思一般’。”

又曰：“顥年十六七時，好田獵，既而自謂已無此好。茂叔曰：‘何言之易也，但此心潛隱未發。一日萌動，復如初矣。’後十二年暮歸，在田野間見獵者，不覺有喜心，乃知果未也。”

伊川作《明道行狀》，曰：“先生自十五六時，聞汝南周茂叔論道，遂厭科舉之業，慨然有求道之志。”

又曰：“荀子言養心莫善於誠。茂叔謂：‘荀子元不識誠。’”伯淳曰：“既誠矣，心安用養耶？”

延平李氏曰：“黃山谷謂周子‘灑落如光風霽月’，此善形容有道者氣象”。

呂本中作《童蒙訓》曰：“營道何棄仲農父自作《營道齋詩》，序曰：“營道縣出郭二十里，而近有村落曰濂溪，周氏家焉，族眾而業儒。至先生遠宦，弛有廬阜，力不能返故居，乃結屋臨流，寓濂溪之名，志鄉關在目中也。蘇、黃二公與之同時，而所為賦詩皆失本意，文字傳誤，吁可歎已！濂溪之周，至今蕃衍云。”

朱子曰：“濂溪在當時，人見其政事精絕，則以為宦業過人。見其有山林之志，則以為襟懷灑落，有仙風道氣，無有知其學者。惟程太中知之，宜其生兩程夫子也。”

又曰：“自周衰、孟軻氏沒，而此道之傳不屬。至宋受命，五星集奎，開文明之運，而周子出焉。不由師傳，默契道體。建圖屬書，根極領要。當時見而知之有程氏者，遂擴大而推明之。而周公、孔子、孟氏之傳煥然復明於時，非天所界，其孰能與於此？”

又曰：“先生之學，其妙具於太極一圖。《通書》之言，亦皆此圖之蘊。而程先生兄弟語及性命之際，亦未嘗不因其說，觀《通書》之‘誠’、‘動靜’、‘理性命’等章及程氏書，李仲通銘《程邵公志》《顏子好學論》等篇，則可見矣。潘清逸誌先生之墓，敘所著書，特以做《太極圖》為稱首。然則此圖當為先生書首，不疑也。潘公所謂《易通》，疑即《通書》，而《易說》獨不可見。向見友人多蓄異書，自謂有傳本，亟取而觀焉，則淺陋可笑，與《圖說》《通書》絕不相似，不問可知其偽，獨不知世復有能淂其真者與否？以《圖》《書》推之，知其所發當極精要，微言湮沒甚可惜也。又嘗讀朱內翰震《進易說表》，謂此圖之傳自陳摶、種放、穆修而來。而五峯胡氏作序，又以為先生非止為種穆之學者，此特其學之一師耳，非其至者也。夫以先生之學之妙不出此圖，以為得之於人，則決非種、穆所及。以為非其至者，則先生之學又何以加於此圖哉！是以切嘗疑之。及淂誌文考之，然後知其果先生所自作，而非有受於人者。二公蓋皆未嘗見此誌而云云耳。然胡公所論《通書》之指曰：'人見其書之約也，而不知其道之大也。見其文之質也，而不知其義之精也。見其言之淡也，而不知其味之長也。人有真能立伊尹之志，修顏子之學，則知此書之言包括至大，而聖門之事業無窮矣！'此則不可易之至論，讀是書者所宜知也。"

又曰："伏羲作《易》，自一畫以下，文王演《易》，自乾元以下，皆未嘗言太極也，而孔子言之。孔子贊《易》，自太極以下，未嘗言無極也，而周子言之。先聖後聖，豈不同條而共貫哉？"

又曰："《太極圖》，窮二氣之所根，極萬物之所行，而明主靜之為本。以見聖人之所以立人極，而君子之所當修為者，由秦漢以來，蓋未有臻於斯也。"

又曰："熹既為《太極圖說》，嘗錄以寄張敬夫。敬夫以書來曰：'二先生所與門人講論問荅之言，見於書者詳矣。其扵《西銘》，蓋屢言之，至此圖，則未嘗一言及也。謂其必有微意，是則固然，然則所謂微意者，果何謂耶？'熹竊以為此圖立象盡意，剖析鑿微，周子蓋不得已而作也。觀其手授之意，蓋以為惟程子為能當之。至程子而不言，則疑其未有能受之者爾。夫既未能嘿識於言意之表，則馳心空妙，入耳出口，其弊必有不勝言者。觀其《答張闔中論易傳》成書，深患無受之者。及《東見錄》中論橫渠清虛一大之說，使人向別處走，不若且只道敬，則其意亦可見矣。若《西銘》，則推人以之天，即近以明遠，扵學者日用最為親切。非若此書詳于性命之原，而畧扵進為之目，有不可以驟而語者也。"

又曰："《通書》，夫子所作，本號《易通》，與《太極圖》並出，程氏以傳於世。而其為說，寔相表裏，大抵推一理、二氣、五行之分合，以紀綱、道體之精微，決道義、文辭、祿利之取舍，以振起俗學之卑陋。至論所以入德之方、經世之具，又皆親切簡要，不為空言。顧其宏綱大用，既非秦漢以來諸儒所及，而其條理之密，意味之深，又非今世學者所能驟而窺也。是以程氏既沒，而傳者鮮焉。其知之者，不過以為用意高遠而已。"

又曰："濂溪圖、書雖簡古淵深，未易究測，然其大指，不過語諸學者講學致思，以窮天地萬物之理，而勝其私以復焉。其施，則善扵家而達扵天下，其具，則復古禮，變今樂，政以養民，而刑以肅之也。是乃所謂'伊尹之志，顏子之學，而程氏傳之以覺斯人者'。"

又曰："《通書》中數數拈出'幾'字，要當如此着力，即自然有個省力處。"

南軒張氏曰："二程先生道學之傳，發扵濂溪周子。而《太極圖》乃濂溪自得之妙，蓋以手授二程先生者。其言約，其義微，自孟氏以來未之有也。《通書》之說，大抵皆發明此意。故其首章曰'誠者，聖人之本。大哉乾元！萬物資始，誠之源也。乾道變化，各正性命，誠斯立焉。'夫曰'聖人之本'，'誠之源者'，蓋深明萬物之一源也。以見聖人之精蘊，此即《易》之所謂'密'，《中庸》之所謂'無聲無臭'者也。至於'乾道變化，各正性命'，則是本體之流行發見者，故曰'誠斯立焉'。其篇云：'五行，陰陽，太極，四時運行，萬物終始。混兮辟兮，其無窮兮。'道學之傳實在乎此。愚不敏，輒舉大端與明友共識焉。"

又曰："先生誠通誠復之論，其至矣乎！聖人與天地同用，通而復，復而通。《中庸》以喜怒哀樂未發已發言之。又就人身上推尋，至扵見得大本達道處，又滾同只是此理，此理就人身上推尋，若不於未發已發處看，何緣知之？蓋就天地之本源與人物上推來，不淂不異此。所以於動而生陽，難為以喜怒哀樂已發言之。在天地，只是理也。今欲作兩節看，切恐差了。《復卦》見天地之心，先儒以為靜。見天地之心，伊川先生以為動。乃見此，恐便是動而生陽之理，然於《復卦》發出此一段示人，又扵初爻，以顏子不遠《復》為之，此只要示人無間斷之意，人與天地一也。就此理上，皆收拾來與天地合其德，與日月合其明，與四時合其序，與鬼神合其吉凶，皆其度內爾。"

又曰："自聖學不明，語道者不睹夫大全。卑則割裂而無統，高則汗漫而不精。是以性命之說不參乎事物之際，而經世之務僅出乎私意小知之為，豈不可歎哉！惟先生生乎千有餘載之後，超然獨淂夫《大易》之傳，所謂《太極圖》，乃其綱領也。推明動靜之一源，以見生化之不窮，天命流行之體無乎不在，文理密察，本末該貫，非闡微極幽，莫能識其指歸也。然而學者若之何而可以進於是哉？亦曰：‘敬而已矣。’誠能起居、食息主一而不舍，則其德性之知必有卓然不可掩於體察之際者，而後先生之蘊可得而窮，太極可得而識矣。”

五峯胡氏曰：“《通書》四十章，周子之所述也。粤若稽古，孔子述三五之道，立百王經世之法。孟軻氏辟楊墨，推明孔子之澤，以為萬世不斬，人謂孟氏功不在禹下。今周子啟程氏兄弟以千古不傳之妙，其功盖在孔孟之間矣。人見其書之約也，而不知其道之大也；見其文之質也，而不知其義之精也；見其言之淡也，而不知其味之長也。顧愚何足以知之！然服膺有年矣。試舉一二語，為同志者起予之益乎！患人以發策決科、榮身肥家、希世取寵為事也，則曰‘志伊尹之所志’。患人以知識聞見為得而自畫，不待價而自沽也，則曰‘學顏子之所學’。人有真能立伊尹之志、脩顏子之學者，然後知《通書》之言包括至大，而聖門之事業無窮矣。”

默齋遊氏曰：“易有太極，濂溪夫子加‘無極’，何也？人肖天地，試卽吾心驗之。方其寂然無思，萬善未發，是無極也。雖云未發，而此心昭然，靈源不昧，是太極也。欲知太極，先識吾心。澄神端慮，察而見焉。始知夫子發明造化之蘊，啓悟萬世，而羲《易》奧旨益著。或謂妄加無極，或以訓詁文義名之，失夫子之意遠矣。”

勉齋黃氏曰：“周子以誠為本，以欲為戒，此周子繼孔孟不傳之緒者也。至二程子則曰：‘涵養須用敬，進學則在致知。’又曰：‘非明，則動無所之，非動，則明無所用。’而為《四箴》，以著克己之義焉，此二程得說于周子者也。”

北溪陳氏曰：“粤自羲皇作《易》，首闡渾淪，神農、黃帝相與繼天立極，而宗統之傳有自來矣。堯、舜、禹、湯、文、武更相授受，中天地為三綱五常之主。皋陶、伊、傅、周召，又相與輔相，施諸天下，為文明之治。孔子不得行道之任，乃集群聖之法作六經，為萬世師。而囘、參、伋、軻實傳之，上下數千年無二說也。軻之後，失其傳，天下鶩扵俗學，蓋千數百餘年昏昏冥冥，醉生夢死不自覺也。及濂溪先生與河南二程先生，卓然以先知先覺之資相繼而出。濂溪不由師傳，獨得扵天，提綱啓鑰，其妙具在太極一圖，而《通書》四十章，又以發圖之所未盡。上與羲皇之《易》相表裏，而下以振孔孟不傳之墜緒，所謂再辟渾淪。二程親受其旨，又從而光大之，故天理之微，人倫之著，事物之眾，鬼神之幽，與凡求道入德之方，修己治人之術，莫不秩然有條理，備見扵《易傳》《遺書》，使斯世之英才志士，淂以探討服行而不失其所歸。河南之間斯文洋洋，與洙泗並聞。而知者有朱文公，又卽其遺言遺旨，益精明而瑩白之，上以達群聖之心，下以統百家而會于一，蓋所謂集群聖之大成，而嗣周、程之嫡統，接乎洙泗、濂洛之淵源者也。"

北山陳氏曰："昔夫子之道，其精微在《易》，而所以語門人者，皆日用常道，未嘗及《易》也。夫子歿，門人各以所聞傳道于四方者，其流或少差。獨曾子、子思之傳得其正。子思復以其學授孟軻氏，斯時也，百氏之說昌矣。孟軻氏歿，又曠千載而泯不傳。濂溪周子出，始發明孔子《易》道之蘊，提其要以授哲人，旣又手為圖，筆為書，然後孔氏之傳復續。凡今之學，知有孔氏《大易》之蘊，《大學》《中庸》七篇之旨歸者，皆自先生發之。先生之功在後學深長且遠者以此。"

山陽度氏曰："或謂'先生之學，出扵陳摶，摶傳種放，放傳穆修，修傳先生。'今種、穆所著存於世者，古文而已，然亦未純於理。觀摶與張忠定語及公事，先後有太極、動靜、分陰陽之意，然其所為《龍圖記》，蓋唐末五代偶儷之體，與《太極圖說》絕不相似。今觀《太極圖說》，精妙微密，與《易·大傳》相類，蓋非為此圖者，不能為此說，非為此說者，不能為此圖。義理渾然出於一人之手，決非前人創圖，後人從而為之說。所謂不由師傳，默契道體者，是為得之。或謂'無極二字，出扵老子。先生之學蓋出老子。'然老子之言無極，如莊、列之言無窮、無極，釋氏之言無量、無邊，蓋指四旁為義。先生之言'無極而太極'，是指中間極至之理。今以其字之同，而不察其旨之異，可乎？或謂'先生與胡文恭公同師潤州鶴林寺僧壽涯。'或謂'邵康節之父避近文恭於廬山，從隱者老浮屠遊，遂同授《易》書。'所謂隱者，疑卽壽涯也。其後康節著《皇極經世》，書以數為宗。文恭立朝，論堯遷閼伯于商丘，主

辰，遷實沉于大夏，主參。商丘為宋，宋火德，大夏為并，并為水，古
稱參辰不並，火盛則水衰，宜進辰抑參。盖亦星曆之學也。先生之學，
得之者莫如明道、伊川。明道、伊川嘗云：'靈山會下，若干人皆悟道，
某敢道無一人悟者。若果有一人悟道，臨死時湏求一尺帛裹頭。'盖謂曾
子以士之身，死于大夫之簀為非禮，必易之而後卒。彼斷髮之人不能全
而歸之，本之則無知，先生之所不取也。人以先生嘗請問于此二人者，
即謂其學出於此二人，亦失之遠矣。孔子間禮於老聃，訪樂於萇弘，謂
孔子生知，未嘗師問老聃、萇弘，固不可。謂孔子之學本出於老聃、萇
弘，可乎？此不待聖智，知其必不然耳。"

西山真氏曰："自荀、揚以惡與混為性，而不知天命之本。然老莊氏
以虛無為道，而不知天理之至實，佛氏以剗滅彞倫為教，而不知天敘之
不可易。周子生乎絕學之後，乃獨探本源，闡發幽祕。二程子見而知之，
朱子又聞而知之，述作相承，本末具備。自是，人知性不外乎仁義禮智，
而惡與混非性也。道不離乎日用事物，而虛無非道也。教必本乎君臣、
父子、夫婦、昆弟，而剗滅彞倫非教也。闢聖學之戶庭，袪世人之朦瞶，
千載相傳之正統，其不在茲乎？"

鶴山魏氏曰："周子奮自南服，超然獨得，以上承孔孟氏垂絕之緒。
河南二程子神交心契，相與疏淪闡明，而聖道復著。曰誠、曰仁、曰太
極、曰性命、曰陰陽、曰鬼神、曰義利，綱條彪列，分限曉然，學者始
有所準的。於是知身之貴，果可以位天地、育萬物，果可以為堯舜，為
周公、仲尼，而其求端用力，又不出乎暗室屋漏之隱，躬行日用之近，
亦非若異端之虛寂，百氏之支離也。"

萍鄉胡氏曰："先師文公之言曰：'不言無極，則太極同於一物，而
不足為萬化之根本。不言太極，則無極淪於空寂，而不能為萬物之根
本。'又曰：'無極即是無形，太極即是有理。'今雖多為之辭，無以易此
言矣。"

葉水心曰："聖遠言湮，俗淪士散。求道若離乎器，而不知一理二氣
之互根。言性者離乎氣，而不知元亨變化之實理。知剛柔之為善惡，不
知剛不一於善，柔不一於惡也。知陽陰之為動靜，不知陰不一于靜，陽
不一於動也。先生始為圖、書，貫融而劈析之，二程親得其傳，道日以

章。迨胡子、朱、張，推衍究極，亦幾無餘蘊矣。"

明道先生嘗曰："昔受學於周子，令尋顏子、仲尼樂處所樂何事。"
（周木本，以下十六段倣此）

又曰："詩可以興。自再見周茂叔後，吟風弄月以歸，有'吾與點也'之意'"

又曰："周茂叔謂一部《法華經》只消一個'艮'字可了。"

又曰："周茂叔窮禪客。"（愚謂"窮"乃"窮究"之窮。）

朱震進《易傳表》曰："濮上陳摶以《先天圖》傳種放，放傳穆脩，脩傳李之才，之才傳邵雍。放以《河圖》《洛書》傳李溉，溉以傳許堅，堅傳范諤昌，諤昌傳劉牧，脩以《太極圖》傳周惇頤，惇頤傳程顥、程頤。"

邵伯溫作《易學辯惑》記康節先生事，曰："伊川同朱光庭公掞訪先君，先君留之飲酒，因以論道。伊川指面前食卓①曰：'此卓安在地上，不知天地安在甚處?'先君為極論天地萬物之理，以及六合之外。伊川歎曰：'平生惟見周茂叔論至此。'"此康節制子伯溫所記，但云極論而不言其所論云何? 今按，康節之書有曰："天何依? 曰：'依乎地'，曰：'地何附?'曰：'附乎天'，曰'天地何所依附?'曰：'自相依附，天依形，地附氣，其形也有涯；其氣也無涯。'"竊恐當時康節所論與伊川所聞於周先生者亦當如此，因附見之云。

呂本中作《童蒙訓》曰："正獻公在侍從，聞茂叔名，力薦之。自常調除轉運判官。茂叔以啟謝正獻公云：'在薄宦有四方之遊，於高賢無一日之雅。'"呂正獻公著在侍從，力薦先生，其詞云："臣伏見尚書虞部員外郎通判永州軍事周惇頤，操行清修，才術通敏，凡所蒞臨皆有治聲。臣今保舉堪充刑獄、錢穀繁難任使，如蒙朝廷擢用，後犯正入己贓，臣甘當同罪。其人與臣不是親戚，謹具狀奏聞，伏候勑旨。"亦會清獻在中書，擢受廣南東路轉運判官，有啟謝云云。

邢恕和叔敘述明道先生事云："茂叔聞道甚早，王荊公為江東提點刑獄時，已號為通儒，茂叔遇之，與語連日夜。荊公退而精思，至忘寢

---

① "卓"：據文意及吳大鏴本當作"桌"，本段中下倣此。

食。"荊公為提刑在嘉祐五年，時荊公年四十，先生年四十四。

謝無逸誌潘延之墓，云："荊公子固在江南，二公議論，或有疑而未決，必曰姑置是，待他日茂叔來訂之。"

葉賀孫舉喜怒哀樂未發謂之中章，及心一也一章，謂程子承周子一派，都自太極中發明。曰："然。"

或問："周子是上面去見得如此？"先生曰："也未見得是恁底，但是周先生天資高，想見下面功夫也不大故費力。而今學者便須是從下學理會，若下學而不上達，也不成箇學問，須是尋到頂頭卻從上貫下來。"

董銖問："周子之學是自得於心，還是有所傳授否？"先生曰："也須有所傳授，渠是陸詵婿溫公《涑水記聞》載陸詵事，是個篤實長厚底人。"

問："伊川因何而見道？"曰："他說求之六經而得，但也是於濂溪處見得箇大道理，占地位了。"

大率周子之言，秤等得輕重，極是合宜。

陰陽五行，康節說得法密，濂溪說得理透。

周子看得這道理熟，縱橫妙用只是這數箇字都括盡了。

侍坐正夏堂，論濂溪為道學宗主，乃在道州，可謂此邦盛事，對曰："濂溪不由師授，真所謂自得。"曰："濂溪始學陳希夷，後來自有所見，其學問如此而舉世不知，為南安獄掾日，惟程太中始知之，可見無分毫矜夸，此方是樸實頭下工夫底人。"（《南軒語錄·答程禋問》）

又曰："觀天地生物氣象（周茂叔看）。"（周譜本，以下二十一段倣此）

伊川先生作父《太中公家傳》，曰："公在虔時，嘗假倅南安軍，獄掾周惇實少年不為守所知，公視其氣貌非常人，與語，果為學知道者，因與為友。及為郎，官每遷授，輒一薦之。"

又曰："李初平見茂叔，云：'某欲讀書，如何？'茂叔云：'公老矣，無及也，待某只說與公。'初平遂聽說話，二年乃覺悟。"

又曰："王君貺嘗見茂叔，為與茂叔世契，便受拜。及坐間大風起，說《大畜卦》。君貺乃起曰：'適來不知受卻公拜，今卻當請納拜。'茂叔走避。君貺此一事卻過人，謝用休問：'當受拜不當受拜？'曰：'分已定，不受乃是。'"

哲宗、徽宗《實錄》云："伊川年十四五，與明道同受學于舂陵周茂叔先生。"

慶曆皇祐間，周子以事徃粵之潯州，經過永明邑，宿笛樓村族人周堯卿家，講學至潯，適二程子隨父珦任龔州，復同來見請益。既別，程子亦還龔，讀書于桂平邑之暢巖，歎曰："自再見周茂叔後，吟風弄月以歸，有'吾與點也'之意。"

周子嘗過新寧邑，至蓮潭，見水深千尺。因鐫"萬古堤防"四字于石崖。

侯師聖初從伊川學，未悟，乃策杖訪濂溪。濂溪曰："吾老矣，說不可不詳。"畱之，對榻夜談，越三日，自謂所得如見天之廣大。乃之洛，伊川亦訝其不凡，曰："非從濂溪來耶？"

孔延之《邵州學記》曰："周君好學，博通言行，政事皆本之六經，考之《孟子》。"

呂陶詩序曰："舂陵周茂叔，志清而材醇，行敏而學博，讀《易》《春秋》探其原。其文簡潔有制，其政撫而不柔。平居若泛愛，及其判忠諛，拯憂患，雖賁育之力，亦莫亢其勇。"

《貴耳集》云："濂溪一世，道統之宗，用大臣薦，為崇政殿說書。"

陳止齋傅良曰："本朝名節自范文正公，議論文章自歐陽子，道學自周子，三君子皆萃于東南，殆有天意。"

延平李愿中先生《答朱元晦書》云："承惠示濂溪遺文，極荷愛厚。《通書》向亦曾見一二，但不曾見全本，今乃得一觀。嘗愛黃魯直作《濂溪詩序》云'舂陵周茂叔人品甚高，胸中灑落，如光風霽月。'此句形容有道者氣象絕佳，胸中灑落，即作為盡灑落矣。學者至此雖甚遠，然亦不可不嘗存此體段在胸中。庶幾遇事廓然，於道理方少進，願更存養如此。"

王申子作《大易緝說》，前論數學于陳邵諸家，概斥其有誤，所取者，自《河圖》《洛書》外，惟伏羲、文王、周公、孔子、周子五人而已。

劉氏因得周、邵、程、朱之書曰："邵至大也，周至精也，程至正也。朱子極其大，盡其精，而貫之以正也。"

朱子作《中庸集解序》云："自濂溪周夫子始得其所傳之要，以著於篇。河南二程夫子又得其遺旨而發揮之，然後其學布於天下。"

又曰："濂溪清和孔經甫祭之，其文曰：'公年壯盛，玉色金聲，從容和毅，一府皆傾。'墓碑亦謂其精密嚴恕，氣象可想矣。"

又曰："山谷謂周子灑落者，只是形容一個不疑所行、清明高遠之意。若有一毫私吝心，何處更有此等氣象耶？只如此，有道者胸懷表裏，亦自可見。"

南軒張氏曰："濂溪為道學宗主，乃在道州，可謂此邦盛事。其學問如此，而舉世不知。為南安獄掾日，惟程太中始知之，可見無分毫矜誇，此方是樸實頭下工夫底人。"

北山陳氏孔碩曰："濂溪周子出，始發明孔子《易》道之蘊，提其要以授哲人，既又手為圖、筆為書，然後孔氏之傳復續。凡今之學，知有孔氏《大易》之蘊，《大學》《中庸》、七篇之指歸者，皆自先生發之。先生之功，在後學深長且遠者，以此也。"

嘉定三年，仲貫甫為著作佐郎，始請追爵周子、二程、張子列於從祀。當時李心傳謂："四先生繼絕學于千載之後，正人心，明天理，自游、夏諸賢有不能及者，其視馬、鄭諸儒之功孰多，雖以配享可也。"

河間劉立之敘述明道先生事曰："先生從汝南周惇頤問道，窮性命之理，率性會道，體道成德，出入孔孟，從容不勉。"

新安胡氏曰："神宗之朝，濂溪周子倡明道學，有《太極》《通書》傳于世，而授諸其徒——河南程氏兩夫子，道學之盛，益大以肆。上有以續夫孔孟千載不傳之妙，下有以開來學于億萬斯年之久，實光前而耀後也。"（吳大鎔本，以下四段倣此）

陽明王氏名守仁，封新建伯，理學名臣，曰："宋周、程三子追尋孔顏之樂，而有無極、太極，定之以中正仁義而主靜之說，動亦定，靜亦定，無內外，無將迎之論，庶幾精一之旨矣。"

虛齋蔡氏名清，字介夫，理學名臣，曰："濂溪，固宋之仲尼，而二程則宋之顏閔也。先生畫圖著書，開萬古之群蒙，則繼孟氏之傳者，微斯人，其誰與歸？惜夫神祖偏信金陵，而先生之學不得大用于世，則當時君相棄賢之咎無所逃矣。"

　　了凡袁氏名黃，趙田人，曰："濂溪先生之學，其于聖人，蓋具體而微耶？先生于道墜文喪之餘，而又隱于卑官下位，不盡抒其所志。時又寡及門之賢，以發其蘊，故人鮮克知之。而先生之學，亦決非世之所能及知矣。蘇黃二公，天挺人傑，方卓犖推其詞章，以撼動一世，空闊千古，而獨雅知有先生，豈非彝德之秉，果有不可忘者！而其卓犖絕識，亦非世之人所得而及與？"

　　又曰："異端假吾儒而重夂矣。佛者曰：'孔子，吾師之弟子也。'謂濂溪之學出于壽涯禪師者此類耶？眹濂溪他日歸老九江，嘗於歸林寺結青林社，以與真靜文禪師者遊，若有踵夫蓮社之故者，而又名寺左之溪為鷲溪，以擬虎溪，其事為佛者所盛傳，皆譌耶？抑道大德宏無不可耶？考先生嘗《題大顛堂》詩，有曰：'退之自謂如夫子，《原道》溪排佛老非。不識大顛何似者，數書珍重更㡞衣。'觀其繩退之之嚴例，其他皆誣，決眹矣。"

　　薛文清瑄曰："朱子作《濂溪贊》，其曰：'風月無邊'，以言乎遠則不禦也，其曰'庭草交翠'，以言乎近則靜而正也，其曰'書不盡言，圖不盡意'，此理之微妙，誠有非圖書所能盡者。"（鄧顯鶴本）

　　贊曰：唯聖知聖，唯賢知賢。見之真切，言之自眹。破的一語，啟鑰連篇。天山月滿，處處皆圓。（吳大鎔本）

序　跋

建安本太極圖通書後序　　宋　朱熹

　　右周子之書一編，今春陵、零陵、九江皆有本，而互有同異，長沙本最後出，乃熹所編定，視他本最詳密矣，然猶有所未盡也。蓋先生之學，其妙具於太極一圖，《通書》之指，皆發此圖之蘊，而程先生兄弟語及性命之際，亦未嘗不因其說，觀《通書》之《誠》《動靜》《理性命》等章，及程氏之書《李仲通銘》《程邵公誌》《顏子好學論》等篇，則可見矣。故潘清逸誌先生之墓，敘所著書，特以作《太極圖》為稱首，然則此圖當為書首不疑也。然先生既手以授二程，本因附書後（祁寬居之云），傳者見其如此，遂誤以圖為書之卒章，不復釐正，使先生立象盡意之微旨暗而不明，而骤讀《通書》者，亦復不知有所總攝，此則諸本皆失之，而長沙《通書》因胡氏所傳，篇章非復本，次又削去分章之目，而別以"周子曰"加之於書之大義，雖若無害，然要非先生之舊。亦有去其目而遂不可曉者（如《理性命章》之類），又諸本附載銘、碣、詩、文事多重復，亦或不能有發明於先生之道，以幸學者。故今特據潘《誌》置圖篇端，以爲先生之精意，則可以通乎書之說矣。至於書之分章定次，亦皆復其舊貫，而取公及蒲左丞、孔司封、黃太史所記先生行事之實，刪去重復，合爲一篇，以便觀者。蓋世所傳先生之書，言行具此矣。潘公所謂《易通》，疑卽《通書》，而《易說》獨不可見，向見友人多蓄異書，自謂有傳本，亟取而觀焉，則淺陋可笑，皆舍法時舉子綴茸緒餘，與圖說《通書》絕不相似，不問可知其偽，獨不知世復有能得其真者與否？以圖書推之，知其所發當極精要，微言湮沒，甚可惜也。熹又嘗讀朱內翰震《進易說表》，謂此圖之傳自陳博、種放、穆脩而來，而五峯胡公仁仲作《通書序》，又謂先生非止爲種、穆之學者，此特其學之一師耳，非其至者也。夫以先生之學之妙不出此圖，以為得之於人，則決非種、穆所及，以爲非其至者，則先生之學又何以加於此圖哉！是以竊嘗疑之，及得誌文考之，然後知果先生之所自作，而非有所受於人者，公蓋皆未見誌而云云耳。然胡公所論《通書》之指曰："人見其書之約，而不知其道之大也；見其文之質，而不知其義之精也；見其言之淡，而不知其味之長也。人有真能立伊尹之志，脩顏子之學，則知此書之言包括至大，而聖門之事業無窮矣。"此則不可易之至論，讀是書者所宜知也，因復掇取以系于後云。乾道已丑六月戊申新朱熹謹記。（周木本）

南康本太極通書後序　　宋　朱熹

右周子《太極圖》并說一篇，《通書》四十章，世傳舊本《遺文》九篇，《遺事》十五條，《事狀》一篇。熹所集次，皆已校定，可繕寫。熹按先生之書，近歲以來，其傳旣益廣矣，然皆不能無謬誤，唯長沙建安板木爲庶幾焉，而猶頗有所未盡也。蓋先生之學之奧，其可以象告者，莫備於太極之一圖，若《通書》之言，蓋皆所以發明其蘊，而《誠》《動靜》《理性命》等章爲尤著。程氏之書，亦皆祖述其意，而《李仲通銘》《程邵公誌》《顏子好學論》等篇，乃或并其語而道之，故清逸潘公誌先生之墓，而序其所著之書，特以作《太極圖》爲首稱，而後乃以《易說》《易通》繫之，其知此矣。（按，漢上朱震子發，言陳摶以《太極圖》傳種放，放傳穆脩，脩傳先生。衡山胡宏仁仲則以爲種、穆之傳，特先生"所學之一師，而非其至者"。武當祁寬居之又謂圖象乃先生指畫以語二程，而未嘗有所爲書。此蓋皆有未見潘《誌》而言。若胡氏之說，則又未考乎先生之學之奧，始卒不外乎此圖也。先生《易說》久已不傳於世，向見兩本，皆非是，其一《卦說》，乃陳忠肅公所著；其一《繫詞說》，又皆佛老陳腐之談，其甚陋而可笑者，若曰："《易》之冒天下之道也，猶狙公之罔衆狙也。"觀此則其決非先生所爲可知矣。《易通》疑卽《通書》。蓋《易說》既依經以解義，此則通論其大旨、而不係於經者也。特不知其去"易"而爲今名，始於何時爾）然諸本皆附於《通書》之後，而讀者遂誤以爲《書》之卒章，使先生立象之微旨暗而不明；驟而語夫《通書》者，亦不知其綱領之在是也。

　　長沙本既未及有所是正，而《通書》乃因胡氏所定章次，先後輒頗有所移易，又刊去章目，而別以"周子曰"加之，皆非先生之舊。若《理性命》章之類，則一去其目，而遂不可曉。其所附見銘、碣、詩、文，視他本則羣矣，然亦或不能有以發明於先生之道，而徒爲重復。故建安本特據潘《誌》置《圖》篇端，而《書》之次序名章，亦復其舊。又卽潘《誌》及蒲左丞、孔司封、黃太史所記先生行事之實，刪去重復，參互考訂，合爲《事狀》一篇。其太者如蒲《碣》云："屠姦剔弊，如快刀健斧。"而潘《誌》云："精密嚴恕，務盡道理。"蒲《碣》但云，"母未葬"，而潘公所爲《鄭夫人誌》乃爲"水齧其墓而改葬"，若此之類，皆從潘《誌》。而蒲《碣》又云："慨然欲有所施，以見於世。"又云："益思以奇自名。"又云："朝廷躐等見用，奮發感厲。"皆非知先生者之言。又載先生稱頌新政，反覆數十言，恐亦非實。若此之類，今皆削去。至於道學之微，有諸君子所不及知者，則又一以程氏及其門人之言爲正。以爲先生之書之言之行，於此亦略可見矣。然後得臨汀楊方本以校，而知其舛陋猶有未盡正者。如"柔如之"當作"柔亦如之"，《師友》一章當爲二章之類。又得何君《營道詩序》，及諸嘗遊舂陵者之言，而知《事狀》所序濂溪命名之說，有失其本意者。（何君《序》見《遺事篇》內。又按，濂溪廣漢張栻所跋先生手帖，據先生《家譜》云："濂溪隱居在營道縣營樂鄉鍾貴里石塘橋西，濂蓋溪之舊名。先生寓之廬阜，以示不忘其本之意。"而邵武鄒旉爲熹言："嘗至其處，溪之原自爲上下保，先生故居在下保，其地又別自號爲樓田。而濂之爲字，則疑其出於唐刺史元結七泉之遺俗也。"今按，江州濂溪之上亦有石塘橋，見於陳令舉《廬山記》，疑亦先生之所寓之名云）覆校舊編，而知筆削之際亦有當録而誤遺之者，如蒲《碣》自言："初見先生於合州，相語三日夜，退而歎曰：'世乃有斯人耶！'"而孔文仲亦有祭文，序先生洪州時事曰："公時甚少，玉色金聲，從容和毅，一府皆傾"之語。蒲《碣》又稱其孤風遠操，寓懷於塵埃之外，常有高棲遐遁之意。亦足以證其前所謂"以奇自見"等語之謬。又讀張忠定公語而知所論希夷、種、穆之傳，亦有未盡其曲折者（按，張忠定公嘗從希夷學，而其論公事之有陰陽，頗與《圖說》意合。竊疑是說之傳，固有端緒。至於先生然後得之於心，而天地萬物之理，鉅細幽明，高下精粗，無所不貫，於是始爲此《圖》，以發其祕爾）。嘗欲別加是正，以補其闕，而病未能也。

　　茲乃被命假守南康，遂獲嗣守先生之遺教於百有餘年之後，顧德弗類，慙懼已深，瞻仰高山，益切寤歎。因取舊裘，復加更定，而附著其說如此。鋟板學官，以與同志之士共觀覽焉。淳熙己亥夏五月日。（周木本）

延平本太極圖通書後序　　宋　朱熹

臨汀楊方得九江故家傳本，校此本不同者十有九處。然亦互有得失。其兩條此本之誤，當從九江本：如《理性命》章云"柔如之"，當做"柔亦如之"。《師友》章，當自"道義者"以下析爲下章，其十四條，義可兩通，當竝存之。如《誠幾德》章云"理"曰"禮"，"理"一作"履"。《慎動章》云"邪動"，一作"動邪"。《化》章，一作"《順化》"。《愛敬》章云"有善（此下一有"是苟"字）學焉（此下一有"有"字），曰有不善（一無此四字）"。曰不善，此下一有"否"字。《樂》章云"優柔平中"，"平"一作"乎"。"輕生敗倫"，"倫"一作

"常"。《聖學章》云"請聞焉","聞"一作"問"。《顏子》章云"獨何心哉","心"一作"以"。"能化而齊","齊"一作"濟",一作"消"。《過》章,一作《仲由》。《刑》章云"不止卽過焉","卽"一作"則"。其三條九江本誤,而當以此本爲正。如《太極說》云"無極而太極","而"下誤多一"生"字。《誠》章云"誠斯立焉","立"誤作"生"。《家人睽復無妄》章云"誠心復其不善之動而已矣","心"誤作"以"。凡十有九條。今附見於此,學者得以考焉。(周木本)

題太極西銘解後　　宋　朱熹

始予作《太極》《西銘》二解,未嘗敢出以示人也。近見諸儒者多議兩書之失,或乃未嘗通其文義而妄肆詆訶,予竊悼焉。因出此解以示學徒,使廣其傳,庶幾讀者由辭以得意,而知其未可以輕議也。(周木本)

太極圖解序　　宋　張栻

二程先生道學之傳,發於濂溪周子。而《太極圖》乃濂溪自得之妙,蓋以手授二程先生者。或曰濂溪傳《太極圖》于穆脩,脩之學出於陳摶,豈其然乎?此非諸子所得而知也。其言約,其義微,自孟氏以来未之有也。《通書》之說,大柢皆發明此意。故其首章曰:"誠者,聖人之本。大哉乾元!万物資始,誠之源也。乾道变化,各正性命,誠斯立焉。"夫曰"聖人之本","誠之源者",蓋深明萬化之一源也,以見聖人之精蘊,此即《易》之所謂密,《中庸》之所謂無聲無臭者也。至於乾道變化,各正性命,則是本體之流行發見者,故曰誠斯立焉。其篇云五行、陰陽、太極,四時運行,萬物終始;混兮闢兮,其無窮兮。道學之源,實出乎此。愚不敏,輒舉大端,與朋友共識焉。雖然,太極豈可以圖傳也?先生之意,特假圖以立義,使學者默會其旨歸,要當得之言意之表可也。不然,而謂可以方所求之哉!(宋刻本)

太極圖解後序　　宋　張栻

或曰:"《太極圖》,周先生手授二程先生者也。今二程先生之所講論答問之見於遺書者,大略可睹,獨未及此圖,何耶?以為未可遽示,則聖人之微辭，見於《中庸》《易·繫》者，先生固多所發明矣，而何獨秘於此耶？”

　　栻應之曰：“二程先生雖不及此圖，然其說固多本之矣。試詳考之，當自可見。學者誠能從事於敬，真積力久，則夫動靜之幾將深有感於隱微之間，而是圖之妙可以嘿得於胸中。不然，縱使辨說之詳，猶為無益也。嗟乎，先生‘誠通’、‘誠復’之論，其至矣乎！聖人與天地同用，通而復，復而通。《中庸》以喜怒哀樂未發已發言之，又就人身上推尋，至於見得大本達道處，又衮同只是此理。此理就人身上推尋，若不於未發已發處看，即何緣知之？蓋就天地之本源與人物上推來，不得不異，此所以於動而生陽，難為以喜怒哀樂已發言之。在天地，只是理也，今欲作兩節看，切恐差了。《復卦》見天地之心，先儒以為靜見天地之心，伊川先生以為動乃見。此恐便是動而生陽之理。然於《復卦》發出此一段示人，又於初爻以顏子不遠復為之，此只要示人無間斷之意。人與天地一也，就此理上皆收拾來。與天地合其德，與日月合其明，與四時合其序，與鬼神合其吉凶，皆其度內爾。”（宋刻本）

通書後跋　　宋　張栻

　　濂溪周先生《通書》，友人朱元晦以《太極圖》列於篇首，而題之曰《太極通書》，栻刻于嚴陵學宮，以示多士。嗟乎，自聖學不明，語道者不睹夫大全，卑則割裂而無統，高則汗漫而不精。是以性命之說不參乎事物之際，而經世之務僅出乎私意小智之為，豈不可歎哉！惟先生生乎千有餘載之後，超然獨得夫《大易》之傳，所謂《太極圖》乃其綱領也。推明動靜之一源，以見生化之不窮，天命流行之體無乎不在。文理密察，本末該貫，非闡微極幽，莫能識其指歸也。然則學者若之何而可以進於是哉？亦曰敬而已矣。誠能起居食息，主一而不舍，則其德性之知，必有卓然不可掩於體察之際者，而後先生之蘊可得而窮，太極可得而識矣。乾道庚寅閏月謹題。（周木本）

　　贊曰：仰觀俯察，道統攸繫。邪說誣民，聖言斯戾。維《圖》與《書》，發蒙啟蔽。授受有源，誦讀弗替。先覺先知，厥功匪細。（吳大鎔本）

通書後序　　宋　朱熹

《通書》者，濂溪夫子之所作也。夫子姓周氏，名惇頤，字茂叔。自少即以學行有聞於世，而莫或知其師傳之所自。獨以河南兩程夫子嘗受學焉，而得孔孟不傳之正統，則其淵源固可槩見。然所以指夫仲尼、顏子之樂，而發其吟風弄月之趣者，亦不可得而悉聞矣。所著之書，又多放失。獨此一篇，本號《易通》，與《太極圖說》並出程氏，以傳於世。而其爲說，實相表裏，大氐推一理、二氣、五行之分合，以紀綱道體之精微，決道義、文辭、利禄之取舍，以振起俗學之卑陋。至論所以入德之方，經世之具，又皆親切簡要，不爲空言。顧其宏綱大用，既非秦漢以來諸儒所及；而其條理之密，意味之深，又非今世學者所能驟而窺也。是以程氏既没，而傳者鮮焉。其知之者，不過以爲用意高遠而已。

熹自蚤歲既幸得其遺編，而伏讀之，初蓋茫然不知其所謂，而甚或不能以句。壯歲，獲遊延平先生之門，然後始得聞其說之一二。比年以來，潛玩既久，乃若粗有得焉。雖其宏綱大用所不敢知，然於其章句文字之間，則有以實見其條理之愈密，意味之愈深，而不我欺也。顧自始讀以至於今，歲月幾何，倏焉三紀，慨前哲之益遠，懼妙旨之無傳，竊不自量，輒爲注釋。誰知凡近不足以發夫子之精蘊，然創通大義，以俟後之君子，則萬一其庶幾焉。淳熙丁未九月甲辰，後學朱熹謹記。（宋刻本）

此序，晦菴先生最後集解《通書》而作也，先生始集《通書》莫考其年，據先生序云："長沙本最後出，乃熹所編定，視他本最詳密，然猶有未盡云。"乃於乾道己丑覆較舊編爲建安本，至淳凞已亥凡十一年復加更定爲南康本。又八年丁未重爲注釋，而是編始定今本，一以爲正，而是序特列于首，諸序跋次見于後。（周木本）

通書序畧　　宋　胡宏

《通書》四十章，周子之所述也。周子名惇頤，字茂叔，舂陵人。推其道學所自，或曰傳《太極圖》於穆脩也，傳《先天圖》於種放，放傳於陳摶，此殆其學之一師歟，非其至者也。希夷先生有天下之願，而卒與鳳歌、荷蓧長徃不來者，伍於聖人無可無不可之道，亦似有未至者。程明道先生嘗謂門弟子曰："昔受學於周子，令尋仲尼顏子所樂者何事。"而明道先生自再見周子吟風弄月以歸，道學之士，皆謂程顥氏續孟子不傳之學，則周子豈特爲種、穆之學而止者哉？

　　粵若稽古，孔子述三五之道，立百王經世之法，孟軻氏闢楊墨，推明孔子之澤，以爲萬世不斬，人謂孟氏功不在禹下，今周子啟程氏兄弟，以不傳之妙一回萬古之光明，如日麗天，將爲百世之利澤，如水行地，其功蓋在孔孟之間矣。人見其書之約也，而不知其道之大也；見其文之質也，而不知其義之精也；見其言之淡也，而不知其味之長也。顧愚何足以知之，然服膺有年矣。試舉一二語，爲同志者起予之益乎。患人以發策決科，榮身肥家，希世取寵爲事也，則曰志伊尹之所志。患人以知識聞見為得而自畫，不待價而自沽也，則曰學顏子之所學。人有真能立伊尹之志，修顏子之學者，然後知《通書》之言包括至大，而聖門之事業無窮矣。故此一卷書，皆發端以示人者，宜其度越諸子，直與《易》《書》《詩》《春》《秋》《語》《孟》同流行乎天下，是以敘而藏之，遇天下之善士，又尚論前脩而欲讀其書者則傳焉。安定胡宏謹序。(周木本)

通書後跋　　宋　祁寬

　　濂溪先生姓周名惇頤，字茂叔，世為營道人。少孤，養于舅家，以恩補官，試吏郡縣，以至持節外臺，為政力行其志，所臨必有能聲。卒官朝奉郎，守尚書虞部郎中，分司南京。酷愛廬阜，迺買田築室，退樂濂溪之上，人因以是稱之。名賢賦詠，及墓誌所載，皆專美其清尚而已。先生歿，洛陽二程先生唱學於時，辯異端，闢邪說，自孟子而下鮮所許可，獨以先生為知道。又云："自聞道於先生，而其學益明。"明道先生曰："吾再見周茂叔，吟風弄月而歸，得吾與點也之意"，伊川先生狀明道之行曰："幼聞周茂叔論道，遂厭科舉之業，求諸六經而後得之。"其推尊之如此，於是丗方以道學歸之。其後東坡蘇公詩云："先生本全德，廉退乃一隅"，蓋謂此爾。《通書》即其所著也。始出於程門侯師聖，傳之荊門高元舉、朱子發。寬初得于高，後得于朱，又後得和靖尹先生所藏，亦云得之程氏，今之傳者是也。逮卜居九江，得舊本於其家，比前所見，無《太極圖》。或云圖乃手授二程，故程本附之卷末也。校正舛錯三十有六字，疑則闕之，夫老氏著《道德經》五千言，世稱微妙。此書字不滿三千，道德、性命、禮樂、刑政，悉舉其要，而又名之以“通”，其示人至矣，學者宜盡心焉。紹興甲子春正月，武當祁寬謹題。（宋刻本）

通書後錄　　宋　朱熹

明道先生識其子端愨之壙，曰：“夫動靜者，陰陽之本，況五氣交運，則益參差不齊矣。賦生之類，宜其雜糅者眾，而精一者間或值焉。以其間值之難，則其數或不能長，亦宜矣。”此一節全用《太極圖》及《通書》中意，故以附之，後三節倣此。

明道先生銘其友李仲通之墓曰：“二氣交運兮，五行順施。剛柔雜糅兮，美惡不齊。稟生之類兮，偏駁其宜。有鐘粹美兮，會元之期。聖雖學作兮，所貴者資。便儇皎厲兮，去道遠而。”

伊川先生作顏子好學論曰：“天地儲精，得五行之粹者為人，其本也真而靜，其未發也五性具焉，曰仁義禮智信。行既生矣，外物觸其行而動於中矣，其中動而七情出焉，曰喜怒哀懼愛惡欲，情既熾而益蕩，其性鑿矣，故覺者約其情，使合於中，正其心，養其性而已。然必明諸心知所往，然後力行，以求至焉。若顏子之非禮勿視聽言動，不遷怒貳過，則其好之之篤，學之之道也。”

程先生曰：二氣五行，剛柔萬殊，聖人所由惟一理，人須要復其初。
（周木本）

天經太極圖測　　明　鄭汝礪

仲玉子曰：“土之数，位居中，五行之終始，而生成之数皆稟焉。”則中宮者，統領之宮，四宮之樞紐也。太極象于此乎！蓋五十五者，圖之数。太極者，圖之理。数可見，而理不可見，故圖虛其中，以立太極，動而生奇二十，靜而生偶二十。陰陽，一太極也。陰陽一生一成，而分水、火、木、金、土；五行，一太極也。五十五数變化屈伸，散為萬事萬物；萬事萬物，一太極也。一實萬分，萬分則一，此天經之太極歟！
（李嶧慈本）

太極推合圖測　　明　鄭汝礪

仲玉子曰："理之會，不可名。強名之，曰'太極'。中宮者，太極之象，動而生三七之少陽；動極而静，静而生二八之少陰；陰極復動，一九之太陽又生；陽極復静，四六之太陰又生。東西為升降之路，動静有時；南北為根核之鄉，生生不已。"此互根之說也，一三五七九，分天之陽也，乾道成男。二四六八十，分地之陰也，坤道成女。陽變而陰合，天生而地成。一生水而六成，二生火而七成，三生木而八成，四生金而九成，五生土而十成。木之氣為春，少陽，三七之數，十也，則木之五行以兩變化，是為生物之府；火之氣為夏，太陽，一九之數十也，則火之五行以兩變化，是為長物之府；土之氣為季，無不在焉，居中無定位也；金之氣為穫，二八之數，十也，則金之五行以兩變化，是為收物之府；水之氣為冬，四六之數，十也，則水之五行以兩變化，是為藏物之府。五氣布而四時行也。盖河圖之數起于中，中為圖之極也，而五十五數紐之矣。《先天圓圖》起于中，中為《易》之極也，而六十四卦紐之矣。定之以仁義中正，主静為心之極也。而五常、百行、禮樂、政教紐之矣。心即《易》，《易》即圖，圖即天。故周子之"無極"，明極也；孔子之"太極"，明《易》也；伏羲之《圓圖》起中，明《河圖》也。然則《河圖》者，太極之原乎？程子曰："體用一原，顯微無間，知此可與論太極。"（李嶸慈本）

濂溪志新編卷之七

历代褒崇志

　　崇德報功，帝王之盛節，所以激勵風教，鼓舞人心也。雖德有隆殺，功有淺深，而報稱因之，亦曰"不沒其善"云爾。朕嘗考古之君公、侯王，當時則榮，沒則已焉；賢人、君子，往往潛德幽光，久而彌彰，豈抑其所重者，在此不在彼乎？先生振興絕學，為斯文中興之祖，易名、封爵，代有殊榮，奎章、宸翰，宜其與魯、鄒並隆矣。志《歷代褒崇》。（吳大鎔本）

宸　編

改大理寺丞制詞　　宋　王珪行

　　至和元年甲午制詞：勅惇實天下元元之眾，不可戶曉，有能綏布吾化者，非郡邑之長耶？以爾廉明幹給，字人三年，而所部數以善狀言者，覆于便坐，宜有以寵異之，擢丞卿寺，欽予嘉命，可大理寺丞。（周木本）

宋諡"元公"

　　嘉定十三年六月二十二日，賜先生諡曰"元"。（李楨本）

為濂溪先生請諡奏　　宋　魏了翁

　　朝奉郎潼川府路提點刑獄公事兼提舉常平等事兼權潼川路運判魏了翁狀奏照對：臣猥以晚學，誤被東注，擢司祥刑於蜀之東，既服攸司，兼攝漕輓，職分所係，其於教學立師，崇化善俗，所不當後。因惟國朝盛時，先正鉅公，多仕於蜀，其生有顯秩，沒有卹章，載在史冊者，不待贅陳。如其間有道德隆重，學問正大，為世師表，而爵位弗稱，至未舉易名之典。臣偶職學權，且先賢故蹟適在所部，敢憚控陳。臣竊見故虞部郎中周頤，嘗為合州簽書判官，州事不經其手，吏不敢決，苟下之，民不肯從。蜀之賢人君子莫不喜稱之，其流風所漸，迄今未泯，士競講學，民知嚮風，春秋奉嘗，有永無替。臣始到官，嘗遣吏卽其祠而用幣焉。退復惟念，是特頤所以施諸一方，見諸行事之一二爾。蓋自周衰，孔、孟氏沒，更秦、漢、魏、晉、隋、唐，學者無所宗主，支離泮渙，莫適其歸。醇質者滯於佔畢訓詁，雋爽者溺於記覽詞章，言理則清虛寂滅之歸，論事則功利智術之尚，誣民惑世，至於淪浹肌髓不可救藥。斯民也，堯舜三代之所以治者也，涉秦而後數千百年，治日常少，亂日常多，甯不以此？而頤獨奮乎百世之下，窮探造化之賾，建圖著書，闡幽抉祕，卽斯人日用常行之際，示學者窮理盡性之歸，使誦其遺言者，始得以曉然於洙泗之正傳，而知世之所謂學者，非滯於俗師則淪於異端，蓋有不足學者。於是河南程顥、程頤親得其傳，而聖學益以大振。雖三人於時皆不及大用，而其嗣往聖、開來哲、發天理、正人心，使孔孟絕學獨盛於本朝，而超出乎百代，功用所繫，治理所關，誠為不小。特拘命秩，失舉節惠，故紹興初，侍講胡安國嘗有請於朝，乞爵程顥兄弟，使得從祀於先聖先師之廟。其後乾道間，太學錄魏掞之又嘗白宰相，請祠程顥兄弟於學，會不果行。如周頤①則又程顥兄弟親炙而師事之者，安國、掞之亦未及以為言，則尤為闕典也。臣愚，欲望聖慈，祥臣所陳如以為可采，乞下之禮官如先朝邵雍、徐積等故事，先將周頤特賜美諡，其於表章風屬，誠非小補。臣竊欲效使臣勸學之職，因遂致蜀人甘棠之思，故出位儳言，冒昧及此，臣知罪矣。惟陛下財幸取進止。貼黃稱：臣竊見朝廷近歲嘗因中外臣僚奏請，如朱熹、張栻竝蒙賜諡，然熹、栻之學，實宗周頤及程顥兄弟，今錄其後而遺其先，恐於褒崇美意，猶有未盡。是敢僭請，併乞睿照，伏俟敕旨。嘉定九年春上。

都省批送禮部勘當申省，本部尋行下太常寺勘會去後，今據本寺申

---

① 周頤：即"周惇頤"，下做此。

檢準慶元令諸謚。光祿大夫、節度使以上，本家不以葬前後錄行狀三本，申所屬繳奏，其蘊德邱園，聲聞顯著，雖無官爵，聽所屬奏，賜并檢準。紹興五年十一月四日指揮應守臣，守禦臨難不屈，死節昭著，不以官品高下，並令本路帥司保明詣實聞奏，特與賜謚，本寺照得，今來奏內所引邵雍等，並係特賜謚體例所有。周頤發揮正學，誠有功於名教，緣官品未該，其賜謚係是特降指揮，伏乞省部備申朝廷指揮施行。（彭玉麟本）

再為濂溪先生請謚奏　　宋　魏了翁

朝散郎潼川府路轉運判官魏了翁狀奏："臣聞謚者，行之迹，昔人所以旌善而懲惡，節惠而尊名也。爰及後世限以品秩，濟以請託。於是嘗位大官者，雖惡猶特飾之，品秩之所不逮，則有碩德茂行，而不見稱於世者矣。夏竦、高若訥而謚'文莊'，蔡卞、鄭居中而謚'文正'，鄧洵、武蔡脩而謚'文簡'，呂惠卿而謚'文敏'，張商英而謚'文忠'，強淵明而謚'文獻'，林希而謚'文節'，溫益而謚'定簡'，汪伯彥而謚'忠定'，秦檜而謚'忠獻'，此皆名浮於行，而章章在人耳目者。自餘此類又何可勝數，而舉世視為當然，未嘗以為訝也，至於倡明正學於千有餘載之後，上嗣去聖，下開來哲，如周頤、程顥、程頤、張載，及一時艾淑高弟，其有功於生民之類，亦不為少矣，世之相後不為近矣，而卒未有表而出之者，人亦不以為闕也。臣竊為之不平久矣，迺自前歲，誤被束擢，攝承漕寄，遂因職分所關，輒為周頤昌陳易名之請。又於貼黃有云：近歲如朱熹、張栻皆已賜謚，而熹、栻之學實宗周頤及程顥、程頤，今錄其後而遺其先，似於褒崇美意，猶有未盡已。荷皇明亟垂俞允，遂以所奏，下之有司，維時春官亦專以程顥兄弟為請，申命所屆，承學之士聞風興起。蓋學術之標準，風俗之樞機，所關甚不小也。而二年于茲猶未有以易其名者，豈事大體重，未容以輕議邪？抑且邇年以來，謚之美者曰文、曰宣、曰成，既首以用諸周孔之苗裔，故思以加諸此者而未能也？然稽諸謚法，亦豈可以如此！借曰如文、如宣、如成者，既不可得而易，則師承之間亦不嫌於同謚也。臣愚，欲望聖慈，申飭有司速加考訂，俾隆名美謚，早有以風屬四方，示學士大夫趨嚮之的，則其於崇化善俗之道無以急於此者。臣出位犯分，荐瀆聖聰，伏候斧鑕之誅。"

貼黃：臣曩者為周頤嘗仕本部，故冒致易名之請，因併及程顥、程頤，則已有僭越之嫌矣。既荷聖慈悉加采納，然同時如崇文院校書同知太常禮院張載，講道關中，世所傳《西銘》《正蒙》《理窟》《禮說》諸書，所以開警後學，為功亦不在程顥兄弟下，而易名之議亦未有以為言，其門人嘗欲諡為明，誠中子司馬光以為，弟子誄師，不合於禮。今若自公朝舉行闕典，使之遍及諸儒，無復遺餘之憾，則正學益闡，善類胥奮，實斯道之幸。欲乞聖慈，併下有司，討論施行。伏候勅旨。

都省批送禮部勘當申省，禮部太常寺申准都省批送，下潼川府路提刑權運判魏了翁狀。故虞部郎中周頤乞特賜美諡，後批送部勘當申尚書省本部未準。都省批下之前，先準御封付下。魏了翁奏乞，將周頤特與賜諡事，尋下太常寺勘當去後。據本寺申，周頤發揮正學，誠有功於名教，官品未該，其賜諡係是特降指揮，乞備申朝廷指揮施行。申部今再準批下，亦為上件事理，本部所據太常寺昨來申到事理，備錄在前，伏乞朝廷指揮施行，伏候指揮。嘉定十年正月二十九日奉聖旨："依。"（彭玉麟本）

上濂溪先生周元公諡議　　宋　臧格

議曰："大哉，元乎！在《易》為乾元之首，在《春秋》為始年之法。天下之理，蓋未嘗無其初也。古道修明，人心純一，聖賢之功固無自而見，不幸而渙散殫殘之餘，有能復振遺響，俾絕者自我而續，晦者自我而明，是故有'元'之義焉。參之《大易》《春秋》之說，又寧有異指哉！自孟軻氏沒，異端滋熾，重以專門於漢，清談於晉，至唐則文藝益工，展轉沈痼，以迄五季之陋，幾於蠹蝕不存矣，而在人心者了無恙也。宋興，鉅公名人，烏奕後先，其聞道亦不為淺。大槩更相推激，不離乎文字論議之末，而挈提宗旨，孰主張是？天淑諸人，有濂溪先生出焉，道學淵懿，超然自達，復出乎萬物之表。而其最深切者，《太極》有圖，所以發是理之幽祕，《易通》有書，所以闡是圖之精微。圖有無窮之義，書有不盡之言，學者潛玩而服行之，如是可以探二氣五行之運，如是可以見中正仁義之本，如是可以識神物、動靜之別。槩曰廣大高深，究其歸則不外乎日用飲食之常，斷斷乎其有功於斯世也。蓋嘗深探其造道之所由來矣，或謂得之先天，先天得之龍紀，其說幾於迂誕而無考。又曰其圖實出於穆脩，脩之傳出於陳搏，老子之學也。闔端清虛之地，而能純明斯道，抑有疑焉？要之，先生所得之奧，不俟師傳，匪由智索，神交心契固已極其本統。不然，嗜流泉之紺寒，愛庭草之交翠，體夫子之無言，窮顏淵之所以樂，是果何味而獨嚅嚌之耶？故能發前聖之所未發，覺斯人之所未覺，使高遠者不墮於荒忽，使循守者不淪於滯固，私意小智何所容其巧，詭經僻說何所肆其誣。如密雲宿霧，有日斯赫；如斷港絕潢，有泉斯湧。當旦晝梏亡之餘，而平旦之復固清明也；當六陰既剝之後，而天地之心固生生而不息也。其功用豈不大哉！近世朱文公熹、張宣公栻、呂成公祖謙，尊敬斯學，或列之篇端，或紀於書後，或辨於注釋之詳，或嚴於問對之確，先生之名益閎大光明於時矣。謹按諡法：‘主善行德曰元’。先生博學力行，會道有元，脈絡貫通，上接乎洙泗，條理精密，下逮乎河洛，以元易名，庶幾百世之下，知孟氏之後，觀聖道者必自濂溪始。昔潘興嗣何人，敢誌其墓，彼其為說曰：善談名理，宜不免後人之誚也。承議郎行太常博士臧格，職當議諡，茲復妄論先生，抽關啟鑰，得吾道之正傳，自為無愧於心。若夫繪畫摹寫，似鄰於僭，異時或與潘同誚，則不敢辭。謹議。”嘉定十二年太常丞兼權兵部郎官臧格上。

太常博士高文善申連準本寺牒備奉聖旨，令文善議撰周頤、程顥、程頤賜諡。恭詳近制，臣僚請諡，先下博士定議，考功覆議，厥為常典。今三先生明道闡教，為一代儒宗，所有定議諡，事關名教，所不可輕。乞遵唐寶應及國朝治平編勅故事。下太常寺或都省集官擬議，議定仍下博士撰文，庶幾厭服公論。尚書省劄付禮部太常寺擬定申省，十年五月六日也。會文善罷去，為博士議撰此議，至是上之。後批送吏部覆諡，繳申尚書省。(彭玉麟本)

上濂溪先生周元公諡議　　宋　樓觀

議曰：“理學之說，隱然於唐虞三代之躬行，闔端於孔門洙泗之設教，推廣於子思孟軻之講明，駁雜於漢唐諸儒之論議，而復恢於我宋濂溪先生周公頤。一濬其源而流之混混，益昌於今，放諸百世無疑也。先生亦何心於易名哉？監司有請，博士有議，諡曰‘元公’，追尊也。然而‘易有太極，是生兩儀’，乾坤位焉；‘大哉乾元，萬物資始’，‘至哉坤元，萬物資生’。凡曰‘元’者，謂其肇於此者也。故曰‘元者，善之長’。又曰‘《春秋》以一為元’。先生之於理學，晦而明之，窒而通之，亦可以謂之‘元’乎！及觀河汾王通，嘗游孔子之廟而歌曰：‘大哉乎！君君、臣臣、父父、子子、兄兄、弟弟、夫夫、婦婦，夫子之力也，其與太極合德。’蓋嘗三復斯言。‘無極而太極，太極動而生陽，靜而生陰’，是又乾坤之元也。夫子生於晚周，果何與乎太極哉？無乃春秋之際，三綱淪，九法斁，邪誕妖異之說紛起，塗生民之耳目，溺天下於污濁，理學亦幾乎息矣。夫子出而開天理，明人極，扶持而封植之，殆猶乾坤之再造，謂之‘合德太極’，宜矣。知夫子與太極合德，則闡夫子所謂合德者，於剝蝕之餘，諡之以‘元’，不亦可乎！謹議。”嘉定十三年正月十三日，軍器監兼考工郎官樓觀上。六月二十三日奉聖旨：“依”。以上《道命錄》。（彭玉麟本）

謝賜諡表　宋　魏了翁

臣了翁言：“伏準嘉定十三年九月日告，據臣前任潼川府提點刑獄公事兼潼川運判日奏，乞將故虞部郎中濂溪先生周頤、故宗正丞明道先生程顥、故直祕閣判西京國子監贈直龍圖閣伊川先生程頤，特與賜諡事，奉勅周頤宜賜諡曰‘元’，程顥宜賜諡曰‘純’，程頤宜賜諡曰‘正’，臣已即時望闕，遙謝祇受見，訪尋各家子孫，分付者大儒輩出，卓為正學之宗，下使周諮敢舉尊名之典，俞音來蒞善類知歸，臣了翁誠惶誠懼頓首頓首。臣竊惟聖道之晦明，寔兆世塗之理亂，自羲黃發河圖之祕，迨堯舜傳道心之微，粵商周受命之初，凡誥誓羣言之首，必論降衷之性，必明為物之靈。至若其子陳九疇以敘民彝，周公設六官以為民極，君陳以大猷歸民厚，君牙以五典示民中，尹吉甫作秉彝之詩，劉康公聞受中之訓，盍興君令辟之所以教，而羣公先正之相與言。皇王以來，不謀同符，春秋而降，幾絕如綫。極於六藝之作，與夫七篇之書，孔欲無言，孟豈好辯，凡以扶天理而遏人欲，傾時否而康世屯，而權謀競與，邪詖又作，詞華代起，科目相挺。雖董仲舒嘗求仁於道誼功利之分，而諸葛亮亦鞠躬於成敗利鈍之外。洎韓愈之卓識喟孟軻之無傳，然一傳而眾咻，獨倡而寡和。斯文不揉，神氣有開。挺生豪傑之同時，尚友聖賢於異世。自周頤圖書之既作，而程顥弟兄之相承，雖幽極鬼神，實驗於躬行之近，雖窮探性命，不離乎日用之常，未嘗躐等以好高大要，近思而退省，豈獨振千年之墜緒，殆將開萬世之升平，而從祀之請未俞，節惠之文猶闕。貌是庸虛之跡，偶塵勸學之司，籲天有開，蹐地無措，敢意奏篇之再，遽蒙錫命之三，速戒攸司各攽美號，茲葢恭遇皇帝陛下，適祗元命，駿惠帝猷。念大道之湮微，賴諸儒之扶植，今美謚既先於後學，而褒章未被於前脩，莫標倡道之原，允謂彌文之曠，特章好以示俗，不以人而廢言，事光流聞，時謂犻見。臣謹當誕揚丕訓，敷淑羣倫。明正道道民，聞示君師之意，使先覺覺後，維持天地之心，善人寖多，斯世永賴，臣無任瞻天望聖，激且屏營之至，謹奉表稱謝以聞。臣了翁誠惶誠懼頓首頓首謹言。嘉定十四年八月日。朝請郎、直祕閣特授知潼川軍府、兼管內勸農事、兼提舉潼川府果渠州懷安廣安軍兵馬巡檢盜賊公事借紫臣魏了翁上表。"（周木本）

謚告序　　宋　魏了翁

　　臣自嘉定八年司皋劍東兼攝漕事，厥明年春，上疏請下禮官，為周頤及程顥、程頤議所以易其名者，爾封下都省，都省下春官，于時少常伯亦上疏請謚二程氏，併以下奉常博士。曰："事關名教，議不可輕，宜下都省集議。"由是議久不決，厥十年，臣以漕臣申述前奏，併以橫渠張載為請，久之，禮官請謚周頤曰"元"，程顥曰"純"，頤曰"正"，悉賜："可。"厥十有四年六月，迺以命書與其貳付元奏請官，臣遂得受而藏之，臣謂是舉也，百年間鴻儒碩生偶未及有言，今乃白發於一介外小臣，而聖斷沈雄，不以人廢，宣謂盛典，然而郡國邸吏不得而傳也，臣慮四方學者未能徧睹，則無以仰稱聖上崇儒重道之指，迺摹勒樂石龕置。潼川校官復鋟梓，以廣其傳，俾凡承學之士有觀焉。若夫張載易名之請，則嗣此以聞，期於獲命迺已也，秋八月壬子朔具位，臣魏了翁恭書。（周木本）

濂溪書堂謚告石文　　宋　趙善璙

嘉定庚辰，有詔賜濂溪先生周公謚曰"元"，從蜀使者魏侯了翁之請也。越明年秋，以命書及貳付元奏請旨授先生。之後又十二年，善璙來守九江，尋訪其家，始克燎黃於祠下。深惟蜀在半萬里外，其地遠，先生歛書合陽時，其行事不甚較著。而嘉祐百五六十年之後，一旦表出褒異，上繼去聖，下開來哲，昭然如日月之明，亦足以見百世之師，聞者莫不興起，而上之闡揚風厲者，何其盛也。矧廬山之陰有濂溪書堂在焉，蓋先生自舂陵來授業於斯。已而長吏增闢其宇，置堂長弟子員，宜其浸灌培植，聲生氣長，視他邦尤盛。而寖寖趨廢，過者太息，獨非吾徒之恥哉！有如褒章美謚，所以昭上休德，則揭而祠之，誠風教之首，而顧闕典若是，可乎？善璙不敏，幸以承學諸生濫長斯土，徘徊遺躅，仰止高山，於是更治其書堂，繕修其祠墓，隸習有廬，祭薦有田。乃十一月癸亥，爰舉燎黃之典，用牲於隧，率州賓屬拜焉。既會事，又謀所以經紀其子孫，以承祭祀。或謂是舉也，示邦人以尚德，不可無以詔來者。善璙嘗竊誦朱文公所為先生祠堂記，推原道之出於天而托於人，既已根極端緒。至於謚元之議，更定於太常考功之手，其發明先生所以尋墜緒於旁搜遠紹之餘者，亦既開百聖而不惑矣。雖欲有言，無以出講求之外者。若夫紀謚告之本末，以宣布公朝崇儒重道之大指，使無愧於學士大夫相與興起之意，則善璙不敢辭。孟子曰："去聖人之世，若此其未遠也，近聖人之居，若此其甚也，然而無有乎爾，則亦無有乎爾。"與我同志勉諸。端平甲午日，南至守臣趙善璙立石希賢堂，拜手恭書。（周木本）

宋理宗淳祐元年詔從祀廟庭，尋追封"汝南伯"

慶元中，著作郎李道傳請以先生及二程、張、朱四先生從祀，未行。至是乃詔曰："朕惟孔子之道，自孟軻後不得其傳。至我朝周惇頤、張載、程顥、程頤，真見實踐，深探聖域，千載絕學，始有指歸。中興以來，又得朱熹精思明辨，表裡混融，使《大學》《中庸》《論》《孟》之書本末洞徹，孔子之道益以大明於世。朕每觀五臣論著，啟沃良多。今視學有日，其令學官列諸崇祀，以示崇獎之意。"越三日，加封"汝南

伯"。(周誥本)

　　理宗淳祐元年辛丑正月十五日，封先生為"汝南伯"，從祀孔子廟庭。同日又奉御筆："周敦頤、程顥、程頤、張載、朱熹宜令學官列之從祀，所合各加封爵，除朱熹已封徽國公。"續奉聖旨："周敦頤封汝南伯，張載封郿伯，程顥封河南伯，程頤封伊陽伯。"理宗淳祐十二年壬子七月二十七日。(周木本)

宋理宗追封汝南伯制詞

　　敕：天祐我朝，五緯聚奎，篤生哲人，上續洙泗。故任尚書虞部郎中分司南京贈宣奉大夫謚"元"周惇頤，光霽灑落，明通公溥，尚友造物，默契羣聖，建圖著書，垂訓萬世。演《大易》不傳之祕，闡六藝未發之微。千數百年，斯道晦冥，一旦如日方中，非所謂"為天地立心，為生民立極"者歟！爰躋從祀，仍錫追封，以示襃崇，以勸來者。可特封汝南伯，餘如故。二月日趙汝騰行。(彭玉麟本)

**　　元仁宗皇慶二年癸丑夏六月，以宋儒周敦頤、程灝、程頤、張載、邵雍、司馬光、朱熹、張栻、呂祖謙、及中書左丞許衡，從祀孔子廟庭**(周木本)

元仁宗延祐六年己未十二月某日，尊封先生為道國公
　　(周木本)

元仁宗加封道國公制詞

　　蓋聞孟軻既沒，道失其傳，孔子微言，人自為說。諒斯文其未喪，有真儒之間生。故濂溪周頤，稟元氣之至精，紹絕學於獨得，圖《太極》而妙斡萬化，著《通書》而同歸一誠。俾聖教燦然復明，其休功尚其不泯。朕守成繼體，貴德尊賢，追念前脩，久稽彝典，已從廟庭之祀，盍疏鄉國之封。於戲！霽月光風，想清規之如在；玄袞赤芾，冀寵命之斯承。(周木本)

國朝英宗睿皇帝正統七年壬戌八月十七日奉欽依行道州，其理周元公祠墓

斂三丁以下二戶看守，子孫優免差役，送所在儒學讀書，務獲成效，以繼先業，學識可取者，有司具奏取自上裁。(周木本)

國朝世祖章皇帝順治元年，祀升先賢周子於闕里廟庭、天下學宮

莊烈帝崇正十五年，升宋儒周子，稱"先賢"于國學。時以左邱明親受經於聖人，改稱"先賢"。竝改宋儒周、二程、張、朱、邵六子亦稱"先賢"，位七十子下，漢唐諸儒之上，先于國學更置之。(周誥本)

歷代尊崇典禮

自宋寧宗嘉定十三年謚周子曰"元"。理宗淳祐元年特詔從祀文廟，加封"汝南伯"。之後元仁宗延祐六年加封"道國公"。明英宗正統元年詔修祠墓，優卹子孫。景帝景泰七年詔取適孫冕世襲五經博士。世宗嘉靖九年詔改稱先儒周子。神宗萬曆二十三年以公父諫議大夫輔成從祀啟聖祠。思宗崇禎十五年詔改稱先賢周子，位在七十子下，漢唐諸儒之上，然僅國學更置之。我世祖章皇帝順治元年特旨祀升先賢周子於闕里廟庭，天下學宮。順治十年議以適孫蓮充五經博士。聖祖仁皇帝康熙十九年復議取適孫嘉耀充五經博士。康熙二十四年御賜祠額"表章正學"四字，是年四月，欽奉聖旨准禮部覆議，周惇頤子孫與程、朱子孫一律准世襲翰林院五經博士。康熙二十六年四月二十日，特賜御額"學達性天"宸翰，蓋以璽文曰"御筆之寶"。高宗純皇帝乾隆六年晉升先賢位次，欽奉聖旨殊恩，與顏、曾、思、孟、程、朱諸賢照例畫一，而祭品用帛三、爵三、羊一、豕一、登一、鉶二、簠、簋各一、籩豆各六，視孔子而殺，比從祀而隆，禮器如四配，而牢豕幣帛之數特殊焉。《濂溪志》併纂。

玉麟謹案：淳祐之先，嘉定四年十二月，承議郎祕書省著作佐郎兼沂王府小學教授李道傳嘗奏，乞下除學禁之詔，因以濂溪及邵、程、張四先生列於從祀。其奏略云"臣聞紹興中，從臣胡安國嘗欲有請於朝，乞以邵雍、程顥、程頤、張載四人春秋從祀孔子之廟。淳熙中，學官魏捘之亦言，宜罷王安石父子勿祀，而祀顥、頤兄弟。厥後雖詔罷安石之子雱，而他未及行。儒者相與論說，謂宜推而上之，以及二程之師周頤。臣願陛下詔有司考安國、捘之所嘗言者，議而行之，上以彰聖朝崇儒正學之意，下以示學者所宗，其所益甚大，其所關甚重，非特以補祀典之闕而已"等語。會西府中有不樂道學者，而朝廷亦以其事大體重，故未及行焉。迨嘉定十三年，因魏華父之奏，定議周子諡曰"元"。於時明道諡"純"，伊川諡"正"，亦同定議。惟橫渠請諡曰"明"，在嘉定十六年。朱子之諡"文"則已定於嘉定二年，先周子十年矣。淳祐從祀時，除邵子外皆同特降指揮，由是歷代表顯敻異，有加蔑已，升躋先賢位次，邵子亦同列。雖道之明晦，先後有時，而推崇濂溪，實仲貫一。奏肇其始，麟特詳攷端委，附載於編，以昭其希賢之美云。（彭玉麟本）

元太宗十年戊戌，中書省楊惟中建太極書院、周子祠於燕京，郝經為之記。以二程、張、楊、游、朱六子配食，又刻《太極圖》《通書》《西銘》於壁，延趙復為書院山長，乃作《傳道圖》，至宋以周子為首。由是，河朔始知道學。（周誥本）

欽賜周諫議從祀啟聖祠

聖旨："是。欽賜周諫議從祀啟聖祠。"（李楨本）

周諫議從祀啟聖祠請　　明　楊成章

明以先生父諫議大夫周公輔成，從祀啟聖祠（萬曆二十三年）。明嘉靖中，詔以朱子之父松、程子之父珦，從祀啟聖祠。於是國子監學錄楊成章（道州人），請於永州府曰："某聞道在天地，賴聖賢以開先；道在聖賢，賴真儒以傳後。開先者，既推恩于生父，傳後者，宜追報於前人。是天理、人情之正，豈故為之私厚哉？仰惟皇上道天地之道，心聖賢之心，禮以義起而大廓前規，道以時行而聿新舊典。啟聖一祠，崇祀先聖厥考，配以顏路、曾點、孔鯉、孟孫氏，從以程珦、朱松、蔡元定，誠曠古所無之規，萬世不刊之典也。某欣逢盛事，適矚遐思，欲拊一儒之前人，以補兩廡之虛席。竊惟周子，有宋大儒；輔成者，周子之父也。周子既從祀于孔庭，輔成亦當從祀於啟聖。何也？孟孫氏之配享，夫非以孟子之故耶？孟子大賢，有繼徃開來之功，崇報者及其所生是已。然孟子之去孔子，歷年非遠，其微言妙旨，猶得以私淑諸人也。自孟子歿，千四百年昏若長夜。周子一旦奮自南服，不由師傳，默契道體，遂廓清而昭明之，學術之途始曉然於天下。論德數烈，當與孟氏齊而為一，卽崇及所生，而使輔成從孟氏之後，豈為過乎？夫道統之在近代，則誠周子濬其源也。程子者，得其源而導其流也。朱子者，得其源而揚其波也。蔡子者，得其源而衍其派也。學有源流，統有先後，導其流，揚其波，衍其派者，皆推崇其父矣，而濬其源者，獨不得推崇其父，無乃闕典？考之輔成，祥符八年登第，終賀州桂嶺令，所歷多善政，操守最孤高。雖未有著述可匹元定，而貞履循跡，方之程珦實無軒輊，則均以子而俎豆其間，不允當乎？有子輿之嗣，無孟孫之饗；有程珦之賢，無伯淳之報。是于輔成似為稍抑，而所以隆禮周子者，猶有未盡也。某皓首經生，恭睹聖明考古定典，文教大張，故敢冒昧僭陳。如蒙准呈題奏，下之輿論，當必有以愚言為是者矣。（吳大鎔本）

上周諫議從祀啟聖祠議　　明　吳能進

明年，公裔孫翰林博士周聯官於提學道呈請行學查勘，該署印訓導劉報國據通學生員呈申州，屬經州、府、司、道覈詳，該本州知州吳能進議：“樹卓，故艾必豐；功鈞，故報亡敵。竊觀啟聖一祠，我國家所以秩倫崇功，重道章教者，至精且密，而獨闕於周元公之父輔成，士有遺議，鬱焉至今。夫極之義，立此則聖，施此則王，亙宇宙，無非此理。自元公大闡厥旨而後，孟氏以前之關鍵始開，程氏以後之源流始衍。此其功直接孟氏，為後儒少祖，豈不嵬然隆哉！而父胡以不得共珦、松頡頏一堂也？將求多於其人，則治行操脩，垂光誌牒，豈後珦、松？矧追祀非其人之謂也，得諸其子而已矣。以人若此，以子若彼，又奚擇焉？使薿薿焉齒于鄉之士，淂諸其身不得諸其子，其無乃隘元公，而胡以稱衡功報德、稱物平施之義也？請進輔成從祀，如程、朱、蔡三氏，則聖朝崇儒之典始完，而右文之治益光矣。”（李楨本）

上周諫議從祀啟聖祠議　　明　徐堯莘

本府知府徐堯莘議："元公厥考輔成，名登甲第，行表鄉閭，列祀道州鄉賢久矣。顧惟祀典，本以報功，故功著一鄉者，祀於一鄉；功著天下者，祀於天下。如程太中、朱韋齋從祀啓聖，莫非因子及父報功盛典，而何獨於輔成靳之？在元公，再闢渾沌，継孔孟而開程朱，烈垂萬世，則輔成篤生之功為尤大，豈特營道一鄉之士已哉！而崇祀以報其功，又豈可止一鄉之近已哉！諸生所呈不為無見，合無俯允轉達，題請將輔成公牌位躋入啓聖祠，與陳①太中、朱韋齋並從祀，則崇德報功人心胥慰，而風世表俗，儒道大興矣。"（李楨本）

上周諫議從祀啟聖祠議　　明　李朝宸

署州事本府推官李朝宸議得："宋儒周敦頤父輔成，名重制科，行重士論。廼嘉靖初年，進程、朱之父從祀啓聖，偶遺輔成。夫國家恩典，功在一時者，恩猶得及祖考，而敦頤功在萬世，廼後人崇祀不推及其所生，非所以彰我朝崇儒重道之典。且今士民歷數從祀，莫不快程、朱之享報。至於敦頤，獨不見其親之神位，其不扼腕而嘘唏者鮮矣！此誠天理之在人心，不容泯滅者也。順人心之天理，舉國家之盛典，廣推恩之大義，報垂世之偉功。即使輔成志行泯然無聞，猶當崇祀，況其懿行已有可稱者乎？從祀議是。"（李楨本）

上周諫議從祀啟聖祠議　　明　張守剛

本府署印同知張守剛議："先儒周敦頤父周輔成，據起家，則名登甲第；語遊宦，則績著專城。有至行以推重於梓桑，肆祀典夙崇報於鄉社。是誠先儒之可述，允為後學之共欽。況其篤生真儒，倡明絕學，使天下後世得尋孔孟之真傳，是功雖不在於其身，而實寄於其子。揆之程、朱因子及父之義，程、朱之父既稱先儒從祀，則周惇頤之父亦稱先儒從祀，良非過也。"（李楨本）

---

①　"陈"：当作"程"。

上周諫議從祀啟聖祠議　　明　俞士章

提學僉事俞士章議："程、朱為宋室醇儒,而其源則出自周濂溪。程子之父珦,朱子之父松,俱於嘉靖年間以子之故從祀啓聖,而尚不及周子之父輔成,豈非闕典?父以子重,非甚不肖,亦宜從饗。況珦、松固賢,而輔成以進士起家,宦遊有善政,鄉賢有名裡,人品盖不在珦、松之下。木本水源,程、朱之父既得徽殊恩於前;情同事類,濂溪之父亦得脩盛典於今。此崇儒重道,真讚揚風美之急務也。"（李楨本）

上周諫議從祀啟聖祠議　　明　李得陽　詹貞吉

左布政使李得陽、按察使詹貞吉會議："重道崇儒,乃朝廷馭世之大典;表衽風後,亦有司易俗之微權。矧先儒周元公敦頤,續千載理學之正傳,而其父諫議大夫輔成,啓百代人文之道脉。今嗣其學,如程、朱二先生反得推崇所生,祀之啓聖。輔成生有惠政,歿有榮名,僅僅俎豆於其鄉,詎非數百年之闕典歟?及照褒前錄後,禮制宜同。查得正統年間,順天府推官徐郁曾奏:'復其家,已荷俞允,今獨不可追祀其先,以風勵後學乎?'應如議題請於是。"（李楨本）

上周諫議從祀啟聖祠議　　明　郭惟賢　徐兆魁

巡撫都御史郭惟賢、巡按監察御史徐兆魁會題："為三楚儒先,輿論有定,祀典獨遺,懇乞聖明俯賜一體從祀,以重本源,以隆文教事。看淂道有開先,禮隆報本。周敦頤起宋天禧間,默契道體,首倡正學于聖遠言湮之後,俾孔孟道脉斷而復續,迄今《太極圖》《通書》,學士家尊之與六經等,其有功于斯道甚大。而推遡篤生之自,則其父周輔成也。人因道重,敦頤久在從祀之列;父以子崇,輔成何獨遺啓聖之祠?況程、朱之學,皆本自敦頤真傳,而二氏之父,如程珦、如朱松,先於嘉靖年間伏荷賜允,從祀廟食百世矣,輔成歷官有善政,居鄉稱鄉賢。方之珦與松,其好脩行誼,以表鄉閭同;其篤生哲人,以維道脉同;論賢,宜比肩而合席;論功,當祭川而先河。迺珦、松久祀于廟,與顏曾諸氏均裡,而輔成止祭于鄉,未獲同珦、松配食,此非所以隆報稱而昭大公也!

事有崇乎儒先，而實關于世教。典偶闕于徃昔，而實待于明時。稽之士論僉同，非徒光借俎豆，惟是斯文一體，自當推報淵源。臣叨役地方，不敢拂輿論之公不舉，泯徃哲世德之休光不揚。既經司、道勘議，前來相應題請，伏乞勅下禮部再加查議。如果臣等所言不謬，查照程珦、朱松事例，進周敦頤父周輔成從祀啟聖。庶海內人士仰見皇上崇儒重道之典于前有光，而礪世磨鈍之意永之無窮矣。"

奉聖旨："礼部知道，礼部覆疏為照。"（李楨本）

禮部覆疏曰："道以人傳，父因子重，自古然矣。我國家崇儒重道，欲以敦化明倫，故既以程灝、程頤、朱熹從祀於孔子廟庭，又以程灝、程頤之父程珦，朱熹之父朱松，從補於啟聖公祠。無非推尊崇道學之源，顯示扶世立教之意。典固甚鴻，而義亦甚深遠也。然攷自微言既絕，而倡明斯道者，周敦頤也。其篤生賢嗣，而俾有功斯道者，周輔成也。有輔成為之父，而後有敦頤為之子。有敦頤倡之先，而後有程、朱繼之後。道一源流，學同弓冶，追本窮源，宜其重則俱重，祀則俱祀也。乃程、朱二氏，既得因子而推恩於其父，而輔成一人，獨不得以父而食報於其子，當時議者豈以從祀者在著述，而輔成鮮所闡繹歟？及查輔臣張孚敬、申明、程敏政之說：'臣竊觀聖學失傳千五百年，至程、朱出而後孟氏之統始續。則程、朱之先亦不可缺，況程子之父程珦封永年伯，朱子之父朱松諡靖獻公，朱松其歷官行，已俱有稱述。臣愚，乞將程珦、朱松從祀啟聖祠。'此當時珦、松從祀之由，亦不過論其賢而已，初未嘗及於著述何如也。今觀永《志》：'輔成名高甲第，望重鄉評，善政屢徵于宦遊，令德累霈乎贈典。'想其為人，固亦闇然自脩而有日章之實，殆非沒世不稱、後世無述者。即與松、珦較隆比烈，何多讓焉？是以三子而論，則昔之善教者重在父，均有得于義方；以三子之父而論，則今之從祀者重在子，不專在乎著述。若輔成者，雖錫之以贈諡，允宜；而列之于俎豆，奚忝？今松、珦儼然從祀已久，而輔成不預並侑之列，委為闕典，既經湖廣撫按會官詳議具題前來，似非出於一人之私。臣等博采史傳，廣加諮詢，深見協乎輿論之公，相應將輔成准其從祀啟聖祠，與珦、松一體追崇，庶足以慰先賢尊親之望，而對天下好德之心。謹據實覆請，恭候命下臣等查照崇祀禮儀，開坐另題施行等因。萬曆二十三年七月十七日

本部尚書兼翰林院學士範謙等具題。二十日奉聖旨："是。周輔成准從祀啟聖祠。"（李崍慈本）

　　欽遵擬合通行。為此，合咨前去，煩為轉行所屬，照依程珦、朱松等主式，造辦木主，選吉期，各處有司正官，用綵亭鼓樂等項，迎主至啟聖祠，捧安於先儒程珦之上。安畢，仍備祭品告祠，祭告於啟聖公，行禮如常儀施行等因，准此，擬合就行。為此，案仰本道官吏，照依咨案，備奉欽依內事理，即便轉行各屬，一體欽遵查照施行，各具遵行緣由、繳查等因，奉此擬合就行。為此，案仰本府官吏，照依案驗內事理，即便轉行各屬一體。欽遵查照施行，仍各具遵奉緣由，徑報查考等因，奉此擬合就行。為此，帖仰本縣官吏，照帖備奉欽依內事理，即將周輔成照依程珦、朱松等主式，置備木主，選擇吉辰，該縣正官用綵亭、鼓樂等項，迎主至本縣儒學文廟後啟聖祠，捧安於先儒程珦之上。安畢，仍備祭品告祠，祭告於啟聖公，行禮如常儀施行等因，仍即會同吳縣一體遵行，逐一完備，申報本府，以憑擇吉迎送府學文廟後啟聖祠中安位。完日，即具遵行過緣由，徑自申報撫按二院、兵糧二道查考，仍申本府知會施行，俱毋違錯未便。須至帖者。右帖下長洲縣准此。萬曆二十三年十二月　日，吏丘從周帖押。（周與爵本）

書　院

景定三年壬戌十二月三日御書賜道州"道州濂溪書院"六大字額
（周木本）

宋理宗賜御書"道州濂溪書院"額

　　景定四年二月日，御賜"道州濂溪書院"額。先是，道州守臣楊允恭援九江書院額請於朝，上御書"道州濂溪書院"六大字，錫以璽書，馳賜之。（李楨本）

宋理宗賜御書"道州濂溪書院"額

　　御書六大字鑴于石，石高丈有三尺，闊半之，圓首龜趺，中鑴小字

四，曰："緝熙殿書。"蓋以璽文，曰："禦書之寶。"下鑴《道州守臣楊允恭謝表》。(吳大鎔本)

謝賜道州濂溪書院表　　宋　楊允恭

濂溪書院在道州州學之西，今爲廟祠，所以尊事元公也。先任守臣張公援九江書院故事請于朝，丐賜勅額上篆。皇帝御書中書緝熙殿書用寶，蓋大書"道州濂溪書院"六字，因有謝表，臣允恭言：

正月二十六日，准尚書省劄。十二月三日，恭奉宣諭，指揮降下御書"道州濂溪書院"碑額一軸，給賜本州，臣卽以躬率闔郡官僚，恭詣道左迎接望闕謝恩，祗受訖者。伏以星奎啓運，洪儒傑出於瀟源。雲漢為章，綠字煥新於黌宇。鸞迴鳳翥，魚躍鳶飛。臣恭惟我宋之右文，乃有臣頤之倡道，接孔孟之丕緒，闡圖書之正宗，睠是舂陵，實其鄉國。田園數畝，元豐之書契尚存；林壑一丘，治平之題墨猶在。況道郡得名之非偶，而濂溪為保以至今。臣曩職采芹，茲叨分竹。念書塾之興，凡曆幾載；荷禦扁之賜，獨一九江。顧惟父母之邦，未沐帝王之寵，闕然鉅典，鬱若興情。不量遠地之微，臣妄覬上天之妙筆。奏函朝上，宸翰夕頒，昭回六字之晶芒，鼓舞一方之衿佩。茲蓋伏遇皇帝陛下，緝熙聖學，表章儒先，襲前朝之羡，諡曰"元"。昔舉易名之典，屈天子之尊臨於學，肇開通祀之儀，煥乎麗藻之文，賁此維桑之裡。臣祗承犧畫，如對龍顏，結霧霏煙，永作九疑之輝映；光風霽月，喜同多士之詠歸。臣無任瞻天望聖，激切屏營之至，謹奉表稱謝以聞。臣允恭惶懼惶懼，頓首謹言。
(周木本)

聖旨改賜南安軍周程書院為道源書院
(周木本)

景定四年癸亥七月旣望御書賜南安軍"道源書院"四大字額
(周木本)

賜御書道源書院額

景定四年，御書"道源書院"四大字賜南安軍，從守臣饒應龍之請

也。（李楨本）

重請道源書院額申狀

朝奉大夫權知南安軍兼管勸農營田事郭庭堅狀：照會攄脩職郎南安軍軍學教授趙希哲狀，備學生侍省殿進士軍學學正張桂偕三縣縣學諸生等狀陳：竊惟本軍江右支郡，而道學創堂宇書籍，一一完備，教養生徒講明理學，亦有倫敘經。今多年未勅扁，委是闕典，桂等伏見諸郡應新創書院去處，並蒙朝省賜額，以示表章，如本軍所刱書院，乃周程三先生親相授受之地，較之他處，事體不同，乞備稟本軍，特與敷奏朝省，照諸處體例，特頒勅額，上以昭公朝尊道之忱，下以屬學者慕道之志。因依希哲，恭惟天佑國家，瑞鍾濂洛，闡千古不傳之秘，為萬世斯文之宗。家誦其書，人祠其像。姑九江以濂溪曾寓于此，而濂溪書院立焉；隆興以濂溪曾宰于此，而宗濂書院立焉；至如吉之廬陵，止必太中公曾尉于此，而鷺洲書院又立焉。凡數書院，皆蒙勅額，例拜宸翰。天下學者咸謂周程之道，周流廣大也如此。豈知南安為郡，雖號江西築底之地，實周程父子、兄弟、師友、親相授受之所，道學源流，發軔于此，又與九江、隆興、廬陵事體判然不同。書院雖已刱建，視他處反為闕典，士心勃欝，深切耻之。希哲猥以菲才，濫司冷橡，事關名教，豈敢自嘿，所攄軍學正及三縣縣學士人張桂等列名，狀陳前項，乞備稟朝省照所在書院事例，特賜勅扁，仍以“道源書院”四字為額，上以彰公朝尊道源之所自出，下以屬後學廣道化之所自行，實非小補。所攄狀稟前項，本軍施照。

寶祐元年六月，内前政知軍吳寺丞革已嘗備錄教授趙希哲狀稟：聞朝省乞詳酌本軍所創書院，即非遷就附會，苟務美觀，所請勅額亦非妄希恩私，或礙格法，特賜敷奏，照宗濂、鷺洲書院例，特以“道源書院”四字為額，所有教導之職，合委山長一員，并乞行下吏部，就行本軍軍學教授，以兼道源書院山長擊銜，未准回降。今再攄軍學教授趙希哲狀稟，如前照應，庭堅虞庠諸生蒙恩予郡，實在江西盡頭，去秋祇或涉歷隆興、臨江、吉州、贛州，始至南安軍入境之初，見得此邦氣象夐與江西諸郡不同。地連吉、贛，而民無珥筆之風；景接溪峒，而士多絃誦之習。獄犴空閑，公庭寂靜，是皆薰染周程餘教，故使人知禮法，俗尚朴淳，至于今未泯，賢者有益於人國如是也。其他諸處，特以濂溪、二程先生昔所經從，追尋轍跡，務取美名，奏聞朝廷，皆獲宸翰，士類忻榮焉。而南安一郡，德星會聚，三賢相逢，啟闢道源，親的授受，闡前聖數千年不傳之秘；發後學千萬世明理之機，實開端於此郡。而未被雲漢昭回之光，士民顒顒望賜，蓋已久矣。洪惟聖朝恢張文治，上自壁流崇化之宮，下至諸賢讀書之室，例拜奎畫，金璧輝煌，以昭人文之美，至道學根源之地，聖恩決不於此而靳惜。今本軍教授趙希哲擇日受代，猶且備一郡士子之詞，祈請逾切，其志可謂厪矣。本軍檢會吳知軍元稟事理，在瀆鈞威，欲望公朝特與敷奏，乞賜御書"道源書院"四字勅額，乃仍乞剳下吏部，今後本軍教授，并帶道源書院山長入御，使周程三先生傳道源流之所昭明扵天下，豈惟一郡士民之幸，抑使四海學者知所趨向，其於風教，實非小補。須至稟聞伏俟指揮檢會，昨據本軍申上件事。十月二十一日，奉聖旨："令南安軍以'周程書院'特改賜'道源書院'為額，仍令本軍教授兼山長繫銜，及下道源書院，吏禮部照會外右剳報南安軍，准此。"（周木本）

請道源書院額文字碑　　宋　趙希哲

寶祐五年十月二十日，敕南安軍以"周程書院"改賜"道源書院"為額。先是寶祐三年，知軍事吳革備軍學教授趙希哲狀上請，略曰："恭惟天祐國家，篤生濂洛，闡千古不傳之祕，為萬世斯文之宗。家誦其書，人祠其象。故九江以濂溪曾寓扵此，而濂溪書院立焉。隆興以濂溪曾宰於此，而宗濂書院立焉。至如吉之廬陵，止以程太中公曾尉於此，而鷺州書院又立焉。凣數書院，皆蒙敕額，例拜宸翰。天下學者咸謂周程之道周流廣大如此。豈知流派固通天下，而淵源實始南安。自慶曆四年，元公以部使者辟本軍司理。六年，虔州興國令程公珦攝倅本軍，知元公非常人，令二子師之。二子卽純公、正公也，南安之人至今每自負曰：'吾州雖斗大，三先生父子兄弟師友，傳授斯道實始於此。'觀此，則本軍又非他郡比矣。今九江、隆興、廬陵，皆賜敕額，而本軍書院尚未蒙賜，幾於沿流而不知遡其源，士心怫鬱。誠願朝廷照例賜之旌寵，特以

'道源書院'四字為額。上以彰公朝、尊道源之所自出，下以勵後學、廣道化之所自行。其於世運，實非小補。"(李楨本)

請道源書院文字碑　　宋　郭廷堅

至是，知軍事郭廷堅又狀請之，謂："南安一郡，德星會聚。一賢相逢，啟闢道源，親相授受，闡千聖數千年不傳之秘，發後學千萬世大明之端。而所創書院，未被雲漢昭回之光，士民顒顒望賜已久。洪惟聖朝恢張文治，上自辟雍崇化之宮，下至諸賢讀書之室，例拜奎畫，金璧輝煌，而況道學根源之地，亦何惜聖恩而不使之昭明於天下哉！"

奏上，敕賜："如其請。"(李楨本)

謝賜道源書院表　　宋　郭廷堅

臣廷堅言：十二月十五日，奉敕改賜"周程書院"為"道源書院"，臣即時集本軍官吏望闕謝恩，遵奉施行者。伏以昭明理學，遵聖朝家法之源流；褒表儒宮，示天下士心之標準。俞音誕布，善類交歡，臣廷堅惶懼惶懼，頓首頓首。臣竊以洙泗而降，正統浸微，濂洛之間，真儒輩出。莫大乎北面尊師之禮，首行於南安弼教之堂。自吟風弄月以詠歸，得其傳矣。至立雪坐春而請益，擴而充之。敞祠宇以奉安，儼德儀而如在。諸生雲集，一境風移。荷九重賜，號以渙恩，俾百世因名而求實。茲蓋恭遇皇帝陛下，心融太極，道體純乾。玩明通公溥之舜，踐真履實；守視聽言動之誠，倚見參前。偉三賢授受以闡端，以四字發揚而疏寵。臣敢不仰承綸綍，俯勵佩衿！欽慕前脩，歸魚躍鳶飛之造；更祈全美，頒鸞翔鳳翥之書。臣無任瞻天仰聖，激切屏營之至，謹奉表陳謝以聞。臣庭堅惶懼惶懼頓首頓首謹言。寶祐三年十二月日，朝奉大夫知南安軍、兼管內勸農營田事、臣郭庭堅上表。(周木本)

再謝賜道源書院表　　宋　饒應龍

臣應龍言：伏蒙聖恩，以御書"道源書院"四大字賜本軍，臣謹率闔郡官僚同諸生迎奉，祗奉望闕謝恩。昭揭書院者，伏以天筆渙頒，表道源之自出；儒宮壯觀，作士氣之維新。恩被沚莪，春生庭草。臣惶懼

惶懼，頓首頓首。竊以孔孟徃而微言絕，歷千餘載以無聞。周程生而正
學明，為五百年之名世，雖濂溪、洛水同出斯脈，然西江橫浦實開其源。
觀當時師友之適逢，信此地傑靈之非偶。一圖手授，闡無極太極之真；
六畫心傳，發先天後天之秘。文風肇始，流派至今，遺書皆口誦以家藏，
故老尚耳濡而目染。久創書堂而教育，方祈宸翰以表章。鳳翥鸞翔，自
九天而來下；鳶飛魚躍，慶千古之幸逢。茲盖恭遇皇帝陛下盛德，日新
多能，天縱行而王，行而帝。心正身脩，作之君，作之師，俗移化美。
輒輟萬機之暇，特頒四字之書。備八體之端嚴，聳群瞻之鼓舞。臣敢不
嘉興青佩，期副洪恩。如溥博，如淵泉，驗川流之不息；其追琢，其金
玉，仰雲漢之為章。臣無任瞻天望聖，激切屏營之至，謹奉表陳謝以聞。
臣應龍惶懼惶懼，頓首頓首謹言。景定四年七月日，朝奉郎權知南安軍、
兼管權農事、臣饒應龍上表。（周木本）

御書“道源書院”四字跋　　宋　饒應龍

　　臣若稽載錄，慶曆已酉，元公周頤為南安理掾，適太中大夫程珦攝
通守事，一見異之，遣子純公顥、正公頤受學焉。傳道之源，實肇於此。
乾道乙酉，教官臣郭見義設祠於三先生肄業之地。嘉定已卯，守臣劉強
學改闢于學宮之東，而書院之名未立也。淳祐壬寅，漕臣江萬里始屬守
臣林壽公創置書院，而勅額未頒也。寶祐乙卯，以守臣吳革有請賜今額，
而奎畫猶未睹也。臣以菲才繼守此邦，竊惟天下講學之地，如紫陽、如
白鹿、如鷺洲，如稽山、如建康之明道，鄂渚之南陽、江陵之公安，俱
蒙宸翰褒表，南安為道學發源之地，乃獨闕典，可乎？輒因便民之情，
頓首以聞。

　　適際丞相臣侶道主張於廟堂之上，侍禦臣堯道贊決于氈厦之間，乃景
定癸亥七月既望，恭拜聖恩，以禦書“道源書院”四字。仙毫絢彩，燁
乎光風霽月之清明；天墨流香，灑然甘露祥雲之霑潤。儒宮改觀，吾道
生輝。臣謹率僚屬士民東望百拜，對揚天子休命。迺闢高閣，是崇是揭；
迺新傑閣，以寶以藏。冠帶雲集，舞忭胥慶，曰：“我生何幸！得置身于
先賢過化之邦。復拭目乎聖君風勵之筆，其為道德之歸有日矣！”臣慨念
木鐸絕響千有餘歲，至我宋始有周程三君子出焉。春陵、洛水相望凡幾

千里，橫浦之遇，乃若合符。元公時猶年少，人莫知者。太中乃獨有孟僖子之識，命二子以仲尼之事，卒為濂洛之真儒，繼洙泗之絕學。人乎？天邪？

　　臣又念三先生之講學于此邦，三尺童子皆知景慕，乃越百二十餘年而後有祠，又七十八年而後書院始創，又十三年而後敕額始頒，又八年而後雲章下賁，襃崇之典至今日而始備。人乎？天耶？天之福此邦者若此，其厚君之念此邦者若此，其勤則仕于斯者盍曰："一命以上皆可行志，毋徒忙偈而坐糜廩祿也。"學於斯者亦曰："仲尼、顏子所樂何事，毋徒弄筆墨以徼利達，庶乎無負扵天，無負扵君。"《詩》云："倬彼雲漢，為章於天。"臣敢以此歸美扵吾君，追逐其章，金玉其相，臣敢與同志者自勉，以報吾君作人之造云。是歲十一月初吉。朝奉郎權南安軍、兼管內勸農營田事、臣饒應龍拜手稽首謹書。（周木本）

請禦書江州"濂溪書院"四大字奏狀　　宋　劉元龍

　　承議郎監察御史兼崇政殿說書劉元龍狀奏：臣恭惟皇帝陛下潛心聖道，游意藝文，內而上國明倫之區，外而先賢垂教之地。凡有關於風化，悉寵畀以奎章。所以粉澤皇猷，表章儒學者，亦既渥矣。竊惟先儒元公周頤，續斯文之正統，為吾道之宗師。淵源所漸，士風聿起。近年以來，如白鹿，如紫陽，如鷺洲，如宗濂等書院，是特沿其流而衍其派者也，莫不並蒙賜額，均拜敕書。矧江州濂溪書院，廼元公晚年卜築之地，闡明理學，歸宿于斯。光霽灑落之標，今猶可挹。矧書院鼎創亦四十年，雖蒙賜額，而宸翰龍光，猶未之及，庸非闕典歟！臣昔嘗濫長斯堂，竊有志於此，而當路無與敷陳者。今幸密侍清光，親逢嘉會；敢申蟻懇，上紊燕閒。願分雲漢下飾之光，垂賁風月無邊之地。伏望聖慈，特禦神札，作"濂溪書院"四大字賜江州，標揭院額，于以發揮正學，崇廣儒宮。使元公之教，因奎璧而增明；而斯道之光，與日星而俱煥。其於風教所係，實非小補。仍乞下臣此疏，剳本州照會。候禦書到日，涓吉迎奉裝揭，不勝斯文之幸。伏候敕旨："照得儒臣周頤，高遠清曠，悠然自得。太史黃庭堅，謂其胸中灑落，如光風霽月。江州濂溪書堂，蓋其晚年卜築之地。若上之人表顯而寵光之，所以風士習，美道化，豈不盛

哉！”六月二十六日，三省同奉聖旨，依右劄付江州。淳祐十二年六月日。（周木本）

謝賜濂溪書院御書表　宋　劉元龍

臣元龍言：七月二十七日，承鄧閣長傳奉聖旨，以臣奏請特降御書“濂溪書院”四大字賜江州者。無極太極，《易通》演伊洛之傳；大書特書，宸畫照濂溪之上。仰惟四大字之扁，實垂千億載之輝。聖恩誕頒，吾道增重。臣元龍實惶實懼，頓首頓首。

竊以木鐸不振之後，道僅傳於孟軻、子思；說鈴益肆之餘，學粗聞于董生、韓子。爰暨我宋，迺生周頤。以天挺賢哲之資，應奎聚文明之運。探索乎一理二氣之妙，發明於四有十篇之書。本之剛柔善惡而立言，定以中正仁義而主靜。程氏受其微旨，朱熹集厥大成。顧池蓮淨植而濯清，與庭草自生而交翠。實元公晚年築室之所，為溢浦今日立教之規。遺像儼如高風，鎮在遭逢上聖。嘉惠昔賢，肆褒表於門閭，用親題於標榜。龍翔鳳翥，豈徒誇楷法之精；魚躍鳶飛，實盡出陶鈞之妙。見者皆肅，昭然發蒙。恭惟皇帝陛下道冠百王，心涵三極，筆正本乎心正，藝成由於德成。凡行義之有聞，殆崇獎之幾徧。遂揮神翰，增賁奚堂。臣蚤嘗游此讀書，晚又專其講席，粗尋顏子之樂處，頗識曾點之詠歸。致身清時，執經翠幄。愧無裨於聖德，乃誤被於隆知。寫為昭回雲漢之章，自天拜賜；揭諸吟弄風月之地，與日俱新。臣無任感天荷聖，激切屏營之至，謹奉表稱謝以聞。臣元龍實惶實懼，頓首頓首，謹言。淳祐十二年八月日，承議郎監察御史、兼崇政殿講書、臣劉元龍上表。（周木本）

賜九江書院額

（吳大鎔本）

江州謝表　宋　章琰

臣琰言：伏蒙聖慈，以御書“濂溪書院”四人字賜本州，臣謹率闔郡官僚同諸生迎奉祇受，望闕謝恩，昭揭書院訖者。五星奎聚，開濂溪正學之源；四字天頒，侈廬阜寓居之地。慶綿道統，歡動儒紳。臣琰惶懼惶懼，頓首頓首。

切以鼇斷有初，鴻濛既判，繫主張綱維之所寄，皆後先述作之是資。畫卦造書，由伏羲而筆始；合仁與義，至孟軻以無傳。慨遺響之莫聞，僅如線之不絕。天開聖宋，日振斯文。先臣周頤，鐘秀春山，實天禧戊午丁巳之歲；徙居湓浦，在熙寧壬子之年。愛風月之無邊，從丘園之自號。於焉築室，于以著書。凡陰陽動靜之根，與明通公溥之要，微則密探于造化，顯而有補於治功。多從是塾以講論，用廣其徒之傳授。至如白鹿，有若紫陽，標榜雖殊，源流則一，彼已久垂於象緯，此猶未被於龍光，屬翠幄之從容，思皇猷之顯設。儒臣有請，天子曰俞。偉漢章宸藻之飛騰，到雲岑岸竹之寂寞。幾年欠闕，一旦輝煌。俾兩儀四象大業之生，益彰體用；視九疇五福庶民之錫，允協訓彝。此蓋伏遇皇帝陛下精一執中，文思光宅。乾旋坤轉，莫窮運用之機；日就月將，尤篤緝熙之益。儻關世道，悉軫淵衷。或褒表於先儒，或錄存其後裔。皆以示斯人之趨嚮，抑惟闡此極之會歸。遂能臻政教于清明，猶不靳昭回於賁飾。敢期偏壘，遽沐殊榮。臣適忝郡符，欽承天筆。萃魚躍鳶飛之士，瞻鸞翔鳳翥之文。莫不盥手爭摹，洗心欲鏤。俯思仰稱，實踐真修。師道立則善人多，已共識推崇之旨；資材用而天下治，願永觀作成之功。臣無任瞻天望聖，激切屏營之至。謹奉表稱謝以聞。臣琰惶懼惶懼，頓首頓首，謹言。淳祐十二年九月　日。朝散大大祕閣修撰、主管沿江制置副司公事、兼知江州主管江西安撫司公事、提舉南康軍兵甲事、節制蘄光黃州興國壽昌軍馬臣章琰上表。（周木本）

書禦書濂溪書院字石刻下　　宋　章琰

淳祐十二年，皇帝更新大化，臣護戎江上，宅于是邦。秋有詔頒畀禦書"濂溪書院"四大字，"賜江州"三小字，俾臣奉以昭揭，蓋可禦史臣劉元龍所請也。

濂溪，本臣周頤舂陵所居故里，熙寧間，以母仙居縣太君墓齧于水，力疾乞守南康，以偕改葬。畢事上印分司南京，後追愛康廬山水，因堂其下而家之，表以故里名，示不忘父母邦之意也。年深淪廢，越淳熙四年，郡守臣潘慈明，因故址始復為堂。嘉定六年，郡守臣趙崇憲，於堂之旁益以書院，始聚五邑士而教之。又五年，郡守臣丁煒循四書院比，始卽濂溪之名奏請為額，距于今天筆煥揚，典文大備，又三十餘年矣。惟臣頤，斡道祕於聖遠言湮之日，孔孟而降，無能先之者。今天下書院雖多，莫匪演其學，然徃徃不出於儒先之表建，則本於後學之企思。至於身親其間，以家為學，嗚斯道以終其身，則濂溪學之沂泗矣。根荄芽甲，同本大化，天下之道，疇非帝王之道哉？雨露所被，雲漢昭回。搢紳學士，固有以仰見皇帝陛下通變善治，求仁必世，用心之的矣，詎徒然恩榮為侈哉！顧臣職兼教化，愧未能宣暢大德，與夫人共由聖道之中。矯首鸞飛鳳翥，照映草萊，用以識君父嘉惠儒臣之盛心云。具官臣章琰謹書，寶祐三年乙卯十月二十一日。（周木本）

古心攝江西倉日行下州縣建濂溪書院牒

當職暫攝庾事，凡關於職守，不敢以暫焉苟且，其中則尤有當急先者。伏見本朝大儒濂溪先生周元公，心傳道統，為世先覺。平生遊官，多在江西。慶曆元年，為洪州分寧縣主簿，曾被堂檄攝袁州盧溪鎮市，四年為南安軍司理參軍。至和元年，改大理寺丞，知洪州南昌縣。嘉祐六年，遷國子博士，通判虔州。八年，行縣至雩都，游羅岩，又在吉州萬安香城寺送別虔守清獻趙公，皆有題詠。熙寧五年，始居江州。今袁州萍鄉縣與江州，皆已建立書堂。惟前數處未有表章之者。況南安乃是二程先生傳道之地，其關係世教尤為不小。牒所屬州縣，各令踏逐山水幽邃去處，只湏草創書院三間，或誅茅為之，擇有志于學者數員，俾講誦其間，不必宏侈，姑記其地以俟來者。雖未有田，州縣學不妨時暫供給，畢事具申，別作施行。備帖分寧、南昌、雩都、萬安等縣，仍牒贛州南安軍。（宋刻本）

賜御書“學達性天”匾額

康熙二十六年四月二十日，聖祖仁皇帝特賜御額，親書“學達性天”四字，蓋以璽文，曰御筆之寶，遣官由京沿送，勒之廟額。從湖南布政使司張之請也。（周詒本）

謝賜學達性天匾額表　　清　周嘉耀

博士周嘉耀謝表奏為恭謝天恩事："竊惟臣祖惇頤，謬叨理學，誠通誠復，當日衹自明性命之理、無極太極，後世為有功世教之傳。今荷皇上心存重道，志切崇文，命天使而揚麻草野，仰金蝌之顯赫；頒御書以廣化遐方，頌玉簡之輝煌。特遣使臣禮部主事佛、內閣中書永，於康熙二十六年四月二十日，來宸章于北闕，頒御額于南天。先祖何緣，欽逢寵錫！小臣有幸，重沐皇仁。臣於是日恭設香案，望闕謝恩，衹領懸訖，普天生色，闔族增榮。澤被沼茞，窗草新霑化雨；香生几席，池蓮喜沐春風。此從古僅見之盛典，亦先朝未舉之洪施也。竊念臣一介寒儒，舉家唧結，深荷高厚之鴻仁，難酬汪洋之大德。瞻帝闕而叩首，聊盡微臣之心，覿天顏而抒誠，少竭頂踵之報。理合具本稱謝以聞。"（周語本）

濂溪書院说　　清　吳大鎔

書院之麗于褒崇，何也？賜額宸翰，絲綸皇皇，先後作記，諸君子莫非表章道學，景仰先生者，是亦崇奉之類也。按舊《志》，王道州會《圖考》曰："濂溪書院在州學西，以祀先生者也。"宋紹興己卯，知州事向子忞始祀先生于學之稽古閣。淳熙己未，郡博士鄒專遷於敷教堂。壬戌，知州事趙汝誼重建，並塑二程先生像。嘉定間遷今所。元至正間，判官吳肯、山長區誠、戴世榮、郡士蔣通復先後修葺。明初修建之詳無考。弘治正德間，知州方瓊、知府曹來旬相繼修理。其制，後為正堂，像設如舊；前為拜廳，歲久傾圮。嘉靖壬寅，御史姚虞檄視州事，通守金椿重建，嗣孫翰博周繡麟捐貲增成之，費縮未備。甲辰春，予為增飾，前有墀，高丈餘，舊廣不盈數武，繡麟伐石增砌，廣平周正，前左為御碑亭，卽宋理宗所賜"道州濂溪書院"額，外為儀門。嘉靖辛卯災。越十四年甲辰夏復建，為樓三間，扁曰光霽樓。又，外為欞星門，舊用木。正德庚子，大參鍾舜臣以石易之，門臨通衢，左右二坊曰繼往、曰開來。弘治壬子，僉憲戚昂鼎建其右，宗子居之，為文獻世家之門。吉水羅洪先扁其堂曰"特恩堂"，前為仰濂樓，俯瞰濂水；後有太極亭、愛蓮亭。有山曰"太極峯"，岡巒聳峻，石磴盤紆，城郭之勝觀也。（吳大鎔本）

亭　臺

書院之麗，褒崇是矣。亭台諸記胡為者，有書院以崇奉之。故亭池臺榭，皆因書院而作者，是亦書院之類也，非他藝文之可比矣。（吳大鎔本）

尤溪縣傳心閣銘并序　　宋　張栻

乾道九年，知南劍州尤溪縣事石𡼐，既新其縣之學，復建閣于學之東北，命工人繪濂溪周先生、河南二程先生之象寘於閣之上，而列經史諸書於旁。新安朱熹名其閣曰“傳心”，而𡼐又以書請銘于廣漢張栻。

栻竊惟自孟子沒，聖學失傳，歷世久遠，其間儒者非不知尊敬孔孟而講習六經，至攷其所得，則不越於詁訓文義之間而止矣。於所謂聖人之心，所以本諸天地而措諸天下與來世者，盖鮮克涉其藩，而況睹其大全者哉？惟周先生出乎千載之後，而有得於太極之妙，今其圖與書具存，道學有傳，實在乎此。二程先生始嘗受學于周先生，而其自得之深，充養之至，精粹純密，更益光大聖門之大全，至是發明無遺憾矣。夫以孔孟之心至三先生而後傳，則三先生所為傳心之懿，在學者可不深求而力體之乎？然則建閣而設象，將使聞風者猶有所興起，而況於登其閣而拜其象者乎？所以表示學者之意於是，其遠且大矣，是宜銘，其詞曰：

惟民之生，厥有彝性。情動物遷，以隳厥命。惟聖有作，純乎天心。脩道立教，有覺來今。孰謂道遠，始卒具陳。俾爾由學，而聖可成。鄒魯云邈，異端日滋。白首章句，悵悵何之。惟子周子，崛起千載。獨探其原，以識其大。立象盡意，闡幽明微。聖學有傳，不曰在茲。惟二程子，實踐其徽。既自得之，又光大之。有渾其全，則無不總。有析其精，則無不中。曰體曰用，著察不遺。曰隱曰顯，莫間其幾。於皇聖心，如日有融。於赫心傳，來者所宗。有屹斯閣，尤溪之濱。翼翼三子，繪事孔明。儼然其秋，溫然其春。揭名傳心，詔示後人。咨爾後人，來拜於前。起敬起慕，永思其傳。于味其言，於攷其為。體于爾躬，以會其歸。

爾之體矣，循其至而。爾之至矣，道豈異而。傳心之名，千古不渝。諮爾後人，無替厥初。（周木本）

道州州學希賢閣記　宋　葉重開

春陵學官有閣，直明倫學堂之後，扁曰"三元"，刱于紹興之戊寅，去今幾二百甲子，棟朽礎窳，板檻撓折，至者岌岌，如登敝舟然。重開分教於此，蒞官云始，史君趙侯首訪，以學校闕事，雖郡計倥傯不暇給，猶先後緩急，有告必可。自是遠近學者樂侯嘉鄉之意，鼓篋踵堂，項背相望。越明年，郡政順理，民物裕和，會別駕呂侯下車，相與領客飲酒，在類諸生，合辭以閣為請。侯粲然興内，曰："是故朝夕往來于懷者。"卽日命兵馬監押趙彥杕董其事，匠則傭工，役則稟兵，財則取諸節遴之餘。不宿勞，不重費，未再浹日，奐然一新。旁及禦書樓，先賢祠，齋廡庖庚，皆補苴彌縫，使亡憾。闔境人士，拭目誦言，請記其成。迺進諸生而諗之曰："是閣之新，侯于諸生將有勸也。是閣之名，于古孰攷，於問學孰切？"言未既，有請於列者曰："執柯伐柯，睨而視之，猶以為遠。欲以'希賢'更故名，可乎？"蓋取是邦濂溪先生《通書》所謂"聖希天，賢希聖，士希賢"之義也。重開不覺斂衽，發歎曰："先生唱明絕學於軻死無傳之後，其書淵粹簡古，本之以太極，殆與八卦九章表裏而無愧。二程先生親得其指，擴大而究極之，使斯道晦而復明。有志之士，無有他鄉異域，舉知起敬起慕，而況於春陵乎！嚮也不知所以尊信，怵於俗，誘於利，獨於科目是羨，一觸其機，翻然悔，遽然覺，確然致其欲希之意。今而後，知先生之道愈久而愈光，春陵之士可與相期於遠到之地而無疑，侯之施為不虛矣。"

重開既為之誌，且有告焉。嘗聞學不可以躐等，道不可以一蹴而進，先生之言行，其可傳者固在誠。能即先生之所言者，從而玩味之；攷先生之所行者，從而履蹈之，所詣愈精，所得益深，則自賢而之聖，自聖而之天，可以循序而致矣。此又至誠無息之功，有始有卒之效也，有志者，其茂勉之哉！眾皆曰："唯。"侯名彥駿，呂侯名濟，淳凞己酉六月初吉，栝蒼葉重開記，永嘉盧永年書。（周木本）

希賢閣銘　　宋　謝諤

古栝葉重開，字元之，分教於舂陵也，不為徒行，何則？邦有前老先生濂溪公，究其言行而致其意焉。為名教計，乃取先生士希賢之訓，為榜州庠之閣，卷卷乎斯文，以惠乎無盡。元之過余鄉，遣其子脊門索銘，義所激也，然則不躄。銘曰：

聯聯翩翩山九嶷，有虞帝君昔於斯。因鐘正氣公非私，當此豪傑應此奇。遇我皇宋出以時，問之何在其濂溪。所得孔顏植根基，間生兩程蕃其支。晦菴復為增光輝，泮宮名儒更溗思。榜之高閣為後詒，念念不忘宜在茲。紹熙元年五月初七日，臨江謝諤撰。（周木本）

無欲齋記　　宋　黃榦

家本仲訪余於于山之下，相與讀周子、程子以及先師朱子之書，探其端緒以求其本原。至於周子無欲則靜之旨，本仲喟然歎曰：“入德之要，其在茲乎！”是可以名吾齋矣，盍為我言其義。余嘉本仲擇之精，信之篤，幸吾黨之有人，斯文之相墜也，為之言曰：

寂然不動，心之體也。事物未接，思慮未萌，湛然純一，如水之正，如衡之平，則其本靜矣。蔽交於前，其中則遷，而欲熾而益蕩，感物而動者，既失其節，寂然不動者，亦且紛紜膠擾，而不能以頃刻寧。動靜相因，展轉迷亂，天理日微，人欲日肆矣。故主靜者所以制乎動，無欲者所以全乎靜，此周子之意，而亦有所自來也。艮其背不獲其身，行其庭不見其人，主乎靜也。且晝之梏亡，則夜氣不足以存，無欲則靜也，豈惟聖賢之教為然哉！春夏，陽之動也；秋冬，陰之靜也。方其靜也，一物不生，萬籟不鳴，木反于根，水凝于淵，不若是無以噓眾陽而生萬物。及其動也，物各付物，天何心哉！天且無心，欲何有焉。不若是，無以肅羣陰而成歲功矣。天且不違，而況於人乎！夫健順五常，性也。精氣百骸，形也。君臣、父子、夫婦、兄弟、朋友之交，道也。徇耳目口腹之欲，以厭足其蕞爾之形，靜以賊本然之性，動以害當然之道，上以逆天地之化，下以違聖賢之教，于禽獸奚擇焉。誠能反而思之，天之所以與我者，如是其尊且貴也。先立乎其大者，則小者莫能奪焉。視世之功名、富貴，人之所大欲，眇然若浮雲之在太空，而況車馬、衾裘、飲食之間乎！蓋將與造物者相從於沖漠之境，而非人世之所能羈縻也。所謂襟懷灑落，如光風霽月者，其所養可知矣。周子推明無極動靜之義，以繼孔孟不傳之緒，而斷之以無欲則靜之一言，至其論聖學，則曰"無欲則靜虛動直"，論養心，則曰"無欲則誠立明通"。然則聖傳之樞要，學者之塗轍，果不出於斯言也哉！（周木本）

濂溪大富橋記　　宋　趙櫛夫

道州道縣西出郭二十里，有村曰濂溪樓田保，元公故居實在焉。未至故居二百餘步，有水瀠紆隱隱如青羅帶者，濂溪也。溪之上有小石梁，橫跨乎青羅帶者，大富橋也，舊傳元公年十三時釣遊之所，其然豈其然耶？余牧春陵，春秋行舍菜禮，每詣故居，兒童父老莫不懽言其事，則亦信乎其然也。於是周覽山川，徘徊左右，顧瞻遺像，生色凜然，為之嘆曰盛矣。

元公父子祖孫，道義之尊，即吾夫子之宮墻闕里。然櫨几格龕，及諸器用色色弊陋，殊非所以尊崇之意。蹟前有廢浮屠，創小學以為教育周氏子孫之地，而於故里，似未加詳焉。余誤握符，比来帑藏赤立，甚欲一新其棟宇而莫可。粗能革其一二，又不能並其橋與亭而新之，是余一大欠事也。一日，周之子孫主祠者天棋，樞衣造庭而告余曰："先生既嘉貴故居之儀式矣，橋則天棋將積月俸而新之，亭雖未創，不可無記，以詔當世，以垂後来，天棋竊有請焉。"余應之曰："龍山、豸嶺之差峩，濂溪、營水之演遶，鐘而生元公焉。上以繼絕學扵往聖，下以開後覺扵將来，其功蓋不在孔子下。少年釣遊於此，意豈真在魚耶？蓋亦與子釣而不綱者同一意，余何言哉？"既而思之曰："元公道無淂而名，然橋釣遊而名大富，其義安在？嘗讀《易通》而知之，有曰：'天地間有至富至貴，可愛可求'，非富乎？又曰：'見其大則心泰'，非富之大乎？夫富一也，富貴之富小也，道義之富大也。見其大而忘其小，志於道，則富貴不足道，大哉富乎！其道義之富乎？此橋之所以名也。登斯橋者，毋以釣遊籍口，盍有得扵言外之意云。"咸淳丙寅七月。（胥從化本）

永州倅廳拙堂記　　宋　曾幾

余兄子迪，丞零陵郡，名其堂曰"拙"，以書來告曰："叔父幸為迪記之。"問其所以名，曰："昔濂溪周先生之倅是邦也，實作《拙賦》。迪無他伎，能庶幾乎先生之拙，故名。"余曰："古之人自以為拙者多矣，潘岳《閒居賦》，柳宗元《乞巧文》，極言人巧而己拙，然岳諂事賈謐，乾沒不已。宗元附王叔文、韋執誼，規權逐私，察其實，與司馬安何以異？顏魯公拙扵生事，舉家食粥者數月；陽道州催科政拙，自考下下，此真拙者也。余聞豫章黃魯直之論濂溪曰'短於取名而惠於求志，薄於徼福而厚於得民，菲於奉身而燕及煢嫠，陋於希世而尚友千古'。其自為謀，誠拙矣。二程先生一世師表，而問學淵源實自濂溪出，工於道乃如是。當世名卿大夫如清獻趙公，東坡先生，余外氏孔公父子，皆推尊之，惟其實也。今汝之名是堂也，將由拙以入於道，真有志者。不然，雖文如潘安仁、柳子厚，適足以自欺耳。循名而務實，尚勉之哉！"迪於是書諸石。紹興二十八年四月二十日，灔川曾幾記。（周木本）

拙堂留題　　宋　曾迪

迪為兒童時，先公尚書嘗以外祖孔公司封郎中《邵州新遷學記》，及舅氏舍人《祭濂溪先生文》示迪，令熟讀之。他日過庭請曰："司封舍人父子，天下偉人也，不妄許可，敢問先生何如人也？"先公整冠肅容而言曰："此清獻趙公、正獻呂公之賓客，而明道、伊川二程先生所從問學者也，小子志之。"先公既沒十有四年，而迪以紹興丁未來倅零陵，適繼先生遺躅九十二年之後，暇日得清獻詩於廳事壁間，已而得《釋菜祝文》于邵，又得《通書》《太極圖》《拙賦》，與夫《墓銘》於先生之家，嗚呼！先生得聖人不傳之道，簡易純粹為一代諸儒倡，將使學者心得之，是豈可求之言語文字之外，徃徃茫然不知所從，入或至於白首紛如者有之，甚可哀也。迪既刊先生之文，以廣其傳，又以先生事實及諸公詩文附其後，將與同志共進此道，其庶幾乎不墜先公之訓云。紹興戊寅上元日贛州曾迪謹書。（周木本）

邵州希濂堂記　　宋　楊萬里

余謝病免歸，僵臥空山，與世不相聞者，今三年矣。故人邵陽史君潘侯燾獨不我斁，千里遺騎，蹟門移書，請曰："邵，故濂溪先生舊治也。治平四年，先生以永州治中來攝，若稽壁記不書；爰諏故老，皆無在者。燾欲求其學道愛人之遺風以範焉，而不可得。獨潘公興嗣，謂其為治精密嚴恕，隱然有當於吾心。迺即治之西偏，因屋之廢者闢而為堂，命曰'希濂'。聽訟于斯，讀書於斯，退食游息於斯。晦菴先生聞之，喜曰：'精、密、嚴、恕，四者未有合而言之者也。合而言之，尤有意味，此非近世所謂儒者之政，漫漶以干譽者也。'余於此當深有發矣。因為燾大書三字，扁之堂上。惟老先生精微之意，微潘公疇能發之？微晦菴疇能領之？微先生疇宜記之？"余賀侯曰："甚善。然亦難言也，苟似精，譎似密，刻似嚴，弛似恕，皆非也。去其似而非者，則得其精微者矣。抑侯請大之，老先生不云乎，聖希天，賢希聖，士希賢。侯也希濂，希其四也，盍充其四以上達其三乎？充其四，達其三，希之大也，希其四而已矣，云大乎哉！"余聞侯之為邵，其政簡而悉，明而能容，惠而民畏，大丞相益國公倡諸臺，以其最上聞矣，蓋其治源流有自云。紹興甲寅九月晦，誠齋野客廬陵楊萬里記。(周木本)

遊濂溪故里記　　明　周子恭

七泉子遊濂溪故里，自月嵒而下，至于安心寨，歷聖脉泉、風月亭、濯纓亭。月巖，得濂溪悟太極之因；聖脉泉，得山下出泉静而清之旨；風月亭，得光風霽月之趣；濯纓亭，得濂溪濯纓之處。始自濯纓亭，謁其家廟。自家廟而下，巡至于大富橋，家廟得濂溪肖像，大冨橋得濂溪誕生之地。世傳濂溪誕生，左龍山，右豸嶺。天垂象，五星聚奎；地獻靈，五星繞宅。嗚呼！龍山蒼蒼，豸嶺昂昂，五星不可見，猶存其一之半，信哉，不偶矣。同遊趙子冕作而曰："若是乎？聖人生之異也。濂溪曰'聖可學'，子亦曰'聖可學'，何居？"七泉子曰："吁！子慎毋以是沮志，毋徒以其在外者為也，子能反求諸其身乎。"月巖渾然太極，太極象吾之心也，聖脉泉象吾心之有本也，風月亭象吾心之樂也，濯纓亭象吾心之潔也，肖像象吾之像也，左龍右豸象兩儀，五星象五行，五行象吾之動靜五常也。子如以其在外者為也，則將頹然懼矣。子如反求諸其身，則凡茲故里之有者，皆子之有也。吾與子試言之，前乎濂溪生斯里者，同斯景也，何其不如濂溪也？吾與子又試言之，前乎吾與子遊斯里者，同斯景也，何其不盡如濂溪也？後乎吾與子遊斯里者，同斯景也，何其不盡如濂溪也？今乎吾與子遊斯里者，同斯景也，又何其不盡如濂溪也？嗚呼！在乎求而契之而已矣。遊斯里者，今為七泉周子恭，生斯里而同遊斯里者為趙子冕，為濂溪嗣孫翰林五經博士繡麟。廩膳生道，為州庠生李子尚德、李子樞、朱子道、翟子士英、熊子應祥、李子樘、黃子廷聘，凡十有一人。嗚呼！其如濂溪與不如濂溪，其求而契之與不求而契之，亦在乎自反而已矣。（胥從化本）

濂溪三亭記　　明　周繡麟

　　州城西十五里，樓田有山曰安定，其形似豸，名曰豸嶺，先祖實生其間。下有石竇，深廣不可窮。有泉溢竇而出者，即濂溪發源處也。泉沙湧湧，清徹見底，旱不涸，雨不盈，可漑可漁，可濯可玩。但溪小，不足以縱大觀，乃捐己田畝許，闢而廣之。波紋廻合，山光蕩漾，士之來遊來歌，莫不解塵纓，坐白石，掬飲清源，徘徊不能舍。上有石崖數仞，有古"道山"字。永守黃君焯，州守方君進大書"濂溪"字鐫其傍。先年，都御史秦君金、編修黃君佐、御史王君秀、兵備副使汪君臻，俱以公事且慕元公而來。及二府羅君栢、判府岳君鰲、許君岳，府推王君瑞之亦至。命州守方君進結一亭於道山下，扁曰"風月亭"。之前沿梯數步，即道順流而下有方塘，舊名"浴塘"。癸巳歲，構亭曰"濯纓"。構亭者，乃工部尚書何君詔、給事中劉君龍、叅議鐘君文俊、提學許君宗魯、兵憲副姜君儀，偕知府王君淛、判府崔君鳳、謝君明、節推黃君瑢、州守葉公文浩、同知嚴君玉、判官汪君庠也。嘉靖乙未，方伯林君廷榀、編修尹君襄，亦以公事至，如故里，僉曰："有風月、濯纓之亭，舍溪而可無乎？"遂攀崖而上，得地一區，若天設地造者，遂即其平而亭之，曰"有本"。州侯陳君大濩、三守吳君序、郡博史君秉彝、陳君嘉謀、陸君順真同建焉。竊惟三亭先後完美，當與山岳並峙。群公景仰先哲，表彰之盛，此亦可以觀矣。亭下大道，通濟徃来，歲久傾圮，行人病之。癸巳春，裔孫庠生道，謀諸族衆，各出己有而脩築之，採石鳩工，不數日而成。遊觀歌咏，徃者來，去者續，亦一時美事也。不肖忝尸司祝之末，因記三亭，以彰諸公表章之意，故併及之。（育從化本）

濂溪三亭記　　明　魯承恩

嘉靖己亥，承恩奉命来永，同知郡事。越明年春，以職事詣道州，過永明，覬山川雄勝，西顧濂溪，宛在几席，喟然曰："此先生故里，可不登其堂乎？"質明自邑里過月巖，乃先生讀書處。又自月巖至濂溪，先生裔孫五經博士酸齋，名綉麟，迓扵途，途次有山曰道山。山下一窟，其泉紺湧清澈，不盈不涸，可濯可漁。下有民田數百畝，皆飲其流，石上刻"濂溪"二字。前郡守黃公焯書，州守方進刻溪上。因舊亭址闢而構之，扁曰"風月"。前巡撫都御史、今大司馬秦公金以邊事至，維時巡按御史王公綉偕行，編修黃公佐、兵憲汪公臻、都聞周君邦佐皆先後至。公命郡佐羅君栢、岳君鰲、王君瑞之經畫。其事前州守方進、符鍾相繼落成。亭之左順溪而下有塘曰浴塘。塘之上有亭，前郡守、今大司空何公詔經始其地。王公浙繼公守永，遂終其志。偕同寅崔君鳳、謝君明、黃君瑢率州官葉文浩、嚴玉、汪庠先後協成，亭曰"濯纓"。時則給事中劉公龍、叅議鐘公文俊、督學許公宗魯、兵憲姜公儀，共成其美。溪流之上，方伯林公庭㭊偕編修尹公襄以祀事至，命州守陳大濩、吳庠建亭，名曰"有本"。君引余歷登其亭，俯躬揖曰："此諸公之惠我先公也，曷敢忘？"余曰："是非諸公之惠也，實先生自貽也。亦非先生自貽也，實天理在人，不得而泯也。"試與酸齋觀夫斯山與斯溪焉，前乎先生，山如此其峙，溪如此其流，人見其突然瀿然而已，孰為愛之？孰為亭之？自先生生于有宋，濂溪之名遂號稱于海內。自夫遠者望之，未有不以為斯山之高可擬泰華，斯水之深可敵江漢。及入其境，山僅尋尺，溪僅一線。幸托先生故里，突然者若增而高；瀿然者若濬而深。迄今數百年，過者必欲一入其境；至者必欲營建其亭。先生何待于是，慕其德者，匪是無以伸敬仰之私。

先生昔為道謀，銖視軒冕，塵視金玉，舉天下一無所動扵其中，曾何心於山水。顧先生之道今益光明與天地並，而一山一水淂以借重者，自百倍於天下。視夫昔人以平泉莊自況，禁嚴子姓，不欲以一石一木與人，安樂窩遺人，又不免鐹錢立券，認為己有。以先生之道觀之，皆未免於隘也。嗚呼！先生之道又豈有心於是哉，弗忘弗助，率吾之性有而已。不然王氏之新經、蘇門之字說，當年意氣，非不欲建天地，俟後聖，志有必為，反戈之禍尚不免於其躬。此皆未見其大，欲以一山一溪自私天下，後世孰敢以私與乎？三亭之建，諸公敬仰之心也，非諸公一人之私也，又何惠之足言耶。酸齋惕然下拜曰："有是哉，請為三亭記。"（胥從化本）

愛蓮亭記　明　劉虬

愛蓮亭者，濂溪先生之故迹也。先生有所著《愛蓮說》傳於世，故後人仰慕之不足者，作亭於泮宮以存遺愛，是與周人之思甘棠同一致也。嘗讀先生之《說》曰："蓮，花之君子者也。出於①泥而不染，濯清漣而不夭，亭亭净植，香遠益清，故獨愛之。"嗟夫！先生道德之高，非末學所能形容。而當時稱先生者，以為胷中灑落如光風霽月，是則先生與天地生物之心上下同流，何止於蓮之愛耶？故窗草不除，謂其生意與自家一般。然則先生之心，即太極生生之妙也。其愛於蓮，特以寓夫與世人不同爾。故謂："蓮之愛，同予者何人？牡丹之愛，宜乎眾矣！"味斯言也，先生之心固可識矣。雖然，此豈可以強而致哉？若先生者，殆天為未喪斯文，貞元會合而生也。上以接洙泗之統，下以開伊洛之傳，豈世儒之可擬倫？而一蓮之愛，又奚足為先生之輕重乎？然而今之故迹，人仰慕之不足者，獨何欤？蓋秉彝好德之真，自有出乎人心之所同然者爾。今先得人心之所同然者，有若寧遠武德將軍李源，實其人也。源居寧遠，雖繆武弁而尤好文事。暇日，慨然念濂溪故迹，雖有存於泮宮，而微愛蓮亭者，無以起仰慕遊觀之趣。迺咨於眾曰："濂溪先生為此邦之先賢，其流風霑被後人遠矣。源竊有感焉，願以私財撤愛蓮亭以新其瞻仰，不亦可乎？"於是縉紳之士莫不獎譽以成之。落成之日，邦人士舉酒斯亭，

---

① 於：當作"淤"。

咸相謂曰："斯亭之景，得江山之勝，泉石之羙，池蓮之植，皆未足以仰慕扵濂溪。"自今學士之登斯亭者，觸物興懷，其必曰："濂溪為吾邦之夫子，今源興廢舉墜，豈不曰吾幸逢雍熙之治？"昔人謂挽數石之弓，不如識一丁字。吾是以竊有感扵衷，以撤新斯亭為已任。將以俾泮宮之士有所感發而興起，思繼羙濂溪。雖或有未至焉，亦將曰濂溪有云希賢、希聖，當學顏子之學，志伊尹之志。庶乎新斯亭者，不為無所助云。予以巡考學政適臨是邦，有聞兹羙乃為文，碑刻置亭中，是亦樂道人之善之一也。李源，廬江人，世以武功顯。新斯亭也，亦足以觀其所好，而知其人矣。（胥從化本）

游月巖記　　明　顧憲成

予以歲之九月六日至桂陽，越五日有永州之行。行三日，徑道州，州大夫張四可氏出謁，予為問訊濂溪周先生故事。大夫曰："去州可四十里有巖，相傳以為先生悟道處，此一奇觀也。"予曰："何如？"大夫曰："《志》言岩形如圓廩，中可容數萬，東西兩門通道，當洞之中而虛，其頂自東望之如月上弦，自西望之如月下弦，自其中望之如月之望。先生則之以畫《太極圖》云已"。晤彭將軍哲菴氏語及之，亦曰信。予曰："有是哉？"明日遂偕徃，既至，歷岩而登，下而就几少息焉，徙倚四顧，奇石森列，滿壁而是，眉睫之間，变幻紛沓，應接不暇。即王子猷山陰道中不知有此否。哲菴氏曰："吾聞諸志矣，如走猊、如伏犀、如亀蹣跚、如鳳翱翔、如龍蛇蜿蜒，可謂筆端有盡。"予曰："未盡也。"擬為之名，卒不淂其似而止。遂與二君徐步而前，就其中望之，既圓且朗，果如所言，不謬。予因笑謂曰："今日望日也，故因有此已。"轉而西尋，却而東，所至輒佇立凝視，遞相嗟賞已。復登其巔，忽見白雲數點，冉冉從東而來，望之可數里內外。張君異之，指其處呼予而謂曰："是濂溪先生故里也。"予聞之，翩翩神王，爾時覺得兩腋風生，便欲乘雲而徃，攬濯纓之亭，飲其泉一斛，洗滌塵氛，徐而從先生乞《太極圖》也。

為之徘徊者久之，既而還坐其下，左右荐觴，觴到輒盡，主亦不勸，客亦不辭。清言亹亹，爾我俱失。薄雨既收，斜陽欲下，陶然相對，絪縕滿懷。興人竊竊從旁言："暮矣。"弗問也，從容謂二君："樂乎？"張君曰："當此之際，不知胸中有何物，亦不知天地間更有何事。"彭君首肯曰："如是如是。"二君還問予，予曰："亦復如是"。起而嘆曰："美哉！茲游也。無物內礙，忘矣。無事外碍，忘矣。內外兩忘，濂溪先生之所謂靜也。昭昭乎進于太極矣。吾儕偶爾寄適俯仰之頃，意象豁如，輒自有會心處，何況先生乎？其所得于茲岩之助豈少哉。雖謂則之以畫《太極圖》，未為迂也。昔子朱子疏《大學》格物之義，謂一草一木亦不可不理會。姚江王伯安非之，曰奈何舍內而徇外？由今觀之，何者為外？河之馬可以畫卦，洛之龜可以敘疇。天高地下，萬物散殊，新腐陳奇，總歸神理，人自為間隔耳。伯安穎悟絕人而所見若此，豈偶未之思與？吾于茲岩乎有悟也。雖然悟之非難，實有之為難。今夫先生之稱主靜，何也？主者譬如家之有長，國之有公侯，天下之有君王。不得一日而無，非若羈旅之暫来暫去也。吾儕幸徹須臾之暇，探奇討勝，回視膠膠擾擾之鄉，迥若仙凡，以故情暢神怡，灑然自適，退而與膠膠擾擾者交，卒亦歸扵膠膠擾擾而已，夫焉得而有之？不惟是也，吾與張君故生長吳越間，去此四千里。而餘彭君即楚產乎？家故赤壁之下，去此二千里。而餘生平傾慕先生如飢如渴，一旦得游其處以故，目若為之加聰，心若為之加爽。假令朝扵斯，夕扵斯，取諸衣帶之間，而足且將狎之以為故常，漫不加省，欲一幾希扵灑然，弗可得已。雖日居其中，與在膠膠擾擾之鄉，何異然？則向之所云靜者，不特如吾三人之居之去茲岩僅僅三千里或四千里而已也，何言悟哉！"二君稱善，就予索主靜之訣，予面壁不答。有頃，曰："其試問諸月岩。"遂各盡一觴別去。越七日，還自永州籍，其語而存之，用自省焉，兼以遺二君，是歲萬曆拾五年也。（胥從化本）

月巖亭記　　明　李發

濂溪周先生故里西十里許，有山曰月巖，盖先生嘗靜玩其間者。萬曆己丑秋八月，分察熊公行部道州遊茲巖，余與守戎彭君、衛使孫君、洪君、王君、魏君，庠士裴萬周四生從焉。五君為余歷指其處，見奇峯巍聳，層崖削矗，中為岩洞。洞門東西通往来，望之若城闕，入其中則弘敞虛朗，蒼蒼者出其上，盖巔空也，空且圓，如月之望。離而東西視之，又如月上下弦，其增減隨步履進退，故呼為月岩。然而太極陰陽、動靜消長之理備是矣。故世傳先生于茲悟焉，而圖所由作。余且觀且嘆，蓋嘆其肖也。徘徊久之，不覺臆中冷然曠然，似非在人世。尋陟於巖之巔，四顧峯巒羅披下鮮雲，灝氣互澣濛，又飄飄乎意象俱融。余復嘆曰："佳哉！巖其宇內一靈區乎！"孫君曰："巖固佳，巖中舊有濂溪讀書亭，峭石環壁，盛夏無暑，亭尤佳也。前改遷于巖外之東南隅，而中巖遂墟。"余乃躡其遺址，而諦視之，感絕學之復倡，懼名蹟之或湮，仰止興懷，亭焉可廢？廼復聚材鳩工，建四楹于其中，仍綴數言以志。先生之超悟，以為有天啓焉。夫道，無乎不有者也，非待月巖而始露也。在天成象，在地成形，仰觀俯察，何者非道之攸寓？第牿者、擾蔽者塞，道與我始相間隔，于是物自物，惡能因物以見道？乃若聖賢，其心湛然無欲者也。無欲故靜，真境內融則機象外朗，隨處俱徹則觸目皆道。即池蓮亭草，並發天趣，而況月巖之竅焉者乎？蓋無欲為豐本，光風霽月為生機，巖為幻相而圖為註腳，得之心而洩之巖，得之巖而洩之圖。心也，巖也，圖也，一也。卦之扵龍馬也，疇之扵神龜也，圖之扵月巖也，亦一也。天不愛道，垂以象。聖賢見道，悟以心。神乎！神乎！而天固啓之矣！五君欣然曰："若是乎，巖之果為圖耶。"然余又有說焉，卦至今在，而龍馬不可睹矣。疇至今在，而神龜不可睹矣。圖至今在，而巖且與並不毀，此其靈秀，豈直為馬為龜哉？假令先生未生，圖未作，遊茲巖者而試潛玩之也，有能悟乎？悟即不盡如圖，而且別有解乎？則豈樊之探奇選勝云哉？四生亦欣然，曰："若是乎，遊之益于學也。"是工也，始扵萬曆己丑秋八月二十日，成于冬十月之望。工既成，乃額其亭曰"道境真遊"，門曰"人間天上"，遂書之以紀時日，用諗後遊者。（胥從化本）

光霽亭記　明　林學閔

是亭也，在學宮之西，右為濂溪先生祠。蓋自學宮而上數武，有樓，樓之前有巨石疊障，高可三丈許，廣倍之。再轉而西，古木輪囷，森然林立。逶迤而下，一址為諫議祠，先生父也。祠不數武，有亭翼如，亭之中有石，刻《太極圖》，而顏其上曰"味道"。余不知所自始，然以余朔望視學，瞻拜先生必郵是亭，而博士諸生時時追隨，相與講明太極，載及《拙賦》《愛蓮說》，低回留之，幾不能去，庶幾羹牆先生也者。因憶黃山谷嘗言先生"襟懷灑落，如光風霽月"，有味哉！其言之也，溪于先生矣。請庚而顏之則何若？博士諸生進曰："昔葉文莊重作先生書院于江州，亦有是亭，亦有是名，乃當吾里而闕名亭也。"則惟大夫庚顏之餘，小子辟席唯唯，既而曰："嘻，有是哉！夫風與月，天地間之不盡藏，而人我之所共適者也。何適非我？何我非道？是真儒之大見解，而適得吾體者也。先生之學以主靜為宗，以無欲為入門。欲净理還，觸目天機，夫惡知風月之在心乎？夫惡知光霽之在風月乎？我忘物而物忘適。總之，在先生會心處耳。學閔不敏，叨守是邦，日治程書不皇，扵吟弄乎何有？然以俎豆事先生，而不能挹其光霽者，非夫也，小子何敢讓焉？"既又進博士諸生而為之說，曰："若知先生之光霽乎？先生居恒，志尹學顏，志卽是學，學卽是志，体用合一者也。"世儒耳視，猥云，"光霽廛廛，灑落在襟懷已耳"，不吊詭而離，則鑿空而禪。于先生有用之學槩乎未聞，夫心何以光霽？政何以非光霽？則小子竊有以窺先生之學，用不離體矣。先生簿分寧、理南安，令桂陽、判永州，已遷尚書虞部郎，浮沉世路，是不一政，而獄可立訊也，手板可投置也，洗冤澤物可為己任也，富室大豪、黠吏惡少可使更相告戒勿汙令君政也，浸假而究先生之用，志尹之志，不虛矣。余恐不知先生者岐心政而二之，則晦翁狀先生"為政精密，有古人風"者謂何？學閔州守吏也，在吏言吏，敢更端以為博士諸生告，庶扵先生之光霽，覿其全云。諸生撫然曰："命之矣。"請書之光霽亭，小子又辟席唯唯。（李楨本）

吟風弄月臺賦① 　明　蕭子鵬

緊斯理之沕穆兮賦我自天。維斯道之顯晦兮啟我孰先？粵宣父之継聖兮有顧其賢。微濂溪之默契兮殆泯厥傳。慨餘緒之不續兮千五百年。信授受之不偶兮維時適然。彼道有川，秀連衡嶽。文運斯南，雄公有作。涵德美以自潤兮純也無駁，發精秘以示人兮博也斯約。匪光風霽月之迥潔兮，曷擬襟度之灑落。司理是州，厥蘊孰覺。匪太中之卓識兮，将二

---

① 底本此處注云："成化十七年。"

子其焉託。顧兩程之速肖兮，真有得夫孔顏之所樂。欣吟風弄月以式歸兮，興有溢乎廖廓。遡厥源兮洙泗，振洪波兮濂洛。道有擴於前聖，教允淑於來學。茲按故治遺址，既蕪搜餘蹟以存誌，考格言而示謨，載墨厥土，載崇厥廬。嗚呼！江山如故，風月不渝。秉至理兮孰與覺，舍先哲兮吾誰徒。覬枕肱而飲水，試浴沂而風雩。揆茲趣之各適，蓋異世而同符。光風霽月，湛乎大虛。吟風弄月，樂其與俱。本體斯具，無外虧也。隨處而充，行以舒也。以清以和，一氣噓也。以明以澈，纖翳祛也。儕造物以共游，藐勢利而不拘。困與萬物而俱寂，達與萬物而咸蘇。庶乎特立以無我，不知真樂之在吾。卓有賢守，聿懷至德，想過化以存神，冀漸民而有澤，顧小子以式游。獲登臺而再謁，論誠立以明通。斯靜虛而動直，維俗無陋，維賢是則，安知斯土而非賢域，會有景仰於風流，不意心領而默識。（胥從化本）

府治後廳東吟風弄月臺記① 明　張弼

周濂溪先生為南安軍司理時，適程太中為通判，因遣明道、伊川二子從學，而卒有得焉，以繼徃聖、開來學而垂萬世太平之術。故南安府有道源書院於學宮之傍，固足以表著之矣。然昔之軍治，即今之府治，三子之冠容，與於斯者非一日，階墀堂序，尚遺舊址，流風遺韻，未盡泯滅，後人朝夕扵斯，寧無感觸而景仰乎？故因府治內廢臺，刊除草木，甃砌而屋之，而額之曰"吟風弄月臺"焉。

蓋以當時所記，濂溪志趣高遠，常自吟風弄月。程子亦云："自見周茂叔後，吟風弄月以歸，有'吾與點也'之意。"可見襟懷同一灑落，不可以勢利拘也。或謂周子政事精絕，程子為政上下響應。使遇焉，則伊、周不足多。舍此不及，而乃表其吟風弄月，將與騷人墨客流連光景者同科耶？噫！難言也。子路輩咸欲得國而治之，孔子獨與浴沂風雩之點，將無意於用世澤物者耶？是難言也。殆以人欲淨盡，天理流行，隨處充滿則隨事順應，斯與天地同心而萬物一體也。即吟風弄月者，舉一端而全體以著，大用以該。所以安百姓、育萬物者，實不外是。其為政精絕，

---

① 底本此處注云："成化十七年。"

上下響應，吟弄之一致耶？流連光景者，似若彷彿其致天壤矣！噫！是誠難言也，非淺陋所可窺也！姑書成語，揭之於臺，天下後世，必自有真識者在。

謹銘之曰：周程有臺，永鎮茲府。登勿乘輿，燕勿歌舞。先哲之遺，孰敢戲侮？圖書左右，風月今古。曰敬曰誠，闢我門戶。澤物洗冤，昭哉仁武！遹追仁武，斯民父母。庶克事天，弗愧守土。（胥從化本）

重脩吟風弄月臺記① 明 黃芳

南安郡治東有臺，曰吟風弄月，志周、程授受之地也。周、程，大賢也。賢者所過，有遺思焉，即其地，昭其迹，表賢以寓教，司牧者之所先也。四字掇程子語，程蓋假物象以狀有道者，心境融徹而吾雍容其間，倡醻孚洽，若有遇焉。故爾非流連光景之謂也。夫心本澄湛，淆之乃汙，汙則障閡不通，湛則混然與太虛為體，與太虛為體，故能同於物，同於物，故能隨寓以遂其樂而無間焉。學而至扵樂，學之極也。孔顏所樂何事，惟周、程知之。周子曰："見其大則心泰，心泰則無不足。"程子曰："金革百萬，與飲水曲肱一也。"皆身其事而形諸言者也。匪風其清，匪月其明。神和意閑，天君內瑩。隆污異寓，動止咸定。非深於造詣而遽語此味，則將以適然之感而指為耽玩之所安也。嗚呼遠哉！後人登憩斯臺，緬懷往躅；澡行勵操，洞啓靈祕；無以情撓，無以欲昏；沉潛優游，不懈益致，則斯樂可幾矣。臺成於前郡守張弼，歲久圮敝。今守南海何侯文邦始視事，輒構材新之，是誠知所先者。何侯歷官中外以政績聞，茲試端倪，未究底裏，既訖工，屬芳為記，且曰："文湏與政関。"予以清心體道為立政之本，僭繹其義觀者，或罪予蠡測所不敢辭。（胥從化本）

月巖辯 明 張喬松

道州月巖之勝，甲于天下，予聞而慕之久矣。戊戌之之冬，行部至州，事竣，遂徃觀之。遙望向東一巖，穹隆偃覆，高闊可二丈許，白石

---

① 底本此處注云："正德十六年。"

璀璨。謂之月巖，形果肖矣。北入洞，行數武，見石壁峭立，周遭圓潔，上透天光，宛如旣望之月。而西之一巖，其穹窿偃覆與東巖埒。同游諸彥指中空者謂予曰：「此月之望也。」指東西二巖謂予曰：「此月之上下弦也。」予亦信以為奇，若身遊廣寒清虛之府矣。已而徘徊諦視，幡然悟曰：此非月之望也，亦非月之上下弦也，盖中之圓虛通天者，非太極乎？由東西二巖觀之，非太極之動而生陽，靜而生陰乎？巖畔溪流縈紆如帶，而群峯矗矗森布扵巖之左右，如屏如戟，如鏞如笏，皆具五行之象，非太極之木、火、水、金、土乎？此天地之太極，不必假借，不必點綴，昭然在心目間，可一覽而竟者。州之肇名為道，或者其原扵此。惟其含靈蓄粹，秘而不洩，積至有宋奎聚之朝，周元公應運而生，靜養是巖之測，超然神解，作為太極一圖，以續孔孟之緒，是天地兆其象而元公啟其秘也。寧非羲畫禹疇，覩《河圖》《洛書》而成文乎？世之遊者，徃徃以月巖目之，殆未察乎巖之真體矣。予固表之為太極巖，後之達觀君子，玩太極之象，悟太極之理，默會元公心法扵千載之下，未必不以予言為然也。謹書之以俟。_(李楨本)

月巖　　明　莫英

山，天下有，有巖者秀；巖，天下有，有月者明。有東有西，而顯而晦，或上或下，一虧一盈。照天上日光之影，得山下泉氣之精。嗚呼！天有意，而巖之形始具；巖無心，而天之理已明。天示周子，周子示吾生。_(周誥本)

仰拙堂說　　明　路雲龍

粵稽至德之世，政悶悶爾，民醇醇爾。上如標枝，下如野鹿，氣渾以敦，俗蠢以樸，何其拙也！逮德下衰，純龐漸斲，智故橫生，辨騁于雕龍，伎淫於剪綵，上以綢繆文罔籠下，下以變幻捷給邀上，何其巧也！巧與拙易軌，而世道之汙隆升降從之矣，有道君子所為蒿目隱惕云。宋濂溪周先生判永州，嘗作《拙賦》，後人懷德，為建拙堂，尸而祝之，迄於今無斁。雲龍不佞，備員茲土，倏踰三載，無一善狀，高山仰止，竊有味乎斯言，因區座右而申繹其說。

　　夫今天下巧已極矣，拙意漸滅幾無餘矣，一切吏治、宦履、士習、民風，何者不敝於巧，而待救於拙？拙者，真也，天也。巧者，偽也，人也。先正云：“人無所不至，惟天不容偽。”是以《國風》罕譬於鳩鵲，漢陰厲色於桔橰。木彊后分，志士甘之；簧鼓脂韋，識者鄙焉。賦以德賊吉凶定品校，其旨嚴乎？故嘗伏而思之，藉令吏治拙，則有悃愊無偽增；宦履拙，則恬雅無速化。士習拙，則有闇修無競進；民風拙，則有耕鑿無囂訟。凡天下之父若子而拙，則有孺慕無相夷；兄若弟而拙，則有友愛無交瘉；夫若婦而拙，則有好合無仳離；師若友而拙，則有忠告無市交。又推而廣之，以學術鳴而拙，則有真詮無異教；以事功鳴而拙，則有實際無虛憍；以氣節鳴而拙，則有慷慨無賈譽；以文章鳴而拙，則有體要無孳牙。卑之至于醫巫之輩、胥史之倫而拙，則小道可觀，掌故足據而不承羞，不舞文。嗚呼！此正元公所謂“天下拙，百弊絕者”也。休哉，不可覩已！永隸楚南徼，兼蠻尚鬼，柳司馬至，概之八愚，固多自託，倘猶有古拙風乎？而元公則又鄉之大賢先達，所為百世師也者。雲龍至愚極陋，巧非質矣，尤懼夫似拙而非也。請繹其義以自警，謹并諗於有眾，寧拙毋巧，以無忘爾先賢喫緊提醒之意。庶乎日有改，月有化，駸駸見太上之淳懿，即變齊、變魯，不出一字中矣，是為說。（李楨本）

仰拙堂說跋　　明　韓子祁

　　韓子祁曰：“嘗見世之巧者，求名而名，求利而利，投罔不合，行罔不淂，心竊慕之至。效焉而不得其術，則自恚其拙甚。及觀元公《拙賦》，則喜因托以自解。乃今復讀《仰拙堂說》，益信夫巧不必慕，拙不必恚矣。夫拙，何足恚哉！說云：‘拙者，天也，巧者，人也。’任天而不任人，所謂不失其赤子之心也者。擴之則天人矣。元公《通書》曰：‘誠、神、幾。’曰：‘聖人拙，固近扵誠也。’其聖切之本乎！璞未雕也，而瑚璉具焉，絲未染也，而文章出焉，請堅守吾拙，以從事兩夫子之教。”道州知州韓子祁跋。（李楨本）

仰拙堂跋　　明　徐之孟

　　夫拙，難言也。有性拙而移于習者；有始拙而墮於終者；有名拙而失其實者。端凝者乘正，儇通者病之；木樸者率真，夸望者詘焉。簡靜者，不快于任事；恬夷者，不聞於當途。故夫拙之難也，旨哉！子周子曰："天下拙，百弊絕。"昔人刺永作拙堂，志羹牆之思，堂址今莫可考，而餘風猶在。我寅長漢畦公題視事堂之後曰"仰拙"，因為之說，謂天下事非拙無所用之，守吾一拙，可了師帥事。而尤拳拳望我士民僚屬，希一稟于拙，有如黜一切佻巧、諸調琢其天者，而惟斤斤端朴恬簡是用。典刑弊誠無不可絕，風可移，俗可易，比屋卽成化境，永固周南國也，追古化，行俗美，民淳事簡，弊何從生？晚季漸滅本末，滋偽滋奸，拙之賦其大有槩于中也。凡我同心，毋務近習失實，而始終佩繹仰拙之說，寧無負今日師帥之意，不庶幾先正追古之遺教乎！顧謂僚友何公肖竹、劉公澹銘曰："跋有遺指，請補之。"二公曰："兩公以言鳴拙，我二人以無言守拙。要於無失，故我足據，庸何言？"（李槙本）

崇本堂記　明　王直

崇本堂者，周浦所作祠堂之名也。祠以祀先，昔之作者未有名，今名曰"崇本"，尊祖也。萬物本乎天，人本乎祖。古者卿大夫、士，必有廟祀，廟制不行，於是而有祠堂，取尊祖之義以名之。使為子孫者仰而望，俯而思，油然興其孝敬之心，亦君子之所可者也。周氏之先，居汝之安城。晉太康中有諱浚者，都督楊州，又徙家秣陵。其後子孫眾多，散處遂昌、浦城、營道，代有顯人。營道之族，有輔成者，登宋進士第，為桂嶺令。實生先生，封道國公，謚曰"元"。先生嘗過潯陽，愛廬山之勝，攜長子壽家焉。壽之孫興裔，官至武功大夫、和州觀察使，領侍衛馬軍都虞候駐劄平江，請立先生祠于吳縣胥臺鄉道山之左。武功與金人戰，沒於福山，勑葬虞山東麓，子孫世守焉。宋世祠廢。有元盛時，浦之曾祖松江監稅文英復建祠於故址。監稅卒于江浙行省，照磨南奉祔於道山。子孫因家蘇城中。至正兵亂，祠又燬焉。浦之父、長洲教諭敏嘗欲重構，而力不逮。浦與淵，奮欲成父志。淵出為遂昌令，滿九年，銖積寸累得餘俸若干，欲以修祠堂，歸錢塘而卒。浦極力營建崇本堂於正寢之東。中祀先生，武功以下置列左右，凡器用皆具，繚以周垣。正統元年，朝廷尊崇儒道，凡聖賢子孫皆免徭役。其秀茂者，收錄之，恩禮至厚也。先生子孫之在姑蘇者，初由道而徙郡守，況侯驗其實，皆免之。浦既蒙朝廷之德，而益重本源之思。至是堂成，欲使子孫篤不忘其所自出，而恭敬奉承於悠久，既以"崇本"揭于楣，使其子融、縣丞綱來京師，因都察院司務鄒亮屬予記。

自孟子沒而聖人之道不傳，學者莫知所嚮。先生奮乎百世之下，負絕出之資，有默契之妙，繼徃聖，開來學，圖書之作，闡陰陽鬼神之秘，啟性命道德之奧，使天下後世曉然知聖人之道如日之麗天，其本自先生發之。今祀於宣聖之廟徧天下，蓋不忘本也，況為子孫者乎？禮不忘其本，而君子謂之仁，以其心之厚也。斯堂推本於先生而尊事之，信可謂厚矣。然君子之尊祖，豈獨祀享而已哉？遵其道，率其教，而不違焉，斯善矣。先生之道載之書，其所以為教者，蓋曰："誠，五常之本，百行之源也。"苟能存誠，則仁、義、禮、智之具於心，孝、悌、忠、順之見於事者，皆無有不實，此大賢君子事也，充而至於聖人，不難矣。今之學者，皆知讀先生之書，求其為教之本，盡心焉，則周氏子孫之當務可知矣。朝夕出入於此堂，仰先生之德容，服先生之教誨，皆有以明善誠身，處則為良士，出則為良臣，斯無愧於先生，無負於朝廷優待之盛意。崇本之名，不亦光遠有耀哉！是為記。資政大夫、吏部尚書兼經筵官、前國史總裁、泰和王直撰。（周與爵本）

題濂溪周先生崇本堂後誌　　明　韓雍

禮莫大乎祀，祀莫大乎本。故周家禋祭，首頌姜嫄；魯廟薦殷，猶稱穆考。有宋道國元公者，家世道州，其崇奉祀典，埒於孔氏之闕里，孟氏之鄒嶧，無容具論矣。其勅祠于古吳胥臺鄉，則先生之四世孫興裔也。其構崇本於家廟者，則先生之十一世孫浦也。興裔仕宋，靖康之亂，扈蹕南渡，以和州觀察使授武功大夫，駐劄平江，故得奏請隨任立祠焉。時興裔領侍衛馬軍都虞候，率部兵五百餘，鎮沿海福山港。與金虜對壘，四無堅壁，獨捍東南之衝，素以忠勇勵士。內外阻絕，猶張空弮冒白刃，陣陷身亡，虜截其左臂去，嘖嘖嘆為奇男子云。事聞朝廷，勅葬常熟之虞山，蔭其子昺為常熟縣縣尉。宋亡入勝國，八世孫文英復建於故址。至正間胡運將衰，又遭兵燹，傾圮數十年。迨我明正統改元，有詔褒崇道學，優錄先聖賢子孫，元公以倡明道統首蒙優恤，故十一世孫浦得被恩錄。浦居恒雅念水木本源，欲切羹墻之見，乃建家廟，名曰崇本堂。中祀元公神主，武功以下歷代考妣敘列左右，使子孫時薦。浦以文學補膠庠，博雅而壽，優錫品服。子綱為廣西柳州府融縣縣丞，有惠政，遂知縣事。後先十八載，因入覲謁太宰抑菴王公，作《崇本堂記》，立之家廟，綱子奎仍攝是縣，兼羅城、懷遠二縣。大藤之伐，從予於戎閫中，每言及其祖浦建家廟崇本之因，深用慷慨。余謂武功以忠孝之蹟，奏祖祠於前；浦以紹述之思，建家廟於後。綱復因後先之美，恢崇本雅意於景運昌明之時。斯皆元公道學開來之報，久而彌芳也。浦字玉泉，號安晚。綱字文敘，號謹齋。有《南遊藁》《周氏流芳集藁》《謹齋詩藁》《周氏族譜》藏於家。余在諸生時，耳安晚先生久矣，而及門之士，若侍御趙忠、儀部陳圭，皆耆儒碩德彥也。則先生以道學嫡派授之家，家美訓之世，世淑其自武功上達濂溪。實炳燿之語曰：“木大者陰繁，本固者末茂，干霄之樹，下蔽千輪。”其元公之謂歟？余不文，胡足為崇本重！竊以景仰之展，聊以續貂，抑菴而附於周氏之世譜云爾。後學韓雍謹識。

　　萬曆四年，崇本堂歲久坍頹，浦之嫡孫與相、與國、與爵重脩。蓋為神主浩繁，雜而不專，非所以副歷朝隆重之典，是以與爵於二十六年，呈請本府奉文捐貲，重建專祠於長洲縣絃歌里文山祠西，堂廡煥然，明禋如故，子孫世守焉。（周與爵本）

邵州愛蓮亭記　　明　劉謹

　　亭以愛蓮名，為濂溪先生作也，有質於彭子曰：“仁知之樂山水，特欣於所遇焉耳，豈其性以為悅而溺於喜好之偏哉？”彭子曰：“是則然矣，然天理人欲同行異趣，苟弗戾於中正之節，遂紛華盛美，足以當於人心，夫固為情興之所託而與玩物喪志者有異，況生意所屬可以比德於君子者耶？此蓮之所以獨愛於先生者，學者當求於色臭之外，而以仁知山水論之可也。”按，宋治平中，先生以永倅來攝邵事，慨州學之栵湫隘，卜遷於郭東南，以崇聖哲，施德化，邵人德之，然先生道承千載不傳之緒，量包萬彙一體之仁，襟懷卓犖，瀟灑出塵，固非規規事為之末者，觀《太極圖》《易通》及《石塘橋》《大林寺》諸作可想已。郡之東有沼，一區咸指為先生愛蓮所。蓮之愛雖未必由是也，然而前賢過化之跡，後學仰止之地在焉。故以願學而堂於斯者，則有宋太守傅伯崧氏以起其廢，以顧諟而亭於斯者，則有近別駕晴川劉魁氏以同其情，然規制未備，旋復舊圮。至於今，郡守鈞陽郭學書氏則講先生之學，而學於晴川者也，於是以政通人和之後，遷學物力之遺爱，從而更置之，為屋三閒，而龕其中，黝之堊之，表以坊示準的也。繚以短垣，示閑衛也，既成而配，則以晴川，示合德也。首事於丙辰之三月，迄工於是歲五月。蓋不愆於素咸底厥績矣。君子曰，茲舉也，其得先生之心，而會先生之趣乎？夫化機活潑器形而理寓，心神擬議目觸而感生，故蓮非徒愛，鳶魚之飛躍者，以示惟克念者不忘也，微先生則不知蓮之可愛，微郭公則亦不能心先生愛蓮之心。程子嘗曰：“昔受學周茂叔，每令尋仲尼顏子樂處所樂何事。”又曰：“自再見周茂叔後，吟風弄月以歸，有吾與點也之意。”噫，此固先生愛蓮之情，有非其說所能盡者，而其精蘊亦微。程子不足以發之，至人獨得之真，夫豈言語形容之跡能滯哉？否則方塘半畝，不過若耶之溪，大華之井耳，亭爾名之，何居？故曰：“公茲舉也，可謂得先生之心，而會先生之趣者也。”於此而游焉，獨不可以契天光雲影之神，而舂陵之景象，伊洛之淵源，不恍惚於心目之閒，而因以得躍如之妙於顯仁，呈露之所在乎？（鄧顯鶴本）

序　跋

舂陵續編序　　宋　葉重開

濂溪先生《通書》，傳之者日眾。舂陵本冣先出，板浸漫滅。重開既白諸郡侯，參以善本，補正訛闕，併以南軒、晦庵二先生《太極圖說》，復鋟木郡齋矣。今序次此編，名之曰《濂溪集》。其間諸本所不登載，四方士友或未盡見，采諸集錄，訪諸遠近，得之以類相從，分為七卷。或謂晦菴更定周子之書，至于再三，極其精審。凡銘、碣、詩、文附見諸舊裒者，悉從刪去，疑此集之雜，將無補於求道。重開應之曰：“晦菴發明正道之傳，示學者以純一之旨，擇之不容不精。”是書集於先生之鄉，凡片言隻字知所尊信者，猶恐或失之，取之不得不廣。又況先生之道，愈講愈明，學者仁智之見雖有淺深，然自遠而即近，由粗以至精，月異而歲不同，今而畢錄于此，觀之者宜知所適從矣，云云。淳熙己酉十一月庚申，括蒼葉重開謹書於希賢閣。（周木本）

婺本三書序　　宋　王夢龍

孔子歿虜微言絕，孟子歿而道統絕。晚周而下，枝為百家，蔓為異端，柎為傳注，華為辭章，泯泯棼棼，萬古如夜。其流禍之慘，天邊為之磔裂，民物為之糜爛，世道為之凋落，蓋千百年于此矣。及我朝而濂溪先生始出，泝洙泗之絕派，濬關洛之正源，至程、張諸先生而益明，歷朱、張、呂三先生而大備。立言詔後，是不一家。其尤大彰明者，濂溪之《太極圖》《通書》，橫渠之《西銘》，然皆理博而辭約，皆微而語邃，學者往往眩其大而苦其深。先儒踵作，有《解義》在，夢龍時取而沉潛饜飫之，犁然會予心，渙然泮予疑，淵源之奧，幾無餘蘊。猶懼夫人之不得盡見也，詎容不思所以廣其傳乎！因念昔龜山疑《西銘》，而伊川發明夫"理一分殊"之論。二陸疑無極，而晦菴推衍夫"無形有理"之旨。問不厭審，辨不厭明云云。嗚呼！《太極圖》《通書》，學《易》之門戶，以明夫三才萬化，異用而同體；《西銘》求仁之閫奧，以明夫天地人物，理一而分殊，學者沿流以尋源，則此編其舟航也。深造其原，誕登于岸，回眄津流，亦假塗爾，況舟航乎？紹定改元二月既望，山陰王夢龍序。（周木本）

書文集目錄後　　宋　度正

正往在富沙，先生語及周子在吾鄉時，遂甯傅耆伯成從之遊。其後嘗以《姤說》《同人說》寄之，先生乃屬令尋訪，後書又及之。正於是徧求周子之姻族，與夫當時從游於其門者之子孫，始得其《與李才元漕江西時慰疏》於才元之孫，又得其《賀傅伯成登第手謁》于伯成之孫，其後又得所序《彭推官詩文》于重慶之溫泉寺，最後又得其在吾鄉時所與《傅伯成手書》。於序見其所以推尊前輩，於書見其所以啟發後學，於謁、於疏又見其所以篤於朋友慶吊之誼，故列之遺文之末。又得其同時人往還之書，唱和之詩，與夫送別之序，同遊山水之記，亦可以想像其一時切磋琢磨之益，笑談吟詠之樂，登臨游賞之勝，故復收之附錄之後。而他書有我其遺事者，亦復增之。如近世諸老先生崇尚其學而祠之學校，且記其本末，推明其造入之序，以示後世者，今亦併述之焉。正竊惟周子之學，根極至理，在《太極》一圖；而充之以修身、齊家、治國、平天下，則在《通書》。吾先生既已發明其不傳之祕、不言之妙，無復餘蘊矣，其餘若非學者之所急。然洙泗門人記夫子微言奧義，皆具載於《論語》，而夫子平日出處之粗跡，則亦見於《家語》《孔叢子》等書而不廢。正今之備錄此篇，其意亦猶是爾。學者其亦謹擇之哉。嘉定十四年六月二十有八日，後學山陽度正記。（周木本）

書萍鄉大全集後　　宋　度正

云云。天地之間，理與氣而已。理中有氣，氣中有理、固不可離而為二也。然聖賢之示人有專言之者，有兼言之者。無極而太極，是指極至之理而專言之，夫子言性與天道，孟子道性善是也。太極動而生陽，靜而生陰，是合理與氣而兼言之，性相近，習相遠，中人以上可以語上，中人以下不可與語上是也。物得其理，所以成性；得其氣，所以成質。理反原，氣不反原。三代而上，異端邪說不作而民聽一，愚夫愚婦可以與知焉。自佛法流入中國，而人始惑矣。周先生所以著為是說者，蓋以發前聖之未言，啟後學之未悟，嗣遺音，續絕響，垂於無窮，其功顧不大哉！然先生以其光風霽月、灑落之習言之，今乃欲以急迫匆遽之心，矜其聰明，恃其智巧，欲襲而取之，宜乎讀之者多，而知之者無幾也。然則學者苟能虛心一意，積其操存之實，極其涵養之功，優柔厭飫以求之，夫何難致之有，學者勉之而已。云云。（周木本）

書萍鄉大全集後　　宋　胡安之

易兄綸叟昆仲，暇日攜所刻《周子大全集》見示，曰"願有以志其後"，愚謝不敢。他日論及無極而太極之旨，愚竊誦先師文公之言，曰："不言無極，則太極同於一物，而不足為萬化之根本；不言太極，則無極淪於空寂，而不能為萬化之根本。"又誦曰："無極即是無形，太極即是有理。"今雖多為之詞，無以易此言矣。綸叟曰："然則邵子所謂道為太極，心為太極，何耶?"曰："老師所釋，以名義言之也。邵子道為太極，以流行者言之也；心為太極，以統會者言之也。流行者，萬物各具一理。統會者，萬理同出一原。不知統會，無以操存；不識流行，無以處物，圖義備此。"綸叟又曰："文公先生曰'五行之生，隨其氣質，而所稟不同，所謂各一其性也。各一其性，則渾然太極之全體，無不各具於一物之中，而性之無所不在，又可見矣。'如何?"曰："各一其性，氣質之性也；性之無所不在，本然之性也。性之字義雖曰不同，然既有氣質，則本然之性，未嘗不具於其中也。"綸叟喜曰："請卽此二者志焉，可乎?"愚又謝不敢，綸叟固請，曰："學之功亦可以嗇於示人，而不廣資問辯之益乎?"愚無以對，因直錄所以相與酬答者如此。云云。紹定元年二月甲子，末學萍鄉胡安之叔器敬書。(周木本)

濂溪志序　　明　魯承恩

濂溪在道州西南三十里，昔為營道縣，今為濂溪保，宋道國周元公先生實生其地，故世皆稱曰濂溪先生。先生之學，不由師傳，默契道體。著書立圖，貫通乎天命人心之極，要不出乎人倫日用之常，上有以繼堯、舜、禹、湯、文、武、周公、孔子、孟子之絕，下有以啓伊、洛、關、閩之傳。凡今天下之人，讀先生之書，未嘗不喜慕先生之道。及究其實，得先生圖書之奧者，知窮神知化，而不知本乎孝弟，得先生踐履之素者，知事親從兄，而不知通於神明。

嘉靖乙未，承恩出守和陽，幸受教於師門，竊淑先生緒餘，以飾和陽之治，幸獲益甚多。今轉官永泉，寔先生故里。舟過匡廬，拜先生之墓於潯陽。入湖藩，謁先生書院於武昌。泛洞庭，登衡岳，涉浯溪，陟九疑，遡流而上，考先生始生之迹於故里。沿道山之麓，坐濂溪有本之亭，舉先生之道而詢諸永、道多士及先生之裔，皆得其言而不得其所以言。承恩憮然嘆曰："先生之道，昭如日星，流如江海，容光必照，群飲俱適，宜人人能知之，亦宜人人能言之。今備載簡冊，尚有疑而未解如是者，得非紀載之未備，傳播之未廣耶?"

嗚呼! 先生之道，書不盡言，圖不盡意，又何待於紀載? 何待於傳播耶? 學者真知先生之道，無待於紀載，無待於傳播，自吾心一念之微，推而極扵天下之大，萬世之遠，無一而非先生之道之所在也。苟未至扵是，又能無待于紀載，無待扵傳播耶。承恩不敏，知是志不可已也。於是搜羅裒集，近述遠討，凡一言一字関於先生之道，而足為斯道之發明者，首之畱像，以正其始。次之序例、目錄，以明其義。次之御製，以致其尊。次之遺書，以昭其則。次之著述、踐履，以紀其迹。次之事状、事証，以詳其實。次之譜系、譜傳、譜稽，以衍其裔。次之奏疏、公移，以取其徵。次之表、說、辨、賦、詩、記、序、跋，以俻其考。次之祭文、附錄，以稽其終。知先生之始，不自始也，始於堯、舜、禹、湯、文、武、周公、孔子、孟子，以啓其統。先生之終，不自終也，終於明道、伊川、紫陽，以継其傳。則先生之道，為天地立心，為生民立極，為徃聖繼絕學，為萬世開太平，先生有功扵斯世為甚大。

　　是志也，雖非先生之精蘊，然紀載之書，亦緒餘糟粕所在，庶亦有補於後學之播傳。烏可以為紙上陳言而盡棄之哉？志成，同寅渭北趙公儒，鄉彦石北朱子裒，見而誦之，慨然欲校正，以廣其傳於天下。先生裔孫五經博士綉麟，聞而力請授諸梓，承恩知是志也，亦天下之公也。慕先生之道者，無不欲求見乎是也，匪一家之書，亦當出為天下共謹述，其裒集之勲於首。是志也，創始於嘉靖已亥孟冬，續成於嘉靖庚子季秋。同官於是郡者寮属計若干人，生長於是邦者，縉紳韋布之士，共若干人。法得俻書，今載其姓名貫址於後，以見其一時共事，幸得多賢之助。餘紀錄有未俻，考訂有未精，又俟於後之君子詳加校正，以成是書之全。庶百世之下，於先生之道有所發明，則於斯世斯文未必無小補云。（胥從化本）

濂溪志叙例　　明　謝朓

　　濂溪先生圖書，為宇內《語》《孟》久矣，別著文若詩暨厥，狀譜與夫代襃而世述，則闚觀之士，或有所不盡見斯志之所由纂也。歲壬辰冬，覬署教道州，瞻拜先生像，旋得舊志，漫漶不易讀。讀之，而蕪穢也，謬誤也，重復也，欶次之舛紊也。蓋叅萃焉，曾是稱志，其愈能幾？而何恠乎後人之病之，而復刪為集也。今年春，州大夫涇原李公，以都臺北地李公、按臺渤海李公之命，重授剖劂，而屬不佞覬以釐校之役。竊不揣，稍刪定，而秡飾之，而羅其所可附者。析之為元公遺範，為芳蹟，為遺書，為雜著，為年表，為事狀，為諸儒議論，為歷代褒崇，為紀述，為題詠，為祭謁，為濂溪世系，欵凡十有二。儻亦井井乎，繹繹乎，其得當于大觀與否，覘安能知焉？嗟乎！天自高爾，地自厚爾，日月自明爾，先生之道豈待一辭贊哉？乃或私其門戶，抗使殊尊，謬執內外，以擯再傳，實陰主他家，混之先生宇下，而令先生卵而翼之，清泉可作必不謂然，而焉用撓撓撓亂天下，為蒙有猜焉？輒以質諸其人，然而未敢深論也。姑以志之例條之具于左。

一，志主圖書，苞舉雜著，他不得而先焉。唯是扶輿勃發乎千年，存著永承扵萬禩。芳蹟攸寓，肖圖在前，而光霽遺儀，必冠卷首，固志體然哉。爰論其世、其年表、事狀乎，乃諸儒之論核矣。自餘褒崇、紀述、題詠、祭謁，以次臚列，而所為譜系，則翰博之以故志，於是終焉。

一，圖書，備載註解舊志，蓋因性理云。州大夫李公曰："性理，人有其書，且試相與。"離故游新，吾烏知乎，非旦暮遇邪，而奚数数焉，不佞唯唯。

一，舊志謬誤頗多。如五行、太極二說，本黃幹所作，而以為程頤。此類猶其小者耳。乃元公《上二十六叔》與《仲章》二書，載之《漳浦王氏集》，而志析為四，不大謬乎？後書實六月十四日，志脫十字，又扵夏熱上增首字。觀度氏譜，以"可具酒果香茶告聞先公諫議"為六月十四日手帖，此足證志集之得失矣。二說不必入志，餘謬誤悉正之。

一，舊志，御制、奏疏、公移、表，欵凡四，故有強析，如謚議此列御製，役列奏疏是也。有重出，如優恤、疏旨，既列御製，復列公移是也。且徐郁亦題議也，何以不入奏疏而附見扵御製？賜額、崇祀皆恩褒也，何以不入御製而附見扵疏表？要之欵目既多，則割鮮舛夢，亦勢所必至耳。又如詔書稱御製是矣，"賜謚"僅一"賜"字，亦槩稱御製可乎？今易"御製"曰"宸綸"，與"公移"並號。褒崇如賜謚、賜額、崇祀皆宸綸也，而疏表各聯敘焉。蓋事統扵綱，文類扵事，前数者之病，庶乎免矣。

一，舊編於元公所著，先詩，次說文，次賦，次序。後人所作，先說，次賦詩，次記序。夫說不從記序為類，而詩賦居說、記之間，何也？諸記郡邑紊錯，又非盡論年代，雜言、記序重復為甚，其蕪者、贅者各卷多有之，茲並刪正。

一，年表，宋山陽度氏所譔，小有遺誤，今蒐補而考正之，諸野人誕語不使冒而入焉。

一，《濂溪志》，為元公設也，其以斯道乎體與家乘殊矣。第纘蔭承休，勿俾淆越，則舊志譜其後，系義亦攸當。顧蔓及小傳，家規與家乘何別焉？且鄙倍之辭，有元公之所不願聞者，今盡削之。所宜譜，乃刊其訛，以似以續，引于今日粲然睹矣。

一，舊志，止嘉靖庚子，庚子以前，亦頗有遺與。自辛丑而後，今蒐附焉。然而欸啓寡聞，遺乃甚矣，請以俟諸來哲。萬曆歲癸巳孟秋之望後學東莞謝睍識。（胥從化本）

贈博士周冕榮還序　　明　陳鑑[①]

洪惟皇上嗣大歷服之初，即有志於聖賢禮樂之事，然方有事北邊，雖未之及，惓惓焉。見於朝夕告戒臣工之辭，太上既還邊陲，甫靜，即詔郡國起先賢之後以來京師，命為翰林五經博士，俾歸奉祠事且延及於世，視孔氏子孫其盛典也。於是道之有司，以儒士周冕為濂溪後，具名以聞。翼日，詔吏部授之官，如前制。於其還也，翰林孔目宋先生謁予言曰：“冕字得中，實先生十有二代孫，其先人文裔兩掌，名邑之教，過庭之訓，得中蓋習之舊矣。僕嘗分教道庠，納交於得中父子，間知其不忝為先賢後也。其膺是命也，豈不宜哉。敢蘄一言為行贈。”

夫古所謂崇德象賢云者，特為先聖王之後，封其賢者，以主其祀，聖如孔子之後，有未及焉。至漢，始有公侯之封，而顏、曾諸大賢之後，則未與焉。我皇上崇儒重道，斷自宸衷，舉百王之所未舉，毅然行之而不疑，豈惟諸賢下地聞之，為之欣躍，而天下有志斯道者，亦將淬礪刮劘於光天化日之下，其鼓舞作興之機，為何如哉！雖然得中以英妙之年，警敏之學，適丁其時，薦進光耀如此，豈惟時之人歆豔景慕，以為不可及，而凡為之祖以上承先生，亦將恨其生之太早矣。然則得中亦知所以無忝厥祖哉，元公之言曰“士希賢，賢希聖，聖希天”，此得中之所當自

---

① 底本此處注云：“景泰七年。”

勉，慎毋以窟成自怠，中道自畫，則扲斯言，庶幾有徵。（胥從化本）

濂溪遺芳集序① 　　明　方瓚

天無意於堯、舜、禹、湯、文、武之道，則孔聖不生；天無意於孔、曾、思、孟之道，則周子不生。聖賢之生，誠不偶也。嗚呼！孔聖生而六經作，六經者，堯、舜、禹、湯、文武之道之實事也。周子生而晶書作，晶書者，孔、曾、思、孟之道之淵源也。周子生扲春陵，淂孔孟不傳之緒，啓伊洛百世之傳，其芳與孔子六經之芳殆無間然。而其十二世孫翰林博士曰冕者，手錄一冊，名曰《濂溪遺芳集》，出以示予，且屬以序。予初疑而嘆曰："大哉！周子之芳，寓扲晶書者，無以加矣！故先正嘗稱之曰：'先生之言，其高極乎無極太極之妙，而其實不離乎日用之間。其幽探乎陰陽五行造化之蹟，而其實不離乎仁義禮智、剛柔善惡之際。其體用之一原，顯微之無間，秦漢以下誠未有臻斯理者，而其實則不外乎六經、四書之所傳也。'其芳播天下、傳後世者，有如此其大，今復欲編《遺芳》一集，不幾於屋上架屋乎？竊意其不必然也。"於時博士悵然者久之，既而語予曰："晶書雖天下所共究，濂溪雖天下所共聞，然我春陵之所謂濂溪，所謂月岩與營道者，人未之見。愛蓮有池，池上有亭，亭池上下有光風霽月，人未之玩賞。我祖吟咏性情，愛蓮有說，示拙有賦，思親之類有詩。及其既徃，上而追封有制，下而奉祀有祠，或序或記，不一其文，是皆散在群書，或傳錄于家者，人未之悉究。他如世之文人才子，經春陵，睹遺跡，而慕濂溪者，稱贊有佳句；士大夫親見我朝崇儒重道，為我祖而賜冕以博士之官；其垂愛及冕者，亦贈有佳什；是皆我祖之芳默寓於山川，發越於吾儒，崇重於聖朝，垂裕於吾身，而晶書所載之未盡者也。茲欲鋟諸梓，傳於家，以及於人，人以便於觀覽，敢請一言序之，請勿疑予。"因其言，覽其集，始悟其意，而序之。

誠以營道一山，天啓周子以悟道之機；月岩一像，天啓周子以太極之理；濂溪一泒，天啓周子以斯道之源。而《太極》《通書》之芳，所以耿耿不磨者，誠有所自。若夫愛蓮之說，吟咏之作，及古今人之贊詠而

————————

① 底本此處注云："弘治辛亥。"

贈及其後裔者，乃其芳中之餘芳，是猶孔經之外復有所謂家語，實又六經大芳中之餘芳也，集以"遺芳"名，宜矣。雖然，博士是集，源流始末，井井有條，初非自多其一家之芳也。原其意，蓋欲發明周子之所以生於舂陵，而明其道以著其芳者，實本諸天，舂陵山水之芳馨，所以顯揚於天下者，實本諸元公。元公之芳，廣遠益著，而世承博士之寵，芳又本諸山水之勝。至於我朝聖天子作，興斯文，使天下後世之景仰先哲者，悉於是有所考正。博士之心，其亦深慰矣哉。（胥從化本）

道源書院集序　　明　黄佐[①]

南安貳守侯筆山氏既脩復道源書院，乃集其可徵者，為書以傳，適予趨召過之，俾為序。嗟乎！天地之心，中而已矣。聖人之道，中焉止矣。周子曰主靜；程伯子曰定性；叔子曰約情，其說若異，然存其所受天地之中，以學為聖人則一致也。周程授受，始自南安，而聖學昭焉。其斯以為道之源乎。吾嘗觀於大道既隱，善治何其箋如也。夫人蘊其心，而事物動之，利害相攻，而忿生邪。誘相感而慾生，忿慾生則爭鬭作，爭鬭作則禍亂成。聖人脩道立教，必視民使安其身而後動，崇讓禁暴，無卽慆淫，所以遏禍亂之萌，立人極而會歸之者也。靜之弗主，則動之弗慎。動之弗慎，則忿之弗懲，慾之弗窒，亡足怪者。《定性書》謂，怒時遽忘其怒，而觀理之是非，懲忿之要指也。《好學論》謂"覺者無縱其情"，至於邪僻窒慾之法言也。然其源則存乎《太極圖》之主靜，常能主靜以慎動，則性定而情自約。雖君相父母天下，以建中而寅亮者，其道亦豈外茲哉。嗟乎！周程授受，固善治之源也。梓行是書，俾人人誦而肄焉。其關於世教也大矣。矧西江自有宋以來，多文學忠節修潔之士，其俗喜隆師親友，而父子兄弟髫髦輩出。蓋周程過化之餘澤也。今蒞茲土者，自中丞克齋王公訒庵、吳公侍御蒲津、景公建及藩臬，莫不廣宣聖天子德意，以崇化理，南安其上游也，筆山氏敦厥學行以承流而播之，政且風厲乎人人焉。嗟乎！善治其自茲矣哉。（胥從化本）

---

① 底本此處注云："嘉靖乙亥。"

濂溪集序　　明　王會①

會官大學時，嘗得《濂溪先生年譜》一書，為友人借去，竟失之。猶記題引者為張元禎氏云。曾得《周子大成》書於某處，缺其中《年表》一帙，欲撿中秘書抄補之，以史②事嚴不及。其所謂《大成》書者，會迄未之見也。癸卯歲，拜道州之命，意故里家塾當必有之，幸當獲睹其全。既抵任，拜先生祠下。退而訪其嗣孫翰博繡麟，求家傳遺書，出《濂溪遺芳集》一冊相示。荒雜不倫，并《年譜》及先生述作，亦復闕遺。因嘆文獻凋落，當圖改刻，乃復出《年譜》抄本及搜錄詩文凡若干。會受歸而讀之，其間又多訛脫。乃謬以己意，畧加考定，而編次焉。曰遺書，曰事狀，曰年譜，曰歷代褒崇，而賢士大夫先後表彰著在紀述者，亦附錄之，使後之人有考，并圖其山川、書院於卷首。雖未能萃先生之大成，然學者遡是而求焉，亦可以得先生之大致矣，因題曰《濂溪集》。刻置書院，以俻是邦文獻之闕。若乃先生之學，則《圖說》《通書》固與《論》《孟》並行扵世，無待扵斯而後傳矣。(胥從化本)

刻濂溪先生文集序　　明　胡直

甚哉！學術之難言也，非學之難言，言之者異也。嘗試譬之，祖父之造家，莫不肇自南畮。樹穀務本，然後能操贏以殖其貨。此非獨人事，亦其勢然也。而後之子孫，徒見貨殖之利，唯旦夜持籌課筭，子毋記藉充棟，而居積自矜，遂捐舍南畮，任其污萊。有務之者，則詆之曰："是西鄙野人之事，吾祖父無有也。"力本之論不勝其逐末之說，故談者恒難於言。雖然亦取衷于祖父而已矣。堯舜者，中古之祖父也。文王孔子，近古之祖父也。濂溪、明道二先生，又近世祖父也。堯舜語學曰"人心，道心，精一執中"。何其詳也！豈不以心一也，惟動于欲而失其本然者，為人心。惟不動于欲而不失其本然者，為道心。然則道誠不出于心，而欲固賊道者歟？至哉道心！精，精是而不以欲雜；一，一是而不以欲貳。

---

① 底本此處注云："嘉靖甲辰。"
② "史"：據文意及吳大鎔本，當作"吏"。

盖自堯舜千百載之前，而無欲之旨已彰彰較著矣。其在文王，無然畔援，無然歆羨，乃造于穆穆；孔子，江漢以濯，秋陽以暴，乃底于皜皜，皆是旨也。四代聖人，先天開人，鮮不自道心精一，而盛德大業繇斯以出始，未聞外心而專求物理也。

濂溪先生去孔孟千有餘載，其著書不多，唯獨揭示聖道曰："聖，誠而已矣。"而指其學聖之要，則曰："一為要。一者，無欲也。無欲則靜虛動直，靜虛則明，明則通，動直則公，公則溥。"夫誠，非道心乎？無欲，非精一乎？靜虛動直，明通公溥，非執中乎？是近世開先肇家，遠與四代聖人異言同符，固孰與濂溪先生？今先生遺書具在，其旨尤彰彰較著，亦未聞外心而專求物理也。異時學者恇惑影響之間，眇忽道心之旨，謂理不生心而出于物，乃至鰓鰓睍睍博求諸物，以有涯隨無涯。至于當年莫究，累世莫殫，迄不自知。其遠人以為道而猶尊，近聞珍末見以相雄。長其間有能原本道心亟先無欲者，則交詆之曰"是不為老，必為禪"。而後之和而詆之者，亦曰"是不為老，必為禪"。嗟呼！是不知老與禪相去且千里也。迺俾學者盡棄南晦，專趨貨殖，而重惑於西鄙之詞，將益為逐末者增赤幟而堅壁壘，天下後世，莫不畏形避影，聞聲怖響，孰敢為力本者一置其啄。吾故曰："非學之難言，言之者異也。"嗟乎！是當如祖父，何哉？且夫天地之運不息，自窮天地，觀之後千百年，不知有幾聖人者作，而為之開先肇基，以祖父乎天下斯學，豈不復大明中天哉？彼區區競逐末者，又何虞其不終醒且瘳耶？直獨虞今之未逮乎醒且瘳者，將倀倀焉適燕而越轅，避渴而海飲，而卒莫之捄也。可不為悲乎？雖然亦取衷于祖父而已矣。

直曩督楚學，竊不自揆，雅欲釐正先生遺集，刻際學者，以見取衷之意。庶幾少回逐末者之瀾，迄未皇也。萬曆甲戌，太平崔君惟植為永州理官，念先生昔嘗判永，乃求先生集，刪其附益者，刻永郡中。明年，先生家孫博士君周道，命其子生員周聰芳、周聰官走予山中，以新刻寄，且曰："道州故刻，亦漫漶久矣。今州大夫羅君斗且圖復刻，請為之序。"予聞之，躍然，因推本學術，重有感于本末古今之異，而妄欲為天下瘳，且以諗崔君并刻之。（胥從化本）

濂溪周元公志序　　明　李嵊慈

營道，故濂溪先生闕里也。先生鍾蒼龍白豸之靈，篤生扵有宋天禧間，契道月巖，濯纓濂水，得河洛不傳之秘。所著太極一圖，《通書》四十章，淵深簡要，學士家尊之如羲畫禹疇，不繁辭說而道理明著。生平志尹學顏，隨在皆有樂趣，真不媿孔子之後一人者。漢儒董子之《天人策》、唐昌黎韓子之《原道》諸篇，邈乎不及格也。慈幼讀性理，開卷即見先生書，覺諸子百家盡皆龐雜，未有如先生之言簡要淵深。而措之躬行，步步踐履實際，隨所位置，無不自洿。吾素者及筮仕營道，下車即瞻拜先生廟貌，趨承宛然光霽。求先生書讀之，則漫滅繁蕪，令人有杞、宋無徵之嘆。再得郡司寇黃公惠本，編次犂然一軌扵正矣。但其祖自潤州，夫潤，故先生偶依舅氏龍圖公讀書崔林寺寄跡之處。月巖故里，聖脉有本，諸實跡不在焉。後起者而欲徵文考献，是邦實先生發祥悟道之區，未有舍是邦而他適者。潤雖有刻而道無善本，是使後起者聞韶扵齊，不能無致慨於周禮之不在魯也。

予小子慈蒞先生之故都，宦况未濃，儒酸不改，雖洗冤澤物，遑遑未能，而文献凋殘，則予滋懼焉。敢愛編摩之力，而不為此邦存此掌故。故扵舊本之藏扵先生後裔者，刪其繁蕪，如淘金植木，惟沙礫荒穢之是務去，毋使冗襍而令人煩倦。於黃本所掛漏者，稍為增益，如表揚褒崇之疏章、池蓮庭草之點綴，潤刻之所缺遺者，一披攬之，而光霽之神，儼然几案，若不亟存之，將無由以慰羹墻之思。故不敢以厭雜惡文之故，因仍其脫畧。若謂還雅復古，彬彬郁郁以擅是邦之文献，則予豈敢？予實不敢安扵固陋蔓衍，以遏抑前哲之光華，則予志也已。夫使讀是集者，由先生書以會太極。由古今記序題咏以見先生，庶幾無遺憾扵鄙懷云耳。較讎鱗次之役，閱日月而始成，予亦頗勤心力焉，若夫僭越冒昧，則以俟世之知我者，而又豈敢必其無罪我者。峕天啓四年甲子歲仲秋月吉旦，春陵拙吏龍城孤樵航普李嵊慈元穎父，識于種樹軒中。（李嵊慈本）

刻濂溪周先生志序　　明　李楨

余不敏，寤寐見先生久矣。余年十三四時，頗知志學，獲性理書讀之，開卷即讀先生書，于是志學之念益切，益惡世利世色，苟終身盤谷焉已矣。既讀先生書益久，恍然如遇其人。再徧訪事實，得《全書》讀之，更見先生為政嚴毅清勵，慈祥仁恕，心更切切慕焉。時潛弗見已矣，見必先生政是師。盖政以行學，政弗正，則學斯弗善。豈曰讀書之士，故不必仕，亦不必不仕。有其政斯見其學，然而誠，本也，主靜，極也，無欲，要也。握其本，而極是立。惟無欲之要宰之，則洗心于密者，即彌綸纂贊之謨。凡亙天亙地事業，即浮雲一點過太虛，無着礙，無方所也。如是方可以話太極、見先生。先生道州人，毓堪輿今古之秀，而曰溪、曰巖、曰故里，特寄產之一，然詢方履跡，亦所不廢。余既填撫三楚，喜遊先生鄉，問先生里。新其祠，廣其田，育其後裔，建其書院，晉令太守發董之成，仍成其志，用告誠周氏子孫，而宗子翰博君聯官率族姓而久引承之。萬曆二十有一年冬十月十有二日壬辰，賜進士第、嘉議大夫、戶部右侍郎、前都察院協理院事、左副都御史、北地李楨謹序。
（李楨本）

濂溪先生志序　　明　郭惟賢

盖嘗讀《孔氏世家》，史遷贊孔子："以布衣傳十餘世，為學者宗。而自天子王侯，中國言六蓺者，折衷於孔子，以為至聖。"夫孔氏之統，實祖堯舜而續文周，寧第以六蓺為功？而所稱"傳十餘世"者，則遡獲麟之年以迨龍門之元狩，固自其世計之，而不知其與天地參，而四時同也。孟軻氏歿，斯道幾熄，即遷猶能以"世家"尊孔子。而其後俗儒雲興，門戶決裂，權謀功利、訓詁枝葉之習，入於統之內，而為道蠹；棄倫絕聖、悠玄空寂之譚，出於統之外，而與道敵。歷千餘禩，而卒未有皭然一明孔子之道者，何忞忞也！濂溪先生起宋天禧間，其學絕無所緜傳，獨湛思微妙，著太極一圖以授河南兩程子。迄今《圖說》《易通》二書，學士家尊之與六經等。大指以誠為基，以一為要，以主靜立人極為至。其說奧渺精深，而其造端，雖經生學子循日用而可守。於是，尼山日月結為大年，而叔季漫漫之長夜昭然如昨。斯豈非再闢渾淪、千鈞一髮者與？跡生平陸沉郡邑，所至澤物省冤，不難投手板以明志。迨宦遊既倦，遂丐身於匡嶽衡麓之間，而吟弄以老。其仕止久速，殆壹稟孔氏家法者，故尊孔子則必尊先生，而志先生者，乃所以志孔子也。今讀志，自圖書、文辭、年表、世系與夫儒喆、表章帝王褒崇之典，不啻臚列，而先生之精神命脉於是焉在斯。以闡繹而折衷之，非無具矣。嗟乎！八之之為畫也，五之之為圖也，圖書、文辭、年表、世系之為志也。且暮遇者，存聖人之神；而揣籥望燭者，且不免為畫、為圖、為志。則是集直家乘門譜，與司馬氏世家奚異焉！非克菴李公意也，後有繹道統者，當得於是志之外矣。賜進士中憲大夫、巡撫湖廣提督軍務兼制黎平等處地方、都察院右僉都御史、晉江郭惟賢謹譔。（胥從化本）

濂溪先生志後序　　明　林學閔

林學閔曰，先生之言，載在性理，學士誦法與經傳並，《志》何為者？乃《志》之所載，并其生平、著作、年譜與諸儒之議論，章逢之題咏、紀述，不啻詳焉，是亦識大識小之遺也。序斯《志》者，則有北地李先生，吾晉江郭先生，纚纚其詞，均足以皷吹先生而發明其宗旨。余小子何能贊一詞焉？己酉之秋，鼎修斯《志》，刻成之日，持以謁鄉先生黃應元氏，相與訂證，以圖不朽。黃君卒業謂學閔曰："惟此末簡不可無序，子大夫其任之。"

學閔遜謝者再，然猶記燥發時，從兄仲侍先君子，語及周先生遺事，無如善辭王介甫一節，當介甫之提點江東也，業號通儒矣。一聞先生言，至日夜以思，忘其寢食，竟之懷刺者三，先生三辭焉，介甫艴然謂"我獨不能自求之六經乎？"遂不復求見云。藉令先生識之不早，一為時名所動，稍稍接引，如意見各不相入，何異時新法之行，徐之則波成，激之則火烈，先生難乎免矣。吾晉江有蔡虛齋先生者，善學先生者也，當其督學江西，值寧藩藏逆，每虛席以延儒者，蔡亦三刺三辭焉，無何飄然乞歸，蕭牆起而不染扵難，跡其仕止一何與周先生券合哉？余兄仲序□先生密箴，而首及此，余序□先生志，竊以家庭所聞更相發明之，抑以見吾閩學所自也。《易》曰："君子見幾而作。"先生有焉，《通書》曰："識不早，力不易。"則先生自道焉，密箴曰："周子之幾，超凡之梯。"則蔡先生前事之師焉，此非余小子之言也，先君子之言也。借以舊聞序之簡末。晉江林學閔志孝甫謹撰。（林學閔本）

刻周張二子書序　　明　劉曰寧

宋儒中興，吾道于開創則推元公，而朱子稱之曰"不由師傳"，予謂元公之傳遠矣，不知《易》，固不能知元公也。《易》之初有象而無辭，蓋五常九法之名未立，而《易》行焉。孔子曰："五十以學《易》。"大哉《易》也，其象設，其意傳，其機微，其言絕，拂拂以取，無非斟酌元化者，其孰能與于斯夫？而世之畸言理言，數者方詹詹乎。遊于域之內也，以是爲見，則管蠡而已矣。周子起道州，著《太極圖》及《易通》二書，而四聖人之奧，曠然揭揭曜于中天，令世之戴天者，徒日仰其大明，而不見其有轍迹也。圖之說曰："無極而太極，動靜互根，兩儀立焉，萬物生焉。"而《通》之言曰："誠無爲，幾善惡。"扵是天下後世之學者，始曉然知乾元統天之秘，不在宇宙，而道在當人。今總其大要，若道州者，所謂入一悟之門者也，無以攝有，吾安淂謂之無？有以顯無，吾安淂謂之有？情識之寶忘，吾安淂以知取文辭之路絕，吾安得以言述？斯亦千古一大快哉。當是時，見知之士卽毋如洛陽。而閣西張子實與相上下，其寢著者，則《正蒙》《東西銘》二編，《蒙》之言曰："太虛無形，氣之本體，至靜無感，性之淵源。"而歸本于盡性之聖人，蓋朱子嘗亟稱焉，以為有當太極無極之指，此無是疑，顧天地萬物之在太虛，亦若野馬絪緼其離于日中，直法象爾。乃其他日，則又曰："由太虛有天之名，合虛與氣有性之名。"偉哉！若夫海水氷涵之喻，非通于晝夜之故，而知者不及此矣。夫二子者，皆特起百世之下，特以其精神命脉溯洙泗，上及羲軒。假令羣游，賜侍坐聖人，問無言之指，當不疑何述，而世且疑其傳，又或謂其有所逃焉，而疑其後，是無異執權衡者不知有捶鈎，而泥尋尺者不知有運斤也。吾同古之擇善者詢于蕘蕘柱下之禮，鄭子之官，莫不有文武之道，而學者願欲自閉其四通六闢之塗，以是為道，吾不知矣。吾願後之志道術者，將不信扵其說，毋務以不信為中距，姑存其說而深惟之；將有信于其說，毋務以信為先入，姑存其說而深惟之。《易》固有言，同歸殊塗。而周子亦曰"不思不能通微"，神司其符，思啓其鍵，豈無有恍然見天地之大全者？荀卿謂孟子略法先王，而不知其統，其疑孟非也，而以被于曲士，固當吾友，考功徐德，夫有味于周子

之言，併取張書合刻以傳，可謂知統者矣。明南京國子監祭酒、掌翰林院後學劉曰寧頓首撰。（徐必達本）

合刻周張兩先生全書序　　明　徐必達

自子輿氏沒，浚學絕道喪者千五百餘年，周、張兩先生崛起有宋之世，盖濂溪扵洙泗稱承家肖子，扵洛閩稱玎基王父云，而橫渠則固其介弟行也，濂溪提綱啟鑰，首云：“無極而太極。”而橫渠云：“氣本之虛則湛本無形，感而生則聚而有象。”非所稱造車于室，不謀合轍者耶。夫吾身一天地也，繼之者善，徧體萬物，而非有遺也。將來則進，成功則退，何有扵我，此無極而太極之旨也。皇王淂之，故不矜不伐，有天下而不與；五伯失之，故三歸、反玷，栩栩焉足已自封，成周猶在淂失之間乎。《召誥》《洛誥》諸篇，大則幾矣，化于何有，孔孟淂之，故天地位，萬物育，而無聲無臭，自若也。親親長長，以平天下，而不加不損，自若也。佛老失之，故不謂有生于無，卽以萬象為太虛中所見之物，而世儒或竊其髓，以附吾道之影，遂有遺棄事物，屏黜思慮，專務靜虛，以完養精神者矣。有味乎紫陽之言，此理自來實無形象，故曰“無極”。若論工夫，則只中正仁義，便是理會此事屬，非別有一段根原工夫在講學應事外也。而何世儒見之遄也，盖嘗就二者而衡其獘滯于有者，認生為得，認死為喪，認杯酒局棋皆天地間不可磨滅之事，是以胸中不勝膠膠膃膃，而酌之易盈，取之易竭，然其獘止于一身，于君臣父子之際猶無傷也。淪于無者，注其心于茫昧不可知之地，而僥倖頓悟，謂晝夜陰陽皆不足以累其心，謂魂魄知覺，卽是己性，無其惡，併無其善，遂以過為不礙事障，可弗改也；以善為動，用卽乖可弗遷也；以窮理集義為支離，而主敬讀書皆可廢也。其歸卒以山河大地為幻妄，以君臣父子為假合，其獘不胥中國，而夷之不止，吁，出奴入主，誕信相譏，其賊道可勝嘆哉！君子欲激其波，而迴其瀾，胡不自吾夫子折衷之也。以夫子從心不踰必自立始，而曰：“不知禮，無以立也。”狀則入門次第，斷可識矣，是以橫渠學《大原》篇，專教學者且須觀禮，又曰：“禮卽天地之德也。”如顏子者，方勉勉于非禮勿言、勿動，勉勉者，勉勉以成性也。旨哉言乎，夫成性則聖，聖位天德不可致知謂神，神則無極而太極之能事畢矣，故不窺橫渠之門，而欲遽闖濂溪之室，吾未見其淂也。嘗考二程親受《太極圖》于周子，然未嘗言之，其論張子清虛一大之說，亦曰使人向別處走，而獨于禮教深有契也，曰："子厚以禮教學者最善，使學者先有所據守。"嗚呼！二程先生憂世覺民之意，豈不甚切乎哉！蓋必達少讀《太極》《正蒙》，而不覺目眩心駭，徒望洋也。已求之《通書》《西銘》間，猶迷津也。又已得張子禮教之指，而于濟渡杠梁，少有悟焉。循而守之，差可鮮過。遂推原程子之意，而合刻之濂溪書《太極》《通書》，外僅詩、文、尺牘數首，其餘紫陽時已不傳，橫渠書甚多，今止淂《二銘》《正蒙》《理窟》《易說》，而《語錄文集》則止得呂公柟所抄者，其散見性理《近思錄》，二程書者，稍採補之，遺言則曰拾遺、遺事，則曰附錄。掛一漏萬，不無望于浚之君子。萬曆丙午四月望，檇李後學徐必達書於銓曹書院。（徐必達本）

宋四子抄釋總序　　明　呂柟

宋四子者：濂溪周子、明道程子、伊川程子、橫渠張子、晦庵朱子也。朱子曰："程氏兄弟二人，其學旣同，其言無異，遂統稱程子云。"故曰"宋四子"也。予謫判解州時，嘗抄釋周、程、張三子書。解士丘東魯、王光祖，乃校正而刻之解梁書院。比予官南都，光祖復篋是書，問於鷲峯東所，於是休寧程爵，見周子、程子，取而刻諸由溪。維楊葛澗，見張子，取而刻諸江都。乃若同志之士，欲求周、程、張子之道者，皆可因是以知其大略矣。比予旣守太學，其誨諸士，每稱四先生之言，爲入五經四書之門戶也。於是徽中戴冠、胡大器、黃卷、汪雲、黃本靜、汪克僎、洪釗、胡其仁、黃登、諸士侍側，曰："是刻諸江南者之三子書也，冠輩尚能誦之，但恨未能博及天下之士耳。願曁同志友曹顒、羅瓊、吳時敘、黃錫、吳文達、汪鳳梧、汪櫓、汪一中，自爲校寫重刻，並請朱子者以加諸梓，使海內游太學者，皆得誦習四先生之言，以求爲孔子之道。當見士風可正，民俗可移，不尤愈於一由溪、江都之行乎？"予然其言，遂併抄釋朱子以附之，於是冠輩持是書，請博士南海蕭子日強、莆田鄭子汝舟，重加校正，遂入諸木，曰"宋四子抄釋"云。嘉靖十五年秋八月己丑，國子監祭酒呂柟序。（呂柟本）

周子抄釋序　　明　呂柟

柟自幼誦濂溪周子一二言，即中心愛之，如覿其人。若當時清風明月下誦之，更無他文字可好，第恨未多見其書耳。既舉後，得《全書》刻本於寧州呂道甫氏，又恨編次失序，雅俗不倫，暇嘗第其先後，因釋其義於各章之下，分爲內外二篇。既謫解，巡按潛江初公，亦甚好焉。遂命刻之解梁書院。於戲，周子精義具在此書，蓋入孔顏之門戶也。雖微釋亦可通，但始學之士，因其釋，味其言，即其言，思其人，則必不以文字焉視斯書矣。嘉靖五年春正月，後學高陵呂柟序。（呂柟本）

周子抄釋序　　明　程爵

爵既刻二程子抄釋，同門友曰："周子之書，孔孟之翼也。我師涇野先生釋之，皆有益於聖學者，盍亦刻諸？"答曰："此爵之志也。惟願諸友分讀時，毋忘師所謂不以文字焉視之者，則爵不爲虛刻矣。"諸友曰："然。"遂續刻諸由溪，原有內外二篇。嘉靖壬辰秋八月朔，門人休寧程爵謹志。（呂柟本）

彙刻元公世系遺芳集凡例　　明　周與爵

一　按元公育于宋真宗天禧元年丁巳，卒于神宗熙寧六年癸丑，得年五十有七，沒後而道風益振，景仰益尊，自宋迄我明，凡道統名碩，悉有記載，疊見誌林，凡若潘興嗣、若度正、若紫陽和叔，若荊公、定夫、羅從彥、歐陽玄輩，代有記贊。入國朝而張氏元禎、漳浦王會，與夫蓮峰王汝憲、東郡丁懋儒、蔣春生、黃廷聘、呂藿諸賢，相望簡冊筆載，幾如充棟，然或遺于斷簡，或混于他籍，其奚以備朵求，殊為缺典，與爵用是惴惴，敬以補綴，餘功稍次，編輯搜尋歲月始授鏤梓。

一　凡舊刻在道州而吳中無其本者，倣摹校梓，命曰"濂溪周元公集"，又曰"周子大成集"。

一　吳中散軼有分載而無彙刻者，特為鼎梓，命曰"世系遺芳集"，斯非與爵臆創，庶統之有源，悉之有委，此固編輯體例也。

一　自道州壽一支隨任九江，至四世孫興裔扈蹕南渡來吳，嗣是而才與文英南老等率以宦績炳然，其吟咏著作，附載郡邑誌者，與爵用以表章，據其所見者，先附之梓。

一　若燾之一支在道州者，其事實更自有集，冀嗣起者諒予一片苦心，踵輯彙成，茲集廣傳於世，是亦先賢之所昭格也。

一　梓成而第其編有五次，其卷凡十有五，時歲攝提格之春明日也。吳郡十七世守祠奉祀孫與爵謹識。（周與爵本）

周元公世系遺芳集彙序　　明　徐可行

世所稱孝思有二，曰顯親揚名，曰闡揚先德。夫顯揚，猶止一時；而闡揚，流衍無旣，提衡而論，實倍蓰焉。說者謂名賢之胄，未容與可觀。不問可知，而其用意固不在彼而在此者。茲周君邦祿，君子人歟！詢芝，為名賢胄也。嘗見其貌不餙而行不矜，言不擇而道不偏，諄諄以闡揚為事，夢寐以之。噫！大雅旣沒，斯道不數見邪！祿為濂溪正裔，其譜系之傳，自當與天壤敝。而其流泒在吳中者，則自元公伯子壽之泒始。傳四世曰興裔。興裔以禦虜死節，在宋世其表表者。傳而為才，為文英、南老。又傳而敏，敏傳汝、浦、淵、源、綱、奎等。其著述、其吟咏、其事蹟，或記之載籍，或流亡民間，皆散佚莫收。而若滅若沒，何以徵信于後？考論之士，不無憾焉。則邦祿今日為搜輯也，其有追先紹遠之思乎？抑有啓祐來哲之思乎？後凡有尋元公芳裔于述作之餘者，按以考之，此足備實錄矣。所謂闡揚之功，直與天地敝者，其在斯歟？邦祿，名與爵，別號餘濂，僑居長洲之絃歌里，祀守元公祠，以世其統云。宣化徐可行撰。（周與爵本）

周氏匯輯先世遺編叙　　明　周京

姑蘇稱世系之遠者，至德肇自泰伯，峻節亮扵延陵。厥後嚴、朱並緯漢典，顧、陸競扻晉庭，四姓迭興，羣才輩出，匪不彰彰明著也。第世代推遷，丹青久湮，昭穆罔據，泯滅無聞。其所否者，則惟不朽之言爾。扻維宋濂溪周先生首倡道學，獨契聖傳，繼徃開來，千古一脈。其稅駕扻南康，追封扻紹定，從祀孔廟，允為令典者，久而不磨。逮南渡後，有四世孫觀察使公移鎮平江，請祠先生扻胥臺鄉，而蘇始有先生祠也。至我朝，而祀典如故，世錄其胤之賢一人，衣巾稱奉祀焉。尋罹兵火，先生祠廢，僅存家廟扵城東，以藏數世木主，徒令弔古之興悲。今耳孫與爵，虔懇扵郡縣，時太守朱公變元、大令鄧公雲霄，擇地鼎建先生之祠，堂廡、齋廚畢具。又數年而胡公士容來知長洲，則加拓之。為請扵臺察監司，歲出金錢，給奉祀。生希羹，豐潔俎豆，禮寖隆焉，而與爵之孝思展矣，且為先生修世譜。夫既祠之，又從而譜之，祠則有祭饗，譜則有宗盟。惟尊祖，故敬宗，敬宗，故收族。俾先生之德澤，揭日月扵一新者，寧不為慈孫乎哉？然猶未也，又思古者睹雲雨而測開先，睹河海而探原委，睹弓裘而思述作。若先生《太極圖》《通書》，以及諸篇，此皆家誦而戶讀者，毋慮其湮也。惟高曾而上，自宋迄今，中間遵先生之遺教者，或通顯，或隱淪，率有篇帙吟詠，以擷芳腴，使乎澤漸滅殘缺愆次，殊非作者之意，而為之後者，惡能恝然？扵是與爵搜計磔裂，攟摭融結，自元公集、誌，以至《庭芳》《拙逸》等集，凡若干卷，彙而輯之，靡有遺漏，且付之梓人，以圖不朽，噫嘻羨哉！不佞京曰："不有貽謀，孰開其緒？不有繩武，孰衍其傳？"是輯也，祖功宗德，睹之若生。道業文章，合之為一。方冊具在，典刑不忘。匪直旦暮千載，抑且百代一時。視者毋曰徒具陳言已也！與爵，其知道之士哉！後之人瞻禮世祠，而又服膺乎譜與集，儼然見庭草常綠，濂水常清，著存與敦睦並邵，述前與信後同光，奚啻世承其家云。余未第時，曾遊學扵吳越間，稔知其詳，故敘其槩如此。若祠有記，譜有序，皆敦史也。其世次本末，不復贅焉。萬曆丙辰仲冬吉旦，賜進士第、禮部祠祭清吏司主事、琅邪周京撰。（周與爵本）

刻濂溪周元公集序　　明　丁懋儒

撫臺趙公經文緯武，節制全楚，重禮教，卹災患，賦平刑清，庶政以和。于是涉洞庭，陟衡嶽，傳節九疑、蒼梧之境。若曰邊徼經畧有未盡乎，乃修廢官，飭武備，彊圉孔。固按舂陵，念濂溪故里也，遺跡無不游覽。拜祠下，蕭然起敬，躬為文以吊之。謂祠宇簡陋，非妥神崇賢之意。時郡理弘庵崔君署州事，祇奉惟謹，則為之革故鼎新，堂室門廡不日告成。疏沼植蓮，復五星墩，置祭田，亦罔弗備。夫此元公之鄉，前守史君表厥宅，王君憫其廢，皆未及充拓。茲興起有時，丕闡在人，因撫臺之加意，而崔君能共厥事。固天理之在人心，不容泯，其數殆亦非偶然者。

崔君復謀於鄉先生東川日洲諸公，刻《元公集》以傳，余甫任編次，將告成，謂宜敘諸簡。夫是集所載《圖說》《易通》，皆幼嘗習熟，獨月岩、星墩向聞之，未知若此奇也。況山川拱抱，風氣攸萃，所以篤生異人，上接孔孟之傳，下衍程朱之緒，固天造地設而非人之所能為也。及考元公弱冠聞道，遂登仕籍，位不大顯，獨不忍違清時，志行高潔，而循循由由，與人為善，無所不至，吟咏應酬之作率和易沖，粹無一毫勉強意必之私，庶幾哉，無可無不可，非顏閔不足以擬之，使得游孔門奚直速肖已哉。惜乎！有醇儒而不能用，此宋之所以止於宋也。我朝道學大明，先生之言，固家傳人誦，然不泥詞章訓詁，能窺公之堂奧，寧幾人哉。此集傳而人之景行若發蒙矣。以是知撫臺為世教計，而崔君之政、之學，可謂能先其大者云。附其說編左。萬曆三年歲次乙亥春王正月上元，湖廣永州府知府、前進士侍經筵官、兵科右給事中、東郡丁懋儒譔。

（周與爵本）

宋濂溪周元公先生集序　　明　呂藿

天開宋文治，故奎聚五星於時，周元公生舂陵，其地亦有五星墩焉。蓋天地協祥以篤生真儒，宜乎其上接孔孟千載如綫之緒，以開羣迷于無窮也。今觀《太極》《易通》之作，闡洩元化，默际道體，有功於先後甚大，視夫訓詁詞章非不能羽翼吾道而已，非聖賢相傳之心印矣，故歷代襃崇特厚，而我朝復有加焉，非過也，宜也。顧規制弗飭，典烏乎稱，而文獻罔徵，後何由考？

我太府王會泉公，嘗有志而未逮也。癸酉冬，四府崔弘菴君以賢受知，當過檄署州事，甫至謁先師，畢即拜元公祠，祠故建學宮西，近遷故里，亦稍隘，而子姓盧舍又相去數十武許。及考五星墩已沒于豪右者強半，崔君即捐己貲復之，仍增市近田供祀事，尋謀所以修拓其祠宇者，而後為之集。會中丞趙汝泉公按部至，亦往拜之，慨其祠宇弗稱，崔君對悉如前，汝泉公大稱賞，令繪圖估費，次第營之。而集之作，備載元公事，其未備者，糸之江州本，補寫奠公文若諸記，得並載如詩賦，惟錄同時者，此外，雖工弗收，明此為元公集，而非以侈酞詠也。茲集出，天下曉然知元公之濂溪在舂陵，而其寓廬山不能歸，亦以濂溪名堂者，正丘首之意也。噫，賢雖以天下為土，而稟山川靈秀以生，忍邊忘其本哉。元公復起，當不易吾言矣。萬曆甲戌夏四月吉，後學郡人呂藿譔。

（周與爵本）

刻宋濂溪周元公先生集跋　　明　崔惟植

道之大，原出於天，天不愛道，每垂象示人，而惟聖賢為能契其妙，蓋因時以為之，顯晦者也，故《河圖》出而伏羲生，《易》斯成焉，《洛書》出而神禹生，疇斯敘焉。世之論道統者，僉謂自堯舜以來幾絕，復續孟子而後千五百餘年，能筆圖著書，繼徃聖，開來學者，元公一人而已。然不知公崛起舂陵，月巖垂竅宛然無文之圖。先天秘奧，天實际之於時，五星旣麗於天，復化生五墩，繞宅里，以應五星之象。是天有至粹，地有至精，元公實應期而生，是為至人，三才相待以有成其理，信不誣也。

植自髫亂知學，已切景仰，及倅永，理刑事，值寅長會泉王公，守齋邵公，峴南紀公咸遂於理學，仰公道德，寔出同然。癸酉冬，植權視州篆，得造公故里，遡濂溪，躋月巖，想像其光霽，實不以謏劣自安，銳意崇重，前所有五星墩者，久已淹沒，居民因捐金恢之。里有祠一層，於禮制尚有未備也。復市近宅田，大拓其址，鼎為營繕，新以重門，繚以周垣，祠後增以重室，旁則翼以宿齋，所丹塾彰施，視昔倍異。又以公之道雖昭揭日月，然匪集胡傳四方之士？有慕公而不獲游公之里者，又何所觀法也？乃命拾公家乘若干篇，並鄉達東川蔣公得之九江者，亦若干，復興蘭亭黃公，日洲呂公，虹洲陳公曁諸鄉先生考訂成帙，壽梓用，廣其傳，時撫臺趙汝泉翁以巡行過其里，丞陳詞致薦以抒素仰，而守道郭草塘翁、巡道邊少微翁偕與焉，皆義植所為，且以公之絕學屬望於鄉之後人，於是乎自公歿五百年有餘歲矣，植偶欲興起其道，傳而當世名碩如諸公者，酒不謀而自合，如此得非景運重開，道之在公者，將大明於世，啓佑我國家無疆之祚矣乎！書成喜熾，強贅數言於末簡，若

夫見道忘象則又自有善學公者在也。萬曆二年歲在甲戌孟春之吉，永州府署道州事推官崔惟植謹書。（黃克儉本）

宋濂溪周元公先生集序　　明　蔣春生

君子論楚人物，率稱二甫氏，且謂洙泗而下，得道鮮楚產彥，夫濂溪周子者，固楚產也，則署之卽如斯言。蘇長公所謂此論未公，吾不憑，殆為今日云云。及考舜文生卒皆于其地，故稱東西夷人，周子生于永之營道，卒于潯陽，今割兩藩衝僻且異矣，夫潯陽衝人知周子，孰問營道僻哉？君子豈署元公也。予則以為國有史治亂，該家有乘名，縱著真儒生是邦，匪籍曷稽，是故濂溪不可無集也，往者予白史齋禮公亦既表厥宅里矣，集嘗扣之州守者，再則以殘缺告。嗚呼，斯集亡，雖永亦弗知矣，況他乎？會泉王公來守吾鄉，循力務效，作人尤急，以永乃元公故里，理學淵源，風韻不泯，欲梓其集，迪多士，予亦以為言。命庫役求鏤板，弗得，遂與同寅邵公守齋，紀公峴南，崔公弘菴議刻焉。少選以入覲，行崔公適視州篆，乃銳意搜得舊刻者二，以畀予誌，則傳而泛其失也，雜集則簡而朴，其失也疎，皆弗稱，乃參取江州集，會萃詮次類分焉。既成，屬予序。

予惟周子之道繼絕學于聖遠言湮，先儒論之備矣，豈末學所敢知？然嘗論道統，自堯、舜、禹、湯、文、武，以至孔子，心法相傳，獨孟軻氏見知聞知之說，確有統緒，蓋得道學真傳惟軻氏，故敘道統真切，亦惟軻氏。今卽其論求之千載之後，儒者皆知推尊孔孟，然率事、訓詁、文義，已落第二義，孰有如周子圖書之妙，闡發聖蘊幽秘，直承孟氏之傳者乎？或者因疑朱熹氏推重明道，蓋不知特取其表章《大戴》，有功聖經耳，非論道統也，矧且出其門耶？夫繼道統者，立言不必盡同，如軻氏親受業于子思，而知言養氣之學，乃孔門絕口未及，道者謂非得統于孔子，可乎？周子《太極》《易通》之作，實擴前聖未發，所以繼孟軻氏而開來裔者，端在是爾矣。今圖書具濂溪集中，予因之以論周子者如此，然是集出則列聖之道益明，匪直可淑多士，且使人皆知周子之生，乃在此而不在彼。吾楚赫然為道學鄉矣，夫以周子論楚，然後君子之論定云。萬曆二年歲在甲戌孟春之吉，後學郡人蔣春生書于宗濂書院。（周與爵本）

刻宋濂溪周元公先生集序　　明　黃廷聘

濂溪先生崛起舂陵，默契道體，繼孔、孟真傳，開程、朱來學，吾道正統也，歷代褒嘉，其來尚矣！雖宦寓江州，而我州營樂鄉安定山，實誕生之地。去州治十五里許，卽先生故居，子姓繁衍，家廟在焉。紹興已卯，建祠於學宮西，徙其裔子翰博君居祠下。而家廟在營樂鄉者，遂為故里，歲久穨圮。先文宗廬山胡公嘗歷其地，甚以卑隘為歉，復遷原所，迺命羅州守營建廳堂一層，猶不足以聳觀也。萬曆癸西冬，四府崔弘菴公以賢能委攝州事，至則政教修明，崇重儒道，慨然有表章修復之志，適中丞汝陽趙公按州，瞻拜祠下，環視弗稱，而以敗建鼎立屬公，公益銳意經營。里有五星墩，誌載應公之生者，久沒於豪右，卽捐金恢之。舊有祠，湫隘，復市近宅田，大拓其址。建正廳五楹，以妥公像，移昔廳于後，為客堂，左右各建書舍六楹，俾子弟肄業其中。最後建室五楹，為歲時宅眷，屬以別內外也。前儀門、大門各三楹，厨、庫、廊、舍咸備，繚以垣墻，先繪圖呈中丞公，咸協其意，公卽市材鳩工，刻日興作，期奏盛美，仍捐己貲若干，市近宅常稔田二十畞有奇，俾子孫世守以供祀事。祠前開沼植蓮，以存公之遺愛。嗟夫，崇德報功，尚義樂施，人罔不知之，顧有是志，而或限于勢，勢可為矣，而復靳于財，均之不能有為也。茲能贊中丞公志，規畫措置悉出己有，而不傷乎民，非公疇能之？載閱《濂溪集》舊刻，蕪漏不稱文獻，文獻卽以公餘校讐刪繁補畧，凡係先生之言行者，悉錄之，諸後人詩賦不與焉。類編梓成，足為全書，其大造于先賢何如也！嘗攷公為江東望族，世有顯者，能任事，令先君箄山翁以名進士，為熙朝柱史，按部八閩時，曾捐貲為考亭後易田二百畞，俾世供祀事，閩人頌之仁聲，義聞先後一轍。公誠有所愛之也。故德業聞望推重一時，楚人士能悉之。此舉特德政中一事耳，豈足以槩公平生哉！余因博士君聯官之請業，已立石祠中，復借書於簡首，以垂不朽云。萬曆二年歲次甲戌夏四月吉旦，後學郡人黃廷聘謹識。

（周與爵本）

刻濂溪集後跋①　　明　林山

刻《濂溪集》者何？重道教也。蓋道在天地間，因而脩之以立教者，聖賢也。是後天地而生者，不可無孔孟；後孔孟而生者，不可無周子。周子，道之寄也，圖書，道之會也。其歷代之追尊，崇道也，儒先之論贊，羽翼乎道也，故曰人能弘道。然則編是集者，周子世孫倫也。正之者，邑君博左子序也。刻之者，邑君貳黃子敏才也。跋之者，新寧林山。是歲乙未秋七月戊辰也。（胥從化本）

刻濂溪集跋②　　明　王汝賓

先生生扵營道，而卒於江州。故郡無有先生之墓祀焉。或者謂先生貧不能歸，非知先生者也。先生雅志林壑，不為世故所窘束，凡遊歷所在，遇佳山水，輒盤桓數日而忘去留。當時請移南康軍也，亦以此嘗過江州，上廬山之麓，酌溪水而甘之，卽不忍去。遂構書堂，而揭故里之名名之。觀其語友之詞，移太君夫人之㐱宅。則先生來止扵此，寔皆預定之意也，豈為貧之故哉？貧，固先生所素安也。嗚呼！先生平生所歷山水多矣，而卒永茲在茲，與蓮華峯對焉，則知廬山之高，溪水之清，皆先生之神之所寓也。然則天作斯山，得非有所待而然邪？是集之刻，所以載先生履歷之詳，而并繫之以文。文也者，所以稽其道也。履歷也者，所以論其世也。先生之始終本末，庶可考其全矣。予江人也，仰止高山，光霽在目，能無興起之思邪？因借言之，以幸私淑。（胥從化本）

重刻濂溪集跋　　明　宋圭③

濂溪先生《太極》《通書》書與《小像》《事狀》，子朱子序之詳，贊之切，記之核乎其實矣。至於道統淵源之所自，二程夫子親受業於先生，所謂見而知之者也。先生雖曰不由師傳，而實有契扵孟軻，非有契

---

① 底本此處注云："嘉靖乙未。"
② 同上。
③ 底本此處注云："嘉靖壬辰。"

乎孟軻，契乎道也。所謂聞而知之者也。韓子《原道》曰："堯以是傳之舜，舜以是傳之禹，禹以是傳之湯，湯以是傳之文武周公，文武周公傳之孔子，孔子傳之孟軻，軻之死，不淂其傳。"賴先生以傳也。先生之所傳者，何也？道也，心也，一也。故曰"道為太極，心為太極"，此固有諸儒之論昭如也。一定而不可易焉者也。圭迂愚後學，敢贅一言於其間哉。重刻校是編於潞安者，將以廣其傳也，將以自信於無窮也。（胥從化本）

周子全書序　　明　顧造

吾夫子之道何眆乎？《易》曰："知崇禮卑，崇效天，卑法地。"斯道之全，克舉之矣。自顏子沒而微言絕，若師之過則見地超，商之不及則躬行篤，及門之徒，即已分道馳焉。嗣後西河之教擬於夫子，而文學一途獨傳於世，於是流為漢唐之訓詁、詞章，則其濫觴者乎！高明之士弗屑也，跳而之禪，若曹溪、百丈諸宗，能一超見性，而又蔑棄人倫，有乖世教。是惟吾儒舍家珍不有，彼乃得攛之以自封哉。其始之分猶畸於儒中，後之分直角於儒外，而道術遂為天下裂。

濂溪先生去夫子千有餘年，崛起宋代，倡明絕學，其言太極，則不淪於虛妄，言無極則不滯於名相，以一語括道之全焉。世謂先生師潤州釋壽涯，又謂得傳陳希夷，晦菴則謂其不由師傳，默契道體。嗚呼！夫子焉不學而亦何常師之有？此先生之所以為先生也。明道、伊川受衣先生，再傳為晦菴，而復有象山之鼎立。晦菴以篤行勝，而或病其纂術之類漢，象山以超悟勝，而或病其吐棄之類禪。其分若師、商，各聚兩家之訟，而孰知先生固已範圍之哉？先生宦轍多在洪都，廬山之麓，則所築室，而以濂名溪，遺蛻寄焉者。予攬轡兹土，釋奠於祠，因彙先生集，刻之南康郡署中。夫誦詩讀書，不知其人可乎？道自先生一合，而分途又久矣。迄今濂水長流，庭草交翠，徘徊光風霽月之墟，彼何人斯，寧不愴然而興感？萬曆壬子季夏朔日，成都顧造書。（顧造本）

周子全書序　　明　唐大章

余束髮師邑李見羅先生，聞止修宗指，獲讀所刊四大儒書焉，此學之司南，不佞稍知鄉往，意將沿濂洛而遡羲文。及仕都，晤侍御成都顧公，語及問學，往往研極，與余夙聞若有契者。公膺命按江右臺意，激揚風猷，懋著所至，必訪儒先遺躅，蒞南康，彙濂溪先生集，捃摭罔漏，且分疏無極大極之旨，弁諸首簡，付郡守傅公刻之，俾學者獲覩全書，寂甚盛舉哉！公蓋志伊學顏，紹先生而過化者，刻成，傅公辱問序于不佞。

竊惟周子之道大矣，侍御公之編括其全矣，而序言抉其髓矣，不佞將安置喙哉？夫《通書》故名《易通》，中言通復，言寂感，言損益，而終之以蒙艮，分明以解《易》，而易有太極，孔子言之無極之說，則周子刱之，《通書》發明太極，並無一言及于無極，豈極之即為無耶？既云極之即為無，何以太極之上復標無極耶？淄澠之水，知味者嘗之；道器之分，了悟者領之。不則淪虛無，滯名相，其于中正仁義遠矣。烏能知先生立極之學哉？昔先生判合州，趙閱道聽人之譖，臨先生甚威，及守虔，始知周茂叔也，噫！光霽如先生，而人猶有譖之者乎，焫香告帝如閱道，而猶聽人之譖者乎？鄉令不倅虔州，熟視所為，而譖將不釋矣乎？此其事俱堪怪嘆，而于今不無感也，閱道不能識光霽于初，時侍御公廼能采流風于百世，公之識超出清獻遠哉！匪直此也，見羅先生頃建祠于豫章，侍御公興起之力最大。不佞為斯道，慶因以見先後刻書之意，即先後衛道之心，其于以表揚儒碩，寧有涯涘耶。慕嚮殷殷風猷益可想見，不佞竚觀其全云爾。萬曆壬子季夏望後七日，古豐唐大章書。（顧造本）

周濂溪先生文集小引　　明　劉汝弼

國重制舉義，而制舉義取議論爭而之史，取菁莪爭而之左，取辯謀爭而之策，取玄眇爭而之子，無所之也。爭而之佛，而六經載理之書，而不之之也。于文祖秦，于字祖晉，于詩祖唐，宋濂洛理學之祖而不之祖也。凢以工情易思，工辯易馳，工藻易賞，工虛易沉，無所工乃無所易，無所易斯難矣。難斯遠矣，毋怪其刳心於彼，而掉臂於此也。夫河源紱於星宿，而瞿塘灩澦焉。彭蠡湃湃焉，五湖七澤洸瀁焉，不則其竭矣。龍脉紱於崑崙，而峨嵋偉峯焉，嵩栢尊秀焉。九龍三峯鬱葱焉，不則其崩矣。故夫離理之辭，辭淫者也；離理之辯，辯譎者也；離理之藻，藻浮者也。離理之虛，虛無者也。故離諸理，罔不離矣；合諸理，罔不合矣。理者，諸子百家之崑崙星宿，而諸子百家，理之瞿峽嵩栢諸山水也。制舉義家根極于《太極圖》，而輔潤之以諸子百家，猶之水源也。浩淼無際，猶之山脈也。秀奇不測，殆所謂萬變而未始出吾宗者耶。故能讀濂溪先生書，乃能讀諸子百家，而徒讀諸子百家者，未為能讀諸子百家者也，以為猶在乎一句一卷之間也。劉汝弼思諧甫撰。（黃克儉本）

周濂溪先生集序　　明　劉汝章

吾潤故有濂溪先生祠廢，邑侯龐公新祠鴻鶴山下。予嘗一瞻先生像，想見先生為人，為之低佪久之，不忍去，獨恨先生集不傳，傳或不廣，而使瞻先生像者，無以見先生于誦讀之中。今年予始從紀大夫家獲睹抄本，予為之反覆莊誦，不忍釋。思夫先生之像既新，則是集也當新之，以慰夫瞻先生者。予唯夫道之混于玄冥也。宓犧畫形焉，后聖系著焉。子思子《中庸》明焉，形晨光之熹乎，著犧馭之升也。至于明則經天矣，然無奈其薄蝕何也，霾之以游辯，彗之以烈炬，雲之以黃老顳門，熒之以玄，霧之以詩賦，岐異褓出，滅光沒景，則幾乎長夜哉。洎宓犧氏數千餘季，而濂溪先生生後易畫數千餘季，而濂溪先生《太極圖》出，余諦觀是圖，生陰生陽即兩儀之說乎，而動靜則其所未槧者也。形生神槧，中正仁義，其天命率性之說乎，而陰陽變合，則其所未槧者也。有孔子之系，而闢其藏，有子思子之《中庸》，而該其義，宓犧以來形而著著而明者，槧重揭焉。千萬世而下行乎日月之中，而篋有霾之、彗之、雲之、熒之、霧之者，先生之功豈可誣哉？故以先生之功為之頜為之祠，而況乎先生之精神具仕，斯集則安可不刻以布之四方，學此使四方學者見先生，則不歇以其貌禩而已也。是為刻濂溪先生集，邵陽後學思成劉汝章撰。（黃克儉本）

宋濂溪周元公先生文集序

周子濂溪後孟子千百年，孟子在孔子五世之內，所謂見知者，非與漢魏晉唐而下，何其晦也。說者謂道有所慝，是不免秦炬云，迄宋始有濂洛諸君子相與闡翊，而則祖濂溪先生。先生說《太極圖》槧理深大，想見先生之為人，衰衣博帶，澤膚而疊骨。先生少遷京師，僑居余郡，善鶴林禪地，遂心鑿蓮池焉。世以先生之功，春秋祀。余际履肅然，神氣若提，再千百年後，山寺改色，鐘鼓茂建，諸生以時習《禮》，其下《詩》有之"匪且有且，匪今斯今"，余亦以云兹，且次先生之生平，而帙于名山大川之不足，或曰而來而類，先生手哉。不厉其真，而類是即，即今之于先生，誰不共埽除之役，而綴是則不然。余揣夫世之後生，小子說于離異，無端崖之辨而迂，先正于石田，非見無尊，非惕無法，余長輯而流引，彙耳目之道，攫之深醳之愉，彬彬穆穆，誰之勸與？且是又安厉不忠于先生者，孔而下逆知有孟，孟而下逆知有周、有程、有朱、有張，而不必在五百餘歲，正路茅棘，飲食芒昧，先生唱百代之絕學，功不下七篇仁義，身世坎廪，轍亦如之，此帙遂行，正以明先生于孔周之後之統，而為憲章嚆矢云爾。(黃克俭本)

刊濂溪周子集序　　明　劉觀文

予讀周子所著《太極圖》《通書》，想見其為人，又觀元脫脫乃撰公傳，悲其弗大用於世，然所言行事，庶幾君子素位而行之義，考諸其文無少繆者，是其為周子哉，不然安在其稱太極，迂濶于世務者也。夫六經未著醇行，先生猶多疵說，先生起而諸儒淵源接踵，天下始兢講於道學章句之儒，亦得掇拾，微言以自廣，而本之則無。余惟在諸儒之前，惟不明之患；在諸儒之後，惟不行之患。惟其言之，則諸儒無以滕岐學；惟其舉之，則雖兢于學，無以質先生。孔子嘗為委吏曰：會計當而已。夫計于删述，何如？而孔子何汲汲焉。删述者以為吏守計，舍計而曠吏是躬自犯之也。孟子曰："尚論古之人，誦其詩，讀其書，是以論其世也。"詩并書非其人矣，何以有其人于我哉！夫語人以忠孝之理，莫不頤解旨哉！其論之也，至即忠臣孝子之事，抵掌列之，則愀然毛豎而色變，語未卒而施諸手足矣。故論人者用其智，不若其志也。聽者以心不若其以氣也。聰明智解之所及，而躬不至焉。至微詞渺論，足以招舉于天下，而至自喜也。周子後世絕學之首，而世止獨尊，言其《太極》《通書》之旨，本之則無，恶在其稱先生也。余往見紀氏有先生集抄本二書，之後先生之出處片詞短錄，并所以論先生者，無不具在，使人讀其書，且若見其人，其為簿、若轉運提刑所處道，行未嘗以卑不濟事為解，豈為智及之而躬不至焉。弁今世之衛學居則舍業，出則鰥官。微詞渺論以取世者，而往看其書也，是以梓之為誦法二書者要覽焉。萬曆巳亥仲春之吉，谷陽劉觀文峫熙父。（黃克儉本）

濂溪集跋　　明　劉汝為

余唯夫名之始刼，意之始至，精脉之所始搆，必錯比梦間，盖廣大悉備，亦天地別有奇宇，因而為祖為帝，為氏為氣魄榮衛，則罪有大焉者矣。夫夫子賢於堯舜，豈非以推其道，教萬世無窮也哉！則余髫年而即服習濂溪先生，過余郡先生故址，又嚮不忍醒，先生闡揭千古，為宋唱始，天下賢人衆矣。至無不飲啄微言，襟佩要道，天地有與立者，先生也。夫余兄思成為先生集，跋于余，夫道先生者亦既數百年，詳矣。道集先生者，風氣益薄，羽毛益餙，張文竊辨尊駮異于正骨，遁流僻為譚苑，假理於當今之羔鴈，而腐臭者而非宗正之著述。余兄因有感也，郡既祠先生，求天下無貳於先生者，而即無二於吾傳，豈其不買信貨哉！劉汝為思宣父撰。（黃克儉本）

重刻濂溪集序　　明　黃克儉

濂溪先生合集，余初得之後裔翰博君，繁蕪不倫，字跡溽滅不可讀，每以不得善本為憾，嗣省春陵代署之後，先生之故里廟貌在焉。肅禮畢，梁州公偶出一書示余曰：“此濂溪善本也，刻自潤州，以行亟不能了此願，囑余圖之。”時鄉紳周元翁更出《太極圖說》數首授余，皆兩集之所不載者。余喜甚，謀即就鋟，而無奈潤州本亦多殘闕，幾不能竣事。及歸芝城，邊呂文學授以一帙，盖弘菴崔公所編次梓行者，與潤州本無異，而潤州者寔祖是。及詢以崔公藏板安在，則杳不可得，乃知余之刻益不可已也。遂將先後所淂二集及《太極圖說》諸篇条伍增定付之梓，以存遺文。再道述其刻之始末，如此，若夫先生弘開道脉，繼往開來，諸先賢稱述，代不乏人，固非余之所敢贅，亦余之所不必贅也。天啟癸亥仲春，武林黃克儉書於永之公署。（黃克儉本）

刻濂溪先生志序　　清　吳大鎔

予成童時，侍先君子治兵於匡廬、彭蠡間。客有指輿圖而談疆場者，曰："南康，濂溪先生之所治也，九江，先生衣冠所藏也，故其地尚禮教而重名節。"予叩先生為何許人，客曰："先生姓周氏，楚南道州人，生於有宋天禧間。闡圖著書，倡明絕學，為二程子之師，以上承乎孔子、孟子之道者也。"予唯唯識之。繼先君子轉粵東、海南之邦，所在俎豆先生，誦說弗衰，蓋先生嘗仕廣南提點刑獄，洗冤澤物，故其民至今歌詠之，久而不忘。予曰："噫嘻！有是哉？先生，學道人也，而其宦業乃若是，豈世之岐仕、學為二者哉？予安得先生而事之？"所欣慕焉。

已而，謁選銓部，承乏道州。予私心益喜曰："向者徒勤夢想，而今乃仕先生里耶，當必有真知灼見以大慰乎癏寡之所求者，不僅如客之云云也。"比入境际事，循例拜先生祠下，光霽宛然，芳徽如覯。予低徊留之，見《太極圖》之石刻存焉，宋御賜"道州濂溪書院"六大字，豐碑樹焉。環祠之左右而居者，先生之子若孫，茹苦食貧，猶有賦拙之遺風焉。稽之掌故，則先生宗子舊有世官，鼎革以來尚未承襲；先生遺事，舊有誌書，兵燹之後，蕩為灰燼。予感此遭逢，頓忘下位，乃于康熙十九年庚申具詳憲府，有"昭代宜脩闕典，千年不斬恩榮，俾得豫洛一例，徽國同驅"之句，巺其蚤為題請，以志尊崇。奈事關重大，往復查詢，淹踰歲時五年。於茲，予每獨居深念："錫爵命官者，朝廷之事；脩廢舉墜者，有司之職。盍取舊志而重新之？亦守土者之急務也。"惟是篇章零落，典籍淪謝，一二散在民間，又皆楮毛墨退，不堪寓目。因與此邦之二三子亟力討論而繕脩之，寧詳勿畧，寧信勿疑，寧反覆校正以示信徵，勿輕易脫畧以滋掛漏。經始於甲子之夏，脫藁於乙丑之秋，殺青成書，共一十五卷。以授梓人，用垂文獻。剞劂將半，祗奉恩綸，特允在廷之請，俾周之子孫與程、朱一例世襲。嘉會欣逢，我心實獲，幾年期望之志，一朝得伸；多時未有之書，一旦告成，邊方下吏不覺拜手颺言。蓋惟聖天子之右文重道，無微弗達，以致賤有司之尊聞行知，有求畢遂，予果何脩而得此哉？若曰是役也，藉以表章聖學，紹述前徽，自詡為先生功臣，則先生固不俟予而始重矣；即予也，惡乎敢！康熙二十四年，

歲在乙丑秋七月之吉，奉直大夫、知道州事、加二級吳大鎔重鼎，甫書
於官舍之我思堂。（吳大鎔本）

道國元公濂溪周夫子志總論　　清　吳大鎔

志者，記也。古有左右史記事記言。龍門《史記》世紀、本紀、世
表、年表、世家、列傳，諸體備矣，班、范因之，天文、郊祀、溝洫、
食貨等志，大約祖其意而為之。近世邦乘通紀亦謂之志，總不離乎記事
者。近是濂溪先生學綜今古，道貫天人，其遺書冠于《性理大全》之首，
宗伯釐之，國史掌之，學士、弟子誦習之，與魯鄒之文學等，固非一家
一國之言可得以志名者。狀孔氏之書，《論語》而外復有《家語》，先生
圖書而外，如論斷、褒卹之類，統彙于一編之中，則謂之志也亦可。且
歷攷舊刻，如魯司馬、林刺史、李刺史諸家，皆謂之志。今刻是書，亦
仍舊稱，曰《道國元公濂溪周夫子志》。（吳大鎔本）

道國元公濂溪周夫子志提綱　　清　吳大鎔

次一，曰《周子世家》一卷。志先本傳，稽始也。不睹先生之原始，
何由而見先生之大全？且人本乎祖，窮源之義也，列《周子世家》第一。

次二，曰《遺像道範》一卷。讀世家言，有不願見其人者乎？思先
生，而不見得貌先生者而快意焉？列《遺像道範》第二。

次三，曰《年表行實》一卷。見先生之遺范，則必思先生之行事。
是必有大過乎人者，夫何不可考而知也？列《年表行實》第三。

次四，曰《遺書文獻》三卷。先生之經濟在宦業，文章在圖書。明
體達用，內聖外王也。列《遺書文獻》第四。

次五，曰《先儒論斷》一卷。古之君子，行修於家，遯世不見知而
無悶也。先生著書立言，流風遺韻，聞者興起焉。列《先儒論斷》第五。

次六，曰《歷代褒崇》二卷。在下有定論，在上者因得據以為表章。
屈萬乘以重道德，朝廷之光也。列《歷代褒崇》第六。

次七，曰《春秋享祀》二卷。褒崇之典煥乎一時，俎豆之榮逮及百
世。陟降左右，如或見之矣。列《春秋享祀》第七。

次八，曰《優卹後裔》一卷。舜典有言，賞延于世。善善及子孫，

德厚者流光也。列《優卹後裔》第八。

次九，曰《宗支蕃衍》一卷。河潤百里，海潤千里。先生繼往開來，功在萬世矣。寖遠寖昌，不亦宜乎？列《宗支蕃衍》第九。

次十，曰《古今藝文》二卷。哲人往矣，尚有典型。讀書好古之士，有不感慕嵒連者乎？長言之不足，咨嗟永歎之！列《古今藝文》第十。（吳大鎔本）

道國元公濂溪周夫子志凡例　　清　吳大鎔

一，仍舊。是書凡六刻矣，曰《志》者三，曰《文集》者三。雖詳畧固殊，而裒輯蒐羅，前人備極苦心。茲刻谿徑雖別，朕一以舊本為宗，未敢輕為筆削，以滋掛漏。

一，增新。舊志于先生行實僅存《年譜》。至于《年表》，則名存而實亾矣。茲特立《表》于前，以便省覽。乃若春秋享祀、典禮，攷關舊志，闕焉弗載，豈云完書？特援孔廟配享之例，考定禮儀，錄列品物，謹志司存，用昭嚴恪。其《宗子癢襲》一編，則本朝章奏呈牒，纖悉畢登，既尊且信，惟善是從，亦為下不倍之義也。

一，分類。舊志于古今文字隨手編錄，頭緒不清，翻閱頗混。茲刻先提綱領，其事繫先生者，則狀人褒崇之類；事繫孫子者，則狀入優卹之類。他如書院有記，祠堂有記，祭謁有文，則各綴于《書院》《祠堂》《祭享》之類。亭臺之文，則類于書院；墓祀之文，則類于祠堂。俾觀者一覽而得，可不至于瞀亂也。

一，存疑。是書別無善本，僅存萬曆壬辰年翻刻一編。考訂既不精詳，刊刻亦復潦草，而周氏子孫手抄一冊，又多亥豕魯魚之異。茲于意義不屬、顯而易見者，則不憚畧為改定。間有文字疑似、上下舛訛者，則不輕為更置，恐其錯中復錯，貽笑大方。惟另具手眼，嘉惠斯文，則于高明有厚望焉。

右《總論》一則，《提綱》十則，《凡例》四則，志中首尾《論贊》又十則，皆舊志所無者。公餘之暇，僭加點染，援引無當，考核未精，不揣塗鴉之拙，自貽續貂之陋，讀未終篇，想當噴飯滿案也。康熙乙丑初春，舂陵拙吏吳重鼎氏，漫筆于公署之凝翠軒。（吳大鎔本）

道國元公濂溪周夫子志序　　清　張

道之有絕續也，非其人則不傳。人之有顯晦也，非其時則不著。孔孟之道，歷稽前代，自秦灰肆燄以來，六經殘滅，斯道之傳，或幾乎息。濂溪先生著《太極圖說》，明天理之根源，究萬物之終始，直使鴻濛奧義、列聖宗傳，昭然若揭。嘗讀紫陽傳先生云："二程受學先生，皆能唱鳴絕學，以繼孔孟不傳之緒，究其源本，皆自先生發之。"嗚呼！此其為道之所由傳歟？先生迄今，又六百餘歲矣。去先生之世若此其遠也，欲尋其衣冠故里，則又邈乎不可淂。若然，則雖欲遡其風流餘韻，亦徒與山高水長，托諸流連嘅想已耳，安能歷歷紀之而如見其人乎？今我皇上右文重道，蒐集舊聞，褒崇先祀，曠世以來，於茲僅見。余也恭承簡命，分陝湖南，職司宣化，則修廢舉墜與有其責，而道州屬在所轄，先生軼事則又考之甚詳，時因入覲，例淂條奏，特請御區，以誌尊崇。幸達聖聰，奉有俞旨。余竊私喜斯道傳人，從今與日月光華並垂不朽。未幾，道州吳牧以《濂溪周夫子志》書告成，請序於余，余不禁嘆興曰："人之顯晦，誠哉其有時乎？由今溯昔，滄桑代變，人物遞更，前賢往喆與荒煙蔓艸同盡者，何可勝數？乃今恭逢隆運，淂賢司牧而表章之，豈惟先生之幸，亦斯世斯人之幸也！"爰樂淂而為之序。康熙丙寅夏，湖廣湖南等處承宣布政使司布政使、今陞巡撫福建等處地方提督軍務、都察院右副都御史張序。（吳大鎔本）

道國元公濂溪周夫子志叙　　清　丁

自孔孟而後，微言幾絕，異學競起，六經之旨晦而不明。漢儒號為專經者，徃徃人持一說，同異紛如。良由本源之地未窺，而徒従事經籍，又在掇拾傳誦之餘，寧無訛謬乖盭之弊？安望其於聖人之道，能黻明而嗣續之邪！昌黎氏倡鳴古學，《原道》一篇，於道德仁義之說，言之詳矣。肰當其時，従而信之者，不過李翱、張籍數人，亦惟以文章規制不背於古作者而已。若所云堯以是傳之舜，舜以是傳之禹、湯、文、武、周公、孔子、孟子者，獨昌黎氏知之而能言之，餘子猶有未及也。故紹洙泗之傳，啟洛閩之緒，其惟濂溪先生乎？蓋聖人之書，莫先於《易》，

廣大精微，亦莫備於《易》。孔子韋編三絕，而後《繫辭》出焉，要非精
思默契不能得也。先生扵《易》，則極深研，幾而至扵神矣。夫陰陽動
靜、剛柔吉凶之理，彌扵六合，入扵幽隱。凡天地之專直翕闢，以成生物
之功；人之修誠立性，以崇德而廣業；國家之禮樂刑政，以察萬民而治
百官；與一事一物，所以長養消息；以至原始反終，通乎幽明之故，而
知鬼神之情狀，無之乎不在。自西漢、東都更相祖述，非有絕倫。江左
諸儒，承輔嗣之注，復涉扵浮誕，能探賾索隱、引伸觸類而神明之者，
未有其人也。先生《圖說》《通書》所稱"主靜""立極"，與"本源於
一誠"諸語，皆明乎精微之蘊。至"無極而太極"，則前所未有，獨扵先
生歎之。故曰："大哉《易》也！性命之源乎！"夫天地性命之源，吾既
循流而得之，則舉凡惝恍窈冥、詭怪不經之論，孰能亂我之清明？而六
經之旨尚有未純一貫之，道尚有未合者乎？明道、伊川親承指授，演其
師說，扵是南軒、考亭相與尊崇而推廣之，而理學以明。六經之旨，亦
因以會萃羣書，刪繁去庋，燦朕合一，如日月之中天，江河之入海，無
疑闇岐雜之病，以為萬世耳目，皆先生啟之也。先生所著書，《圖說》
《通書》而外，詩文亦寥寥無幾。《繫辭》曰："乾以易知，坤以簡能。
易則易知，簡則易從。"易簡而天下之理得矣。先生真得易簡之理而神明
之者歟！程子所謂"吟風弄月以歸"者，蓋亦淂之氣象之表，而非僅語
言文字之謂也。世或以先生不多著書以示後學，豈知先生者哉？若先生
者，誠孔孟之後一人而已！

　　余奉簡命，來撫楚南。值此凋瘵遺黎，日事拊摩噢咻之不遑。數月
後，有以先生後裔猶未循例襲官為言，方行學使者，稽故牒，考嫡系，
將以請扵朝廷。適中丞姚公建白奉俞旨，余得承順具覆，而世職以嗣。
州守吳君復搜羅遺志，壽之梨棗，當聖天子闡明理學之時，先生之道宜
其彰著崇重若此也。余因緣際會，淂讀遺書而弁之簡端，亦幸矣夫！康熙
二十四年，歲在乙丑嘉平月穀旦，賜進士出身、通議大夫、巡撫偏沅等處
地方、提督軍務兼理糧餉、都察院右副都御史丁，拜手□□。（吳大鎔本）

道國元公濂溪周夫子志叙　　清　朱士傑

　　濂溪先生之有志也，所由來久矣。志之義何居？曰："志以言乎記

也。"其地可記,其人可記,其世系源流與文章德業可記,故有取乎志也。芧念古今來賢人君子接武聯鑣,有載之《世家》者焉,有登之《列傳》者焉,其集而為志者,不數數見。胡為乎先生獨有志也?曰,惟先生之人為獨至,故其志為獨詳。然志之為書,備其文,要稽其實;傳其信,務絕其疑。先生之人與地,與世系源流、文章德業,昔之人亦既表彰綜輯,炳蔚遺編,似無庸後起者之更張損益為也。而顧不然,蓋莫為之前,雖美弗彰;莫為之後,雖盛弗傳。營道,界在荒裔,兵燹迭乘,世遠言湮,簡篇殘闕。過此以徃,保無有斁與信相淆,而文與實鮮所據乎?官斯土者,不亟起而修明之,豈心乎先生、心乎斯道者所自安乎?余用是於道州牧吳君重鼎深有契也。

　　吳君刺營道凡六載,四知勵節,五袴興歌,固已蜚聲仕路矣。邇以聖天子崇文右道,退公之餘,復孳孳念典,仕優而學,殆有合焉。不寧惟是,毅然以修廢舉墜為己任,歲甲子偕廣文王子遵度、石子國綸暨博士弟子員何子大晉輩七人,取先生舊志與為校裁,與為纂定。或芟繁就簡,或踵事增華,自世家始,迄藝文止,列卷十五,編帙五,繪圖三,綱舉目張,條分縷析,甫期月而告成。吳牧之有功於先生、有功於斯道,豈淺鮮哉!迺不以余之愚不肖而問敘於余。一披閱之,但見喬皇典貴,簡核精純,文也罔非其實也,信也無有於疑也。噫嘻!觀止矣。嚮也過先生之里,謁先生之祠,瞻先生之模範,睹先生之車服禮器,既已服膺而弗諼,茲讀先生之志,不惟見先生之人與地、與世系源流、與文章德業,而且見在昔之親炙而為見知者,私淑而為聞知者,罔弗曠代如一日,千里若同堂也。余用是於吳牧深有契也,爰不揣鄙陋,弁數言於簡端,以問世之共讀斯志者。皆康熙二十四年,歲在乙丑仲冬穀旦,分轄衡永郴使者、樂郊朱士傑亶菴甫識。(吳大鎔本)

濂溪周夫子誌序　　清　姚淳燾

　　粵自《易》始庖犧,《書》始唐虞,《詩》本文周,《春秋》作于孔子,歷千五百歲,而《太極圖說》乃出于周子。夫天生聖賢,以為道計。上之為君、為相,立德、立功,位不達則立言以傳于後。古之作者有間矣。醇疵異同、諸儒之說具在,可考而知也。濂溪特起南服,睿質天挺,自以《圖說》授二程外，未聞設皋比踞高座，而同時諸公每心折焉。以子瞻之才，不難牴牾伊川，而于先生則曰："先生豈我輩，造化乃其徒。"謂非光霽襟懷，能使人之意也消乎？理學薪傳，斷當推先生為鼻祖。卽吾鄉陽明子，唱提良知，幾欲分考亭之席，至先生獨無間言。而或者猥于無極太極，肆其強辯，夫太極之上，誠不宜別立無極之名，然曰"太極本無極"，則是二而一者也。乃欲離而二之，以為多此一層，誤矣。《詩》言天載無聲無臭，豈無聲臭在天載之前邪？先生既抱內聖外王之學，在當時位不甚顯，遺文多零落失傳，惟斯道不泯，即太極長存。以故孔子俎豆百世，先生亦俎豆百世。有宋以來，錫典洊加，翰博之襲，乘志之刻，有由然矣。代經鼎革，門廡中微。先是，直指李公、撫軍韓公後先題請咨部，泪淳熹典楚學政，復請于兩臺，援閩洛世裔之例相與擬議具題，而中丞疏已先入矣。皇上方崇正學，嚮儒修，可其奏。于時，刺史重鼎吳君繕輯《濂溪志》成，来請序于不佞。多年曠典一時具舉，何其盛哉！蓋夫子之言盛德，必曰子孫保之。惟子孫保，肰後能奉其宗祧，而守其典籍。及夫中葉淪替，斷而復續，則一視乎所值之時與所遇之人。今文治蔚興，大賢之後復其始而無難，可謂值其時矣。刺史君景行前喆，蒐求故帙，廣以新編而登諸梓，俾覽者覩先生之大全，推而致于聖人之道，于先儒為有功，于後學為有造，可謂遇其人矣。值其時，遇其人，將天下事無不可為者。夫豈偶然之故邪？而亦孰非先生之澤所涵濡浸灌于無窮者邪！淳熹曾王父承蕃府君，殫心理學，生平撰有《經書疑問》《疑義》《史綱性理》諸書，發明傳註，足當羽翼。予小子惕惕負荷，遡源于先生而私淑焉。顏之學，伊之志，書紳者久矣。竊不自意炙先生之里，又適當是書之成，而以諺言弁簡端，是亦不可謂非天之幸也！因拜手而為之序。康熙二十五年歲次丙寅仲春穀旦，賜進士出身、提督湖廣通省學政、按察使司僉事、加三級、茗溪後學姚淳熹，謹題于玉沙公署之古照堂。（吳大鎔本）

濂溪志後序　清　石國綸

綸江漢間之末學也，司訓營陽，為周濂溪先生之故里。嘗以春秋脩釋菜之禮於先生，竊心焉嚮往之。然周，至精也，程，至正也，昔賢曾言之矣。綸於先生之道，且未涉其藩籬，敢云窺其堂奧乎？康熙甲子夏，州牧吳侯重脩濂溪舊志，屬綸以校訂之役，始得取先生之遺書而快讀之。先生學本立誠，功深主靜，而定之以中正、仁義，立人極焉。蓋唯誠，則有以袪夫偽，而不雜于妄也。唯靜，則有以宰夫動，而不淆于紛也。唯中正、仁義則兼愛，為我之患熄，孝子得以事其父，忠臣得以事其君也，夫如是，而人極立矣。堯、舜、禹、湯、文、武，君于上而蕩蕩平平，無黨無偏者，用此道也。孔子、孟子，師于下而植天綱、扶人紀、距詖行、息邪說、誅亂討賊、尊王賤霸者，亦此道也。自戰國暨于五季，其間千有餘年，斯道之不絕者如綫。先生獨起而脩明之，闡圖著書，手授二程先生。至子朱子而大其傳，謂先生上承孔孟，下啓程朱，詎不信夫？詎不信夫？今學士家誦法孔孟，而于先生之書，猶或未之省覽。吳侯懼其久而湮也，取舊本而重梓之，《圖說》《通書》，瞭若列眉，宦業、政蹟，罔不畢登。雖其間有不盡係于先生者，而旁見側出，要以會歸于先生而止，蓋其意主于尊崇賢哲，而其所以扶世教，淑人心，移風易俗，使斯民回心而嚮道者，實不外此。則自今以徃，家誦戶習，口識心維，為治者知斯文之足重，而不汲汲于簿書期會；為學者知吾道之有歸，而不屑屑于章句詞說，于以仰副聖天子壽考作人之意，豈曰小補之哉！志成，不揣譾陋，附綴數言以紀盛事云。康熙乙丑春仲花朝後二日，道州學訓鄂城石國綸頓首拜書。(吳大鎔本)

修濂溪志跋後　清　常在

去年甲子夏，郡尊吳夫子手一編示在曰："此濂溪先生舊志也，將以授梓，子為我次第之，予加筆削焉。"在謝不敏。夫子固授，辭，不獲。在惟濂溪有志，自弘治辛亥始也，距今已二百年，凡六刻矣。徃在先明無事，時簡編充富，為力頗易。國朝定鼎以來，湖南甫靖，繼以滇亂，藏板煙銷，遺書餕冷。夫子以已未下車，多方購求，竭五年之精力，乃克成書。此其雖百倍扵徃昔，而其功高出于草創矣。惟是高文典冊，應推方家名手，而付美錦於學製，委良材於拙工，繞朝贈策，當必有按劍而盷者，愚茲懼矣。噫！抑又媿矣！康熙乙丑重五日，春陵後學腐儒常在書扵瀟山艸堂。(吳大鎔本)

重修濂溪志序　　清　汤金钊

聖天子重道崇儒，化民成俗，躬精一執中於上，而期天下學者以仁義中正之歸，金釗曩者承乏司成蒙恩召對，諄諄訓諭以教導士子，宜講明聖賢、性命、道德之指，使知躬行實踐，然後士習端而民風可移。

大哉皇言，萬世立教之圭臬也，聖賢之道，備於四子五經；經書之精，闡於關、閩、濂、洛、二程、朱、張之學，開於濂溪。天生周子，蓋以傳先聖之秘，而教後學於無窮也。道州舊有《濂溪志》，修於康熙二十四年，歲久漫漶，同志諸君慨然重輯，蓋能抑體朝廷闡明理學之至意，而有志於明德新民之道者。孟子曰："奮乎百世之上，百世之下聞者莫不興起也。……而況於親炙之者乎？"金釗竊復以為居乎千里之遙，千里之外聞者莫不興起也，而況生長其鄉者乎？彼州人士，挹光霽之流風，被圖書之餘韻，學術之正，風俗之醇，知必有異乎輓近浮薄之為者。金釗於癸酉歲忝奉簡命，校士至零陵郡，虔謁元公於書院，以展生平瓣香之忱，憾未得詣故里，瞻遺像，遍覽月巖、溪橋之勝。州學諸生周誥，文雅而性恬，中拔貢選，詢知為元公二十四世孫。甲戌夏，誥偕弟博士承宗至京師，屢以志序為請。乙未，誥應試南宮來謁，因言志已脫稿，行將授梓，今既嘉諸君子之賢，而復樂得附名簡末也。於是乎書。誥授光祿大夫、吏部尚書、前任江蘇湖南學政、蕭山湯金釗謹序。（周誥本）

重修濂溪志序　　清　白延禧

延禧承乏道州，嘗以春秋仲月次丁率撩屬祀先賢周子於州西門外濂溪祠，景仰堂楹道範斯在，其故居濂溪距州治二十里許，職守所羈未克至也。己亥冬，子二十四世孫孝廉午橋續輯濂溪志成，謬以掌修方志之義是正，禧且屬為序。

謹按志名濂溪，主載周子之事，事係乎子，卽非濂溪必錄，濂溪諸勝則以子興寄所及而載之，蓋舊例也，舊志始前明李牧，兵燹後蕩不復存。康熙間，前牧吳君纂濂溪先生志十五卷，歲久板漫漶不可辨，午橋校訛補闕，益以國朝褒崇優恤之典，並付剞劂，更數歲而後蒇事。此亦見仁孝之用心，無愧賢裔矣。或謂子為有宋以來道學之祖，其遺書、遺事、年譜、祠墓等，誠所當志；而雜誌、手帖瑣屑之語，登臨題之名，無乃繁蕪失體。不知道學者以道為學，一言一動隨事發付，揆諸天理、人情、事勢，罔不確中乎自然之準的，故仁義中正之旨無徃不存，應接酬酢之間無施不當。假使矜心作意，多所避忌，其涉筆刬，必鮮風雅之趣。而平素拘執方板，斂手聚足，若對嚴酷之吏。是即家人、婦子尚病其煩苦難堪。而況州黨友朋、朝廷班列，以及四海九州之士。庶一以嚴正臨之，浹洽寡而責備多，何怪道學之名！大為天下訴病，指摘交集，讒慝煩興，作禍於清流，召獄於黨錮也。令傳道學者皆如子之中正和平，詎有是患？然則斯志之載及瑣屑手帖，以見子未嘗自命為道學，而誠意懇惻，內外上下雍然怡然，無拂情慮者，正其善志子也。至夫賢喆，庤止鄉邦，艷稱好古之士，徃徃窮極山巔水涯，剝剔苔蘚，求得一名一字，根据討論，以寄其嗇連嚮慕。若子孫敘述先烈，瞻顧體例，缺而不書，使世之人懷疑於碑碣之未可盡憑，而徃來之跡漸以湮沒，是誰之過？今取諸刻與年譜、遺事並列卷中，彼此脗合，豈不信而有徵哉？禧固俗吏，未足知筆削事，而藉讀斯志，亦得附名於光風霽月之下，榮幸莫大焉。因不辭譾陋而為之序。道光十九年孟冬月，知道州事長白延禧謹序。(周誥本)

重刊濂溪志跋　　清　楊上容

《易》之為書也，天人悉備。馮紹雲謂：“輔嗣流於虛無，易與人事疏，正叔專於治亂，易與天道遠。”合天人一貫者，莫如周子之《易通》。其書首之以立誠，探其本於乾元，人得天心以為心，結之以時中。體其道於《艮》止，人奉天則以為則，固非高談性命，置世務於身外也。觀《書》之言天不離人，知人極為太極之實，言人不悖天，知希聖為希天之自。推之四十章，可蔽以一言曰：“誠而已矣。”故主靜者，誠也。聖人以斯自立。主敬者，誠之者也。君子以此自修。是程子所受於周子，而朱子所宗於程子，以上述夫周子者，既嘗即其圖書表章之，以為得千聖以來不傳之祕，固與六經並垂近世，又輯其年譜、祠墓之文，襃崇、優卹之典，綴此書後，取闕裡“志”之義，名之曰《濂溪志》。

　　容於元公書誦習有素矣，媿未測其道之宏深，竊私慕其為政之精密嚴恕，通籍後宦遊西蜀，初作綿竹宰，實為南軒故里，繼守涪州，又為伊川講學之地，咸彬彬有儒者遺風。蓋濂洛傳授之淵源，其漸被者遠也。及今解組歸里九疑，本元公湯沐之鄉，適睹舊志殘缺，裔孫周誥為容癸西拔貢同年，以家庭所輯鈔本見寄，浣手讀之，歎其有關文獻，爰命剞厥氏鋟諸棗梨，以寓其高山仰止之思，後之君子繼此而修明之，庶不致如《妬說》《同人說》之散軼，其斯文之幸也夫。賜進士出身、奉直大夫、歷任四川綿竹縣知縣、涪州知州，九疑後學楊上容薰沐謹跋。古零梓人蔣文友摹鑴。(周誥本)

濂溪志凡例　　清　周誥

一　書目有七，首《遺書》，次《雜著》，三《年譜》，四《祠墓》，五《褒崇》，六《優卹》，七《文錄》，照蘇州本家周沈珂之例而摘其要。

一　是書兼存歷代之例。先年奏議遺漏"門子"二字，至今遂失其額，故事有關成例者，纖悉必錄。

一　舊志有《宗圖》一卷，每為冒宗者所竊。今本支繁衍，難以備載，故缺之以杜他族冒宗之端緒。

一　他郡祠記彙入《文錄》一冊，而前賢書序附焉。至晚近名流詩賦，另有別集備登，茲不載。(周誥本)

濂溪遺芳集序　　清　周誥

宏治四年辛亥，州侯方公刻有《濂溪遺芳集》，後之守土者輯其大綱以為志，至今因之。其餘詩賦之未盡登者，別為一冊，仍以"遺芳集"名之，存其舊也。(周誥本)

四庫全書總目·周元公集提要

《周元公集》九卷，宋周子撰。周子之學，以主靜為宗。平生精粹，盡於《太極圖說》《通書》之中。詞章非所齎意，故當時未有文集。陳振孫《書錄解題》載有《文集》七卷者，後人之所編輯，非其舊也。故振孫稱"是集遺文纔數篇為一卷，餘皆附錄"，則在宋代已勉強綴合，為數無多矣，此本亦不知何人所編，凡《遺書》《雜著》二卷，《圖譜》二卷，其後五卷，則皆諸儒議論及志傳祭文，與宋本不甚相合，而大致亦不甚相遠。蓋後人病其篇目寂寥，又取所著二書編之集内，以取盈卷帙耳。明嘉靖間，漳浦王會曾爲刊行。國朝康熙初，其裔孫沈珂又校正重鎸。先儒著述，學者所宗，固不以其太少而廢之。原本後附《遺芳集》五卷，乃沈珂輯其先世文章事蹟，自爲一編，與本集不相比附。今別入之總集類，不使相淆。集中《愛蓮說》一篇，江昱《瀟湘聽雨録》力攻其出於依託。然昱説亦別無顯證。流傳已久，今扔並録之焉。（鄧顯鶴本）

四庫全書總目·周子抄釋提要

《周子抄釋》三卷，明吕柟撰。宋五子中，惟周子著書最少。而諸儒辨論，則惟周子之書最多。無極太極之說，朱、陸兩家，斷斷相軋。至今五六百年，門戶之分，甚於冰炭。《太極圖說》與《通書》表裏之說，元何虛中至特著一書，辨此一語。論者亦遞相攻擊，究無定評。至於主靜之說，明代訟爭尤甚。是編蓋因《周子全書》而摭其精要。一卷爲《太極圖說》《通書》；二卷爲遺文、遺詩，而附以雜記；三卷則本傳、墓碣、事狀也，較《全書》特爲簡潔。每條之下，各釋以一二語。或標其大旨，或推所未言之隱，較諸家連篇累牘之辨，亦特淳實。其釋"荀子元不識誠"一條，謂"貶荀子太過"。以《大學》《中庸》之言誠，擬荀子之言誠，未免駁雜。釋《養心亭記》一條，謂"'寡欲'亦'允執厥中'之義，若至於無，恐難通行於衆"，亦不免辭不達意，然大旨要爲不悖。觀周子之書者，其精華略具於此矣。（吕柟本）

四庫全書總目·周氏遺芳集五卷提要

周氏《遺芳集》五卷，編修朱筠家藏本。明①周沈珂及其子之翰編。先是，周子十七世孫與爵輯其先世著述事蹟，自周子四世孫興裔以下爲《遺芳集》。凡歷代褒崇、詔諭，及傳、志、記、序諸作，以次附焉。沈珂父子重爲編次，而與爵以下則仍無所增益。（周沈珂本）

① "明"：應作"清"。

四庫全書總目·太極圖說述解　通書述解　西銘述解提要

《太極圖說述解》一卷，《通書》述解一卷，《西銘述解》一卷，明曹端撰。端字正夫，號月川，澠池人，永樂戊子舉人，官霍州學正，後改浦州，事蹟具《明史·儒林傳》。史稱其學務躬行實踐，而以靜存爲要。讀《太極圖說》《通書》《西銘》，曰："道在是矣。"篤志研究，坐下著足處，兩甎皆穿。蓋明代醇儒，以端及胡居仁薛瑄爲最，而端又開二人之先。是編箋釋三書，皆抒所心得，大旨以朱子爲歸。而《太極圖》末附載《辨戾》一條，乃以朱子所論太極陰陽、語錄與註解互異，而考定其說。蓋註解出朱子之手，而語錄則門人之所記，不能無譌。端得於朱子者深，故能辨別微茫，不肯雷同附和。所由與依草附木者異也。前有端自序，作於宣德戊申，惟論《太極圖說》，及以詩贊辨戾附末之意，而不及《西銘》。卷末有正德辛未黎堯卿跋，始兼西銘言之。《通書》前後，又有孫奇逢序及跋，跋但言《通書》，而序則言澠池令張燝合刻三書。蓋堯卿始以《太極圖說》《西銘》合編，燝又增以《通書》也。據端本傳，其書本名《釋文》，所註《孝經》，乃名《述解》，此本亦題曰《述解》，不知何人所改，刊板頗拙惡，排纂亦無體例。每句皆以正文與註連書，字畫大小相等，但以方匡界正文每句之首尾，以爲識別，殊混淆難讀，今離而析之，使註與正文別行，以便省覽焉。（鄧顯鶴本）

四庫全書總目·太極圖分解提要

《太極圖分解》一卷，不著撰人名氏，《天一閣書目》作"羅鶴"撰，然書中自稱"鷃曰"，則名"鷃"非名"鶴"矣。考《江西通志》，羅鷃，宜黃人，嘉靖辛酉舉人，官至思南府同知，當卽其人，范氏錯以"鷃"爲"鶴"也。其書列周子《太極圖說》與朱子之註，而申陸九淵之說以駁之。案，聖人立教，使天下知所持循而已，未有辨也，孟子始辨性善，亦闡明四端而已，未爭諸性以前也。至宋儒因性而言理氣，因理氣而言天，因天而言及天之先，輾轉相推，而太極無極之辨生焉。朱陸之說，既已連篇累牘，衍朱陸之說者，又復充棟汗牛。夫性善性惡，關乎民彝天理，此不得不辨者也。若夫言太極，不言無極，於陽變陰合之妙，修吉悖凶之理，未有害也。言太極兼言無極，於陽變陰合之妙，修吉悖凶之理，亦未有害也。顧舍人事而爭天，又舍共睹共聞之天，而爭耳目不及之天。其所爭者，豪無與人事之得失，而曰吾以衛道。學問之醇庇，心術人品之邪正，天下國家之治亂，果繫於此二字乎？故今於兩家之說，率置不錄，謹發其例於此，後不縷辨焉。前任長沙府寧鄉縣儒學以教諭銜管訓導事截取知縣，臣鄧顯鶴僅錄。現任寶慶府邵陽縣儒學以教諭銜管訓導事揀選知縣，臣彭洋中敬刊。（鄧顯鶴本）

周子全書序　　清　胡寶瑔

濂溪之上，書院新成。九江太守董公既繕完其事而落之，復輯《周子全書》示余，將使學者知圖書精奧，性命元微，爲萬事萬物之所從出，而立誠爲本。孳孳不息，於是山下出泉，葆其靜而清之本真，而毫無汩亂；優游涵養，以果以育，斯希賢之士，載道之文，不難鼓舞振興，蔚然輩出。全書中如手札、家郵，罔不綜收，見賢者率爾操觚，必歸於正，其和順之氣，蒸蒸溢於楮墨，足以覘所養之純粹。婦孺奚僮亦繾綣殷濃。千載下挹其辭氣夷愉，情懷衝煦，尤使人感發不能已已。洪惟聖祖仁皇帝纂《性理精義》一書，謂周子《太極圖說》《通書》，誠爲《學》《庸》《語》《孟》以後僅見之書，悉載全文，附以朱子解說，使學者知道理之根原，學問之樞要。世宗憲皇帝泰運光昭，乾文瑞應，五星日月，璧合珠聯，視有宋之星聚於奎，徵理學先兆者尤爲炳煥。而聖德神功所以啓文明之盛，集聖學之成者，度越百王，無與倫比。我皇上抒聖明天縱之筆，跋《大學衍義》之文，謂周茂叔有光風霽月氣象，蓋其廣大寬弘之量，得太極自然之理，故茂叔生知者也。又伏讀御製詩："偉哉無極翁，粹然秉道氣。學不由師傳，理已臻極致。"所以闡明先哲之菁華，發擴斯道之統緒，至精至確，箋以加矣。恭敍帝綸列爲卷首，蓋聖聖相承，治統道統合而爲一也。至於羣儒之發揮緒論，咸著於編，吾知濂、洛、關、閩之實學，當並燦然輝耀於時，而周子爲倡道之宗。其書潔净精微，直與《易》準，尤堪上續遺經，比之天球河圖，喬煌寶貴者也。學者服習於斯，蘊爲德行，發爲事業，仰承清化，日盛月新，近大賢之居，沐其流風餘韻，倍加濯磨，而果不負吾儒守待之責也。予於茲有厚望焉。

乾隆二十一年，歲在丙子，九月朔旦，撫江使者後學故寶瑔謹序。（董榕本）

希賢録序　　清　彭玉麟

光緒八年，玉麟奉朝命巡閲長江五省水師。至九江，謁先賢周子墓。先是，咸豐五年湘鄉羅忠節、李忠武購甓石重脩。至是，予見其未備也，復令湖口鎮總兵益陽丁義方庀材鳩工經營修整，用期久遠。既成，屬予記之。予維周子之學，德行精純，體用具備，上繼文、周、孔、孟，下啟二程、張、朱，宋賜謚曰"元"，義深遠也。其所著《太極圖说》《通書》，與《易·繫辭》《大學》《中庸》之旨如合符節。經朱子註釋之浚，明時取以冠《性理大全》，我聖祖仁皇帝命儒臣纂修《性理精義》，復取以弁篇端，循明制頒之學宫，著為令典，與六經四子書並垂天壤。其言行、出處、進退、幾於時措徟宜，近扵君子，依中庸遯世不見知而不悔。《宋史》刱立《道學傳》，而以先生為首，稱"朱子濂溪先生事實"，所載特詳，《宋史》即據以立傳。其賜謚，有禮臣之議；其徟祀，有理宗之詔。其墓，則有潘興嗣為之誌銘；其重脩墓，則有羅忠節為之記，皆能彰明先生體用寔學。予無以益也，夫尚友古人，不徒在過墓生哀，至廟生敬，尤當奉為德行、政事、學術、以為師法焉。既撰《重修墓記》以識顛末，復取《宋史·道學傳》朱子所撰事實，並《通書》講義以及朱賜謚議、從祀詔、墓誌銘、脩墓記並繪墓圖彙為編，俾仰止先生者，考其言行，知其窮理盡性至命之學實能存諸心，備諸身，彰之扵事君行政、濟人澤物之間，故可為百世師，而非徒詫空言者也，用以自勵希賢之志，且以勵同志云。光緒九年春三月，衡陽彭玉麟謹識扵退省盦。（彭玉麟本）

周子全書序　　清　張伯行

予總角時，初就塾師。先君子為予言曰："周、程、張、朱、孔、孟之正傳也。子其勉旃！"予已心焉識之。迨後從事舉業，而周、程、張、朱之言，僅從《性理》及《近思録》中領略大意。尚未獲盡覩全書，每時時思購之而不可得。甲戌歲，予官中垣，居京師，乃於報國寺中偶得《濂溪全集》，如獲至寶。手不釋卷者累日，欲重梓以廣其傳。而繼以效力河工，乃歷任山左、江左，公事悤忙，未遑遽及。丁亥春，恭膺簡命，叨撫九閩。閩固朱夫子之鄉也。公餘，與多士講求身心性命之學，搜羅前賢遺書，以及先儒文集，凡足以發明孔孟之理者，悉取而重訂之。因思聖學之失傳也，自孟子而後，大道不明。即以韓昌黎之才之識，猶不免孔、墨並稱，況其下焉者乎！

　有宋濂溪先生崛起南服，不由師授，默契道體。上以接鄒、魯之傳，而下以啓洛、閩之緒，於無極之真，二五之精，形生神發之理，推極奧蘊。且其言誠、言幾、言性安、言復執，直揭日月而昭雲漢。以故二程傳其學，朱子闡其說，字剖句晰，無微不彰，日與陸氏弟昆反覆辨難，不嚴煩瀆焉，此其服膺先生當何如！雖然，先生之所以融徹於圖象之表者，非徒在語言文字也。蓋實所養內充，春風和氣，隨時發見。故當其出，則政事精絕，宦業過人；當其處，則胸懷灑落，如光風霽月。山谷黃氏釋其“短於取名，薄於儌福，菲於奉身，陋於希世”。勉齋又言周子“以誠爲本，以欲爲戒”，先生真所謂“闇然而日章”者也。則夫後之人匪但讀其書已也，不更當緬想其爲人哉！今者《性理》《近思錄》二書，以先生開其先，當已家傳而人誦矣。第先生全書，不敢私之什襲，且恐其歷久而或至湮没。急爲訂訛編次，付之剞劂，以公同好。俾學者知其緒餘，一根理奧。則《太極》一書，雖廣大精微，要其陽變陰合、誠通、誠復之理，皆得由考亭以溯伊、洛，由伊、洛以溯濂溪，藉以表章孔孟之傳於不墮，庶無負先君子庭訓意也。是予之願也夫！康熙四十七年戊子臘月，儀封後學張伯行題於三山之正誼堂。（張伯行本）

濂洛關閩書原序　　清　張伯行

　堯、舜、禹、湯、文、武、周公之爲君、爲相，孔、曾、思、孟、周、程、張、朱之爲師、爲儒，一也。一者何？曰：“道也。”堯之授舜，止於允執其中者，道惟一中也；舜之授禹，推之曰惟危惟微，惟精惟一者，聖凡之相去，善惡之分途直判，其幾以相示，亦道之不容有二也。自是道行於上，爲三代之盛治；道行於下，爲鄒魯之真傳，猗歟盛哉！然而孔孟没，微言絕，自秦以迄漢唐，茫茫墜緒縣延如綫，蓋亦盈虛消息之理固然歟。

　　宋興，而周子崛起南服，二程子倡道伊洛之間，張子篤志力行關中，學者與洛人並迤，至朱子講學閩中，集諸儒之成，而其傳益廣。於是世之言學者，未有不溯統於濂、洛、關、閩，而以爲鄒魯之道在是，卽唐虞三代之道在是也。夫四氏出而聖道日新，六經、四書闡發無遺蘊。有志者不學則已，學則必由先儒之說，以求先聖之指歸，宜無不得當者。大非若秦漢時之榛蕪蔽塞，罔所適從矣。顧學者非不日誦先聖先儒之書，乃欲求一言一行之幾於道，而不可得，抑獨何歟。程子之言曰："天下之學非淺陋固滯，則必人於佛老之虛無。"朱子又曰："圣人教人，非使人缀缉语言，造作文辞，为科名爵禄之计。"今之人不蹈此弊者，盖鲜焉。夫刑名功利，訓詁詞章之習，固非學者所宜務，而執主靜良知之說者，希心頓悟，終不能不折而入於禪，先儒之垂戒尤章章也。先儒書具在，學者心驗而身體之，於周子，可以會一理之通，而振俗學之卑陋；於張子，可以窮萬物之故，而識體性所自來；於程子、朱子，可以得主敬窮理、下學上達之功，而不爲詖淫邪遁所淆惑。故凡先聖之蘊表章光大於先儒者，至爲明曉而詳盡，吾人生聖道日新之後，得開聾瞶之耳目，拓膠擾之心思，其幸也大矣。乃或拘於習染，養之無以全其性，充之不能盡其才，而又遺棄事物，脫略章句，陽儒陰釋，以亂其真，徒爲先聖先儒之罪人，豈不惜哉。雖然，道未嘗一日不在人心也，而其顯晦絕續之幾，所賴仔肩斯道者，卓然挺拔，不囿時趨，毋狹小以徼近名，毋過高以希速化，堅自信而實用其功。周、程、張、朱耳提面命如在几席，夫然後得鄒魯之所以傳心者，上溯乎唐虞三代，道蓋無不一也已。我皇上崇儒重道，又命儒臣纂修各書，以垂教萬世，洵所謂治臻堯舜，學并孔孟者，至鄉會命題，尤重性理，使四氏之書直與孔、曾、思、孟同不朽焉。

　　茲叨撫九閩，承流宣化實有未逮，惟是先儒遺書服膺已久，爰出平日所詮解者，令書院諸生互相參酌，仍付柳生璿、陳生紹濂彙訂，雖妄意編輯之無當，亦以俟知道君子略僭踰之罪，進而教之也，固書以爲序。康熙四十八年十月望，後儀封張伯行敬書於三山之正誼堂。（張伯行濂洛本）

濂洛關閩書·周子序　　清　張伯行

濂溪周子生於聖道不傳千五百年之後，作《圖說》《通書》直指無極太極以明道體，而凡天人之奧，性命之微，淵然咸貫，使前聖授受之源流迄於今不墜，噫何其盛也。予不敏，二十年來手編心維，弗輟寒暑，竊嘗遠而溯之，以爲《大學》一書，曾子述孔子經文，因作傳十章，發明聖蘊尚矣。周子此書明《太極圖說》，因作《易通》四十篇，互相表裏，高簡淵愨，將無同歟。且《大學》一書，自格致、誠正、脩以至於齊治，均乎備內聖外王之道，此書大指自一理二氣五行推之，誠、幾、慎動、禮樂、政刑，朱子謂其所論，亦不出乎脩己治人之事，蓋道之在先聖先賢，與在先儒當無不一脈相承，同條其貫也。今因朱子所定舊本發凡起例，倣諸《大學》編次，又以己意纂集諸說，謬爲疏解，固知淺陋無當，惟是竭一得之愚，務使開卷豁然，讀者易曉，不無少助焉。如曰心領神會，而足以表章先儒之蘊也，予則何敢。儀封張伯行書。(張伯行濂洛本)

周子全書編後記　　清　鄧顯鶴

右《濂溪先生全書》九卷，首錄二卷，末一卷不入卷數。第一卷曰《遺書》一，爲《太極圖》《太極圖說》，第二卷曰《遺書》二，爲《通書》，二書皆朱子註，別有《集義》《發明》。謹遵《欽定性理精義》原本，兼採用道州家刻，詳審校訂。第三卷曰《雜著》，爲古今體詩三十一首，爲雜文六首，爲書帖六首，爲題名十則，以上皆先生自著。第四卷曰《附錄》，爲贈荅四十三首，爲題詠三十首，爲祭文六首，爲題名五則。第五卷《紀述》一，其目爲《文徵》一，凡宋文十七篇。第六卷曰《紀述》二，其目曰《文徵》二，凡宋文五篇，元文五篇，皆略案年代敍次。第七卷曰《紀述》三，其目爲典章一。第八卷曰《紀述》四，其目爲典章二。第九卷曰《紀述》五，其目爲典章三。卷末曰《摭錄》，則凡宋以來及近日之詩文皆在焉。

先是顯鶴以近人刻《圭齋文集》蕪雜，釐而訂之爲十八卷、補遺一卷刊行，見者以爲善本。因思周子大儒，誕生吾楚，而其遺書、文集，苦乏精刻。明代自嘉靖、萬曆以來，州守魯承恩、王會、李嶧慈諸人刻行之本，久不見。惟道州舊刊《濂溪志》麻沙板本，幾不成書。近先生二十四代孫誥，家刻較勝原本，而編次亦未盡善。顯鶴生長邵州，爲先生權守過化之地。自來濂溪，僭充院長。既求先生詩，編入《沅湘耆集前編》。因取先生"閒坐小窗讀《周易》"句，名其齋爲"讀易窗"。意又以先生興起邵學，吾邵人尤不可無書。而事體重大，未敢輕舉。去歲以《圭齋集》寄贈吾友黔陽學黃虎癡本驥。今春覆書，盛稱是集重刻之功，而以《周子全書》關係尤重，從臾卒業。因取濂溪家刻，詳審編次，釐爲九卷。而別録《史傳》《事狀》《墓志》《謚議》《崇祀》《追封》《年譜》《遺事》之類，爲首二卷。冠以《四庫總目提要》與先生遺像，敬謹鋟木，名曰《周子全書》。以先生平生精蘊，全在《圖》《書》二種，當與六經、四子並垂天壤。今既校刊全集，不能不以二書編入，故易集爲書，體例略倣吕經野《周子鈔釋》而變通之，"詩文"則稱"雜著"，以原非先生所審意，且其中又有手謁、題名之類，不得以"詩文"概也。《四庫總目》以謂宋五子中，先生書最少，而後人辨論亦惟先生書最多。朱、陸兩家無極、太極之辨，至於今斷斷未已，度周卿所云"百世之下，或有沮毀者，其何傷於日月乎。"刻成，敬書其校刊緣起年月如此。自知僭妄，無所逃罪，然於後生小子求讀先生書者，亦未必無小補也。道光二十七年，歲次丁未五月己卯朔辛丑日，新化鄧顯鶴謹識於古希濂堂之讀易窗。（鄧顯鶴本）

两淮馬裕家藏本濂溪志九卷

明李楨撰，楨字維卿，安化人，隆慶辛未進士，官至南京刑部尚書，事迹具明史本傳。是編雖以"濂溪"爲名，似乎地志，實則述周子之事實，首載《太極圖說》《通書》，次墓誌及諸儒議論，歷代褒崇之典，次古今紀述，次古今題詠，並祭告之文。（李楨本）

周子全書序　　清　賀瑞麟

孔孟而後千有餘年，聖人之道不傳。道非不傳也，以無傳道之人耳。漢四百年得一董子，唐三百年得一韓子，皆不足與傳斯道。至宋周子出而始續其統，後世無異詞焉。顧當時知其人、知其學者實罕，惟程大中知之，使二程受學。而其書亦未顯也。其後雖有刊本，往往附《太極圖》於《通書》之後，又有妄增圖說，首句作"自無極而為太極"。或且以《太極圖》出於希夷，而疑其近於老子之說。自子朱子大加是正，其所編定有長沙本、建安本、南康本，最後有延平本，刪去重複，益求精審，而後周子之書之眞乃得而見。歷年久遠，無復宋本為可惜。

　　曩睹《濂溪志》，純雜互載，頗嫌煩蕪，而張清恪公所刻全書，附錄雖多，發明亦半出於朱子之作，無極太極之辨，祠堂書堂之記，自有文集可考。是刻大抵不失朱子之舊，而附以注解。文、詩依清恪本增多數篇，年譜、本傳皆不可少，餘亦不敢泛引。讀者苟專力於是書，或有以得周子精要之所在，而上承洙泗，下啟洛閩，綿聖傳於不墜，振道統於中興，所謂不由師傳，再闢渾淪者，於此亦可知矣。光緒丁亥冬月，三原賀瑞麟謹識。（賀瑞麟本）

濂溪志新編卷之八

優卹後裔志

卹後裔，尊先生也。方先生宦南昌時，錢不滿百。晚年僑寓潯陽，妻子饘粥不給，曠然不以為意。非所稱"正其誼不謀其利，明其道不計其功"者歟？先生歿而其道大顯于時，時君世主推尊崇奉，歷宋而元，爵五等位上。公元袞赤芾，可不謂榮焉？至有明而給灑掃、置守塚，復其子孫世世無有所與，猶以為未足也。又曰："予之世官，猗歟休哉！"非甚盛德，其曷克臻此哉？民之秉彝，好是懿德。濟美象賢，不無望于子若孫矣。志《優卹後裔》。（吳大鎔本）

優卹。宋嘉定十三年，始賜儒糧。元延祐六年，復加賜儒糧。明崇禎六年，又加賜儒糧，共計捌拾壹石肆斗伍升伍合。每石止輸官銀叁錢，其耗銀與一切差徭雜派，盡行豁免。後裔編入儒籍，凡應文、武大、小試者，卷面注明"儒籍"字樣，照顏、曾之例也。國朝因之。（周誥本）

奏　疏

明英宗正統元年，詔"修祠墓、優卹子孫"

（周誥本）

國朝英宗睿皇帝正統七年壬戌八月十七日，奉欽依行道州，葺理周元公祠墓，僉三丁以下二戶看守，子孫優免差役送所在儒學讀書，務獲成效，以繼先業，學識可取者，有司具奏取自上裁

（周木本）

優免子孫差徭疏　　明　徐郁

國朝襃修祠墓，優卹後裔。正統七年七月十七日，順天府推官徐郁具題：伏覩聖朝崇高聖賢之道，推恩及其子孫。孔氏宗子承襲封爵，其餘子孫皆免差役。顏孟之後，專教授以司訓誨，俾習仁義道德，無墜先業，此希世之盛典也。及照道國公周惇頤，上繼往聖，下開來學，有功聖門，後世是賴。雖已從祀廟學，子孫亦皆淪雜編民，祠墓不免夷圮。伏惟皇上大興文治，將於變斯民，如蒙准言，乞敕該部將聖賢子孫，體訪上聞，照例優免，令於所在儒學讀書，擇其才質可用者，量加甄錄，應有祠墓，官為修葺置守。庶使人知君子之澤悠久不替，感發興起，有補世教。則比屋可封之美，亦可馴至。

具奏於奉天門，奏奉聖旨說的是：“六部都察院計議停當來說，欽此。”欽遵行在吏部等部并都察院少保工部尚書吳某等，計議合准所言，宜從行在戶部、禮部施行具題，八月十五日早各官奏奉聖旨：“是，欽此。”欽遵已行湖廣布政司轉行永州府着落道州，將道國周元公祠墓如有損壞，官為葺理完備，仍於附近三丁以下民戶僉點二戶常川看守，以奉香火，及備灑掃，應有照例優免差役，送赴所在儒學讀書，時加用心，務獲成效，以繼先業，子姓有資質端莊，學識可取者，有司從實甄錄，具奏取自上裁，毋得怠惰。視為泛常及徇私不公有負朝廷優待先賢之恩，則罪有所歸也。（周木本）

周子祠向有奉祀生員四名，例以子孫相承，世世勿替。由地方有司報部，請准以次更代頂補。國朝因之。（周誥本）

表崇道學大儒墓祀疏　　明　邵寶

江西等處提刑按察司提督學校副使邵寶奏：臣切照九江府德化縣南蓮花峯下，有宋儒周敦頤墓，其東北數里有濂溪書院，亦為惇頤而建。臣始視學，至九江，考撿誌傳，特詣弔謁，見得墓雖僅葺而書院久荒，重興慨歎，比者知府劉璣、高友璣等，因分巡僉事王啓等區畫，委属時加修理墓與書院，漸次就完。又奉巡視都禦史林俊，行布政使林泮等眾議，於湖廣道州取其裔孫周綸前來守奉。三四年間，臣屢至弔謁，起敬生慕，大非舊比。蓋聖明崇儒重道，化被中外，而監司、守令奉行惟謹，臣竊慶之。謹按，周敦頤生於有宋，上契列聖，下啓羣儒，語其時貞而復元，論其地大而將化，開人之功，萬世永賴，無庸贅述。乃若九江之地，生寓精神，沒藏體魄，實與故里相類。顧百年以來，墓與書院久廢初復而祀不在典，誠為未稱。惟昔範文正公生於蘇而葬於洛，二處皆有祠祀，崇名相也。岳武穆王生於湘①而葬于杭，二處皆有祠祀，崇名將也。我國朝於貞忠勳德，禮數加隆至于如此，識治君子皆以為當，況道學大儒如惇頤哉？惇頤之後稱大儒者曰朱熹，貫於婺源，產于建陽，祠祭之典二處兼舉。臣愚，竊謂惇頤之於九江，如婺、如建，當比其一。今墓與書院既各修理如故，如蒙聖明，重念周氏之學為世宗師，表章曠墜，實繫觀望。乞敕禮部查撿朱熹婺源、建陽事例，就令書院賜以春秋二祭定式擬祝，行令有司以時行事。仍于鄰近無礙田內撥給數十畝，以為裔孫守墓之贍。非特一方斯文之觀，實天下萬世之幸也。臣承之教事，欽承敕諭以崇正學為要。惟茲祀事，實其一端，雖懼煩瀆，不敢不請。臣無任戰慄之至。奉聖旨：是。（周與爵本）

康定景帝景泰七年丙子五月二十二日，欽取周濂溪嫡長子孫周冕弛驛赴京面授世襲翰林院五經博士回籍奉祀

（周木本）

國朝録用周元公子孫

禮部為特恩事。景泰六年十一月內，該司禮監太監王誠傳奉聖旨："周濂溪有功於世教，着禮部取他嫡長子孫一人來京，傳奉到部，欽此。"該部覆奏，合行湖广轉行永州府，着落道州勘審的當周濂溪嫡長子孫一人，作急以禮起送，就彼馳驛赴京，毋得稽遲，及將同姓疎遠之人冒送獲罪不便。欽遵行據湖廣永州府道州起送周濂溪嫡長子孫周冕到部，緣係欽取人數。景泰七年五月二十二日，本部具題奏。奉聖旨："照例着做世襲五經博士，欽此。"欽遵移咨吏部，查得翰林院設有五經博士，欲將

---

① "湘"：當作"相"。

周冕填注翰林院五經博士，仍回原籍湖廣永州府道州，以奉祭祀；未敢擅便，本部官具題奏。奉聖旨："是，欽此。"欽遵合劄本官，回還湖廣永州府道州奉祀施行。（周木本）

國朝免役詔

謹按皇明《資治統記》，於國朝正統元年始設提督、學校官員，各省設按察司副使，或僉事各一員，南北直隸監察御史各一員，請勅專一督免聖賢子孫差役。詔凡先聖子孫流寓他處，及先賢道國公周惇頤、豫國公程顥、洛國公程頤、溫國公司馬光、徽國公朱熹之嫡派子孫，所在有司俱免差役。（周與爵本）

順治十年，議授先賢周子後裔周蓮世襲五經博士奉道州祀

（周誥本）

聖祖仁皇帝康熙二十四年，以先賢周子後裔周嘉耀与程、朱後裔一例世襲"五經博士"

聖祖仁皇帝曰："性理之學，至宋而明，自周程授受，粹然孔孟淵源。同時如張，如邵，又相與倡和而發明之。從游如呂、如楊、如謝、如尹，又相與賡續而表章之。朱子生於其後，紹述周、程，參取張、邵，斟酌於其及門諸子之同異是非，然後孔孟之指粲然明白，道術一歸於正焉。"（周誥本）

康熙五十八年，以先賢周子後裔周枚承襲五經博士

高宗純皇帝乾隆六年九月，禮部為遵旨議奏事，議覆順天學政錢陳羣奏，行令各省督撫轉飭所屬地方官，將各學宮從祀諸賢、諸儒神牌位次，遵照太學成式書寫字樣，東西先後序次安設，庶足以光祀典，而昭誠恪。謹將現在太學所設神牌次序開單，恭呈御覽，頒行各省督撫學政，遵照畫一辦理。文廟東廡先賢周惇頤之位，在先賢萬章之後，先賢程顥之前。本年九月初二日，奉旨："依議，欽此。"

乾隆七年三月十九日，博士周枚以重修故里元公祠，呈請於州。本

月二十五日，州牧陳嘉穀詳府，申司，轉院，飭准核減，估計實需銀肆百叁拾壹兩零。造冊詳諮奉准，部覆，准其於乾隆八年，存公銀內動支修理。乾隆十一年州守段汝霖督修工竣，造冊詳銷。(周語本)

高宗純皇帝乾隆十七年，以先賢周子後裔周景濂承襲五經博士

高宗純皇帝曰：“有宋氏興，五星聚奎，實主文治。鐘靈毓秀，而篤生周子，以接歷聖之心傳，深探本原，闡發微奧。二程子見而知之，子朱子聞而知之，一脈相傳，聖道燦然。門第子相與講明而衍繹之，其學遂益顯於天下。”

又曰：“周茂叔有光風霽月氣象，蓋其廣大寬宏之量，得太極自然之理，又與二程、張、朱有不同者矣。故茂叔生知者也，明道幾於生知者也，伊川、橫渠、晦庵，學知者也。橫渠教人以知禮成性，伊川教人以主敬，其氣象固不若茂叔之廓然，然而同為傳道之大儒，則又所謂及其成功一也。”(周語本)

高宗純皇帝乾隆丁丑南巡至蘇州題濂溪祠詩

錫麓祀先賢，孫支世守旅。開程朱道學，繼孔孟心傳。
水碧山青處，松薤竹秀邊。千秋光霽在，底復藉龍眠。
(時濂溪後裔，持元公小像求祠名，得請)　(周語本)

乾隆四十五年以先賢周子後裔周邦泰承襲五經博士

(周語本)

仁宗睿皇帝嘉慶十九年以先賢周子後裔周承宗承襲五經博士

(周語本)

光緒十四年，以先賢周子後裔周監承襲五經博士

(周語本)

大清題請世襲博士奏議申詳

順治十年二月十九日，巡按湖廣監察御史李（諱敬）奏：為恭陳理

學先賢始末，并查歷代徃例，伏乞採擇舉行，以光聖治事。臣惟皇上親政以來，法駕臨雍，啟億萬年文明之運，又崇獎節孝，卹錄幽忠，延訪人才，購求遺書，所以培養主德，弘開太平者，無不悉舉。肰事有大于此數者，臣不敢不奏取進止。臣伏按，有宋大儒周惇頤，永州府之道州人也。學本立誠，功溪主靜。上傳孔孟，下啟程朱。著有《太極》《通書》，至精至醇，極高極大。論其造詣，比于顏子。詳其仕止，甚合中庸。諸儒之所依歸，列后之所仰止。宋嘉定十三年，從魏了翁之請，臧格之議，賜謚元公。淳祐元年，追封汝南伯，從祀孔子廟庭。寶祐王年，敕賜道源書院額。景定四年，再賜御書。元延祐六年，追封道國公。明正統元年，褒修祠墓，優卹後裔。景泰六年，傳旨："周濂溪他有功于世教，着禮部取他嫡長子孫一人來京。"禮部具奏，奉旨："照例着做世襲五經博士。"正德中，欽賜九江崇祀。萬曆二十三年，禮部覆湖廣撫按會題，以父周輔成從祀啟聖祠。奉旨："是葢先賢之學如此，歷代之例如此。"備載《濂溪志》可考。惟我皇上開基立極，重道崇儒，而俎豆未新，松楸如故。豈閭巷之節孝，重于濂溪之名賢；勝國之幽忠，超于論定之廟享；薦舉之人才，齊于古今之正學，良由地方初定，表章無人。臣少述斯文，長官茲土，其于先賢故里，義備灑掃之役。幸值皇上臨雍大典，聖脉重光，所有惇頤諸書，宜付史館校訂，頒布學宮，譬如日月照幽，江河潤物，切關世教，豈可名言？臣前于順治九年三月巡歷永州，恭行該道府州，查取前朝世襲翰林院五經博士周汝忠所生嫡男周蓮，甘結存案，以備收錄，仍飭該屬官員，照《全書》以禮致祭外，即欲繕疏具題，因賊隔暫止。今王師南征，永道開復，臣雖處干戈擾攘之中，而師法闡明，未敢少懈，相應據實，亟請伏乞勅下該部，查例議覆施行。順治十年二月十九日題。三月十七日奉聖旨："該部議奏，禮部題覆。"臣等議得，湖南巡按李疏稱周惇頤嫡派子孫，曾於景泰七年准襲翰林院五經博士，臣部無案可查難以懸議，伏乞勅下，臣部咨都察院行該省巡按御史，具查嫡派子孫果有世襲五經博士，印信劄付取具各官，保結起送，臣部酌議具題。至于惇頤所著《太極》《通書》明朝已編刻《性理大全》書內，通行天下，無容再議等因。明順治十年四月二十九日奉聖旨："依議行。"康熙十九年三月十二日，濂溪博士周蓮呈：為懇恩垂念先賢，請題爵祿以光大典，以沾聖化事。蓮祖元公周惇頤繼往開來，紹承道統，宗孫世沐皇恩，照依顏、孟事例，一體優隆，累代褒崇，有加無已。迨至先明景泰六年十一月二十五日，司禮監傳奉聖旨："周濂溪他有功于世教，着禮部速取他嫡長子孫來京。"禮部題覆，勘取宗子周冕奏授翰林院五經博士，世襲。際我清朝定鼎，順治十年，叨蒙巡按御史李憲祖查取世襲印劄咨部。奈蓮家計蕭索途費無資，又值彼時戎馬倥傯，至今沉延未邀恩賜，迄今日貧一日，年老目昏，難以奉祀，蓮有嫡長子周嘉耀，例應承襲奉祀先人，伏乞賞文上達提拔，曲成道脉，攸培等情呈州。（吳大鎔本）

　　順治九年三月，巡按湖廣監察禦史李敬巡歷永州，卽查取前朝世襲翰林五經博士周汝忠所生嫡男周蓮，甘結存案，以備收錄。曾于順治十年二月十九日恭摺繕奏。三月十七日奉聖旨："該部議奏，禮部題覆。"伏乞勅下，臣部諮都察院，行湖南巡按御史，具查嫡派子孫果有世襲五經博士印信劄付，取具各官保結，起送臣部酌議具題。本年四月二十八日奉聖旨："依議行。"於是奉取原襲翰林院五經①士劄付，繳部另給。既而周蓮年老未能赴闕請襲。延至康熙十九年三月十二日呈於州，願以嫡男周嘉耀承襲博士，經知州吳大鎔申永州府吳延壽，尋申衡永郴道參議朱士傑，復詳巡撫部院韓，會學政姚淳燾，再請於督部院丁，得如詳施行。康熙二十四年三月初八日，都察院左僉都御史姚締虞題奏，三月十四日奉旨："九卿詹事科道會議，具奏禮部等衙門會議。"查順治十二年，禮部題明，將朱文公十五代嫡孫朱邦相之子朱煌承襲博士。又查康熙九年，據河南巡撫郎廷相題請，宋儒程顥、程頤之後裔程宗昌、程廷祀，准襲五經博士，各在案。周惇頤上接孔孟，下啟程朱，其後裔亦應照程朱之例，准給博士之職，以彰皇上闡明理學之盛典。俟命下之日，行文該撫，詳查周惇頤嫡派，並取《周氏宗譜》，一併移送。到日由禮部查明應授之人，具題准給世襲博士可也。康熙二十四年三月二十八日題。四月初二日奉旨："依議。"康熙二十四年五月初二日，布政使司奉巡撫都察院丁，行司轉府，仰州行學，查明周惇頤嫡派應授世襲五經博士之人，

---

① "經"字后当有"博"字。

取具印結，及《周氏宗譜》，作速詳賷以憑移送禮部具題，毋得遲違等因。據道州儒學署印訓導石國綸，查得應襲博士周蓮年力衰邁，不堪策勵。有周蓮之長子、生員周嘉耀，委系濂溪嫡派後裔，並非假冒殤支，應授世襲，並《宗譜》、印結、申賷等因呈州，六月初二日，道州申府，轉詳布政使司，申巡撫都察院，諮部候題。本年奉旨："准襲。"（周誥本）

申請襲職詳文　　清　吳大鎔

道州知州吳（諱大鎔）申文曰：看得周濂溪先生，人倫師表，聖學淵源，荷累世之褒封，承奕代之替襲，所以報先賢而崇聖道也。酲宗廟祀，蘋藻生香，有由肰矣。我朝順治十年，有李按臺題請一疏，卽奉該部議奏之旨，奉取原襲翰林院五經博士劄付繳部另給，誠曠典也。奈道州係楚國邊徼之地，而博士又處在極貧之中。道里五千，家徒四壁。無力赴闕請命，以致未蒙恩襲。今據呈請，念先賢接孔孟之眞傳，開程朱之道統，其有功于世道人心，雖萬萬世猶將弗替，昭代風猷，宜修缺典，千年血食，不斬恩榮，俾得豫洛一例，徽國同驅，庶先賢不致泯沒，而後裔得荷覃恩，其佩沐不獨周氏世冑已也等因申府。（吳大鎔本）

申請襲職詳文　　清　吳延壽

永州府知府吳（諱延壽）申文曰：看得元公周濂溪先生，得孔孟之眞傳，有功烈于聖道。崇祀之典，歷自先朝，追襲之恩，式隆昭代。今據道州申詳，博士周蓮因家住邊遠，赴闕無資，而年已垂耄，接緒孔疚。有嫡長男周嘉耀，實堪援例承襲，呈懇前來相應轉詳等因申道。（吳大鎔本）

申請襲職詳文　　清　朱士傑

守衡永郴道參議朱（士傑）申詳文曰：周濂溪後裔世襲五經博士周蓮，桑榆景逼，組綬難膺，擬以嫡男周嘉耀援例承襲，相應轉詳。倘蒙特疏具題，將崇報先賢之盛典，皆出憲臺之恩賜也等因詳院。巡撫湖南部院韓批："仰布政司查議，報奪布政使司。"（吳大鎔本）

申請襲職詳文　　清　薛柱斗

布政使薛（諱柱斗）回覆巡撫部院文曰：看得道統肇自唐虞，傳之周孔，先聖後聖，異地同揆。迨戰國時，道脉之不絕者如綫。猶幸私淑有人，殫陳仁義，所謂吾孟氏功不在禹下也。自秦漢以歷晉唐，千有餘歲，繩前啟後，代有傳人。朕而遡洙泗之源流，開程朱之統緒者，惟濂溪先生周惇頤為最著焉。先生學貫天人，功溪主靜，尋孔顏樂處，著《太極》諸篇。其綱維世道，扶正人心，孟氏之功不在禹下，濂溪之功又不在孟氏下也。是以宋代賜封，明時襲後。良鑒斯文之在茲，欲令子孫之勿替。及我清朝定鼎，雖享祀未湮，而賢裔莫襲。方今聖躬勵治，咸五登三，山林隱逸之旁求；恩隆鳳詔，博學妙儒之覽，喜動龍顏。況濂溪之學啟佑程朱，何程、朱之後俱得襲博士之世御，濂溪之裔獨不邀皇仁之一視？功同報異，事属向隅，宜其十八代孫周蓮有將嫡男周嘉耀承襲博士之請也。夫繼徃開來者，理學之淵源；重道崇儒者，興朝之盛典。周蓮旣應承襲，復爾引年，允宜以嫡男周嘉耀承襲博士，與程、朱之後一例邀恩。恩庶前賢之祀典旣同，後裔之褒嘉無二。于以彰前美而紹嗣徽，所禆于世道人心，良非淺鮮矣。（吳大鎔本）

申請襲職詳文　　清　姚淳燾

康熙二十三年三月廿八日，提督學政姚（諱淳燾）詳為查詢賢裔世襲等事，看淂宋賢周敦頤，永州府之道州人也，生五代之後，處三苗之鄉，其去鄒、魯固甚遠也。乃當微言久湮之日，前無所附，浚無所待，獨以主靜之心浓，闡至精之《易》理。所撰《太極》《通書》，精言名理，窮神達化，造詣幾于顏子，仕止合乎中庸。使千百年之道統不致廢墜，億萬世之人心不終泯没，斯其守先待後之功，為何如哉！以故宋嘉定間賜諡“元公”，淳祐間追封為“汝南伯”，從祀先聖朝廷。寶祐間敕賜“道源書院”額，景定再賜御書。元延祐間，追封為道國元公。有明正統間，褒脩祠墓，優恤後裔。景泰年間，詔取宗子周冕入京，世襲五經博士。褒崇之典，騐于信史；承襲之荣，稽于前朝，固彰彰可考已。迨我大清定鼎，從祀之典仍同顏、孟之列，世襲之恩未埒，洛、徽之裔揆厥，所由因湖南開闢在浚，以致未獲一例邀恩耳。今查順治年間，前巡按李曾以濂溪嫡孫周蓮請襲博士矣。浚復奉文將前朝世襲博士印劄繳送大部矣，至康熙二十年，內奉前撫院韓又將濂溪嫡孫周蓮之子周嘉耀，咨部請復世襲矣，然皆未蒙授復故物，周子之裔奚能免向隅之嗟耶？夫宋儒書香，業有成例可授。二程與朱子均叨世襲，則周子之裔自應一例邀恩。況前此已有印劄繳部，尤當亟請補襲，以彰褒賢之典。伏惟皇上聰明天縱，崇道重儒，凡所以弘開文治者，莫不廢典墜舉，屬在先賢後裔，自不惜一博士以隆恩嘉。而前此之請格于部議者，信亦闡揚之未悉，而議論之未盡其致也。本道謬膺學政，仰止前徽，念盛典之猶淹，想表章之有待。今值憲臺海內，詎公理，學名世，恢弘文教，培植先賢，洵千載一時也。既據該府詳覆，周嘉耀係濂溪大宗長支，請援例復襲博士，緣由前來，相應據文核轉，伏詣本都院俯念周子繼往開來，功在聖賢，援程、朱浚裔各有承襲博士之例恩賜，具題力請聖恩，倘蒙俯俞援復，不但周子後裔永叨奕世恩荣，卽楚南荒服亦且聞風興起，于以廣朝廷褒賢之典，所裨于風示來茲，良非淺鮮矣。

奉偏撫都院丁批：濂溪周子，開宋儒理學之源，其世襲典章，誠不宜與程朱有異。但所詳順治年間請襲未允之案，未據明白聲說，仰布政司確查，會同督學道妥議。另詳康熙二十四年二月十八日，本道准湖南布政司移奉前批當行，查錄原案移覆去後，復准本司詳院。奉批：元公繼往開來，獨傳道統，延世之典，豈宜湮沒無聞。但既經巡方疏奏未行，又不便遽為續請。誠所謂表章之有待也。今以崇儒重道之朝，聖天子必且旁求賢裔，俟其時會該司道另如妥議，詳請可也等因移覆過道准此。該本道覆，看淂從來論道統者必遡其源，而崇先賢者施及其浚。孔子為百世之師，而衍聖紹封，歷代不替，所以報斯道之大宗也。程朱脩明絕學，上接洙泗之傳，而五經博士列于翰林，所以報斯道之小宗也。我國家重道崇儒，遠邁前代。程、朱之裔世襲清秩者各一人，歲一朝見京師，典至渥矣，報至厚矣。惟濂溪周子，當聖遠言湮之代，不由師傳，默契道體，抉先天無極之秘，明陰陽造化之原。圖太極以闡《易》，復為《通書》以輔圖。而其工夫，則以主靜立誠為要。漢唐以來道隱于小成，學淪于虛寂者，至是始淂闡明于天下。程朱或以親炙，或以私淑，皆能得

其傳，稱為嫡系。是道自尼山而後，濂溪又小宗之大宗也。今洛、徽世
廡如故，濂溪獨未之及焉。此本道之所以扼腕拊心，一請再請而不容自
已者也。且本朝順治十年，前巡按李曾以濂溪十八代嫡孫周蓮請襲嗣，
奉文將前朝世襲博士劄付繳送大部訖，康熙二十年復奉前任巡撫偏院韓
將周蓮嫡子生員周嘉耀，咨部請復世襲章疏文案，以及該州學諸生、里
鄰、宗族保結，歷歷可憑，是濂溪本未嘗無博士，其所以廢而未舉者，
正留曠典以有待于今日耳。恭逢皇上生知天縱，念典時勤，接堯、舜之
心傳，闡孔、孟之正學，斯文大啓，千載一時。而憲臺海內詎公理，學
名世，又為見知之皋，供望故濂溪近在部下，而一綫之裔齒于編氓，不
淂比徽、洛二氏奉冠帶以光俎豆，向隅之泣當亦聖天子之所垂念，而憲
臺之所垂憫者也。蓋濂溪實承斯道真傳，實開程朱先覺，實有功于千秋
萬世。藉令前此未立博士，今日猶當創請。況先代之劄付可稽，兩次之
建白有據，似不宜以部覆之少格為嫌也。倘憲臺不及此時力為疏請，將
來愈久愈湮，愈不便議。非特元公有若敖餒祀之歎，即徽、洛二氏亦有
飲泉忘源之恫矣。本道叨司文教，從表章先賢起見，且奉有憲臺另加妥
議之批，不憚冒昧陳請，伏乞憲鑒施行，云云。奉督撫部院批行，各在
案。（吳大鎔本）

　　始以先生十二代孫周冕為翰林院五經博士，世襲。景泰六年十一月，
司禮監太監王誠傳奉聖旨：“周濂溪有功世教，着禮部取嫡長子孫一人來
京。”禮部奏行本州，勘取嫡孫周冕到部，奏授前職。中旨內降，不由題
請，尤見異數殊恩超出千古矣。洪都羅洪先區宗子室為“特恩堂”，其以
此歟？（瀟山草堂私考）大清康熙二十四年，歲在乙丑四月，奉聖旨：
“准禮部覆議，周敦頤子孫與程、朱子孫一例，准世襲翰林院五經博士。”
從都察院僉都禦史姚（諱縝虞）之請也。（吳大鎔本）

題請襲授博士疏　　清　姚縝虞

　　康熙二十四年三月初八日，都察院左僉都御史姚（諱縝虞）題：為
聖心重道方殷，先賢表章未盡，亟請勅議以昭盛治之曠典事。臣惟皇上
德聖化神，治隆道備，重先賢之典禮，錄周公之子孫，恩綸屢沛，炳若
日星，猗歟盛哉！真千載一時矣。乃有以一人而當理學絕續之閞，躬繼

徃開來之任，上接孔孟，下啟程朱，厥功甚鉅，而表揚未及。若不及今請崇，徒令世遠人湮，臣請得為皇上陳之。臣按道學之傳孟子，而後荀、楊之徒不精不詳，迄乎五季昏昧已極。宋儒道州周惇頤出，直接孟氏之傳，《太極圖說》闡河圖之精微，《易》理《通書》，闡天人之秘蘊。潛修默契，闇極而章。洛人程珦，遣二子顥、頤受學焉，皆能倡明道學，以大發有宋一代之盛。故朱熹之序惇頤曰："世所謂二程先生者，其源蓋自先生發之也。"可謂不忘所自矣。臣又考宋嘉定十三年，諡惇頤為"元公"。其詞曰："先生博學力行，會道有元，脉絡貫通，上接乎洙泗，條理精密。下逮乎河洛，以元易名。庶幾百世之下知孟氏之後明聖道必自濂溪始。"淳祐元年，追封汝南伯。元延祐六年，加封道國公。明正統元年，葺理濂溪祠墓，優免子孫差役。景泰六年，查道州周惇頤嫡長子孫一人周冕，授翰林院五經博士，世襲撥給墓田，至明季而遂失其傳矣。切宋世有惇頤，狀後有程朱。今二氏世長勿替，而惇頤子孫淪落，祠地荒蕪，撥之典章，不無掛漏。幸逢我皇上崇儒重道，理學修明，臣請勅廷臣集議，詳考惇頤當理學絕續之際，啟程朱道脉之傳，即行楚撫，查其子孫果否曾授五經博士，特賜洪恩，酌加卹錄。不惟慰先儒于地下，亦可以勵百世之人心矣。(吳大鎔本)

禮部等衙門覆

本年三月十四日奉旨，九卿詹事科道會議具奏，禮部等衙門會議得，都察院左僉都御史姚疏稱，宋儒道州周惇頤直接孟氏之傳，《太極圖說》闡河洛之精微，《易》理《通書》，闡天人之秘蘊，洛人程珦遣二子顥、頤受學，皆倡明道學，以大發有宋一代之盛。故朱熹之序惇頤曰："世所謂二程先生者，其源蓋自先生發之也。"宋淳祐元年，追封汝南伯。元延祐六年，加封道國公。明正統元年，葺理惇頤祠墓，優免子孫差役。景泰六年，查道州周惇頤嫡長子孫一人周冕，授為翰林院五經博士，世襲，撥給墓田。至明末而遂失其傳矣。切念先儒惇頤子孫淪落，祠地荒圮，揆之典章，不無遺漏，幸逢我皇上崇儒重道，理學修明，請勅廷臣集議，特賜洪恩，酌加卹錄。不惟慰先儒于地下，亦可以勵萬世之人心等語。查順治十二年禮部題明，將朱文公十五代嫡孫——朱邦相之子朱煌承襲博士。又查康熙九年據河南巡撫郎廷相，題請宋儒程顥、程頤之後裔程宗昌、程延祀，准襲五經博士，各在案。周惇頤上接孔孟，下啟程朱，其後裔亦應照程朱之例，准給博士之職，以彰皇上闡明理學之盛典。俟命之日，行文該撫，詳查周惇頤嫡派，并取《周氏宗譜》一併移送。到日由禮部查明應授之人，具題准給世襲博士可也。

康熙二十四年三月二十八日題，四月初二日奉旨："依議。"

康熙二十四年五月初二日，布政使司奉巡撫都察院丁，行司轉府，仰州行學，查明周惇頤嫡派應授世襲五經博士之人，取具印結及《周氏宗譜》，作速詳賫，以凴移送禮部具題，毋得遲違等因。據道州儒學署印訓導石國綸，查得應襲博士周蓮年力衰邁，不堪策勵。有周蓮之長子、生員周嘉耀，委係濂溪嫡派後裔，並非假冒傍枝，應授世襲，並《宗譜》印結、申賫等因呈州。六月初二日道州申府，轉詳布政使司，申巡撫都察院，咨部候題。（吳大鎔本）

公　移

置買故里祭田

湖廣永州府為優恤先賢後裔，以勵風化事，准本府署印同知魯関嘉靖一十四年十月初七日，抄蒙湖廣等處承宣布政使司、分守上湖南道、左參議戴批："據本府申准本府捕盜通判周牒，稱祁陽縣永隆鄉私剃為僧、已故民劉紹華，所遺典田文契共九紙，共該時值九成銀柒拾肆兩柒錢肆分。原係化募民財，又無僧徒，移為優恤周氏子孫。照詳奉批，優卹先賢後裔，俱如議行。須轉發該州，置買好田可也。事完造冊報繳，奉此。"行間本月十六日，又蒙欽差整飭郴桂衡永兵備，兼分巡上湖南道、湖廣按察司副使陳批："據本府呈詳，犯人李仁宗等招由為貪官濫詞酷詐民財事。蒙批依擬發落，取實收領狀，繳田畝，追贖銀兩，轉發道州，置買濂溪書院祭田。此繳行據該縣申解犯人尹建模等到府，除將各犯追完，原得故僧劉紹華典田價銀，收寄在庫。及查道州州舊立書院，乃援九江賜額為請，今九江反見零落，惧無以奉先賢而光世道。具呈欲行修理書院，并築濯纓、愛蓮、光霽、交翠四亭，以致景行之私，及欲買田数頃，或量撥白鹿洞租穀数百斛，請先生子孫一人守祀事。并乞舉奏加賜書額等因。本職親詣拜謁，相驗是實，行令知府劉璣脩立書堂三間，以奉遺像，曾経開報。今照前項書堂賜額，并請子孫奉祀一節，皆係重儒先，関世教，及動支錢穀事理，本職未敢擅便，理合備由移関。煩請轉呈，或行令脩舉，或具奏請給賞，實為便益等因，准此。擬合就行。為此，今將前項縁由，理合具呈。伏乞照詳施行，奉此。據呈崇儒重道至意，布按掌印官會提學計議停當，差人齎文湖廣布政司，轉查真派子孫勸諭前來，同心區處必在優濟修理等因。

　　俻咨會議間，随准提學副使邵議得："濂溪周子，生於有宋，不由師傳，默契道躰，上承列聖，下啟群儒。語其時貞而復元，論其地大而將化。開人之功，萬世允賴，無庸贅贊。乃若九江，因水濯纓，依山築室。存旣寓其精神，沒復藏其躰魄，實與故里相類。顧自國朝以來，有墓無守，有祠無祀。而所謂書院者，又名存實廢。其於聖明崇儒重道之意，誠為未稱。謹按，范文正為宋名相，生於蘇而葬扵洛，二處皆致享祠。岳武穆為宋名將，生扵湘①而葬扵杭，二處皆極崇奉。茂功勳德，禮在加隆，示後昭今，典章增重。而況再闡斯文，宗師後學，如周子是哉！由周再傳，是為朱子，朱子貫於婺源，產扵建陽，今二處皆有秩載，享祠崇奉，地異礼同。竊謂周子之扵九江，如婺、如建，當比其一。而荒落至此，凡有秉彝，孰不興嘆！兹欲議行，實為盛舉。除查勘族人取来主守一節，無別議外，倘即書院舊基，益加營治，前堂後寢，中道外門，一如儀式，中祠周子之像。援朱子事例，上請春秋二祭，祀號牲帛，定自礼官，永為遵守。仍聘師聚徒講習其中，另扵白鹿田租内量撥供給，庶幾振勵作興，有補風教。區上鄙見謹議如此，其優濟脩理，必需貲畫，藩有長司錢穀之會，臬有總政按法之權。於是乎，在非迂淺所能興也。"縁批："呈會議事理，擬合就行，今將所議縁由備関總司，煩請查照施行等因，准此。"續奉欽差巡視江西等處地方、南京都察院右僉都御史林鈞帖，仰候沈憲副到再議，奉此又経行准，副使沈議得："脩建書院，名教所関。後學捐俸，以相其成。今規制已定，但材木、工食之費不足。欲

---

　　①　"湘"字误，当作"相"。

查無碍官錢惟給引堂食，事躰相應，若行南昌、吉安、撫州、臨江、饒州五府、豐城、進賢、新塗、吉水、泰和、餘干、金谿、新喻、樂平、安仁十縣。各掌印官量為義舉，於存畱三分數內捐十之一，径送九江府貯庫，具數開報該道，委官買材鳩工，計功償值，則官不費而民不告劳。工完首將支過及餘剩銀兩數目申報，以憑查考等因。前來會同按察司周查，相同及照原奉批呈事理，查取周子真泒子孫，理合遵奉施行。俾濂溪之傳有托，斯文之後有光，庶扵聖明崇儒重道之意無負矣。

緣奉批："會議事理合就會案呈詳，為此，今將會議過緣由，理合備由呈報。伏請照詳施行。"奉批："處當引錢歲百兩以下，自畱養廉百兩以上，二十損一，加厚，如其式脩盖，贏餘買田為先生子孫之地。仍咨湖廣布政司用心查取真泒子孫，供費縣食，前来呈繳。"

奉此。案照前事已行呈詳去後，今奉前因，看得引錢銀兩，脩盖書院等項，係隸戶二，二房掌行，合就繳報，移付通行。為此除差陰陽生朱太安前來守取，外移咨貴司，煩請查照咨文內事理，用心查取周子真泒子孫，供費縣食。與同差去人役，具由咨送前來，以憑施行俻咨。准此，查得先生周子係道州人，為此今差承差何倫與同原差來陰陽生朱太安，齎文前去着落道州，當該官吏即便行查周子有無真泒子孫，如果見在，要見何人供祀。其供費縣食，的該若干。其外子孫，有無若干名数。即今有無田產養膳，如果見有田產，的該若干。務要逐一查勘的確，明白回報施行。

奉此。依奉擬合就行。為此除外合行備由，帖仰該都里老何添成，并遞鄰人等，照依劄帖內事理，即便前去取勘，濂溪先生有無真泒子孫，如果見在，要見何人供祀。其外子孫有無若干名数。即今有無田產養膳，如果見有田產，的該若干。務要逐一查勘的確，取具里老、遞僯人等，不致扶同，結狀一樣三本，呈來以憑施行。毋得遲延不便。須至帖者。弘治十六年七月二十一日，庠生周綸徃九江，守元公墓。(李嶸慈本)

編銀解送雇役

湖廣永州府道州為崇儒重道事，正德十五年十月初二日，抄奉湖廣等處承宣布政使司劄付，奉欽差巡撫湖廣都御史秦批：據本司呈，據翰林院五經博士周繡麟呈前事，竊惟十三世祖濂溪道國公書院原在梓里道州，欽奉欽依額設門庫佃人掃夫，已經編僉，掃守供役外，近年以來，本州徭編門庫佃人掃夫，俱係鄉里親舊，出見之際，俱倚鄉曲情誼，既不行禮，而反列上坐，視如朋輩，全無忌憚，難以使令。庭墀屢歲荒蕪，祭器終日塵封。若不具呈處置，非惟徒設掃守之名，抑且有辜崇重之典。乞賜行仰本州，轉行寧遠、江華、永明三縣編僉，庶境隔情殊，易以拘束，祭器、廷墀得人掃守，而尊崇之典不為虛設矣。為此呈乞施行等因，具呈到司。據此，看得所呈，情切於事，理見於辭。及查先奉欽差、巡撫都御史三案驗，已將前項門庫掃夫，行令該州編銀鮮役去後，今呈前因，要乞於寧遠等三縣審編等情一節，不無愈遠愈難拘束，合無行令該州，每年於均徭上中人戶編僉，各役每名准原定銀數，每日責稱工銀一分，食銀五厘，以日計之，該銀一分五厘。以月計之，該銀四錢五分。以歲計之，該銀伍兩四錢。就拘當官秤納鈐封，鮮赴書院收貯，聽其雇人代當。如此，庶幾公私兩便，鄉里無任使之嫌，則尊崇之典亦不至湮沒矣。惟復別為定奪，本司未敢擅專，擬合呈請。為此，今將前項緣由，理合呈乞，照詳施行。奉此，依擬施行，具由繳。奉此案照先為前事，已經具由呈請去後，今奉前因，擬合繳報及就行。為此，除外劄仰本州，當該官吏照依劄付內事理，一体遵奉施行，具由不違，依准繳報查考。此係崇儒重道事理，毋得違錯不便。奉此，擬合就行。為此，合帖本院。照依劄付帖文內事理，一体查照施行。須至帖者。（李嵊慈本）

廢寺田撥入月巖書院

湖廣永州府同知魯承恩，為襃崇道學事，卷查本府，承奉湖廣等處承宣布政使司劄付，禮房勘合科承准，禮部各字六百四號勘合，該禮科抄出順天府推官徐郁奏為民情事劄，仰行府着落當該官吏照依劄付備奉欽依內事理，即將條開出先賢道國公周敦頤祠墓，從公踏勘，如有損壞，就便官為葺理完備。仍於本處訪常稔田，置買頃畝畝，給與子孫，以永奉祀。奉此，照得本職奉委督理所屬軍、黃二冊，嘉靖二十一年五月，公詣道州，清審完訖。復詣永明，道經宋儒周元公敦頤故里，見其泉流有濂溪之勝，峯巒有月巖之奇，誠天地之秘藏，宜賢哲之挺秀。夙昔耳聞，于今目見。惜作興之久缺，致書院之荒殘。隨據該里有本州营樂鄉八都十排年廖朝瓚、廖昌、廖時寅、廖汝弼、廖盛貴、廖弘、廖英、廖永豪呈，稱本都額有洞明宮觀宇一所，房屋二座，大小二十三間，切近月岩山背，即今年代深遠，久已廢腐。止遺施主先年所捨田地七十二畝，該夏稅七斗七升四勺，秋糧三石八斗六升四合四勺。俱在高源小洞，有種無收。道士廖世芳，映納不敷在逃。今遇攢造，理合具呈，乞將本觀屋宇遷入月岩書院，其前項田地永充春秋二季祭，祀周元公祭享田，止納稅糧，乞免差徭。續又該本府捕盜通判周，亦以公幹詣州，訪得該州营樂鄉一都里長胡已良，亦欲將本都廢寺名雲龍寺田屋，報入月岩，祭掃公用。隨據胡已良呈，稱本寺一所，大小房屋四座；額號雲龍寺田一頃二十畝零，夏稅秋糧田見有本里和尚羅元湘耕種納糧，理合具呈。乞將雲龍寺前田只納夏秋二糧，額免一應差徭，撥付周元公春秋祭田等因。據此隨拘廖朝瓚、胡已良到職，審果無異。但本職係佐貳官員，不該受狀，錢糧推收，雖事干黃冊，職務分署，亦非本職當專。著令赴州具告，各役執稱本州見無掌印正官，雖有佐貳署官，位卑言難上達，又着令赴府具告，各又稱去府地里數百，兼有水路，跋涉之苦，未免妨悮民業。懇轉達，據此，看係褒崇道學恩典，出自朝廷，推收稅畝善處，亦係民隱。據各呈告，事情雖實，誠恐中間或因挾仇而巧為投獻，或因買求而故為攘奪。倘有一於此，未免日後忿爭。是今崇儒重道之舉，適為投奸啟隙之門，恐非政體所宜，抑且於元公後裔無益。又經延訪數月，查得寺田，眾姓所捨，而主之者無僧；廢業，眾志所貪，而專之者不便。故田不耕耘，日就荒蕪。久示稼穡，糧難追徵。每召行僧遊道，暫收為住持，其如狼子野心，終難管理。欲推於眾戶，眾戶畏其日後耕熟而被奪。欲專付於里長，里長見其目前糧重而難賒。故以有主之田，委為無主之業，捨入月岩，供奉元公祭祀，是亦一鄉秉彝好德之良。但倡導無術，故奉行無人。況明旨寵嘉，久乏奉行。近見世襲翰林五經博士周綉麟，雖荷朝廷垂念元公傳道之功，查係的裔，錄用其身，寵以清御，嘉之京秩，緣無常禄，故節奉勘合存恤，有司作興。惜勘合徒為紙上陳言，作興衹為日前虛禮，久成廢閣，竟未舉行。

本職思得官秩者立虛名而嚴其等，爵禄者資實用以養其廉。官無常禄，名雖華而不見其尊。政無作興，儒雖貴而日見其賤。再查博士周綉麟，田無百畝之腴，居無数間之美，衣僅蔽體，服不足以章其等威，行必步趨，家不給以蓄其僮僕。名有翰苑之御，實與齊民無異。在彼安貧守分，不屑忮求，深無愧於象賢。在今尊儒重道，再不存卹，又非所以崇德，合無遵聖諭之明。從民情之便，将前二處廢寺田業，撥入月岩書院，着令博士周綉麟耕種管業，止納田上本等稅粮，其餘一應雜泛差徭，一槩俱免。其屋宇廢料，盡行撤入月岩書院，縮大為小，因舊增新，不費官帑。着令鄉民隨便修盖巖内書院，暫畱行僧遊道，亦着令移居附近有住持菴院，安止扵此。庶幾廢業有主，國家之糧稅，日久自有着落，本里小民無復泒彼之苦，儒寒有賴元公之後裔日後實荷存恤。本支百世永據本司呈前事准本司左布政林咨，准本司咨奉南京都察院右僉都御史林批。（李嶧慈本）

崇先賢以勵風教文移　　明　王啓

江西等處提刑按察司分巡湖西道僉事王啓呈：照得本職於弘治十年分巡至九江府，據本府呈，宋儒濂溪周元公先生世家道州，因過潯陽，愛其山水之勝，遂築書堂於廬山之阜，今在德化縣五里許。山麓有溪發源於蓮花峰下，北會于溢浦，潔清緝寒，先生濯纓而楽之，因揭故里之名，寓以濂溪之號。溪上有池，先生種蓮而愛之，作《愛蓮說》揭於書堂。先生胸次洒落，如光風霽月。每與河南二程講道其間，庭草交翠，而發“吾與點也”之氣象。抽関啓鑰，默契道體，卒孟氏不傳之正學絕而復續，至今仰頼。然則作《太極圖》《通書》手授二程，亦常于此地。至于其沒，又塟于栗樹嶺下，僅去五里許。先生之母與其二夫人，皆塟在内，則先生之冕鬼固安于是矣。雖極崇奉如孔廟闕里，亦不為過。夷考載典，自宋郡守潘慈明重修書院，文公先生為之記。及文公守南康，先生之子孫自九江奉《愛蓮說》墨本于文公，則知當時曾有子孫至。國朝監察御史徐傑、項聰、按察副使焦宏，兩次修舉，今皆圮壞，其子孫亦無一人為守祀事。及考其宋道州舊立書院，乃援九江賜額為請，今九江反見零落，俱無以奉先賢而光世道。欲行修理書堂，并濯纓、愛蓮、光霽、交翠四亭，以至景行之私，欲買田数頃，或量撥白鹿租穀数百斛，請先生子孫一人守祀，未敢擅便等因，備呈欽差巡撫江西都察院右副都御史張奉批。據呈崇儒重道至意，布按掌印，會提學議處停當，差人賫文湖廣布政司轉查真派子孫，勸諭前來，同心區處，必在優濟，繳隨准湖廣布政使司咨據永州府道州營樂鄉四都里老何添成等呈，依會勘得周元公十二代宗子周賢，男周綸，長孫仕爵、仕錄的係真派，起送前來，遂將德化縣德化鄉一圖民田三十一畝分陸地六畝一分，發給養瞻守祀。（周與爵本）

及考宋道原有洞明宮、雲龍寺二處逃僧廢田，共壹百肆拾捌畝，已經准本府同知魯閺呈蒙欽差提督學校湖廣等處、提刑按察司副使應批：允濂溪祠每年春秋供祭，及供博士周綉麟常禄并脩理祠墓，為照。元公之墓雖在江西九江，元公父周輔成墓，見在濂溪故里，即今荒廢。又查元公的派子孫宗文等柒房，俱住在濂溪故里。雖稱先賢後裔，實無世業相承，貧寒日甚，涼薄可矜。所有前項田畝，已經給與博士春秋供祭，餘供常禄，并修理書院外，今蒙給發前銀。又該本府訪得該州田地顓賤，照依土俗時價，兩平交易，該置買近元公父墓常稔田柒拾畝，給付博士周綉麟主管，着令與近住濂溪故里子孫宗文等柒房，每房輪收壹年，以供元公父墓祭享之用。輪收次序，自嘉靖二十五年丙午年起，本年博士係宗文壹房支下輪管壹年，次年丁未文華壹房輪管，次年戊申宗孟壹房輪管，次年己酉宗祐壹房輪管，次年庚戌宗祠壹房輪管，次年辛亥宗益壹房輪管，次年壬子宗元壹房輪管，柒年一輪，週而復始。每年祭儀，諫議大夫墓止豬貳口、羊貳隻，餘俱依周元公。見用祭享品儀，博士止得主管輪流，不得重復私下專擅，執為壹房己有。其各房子孫亦不許因貧難私相分撥，擅行典賣。如有故違，該州嚴查重究。庶幾先賢道德，適祭祀久廢之餘，而得享其優崇之典。子孫的派，當衣食艱難之日，而獲沾其賙恤之恩。祠祭與墓祭並行，廟貌、丘壠，自今各妥其神靈。世襲得世業，兼濟冠冕、衣食，由此各遂其生全信。有補於聖朝右文之治，亦足以為百世之勸也。事完，該州備細開造田畝并價各若干、賣主姓名、及田四至手冊，一樣貳本，并輪年子孫支派名字，一併繳報，以憑轉繳施行。（李嵊慈本）

給贍學魚塘①

道州知州李奉按院其行查優恤事例，看得濂溪元公有功聖門，奉恩典各字五百四號勘合，優恤後裔子孫，內選聰明俊秀、堪中教養者，不拘名数，送赴儒學讀書，撥稟養膳。原宗子周道蒙宗師張于州學額廩外撥一石，養贍讀書。隨後，宗孫相沿繼補。在次子孫，未沾恩惠，肄業無資。因查訪得閑塘壹口，坐落本州蔣居鄉，與寧遠縣大陽鄉連界，互荒在官，無主承丈。當委本鄉老人何祖斌，兼同塘儕公正鄭福髙查勘，結稱閑塘壹口與寧遠大陽連界，互荒在官，無人敢丈。回結到州，又帖給十五代正派孫生員周聯班、聯輝，親祐本縣查勘。縣委廣積倉大使曾魁老人郭鳳鋬，兼同生員前去塘所，隨據本官回稱，兼同生員老人前到大陽鄉遞年劉平生家，拘喚排年張奇、蔣華等踏勘，得劉平生等據稱前塘委係官塘，無人敢丈，其塘水蔭注民田等情，回縣備由申州。據此，查得前塘果係官塘，無人承丈。相應給與濂溪正派在次子孫管業，養魚贍學，合就給帖，照依帖內事理，即將本州蔣居鄉與寧遠大陽鄉連界官塘壹口，從今給帖為始，永遠管業，不許儕近里遞排年盜取魚鮮，故壞基址，其塘水照舊蔭注民田。（李嶧慈本）

贊曰：遙遙濂水，洙泗會通。遡源窮流，崇德報功。世官甚貴，世祿甚豐。遺書自古，遺烈無終。象賢伊陟，濟美丁公。神明之後，豈與凡同！（吳大鎔本）

康熙五十五年十月十七日，據該州生員周嘉泓等呈，稱先子道國元公戶內子孫等情呈院，據此隨批：濂溪先生倡道東南，溯源洙泗，泂後賢之模範，先聖之功臣也。歷代已極褒崇，本朝尤加隆重。今後嗣所在有司自應免其雜徭，重加優卹，准卽行牌道州，查明詳免，以垂永久，牌開仰道州官吏，速將濂溪先生一門錢糧查出，成熟田若干，逐年止納正供。一切保甲首戶、團總社長、運丁夫役、行鋪船戶、巡夜擊析、正辦採買、雜派差徭，照前優崇往例，准與豁免。卽有隸在別都、別甲者，亦不許扯扳雜差造給印冊，如有衙蠹、光棍欺儒害善者，許該生指名，

---

① 底本此處注云："万历辛卯。"

以憑本部院挲赴轅門，大法重處，仰着速查明豁除，不得陽奉陰違，干咎不貸。該地方官毋得延遲，未便慎速慎速。除牌示外，合檄行查，隨即查得濂溪後裔戶內儒糧，每石額輸銀叁錢。又有民糧，止納正供，並無前項徭役差使等件。因於康熙四十九年，奉文將匠班銀兩分散通州，照糧均攤，是以濂溪民糧戶內分散匠班一項，奉憲檄查免。本州遵即查明濂溪民戶內匠班銀兩，一概豁除，永不復徵。所有豁除優免緣由，具文申覆，旣叨憲允，期不負聖天子崇儒重道、恩加賢裔之至意也。復蒙憲諭，重加優卹，謹勒石以垂不朽云。康熙五十六年二月初二日，署道州事李世植敬勒。(周譜本)

脩復門枋楼亭祭器

湖廣永州府道州為褒崇道學事，據本州濂溪元公宗子、翰林院五経博士周聰官呈稱：繼徃開來，道統倡明于先祖，脩廢舉墜，作興仰望扵文宗。千載奇逢，一時快覩，切祖元公，伏蒙宋朝建立書院，塑祖、二程三像，歷代享祀，仍建立御碑亭，櫺星門。逮至我朝景泰七年，欽奉聖恩，特取曾祖周冕承襲翰林院五經博士。蒙僉憲戚公建造恩榮枋、仰濂楼，續蒙上司并本州，建立光霽楼、聖學源流枋、繼徃開來枋，傳至於今。歷年久遠，幸遇老父母下車，垂念先人，推恩後裔，重捐俸金，將先祖、二程遺像煥然復新，一應楼、枋、亭、榭，建立脩理。詎期功將甫畢，變出非常，忽扵八月二十七日夜，灾火流行，大固示警，沿家被害，人不堪憂。切思卑職承祖，宋設宮牆變為瓦礫之地，歷年祭器淪扵煨燼之中，典籍悉焚，衣冠盡燬，致先祖棲神之無地，暨卑職置足以何階，道路寒心，見聞失色。雖末學不堪重念，諒滄海必納細流。伏望恩臺仰体朝廷崇重之典，俯念先人開繼之功，懇乞畱神轉詳院道，如蒙賜允，仍前建立，不惟先祖感德于在天，且末裔蒙恩於沒世，斯文幸甚，俎豆增輝等因，到州。

據此，該本州知州李查得元公原設碑亭、祠門，并仰濂樓、光霽楼、恩荣枋、聖學源流枋、繼徃開來枋、祭器，一時被火延燒俱盡。不惟後裔博士奉祀棲身之無所，且元公尊靈亦時享依妥之不便，前項門枋委應速建。但工程浩大，錢粮難處。看係動支錢粮已經具由，申蒙分守右糸政吳詳批：仰永州府查議報奪，蒙府帖行本州，查勘元公原設碑亭、祠宇、仰濂楼、光霽樓、恩荣枋、聖學源流枋、継徃開來枋，祭器等項，于前項月日燒燬，即今建復，要見某枋一座，用木料工價等項若干，某項祭器應置該價若干，逐項酌估明白，合用工料銀兩，抎何項動支，一一造冊三本，申府以憑覆議，轉詳施行。

奉此，依奉行委代捕寧遠衛經歷盧佑，會同儒學訓導張玎估議去後，隨據本官回稱，從公估計得櫺星門、光霽楼、聖學源流枋、恩荣枋、継徃開來枋、書院祭器，共該工料價銀一百一十七兩三錢零四厘，造冊具由回州，查得動支庫貯銀兩，係隸戶房掌行移付查動去後。隨准回稱，查得變賣教場地價，見追未完銀八十六兩八錢八分六厘八毫，又庫貯一起均徭銀兩事，嘉靖四十四年，分本州儒學支剩缺官、齋夫銀內，動支三十兩四錢一分七厘二毫，共足銀一百一十七兩三錢零四厘，堪以動支買辦物料修建。合候申詳，允日照數動支給發，匠作起建，緣係動支官銀脩建祠宇事理，擬合就行，呈詳為此州司，今將前項緣由造完工料文冊一本，另具書冊，理合申乞，照詳施行。

本府覆議，申詳兩道，轉詳撫院李，蒙批：濂溪先生闡明聖學，継徃開來，功德甚鉅。本院夢寐嚮慕，恒思無可尊崇之。若祠宇、祭噐，所當依時修飭，以起士瞻。況今回禄延燼，几我後學，亟宜建新，用妥明靈。兩道議及於此，甚知所重。如議前銀，准動支已穀，鼎作務底堅麗。経管員役不許冒破、苟略，足稱院道推尊之意。仍行該府，查本院餘剩紙贖，捐助三十金加添枋亭，或置學田以供常祀，上緊完冊併報，奉此，擬合就行。（李嵊慈本）

萬厯二十年八月，濂溪祠門坊燬，博士周聯官呈請于州牧李發，詳申府道。奉文行州，委學訓張玎估計，實需銀壹百壹拾柒兩叁錢。查變賣教場地價及支剩儒學缺官、齋夫二項銀內，堪以動支，轉詳巡撫李楨。奉批："亟宜新建，仍捐廉叁拾兩以助之，并自記其事于石。"（周諿本）

贊曰：大行大名，細行細名。取火于燧，取平于衡。豐功碩德，理學幹城。鷺洲鵝湖，狎主宗盟。廬山之高，瀟水之清。天章雲漢，赫赫明明。（吳大鎔本）

查取後裔赴九江守祀①

永州府道州為崇奉先賢，以激勵風教事，承奉湖廣等處承宣布政使司劄付，准江西布政使司咨，奉欽差巡撫江西等處地方、都察院右僉都御史林批："沾襃崇之荣，法似相應，理該轉達，擬合関府，煩為行州詳加酌議，務得經久。仍煩轉行申詳，懇乞明示，實為恤民、崇儒兩便。緣係襃崇道學事理，未敢擅便，為此移関施行，須至関者。"（李嶸慈本）

查取後裔赴九江守墓公檄

江西按察司僉事王啟呈詳巡撫江西都御史林公俊：為崇奉先賢，激勵風教事，本職于弘治十年巡歷至九江府，據府呈詳，宋儒周元公先生，世家道州，因過潯陽，愛其山水之勝，遂築書堂於廬山之阜，今在本府德化縣十里許。至於其歿，又葬於栗樹嶺下，僅去書堂五里許。先生之母與其夫人皆葬在內，則先生之魂魄固安於是矣。雖極崇奉如孔廟闕里，亦不為過。自宋郡守潘慈明重修書堂，朱文公曾為之記。及文公出守南康，先生子孫自九江奉《愛蓮說》墨本於文公，則知當時曾有子孫。至我朝代巡徐恭、項璁，副使焦竑、陳玠，兩次修舉祠院，今皆圮壞，其子孫亦無一人為守祀事，懼無以奉先賢而光文治。今欲修理書院，并築濯纓、愛蓮、光霽、交翠四亭，以致景行之私。或買田數頃，或量撥白鹿洞租穀數百斛，請先生子孫一人來守祀事云云。

院批行江西提學道計議轉當具覆。江西督學副使邵寶議曰：濂溪周子，生於有宋，不由師傳，默契道體。語其時貞而復元，論其地大而將化。萬世允賴，無庸贅贊。乃若九江，因水濯纓，依山築室，存既寓其精神，歿復藏其體魄，實與故里相類。而有墓無守，有祠無祀，於崇儒重道之意，誠為未稱。謹按：范文正公為宋名相，生於蘇，而葬於洛，二處皆致享祠；岳武穆為宋名將，生於相，而葬於杭，二處皆極崇奉，而況宗師後學如周子者哉！由周再傳是為朱子，朱子貫於婺源，產於建陽，今二處皆有秩載享祀，地異禮同。竊謂周子之於九江，如婺、如建，

---

① 底本此處注云："弘治癸亥。"

當比其一云云。

院批俟分巡沈副使議到再議。分巡副使沈議曰：修建書院、祠堂，應行南昌、吉安、撫州、臨江、饒州五府，豐城、進賢、新淦、吉水、泰和、餘干、金谿、新喻、樂平、安仁十縣各掌印官，於存留三分數內捐十之一，送九江府買材、鳩工，則官不費而民不勞。其查取子孫守墓，應咨湖廣布政司，用心查取眞派子孫供費縣食前來云云。該司當行永州府道州，查取弘治十六年七月二十一日起，送庠生周綸前徃九江府德化縣守元公墓。（彭玉麟本）

濂溪志新編卷之九

春秋享祀志

古者鄉先生歿而祀于社，為其行誼之著于一鄉也。一鄉之士且然，況道德之在天下、在萬世者乎？太史公適魯，觀仲尼廟堂、車服、禮器，諸生以時習禮其家。推而準之，顏、孟視此矣，程、朱又視此矣，雖隆殺固殊，抑其所以報稱之者，固有出于人心之同然，而稽于禮之所衆著者乎！先生生長南服，振起絕學，瀟水有洙泗之遺，營陽比鄒魯之鄉，祀事孔明，鉅典煌煌。而舊志僅錄祠祭之文，至籩豆之事司存闕焉，豈非拾毛瑣而捐赫赫者乎？茲特表而出之，禮儀有度，登降有數，以明禮也，而教寓焉。志《春秋享祀》。（吳大鎔本）

享 祀

周子祠自宋紹興己卯，州守向子忞建於三元閣上，淳熙己未，學博鄒勇遷於敷教堂，壬戌，州牧趙汝誼重建，嘉定間始遷濂溪書院右肖像，而祀配以二程子。元至正時，判官吳肯重修，明弘治、正德間，州刺史方瓊、永州太守曹來旬相繼修葺。嘉靖壬寅，禦史姚虞樾、州守金椿重建，萬曆二年，中丞趙賢撤而新之，至二十年壬辰，中丞李楨重建門坊亭樓。國朝康熙四十四年，中丞趙申喬請帑重建拜廳，乾隆六十年乙卯，州侯李永垛重建正廳，道光七年丁亥，州侯張元惠重建拜廳，從裔孫周振坤、遇隆、元會南等之請也。

故里周子祠，宋淳熙七年庚子，鄉賢義太初等鼎建。嘉定七年，州守龔維蕃重修。元至正八年，里儒唐道舉承營道少府之屬擴而新之。明州牧羅斗重為營建，萬歷癸酉，司理崔惟植攝州事，奉中丞趙賢之命大興創造，祠宇改觀。國朝康熙三十八年，宮詹巢可托捐賞修茸，乾隆八年奉旨發帑重建，董其事者州侯段汝霖也。(周諝本)

祭　銀

　　周子祠原額祭銀壹拾貳兩，編在本州存留項下動支。乾隆六年三月十九日，知州陳嘉穀奉永署府張牌開；本年三月初十日，奉布政司張牌開；本年二月二十五日奉督部堂那票開。乾隆六年二月初十日，准禮部諮開，祠祭清吏司案呈大學士，本部議覆御史歷任太常卿陶正靖條奏"先賢先儒撥給祭田，設立廟戶"一案等因。於乾隆五年十二月十六日題，十八日奉旨："依議，欽此。"欽遵抄出到部，相應移諮湖廣總督，欽遵查照辦理等因。到部堂准此，合就檄行，備牌行司，欽遵查照辦理毋違等因。奉此合就鈔粘飭行，備牌行府，轉飭道州，並移明周博士，將加添先賢周子祭銀貳拾捌兩，以本年春季為始，俱動用司庫地丁，該州每歲每季，俱赴司領回轉給。本年四月初一日，博士周枚懇祈就近支領，俾得及時供祭。本年七月初四日，奉布政司張牌開，撫部院批示，今應請於本年為始，即在該州地丁項下支給，為此備牌行府，即便轉該州遵照毋違。行牌到州，合原額祭銀共肆拾兩，俱在州支領，永為定例。
(周諝本)

廟　戶

　　乾隆六年七月二十九日，知州陳嘉穀查《道州全書》內載："周子祠掃夫貳名，門子壹名，工食正閏壹拾肆兩陸錢肆分。"又道州存留奏冊內開："周子祠掃夫門子，工食原額出荒外，實徵銀壹拾叁兩玖錢壹分貳釐伍毫零。"又"每年於司庫地丁銀內撥補荒缺，以足壹拾肆兩陸錢肆分額數。"從前查報掃夫貳名，工食玖兩壹錢貳分伍釐零，並未查明全書額載名數銀數，只稱掃夫貳名，遺漏"門子"字樣，以致數目不符，今奉部議名據設立廟戶貳名，每名每歲給工食銀陸兩。應將"周子祠掃夫貳名"

改作"廟戶貳名",每歲給銀壹拾貳兩。在於地丁銀內支銷,至門子壹名,因前未經聲明業已題准在案,允宜遵照奉行,自是定為廟戶貳名,每年共銀壹拾貳兩,卽於實征項下坐支,而門子遂不復設。(周諾本)

祀 典

春秋仲次丁日行釋菜禮

先一日,省牲取毛以告純,取血以告殺。

厥明、朝服、迎神、獻帛、獻爵、讀祝、飲福、受胙、徹饌、送神,俱同孔廟。(吳大鎔本)

諫議公祠在元公祠左,春秋二仲致祭如啟聖祠,朔望不拜謁

明萬曆二十三年,從湖廣撫按之請、禮臣之議,以濂溪周子之父、宋封諫議大夫周輔成,從祀啟聖公祠。《禮》曰:"子雖齊聖,不先父食。"故將有事于元公,必先祀諫議公。以學博涖事。

諫議大夫周公位南向 (木主)

司封郎中周公壽位西向 (木主)

通奉大夫周公燾位東向 (木主)

侑食、牲幣、禮罍如元公 (吳大鎔本)

諫議公祭典

維 年 月 日,道州儒學學正某等,敢昭告于諫議大夫周公之神位前曰:

惟公篤生元公,于道默契。上承鄒魯,下啟閩洛。圖書左右,風月今古。是父是子,有功萬世。今茲仲春/秋,謹以牲帛、醴齍、粢盛庶品式陳明薦,以司封郎中周公壽、通奉大夫周公燾配。尚享!

以上二祭,經費俱于本州正賦動支。(吳大鎔本)

禮儀

宋理宗淳祐元年,封先生為"汝南伯",從祀孔子廟庭。其祠堂特

祀，則自紹興已卯知州向子忞祀先生于稽古閣始也。春秋二仲次丁致祭，在宋已狀，元之秩祭尚于故里，明之命祀于郡學之右書院祠中。國朝因明之舊，每月朔望，每歲春秋，正印官率僚屬、教職、弟子員，行禮如孔廟儀。

　　濂溪先生像　南向坐

　　冕九旒　袞九章　執圭垂紳　繡裳赤舄

　　道國周元公位（木主）

　　明道先生像　西向坐

　　冕九旒　袞九章　執圭垂紳　繡裳赤舄

　　豫國程淳公位（木主）

　　伊川先生像　東向坐

　　冕九旒　袞九章　執圭垂紳　繡裳赤舄

　　洛國程正公位（木主）（吳大鎔本）

儀注

　　乾隆十六年十月二十一日，裔生周賢、蔭等呈，懇詳定儀制，經學正魯其芹、訓導歐聲振、知州柳秉謙申永州府沈，詳布政司周，十七年三月初七日，奉文轉飭遵照久定章程，每月朔望，每歲春秋，穿補服、蟒袍，行兩跪六叩首禮。（周諧本）

木主

　　先賢道國元公周子之位　居中南向

　　先賢豫國淳公程子之位　西向配享

　　先賢洛國正公程子之位　東向配享

　　中奉周子像，左右二程像，皆冕九旒，袞九章，執圭，垂紳，繡裳赤舄端坐木主後

　　春秋二仲次丁行釋菜禮

　　先一日，正印官省牲取毛以告純，取血以告殺。

　　厥明、作樂、迎神、獻帛、獻爵、讀祝、飲福、受胙、徹饌、送神、俱同孔廟。（周諧本）

先賢諫議大夫周公之位　南向

司封郎中周公之位　西向

通奉大夫周公之位　東向　侑食牲幣禮器如元公（周譜本）

陳設

孔廟祭品，漢高過魯，始以太牢祀孔子，六朝宋文帝，牲牢罍具如上公。唐太宗祀孔顏，備俎豆，宋高宗加籩豆十二，禮如社稷。明英宗令祭丁品物非其土產者，以所產代；孝宗釋奠用太牢加幣；世宗釐正祀典籩豆之數，用八樂，舞六佾，先生之祭品物，視孔子而殺，比從祀而隆，禮罍如四配，而牢豕幣帛之數特殊焉。（吳大鎔本）

周子一案

帛（一）　爵（三）　羊（二）　豕（二）　登（一太羹）鉶（二和羹）簠（一黍）　簋（一稷）　犧尊　象尊　香（三）　燭（二）　祝版

籩六　鹿脯　形鹽　鱐魚　栗　菱　棗

豆六　菁葅　芹葅　筍葅　鹿醢　兔醢　魚醢（周譜本）

程子兩案

帛、羊、豕，每案各一，餘俱同。（周譜本）

器皿

登　鉶　爵

簠　簋　籩

竹豆　木豆　香爐

帛匣　酒尊　燭臺

祝版　毛血盤　齋戒牌

受胙盤

以上諸罍，兵火之後無有存者。（吳大鎔本）

祝　文

維　年月日，知州某等敢昭告於先賢周子曰：

惟公道探千載，書傳萬世。孔孟上承，程朱後繼。書不盡言，圖不盡意。庭草風光，池蓮月霽。今茲仲春/秋，謹以牲帛醴蘦，粢盛庶品，式陳明薦。以豫國淳公程子、洛國正公程子配。尚享！（周諧本）

維　年月日，學正某等敢昭告於先賢諫議大夫周公曰：惟公篤生元公，首尋聖緒。下啟閩洛，上承洙泗。風月交輝，圖書善繼。是父是子，有功萬世。今茲仲春秋，謹以牲帛醴蘦、□盛庶品，式陳明薦，以司封郎中周公、通奉大夫周公配，尚享。（周諧本）

濂溪祠春秋二仲次丁祝文

惟公闡圖著書，發明道學。上繼魯鄒，下開伊洛。卓矣大儒，允稱先覺。某等嚮往實殷，敢忘教澤！茲脩常祀，用昭虔恪。以明道程先生、伊川程先生配。尚饗！（胥從化本）

滄州精舍告先聖文　　宋　朱熹

恭惟道統，遠自羲軒。集闕大成，允屬元聖。述古垂訓，萬世作程。三千其徒，化若時雨。維顏曾氏，傳得其宗。逮思及興，益以光大。自時闕後，口耳失真。千有餘年，乃曰有繼。周程授受，萬理一原。曰邵曰張，爰及司馬。學雖殊轍，道則同歸。俾我後人，如夜復旦。云云。（周木本）

祝文　　宋　朱熹

維紹熙五年，歲次甲寅八月己丑朔二十有八日丙辰，朝散郎祕閣修撰、權發遣潭州軍州兼官內勸農營田事、主管荊湖南路安撫司公事馬步軍都總管、賜紫魚袋朱熹，謹遣學生迪功郎道州寧遠縣尉馮允中致祭于濂溪先生周公、明道先生程公、伊川先生程公：

於皇道體，沕穆無窮。羲農既遠，孔孟為宗。秦漢以還，名崇實否。文字所傳，糟粕而已。大賢起之，千載一逢。兩程之緒，自我周翁。清瀟之原，有嚴貌像。欲覯無因，徒有悵望。吏以毀告，閔然于衷。出金少府，徃佐其功。爰俾諸生，敬陳一爵。先生臨之，有赫無昧。

尚饗！（周木本）

道州書院春秋二仲丁致祭元公祝文

闡圖著書，倡明道學。上接洙泗，下派伊洛。希聖之功，夂矣先覺。道郡有祠，國公賜爵。云云。（周木本）

道州故居祠堂春秋二季丁祭諫議大夫元公并二子文

濂溪之源，清深而長。篤生元公，為萬世道學之宗主，父前子從，為一家道學之源流，斯道也，自家國二人達之天下，猗歟盛哉！故古者盛德必百世祀故居，合祭所以崇其德也。云云。（周木本）

道州書院次丁祭元公文

道□千載，書傳萬世，孔孟上承，程朱後繼。庭草風熏，池蓮月霽。書不盡言，圖不盡意。云云。（周木本）

九江書院開講祝文　　宋　趙崇憲

孔子既歿，天其將喪斯文乎？斯文之未喪，則我先生發揮講明之功也。盧阜之麓，濂溪之湄，先生之書堂存焉。像塑僅設室宇，湫隘無以興起士心，先生之道，殆猶鬱而未宣也。崇憲奉天子訓辭來守此邦，用敢度其堂宇之左偏，廣築為學舍二十六區。蓋將選邦人之俊秀者，朝斯夕斯以著明先生之業。惟先生陰惠我多士，相協厥居，克昌斯文。豈惟予末學丕遂倛志，異時人材輩出，將越我國家萬年，實嘉賴之。（胥從化本）

辭廟祝文　　宋　趙崇憲

竊惟先生，道闡不傳之祕，以惠後學。數十年間，士習卑陋，罕能發揮講明，推之於用。而鑽研六經之疏義，尋繹百氏之訓詁，方且從事詞章以釣名第，根柢不立，隨試輒敗，先生之學殆幾乎廢矣。崇憲奉天子訓辭來守是邦，用敢廣先生之居，以招徠庶士。明先生之教，以正救末習。先生之道，庶幾復興，非特曰為士者之幸，是亦先生之意也。崇憲誤將使指，駕言徂征，於其戒行，敢舉以告。（周木本）

到任謁祠祝文　　宋　趙崇憲

奉天子命，來守此邦。蒞職之初，拜謁祠下。敬惟先生，道德之懿，百世師仰。崇憲晚學，嘗誦遺言。比宰南昌，實先生昔年弦歌之地。今又來官于濂溪之故里，遺風餘烈，凜然如在。方將尊其所聞，施於有政，惟先生尚鑒臨之。（宋刻本）

謁祠祝文　　宋　楊輯

孔孟之學，或幾乎熄。粵惟先生，金玉其質。闡微闚幽，圖之太極。截圖河洛，義愈昭晰。至今斯文，炯如皎日。推厥端緒，惟先生力。楫假道江濆，獲睹遺跡。高山景行，服之無斁。薄酒三奠，聊伸悃幅。（周木本）

到任謁祠祝文　　宋　徐邦憲

先生道闡不傳之祕，學明有用之實。高風幽韻，師表百世。天下之士，相與講切，以成德美行者，先生之賜也。邦憲蒞事云始，毋敢不敬，謹涓日吉，祇欸祠下。尚冀有靈，實昭鑒之。（周木本）

謁祠祝文　　宋　王溉

維宋淳熙十四年，歲次丁未，十一月戊戌朔，十六日癸醜，奉議郎權知江州軍州兼管內勸農營田事借紫王溉，謹以清酌庶羞之奠，敢昭告于濂溪先生之祠曰：

孔孟既遠，道蝕專門。天佑後人，未喪斯文。先生挺生，闡示道原。吐辭立象，統接典墳。濂溪之堂，公之河汾。溉幸假守，敬慕清芬。首瞻晬容，即之若溫。流風余訓，得於見聞。治己治人，遵用格言。陽德既升，君子道尊。躬率諸生，來薦蘋蘩。風誼用勸，習俗以敦。春秋主祠，敢諉諸孫。庶幾遺教，千載猶存。（周木本）

春祀祝文　　宋　陳卓

太上立德，其次立功，德先而功次。秩秩有序，而有國之祀典亦如之。庸非興化厲賢，闡教崇雅，誠在此而不在彼歟！惟公窮理盡性，造者愈深。開物成務，施者未究。晦迹濂溪之隱，今幾年矣，而德學留淑諸儒，慶澤垂裕累葉，祀舉青陽，歲復一歲。非鄉里所共景仰，而祭典之宜率由者乎？英爽如在，其鑒于茲。（周木本）

祠　記

濂溪先生墓志銘　　宋　潘興嗣

　　吾友周茂叔，諱惇頤，其先營道人，曾祖諱從遠，祖諱智強，皆不仕。考諱輔成，任賀州桂嶺縣令，贈諫議大夫。君幼孤，依舅氏龍圖閣學士鄭向。以君有遠器，愛之如子。龍圖公名子皆用“惇”字，因以“惇”名君。景祐中，奏補試將作監主簿，授洪州分寧縣簿。君博學行己，遇事剛果，有古人風，眾口交稱之。部使者以君為有才，奏舉南安軍司理參軍。轉運使王逵以苛刻蒞下，吏無敢可否，君與之辨獄事，不為屈，因置手版歸，取誥敕納之，投劾而去。逵為之改容，復薦之。移郴令，改桂陽令，皆有治績。用薦者遷大理寺丞，知洪州南昌縣。其為治精密嚴恕，務盡道理，民至今思之。改太子中舍，簽判合州，覃恩改虞部員外郎，通判永州。今上即位，恩改駕部。趙公抃入參大政，奏君為廣南東路轉運判官，稱其職，遷虞部郎中提點本路刑獄。君盡心職事，務在矜恕。雖瘴癘僻遠，無所憚勞，竟以此得疾。懇請郡符知南康軍，未幾，分司南京。趙公抃復奏起君，而君疾已篤，熙寧六年六月七日卒於九江郡之私第，享年五十七。

　　君篤氣義，又以名節自礪。郴守李初平最知君，既薦之，又賙其所不給。及初平卒，子尚幼，君護其喪以歸，葬之。士大夫聞君之風，識與不識皆指君曰：“是能葬舉主者。”君奉養至廉，所得俸祿分給宗族，其餘以待賓客。不知者以為好名，君處之裕如也。在南昌時，得疾暴卒，更一日一夜始甦，視其家，服御之物，止一敝篋，錢不滿數百，人莫不歎服，此予之親見也。嘗過潯陽，愛廬山，因築室溪上，名之曰濂溪書堂。每從容為予言：“可止可仕，古人無所必。束髮為學，將有以設施，可澤於斯人者，必不得已，止未晚也。此濂溪者，異時與子相從於其上，歌詠先王之道，足矣！"此君之志也。

尤善談名理，深於易學，作《太極圖》《易說》《易通》數十篇，詩十卷，今藏於家。母鄭氏，封仙居縣太君。娶陸氏，職方郎中參之女。再娶蒲氏，太常丞師道之女。子二人，曰壽，曰燾，補太廟齋郎。以其年十一月二十一日窆於德化縣德化鄉清泉社母夫人之墓左，從遺命也。壽等次列其狀來請銘，乃泣而為之銘。銘曰："人之不然，我獨然之。義貫於中，貴於自期。讁讁日甚，風俗之偷。乃如伊人，吾復何求。志固在我，壽則有命。道之不行，斯謂之病。"（周木本）

顯鶴謹案：楊誠齋萬里《邵州希濂堂記》略云："古人邵陽使君潘侯燾，遣騎踵門移書，請曰：'邵，故濂溪先生舊治也，治平四年先生以永州治中來攝，燾欲求其學道愛人之遺風以範焉，而不可得。獨潘公興嗣謂其治精密嚴恕，隱然有黨於吾心，廼闢為堂，命曰希濂。晦庵先生聞之，喜曰：'精密嚴恕四者，未有合而言之者也，合而言之尤有意味。'因為燾大書三字，扁於上，惟先生精微之意，微潘公賢能發之，微晦庵疇能領之，微先生疇宜記之。'余曰：'善。然亦難言也，苟似精，譎似密，刻似嚴，弛似恕，皆非也。去其似而非者，則得其精微者矣。'"案，清逸"精密嚴恕"四字，得誠齋之論而愈確，今希濂之堂久廢，誠齋此記亦無有能道者矣。（鄧顯鶴本）

先生墓碣銘　　宋　蒲宗孟

大字晦庵刪本，小字蒲《碣》全文。

始予有女弟，明爽端淑，欲求配而未之得。嘉祐己亥，泛蜀江，道合陽，與周君語（三日三夜）。退而歎曰："世有斯人歟！眞吾妹之敵也。"明年，以吾妹歸之。周君世為營道人，始名（光宗御諱）實，避英宗藩邸名改（光宗御諱）頤。曾祖從遠，祖智強，皆不仕。父輔成，賀州桂嶺縣令，累贈諫議大夫。母鄭氏，仙居縣太君。君少孤，養於舅家，鄭舅為龍圖閣學士，以恩補君試將作監主簿（自其窮時，慨然欲有所施，以見於世。故仕而必行其志，為政必有能名）。初從吏部調洪州分寧主簿。未幾，南安獄上屢覆。轉運使薦君為南安軍司理參軍，移郴州郴縣令，又為桂陽令。分寧有獄不決，君至一訊立辨。（邑人驚詫曰："老吏

不如也。"）南安囚，法不當死，轉運使欲深治之。君爭不勝，投其司理
參軍告身以去。曰："如此尚可仕乎！殺人以媚人，吾不爲也。"轉運使
感悟，囚卒得不死。自桂陽，用薦者言，改大理寺丞。知洪之南昌。南
昌人見君來，咸曰："是能辨分寧獄者，吾屬得所訴矣。"（君益思以奇自
名，屠姦翦弊，如快刀健斧，落手無留。）富家大姓，黠胥惡少，惴惴懷
恐，不獨以得罪於君爲憂，而又以汙善政爲恥也。江之南九十餘邑，如
君比者無一二。改太子中舍，簽書合州判官事，轉殿中丞，賜五品服。
一郡之事，不經君手，吏不敢決；苟下之，民不肯從。蜀之賢人君子莫
不喜稱之。今資政殿學士趙公爲使者，小人陰中君。趙公惑，比去，尚
疑君有過。嘉祐中，轉國子博士，通判虔州。趙公來守虔，熟試君所爲，
執君手曰："幾失君矣！今日迺知周茂叔也。"英宗登極，遷尚書虞部員
外郎。虔大火，焚其州，改通判永州，轉比部員外郎。今上卽位，遷駕
部員外郎。熙寧元年，擢授廣南東路轉運判官。三年，轉虞部郎中，提
點本路刑獄。君（以朝廷躐等見用，奮發感厲）不憚出入之勤，瘴毒之
侵，雖荒崖絕島，人跡所不至處，皆緩視徐按，務以洗冤澤物爲己任。
施設置措未及盡其所爲，而君已病矣（病且劇，念其母未葬），求南康以
歸。（葬已，君曰："强疾而來者，爲葬耳，今猶欲以病汙麾綏耶！"）病
且劇（三字元在上，晦菴移於此），上南康印。分司南京。趙公再尹成
都，聞君之去，拜章乞起君。朝命及門，疾已革。熙寧六年六月七日卒，
卒年五十七。

　　嗟乎茂叔，命止斯乎！（先時以書抵宗孟曰："上方興起數百年，無
有難能之事，將圖太平天下，微才小智苟有所長者，莫不皆獲自盡。吾
獨不能補助萬分[1]，又不得竊須臾之生，以見堯爵禮樂之盛，今死矣，命
也！"其語如此。）嗚呼！可哀也已！初聚[2]陸氏，縉雲縣君；再聚吾妹，
德清縣君。二子壽、燾，皆太廟齋郎。（君自少信古喜義，以名節自高。）
李初平守郴，與君相好，不以部中吏待君。初平卒，子幼，不克葬。君
曰："吾事也。"徃來其家，終始經紀之。雖至貧，不計貲，恤其宗族朋

_____

①　據何子舉《先生墓室記》，"分"后當有"一"字。

②　"聚"：當作"娶"。下同。

友。分司而歸，妻子饘粥不給，君曠然不以爲意也。（生平襟懷飄灑有高趣，常以仙翁隱者自許。尤樂佳山水，遇適意處，終日徜徉其間。）酷愛廬阜，買田其旁，築室以居，號曰濂溪書堂。（乘興結客，與高僧道人，跨松蘿，躡雲嶺，放肆於山巔水涯，彈琴吟詩，經月不返。及其以病還家，猶籃轝而徃，登覽忘倦。語其友曰：“今日出處無累，正可與公等爲逍遥社，但媿以病來耳。”君之卒，四月十六日。）二甥（求吾銘）將以其年十一月二十一日葬君於江州德化縣德化鄉清泉社。（吾嘗謂茂叔爲貧而仕，仕而有所爲，亦大槩略見於人，人亦頗知之。然至其孤風遠操，寓懷於塵埃之外，當有高樓遐遁之意，則世人未必盡知之也。於其死，吾深悲焉！故想像君之平生，而寫其所好，以寄之銘云。）來求銘（三字續添），銘曰：“廬山之月兮暮而明，溢浦之風兮朝而清。翁飄飄兮何所，琴悄寂兮無聲！杳乎欲訴而奚問，浩乎欲忘而難平！山巔水涯兮，生既不得以自足，死而葬乎其間兮，又安知其不爲清風白月，徃來於深林幽谷，皎皎而泠泠也！形骸兮歸此，適所願兮，攸安攸寧！”（周木本）

先生墓室記　　宋　何子舉

先生世家舂陵之濂溪，今以故里名行于溢，葢襲舂陵舊耳。自生講道此邦，距今幾二百年，流風所漸，民醇俗魯。其爲士也，愿而文，過化之盛，非止家藏書、人誦言而已。邦人瞻仰有祠，學聚有堂，墓道有表，揭闕而未舉，惟春秋之祭，俎疊班榛荊，衿佩濡露雨耳。寶祐癸丑，制帥陳公夢斗，以南豫學子典郡事。二年間，恩浹和集，以公於己者公於人。克臻暇裕，于縮迫中將以餘力起廢墜，乃諏急先。命理椽鳩工築室墓右，踰時告成。萃賓僚相祀，妥厥像于中，冠屨肅穆，光霽洋洋，生如也。竣事，命某有以識。

夫《圖》《書》之妙，中天日月，天下見道，卽見先生。室之築特以寄瓣香、勺齊之敬耳，尚何言以藻繪斯道？抑某反復左丞蒲公宗孟銘先生墓，不能不扼腕於仲尼日月也，其言曰：“先生疾革時，致書某：‘上方興起數千百年，無有難能之事，將圖太平天下，材智皆圖自盡，吾獨不能補助萬分一。又不能竊須臾之生，以見堯舜禮樂之盛。今死矣，命也。’”嗟乎，有是言哉！先生之學，靜虛動直，明通公溥，以無欲爲入

聖之門者也。窮達常變，漠無繫累，浮雲行藏，晝夜生死，其所造詣，
夫豈執世俗、戀榮偷生之見者所可窺其藩？言焉不擇，左丞尚得為知先
生者？然則先生之道，豈固信于來世，而獨不知於姻親者哉？按左丞，
金陵者也。方金陵昌新法，毒天下，熏心寵榮者，無慮皆和附二辭，其
所不然者，惟特士醇儒未可以氣力奪。左丞所云“興起數千百年無有難
能之事，吾獨不能補助”者，得無影響借重，為新法厚自扳援者耶？牟
叔遲征裡粟，議者難之，遂借其說於子產。徐逢吉以河內寇為平民，預
引更生之對實其事。自古貿亂是非，徃徃一轍。若左丞者，設易簀之言，
堅金陵無復忌憚之心，騰自欺之舌，誣先生于無從究詰之地，其為毀譽
求合，罔世塞道，又罪浮于臧倉者也。因辨識末，以質於當世君子。又
一年五月既望，後學金華何子舉撰並書，建安翁甫題額。（周木本）

濂溪先生祠堂記　　宋　朱熹

　　道之在天下者，未嘗亡。惟其托扵人者，或絕或續。故其行扵世者，
有明有晦。是皆天命之所為，非人智力之所能及也。夫天高地下，而二
氣五行紛紜雜揉，升降徃来扵其間。其造化發育品物散殊，莫不各有同
然之理。而冣大者，則仁義禮智之性，君臣、父子、昆弟、夫婦、朋友之
倫是已。是其周流充塞，無所虧間，夫豈以古今治亂為存亡者哉！然氣
之運也，則有淳漓判合之不齊；人之稟也，則有清濁昏明之或異。是以
道之所托扵人而行扵世者，惟天所畀，乃得與焉，決非巧智果敢之私，
所能億度而強探也。《河圖》出而八卦畫，《洛書》呈而九疇敘，孔子於
斯文之興喪，亦未嘗不推之扵天，聖人扵此其不我欺也審矣。若濂溪先
生者，其天之所畀，而得乎斯道之傳者歟？不然，何以絕之久而續之易，
晦之甚而明之亟也？蓋自周衰，孟軻氏沒，而此道之傳不屬，更秦及漢，
歷晉隋唐，以至於我有宋，聖祖受命，五星聚奎，實開文明之運。然後
氣之漓者淳，判者合，清明之稟浔以全付扵人。而先生出焉，不繇師傳，
默契道体，建圖著書，根極領要。當時見而知之有程氏者，遂擴大而推
明之。使夫天理之微，人倫之著，事物之眾，鬼神之幽，莫不洞然畢貫
扵一。而周公、孔子、孟氏之傳，煥然復明扵當世。有志之士浔以探討
服行，而不失其正，如出扵三代之前者。嗚呼盛哉！非天所畀，其孰能

與扵此？

先生姓周氏，諱惇頤，字茂叔，世家舂陵，而老廬山之下。因取故里之驟，以名其川曰濂溪，而築室扵其上。今其遺墟在九江郡治之南十里，而其荒莽不治，則有年矣。淳熙丙申，今太守潘侯慈明，與其通守呂侯勝己，始復作堂其處，揭以舊名，以奉先生之祀。而呂侯又以書來，屬熹記之。熹愚不肖，不足以及此。獨幸嘗竊有聞扵程氏之學者，因得伏讀先生之書，而親見其為人。比年以來，屏居無事，常欲一泛九江，入廬阜，濯纓此水之上，以致高山景行之思，而病不得往。誠不自意乃今幸甚，獲因文字以記姓名扵其間也。於是竊原先生之道所以得於天而傳諸人者，以傳其事如此。使後之君子有以觀考而作興焉，是則庶幾乎兩侯之志云爾。（胥從化本）

道州建先生祠記　　宋　張栻

宋有天下，明聖相継，承平日久，元氣胥會，至昭陵之世盛矣。宗工鉅儒，磊落相望。於是時，濂溪先生寔出於舂陵焉。先生姓周，字茂叔。晚築廬山之下，以濂名其溪，故世稱為濂溪先生。舂陵之人言曰："濂溪，吾鄉之里名也。先生世家其間，及寓於他邦，而不忘其所自生，故亦以是名溪，而世或未之知耳。"惟先生仕不大顯於時，其澤不得究施。然世之學者，致論師友淵源，以孔孟之遺意復明於千載之下，實自先生發其端。由是推之，則先生之澤，其何有窮哉？蓋自孔孟沒，而其微言僅存於簡編。更秦火之餘，漢世儒者號為窮經學古，不過求於訓詁章句之間，其於文義不能無時有所益，然大本之不究，聖賢之心鬱而不章。而又有顓從事於文辭者，其去古益以遠。經生文士自峻為二途。及夫措之當世，施於事為，則又出於功利之末。智力之所營，若無所與於書者。於是有異端者乘間而入，橫流於中國。儒而言道德、性命者，不入于老，則入于釋。間有希世傑出之賢，攘臂排之，而其為說，復未足以盡吾儒之指歸，故不足以抑其瀾，而或反以激其勢。嗟乎！言學而莫適其序，言治而不本於學，言道德性命而流入於虛誕。吾儒之學其果如是乎哉？陵夷至此，亦云極矣！及吾先生起於遠方，乃超然有所自得於其心，本乎《易》之太極、《中庸》之誠，以極乎天地萬物之變化。其教人，使之志伊尹之志，學顏子之學；推之於治，先王之禮樂刑政可舉而行，如指諸掌。於是，河南二程先生兄弟從而得其說，推明究極之廣大精微，殆無餘蘊。學者始知夫孔孟之所以教，蓋在此而不在乎他。學可以至於聖，治不可以不本於學。而道德性命，初不外乎日用之實。其於致知力行，具有條理，而詖邪淫遁之說，皆無以自隱，可謂盛矣！然則先生發端之功，顧不大哉！

春陵之學，舊有先生祠，實紹興某年向侯子忞所建至於今，淳熙五年，趙侯汝誼以其地之狹也，下車之始卽議更度之。為堂四楹，併二程先生之像列於其中。規模周密，稱其尊事之實。既成，使來謁記。栻謂先生之祠，凡學皆當有之，豈惟春陵。特在春陵，尤所當先者，趙侯之舉，知急務矣。故為之論述如此，以告後之人。四月戊寅，承務郎直寶文閣權發遣靜江府、兼管內營田事、廣南西路兵馬都鈐轄、兼主管本路安撫司公、兼提舉買馬、賜紫事金魚袋張栻謹記。（周木本）

永州府學先生祠記　　宋　張栻

零陵守福唐陳公輝下車之明年，令信民悅，廼思有以發揚前賢遺範，貽詔多士。他日偕通判州事曾公迪詣郡學，顧謂諸生曰："永雖小郡，而前輩鉅公名德，往往辱居之。如本朝范忠宣公，范內翰公，鄒侍郎公，皆既建祠于學宮矣。惟濂溪周先生，嘉祐中嘗倅此州，而獨未有以表出之，豈所以為重道、崇德、示教之意乎？"扵是，教授劉安世率諸生造府，請就郡學殿宇之東廡闢先生祠。前通判武岡方公疇以書走九江，求先生像于先生諸孫，得之。陳公命零陵宰高祈董其事而成之。繪像儼然，欄楯周密。既成，屬栻為記。栻以晚生，屬辭不獲，敬誦所聞，以廣其意。

先生諱惇頤，字茂叔，春陵人，歷官凡九遷，至通判永州。用呂正獻公薦，擢廣南東路轉運使判官，改提點刑獄。所臨力行其志。晚以病丐分司，築居廬山下。有溪流其旁，名之曰濂，故號濂溪先生。栻嘗聞程公太中倅南安，先生為獄掾，太中公視其氣貌非常人，與語，果知道者。因與為友，故明道自十五六時聞先生論道，遂厭科舉之業，慨然有求道之志。伊川年十二三，亦受學焉。惟二程先生倡明道學，論仁義忠信之實，著天理時中之妙，述帝王治化之源，以續孟氏千載不傳之道，其所以自淂者，雖然師友可傳，而論其發端，實自先生，豈不懿乎！先生著《通書》及《拙賦》，皆行扵世，而又嘗俾學者求孔顏所樂何事。噫！以此示人，亦可謂深切矣。後之登斯祠者，覩先生之儀容，讀先生之書賦，求先生之心真，積力久，希聖希賢，必有得顏子之所樂者矣。

（胥從化本）

道州先生祠記　　宋　胡銓

春陵太守直閣向公抵書某曰："紹興之初，予嘗涖茲土。壬子春，坐諸司誣鑠罷，寓豐城僧舍。是秋，文定胡公自給事中免歸，亦舘焉，得朝夕請益。一日謂予：'濂溪先生，春陵人也，有遺事乎？'對以未聞。後讀河南《語録》，見程氏淵源自濂溪出，乃知先生學極高明，因傳《通書》誠說，味於其所不知。茲幸復假守視事，三日謁先聖畢，語儒官生徒：'先生天下後世標望，誠說具在，後學獨不知尊仰，是大漏典，請建祠講堂後三元閣上。'皆應曰：'諾。'夏四月辛卯，繪事僝工，闔郡鄉化翕然，子其記之。"

某謂自頃興法搶攘刺郡者，悉為吏牘埋沒，至有難如素王之嘆，奚暇教化？公下車，首尊賢崇雅，且懇懇以誠為言，此盛德事，某敢以固為辭？況伯氏辱知為舊，其又奚辭？竊聞韓子曰："誠者，不欺之名。"程子曰："誠者，理之實。不誠無物，言無實也。"其說始於《易》，成於《禮》。考之《曲禮》，鬼神以誠；考之《檀弓》，慎終以誠；考之《特牲》，婚禮以誠；考之《月令》，工師以誠；考之《學記》，教學以誠；考之《樂記》，禮經以誠；考之《祭統》，祀享以誠；考之《中庸》，事親以誠；考之《大學》，治天下國家以誠。八者，一不誠焉則皆欺矣。大哉誠乎！誠非難也，至誠之誠難也。夫婦之愚，反身可以為誠。及其至也，雖堯舜之誠，荀卿猶以為偽，堯舜豈偽也哉？故曰至誠之誠難也。《禮》至誠有五：能盡性也，能化也，前知如神也，無息也，知天地之化育也，是皆實理之極。不欺於人，故能盡性；不欺於物，故能化物；不欺於神，故能如神；不欺於已，故能無息；不欺於天地，故能知天地之化育。《通書》之作，蓋期學者至於是焉耳。其云性者，剛柔善惡中而已，盡性也。云動則變，變則化者，能化也。云寂然不動者，誠也；感而遂通者，神也，如神也。云君子乾乾於誠者，無息也。云乾坤交感，化生萬物者，知天地之化育也。知此五者，則知《禮》之所謂誠矣。知《禮》之所謂誠，則知《易》之所謂誠矣。《易》《禮》《通書》，其致一也。或曰《通書》敘《乾損益動》云"不息於誠"，敘《家人睽復無妄》云"無妄則誠"，是卦皆誠也。而漢上丈人以為《易》唯《乾》言誠，誠者，天之道也，然則《通書》非乎？曰否。子獨不見夫一六之說乎？天以一生水，地以六成之，一六合而水可見。誠則明，明則誠，誠明合而道可見。古之人，蓋以誠配一也，言誠而止於天，猶知一而不知六也。按誠說"乾元，誠之源；元亨，誠之通，利貞，誠之復"。夫《乾》四德為誠，《坤》《屯》《臨》，《隨》《無妄》《革》亦四德也，不得為誠乎？元亨，誠之通，《大有》《蠱》《升》《鼎》，非誠之通乎？利貞，誠之復，《蒙》《同人》《大畜》《離》《咸》《恒》《遯》《大壯》《明夷》《家人》《蹇》《萃》《漸》《兌》《渙》《中孚》《小過》《既濟》，非誠之復乎？推此則《易》非止《乾》為誠也明矣。獨《乾》言誠者，端本之道耳。故曰："乾元，誠之源。"其旨微哉！

公往歲司風憲湖湘，戢吏字民，民至今思之。以不屈權勢，落二十年，而所養益剛大。今復觀像濂溪，務實去偽，豈徒角空言而已。必其由先生之書以明《易》，以合乎《曲禮》之誠；以嚴屏攝，合乎《檀弓》之誠；使民送死無憾，合乎《特牲》之誠；使民婚姻以禮，合乎《月令》之誠；使民罷不苦窳，合乎《學記》之誠；使民風移俗易，合乎《樂記》之誠；使民禮經無偽，合乎《祭統》之誠；使民祭思敬，合乎《中庸》之誠；使民養思孝，合乎《大學》之誠。使吾政術無頗斯，無所不用其實矣，由是而充焉，吾知公後日登槐贊元，致君堯舜上，則盡性也，能化也，前知如神也，無息則久也，知天地之化育也，宜皆脗合《通書》之旨，視濂溪其無愧焉。濂溪諱惇頤，姓周氏。二十九年五月丙子廬陵胡銓記。（周木本）

道州故居先生祠記　　宋　章穎

一元之氣，運乎機緘不露之間，而自生自色，發達萌動，有聲者鳴，有根者英。雖未著形色，莫不各具條理。及其匪刻雕而衆巧畢陳，推其由來不待深智，此二程先生之學所以擴充而益自光大者也。程氏之門，咸謂程先生兄弟自十五六歲時已有意聖學。夫以地之相去南北之遠，至其契合，心手相授，此殆有以推移左右於其中，不然則夫自漢唐以來數千百年，天之所以用力者，猶有幾乎！二程先生以所得者曉天下，孔孟之教絕而復續，泳其涯涘，升其堂奧，夫豈無有醇疵？然淑諸人者深，貽之後也遠，要亦可謂盛矣。由是言之，《太極》一圖不為祕，《書》四十一章①不為約。仲尼顏子樂處，一語不為不富也。

先生故居在營道，穎嘗至濂溪之濱，見其耕餉者無慢容，講學者有高趣，周氏之松楸弗剪焉。自郡未新祠宇時，士人胡元鼎已近其遺址創舍設象，懼其弗壯以久也。則又謀諸校官與鄉之善士，象郡文學何士先、連山戶曹義太初、孟坦中、歐陽碩之思益大之，言不約而同，費弗強而具。七月朔始工，再挾日而成。太守趙公善言聞而嘉之，為揭其祠。夫春陵之人，其於先生，朝夕注乎心目之間，雖弗祠猶敬也。況今再拜之所弗隘，而脩容有其地。故事，郡官以春秋祠。既列州序，俾弟子員往展謁其先塋。因復祠，益俾後此者知所景仰，以脩乎其身，而風乎其邦，則先生之所以望於後學者得，而學者之於先生，豈但斯須之誠而已哉！堂暨門，為屋二十有四楹，助費者姓名列之石之左。淳熙七年八月，教授章穎記。(周木本)

道州濂溪田記　　宋　章穎

郡既為周先生建祠堂，南軒張寶文記之。太守直閣趙公他日曰："濂溪有先塋在，獨無樵牧之扞乎?"未幾，有民周與何田訟者，二十年矣，與甲則乙訴，與乙則甲訴，謂不得直。公令有司以案牘來。累日，吏抱持文書，幾不勝。至則公一攬睞，撫几曰："得之矣！"蓋舊櫝乃有濂溪倅永州時公牒云："有田若干，舊以私具，得為先塋守者資，族子當勿預。"苟墻垣固，松楸勿翦，守者世獲弗易也。其後守者泯，周興物故，壻又代徙他處，田周與何更有之。周則先生之族，何乃先生所自出甥，

---

① 他本皆作"《通書》四十章"，當從。

得有舅家田，自有法。以永州公檄從事，則周氏子固不得有，況甥可乎？辨际文書，則有營道所給憑文付周興者，用治平新銅符，按舊左驗皆合。即取田之非永州文所云者以與何，餘即從其初。穎因休暇，敂漫齋公，具謂若前示所判數百言，皆出前後數公意。表即檄營道丞周必端徃濂溪，以田界近營者，田籍與營道舊文同藏學宮，歲以租倉升斗代輸省賦。守莖者李得田耕，終年不聞吏呼，守际宜廑，且令先生江州後裔亦聞之。先生學造太極，先其為先冢計宜遠，歷百餘年，始遇一賢太守，遇亦難矣哉！淳熙六年七月望日，南郡章穎記。（周木本）

道州重建先生祠記　　宋　龔維蕃

營道之西，距城十八里，有水曰濂溪。發源于大江嶺，匯為龍湫，東流二十里至樓田。其鄉曰營樂，其保曰濂溪。從橫數百畝，溪行其中，雖大旱不竭。周氏家其上，即濂溪先生之故居也。考其譜諜，世居青州，遠祖諱崇昌，唐永泰中為廉、白二州太守，因卜居道之寧遠縣大陽村。其裔孫諱虞賓，有子十二人。中子諱從遠，始陟于此，再傳至諫議，諱輔成，登祥符八年進士第，終賀州桂嶺令。沒墓于故居之側半里許，累贈諫議大夫。諫議生二子，長曰礪，次則先生。先生少孤，舅氏龍圖鄭公向篤愛之。始冠，奏以初秩，既長，從宦四方。嘉祐八年，先生自虔移倅，有書與其族叔及諸兄，云"周興來，知安樂，喜無盡。來春歸鄉，即遂拜侍"（其書刻石學宮）。尋移文營道縣，云有田若干，舊以私具，得為先塋守者資，族子勿預。營道給吏文付周興。其後先生歸展墓，題名于含輝洞云："周惇頤，區有隣，陳廣，蔣瑾，歐陽麗，治平四年三月十六日，同遊道州含輝洞。"刻石于洞口。是歲神宗登極，覃恩遷駕部員外郎，加增父諫議大夫。以手札付猶子仲章，令備酒菓香茶，詣墳前告聞（其書刻石學宮）。

先生晚歲寓九江，愛廬阜之勝，築室于溪上，命名曰濂溪，示不忘本之意。其留故居者，為仲章及其從弟意。先生既沒，仲章貧甚，元豐三年及七年，再析其餘產鬻於意，宣和五年，仲章之子伯順又以之子其餘鬻於意之子（犯秀安僖王諱），而故宅基尚存。伯順死，無後，其女以其地適何伯瑜，生儕。儕登第，為邕州教官而卒。至淳熙已亥，周與何欲析其產，聞于郡。郡守趙汝誼閱營道所承永州公牘，乃治平印文，按驗皆合。用先生治命以田畀守塋者，藏其籍于學宮，其故宅基尚屬何氏。何氏之孫揖，於淳熙十一年以其地歸于意之曾孫興嗣，書于券云：“興嗣係諫議宗族，稟性純慈，有志力教子以紹祖風。兼其宅地與本人住宅相接，今願盡將所承外祖周伯順元承祖諫議住宅祖地，從東至西，長五丈，就賣與興嗣。將来起造祠堂，承外氏一派先蒐，庶幾亡者於里塾有所依托，不絕春秋之奉。（以上皆契內本文）”前此未有先生祠。紹興已卯五月，太守向子忞始奉祀於州學之稽古閣，編脩胡公銓記之。淳熙己未，郡博士鄒霋遷于敷教堂。戊戌，太守趙汝誼以其偪仄，更刱堂四程①，幷奉二程先生像，南軒張公為記。庚子，郡士胡元鼎與其鄉人何士先、義太初、孟坦中、歐陽碩之，刱舍設像，教授章穎為記。故居有祠昉乎此。距遺址十餘丈，中隔小溪，卑陋湫隘，歲久不復遷。至嘉定癸酉，郡守方信孺訪求濂溪之裔，得興嗣之子鑰，以為學賓。丁丑之秋，維蕃被命入境，延見羣士，扣濂溪所向，皆言今祠非故基。其後訪於鑰，盡閱累世契券，親至其地，質于鄉鄰族黨，始得其實。溪流清泚，地勢平衍，岡壠丘阜拱揖環合，其左曰龍山，右曰豸嶺。山川之秀，實終于是。乃鳩工度材，一新棟宇。命營道尉蔡則董其役，經始于是歲十二月，落成於明年之三月。中為祠宇，設先生像。其前為堂四楹，不侈不陋。二齋旁翼，兩廡對峙。外為臺門，高與堂稱。左右二塾，虛明敞潔，以延學子。又其外為都門，繚以垣牆，庖廩湢浴，罔不畢具。環以松竹，門外築道屬于山之趾。於是規制始備，而邦人嚴事之意益虔。自先生以故居溪名冠九江之寓宇，黃太史賦詩，謂其用平生所安樂，媲水而成名。東坡繼有作，来者承其誤，莫究所從。至南軒張公、晦菴朱公，嘗畧辯證。尚書章公来典教，質以《大富橋記》，以為此邦自有濂溪，然亦弗深考。今得其譜諜契券，始究源委。當何氏以地歸興嗣，預有建祠之語，迄今乃有成。則廢興顯晦，殆若有數，而非偶然者。先生之學，實嗣洙泗之統，傳之伊洛，寖以大顯，載在方冊，人知誦習。凡轍跡所至，今皆有祠。而父母之邦，先塋所在，乃因陋就簡，於燕嘗不稱，是烏可以已？

---

① “程”：周木本作“楹”，當從。

故因其落成，述其顛末，用登載于樂石。文皆從舊，不敢增損以沒其實，庶以傳信，俾覽者得詳焉。朝奉郎改差權知道州軍州、兼管內勸農營田事龔維蕃記。（宋刻本）

道州寧遠縣先生祠記　　宋　魏了翁

嘉定九年，了翁奉使東州，為濂溪周先生、河南二程先生請所以易其名者。詔下如章。十有五年，了翁召還，道九江謁先生故宅，以元公之命書告。後二年，道州寧遠縣令黃大明以書來曰：“吾聞古之鄉先生歿而祭于社。寧遠雖蕞爾邑，而先生之流風未墜，不可以無祠也。子也學先生之道而尊其名，麗牲有石，將以識里人奉嘗之思，子為記之。”

了翁嘗聞人道要有三：曰父，曰君，曰師。無父無生，無君無以生，無師猶無生也。唐虞三代盛時，民生於風氣之未漓，又得堯、舜、禹、湯、文、武、周公為之君師。今其法度紀綱猶可櫽見，大抵合以井牧，聯以比閭，教以庠序，導以師長，維以諫救，攷以德藝，無一壤一民不相聯屬焉。正歲孟月之吉，黨里社營之會，無一事一時不相警策焉。夫然，故教行俗成，而君師之分盡。迨厲、宣、幽、平，已不能如成周之舊。仁壽鄙夭，民自為之，為君師者不及知也，矧自是以降乎！曾子曰：“上失其道，民散久矣。”當斯時，而民之散已二三百年，則雖以孔孟之道而無位，亦不能聯屬而維持之。然猶不忍吾之同體，倀倀然如窮人之無所歸也。乃屬其徒類而教之，近以淑其國人子弟，遠以垂諸天下後世。民之久散者，固已不能遽返，而為士者猶有所屬，則斯文不墜以俟後聖，猶將有望焉。而天未欲平治也。雖以孔門弟子，一再傳而失之，況秦漢而後，學殘文闕，師異指殊，泮渙滋甚。董仲舒嘗請諸不在六藝之科、孔子之術者，皆絕其道，庶幾統紀可一，民知所從，而時君不足以行其說。迨其後也，才知之士各挾其所溺以行於世，不務記覽，則淪虛無；不為權利，則衒詞采。至是而不特民散，士亦散矣。不有先生發太極本然之體，明二五所乘之機，而示人以日用常行至近至切之理，則異端小道將誣民惑世於無所終極。又非二程子、張子推而大之，扶持綿延以開中興諸儒，則先生之絕學又將孑然孤立矣。猗其盛哉！然而至近世朱文公、張宣公、呂成公諸儒死，士又各挾其所以溺於人者溺人，而士之散

滋甚。記問，學之末也，今又非聖賢之書，而虞初稗官矣。虛無，道之
害也，今又非佛老之初，而梵唄土木矣。權利，誼之蠹也，今又非管晏
之遺，而錐刀毫末矣。詞章，技之小也。今又非《騷》《選》之文，而淫
哇淺俚矣。此宜憂世之士所以悼道之湮鬱，而慨然有感於儒先之教，象
而祠之，尸而祝之也。然而民既散矣，有士以屬之；士既散矣，終不可
復屬邪？有書以屬之。天命流行，亘千古如一日。先生能見孔孟之心於
千百年之久。先生之書，爛如日星，家藏而人誦之，豈無見先生之心而
興起者邪？先生初見二程子，使之求孔顏之所樂。他日筆之於書，曰：
"志伊尹之所志，學顏子之所學。"嗚乎！得孔顏之所樂，則必不以務記
覽、工詞章、慕虛寂為能也。得伊尹之所以志，則錐刀毫末之得失，不
足以為戚忻也。吾黨之士，盍相與懋明此理，尚庶幾士有所屬而不至失
望焉。（周木本）

道州建濂溪書院記　　宋　魏了翁

周元公先生世居舂陵之濂溪，諏經訂禮，宜有秩祀，自向侯子忞，
始祠于學，趙侯汝誼更度之。自郡士胡元鼎始即故居為祠，何士先諸人
增益之，張宣公暨諸賢既各為之記。嘉定十年，龔侯維蕃訪先生之裔孫
鏞（舉名華），得累世券劑，始知營道西十八裡為濂之源，又東流二十里
為濂溪保。左曰龍山，右曰豸嶺，則故居之實也。明年，更為祠，奉先
生象。其前一堂，堂內重門夾塾，為學者講肄之所，至此亦云備矣。乃
十二年，番陽董侯與幾始至，舍菜于祠，顧旁近皆周氏子弟，率躬耕自
給，乃買田為糧以教育之。惟鏞能世其業，則付鏞主之。尚以館塾狹隘
且距郭遠，弗便往來，謀於近郊，築室授徒，而難其地。一日，出郭西
三里，欻虞帝廟。事畢，遊後岡，去廟數百步，有巖石林立，其中數十
丈平，濂山峙其西，濂水經其南，列巘縈環，九疑隱約，若夫作地藏而
有待焉者。侯乃出俸賜錢三千萬，命知營道縣胡枬，即其平為室，榜曰
"濂溪書院"，方伯、監司咸助成之。會僧田百畝乏主，侯以為書院養士
之用，權為員二十。轉運判官趙公汝譜①亦為歲截州通判所掌錢十萬。役

① "趙公汝譜"：據上文及龔維蕃《道州重建先生祠記》，應為"趙公汝誼"。

成，侯以書抵了翁，曰："子學先生之學者也，易名曰'元'，又以子請，郡人謂是役宜有紀。"雖然不可以他屬也，了翁謝不敢。厥數年，復以請。

了翁謂先生建圖著書，為孔孟氏興絕學，凡在郡國，皆當表而出之，矧舂陵乎！記曰："維嶽降神，生甫及申"，此文武之德也。夫以祖宗積累之盛，時數清明之感，山川風氣之會，而後生賢焉，以為天下後世師此，豈數世之仁。侯之為是也，可謂知所先務矣，疇敢不諾！雖然，嘗因是而有感焉。《記》曰："凡學春官，釋奠于先師。"釋者曰："若禮有高堂，生樂有制氏。《詩》有毛公，《書》有伏生。"又曰："凡釋奠者，必有合也。"釋者曰："若周有周公，魯有孔子，各自奠之，不合也。至如祀先賢于西學，祭樂祖於瞽宗，傳者亦謂各於所習之學，祭先師所通之經。"夫周公孔子，非周魯之所得而專也，而經各立師則周典安有是哉？古者民以君為師，仁鄙壽夭，君實司之，而臣則輔相。人君，以師保萬民者也。自孔子以前，曰聖曰賢，有道有德，則未有不生都顯位，沒祭大烝者，此非諸生所得祠也。自君師之職不脩，學校廢，井牧壞，民散而無所系，於是始有師弟子羣居以相講授者。所謂各祭其先師，疑秦漢以來始有之。而《詩》《書》《禮》《樂》各立師，不能以相通，則秦漢以前為士者，斷不若是之隘也。此亦可見世變日降，君師之職下移，而先王之道分裂矣。然而春秋戰國之亂，猶有聖賢為之師也。秦漢以來，猶有專門之儒為之師也。故所在郡國，尚存先師之號，奠祠於學焉。故記人識於禮，而傳者又即其所聞見以明之。至魏晉而降，極于五胡之亂，古制無存，而師道益泯。於是以老莊求《易》，以讖緯明《禮》，以末師之說而疑聖言，以叔世之法而證往古。其勤掠一二，苟以譁眾取寵，此固無以議為。而號曰通經博古，則皆棄其德性之知，以習於見聞之陋，時師之見，既未有以絕出傳注，則襲卑踵陋，雖求如秦漢以來專門之師，且不可得。夫然，故書自書，人自人，而學為空言。至我國朝之盛，先生奮自南服，超然獨得，以上承孔孟氏垂絕之緒。河南二程子，神交心契，相與疏瀹闡明，向聖道復著，曰誠，曰仁，曰太極，曰性命，曰陰陽，曰鬼神，曰義利。綱條彪列，分限曉然，學者始有所準的。於是知是身之貴，果可以位天地，育萬物。果可以為堯舜，為周公、仲尼。而其求端用力，又不出乎闇室屋漏之隱，躬行日用之近，而非若異端之虛寂，百氏之支離也，相與翕然宗之，張、楊、游、呂、侯、謝、尹、張諸儒口傳面授，至近世朱、張、呂氏推而大之。蓋自道湮民散，千有五六百年而後得所師承。嗚呼，幸哉！使生於漢魏晉唐，則不得是學矣。然而有甚不幸焉者，君子深造之以道，欲其自得之也。自得之則居之安，居之安則資之深，資之深則取之左右逢其原。蓋惟誠求而實見，然後篤信而力行。行矣而著，習矣而察，然後渙然怡然，有不能以自已者。今乃以先儒之講析既精，後學之粹類滋廣。苟有纖能小慧，則資之以飾口耳，假之以獵聲利，而於我若無與。然極其為害，又反有甚於記覽詞章之溺志者。了翁之懼此有年矣，故因侯之築室以館諸生也，發是義以告之。嗚呼，山崎溪流，風光月霽，水華之靜植，庭草之茂蕪，先生之精神氣象，論議風指，間間其如在也。吾黨盍相與誦其詩，讀其書，為其人以思之，如生乎其時，立乎其位，敬共以事之，則將有世之相後而若合符節者。《詩》曰："如璋如圭，如取如攜。"諸生尚戀敬之，以毋忘侯德。資政殿大學士前簽書樞密院事魏了翁撰。（周木本）

道州建濂溪書院記跋　　宋　史復祖

孔孟絕響，元公倡其道，舂陵鬱蔥，濂溪生之鄉。往時崇祀有堂，棲士有舍，即故居也。董侯以遠且隘，改築郡城之西。歲久始得鴻樞鶴山魏公為之記，竟未登石。復祖來守郡，先生諸孫、貢士、曄者，手其文為請，退而閱之，喟然曰：元公，吾道之日月；魏公，學者之斗山。事與辭稱，可磨可鑴，況夫南昌先生絃歌之邑，奉祠無所，復祖之猶子沂長於斯，則經始之謁奠罔聞，復祖以半刺涖於斯。則身先之九江，先生菀①裘之鄉，郡有書院，餼弟子員，復祖為州司馬，實主之。今又濯纓此水之上，參前倚衡，終始一也。於鶴山公則疇昔親炙，周行間時，方權臣執國命，觀公玉堂給札之對，口誅姦諛，直氣凜凜，中心愛之，雖其後出處不偶，然復祖夙登西山真先生之門，二君子志同道合，如出一轍。噫嘻！是記也，前人有所不暇刻，使復祖又以不暇辭，思來者無所

---

① "菀"：據文意應作"菀"。

考訂矣，迺立堅珉顯示不朽，俾邦之大夫、士登斯堂，覽斯文，學顏志伊，吟風弄月，趯然有得於中，此則秉筆之意也，雖然，是豈特有望於道之人哉？願與世之學者共勉之。若夫書院賜扁，已請于朝，命下又將伐石以書。嘉熙改元長至日，後學古汴史復祖謹跋。（周木本）

道州建濂溪書院記跋　　宋　吳夢弼

《新建濂溪書院記》，魏文靖公所作也，近歲始鑱諸石，然《大成集》則未之載焉，郡侯王先生始至，謁祠下，因取記讀之，喟然曰：“文靖之學，學元公者也，其究師道之本末，慨世教之興衰，發揮《通書》廣大精微之旨，傳授學者會歸體驗之方，莫明備於此，而集未登載，不既闕典？”乃錄板增入，俾學者便於觀覽，得所據依，其可謂知先務者矣。先生諱三錫，嚴陵人，嘗登東萊呂成公之門，學問淵源，夫亦自元公來也。然則志元公之學，讀文靖之記者，宜每志先生拳拳之意云。嘉熙庚子孟秋月朔，門生迪功郎、道州州學教授吳夢弼謹書。（周木本）

道州進士題名記　　宋　郭份

湘中九郡，長沙為會府，三歲選士，率不過三十人，而中程春官者，步武相接。舂陵支郡，計偕之數，與會府等。其升俊造，亦不乏人，然世之士大夫類以地望論人物，汝穎多奇士，山東多相家，蓋泥紙上語。至如遐陬僻處，往往未肯倒指。惟舂陵漸有虞氏之化，習俗朴古。應韓伯高之教，文儒世振，雖繩樞甕牖，知所向慕。節衣食自足者，皆推其餘，以篤義方。故方領矩步，比他郡為盛。異時濂溪先生周茂叔，以德行道義為儒者師範，伊洛之學蓋其出焉。所著《通書》十余篇傳于世，皆深造自得，淵源宏遠，醇乎孟氏而陵轢況雄也。苟嗣有以濂溪之所存者，充乎其內，則聲名之發，昭若日星，又何科目足云乎！宋興至今，二百餘年，進士取人凡九十餘科，舂陵之登第者凡百餘人。其間持橐臥錦，攬轡分符，超躍顯美，彰闈聲聞多矣。詢其姓字，郡人漫不能省，非惟先達聞人，湮沒休稱，而後來學者亦不知景仰而激勸焉。舊有題名記，洊更兵厄，石不知所在。因復尋究哀次，刻于泮宮，留其餘，俟後來者，且書其刻石之歲月云。紹興二十七年十一月初吉，郡教授廬陵郭

份記。度侍郎云：“濂溪先生雖不從事科舉，然記春陵登第者，推本先生以為師範，可謂知所尊矣。”故錄之。（周木本）

濂溪小學高峯楊公壽祠記① 　宋　滕巽真

古者黨有庠，術有序，國有學，皆以教國人。至扵內睦九族，崇一姓，則有家塾之教焉。三代之盛，王宮國都以及閭巷，莫不有學。人生八歲，自王公以下，至扵庶人之子弟，皆入小學，教之洒掃、應對、進退之節，禮樂、射御、書數之文。十有五歲始入大學，教之窮理、正心、脩己、治人之道，成小成大，猶階而升，不可踰也。自利禄之塗開，本末之莫究。大學之教，蹊轍既差，至扵小學，忽而不講，古道之不可復其本，蓋已先失之矣。扶世立教之君子，安得不重有感於斯？判府提刑高峯先生，淳祐丙午，以舍選高第典教道州。越十二年，又以國子博士剖符竹於兹郡。踰年，政成化洽。謂道州，元公闕里，既請御扁于朝，因撤城西書院而鼎新之。凢可教國人者，規制畢備。重念元公百世之師，禮當有後。一日，謁濂溪舊宅，頹垣壞壁，歲久弗葺，且元公之父諫議祠堂實他所，即踰同列曰：“父子異席，恐非所以明有教。”命邑宰錢寅翁撤而新之，合諫議、元公，俾祠于正堂，就立儒學齋扵其右，求周氏族泒韶齔以上者，得二十餘人。選族之長主祠，提其綱，專教諭之職。創掌膳之員，月給錢粮，日足供膳。教養分而職任專，課程嚴而工効速。曾未朞月，習句讀、書對偶者，皆嶄然見頭角。小學之有功於作人蓋如此。凡異姓之子弟願附齋就學者，亦聽焉。因奏請濂溪書院宸奎，皆已聞之于朝，斯盛舉也。昔我朝元祐盛際，諸君尊崇孔氏之後，賜田百頃，置教官一員，仍委本州舉有行義人，充教諭，孔氏子弟入學者，優與供給。夫元公倡道，上接洙泗，周氏之有後，猶孔氏之有後。顧曩之尊崇出於朝廷，其規畫也易；今之舉行出於州郡，其建置也難。抑高峯先生所以惓惓周氏者，不忘元公也。為元公之後者，其能忘高峯乎！於是闔周之族議，立祠肖像扵小學，昕夕敬仰，以無忘高峯之德，將與元公祠宇相為無窮。祠成，謁予求論其顛末。巽真偶為一日之長，實有董教之

責，誼不得辭。於是諗于眾曰："故居之建小學，非私周氏也。小學之建壽祠，非相容悅也。志元公之志，學元公之學，由小學之門戶而造大學之閫奧，庸非高峯先生之所望乎？昔元公年十二三，志趣高遠，釣遊溪上，吟弄風月，灑落光霽之胷次，已僃見于此時。年二十，則行義名稱之有聞。三十則為二程師矣。又聞二程之受學扵南安，時明道年十五，伊川年十四。師友授受，實千古理學之源，妙齡志向，超卓如此。今來游小學者，必以是立志，則日瞻元公之晬容，日想二程之穎悟，日拜高峯之壽像，斯可無愧。不然，匪惟二三子之憂，亦龍山、豸嶺之羞。"先生姓楊，名允恭，字謙仲，長沙人，號高峯。(胥從化本)

重脩濂溪書院碑記①　　宋　吳中傳

御史大夫北地李公來鎮三楚，嚮意風教，檄蒐濂溪先生故里，命所司重餚之。會先生書院災，用守者議，舉而新之，已復捐金以佐祭田費，諸所為尊禮之典悉稱此，屬余記之。

余惟周衰孔孟沒，歷秦、漢、晉、唐以及五季之間，學士大夫往往各持所見以相勝。彼卑卑者勿論，即高明儁爽者流，談名理，則淪於清虛；課事功，則鶩於術數；工詁訓，則靳扵綴緝；脩異同，則矜於奇淫。賢聖之道寖微，幾不可攷見。獨先生起而維之，得不傳之秘於遺經，而闡圖著書，以窮理盡性之的昭示學者，使有所遵循以適扵正。惟時二程氏飈起景附，数傳而関閩諸公始得修先聖之綂。兹其功用，誠不在古之立功者下。獨惟夫世儒未闇道真，喜為異說，其始不過一人臆見之私。而究則群和競逐，至舉世若狂。然如近世有號大儒者，論所樹立，豈不卓然名世，顧持論稍偏，而學者遂宗信之，不知岐路之分，若蒼與素，當自有辨之者，此何為者也？夫先生之道，如揭日月而行，天不為不尊，且信于時矣。猶然以他道雜之者，蓋學術淆亂，微獨衰世為然，即極明盛行之際亦有之。此無他意見，易惑其勢便也。公念先生之功如彼，而又懼輓近代之人心如此，故于先生之道力而衛之，恐恐然若敵壘之為吾侵。凡先生之廟院，少有不稱崇奉意指者，悉更而拓焉。盖重其地，則

---

① 底本此處注云："萬曆壬辰"。

先生尊，先生尊而先生之教益尊。俾天下知正學有在，為萬世斯文之主，此固公加志意也。願公于先生靡獨尊崇之，實久蹈之矣。觀先生遺行，謂其為政精密，以洗冤澤物為任，官南昌時，篋錢不盈百。今公之在楚也，蒿目時艱，孜孜治理，汰蠹祛囂，導利起教，諸所措，未易僂指，其意直欲挽末季於隆古之盛，楚士民無不欣欣沾闓澤者，真儒之效已可見扵此矣。且也躬先節約，斥華茹澹，即縫掖之士不毂於此，而又力繩墨吏，毋令為郡邑苦。倘先生所云無欲之旨，非耶。古云聲應氣求，蓋先生之學與造化為徒，而公與先生則心一而道同也，不則胡為有契乎先生若是之深耶！余因論次之，以俟夫崇正學者采焉。（胥從化本）

隆興府學濂溪先生祠記　　宋　朱熹

隆興府學教授南康黃君灝，既立濂溪先生之祠於其學，而書來語熹曰："先生之學，自程氏得其傳以行於世，至於今而學者益尊信之。以故自其鄉國及其平生遊宦之所歷，皆有祠扵學，以致其瞻仰之意。若此邦者，蓋亦先生之仕國也，而視於其學獨未有所祠奉。灝也既言於府而敬立之，且奉程氏二先生以配焉。又將竊取其書日與學者誦書習之，而患未知其所以說也。吾子蓋嘗為是，以幸教吾邦之人，是殆有以識其意者，願得一言以記茲事，庶乎其有以發也。"熹謝不敏，而黃君請之不置。熹惟先生之學之奧，固非末學所敢知，抑不敢辭為無其志者，矧黃君之請之勤若是，亦安得而不為之言乎！

蓋嘗竊謂先生之言，其高極乎無極太極之妙，而其實不離乎日用之間；其幽探乎陰陽五行造化之賾，而其實不離乎仁義禮智、剛柔善惡之際。其體用之一源，顯微之無間，秦漢以下，誠未有臻斯理者，而其實則不外乎六經、《論語》《中庸》《大學》、七篇之所傳也。蓋其所謂太極云者，合天地萬物之理而一名之耳。以其無器與形，而天地萬物之理無不在是，故曰"無極而太極"。以其具天地萬物之理，而無器與形，故曰"太極本無極"也。是豈離乎生民日用之常，而自為一物哉！其為陰陽五行造化之賾者，固此理也。其為仁義禮智、剛柔善惡者，亦此理也。性此理而安焉者，聖也；復此理而執焉者，賢也。自堯舜以來至於孔孟，其所以相傳之說，豈有一言以易此哉！顧孟子既沒，而諸儒之智不足以及此，是以世之學者茫然莫知所適。高則放扵虛無寂滅之外，卑則溺於雜博華靡之中，自以為道固如是，而莫或知其非也。及先生出，始發明之，以傳於程氏，而其流遂及於天下，天下之學者，於是始知聖賢之所以相傳之實乃出扵此者，有以用其力焉。此先生之教所以継往聖，開來學，而大有功於斯世也。今黃君旣立其祠，以及於程氏，而又欲推其說以傳學者，是必有以默契於心而無疑矣。而猶若有待乎熹之言者，抑將以是輔其說而久其傳邪？旣不得辭，乃敘其事，而并書是語以復焉。黃君幸以為不悖於先生之言，則願刻之石，屌之祠門，以告來者，庶幾其可小補云爾。淳熙六年冬十月辛亥，新安後學朱熹頓首。（胥從化本）

袁州州學三先生祠記　　宋　朱熹

宜春太守廣漢張侯，旣新其郡之學，因立濂溪、河南三先生之祠于講堂之東序，而以書來屬熹記之。盖自鄒孟氏沒，而聖人之道不傳，世俗所謂儒者之學，内則局扵章句文詞之習，外則雜扵老子釋氏之言，而其所以脩己治人者，遂一出於私智人為之鑿，淺陋乖離，莫適正統。使其君之治不得比於三代之隆，民之俗不得躋扵三代之盛，若是者盖已千有餘年於今矣。濂溪周公先生，奮乎百世之下，乃始深探聖賢之奧，疏觀造化之原，而獨心得之。立象著書，闡發幽秘。詞義雖約，而天人性命之微，脩己治人之要，莫不畢舉。河南程氏先生旣親見之，而淂其傳，於是其學遂行於世。士之講於其說者，始得以脫於俗學之陋，異端之惑。而其所以脩己治人之意，亦往往有能卓然不流於世俗利害之私，而慨然有志於堯舜其君民者。盖三先生者，其有功於當世，於是為不小矣。然論者旣未嘗考於其學，又拘於今昔顯晦之不同，是以莫知其本來源流之意若此，而或輕議之。其有畧聞之者，則又捨近求遠，厭下窺高，而不知卽事窺理，以求其切於脩己治人之實也。嗚呼！張侯所以作為此祠而屬其筆於熹者，其意豈不有在於斯與！抑嘗聞之，紹興之初，故侍讀南陽胡文定公嘗欲有請於朝，加程氏以爵列，使得從食於先聖先師之廟。其後熹之亡友建安魏君掞之為大學官，又以其事白宰相，且欲廢王荆公安石父子從祠。當時皆不果行，識者恨之。至於近歲，天子乃特下詔，罷臨川伯雱者，畧如掞之之言。然則公卿議臣有能條奏前一議者，悉施行之。且復推而上之，以及於濂溪，其亦無患於不從矣。

　　張侯名栻，丞相魏忠獻公之子，文學吏治皆有家法。觀於此祠，又可見其志之所存者。異時從容獻納，自發其端，使三先生之祠徧天下。而聖朝尊儒重道之意垂於無窮，則其美績之可書，又不止於此祠而已也。故熹既為之論著其事，而又附此說焉以俟。淳熙五年冬十月辛卯，新安朱熹記。（胥從化本）

婺源縣學三先生祠記　　宋　朱熹

　　淳熙八年春三月，婺源大夫周侯，始作周程三先生祠堂於縣之學中，而使人以書來謂熹曰：「子固吾邑之人也。蓋嘗有聞於先生之學，而既祠之南康矣，且濂溪故宅、豫章、宜春之祠，又吾子之所記也，其亦為我言之。」熹惟三先生之道，則高矣美矣。然此婺源者，非其鄉也，非其寓也，非其所嘗遊宦之邦也，且國之祀典，未有秩焉而祀之，於禮何依？而於義何所當乎？則具以告且謝不敢。後數月，周侯與邑之屬士李君繪及其學官弟子數十人，皆以書來曰：「惟濂溪夫子之學，性諸天，誠諸己，而合乎前聖授受之統，又得河南二程先生以傳之，其流遂及於天下。非有爵賞之勸，刑辟之威，而天下學士靡然向之。十數年來，雖非其鄉，非其寓，非其遊宦之國，又非有秩祀之文，而所在學官爭為祠室，以致其尊奉之意。蓋非敢以是間乎命祀也，亦曰肖其道德之容，使學者日夕瞻仰而興起焉耳。且吾邑之人，所以得聞三先生之言者，子之先君子與有力焉，今祠亦既成矣，子安得而不為之言乎？抑先生之學，其始終本末之趣，願吾子悉陳之，庶乎其有發也。」熹發書，愀然曰：「明府之教，諸君之言，其命熹以記者，熹不敢復辭矣。乃先生之學，則熹之愚，懼不足以言之也。雖然，諸君獨不觀諸濂溪之《圖》與其《書》乎？雖其簡古淵深，未易窺測，然其大指，不過語諸學者講學致思，以窮天地萬物之理，而勝其私以復焉。其施則善始於家，而達之天下。其具則復古禮，變今樂，政以養民，而刑以肅之也。是乃所謂伊尹之志，顏子之學，而程氏傳之以覺斯人者，而亦豈有以外乎諸君日用之間哉？顧獨未之察耳。今幸以賢大夫之力，既欲得以日見先生之貌象而瞻仰之，則曷若遂讀其書，求其指，以反諸身而力行之乎！已而遂書其事與其辭如此，以為記，以為學者由是用力焉。則庶幾乎三先生之心不墜于地，而於吾先君子之志，賢大夫之意，亦可以無負矣。諸君其亦勉之哉。"

祠在講堂北壁下，濂溪先生南鄉坐，明道先生、伊川先生東西鄉，以侑焉。周侯名師清，玉偍人，好學有文，而嘗仕於朝矣。其為此邦，寬以撫民，禮以待士，而所以教誨之者又如此，非今之為吏者所能及也。秋八月癸丑，邑人朱熹記。（胥從化本）

邵州學濂溪先生祠記　　宋　朱熹

邵陽太守東陽潘侯燾，以書來曰："郡學故有濂溪先生周公之祠，蓋治平四年，先生以零陵通守來攝郡事而遷其學，且属其友孔公延之記而刻焉。其後遷易不常，乾道八年，乃遷故處，而始奉先生之祀於其間。既又以故府張公九成之學為出於先生也，則亦祠以侑焉。於今蓋有年矣。燾之始至，首稽祀典，竊獨念先生之學實得孔孟不傳之緒，以授河南二程先生，而道以大明。然自再傳之後，則或僅得其彷彿，或遂失其本真，而不可以若是班矣。乃更闢堂東一室，特祀先生，以致區區尊嚴道統之意。今歲中春，釋奠於先聖先師，遂命分獻而祝以告焉。以吾子之嘗講於其學也，敢謁一詞以記之，使來者有考而無疑也。"

熹發函三復，為之喟然而歎曰："甚矣！道之難明而易晦也。自堯舜以至於孔孟，上下千餘年之間，蓋亦屢明而屢晦。自孟氏以至扵周程，則其晦者千五百年，而其明者不能以百歲也。程氏既沒，誦說滿門，而傳之不能無失，其不流而為老子、釋氏者，幾希矣。然世亦莫之悟也。今潘侯如此，乃獨深察而致謹焉，道之明也，儻庶幾乎！雖然，先生之精，立圖以示；先生之蘊，因圖以發；而其所謂無極而太極云者，又一圖之綱領，所以明夫道之未始有物，而實為萬物之根抵也。夫豈以為太極之上復有所謂無極者哉！近世讀書不足以識此，而或妄議之，既以為先生病。史氏之傳先生者，乃增其語曰'自無極而為太極'，則又無所依據，而重以病夫先生。故熹嘗欲援故相蘇公請刊國史草頭木腳之比以正其失，而恨其力有所不逮也。乃今於潘侯之舉而重有感焉，是以既敘其事而并附此說，以俟後之君子。抑潘侯學識之長既足以及此矣，則又安知其不遂有以成吾之志也耶！"紹熙癸丑冬十月庚申，後學朱熹記。（胥從化本）

邵州二先生祠記　　宋　江立叔

治平四年，濂溪周先生以永州別駕攝邵事，遷學于城之東南隅。厥後更新易故，興廢不常。乾道八年，太守胡公華公廼即治平舊基以建今學，闢東廡繪先生之像而祠之。後七年，汪侯恰來蒞郡政，謁先生之祠，喟然而歎曰："自孟氏沒，聖學不明，千有餘載。先生獨心得之，立象著書，發明悶蘊。河南二程先生親傳其學，後之學者得以與聞斯道，繫誰之功歟？盛德之容，億世瞻仰，與學校相為亡窮，可也。今祠宇庳隘若是，豈所以尊崇前哲之意哉！"乃易置其祠于講堂之西，又以無垢先生張公亦嘗守此邦，學之源流出於伊洛，因合祠於先生之堂。既藏事，諸生咸曰："厥今郡縣之政，率以治財賦、班獄訟為急，至於化民成俗之本，例以迂緩不切視之。汪侯之來，首明庠序之教，追祀前哲，以矜式士類，盛舉也。願記之，以諗來者。"立叔職在學官，其敢以辭鄙識薄為解。

竊惟汪侯之意，蓋欲學校之士知所瞻敬。退攷其遺言徃行，以講明為學之道。昔廟學之成，濂溪先生行釋菜禮，告于先聖，有曰儒衣冠學道業者，列室於廟中，朝夕目瞻晬容，心慕至德。日蘊月積，幾于顏氏子者有之，其所以望于學者固不小。夫人之所以與道相違，人慾勝而天理滅也。學者之學，切問而近思，精義以致用。窮則行之家，行之鄉黨，以盡夫父子、夫婦、長幼、朋友之倫。達則推之國，推之天下，以求盡夫致君澤民之事業。顏子問仁，聖人告以克己復禮。及問為邦，則告以四代之禮樂。此聖人所欲措之天下，等百世而莫之違也。誠使得時與位，則堯舜事功，為之蓋無難焉。先生以顏子之學望學者，安可不尊其所聞以力致于高明之域耶！無垢先生兩冠多士之選，公卿之位，可以歲月致。不屈於權臣，擯棄不用而不悔，非知所輕重者能之乎？此皆學者之所宜知。立叔平日願學，恐恐其未能也，故述之此邦之人士，使知汪侯所以教之之意而自勉焉。淳熙七年三月既望，迪功郎州學教授江立叔記并書。

（宋刻本）

邵州重復舊學記　　宋　楊萬里

庠於黨，序於遂，至一家猶有塾，所從来古矣。邵，諸侯國也，繫學獨無。慶曆間，天子有詔，乃克有造，自某侯始也。然草創之初，相宅不諦，誕寘囂湫，獄左庾右，用遷于公門之外東南，其地乃惟亢爽。自濂溪先生周侯始也。後百餘年，興壞靡常，陰陽者流，實汩陳之，易置他所。既易而復，自胡侯華公始也。地則復矣，而庋閣塞門，峻級塞塗，非其舊也。碌峻而夷，徹蔽而通，繩迂而直。大成之殿，御書之閣，講席之堂，或造或因。棨門直廬，從祀之廡，肄業之齋，庖湢垣墉，皆一新之。於是盡復濂溪之舊，自今黃侯沃始也。經始于去年冬十有二月一日，竣事于今年春二月十日。是日侯與治中陳公歧、郡博士留君祺率諸生釋菜於先聖先師。退，走書來請記其役。

　　萬里復于侯曰："侯之再復學官，以還濂溪先生之舊，將止於復其宇以還其所遷之舊地乎？將不止於斯而已乎！如其止於復其宇遷其地而已也，記之可也，不記亦可也。如不止於斯而已也，其爲萬里諗邵之學者曰：'盍以其所以遷，遷于善，以其所以復，復其性，上也。安其遷，毋易其地，省其復，毋隳其宇，次也。儒家者流之不戒，陰陽家者流之不禁，無次也。'"是役也，規之者留君，董之者法曹張球，佐其費者新梆州巡轄蕭楹、進士蕭文蔚云。慶元丙辰四月四日，中大夫煥章閣待制，提舉江州太平興國宫，楊萬里記。（周木本）

邵州復舊學記　　宋　張栻

　　慶曆中，天子詔天下郡邑皆得立學。邵州去王畿數千里，於是時亦為學以應詔旨。而學在牙城之中，左獄右庾，卑陋弗稱。治平四年，駕部員外郎通判永州周侯惇頤來攝郡事，始至，伏謁先聖祠下，起而竦然。乃度高明之地，遷于城之東南。及其成，帥士者行釋菜之禮以落之，今祠刻具存可考。惟侯唱鳴絕學于千載之下，學者宗之，所謂濂溪先生者。在當時之所建立，後之人所宜謹守，以時修治，而貽之無窮可也。顧今僅百有餘年，而其間興壞之不常，甚至於徇尋常利便之說，徙就他所，甚失推崇先生長者流風遺澤之本意，而於學校之教，所害亦已大矣。乾道九年，知州事胡侯華公，歎息其故，與州學教校授陳伯震議所以復之者。轉運判官、提舉學事黃侯洧聞之，頗捐緡錢，以相其事。於是即治平故基而加闢焉。祠祭有廟，講肄有堂，棲息有齋，前後樓閣翬飛相望。

下至庫庾庖湢，無不備具。而民不知其費，不與其勞。遣使來請記。

　　栻以為《春秋》之義，善復古者，是誠可書也。然嘗攷先王所以建學造士之本意，蓋將使士者講夫仁義禮智之彝，以明夫君臣、父子、兄弟、夫婦、朋友之倫，以之修身、齊家、治國、平天下，其事蓋甚大矣。而為之則有其序，教之則有其方，故必先使之從事於小學，習乎六藝之節，講乎為弟、為子之職，而躬乎灑掃、應對、進退之事，周旋乎俎豆羽籥之間，優游乎弦歌誦讀之際。有以固其肌膚之會，筋骸之束，齊其耳目，一其心志，所謂大學之道，格物致知者，由是可以進焉。至於物格知至，而仁義禮智之彝得於其性，君臣、父子、兄弟、夫婦、朋友之倫皆以不乳，而脩身、齊家、治國、平天下無不宜者，此先王之所以教，而三代之所以治，後世不可以跂及者也。後世之學校，朝夕所講，不過綴緝文辭，以為規取利祿之計，亦與古之道大戾矣。上之人所以教養成就之者，夫豈端為是哉！今邵幸蒙詔旨，得立學官，而周先生實經理其始，又幸而得復其舊於已廢之後。士者游於其間，盍試思夫當時先生所以望於後人者，其亦如後之學校之所為乎？抑將以古之道而望之也。徃取其遺書而讀之，則亦可以見矣。於是而相與講明，以析夫義利之分，循古人小學、大學之序，如前所云者勉之而勿舍，則庶幾為不負先生經始期望之意，而有以仰稱上之人教養成就之澤，而胡侯今日之復是學，斯不為虛設矣。學故有二記，其一治平五年湖北轉運使孔侯延之之文，蓋為周先生作也；其一紹興二十三年武夷胡子宏之文。文雖不詳學之興廢，而開示學者為仁之方則甚明，皆足以傳後。栻不敏，今幸以淺陋之辭列於二記之次，寔榮且媿云。淳熙元年三月癸巳記。（周木本）

南康軍先生祠記　　宋　張栻

　　淳熙五年秋，詔新安朱侯熹，起家為南康守。越明年三月至官，慨然思所以仰稱明天子德音者，首以興教善俗為務，乃立濂溪周先生祠于學官，以河南二程先生配，貽書其友人張栻，曰：“濂溪先生嘗領是邦，祠像之立，視他州尤不可以緩，子盍為我記其意？”栻既不克辭，則以平日與侯共講者述之以復焉。

　　自秦漢以來，言治者泪於五伯功利之習，求道者淪於異端空虛之說，而於先王發政施仁之術，聖人天理人倫之教，莫克推尋而講明之。故言治者若無預於學，而求道者反不涉於事，孔孟之書僅傳，而學者莫得其門而入，生民不克睹乎三代之盛，可勝歎哉！惟先生崛起於千載之後，獨得微旨於殘編斷簡之中，惟本太極，以及乎陰陽五行之流布，人物之所以生化，於是知人之為至靈，而性之為至善。萬理有其宗，萬事循其則。舉而措之，則可見先王之所以為治者，皆非私智之所出，孔孟之意于以復明。至于二程先生，則又推而極之，凡聖人之所以教人，與學者之所以用工，本末始終，精析該備。於是五伯功利之習無以亂其正，異端空虛之說無以申其誣，求道者有其序，而言治者有所本。其有功於前聖而流澤於後世，顧不大矣哉！春秋奉嘗徧於學校，禮則宜之，而況此邦嘗為先生所領之地，祠像久焉未設，誠缺典也。今朱侯下車，未遑他議，而首及乎此，可謂得為政之本矣。《詩》曰：“高山仰止，景行行止。”朱侯之所以望於來者，豈不在於斯乎！雖然，栻又有說焉。蓋自近歲以來，先生之書徧天下，士知尊敬講習者寖多，而其間未免或失其旨。妄意高遠，不由其序；游譚相誇，不踐其實，反以病夫真。若是者，適為吾道之罪人耳。夫惟淳篤懇惻，近思躬履，不忽於卑下，而審察乎細微，是則為不負先生之訓，其於孔孟之門墻，庶幾乎可以循序而進也。此又豈非朱侯所望於來者之意乎！附：晦庵守南康日，委教授立濂溪祠堂牒云云。濂溪先生，虞部周公，心傳道統，為世先覺。按其墓碣，熙寧中曾知本軍，未委軍學，曾與不曾建立祠貌。牒教授楊迪功詢究，遂立祠于學，南軒為之記。（宋刻本）

江州州學先生祠記　　宋　林栗

始予讀河南程氏兄弟語錄，聞周茂叔先生道學之懿。其後閱蘇端明、黃太史所作濂溪詩，而想見其為人。及來九江，前武學博士朱熹元晦，自建寧之崇安以書至，曰：“濂溪先生，二程之師也，身沒而道顯，歲久而名尊，今營道、零陵、南安、邵陽，皆已俎豆泮宮，江獨未舉，顧非闕典與？”予聞之矍然，適會先生之曾孫直卿來訪，敬請其象與其遺文，併《通書》《拙賦》而讀之。曰：“此之謂立言者也，可無傳乎！”亟鋟諸板，而繪事於學官，使此邦之人，知所矜式。既成，將揭其號，乃按其文字，攷其所謂"濂"者，其音切義訓，與"廉節"之"廉"異矣。"廉"之訓曰："清也，儉也。"有檢斂之義。又如堂之有廉，箭之有廉，截然介辨之義也。"濂""廉"同其音，似廉而不類。又有里条翻者，含鑒翻者，其訓曰："薄也"。又曰："大水中絕，小水出也。"予異焉，曰："是安取此？"問其人，曰："先生之子求詩，曾直避其從父之諱改焉。"嗚呼，有是哉！儒者之學，本於文字義訓，而謹於正名。毫釐之差，千里之謬，不可忽也。東坡云："先生本全德，廉退乃一隅。因抛彭澤米，偶似西山夫。遂卽世所知，以為溪之呼。應同柳州柳，聊使愚溪愚。"則固已不足於廉矣。又將轉而為濂，則由儉以趨薄，由清以絕物，殆為陳仲子之操乎！地以人重，人以名高。因諱避之訛，以成聲畫之舛，遂使先生之德與是溪之名，俱蒙簿絕之累，將非後死者咎與！予是以正之。

夫山川風氣，民之所稟而生也。故家遺俗，民之所薰而習也。先生之道，傳於二程，其所成就夥矣。而廬山之下，濂溪之上，未有聞焉，或由此也。夫自今而後，吾知九江之士，清而不隘，儉而不陋，辨而不爭，嚴而不屬。有檢斂之美，而不流於薄絕。既以獨善其身，又思以兼善天下。見《中庸》之門戶，入誠明之閫奧，其必自是始矣。先生名惇實，避英廟二名改頤。其官閥行治，流風遺書，則有蒲左丞所為墓誌洎諸儒先，紀述詳矣，予無所贅其辭。乾道二年二月二十六日，左承議郎權發遣江州軍州事、兼管內勸農營田事、長樂林栗記。（周木本）

江州州學四先生祠記　　宋　王佖

自夫子沒而教不立，孟子沒而學不傳。羣籍喪，微言絕，異端起，斯道泯，邪僻橫流，義理晦蝕，歷漢、晉、隋、唐，迄于五季，蓋千五六百年於此矣。至我朝文明啟運，五星集奎，篤生英哲，紹厥統緒。濂溪元公周先生，挺然特出。獨造道奧，由天所授，不待師傳。建圖立書，昭示後世。無極而太極之妙，實前聖所未發。《通書》四十章，發明至理，直見精微。明道純公程先生，伊川正公程先生咸往受學，吟風弄月以歸，真得所謂樂處。遂相與篤志，究極發揮，斯文之懿於是彰顯，卓非前代之所可及。六飛來渡，道與之南，又生晦菴文公朱先生，闡幽發微，剖析至到，昔舉其要，今敷而暢之；昔啟其端，今會而通之，是理之奧，大昭明於天下。夫人皆得以目擊而心迪之，其有功於斯世，垂憲於將來，端由於天，非人力之所能致也。潯陽實際引數公寓里，雖本春陵，以貧不能歸。樂山川之美而卜居，因取故里之名而名其溪。後之人相與祠於學，又奉明道純公、伊川正公以配焉。推其淵源，究其本末，的有深意。蓋非周子表倡於先，二程子充廣於後，疇克接承孔子、孟氏之傳，使有志之士得以探討而服行之。然庳陋狹隘，非所以稱揭虔妥靈，且無以示學者崇嚮之意。而晦菴文公，羽翼前猷，指示後學，俾人不迷其方，厥德甚懋，而未之祠，得非闕歟？景定甲子，臨川鄧君蜚英，實典教事。以平日企慕之切，篤志修為之深，顧瞻有感，慨然改作，宏施而顯設之，合四先生冠服，儼然前後相望。使來游來歌，起敬起慕。道統之盛，不待有言，固瞭然心目間，是豈尋常流俗所能為哉！文公朱先生嘗作書堂之記曰："此天之所界，而得乎斯道之傳者歟！何其絕之久而續之易，晦之甚而明之亟也。"可謂的有以見其故矣。切謂孟子既遠此道，如日昃之離，浸浸而入於夜。周子、程子之生，如夜而旦，有目咸睹。至于朱子，如日正中，軒豁呈露。非由天界，誰能為之？於戲韙哉！

祠成，鄧君特以書來，告以修建之意。以佖嘗讀四先生之書，俾記其事。自惟淺拙，何足以承。然遠意不敢虛辱，姑誦所聞，且記君有志斯道作興來者之意，因書以復之，但深僭逾之懼。咸淳乙丑維夏閏五，朝議大夫、直華文閣兩浙東路提點刑獄、兼提舉常平義倉茶鹽公事王佖記並書。朝議大夫、新除右文殿修撰沿江制置副使、兼知江州兼江西安撫使、兼屯田使趙日起題蓋。（周木本）

江州貢士增員記　　宋　馮去疾

端平元年春，詔增天下郡國貢士員有差。逮嘉熙元年秋，旨江州增額二人，恩至渥也。初，詔下，郡守趙公善璙言曰："九江為郡最古，地望於今猶重。國家中興逾百年，文治恰於承平，士彬彬盛矣。而三歲大比，貢額褊仄，至不能具六經。其為士者恥之，敢援明詔以請閣。"弗下。已而陳公塏以本道帥節行州事，乃申言曰："是豈惟士之恥，抑長吏之責也。諸侯不貢士，若古有辟不舉孝不奉詔，漢論以不敬，魏口率歲察而秀異者不拘，唐二禮、《公羊》《穀梁》《春秋》殆絕，則訓誘胡可因循，所由來舊矣。且詔之而不言，言之而不力，將何以奉宣德意，興起文教？甚非好德賢賢之誼也，敢重以請。"會趙公必愿在省闈，慨然曰："是為周子所居之鄉，而吾先君吏部公舊所臨州者，非耶！有無極太極之說，故其人至于今善窮理；有光風霽月之韻，故其人至于今務躬行；有巧勞拙逸之戒，故其人至于今不務利而計功；有志伊尹、學顏子之教，故其人至于今能希聖賢而不失於令名。此濂溪先生之遺風，而先吏部公所為築書堂而風厲之者也。雖微端平之詔，郡國之請，猶將張之，況詔書具在，而二侯之言可覆不誣耶！"遂摭前奏，白於朝，以有今詔。

惟國家以科舉取士，有革有因，大較以言揚而已。以言取士，既已失之。考言惟華，其失逾遠，自唐之世已然。儒先大人蓋嘗發憤抗議，思所以革之而未能也。然自設科以來，名公鉅卿、才大夫皆此塗出，而上所尊異者，亦惟曰進士云。然則貢員之廣狹，所關遠矣。今一郡五邑之大，三四千士之眾，所增者才二人，通舊額惟十人。際環州數郡若番、若洪、若南康，猶為褊也。而化得下究，讀《禮》《春秋》者，不雍於上聞。此上之恩，二邦君前後奉行詔書之勤，而趙公名父子加惠江人士之德也云云。繼自今進而獻藝於有司，不窘于貢員之褊仄，而克展盡其平日之所長。退而講學於書堂，既有以待有司之求，又能探討服行，卓然脫於俗學異端之惑，而異時足為天下國家之用，顧非趙公名父子所望于爾江人士之意，抑非爾賢師帥之所以教者哉！（周木本）

江州咸淳增貢額記　　宋　方逢辰

三代而後，士大夫鮮有開物成務之心，富貴其身而已。孔孟而後，士大夫鮮有學為聖賢之心，華藻其言而已。欲士勿徒事華藻、志富貴，當自講明體用之學始。皇上即位之六年，以江州為濂溪周元公故里，增貢額二人，從守臣請也，歲二月，曾侯具其事來告，曰："比聖君元臣，以人文化天下之景鑠，請子記之。"且以郡之寓公博士諸生書來，曰："元公生舂陵而卜築於廬山之陰，則江為元公之里。圖書之教流行宇內，實自江始。"

昔理皇親灑書院之扁以表之，今皇上蒐訪元公之後而官之，甚盛甚休。鳶飛魚躍，莫不洗心以承休德。而三歲大比，貢額獨狹。且江與南康鄰也，南康終場二千六百有奇，而貢額十有七。江終場三千一百有奇，而貢額十。所以寬嗇不同者，康為考亭朱子過化之地，守臣援此以請，遂增至斯。江為元公之里，而未有援此以請者。侍郎恕齋吳君革檢、詳山泉蒙兄弟，郡人也，一以白于州，一以州申白于朝。遭值明時聖君元臣，方以斯道為己任，朝請而夕報，可經義詞賦各增貢一人。命下之日，多士歡震乎廬山，咸願勒石以對，揚熙代邈，不作人之休。竊惟今天下士之羣試於禮部者，雷動雲合。而國有緩急，欲求一士以當任使，卽難其人。今國家於元公之里而增貢二人者，豈曰東南立國所少者文章士哉？此其微意在科舉外。極圖一書，從天地萬物之起處起。天地以陰陽五行造化萬物，而以其真精凝聚而為人者，欲何為哉？天高地下，萬物散殊，不能以自理也，故以太極寄之於人。所謂太極者，夫豈高虛不可致詰之物哉？只在方寸間，只在事事物物間。戴天履地而為人，窮則當講明斯道而實踐之，以無愧乎人之形；達則推之為政，使日用事物各得其理。又推而使人人皆知之，而皆由之扶持斯極，使之足以撐天拄地，此則為人之職分也，此則天地萬物之所利賴者也。丗之士，以清淡為高，問錢谷則曰不足知也；問甲兵，則曰不足學也；問獄訟，則曰簿書期會也。為笑庫，則曰塵埃也；為簿尉，則曰箠楚也；為縣令，則曰鼎鑊也。聽其言，則聖賢也，而不知日用事物之間，皆不足以屑吾意，則元公之所謂太極者，何所寄哉？自其為士也，辨之不明，踐之不實。及其為官也，所學非所行，所行非所學。窮則只以華藻其言，達則只以富貴其身。天地萬物於斯人何賴焉。聖君元臣，於元公之里，明示表章，益將使士知所向學。元公之學，體用兼該，知行並進。它日出為天下國家用，必有能行其開物成務之學者，豈曰增二士云乎哉！朝議大夫、集英殿修撰、江南西路計度轉運副使方逢辰記。朝議大夫、依舊直寶文閣、特授改差知江州軍州事、兼管內勸農營田使節制軍馬借紫李興書。資政殿大學士、通議大夫、提舉臨安府洞霄宮王婧篆額。（宋刻本）

南安初建三先生祠記[①]　　宋　郭見義

三先生者，濂溪周茂叔、河南程伯淳、正叔之祠也。始茂叔以孤微

---

① 底本此處注云："乾道元年。"

之學，晦迹於僻陋之域，官卑與寡，未為時知。當昭陵末祀，調南安郡掾，會程公太中以鄰郡属邑令承攝倅事，識茂叔於稠人中，乃命二子謁見受學。步趨馳骤，周旋出入。閱時未幾，遂盡發聖道之秘。太中二子即伯淳、正叔氏也。盖自夫子之沒，六籍遺缺，幾亡于秦。稍出于漢，接于魏、晋、宋、齊、梁、陳、隋、唐之間，誦說之徒，爭露頭角，苟不惑於訓詁劈析之言，即流而為詞章靡麗之語。泯泯棼棼，如蹈一轍。流波漫而源已涸，枝葉茂而本已蹶矣。宋興右文，異人輩出。文章切近典誥，歌詩無愧雅頌。然至於聖人之道，心通而性得之者，猶有待於三先生之出也。三先生之學，支離蔓衍之說，無所泪於其中，故以探聖人之閫奥，得之若易然。噫！茂叔生于千載絕學之後，首倡大義，而其學未廣，天誘其衷，得伯淳、正叔于窮荒寂寞之濱。而後聖人之道始絕而有繼，晦而復明。是猶穆伯長尹師魯，始為古文，於洛下得歐陽永叔而後，其言藹如也。茂叔之行事，粗述於太史黃魯直濂溪之詩，而其履踐，畧見於兩掖呂居仁訓蒙之語，天下大夫士，終不曰是真明聖人之道者。伯淳名雖大著，有識之士知其為真儒，然平生述作至寡，未嘗抗顏而為師，故二先生之迹或顯或晦，而人無議焉。惟是正叔其年彌高，其學彌篤，其德彌修，其道彌遠；一時豪傑之士莫不風從景靡，以就執經之列。故在中州，則呂大臨、范祖禹、謝良佐、朱光庭、劉立之、張繹、尹焞、見義之叔祖父兼山氏為之冠；在南方，則游酢、周行己、楊時為之魁。嘗謂洙泗之風，再見於嵩伊之上矣。正叔自昭陵以來，大臣更薦，堅臥不起。元祐初，丞相司馬君實、呂晦叔力薦于朝，入備勸講。當是時，泰陵富於春秋，圖事未定，二公強挽正叔，俾在左右，其用意極為深遠，而正叔亦自謂其道大成，可以無愧，幡然而起，豈為利祿計耶？已而二相薨謝，朝臣已斷斷不可。至紹聖初，遂有涪陵之竄。中更禁錮，學者諱言者殆四十年。渡江以來，稍開禁錮，而議論之臣亦有迎合附會，故為不與之說者。屈子曰："邑犬群吠，吠所恠也。"是無他，自周公之沒也，聖人之道不行。自孟子之死也，聖人之學不傳。道不行、學不傳，其歷年之久動以千数。一旦起自布衣，欲以振微而起廢，雖以聖人為之，當不免伐木削迹之患，而況正叔乎？宜其一犬吠形，衆犬吠声。至身沒之後，擾擾乎猶未已也。雖然，三先生之道，豈有異耶？其所因者，人心而已；其所合者，天理而已。人心可亡，則先生之道亦可亡也；天理可滅，則先生之道亦可滅也。苟人心天理無容亡滅，則學者修其辭，明其道，百世以俟聖人可矣。雖舉世非之，吾何惑焉？

　　見義愚不肖，得與諸生洒掃庠序此邦，適三先生異時傳道之地。乃即肄業之所，闢屋一楹，繪三先生之像而祠焉。落成之日，舉釋菜之禮，奉奠薦獻以想其風采。念終更曾不累月，因語士子，俾歲時勤祀事，以毋忘高山仰止之意。儻有服膺之志，能如前所謂修其辭，明其道，百世以俟聖人者，則幸矣。茂叔名惇實，避英廟諱，更名惇頤，世稱濂溪先生。伯淳，名顥，世稱明道先生。正叔，名頤，世稱伊川先生云。（胥從化本）

南安三先生祠記　　宋　鄭霖

　　荷蓧丈人能見二子於子路，而不知孰為夫子；魯孟僖子能命二子學禮於聖人，而不能同升諸公。天生聖賢，有非眾人之所識，徒慕其名，知味者鮮，孰有如太中程公識濂溪先生于理掾乎？目力之高，無法可傳。斯文將興，以賢知賢，其事特異。昔諫議陳公了翁，丁年猶未知伯淳者誰也，恍然自失，作責沉以自做，揆之太中，覺已晚矣。而文靖楊先生，猶謂可以為自廣狹人者矜式。然則開道學之胚胎，實千百載之奇會。我思古人，誰其似之？太中公名珦，生明道、伊川二先生，詳在家傳，姑摘其關於風教大者言之。

　　自周之衰，人爵重而天爵輕。達尊者三，有其一以慢其二者，積習然也。公卒然識當代師表於隱約中，每薦不脫口，惟知道所當尊，祿位不足貴也。漢之西，士有科目累，雖賢者不能免。公命盡舍所學而學焉，惟知道所當明，功利不必計也。昌黎韓子作《師說》，謂官盛則近諛，位卑則足羞，蓋傷師友之缺久矣。公盡洗固陋，惟知道之所在，尚友未足，而求卓然命世大賢以為準的也。逮春陵再造，河南既東，以所學鳴。人識正趨，至今宗鄉有以壽一家之脈矣。盍如春，嚴如秋，登其門者，隨取隨得，各以所傳名世，復有以壽斯文之脈矣。中興者艾，扶植人極，有功生民，固有屹然底柱，不為權焰所摧折，而又陰壽有國無窮之脈矣。觀河洛者思禹功，吾於太中公知教之所自來。禮有道有德，祀于瞽宗近世名賢，私得陪祀於學遺意也。太中之高風絕識，而祠可缺歟？今郡候彭公鉉其堂，忠肅公之子，讜直有父風，尤於先賢之祠加敬，顧瞻徘徊，于斯遐想，霖借以太中公為請。侯喟然曰："子之言，予之志也。"於是卽前守劉公強學於學宮側所立三先生祠堂，像太中公於左，濂溪於右，明道、伊川西嚮侑食，而父師兄弟之禮備，教化本始之義彰矣。越告成，有逸民語其徒曰："昔賢守作釣臺於桐江，一絲之節，重於九鼎。蕞爾下邑，藉太中之名以重。今郡侯崇是祠而益以重，重不重非有道所計，而藉以為重則當思重其重可也。太中公嘗不鄙來治，顧惠我祖父成訓在耳，而為子若孫不克率迪，則忝厥祖父重者輕矣。"侯聞之曰："邦有老成，典刑未墜。太中往矣，猶生之年，子識之。"紹定六年七月吉日，從事郎南安軍軍學教授鄭霖記。儒林郎江南西路轉運主管帳司黃師參書。朝散郎通判南安軍、兼管內勸農營田事韓濬篆額。朝奉郎知南安軍、兼管內勸農營田事彭鉉立。（宋刻本）

南安軍司理廳先生祠堂記　　宋　陳宗禮

濂溪先生周元公祠堂，無處不有。發揮道統之傳，而為之紀述者，簡編旣富矣。惟南安秋官廳，實先生涖官之所，有甘棠遺愛存焉。河南二程夫子遵父之命，執經問道於斯，得舞雩詠歸之趣，至今猶可想見。於是焉為之祠，尤非他處汎泛遙敬之比。先是，設像于官廨之門外也已，不足以揭虔，歲久廨圮，祠亦荒涼。咸淳三年，趙君孟適來守是邦，因地懷人，欽崇惟謹，廼先革舊而廨新之，奉先生像于廨之左。昔之頹垣敗屋，轉而大楹傑棟，過者起敬，善類忻躍，乃走千里請為文以記之。

竊惟官有冗暇，事有精觕，世變岐而二之，然有道君子不以此加軒輕也。理官以明刑為職，自謂較出入比輕重於法律，而性命道德之學為無預焉。間有置心沖漠，游意太虛，責以察辭稽貌，則鄙之曰："是俗塵也，是吏職也，吾何屑於是！"惟濂溪先生以光風霽月之標，來任典獄防民之事，旣不土苴厥職，暇則與其徒講求天地萬物混而闢、一而萬之理，以脉絡聖賢千載之傳，豈不體用並該、本末具舉也乎？遠稽正範，固未易一一推。然庭前之草，生意我同；水中之蓮，淨植我似。旣無一物非我，則居官之際，豈肯以人命輕用國法？又豈肯上下其手，以奉上官喜怒？居是官也，禮是祠也，必盡心焉，以廣天地好生之大德，則往哲風可紹，而賢太守所以興起墜典，不為無益矣。授筆而書，何敢不肅？初鳩工於四月辛未，告成於七月庚戌，為費十萬錢。(胥從化本)

南昌縣先生祠記　　宋　李燔

　　嘉定六年，吏部郎趙公某，以計使攝隆興府事。南昌宰史君沂一日來言曰："昔濂溪先生□邑長於斯，其德學之高妙，論著之精深，則沂罔敢知。惟吏部開禧間之辱宰是邑也，常屬故廣西楮公方記，題名其間，載蒲左丞稱先生語，以謂茂叔周公知南昌，屠姦剪弊，富家大姓，黜吏惡少，惴惴懷恐。不獨以得罪為憂，又以汙善政為恥。江之西九十餘邑，如公比者無一二焉。夫政事最於一路，而民以汙善政為恥，此豈徒政之所能與者？其必有道矣，是宜祠。"公懵然曰："是固昔者有意而不克就有者也。子實獲乎吾心，吾何幸由子以畢吾事！"乃捐金錢材木，以成其役。出縣中門若干步，西行又若干步，有地直平，在縣社之東。前池可蓮，遠有嘉木橫環。史君於是穆卜曰："惟茲食，乃築堂其上。"未幾，以訖功告，十有二月既望，公率羣吏祠焉。堂宇齊明，貌象端肅，邦人顧瞻起敬，分胙與祭者於雙松亭，語史君曰："孰記之？"史君以燔對。燔為吏，曷敢以多辭。

　　然聞諸議於列者曰，公之有事乎此，甚盛舉也，非直為觀美者，表賢善俗之道，於是乎在，然不能無疑。往者郡嘗建是祠于學矣，以黃公灝尸其事，以朱文公記其成，以劉公清之書其刻，皆一時名流，相與發揮標揭。今記文太極二五之訓，仁義中正之訓不磨也。自淳熙六年冬十月丁亥至於今，三十有餘年矣，俗化漸濡，若無甚異於疇昔，何居？燔旋思而得其說。周子之學，明通公溥，有以接孔孟千載不傳之緒。以程伯子卓絕之資，密有契於吟風弄月之際，而好獵之習，必至於夊而後革，潛隱之警，亦至於革而後驗，下乎此者，勉思企及，夫豈易然也哉！志伊尹之志，學顏子之學，過則聖，及則賢，不及則亦不失於令名，論善俗之效，盍於此乎觀之。初，黃公灝之職教是邦也，燔為諸生士習，莫之適從也，日以不免於戾為憂。去學未數年，有舊為學職而寧以去官，辯衡陽太守獄事之誣者；有年踰彊仕，而寧甘為西山奉祠終焉之計者；

有才動權臣而寧以疾辭老於蜀郡之守者。比年以來，一二後學尤能自變以之道，或沉迷選調三十餘年，而班行之招不苟就；或彊敏吏事可銳於進，而外移之請有不屑；或居官有執而退棲窮巷，名不達於郡邑；或生長闤闠，而屏居荒山。身自力於耕鑿，皆若於人所愛者之富貴，與天地間之至富至貴，知所先後輕重者，為義、為直、為斷、為嚴毅、為幹固，周子所謂剛善者，庶其近之。然此特燔所與知者耳。其修于身，理於家，有士君子之行，深藏而不耀者，又不知其幾也，曾謂有其事而無其功乎！或曰，諾。敢識此以俟及賢希聖者出，而彰公及史君表賢善俗之烈云。七年正月日記。（宋刻本）

南康軍二先生祠記　宋　謝方叔

道之大原出於天，而具於人心，其大無外，其小無內，蓋混然一太極也。自伏羲繼天立極，因《河圖》以畫八卦，天地定位而《乾》《坤》列，山澤通氣而《艮》《兌》列，雷風相薄而《震》《巽》列，水火不相射而《坎》《離》列。自《震》而《乾》為數往，自《巽》而《坤》為知來。八倍為十六，十六倍為三十二，三十二倍為六十四，天地鬼神之奧，萬事萬物之理，森然畢備，此伏羲先天之《易》，所以為萬古斯文之鼻祖也。神農氏之取《益》《噬嗑》者以是，黃帝、堯、舜之取《乾》《坤》至《夬》以是，夏《連山》，商《歸藏》，亦以是。雖其作用不同，其實同一太極也。降及中古，文王繫卦，周公繫爻，《易》於是乎有辭。孔子生於周末，晚作十翼，先天後天，互相發明。其紀載於《詩》《書》，其發揮於《禮》《樂》，其筆削於《春秋》，大本大原曾不外此。去聖浸遠，世之諸儒，或汨於訓詁詞章之末，或溺於權謀功利之習，甚至薄蝕於虛無寂滅之教，其斲喪天理滋甚。更千百年至我國朝，天啓斯道，始有濂溪周先生，獨傳千載不傳之祕。上祖先天之《易》，著太極一圖。所謂太極云者，蓋本于易有太極，而陰陽五行人物由此而生，即“太極生兩儀，兩儀生四象，四象生八卦”之謂也。自太極分陰陽，陰陽分五行，五行分四時，皆指太極之在造化者。自無極二五之妙合，而推萬物之化生，自人物之並生而別人心之最靈，自五性之感動而明聖人之立極，此皆指太極之在品彙者。自其在造化者言之，則即天地可以推太極動靜之妙。故曰："立天之道，曰陰與陽，立地之道，曰柔與剛。"自其在品彙者言之，惟聖人會太極動靜之全，故曰："立人之道，曰仁與義。"終始不窮，流行今古，此所謂六爻之動，三極之道也。六爻之中，五上為天，三四為人，初二為地。統而言之，三極同一太極。析而言之，三極各一太極。故周子於圖說之終斷之曰："大哉《易》也，斯其至矣。"此周子作圖之本意也。至於《易通》之書，則又與此圖相為表裏。伊洛道喪，傳者多失其真。中興以來，復有考亭朱先生，上接聖賢相傳之道統，著書立言，私淑後學，其本義啓蒙諸書，皆所以闡揚乎太極之理。言造化之樞紐，所以明陰陽五行一太極。言品彙之根柢，所以明男女萬物一太極。其曰上天之載，無聲無臭，則周子無極而太極之意，非駕空鑿虛之說也。又曰："非太極之外復有無極"，則周子太極本無極之意，非疊牀架屋之說也。太極得朱子表章而益明，可謂有大造于萬世學者矣。

　　熙寧四年辛亥，周元公先生自廣東提刑改知南康軍，於是年十二月上印綬。淳熙六年己亥，朱文公先生來守南康軍，至八年三月解綬東歸，二先生相去一百有九年。道化浸漬之深，義理講貫之熟，故南康之為俗，務本而近義，貴德而尚齒。冠昏喪祭之禮，至今髣髴古意。二先生之德之名，崔乎廬山不足為高，浩乎蠡湖不足為深也。初，文公至郡，首建濂溪祠於郡庠之西。後太守莆田陳宓建祠，始並祀二先生。然舊制桷樸下窄，歷年久，梁桷板檻腐黑撓剝弗治，無以揭虔妥靈。淳祐元年冬，倪侯以王命牧是邦，首以詩書教化為務。每謂世教不立，由師道之不明。越明年秋，乃增闢舊址，前挹重湖，後枕五穹巘，鳩僝庀材，撤而新之，為祠堂三間，視昔尤偉。祠之前，建兩廡，又為屋三間，其上為閣，扁曰"極高明"。其下為堂，扁曰"道中庸"。其左右各創一齋。經始于仲秋，竣事于季冬。集其事者，建昌主簿南宮靖一。置主祠一員，兩齋諸生各有長。乃請于朝，援范文正公仲淹知慶州例，乞賜廟額，以詔無窮。祠宇告成，屬記于方叔。

　　竊惟侯所以扁閣及堂之意，其幸惠邦之人士者，可謂厚矣。聖人之道，發育萬物，峻極于天，此言道之極於大而無外。禮儀三百，威儀三千，此言道之人於小而無間。極高明者所以盡道體之大，道中庸者所以盡道體之細。中庸費隱之道，蓋與陰陽動靜之理相為貫通，學者不可外此以論太極也。然入德之要，又當自存養省察始，存養於未發之先，省察於將發之際。人欲淨盡，天理流行，太極之體用全矣。周子之言曰："君子修之吉，小人悖之凶。"朱子釋之曰："修之悖之，亦在乎敬肆之間。敬則欲寡而理明，寡之又寡，以至於無，則靜虛動直而聖可學。"至於位天地，育萬物，皆自居敬充之。士之登斯閣，升斯堂也，當思吾之立於兩間者何事？所以希聖希賢者何先？二先生所以教人為己之實者何道？相與恪持此敬，庶無負于侯所以望吾黨之意。侯名灼，字俊儒，繇上庠收世科，在朝為尚書郎，其政清平寬靜，能得邦人之心云。(宋刻本)

重建九江濂溪祠記　　宋　謝諤

諤為曲江周史君記濂溪祠堂之三年，史君剖符九江。九江，又濂溪之居也，前守長樂林公，嘗祠先生于學之廡，規模庳陋，非所以示尊敬之意。史君乃卽學之隙地創建祠宇，又以明道、伊川配，以淳熙元年春正月落成。諤也攝宰豫章之奉新，距九江三百里，日知史君之訓民也，整軍也，禮其德且賢而器其才；而能也，窮達也，鬱屈紓也，愁吟欣也，事大小劇易序以理也，則規規然致意于老師先生而謹祠之。史君之於斯也，非祠也，君子之教也。不必家置一喙也，啟其敬焉可也。謂夫老師先生之嘗出處笑語于此屋焉，而形像之，安妥之，髣髴乎見聞而迎送之。為籩簋俎豆，為牲酒馨幣，為進退薦獻，為跪起仰伏，為贊呼誦祝，如是如是，凡以帥而納諸敬。敬則不忘，不忘則安，安則能化，能化則神祠之義，惡可已也。古人誇循吏之美者，曰所居民富也，謂其在彼無惡，在此無斁常久者也。蓋富，非教也，為易也。史君所居，非止富也，教也。噫！道無乎不在，以心而會道者，亦無乎不在。或以史君祠濂溪為二郡之遇，曾不知濂溪固不止乎二郡。而史君之心豈亦止二郡之為拘，特因二郡而見耳！必究其道之所在，心以會之，又安有此疆爾界耶！以諤之嘗預記也，不可於此乃默抑古人，所謂大書特書，屢書不一；書者，執筆當未艾也。史君名字見前記，是年二月朔，臨江謝諤謹記。(周木本)

德安縣三先生祠記　　宋　林時英

大哉！孔子之道，所以維天理，立人極。雖世未嘗亡，而本統之傳不能無斷續，則是道不能無晦明。故自孟氏而下，杳無嗣響，我朝濂溪先生作《通書》，圖太極，不由師授，遂繼絕學。二程先生又從而廣之，然後孔道復明。三先生之在天下，蓋學者同所尊也。然溯源衍流，起人心之敬，一人心之趨，則自學道君子始。

德安邑庠，舊有亭曰"詠歸"，歲久不葺。嘉定戊寅，馬君价來攝邑事，能櫛垢搔癢，以瘳民瘼。鋤荒剔蠹，以束吏姦。不兩閱月，百廢具興。於是邑士合辭，請新之。君曰："吾志也。然與其為遊息之所，盍亦正趨向之源乎?"歡曰："善。"遂易亭而堂，改扁曰"尊賢"，繪三先生像于其中。俾升斯堂者，見其灑然如光風霽月，濂溪也；渾然如玉質金聲，明道也；森然如規矩準繩，伊川也。莫不悚然慕，肅然敬。如親摳衣，拱聆提諭，闡正學門戶，而學者知所入焉。夫心與理一，苟此心無一日而不敬，則此理無一日而不明，由尊三先生而孔聖之道益尊矣，祠像云乎哉！雖然，學者不自正心誠意，謂能尊賢，駁駁流弊必至。駕偽翼虛，盜名欺世，此非三先生之心，抑非馬君之所望于學者也，故為之記。(周木本)

南安創置書院記　　宋　盧方春

書院成，成於提學江公子遠移文相院，成於太守林公仁父偕郡博趙君君美，君承命興院，成於通判趙公景升，撥田歸院。通判廳舊祠四賢，趙公千里即拜祠下，見祠像暗淡，蟻窠蛛網，中心悵怛，更為祠祠之。尊道之篤，知貳政之方矣。劉公豐叔繼來典軍事，下車視學，行書院省祠，亟改闢閌大門，翼以兩廡，昔隘今敞，以鄉貢進士張尚志行義素著，命長斯堂。劉公輩尊道尤篤，知為政之本矣。淳祐癸卯，前小雪十日，余過軍，謁同舍賴友子厚。子厚語余曰："吾課諸生，暇詣祠炷香，坐書院，道心可養涵也。吾何脩得此，繄君美力。"余重太息，夫長吏御僚屬，彼貪此廉，乙勤甲惰，或夢夢無知也。太中公攝倅南安，乃獨知司理之一身，能續萬世道統、三才大本、六經奧義，於斯繫屬。而堯舜所以治，孔孟所以教，人物所以安，非斯人孰建明，非斯人孰植立？遂以二子師其道，而周子、二程之學為範天下後世，匪止軍之士澤其學為良士，軍之民澤其學為良民也。驗效大，潤澤遠，功與天地並矣。居是邦者，愛川谷雅幽，嘉土俗淳朴，不歸功於人而歸功於草木。其說曰："閟有梅也，雅幽所從。"不知墮外物之虛假，於道無淂矣。不歸功於儒而歸功於佛。其說曰："嶺有盧，能寺也，淳朴所由也。"不知淪異端之妄幻，於道無識矣。太中公殆洙泗人物，知道故知人。子厚復余曰："父子相傳以道，一難也；兄弟相詔以道，二難也；師生相授受以道，三難也。非周程，難者三，周程，則易者三。"余滋太息。戊戌，對集英，子球時對皆詣道。余同對不能及，今子又教授周程講道之地，敷暢充拓之，道行矣夫！子厚語余曰："君衛道嚴，吾當登君之言於石。"趣尚志伐石書之。

（胥從化本）

濂溪書院記　　宋　陳孔碩

嘉定四年，詔以吏部郎趙侯崇憲知江州事。一日，謁濂溪周先生祠，退詢于眾曰："吾州之士，讀先生之書而修其業者誰歟？"曰："未之見也。"先生之後世其家而顯于今者誰歟？曰："未之聞也。"喟然歎曰："先生之功，在後學深長且遠矣，固宜得世祀，而脩其業、昌其後者猶闕焉，吾其圖之。"迺規祠旁地，得之周氏，若他姓，易以地或布。築宮其上，為講堂、塾序，庖廩咸備。選秀民于五屬縣，縣二人，廩食皆官給。又為之置儲書之所，寢食之具，給使之徒，命吏治其賦，會其出內，使為士者氽焉。選鄉之善士主之，訓以大學之事，而總于郡博士。復求周氏後髫齓以上可教者，別立小學之師以誨之。凡大小學之教事，皆有課程，大抵畧於詞章之習，而詳於講說、言行、起居之節，其所望於後之人者遠矣。既成，以書走介于閩，謂孔碩粗賞讀先生書，請書其事。會僕起漕廣右，道江西，見侯于豫章。侯述前請，僕謝不敏，而請不已。又數月，乃勉承命而言。

曰，昔夫子之道，其精微在《易》，而所以語門人者皆日用常道，未嘗及《易》也，蓋曰下學斯上達矣。方是時，先王之教法猶在，異端雖明而未昌也。夫子歿，門人各以所聞傳道于四方者，其流或小差，獨曾子、子思之傳得其正。子思復以其學授孟軻氏，斯時也，百氏之說昌矣。其易以惑人者，老、莊、楊、墨為甚，淺而為功利刑名、術數之說，猶足以動諸侯售于世，學者樂其誕而逃焉。子思、孟子懼，故不得已，合下學上達之事，極其趣而備言之。於是始有性命、道教、盡心、養氣之論。其言似躐出於夫子所未嘗及者，蓋世殊事異，豈二子所得已哉。孟軻氏沒，又曠千載而泯不傳。有宋昌明，天佑斯文，濂溪周夫子出，始發明孔子易道之韞，提其要以授哲人。既又手為圖，筆為書，然後孔氏之傳復續。凡今之學知有孔氏《大易》之韞，《大學》《中庸》七篇之旨歸者，皆自先生發之。故曰先生之功，在後學深長且遠者，以此也。自是洪儒相繼，尊信其圖與書，而演暢其說。或者乃疑太極之外不當更有無極，雖知有《通書》之粹而不敢議，然獨議圖非先生所作，其辯雖雄，而終歸之以文害意，失其旨趣矣。夫太極也者，以為有物焉，則無形可指，以為無物焉，則是理已具。所謂無極而太極者，猶曰微而顯云耳。初非二物次第而生也，及其為二氣，為五行，為萬物也。太極亦無時而不在，不以合而渾也，不以離而散也。後之學者，真能反而求之吾身，一原之妙，感而通之，酬酢萬變之間，則知天地雖大，萬物雖繁，未嘗離而為二，尚何先後、本末、顯微、精粗之間哉！以此正心脩身，以此治家國，平天下，發為輝光，見為事業，高不為空寂所眩，下不為功利所淪，凡異說之頗僻而不中者，皆不照而自破矣。反身而誠，樂莫大焉。此孔子易道之蘊，《大學》《中庸》七篇之指歸，六經之原也；此周子所為著圖書，有望於後之人者也；此趙侯所以卽其地，建其廬，聚其徒，以讀其書之意也；此孔碩所以受命而不敢辭者也。趙侯蓋故丞相忠定公嫡長嗣，家有學。欲觀其政，於此可以類推矣。嘉定六年日，南至朝奉大夫、廣南西路轉運判官、兼提舉本路鹽事、閩山陳孔碩記并書篆。朝奉大夫、江南西路轉運判官、提舉學事、兼權隆興府開封趙崇憲立。（宋刻本）

江州濂溪書院後記　　宋　馮夢得

周公作而善治，可以開百世之運。孟子生而真儒，得以興千載之文。聖宋肇基，奎鉤效祥，耆輔碩學，項背相望。由孟子而來千四百有餘歲，能以斯道為己任者，昔元公也。由周公而來二千有餘歲，能以天下為己任者，今魏公也。喬木故家，典刑如存，氣彙感召，律呂相應。廬山之陽，濂溪之濱，元公書堂在焉。異時遺舊址，蕪濊不治。青蘋白鷗，無與同樂。潘侯慈明，始復作堂其處，揭以舊名，而奉厥祀。趙侯崇憲，又規刱書院，聚生徒其側，以郡博士主之。貴寓察院劉公元龍請于朝，先皇帝親灑宸翰，書"濂溪書院"四字扁于門，所以表章崇尚者甚。至式閭封墓錄後之舉，則未之聞。淳祐六年，今太傅平章魏公，開梱溢府。元公之五世孫擇之者，郄行以請曰："惟先君元公，得不傳之學以授二程，而道以大明。迄今二百載，于其子孫弗振，洵之子無責焉耳。澹之後無傳，余為沆之次子，曰振之者，余季也。湛之子一之，濤之子成之，是皆有志于學者，而未有以贍養之。又惟先君無恙時，榮築室少府嶺下，其肯曰：'予有後，弗棄基，弗念弗庸，以質以鬻。'今殆為他姓所得，思欲更葺數椽辟燥濕寒暑，以奉吾親，詎可得耶！"公惻然，亟命山長潘君之定訂其支派，為之纖悉經紀，臚為四位，以擇之嗣。澹後奉媚母葉氏以居，索所質鬻之地，官代為酬直，拓隘展狹，增造楹舍，仍給沒官田三百畝。會魏公易鎮，上流又撥軍資庫不系省錢壹拾萬緡，為市良田八百畝。若位得二百，給據立石，禁典賣，蠲二稅，比成之等，置到皇甫等田八十四畝，餘更飭屬縣買補元數，以成初志。他如修築墓牆，開填書院溪澗等費，為錢肆阡三百緡有奇。由是而元公之廬肯堂矣，墳有識矣。爾後魏公入相，天子進位，辯章軍國機事之暇，猶睠睠不忍忘。且援褒錄勳賢後嗣之典，授成之以初品官，俾主德化之學，掌元公祠。其始自今欽千世世，魏公之有大造於元公者，善藩善飾云乎哉！咸淳己巳，太府少卿李侯繇池陽改牧，款謁祠下。顧瞻左右，肪建祠堂，則朱文公實記之。再刱書院，則陳北山實記之。至於憫流澤之湮微，傷詩書之廢墜，扶植於開梱之始，綱維於移鎮之日，官其後嗣於秉鈞十年之後。使元公之傳，繩蟄繼志，則魏公之德，卓乎不可幾及。稽之郡乘，未之紀錄，大懼闕典，不遠千里屬夢得為記。

　　夫莫為於前，雖美弗彰；莫繼于後，雖盛弗傳。元公不繇師授，默契道體，為徃聖繼絕學，其視孟子承三聖，距詖放淫以私淑人心者，同一學也。魏公不負所學，再造王家，為萬世開太平。其視周公相成王，制禮作樂，使大治榮華者，同一道也。然君子之澤，五世儻弗克紹，孟子蓋深惜之。今魏公存錄賢者之裔，而營道源流之盛，以彰以傳，實得周家崇德象賢之意，可不尚乎？可不紀乎？侯名興，字伯興，同慶人，學問有本，經綸有方，乃能加意於此，可謂知所先矣。詩曰："赫赫師尹，民具爾瞻。"又曰："高山仰止，景行行止。"夢得載賦二章，而書周公孟子之說以復之，是為記。時庚午閏十月四日也。顯文閣直學士、朝議大夫、知建寧軍府事、兼管內勸農使節制左翼軍屯戍軍馬、兼福建路計度轉運使、兼本路勸農使、將樂縣開國男食邑三百戶、賜紫金魚袋馮夢得撰。中奉大夫、權尚書吏部侍郎、兼權給事中、兼同修國史實錄院同修撰、兼侍讀、分寧縣開國男食邑三百戶、賜紫金魚袋章鑒書。端明殿學士、朝散大夫同簽書樞密院事、兼權參知政事、同提舉編修勑令同提舉編修經武要略、縉雲縣開國伯食邑七百戶食實封一百戶、賜紫金魚袋趙順孫篆蓋。（宋刻本）

吉州鷺洲周程書院記　　宋　江萬里

吉為江以右大州，事讞午少暇，則曰："是習為珥筆固然。故作意理者，徃徃健彊。鍵之鑴磨，鍛煉其民，若不勝，無復遺以思。"萬里承命以來也，曰："有是哉！吾有本諸人性耳。性順而理以得，湖山千里，如在戶庭。答禮行誼，士籍民編，中槼可稱。其潔以脩者，閉門歸隱，不肯謁入官府，意顧近古如是，蓋按其圖記得之。"洛人太中大夫程公珦，嘗仕為廬陵尉，則所為醞釀胚胎非一日，故太中公在是，即二程夫子在是；二程夫子在是，即周夫子道俱在是矣。飲泉知脉，意味洞貫，吉之士誰非衣被于周、程者，不知又有私得於周、程者也。太中公初而尉黃之黃陂也，二夫子實生焉。廬陵則再調以來也。黃設二夫子祠學官，紫陽朱夫子為之祠記，似于黃人未意滿，謂能知王公、韓公之文章之勳業與蘇公議論氣節，曾未有道河南程夫子者。然則吉知有文章之宗，知有傑然表拔於世，以死抗虜；知有危言忤權臣，名擅天下，獨無有曰吾邦之澤，不惟自數君子來，容自周、程來也，則由之而不知然耳，胡可以終不知也。

太中公去吉也，而之於潤，自潤而始之於虔，於興國也，攝為貳南安，則其虔時也，見周夫子識焉，二夫子遂以學，則其南安時也。二夫子於周，豈若孔子之於老聃、郯子哉！親切的當之傳，由太中公發之。殊方而遂以合，由吉先之。舂陵之墟，河洛之間，惟是風馬牛不相及。

乃江以西諸夫子之行李，日涉茲地，何故若為斯文地也。太中公於來虔，
來南安，若為二夫子就周地也。向官于吉，又若為今之來虔，來南安地
也，故曰先之也，皆莫之為而為也。前乎吉，雖太中公未知有舂陵；後
乎吉，不惟太中公知有舂陵，乃天下後世皆知有舂陵矣。不惟知有舂陵，
亦知有洛矣。明天理，正人心，皆此一役也，盛哉！《屯》者，物之始生
也，黃，其始生時。然則於吉，在《易》為《蒙》，自初而二，是為南安
之遇以九二剛中之德，固當童蒙求我之任。然方純一未發之蒙，已存山下
出泉之果。此道體也，其機也，亦其脉然也。所幾邦之士融釋于此，於
是謀于別駕劉君崇卿、陳君夢庚，則作而曰：“于以補學宮闕，狀胡可
已，盍祠于二夫子者。”則又曰：“有是父故子然也。”是惟太中公仕國宜
得祠，則正以太中公之祠祠二夫子也。則又曰：“有是師故弟子然也。”
于時雖未與周際，有太中公之識，未際已際也，宜以二夫子祠遂祠周夫
子也。周夫子傳道於千古之不傳，太中公識周夫子於眾人之不識，遂以
合焉。而二夫子侍炳乎其相輝者，甚相得也。則又曰：“有為者亦若是。”
是庸非天下後世所當為人父，為人師者，庸非天下後世所當為人子，為
弟子之傳道者，不有棟宇以棲，學者而學焉，猶不祠也。嗚呼，周、程
於祠徃徃是，不惟吉也。父師在焉，道在焉，則未有如此祠也。祠不於
地勝，或苟而可，門扃白日，蛛絲而蝸篆之耳。州並城以東突然洲澂，
是為白鷺之洲。有廬陵來傳，到于今幾何不為好事者規取，幾何不為浮
屠、老子奪而宮之也，而土木繕修莫先焉。天作而地藏之，以供今需。
有俟德之道，千古淵懿，遂與江山雲煙千古者發焉。俱不作第二義，則
未有如此地也。披蒙茸叢，薄財新矢，一祠移廢，屋以堂以齋，以門接
堂，為方丈之室。類直舍庖湢井匽各於所。大都功製，簡短具體而微苟
可，几榻用器，講受肄習，則已吾州炭炭，理衰補敗之餘，幸已軼思慮，
案席外及此，亦寧其存以溳後，不取盡今日則未有如此制也。然扶輿清
淑，固已一朝大肆，其鬱洲盤地，軸橫制大江。萬竹四圍，凌屬抗勁，
幾與士所學所立類，無不可愛。涵暢道德之中，心與地遠，表裡儵然。
游塵至，輒飛去莫浣。自然春意，夫子烏得不與點也，則未有如此意也。
合而言之，鷺洲之蓄，千古以俟道統。孔孟之統，千有餘年以俟周程。
周程之祠，幾二百年以俟今日，役之不可以已也如是。

實以辛丑之秋孟，賦功踰月告具，具以日吉見先師以菜，乃屬諸友升堂告之曰：大原沕穆，不落方體。神會心得，千載一逢。遂以開二程夫子者，圖豈嘗盡意哉！元氣之會萬變，發揮不盡之盡，塞天地也。又百年，紫陽夫子出，脉絡明而規模遠矣。周程夫子於其絕者續，紫陽夫子遂以微者著也。由紫陽夫子而來至於今，若是其未遠也。于以鄉挹孔孟自周程始，則周程必自紫陽夫子始。養深積厚，自然脫洒，有此工夫卽有此應驗，亦在存意之不忘，遊心之浸熟耳。然知道之存于師，不知道之存於家可乎？韋齋之友延平，則太中公之友春陵也。紫陽夫子年甫十有四，慨然求道，二夫子十五六、十四五，厭科舉時也，入而韋齋，是以出而延平，則入而太中公，出而周夫子也固冝。故人樂有賢父兄也，是非可樂者歟！心耳淺薄，此義寝不著。今於磨策鐫切，而子弟者可知矣。必曰增輯文藝，倚梯天科，至學所本，務蒔根浚源，顧以謬異，豈今棟宇所為設之大指哉！豈此祠此學所為源委於太中公，是以有周夫子，有二夫子意哉？韓昌黎之言曰："數窮六十，其將復平，平必自某州始。"方淳熙辛丑、賦廬山之白鹿啓予堂壇，訂冊書洞主晦翁之作，至今而芳也。乃今辛丑，殆窮六十新乎，喟然興於學，其意豈異也。刻石記之，而立之廡以俟。（宋刻本）

廣東憲臺先生祠記　　宋　鄒補之

淳熙十六年夏四月，新天子以宗丞公安陸政成出制書俾廉問廣南東路刑獄，旣下車，周覽都廳壁記。熙寧中，濂溪周先生嘗庀是職，摩挲太息曰："惟予不敏，幸以使事繼先生於百二十年之後。儻遺跡有紀也，則固不足法歟？"又三日，以令謁告祠廟之在祀典者，之學謁先聖殿，顧廊廡間有先生祠，而曲江丞相祠側又祠焉。豐碑鼎峙，皆當世名公聞人所為，濃墨深刻，亦旣知所鄉慕矣。顧今臺治，實先生羾節之所，出則以號令生殺十有四州之民命；入則存誠育德，以壽千歲之道統。几一堂一室，一階一閾，皆先生所經行處，迺獨無以自表，任是責者，將誰諉哉！諉爾帑史毋靳費，諉爾匠史毋諱勞，其卽臺治西偏故會稽樓下大堂三間，端正面埶，染飾楹桷，瓦甓之罅漏者補綻之，屋壁之漫漶不鮮潔者加塈之。又為龕座其側，以嚴像設，以時俎豆。雜植竹木，後前相為映蔽。既畢工，議榜其所為宜。公曰："莫宜於濂溪之堂。"更命其屬鄒補之記其概。

　　補之自惟末學，謏聞望道而未之見，焉足以發明先生之精微而懼辱公命。雖然，竊攷先生設施之緒，藐不可得。而世獨傳其書，今之所謂《通書》者，大都五六千言，首之以太極以立天地混沌之根，播於五行四時之運，蘊于性命道德之奧，達于禮樂刑政之用。元元本本，始終條理合於孔子之一貫。曾子之忠恕，子思之中庸，孟子之仁義，有秦漢而下諸儒見識之所不到。而先生乃於舂陵之墟，濂溪之濱，獨得其蘊奧。是濂溪者，先生之洙泗也。其後傳其學者為二程伯仲，波之所及益遠。噫！先生之學之書，豈無用之虛談哉！其達于禮樂刑政之用，皆其設施也，惜其身不得立於朝廷之上，握化樞，運鈞軸，與天下相安於太極和氣益盎中，洗冤澤物之功，獨見於刑辟之末。先生嘗為南安司士掾，以獄事爭上官，不為屈。其為提點刑獄，不以目指氣使，殺人于死決矣。若先生，殆可敬而仰者耶！故嘗謂提高陽之里，不若濂溪之名，為道學之粹；榜鄭公之鄉，不若濂溪之堂，知鄉道之方。名白公之渠，彼功利之微，曾何足書。寶甘棠之笏，惟濂溪之名與之不沒，先生之名氏可知之，茲故弗著。宗丞公姓陸氏，名世良，字君晉，麻陽人。官今為朝奉大夫。所至以勸學崇化為政之本，于先生每知所宗仰云。（宋刻本）

廣東憲司先生祠記　　宋　蔡抗

　　昔先師朱文公作《濂溪周夫子祠堂記》，曰："高極乎無極太極之妙，而不離乎日用之間；幽探乎陰陽五行造化之賾，而不離乎仁義禮智、剛柔善惡之際。"大哉言乎！所以闡夫子精微之旨，揭萬世義理之准也。盖夫子之學，體用一源，顯微無間，上下與天地同流，此豈淺近者所能窺？而其見之行事，則謹刑一節，尤為深切著明。夫明刑以弼五教，制政以教祗德，自古聖人輕重毫髮必致其謹。是固陽舒陰慘，仁柔義剒，以輔教化之不及。而好生之心流行不息，同胞同體，視之如傷。于以全人性之天，則於無極太極之本體亦豈有間哉！夫子辨分寧不決之獄，爭南安非辜之囚，所至務以洗冤澤物為己任。至於詳刑廣東，則仁流益遠矣。天以春生萬物，止之以秋，聖人法天，以政養萬民，肅之以刑。此夫子之秋肅，夫子之春生也。深溪萬初，民死扵石，為之減硯而著令。黃茆張空，民死扵瘴，為之緩轡而徐行。鄉人候吏，惟恐奔走馬蹄旗脚之或後；而點胥惡少，則凜凜然如快刀健斧之將加。仁之充廣，形著如是夫。淳熙間，繡使陸公世良，因民之德公也，祠于丹荔堂之側有年矣。近憲司楊君大異，改祠于相江書院。今周侯弭節是邦，思甘棠之遺，首訪舊祠，吏以廢告。侯怛然曰：“相江之祠，學者之通敬也。而所主者教司存之，祠官守之，常敬也。而所主者刑，刑教雖一，而祠有不同，夫豈可廢哉！”亟命汛掃舊宇，而謁至焉。又慮規模湫隘，不足以揭虔妥靈，遂闢地於官治之西偏，以庶幾羹牆之思，且貽書俾抗記之。抗，學於朱子者也，酌泉知脉，元公於抗有罔極之思，誼弗敢辭。

　　竊謂元公之祠遍天下，而司存一祠，侯獨以為不可廢者，何哉？廣南十四州，生民之命所繫也。為部使者，旦而瞻是祠，退閱未決之獄，必思夫子之以剸得中，以動而明，敢不敬？朝夕而瞻是祠，退決非辜之囚，必思夫子之中正明達，燭及微曖，敢不敬？朔望瞻是祠，退而心行乎一路之間，必思夫子不憚出入之勤，雖荒崖絕島，而念慮不可不到也，敢不敬？祠在是，則敬在是，敬在是，則十四州之民命在是也。祠可不復其舊歟？此侯之心也。嗚呼！侯之心非特善一家之學，將以開羣心有體有用，有微有顯之學也。非特為曲江之地，將以為天下立心立命之地也。前乎百八十年之既往，侯既有以續元公之道；後乎千百世之方來，必又有以續侯之心，相與引之於無窮，仁不可勝用矣。侯名梅叟，元公族孫也。學行為世推重，近歲以御史經筵召，不至，改外臺。所學所志，未易量云。（胥從化本）

廣東憲司先生祠記　　宋　張栻

　　淳熙二年冬，廣南東路提點刑獄公事詹君儀之，以書抵栻曰：“儀之幸得備使事，念無以稱上德意。始至，披攷故籍，熙寧中，濂溪先生實嘗為此官，今壁之題名具存。儀之雖不敏，敢不知所師慕？且念宜有像設，以詔後世，庶幾來者感動焉。迺度地於治所曲江郡城之內，唐相張公故祠之東，為屋三楹，以奉祀事。且崇其門垣，大書揭之。嚴其扃鐍，以時啟閉。十有一月告成，願請記。”栻讀其書，喟然歎曰：“詹君下車，首為是舉，可謂知所先務矣，其意豈不遠哉！”則不敢辭，而為之書。

按廳壁記所書，先生以熙寧四年正月九日抵官下車，是年八月朔旦，移知南康軍，在官僅踰半載耳。攷其行事，其見於先生之墓誌者，曰自廣東轉運判官改提點刑獄。不憚瘴毒，雖荒崖絕島，人跡所不至，皆緩視徐按，以洗冤澤物為己任。未及盡其所為，而已告病，求守南康以歸。而著作郎黃公庭堅作《濂溪詞》，亦稱先生為使者，進退官吏，得罪者人自以為不冤。以是二者觀之，亦可以想見當時施設之大槩矣。雖然，凡先生之所設施，皆其學之所推，非苟然也。栻嘗攷先生之學，淵源精粹，實自得於心，而其妙在太極一圖。窮二氣之所根，極萬化之所行，而明主靜之為本，以見聖人所以立人極，而君子之所當為者，由秦漢以來，蓋未有臻於斯也。故其所養，內充闇然而日章，雖不得大施于時，而蒞官所至，如春風和氣，隨時發見。被飾萬物，百世之下，聞其風者猶將咨嗟興起之不暇。然則卽其所嘗臨之地而繪像立祠，以昭示來世，豈非有志於名教者所宜汲汲者乎？使後之人，睹先生粹然之容，而攷法其行事；因先生詳刑之心，而究極其淵源，則是祠之建，其為益固有不可勝言者矣。抑嘗聞先生之論刑曰：“刑者，民之司命，情偽微曖，其變千狀，苟非中正明達果斷者，不能治也。”夫中正者，仁之所存；明達者，知之所行；而果斷者，又勇之所施也。以是詳刑本末具矣。詹君之立祠，為詳刑者設也。故栻復以此繫於終焉。詹公，嚴陵人，嘗為御史臺主簿云。十有二月丁酉記。（周誥本）

靜江府學三先生祠記　　宋　張栻

淳熙二年，靜江守臣張栻，卽學宮明倫堂之傍立三先生祠，濂溪周先生在東序，明道程先生、伊川程先生在西序。繪像既嚴，以六月壬子率官僚與學之士俯伏而告成。退則進而諗之曰：“師道之不可不立也久矣。良才美質，何世無之？而後世之人才所以不古如者，以夫師道之不立故也。凡所謂士者，孰不曰以孔孟為宗？然而莫知所以自進于孔孟之門牆，則亦沒世窮年，倀倀然如旅人而已。幸而有先覺者出，得其傳於千載之下，私淑諸人，使學者知夫儒學之眞。求之有道，進之有序，以免於異端之歸。去孔孟之世雖遠，而與親炙之者，固亦無以相異，獨非幸哉？

是則由秦漢以來，師道之立，宜莫盛於今也。而近世學者誠知信慕者蓋鮮。間有號為推尊，則又或竊虛聲以自高，而不克踐其實，顧反以為病。是則師道雖在天下，而學者亦莫知其立也。桂之為州，僻處嶺外，山拔而水清。士之秀美者，夫豈乏人？惟見聞之未廣，而勉勵之無從。故杙之區區，首以立師道為急，繼自今瞻三先生之在此祠也，其各起敬起慕。求其書而讀之，味其言，考其行，講論紬繹，心存而身履。循之以進于孔孟之門牆，將見人才之作興，與灕江為無窮矣，此杙之所望也。且獨不見濂溪先生之言乎：「師道立則善人多，善人多則朝廷正而天下治。」嗟乎！杙之所望，又豈特於此邦之士云哉！」敢記而刻諸石，後十日，張杙記。（周語本）

韶州學濂溪先生祠記　　宋　朱熹

秦漢以來，道不明於天下，而士不知所以為學。言天者遺人而無用，語人者不及天而無本。專下學者不知上達，而滯於形器。必上達者不務下學，而溺於空虛。優於治己者，或不足以及人，而隨世以就功名者，又未必自其本而推之也。夫如是，是以天理不明而人欲熾，道學不傳而異端起，人挾其私智以馳騖於一世者，不至於老死則不止，而終亦莫悟其非也。宋興，九疑之下，春陵之墟，有濂溪先生者作，然後天理明而道學之傳復續。蓋有以闡夫太極、陰陽五行之奧，而天下之為中正仁義者，得以知其所自來。言聖學之有要，而下學者知勝私復禮之可以馴致於上達。明天下之有本，而言治者知誠心端身之可以舉而措之於天下。其所以上接洙泗千歲之統，下啓河洛百世之傳者，脉絡分明，而規模宏遠矣。是以人欲自是有所制而不淂肆，異端自是有所避而不得騁。蓋自孟氏既沒，歷選諸儒受授之次，以論其興復，開創汛掃平一之功，信未有高焉者也。

先生熙寧中嘗為廣南東路提點刑獄公事，而治於韶。洗冤澤物，其兆足以行矣，而以病去。乾道庚寅，知州事周侯舜元仰止遺烈，慨然永懷，始作祠堂於州學講堂之東序，而以河南二程先生配焉，後十有三年，教授廖君德明至，視故祠頗已摧剝，而香火之奉亦惰弗供，乃謀增廣而作新之。明年，即其故屬為屋三楹，像設儼然，列坐有序，月日朔望，率諸生拜謁。歲春秋，釋奠之。明日，則以三獻之禮禮焉。而猶以為未也，則又日取三先生之書以授諸生，曰："熟讀精思而力行之，則其進而登此堂也，不異乎親炙之矣。"又明年，以書來告曰："韶故郡，生多愿慤，少浮華，可與進于善者。蓋有張文獻、余襄公之遺風焉。然前賢既遠，而未有先生君子之教以啓迪於其後，雖有名世大賢來官茲地，亦未聞有能摳衣請業而得其學之傳者，此周侯之所為惓惓焉者。而德明所以奉承於後，而不敢怠也。今既訖事，而德明亦將終更以去矣。夫子幸而記之一言，庶幾乎有以卒成周侯之志，是亦德明之願，而諸生之幸也。"廖君嘗以學講于熹者，因不復辭而輒為論，著先生唱明道學之功，以視韶人，使因是而知所以用力之方。又記其作興本末如此，使來者有考焉。淳熙十年癸卯歲五月丁卯，新安朱熹記。（胥從化本）

韶州先生祠記　　宋　謝諤

曲江周史君下車之明年，以濂溪先生在熙寧間嘗弭節其州，念斯文宗師所過者化，不可忘也，建祠學之左廡，以明道、伊川配。孟夏落成，涓吉奉安，惇請高年，因行鄉飲酒禮。士皆欣悅，相與勸勉，又明年，是為乾道壬辰，走書于江右，謂諤嘗請業于兼山郭氏，亦營道同術者，爰命之記。

夫道在天下，常自如也。初無加損也，而行乎世，乃不能不有廢興者，繫其人之為係也。史君之舉，所係大矣。將俾學者于斯堂也，趨而瞻之，伏而拜之，辭而祝之，而馨香薦之，而三思之。五常五典之辨之心而身，身而家國天下之達之。攷其何為而本之，又攷其何為而成之。若差肩諸宿儒之間，從容而質之，事何事也，非道安係也。抑聞偃王之廟，時修以徐姓三人繼刺衢州，而黃龍山謂起慧為清河，無盡為後清河。今濂溪之祠，必俟史君乃能發揮，則義有出於一門，夫豈偶然耶？史君世家高密，官右朝奉郎，嘗為丞太府。名舜元，字世美。其政順理而時中，所至民愛之，不然胡為乎濂溪。五月朔，臨江謝諤謹記。（宋刻本）

韓周二先生祠記　　宋　真德秀

天地能自立乎？曰："微聖賢則天地之經不正，烏乎立？"生民能自安乎？曰："微聖賢則生民之極不建，烏乎安？"天之生賢也，其意固有在也。昔為老氏之學者，曰天有柱，地有維，若皆依形而立者。吁！天地果以形而立，其不以形而壞乎？夫人性之有五常，人道之有五品，此即天之柱，地之維，而有生之類所恃以為安者也。一柱傾則墊，一維弛則墮，若昔聖賢所為，更相扶植而不敢後者，以是焉耳。堯舜至於周公，扶植之功見於事。孔子至於孟子，扶植之功見於言。言與事雖不同，然《春秋》成而亂賊之禍熄，楊墨拒而禽獸之害消，其有功於天地生民則一而已矣。烏乎！此聖賢之統紀所以不可不續與？自孟子沒而聖學失傳，漢儒若董仲舒氏，楊雄氏，皆嘗以道自鳴，而性命之源則有所未究。然賴其言，而世之學者猶知善道誼，尚名教，天理民彝未盡泯絕，則亦不可謂非其力也。鄉使申、蘇、莊、墨之徒獨行乎中國，其不胥而為夷者幾希。故嘗謂堯、舜、周、孔之開皇極，創造之勛也。漢世諸儒則區區持守而已。自漢至唐，則有韓子。自唐至本朝，而有周子，其斯道之中興乎！昔者聖人言道必及器，言器必及道，盡性至命而非虛也，灑掃應對而非末也。自清虛寂滅之教行，乃始以日用為秕糠，天倫為疣贅。韓子憂之，於是之《原道》諸篇相繼。其語道德也，必本于仁義，而其分不離父子君臣之間，其法不過禮樂刑政之際，飲食裘葛即至理所存，斗斛權衡亦至教所寓。道之大用，粲然復明者，韓子之功也。自《湯誥》論降衷，詩人賦物則，人知性之出於天，而未知其為善也。繼善成性，見於繫《易》；性無不善，述於七篇，人知性之善而未知所以善也。周子因羣聖之已言而推其所未言者，於《圖》發無極、二五之妙，於《書》闡誠源誠立之指。昔也太極自為太極，今知吾身自有太極矣。昔也乾元自為乾元，今知吾心即乾元矣。有一性則有五常，有五常則有百善，循源而流，不假人力，道之全體，煥然復明者，周子之功也。二子之學，雖所造不同，而其扶持天常，植立人極，要皆有功於百世者。

　　紹定元年，朱侯起章令袁之萬載，謂昌黎公在唐，實自潮移守袁，而濂溪先生亦嘗攝縣之盧溪鎮，遺風餘韻在人未泯。乃即學宮講堂之東，為堂三楹，繪其象以祠。書來曰："願有識。"某惟韓子之於是邦，雖善政良法有以及人，而世之相去蓋已遠。若周子，則暫蒞焉，治教所施，有不得而聞者。然則侯之祠之也，果何為耶？意者天經地義之所存，一或失正，則民有不得其生者。二子之道，施之是邦者有限，而播之天下者無窮，此其祠之之指也。學于斯者，盍味其言而思其人，屹乎若泰山北斗之瞻，粹乎若光風霽月之挹。知道之大用，常流行於天下，而其全體實具於吾心，則知所以用力之地。蓋韓子言其用而體未嘗不存，周子言其體而用亦不外是也。察體用之一源，合知行於一致，學者其知所以用力哉！夫惟筆舌談說是工，而忘反躬踐履之實，甚者以惑世賈利焉，是則二君子之罪人也。有志之士，其尚戒諸。（宋刻本）

南雄州學四先生祠記　　宋　真德秀

寶慶三年某月，南雄州始立周子、二程子、朱子之祠於學。教授三山陳應龍以書屬建人真德秀為之記。德秀曰："四先生之道高矣，美矣，抑德秀之愚未能窺其藩也，將何辭以記之？雖然，昔嘗聞其略矣。"

道之大原出於天，其用在天下，其傳在聖賢。此子思子之《中庸》所以有性、道、教之別也。蓋性者，智愚所同得。道者，古今所共由。而明道闡教，以覺斯人，則非聖賢莫能與。故自堯舜至於孔氏，率五百歲而聖人出。孔子既沒，曾子、子思與孟軻氏，復先後而推明之。百有餘年之間，一聖三賢更相授受，然後堯、舜、禹、湯、文、武、周公之所以開天常、立人紀者，粲然昭陳，垂示罔極。然則天之生聖賢也，夫豈苟然。不幸戰國嬴秦以後，學術渙散，無所統盟，雖以董相、韓文公之賢，相望于漢唐，而於淵源之正，體用之全，猶有未究其極者，故僅能著衛道之功於一時，而無以任傳道之責於萬世。天啓聖朝，文治休洽。於是天禧明道以來，迄于中興之世，大儒繼出，以主張斯文為己任。蓋孔孟之道至周子而復明，周子之道至二程子而益明，二程之道至朱子而大明。其視曾子、子思、鄒孟氏之傳，若合符節，豈人所能為也哉？天也。然四先生之學，豈若世之立奇見，尚新說，求出乎前人所未及耶，凡亦因乎天而已。蓋自荀揚氏以惡與混為性，而不知天命之本然，老莊氏以虛無為道，而不知天理之至實。佛氏以划滅彝倫為教，而不知天敘之不可易。周子生乎絕學之後，乃獨深探本原，闡發幽祕。二程子見而知之，朱子又聞而知之，述作相承，本末具備。自是人知性不外乎仁義禮智，而惡與混非性也。道不離乎日用事物，而虛無非道也。教必本於君臣、父子、夫婦、昆弟，而剗滅彝倫非教也。闡聖學之戶庭，祛世人之矇瞶，千載相傳之正統，其不在茲乎？嗚呼！天之幸斯文也，其亦至矣。

南雄為郡，邈在嶠南，士習視中州，號稱近厚。迪之以至正之學，必將有俛焉自力者。然陳君之所望於學者，果焉屬耶？天之命我，萬善具全。一毫有虧，是曠天職。昔之君子，凜焉淵冰，沒世弗懈者，凡以全吾所受焉耳。嗟後之世，何其與古戾也。利欲之風，深入肺腑；理義之習，目為闊迂。己之良貴，棄置如弁髦，而軒裳外物，則決性命以求之弗舍也。吁！是不可謂之大惑乎！志於道者，其將奚所用力乎？緬觀往昔，百聖相傳，敬之一言，實其心法。蓋天下之理惟中為至正，惟誠為至極。然敬所以中，不敬則無中也。敬而後能誠，非敬則無以為誠也。氣之決驟，軼於奔駟，敬則其御轡也。情之橫放，甚於潰川，敬則其隄防也。故周子主靜之言，程子主一之訓，皆其為人最切者，而子朱子丁寧反復之。學者儻於是而知勉焉，思慮未萌，必然必懼。事物既接，必恭必欽。動靜相因，無少間斷，則天德全而人欲泯，大本之所以立，達道之所以行，其不由此歟！陳君幸以為然，則願以刻于祠之壁，為學者觀省之助。若夫誦其言而不反諸躬，惟其名之趨而匪實之踐，是豈四先生立教之意哉！又豈陳君所望于南邦之士者哉！（宋刻本）

合州先生祠記　　宋　何預

合有僉，舊矣。與比歲迥於他郡牸異。淳熙七年冬，預始承乏，公餘訪古，覽江山之勝，瞻漢陽遺像，誦少陵江樓詩句。求其故實，則不可得矣。於是摩挲題名石刻，考前人名氏。有殿中丞周其姓，光宗廟諱，實其名者，髣髴埃塵間。嗚呼，此濂溪茂叔先生也，胡為乎來哉！按太常博士朱處約記，其始至也，以嘉祐改元十一月十日。追其去，寔五年六月初九日，本末詳且信如此，獨未有表出之者。又得閬中恭敏蒲公墓碣銘，知行治加詳。

先生舂陵人，後避厚陵邸諱，更惇頤。其為政於此州也，一郡之事，不經君手，吏不敢決；苟下之，民不肯從。恭敏舟艤溉下，一見異之。退而歎曰，世有斯人與！遂以女弟妻之。初調南安獄掾，轉運使以權利變具獄，君爭不可，投告身欲去，使者斂手聽之。熙寧初，用正獻呂公薦，擢廣東路轉運使判官，改提點刑獄。晚以疾匄分司，築室廬山下。有溪流其旁，號濂溪。惟先生以一誠極性理之妙，躬行日用，粹然一出於正，為道學之宗。程太中珦倅南安，視其氣貌非常人，與語，果知道者，因與為友。立朝，每遷授輒一薦之。其子明道、伊川，幼受業焉。先生令尋顏子、仲尼樂處，所樂何事。明道遂棄科舉從之。嘗曰："自吾見周茂叔，吟風弄月而歸，幾與浴沂同意。"二程以斯文唱諸儒，至今河南之傳滿海內，其淵源實濫觴于此。清獻趙公，目為天下士。文忠蘇公以全德名之。黃太史謂人品甚高，胸中灑落如光風霽月。雅意丘壑，有《通書》《太極圖》行于世。悠然遐想，如在其上，預竭來踵，英躅於百有二十五年後，顧在後死，其得嘿亡以傳。廨東偏有齋，孤峯出其前，三江合流其下，煙波渺彌，雲林杳靄，清絕可愛。乃放禮殿故事，卽其章服肖象壁間，以全德榜其額。道德之容，堂堂岌岌，凜乎如奉杖屨其側。

吁！先生之道，如青天白日，不待書而傳之，旦志晚學歸敬之意，且以永邦人無窮之思。又繫之以辭曰：瑞應之山兮蒼蒼，金沙之水兮茫茫，凜清風兮不亡，日月兮爭光。育一去兮何之，四方上下兮莫余追。孔顏與歸兮伊傅自視，揮斥八極兮孰知所止。駟玉虬兮佩飛霞，盜埃風兮天一涯。懷舊遊兮眷眷山空月明，杖屨往來兮余顧不可得而見。莽煙雲兮思渺然，晬厥容兮瞻在前，邦人是思兮千萬年。淳熙癸卯正月朔，承議郎宜就差僉書合州軍州判官廳公事唐安何預記。（宋刻本）

合州建先生祠記　　宋　魏了翁

濂溪先生周子，嘗仕于合陽，予奉使東川日，嘗為周、程三子易名。先帝下其奏，奉常諡周子曰"元"，二程子曰"純"，曰"正"，以制書頒二氏子孫。予既奉行，惟恪惟謹，飭郡將買田以備烝嘗。連帥永嘉曹叔遠，嗣贊成事，屬予記之，未果也。厥十有五年，返自南遷，起家守瀘。合士稅申之，持張宗範《養心亭題說》謜予曰："朱文公注《通書》，附錄首載此篇。今春官貳卿度正，每以為恨。"曰："宗範吾州人也，而郡乘放失。於是蒐求之，累歲始得石刻于地中。凡一百七十年，而遺跡儼存，殆非偶然也。"周子故有繪象于學西偏，地下瀕江，屢圮于水。鄉進士羅艮十餘人，嘗以告予，為移書太府少卿安癸仲。得官屋於州岡，前挹巴岳諸峯，而涪、漢一水匯其下，若天作地藏，以待今日者。扁曰"瑞應山房"，以祠先生，配以二程子。郡少府又以餘法，用卽張氏故址為養心堂，以館學徒。又捐錢千萬，以廣粢盛之田。是田也，自夫子倡之，今諸生之廩稍亦云備矣。子也昔嘗有諾于曹度兩卿，盍踐言焉。

予嘗考周子以慶曆四年司理南安，年方三十。程大夫珦謂其知道，時二程年方十五六，遣從之遊。迨嘉祐五年，僉書合州判官，年方四十，宗範又從之。今紬繹其養心說，大抵與《通書·聖學章》相表裏。秦漢以來，諸儒臻斯理者蓋鮮。嗚呼！何三子之立志不几，而聞道甚早。與夫人生於兩間，而與天地同體；出乎百世之下，而與聖賢同心。使皆能以周子之說反而求之，寡欲以養其心，以極於無欲，則是心之運，明通公溥，豈有一毫之私間之哉！或曰："聖賢之論，言寡欲矣，未嘗言無欲也。"所謂欲仁、欲善、欲立、欲達，莫非卽欲以求道。至於富貴，所欲也，有不可處。己所不欲，有不可施，則又使人卽其所不欲以求諸非道。歲積月累，必至於從心所欲而不踰矩，然後為至。是理也，曾子得之，明六欲之目；孟子傳之，開六等之科。今而曰自寡欲以至無欲，不其戾乎！曰："不然也，性不能無感。"性之欲也，知誘物化，則為私欲矣。故聖人雖使人卽欲以求道，而於季康子於由求于申棖，曷嘗以其欲為可乎？近世胡仁仲推衍究極，其言曰："天理人欲，同體而異用，同行而異情。"嗚呼！學者又當以是求之，則養心之說備矣。姑識其說，與學者商之。（宋刻本）

寶慶府先生祠記　　宋　魏了翁

寶慶府學教授梁君士英遺了翁書曰："自治平四年，周公先生遷郡學於牙門之東陬，紹興二十有五年又遷之神霄廢宮，乾道八年復其舊而奉先生之祀，以張公九成侑。紹熙四年，又更以特祀。嘉定十有三年，遷學于少城之西，舊址荒茀不治。先生之祠，雖寓新學，而僅寘諸堂隙。士英請于趙侯善淇以舊址隸學，請于李侯大謙，卽其地而祠先生。自守貳僚佐，鄉之薦紳韋布，各捐金以潰于成。始紹定二年之冬，訖明年之夏，凡為堂四楹，祠居其一。東西又為齋廬以翼之。士英謂是不可無記也，以惟子也請。"了翁雖不佞，而于先哲言行槩乎有聞。且學之始建而用幣于先聖先師者，先生之文也。記學之改作者，五峯胡子也。記學之復故者，宣公張子也。記先生之特祠者，文公朱子也。四子之文，日星垂而江河流也，而奚以尚之，敢辭。梁君又曰："先生之沒，百五十年未有所易名，子為之請。寧遠營道皆先生故里也，子為之記。其祠郡國之祀先生，子之記亦多矣。而奚獨遺是哉？"

了翁曰："非敢遺也，而難為言也。"雖然，請為誦先生之言，而申三子之撰，可乎？蓋自孔孟氏以來，為五百年者三矣。聖遠言湮，俗渝士散。求道者離乎器，而不知一理二氣之互根。言性者離乎氣，而不知元亨變化之實理。知剛柔之為善惡，不知剛不一於善，柔不一於惡也。知陰陽為之動靜，不知陰不一于靜，陽不一於動也。先生始為圖書貫融而劈析之，二程先生親得其傳，道日以章。迨胡子、朱子、張子，推衍究極，亦幾於無餘蘊矣。然而論說益明，適以為藻飾詞辯之資；流傳益廣，適以為給取聲利之計。故胡子曰："棄不貲之身於一物之小，其不仁莫甚焉。"張子曰："學校所講，不過綴緝文詞，規取利祿，非先生所以望于後人之意。"而朱子亦曰："程氏既沒，傳之者不能無失，流為老釋而丗莫之悟也。"嗚呼！邵居重湖之南，地阻且右，而先生之遺風餘化，三子之格言精義，洋洋乎斯人之耳目，使為士者目擊而心惟，氣感而機悟，則將有惕然于衷而不能自已者。予無所措其詞，請以是識諸石。紹定三年秋九月辛丑，臨邛魏了翁記并書篆。(宋刻本)

顯鶴謹案，周元公之祀於邵州也，自乾道八年始，其年州學復於治平舊址，知州胡名華公繪濂溪先生像於學之東廡而祀之。淳熙六年，知州汪名恪置祠於講堂西，又以無垢先生合祀於先生之所，所謂周張二先生祠也，汪君立叔為之記。紹熙五年，知州潘公燾又於學東闢室，特祀濂溪先生，朱子為之記。嘉定十三年，學遷祠亦遷。紹定三年，知府趙名善因治平舊址立濂溪先生祠，魏華父有周元公祠堂記，即先生此記是也。此皆在邵陽縣學，不知何時遂廢，而東山之有濂溪祠也，則自嘉靖三十一年參政楊公逢春始，逢春既立祠，又刊朱子與魏先生二記於祠側，崇禎末燬於兵。順治十五年，重建書院。康熙元年，邵陽知縣顏君堯揆始設龕於書院，移愛蓮亭。四先生主於中，以復濂溪祠之舊，乾隆中鄭大守之僑，又增置二程子主為六先生祠，然頒在祀典者，仍曰濂溪祠，無"六先生"之名目也，愛蓮池之有濂溪四先生祠也，自嘉靖三十五年，郭公學書立祠於愛蓮池以祀。至崇禎十一年，陶公珙又祠於景濂堂後，明亡，祠廢。康熙初移四先生主於東山，而愛蓮池無祠。道光十二年始復建，此邵州特祀先生之原委也。謹附記於此云。（鄧顯鶴本）

成都府學三先生祠記　　宋　魏了翁

　　開禧三年，蜀道既平，詔遣刑部侍郎長沙吳公獵諭蜀。始至，則以崇化善俗為大務。既遂以制置使治成都，朔望即學官見諸生，講授經義，退語寮屬曰："古之教者，既為之建學立師，而有道有德者，皆得祠于學。成都典治為西南劇，鼓篋學官者，蓋六十州之士咸在。顧倡明絕學以承孔孟，如濂溪周先生、河南二程先生，乃未有像設，甚非古人祠有道德者之意。會余表兄高崇，亦有書請於公，且曰先生之祠偏天下，況周子嘗任合陽，傳謂蜀之賢人、君子皆喜稱之。二程先生則嘗侍太中公游於廣漢、成都，最後伊川久居涪，著錄甚眾。今其遺風餘澤，猶被諸人，春秋奉祠，安可獨後？"則以屬知華陽縣度正、郡教授楊寅恭、新簡州教授王祖孫，度地于漢文翁高睒石室之西祠焉。以建安朱子、廣漢張子配，而屬了翁為之記。

　　嘗妄論天命不已，物生無窮，人惟獨得夫陰陽五行之秀以成位乎兩間，靜虛動直，萬理咸備。有仁義禮知之性焉，有惻隱、羞惡、恭敬、是非之心焉，有口、鼻、耳、目四支之用焉，有君臣、父子、兄弟、夫婦、朋友之倫焉。是數者，析而言之若弗齊，合而言之其極則一。皇王以來，生不並世，而行平中國，若合符節者，率是道也，堯以天下與舜，舜授禹曰："人心惟危，道心惟微。"夏德既衰，湯告民於亳，首曰惟皇上帝，降衷于下民。殷既隊厥命，周誓眾于盟津，首曰："惟人萬物之靈，曰道心，曰衷，曰靈。"九皆三王有天下之初，首明此義，相後各數百歲，如出一口。至於成王言生厚，尹吉甫言秉彝，三代之衰，有劉子言天地之中，孔子言性與天道，子思言誠，孟子言善，不以世之相去有久近，與口授面命不殊，益以見性命之源、清明純粹，可以參天地，宰萬物，而關百聖者在此，雖天下之生，一治一亂，而是理必不可殄滅也。孟軻氏沒，學者失其傳。務記覽，為詞章者，沈痼於卑陋，既不足與語此。其虛無寂滅者，自以為高明，又不肯事此。是理雖卒不加損，惟大本之不究，則惑世誣民者，得以潛驅一世，倀倀冥行於無所存主之中，蓋降周秦以迄五代，治少亂多，君不得為堯舜之君，民不得為堯舜之民，凡以是焉耳。

藝祖造宋，首崇經術，加重儒生。列聖相承，後先一揆，感召之至。七八十年之間，豪傑並出。周先生奮乎千有餘載之下超然自得。建圖立書，本于《易》之太極，子思子之誠，以極乎陰陽五行造化之賾，而本之以中正仁義，貫顯微，該體用。二程先生親得其傳，相與闡發精微。凡堯、舜、禹、湯、文、武至於孔子、子思、孟子，授受之道，至是復暸然大白於天下，使學者皆得以求端用力於斯焉。嗚呼！元氣之會，而天運人事之相參，乃至如此，猗其盛哉。由是異人輩出，又為之推衍究極，生於朱氏、張氏，而三先生之蘊，亦幾於發露無餘矣。由三先生而來，雖不克皆顯於時，究極其用，然其嗣往開來，潛輔治理，以建萬世太平之源，則孔孟氏而下，未之有也。淳熙以後，學者浸盛，氣數不無信屈。至慶元，學禁已密，正理不竟，卒之士習日卑，極於內患外變之相仍。則斯道也，至是益信夫不可一日不明於天下也決矣。

吳公受學于廣漢張氏者，故能尊其所聞，以淑諸人。既祠三先生，又刻其遺書於學。蜀自昔號多士，學于京師者，至比齊魯，繼自今，登斯堂，拜遺像，退而伏讀其書，以索三先生之所以為學者何事而反求諸己，幸而得之，則弗措焉，其必有興起者矣。顧余至愚極陋，何足以進此，而幸嘗有志，敢述所聞以告郡教授，使復于吳公，且以自厲云。（宋刻本）

簡州四先生祠記　　宋　魏了翁

昔者虞侯仲易嘗為我言："伊洛之學非伊洛之學，洙泗之學也；非洙泗之學，堯舜三代之學也。"余以其言為然。其後又見侯以是贈言於朋友，勒石於所居官，率縷縷申言之。乃嘉定十三年，復以書抵了翁，曰："剛簡始至郡，會盜薄鄰邑，效死弗敢去，以為民守，荷宗社之靈，幸而濟。因惟道失民散，使赤子顛沛至此，為吏者不汲汲圖所以扶持之，顧方以簿書不報，期會之間為大，故僕為此懼。凡所以崇化美俗，隨所逮為，既不敢不勉。吉月即校官見諸生，又為揚榷古今，闡崇理道，庶幾其有興者。一日，有講授于學官者曰：'伊洛之學以《中庸》為宗，以誠敬為教者也。'僕聞之，瞿然曰：'吁，自有乾坤即具此理，而謂伊洛云乎哉！《乾》九二育龍德而正。《中庸》言之，信庸行之，謹閑邪存其誠。而《坤》六二言敬以直內。然則曰《中庸》曰誠敬，是乃天地自然之則，古今至實之理，帝王所以扶世立極，聖賢所以明德新民，未有不由之者。唐虞三代，由之而治化休明。秦漢以降，反之而民俗澆薄。自去聖益遠，士非功利之習，則虛無之徇；非詞章之尚，則記問之矜。逮伊洛諸儒，先奮乎千載之下，倡明此理，則士往往驚怪，以是為一家之學。未知堯舜三代之相傳，孔、顏、曾、孟之所事，固未嘗外此。諸儒先特表而出之，以嗣往開來耳。非其實始為此以自標表，且教人以其所無者也。'於是士歡然相謂曰：'吾乃今知非伊洛之學，而洙泗之學也；非洙泗之學，而天下萬世之學也。'僕嘗因是又取周元公、程純公、正公、張明誠中子之象而祠于學，以示學者趨向之的，子其為我發明四先生之所以嗣往開來之意，而記諸學。"

　　餘撫其書而歎曰，俗流世壞，士方憧憧於功利之下者，而侯獨慨然及此，敢曰不可？雖然，不必皆伊洛也，元公奮乎舂陵，唱道南服，而二程子實得其傳。張子兄弟又皆崛起關中，為西①方諸儒倡。於是游、揚、胡、謝諸老，與劉元承、王信伯、鮑商霖等盛于東南，蘇子明、呂進伯兄弟起于西方，尹彥明、張思叔、朱公掞、馬時中、侯思聖、呂原明、劉質夫諸公起於東北。惟時巴蜀僻在一隅，而氣數之感，亦自有人。元公官巴川，純公、正公侍親入蜀，張少公出宰金堂，蜀之人士於是數君子皆未嘗不得從焉。今言河南之學者，指《易傳》為成書，而嘗聞諸成都之隱者，其後卒成於涪陵之北巖。蜀人之篤信其說如范太史，大徒高弟如譙天授、謝持正，皆班班可考。荊州袁道潔及登河南之門，其游蜀訪薛翁，亦謂伊洛軼書多在蜀者。是此書流傳于巴蜀，既有年矣。余

---

① "西"：據文意，當作"四"。

為兒童時，猶及從諸老授伊川《易傳》及河南《遺書》，又見學者多傳寫二先生語錄。特為其說者，未能無科舉之累，故綴其說以輯文，而未暇得其所以言。一為慶元學禁所怵，則例以伊洛，目之以誠敬。訕之甚者，亦一口附和，曰此偽學也。自是以來，徃徃屏其書而不復省，曾不思四先生之教人，賾諸天地萬物之奧，而父子、夫婦之常不能違也。驗諸日用飲食之近，而鬼神、陰陽之微不能外也。大要使人近思反求，精體熟玩，而有以約之於己，斯不失其本心焉耳。奚其偽？虞侯曰："善，余言即子言也。"子其遂以為記。了翁方為四先生請易名於朝，請從事于學，上可其易名之奏。有司今以周、程三先生之命書，與其貳付了翁，則于侯之請，寧敢以固陋辭！(宋刻本)

長沙縣四先生祠記　　宋　魏了翁

周元公先生之先世居青州，自唐永泰中有為廉、白二州太守曰崇昌，徙道之寧遠縣大陽村。至裔孫虞賓之中子從遠，又徙營道之西曰濂溪保，二傳而為元公。故今寧遠、營道皆即其所自而為祠，一時守令各以記文屬之了翁，既為敘所以作明年，長沙縣丞李君亢宗攝縣之四月，政修而財裕，以餘用修校宮，具器服。又念昔人嘗祠元公，配以胡子仁仲、張子敬夫、朱子元晦，蓋生於斯，寓於斯、作牧於斯者也。而歲久頹圮，於是撤而新之，又以屬記于了翁。

竊惟古者廟事人鬼，有萃而無渙，故以同氣為尸，非其族類，則弗享也。其他人所得祠者，惟功烈祭於大烝，樂祖祭於瞽宗，有世德而無主後者，祭于主國。今諸儒別族異氏，且各有主後，而郡國焉得祠之？蓋自漢儒始有祀先聖、先師、先賢、先老之說，故近世儒先之祠，布滿郡縣，非其鄉邑則仕國也，此亦不為無據，要未能盡得夫萃渙之義，欲辭以未達。李君固以請曰，願有以告於邑之士也。嗚呼！如了翁之淺陋，圖所以淑其身而未之得也，安能有以告人。雖然，竊有疑焉。《大畜》之《彖》曰："剛健篤實，輝光日新。"夫行之以《乾》之剛健，居之以《艮》之篤實，輝光明著，日新無窮，此學問之極功也。而《大象》發之曰："天在山中。"《大畜》："君子以多識前言徃行以蓄其德。"且天在山中，心之體也。聞一言焉，見一行焉，審問而謹思，明辨而篤行，則所以蓄其心之德。蓋蓄故乃所以養新，而新非自外至也。昭昭之多，止於所不見，是以愈蓄而愈新。今學士大夫誦四先生言行，於《太極圖》而見陰陽五行之根；於《易通》而見元亨利正之實；於《知言》而見中誠心性之別；于《大紀》而見皇王帝伯之分。於張子，則見其受學於五峯，而有聞於仁之訓；於朱子，則見其受學于延平，而有聞於敬之訓，師傳友習、晝誦夜講。夫孰非前言徃行，然而實未能以止健之義蓄德於中。是以聽其言，則若有以事乎此；見諸事，則亦知所以尚乎此。方其才壯氣新，席天資之美，浹口耳之知，徃徃可以名於人。歲月悠邁，志隨氣索，則前日誦說之功，浸非我有。或又假其一二以飾辯言，以濟私欲，則反不若未嘗有口耳之知也。余為此懼，方將內反諸心，思所以厚於蓄而薄於言也，不惟不敢以告人，而亦且不暇矣。李君，文肅公之曾孫，而文公之高弟也，其亦以余言為然乎！黨遂以為記，而告諸同志者，相與懋敬之毋忽。（宋刻本）

長寧軍六先生祠記　　宋　魏了翁

周元公自慶曆間與程大夫為友，二程子從之游，蓋昉乎此。橫渠張子則於二子而有聞焉。前倡後承，積百餘年，而後其道大明。紹興初，胡文定公始請爵，程子兄弟而從食于先聖先師。紹興末，向侯子忞始祠元公於舂陵。至隆興、乾道以來，則三先生轍迹所蒞皆有祠，而橫渠張子以降，亦隨其所歷而與享之。朱文公、張宣公前後所為祠記、蓋不知其幾矣。文公、宣公既各賜諡，了翁奉使潼川，以四先生易名為請。俞音風屬，由是郡國皆有祠。了翁雖不佞，猥嗣記載為文者，又已七八矣。蓋非其鄉邑，非其仕國，亦無不祠焉。余表兄高瞻絲定子守長寧，始至，屬士于學，而告之以人位兩間，天賦甚厚，自待太涼其末；勉之以希聖希賢，毋以小伎自足。又歎師道之不明也，於是祠四先生于學，而朱、張二子配焉。移書了翁，令敘所以作。顧在他人，猶弗敢辭，矧吾兄乎！然而學益久而憂益深，記益多而疑益甚。蓋古不以繪象事鬼神，不以非族享鬼神。《記》謂"釋奠于其先師"，釋者曰："如《禮》有高堂，《樂》有制氏，《書》有伏生，《詩》有毛公，億可以為之。"《記》謂"釋奠者必有合"，釋者曰："如唐虞有夷夔，周有周公，魯有孔子，各自奠之。若國無先聖先師，則與鄰國合。"夫三代之學者，有專經授徒如漢儒者乎？有人所師表而白首不見用者乎？若有功烈如夷夔、周公，則祭於大烝，又豈學者所得祠乎？審如傳者之說，此必為秦漢以後之制，而況古所謂庠序，皆為鄉民行射飲讀教法之所事，已則返於閭塾，事親從兄，親師取友，亦未有越鄉違家，羣居聚食，如漢中世以來之學校者。故余於今之郡國，祠先賢于學，謂事雖甚美，而古未有攷。

或聞而笑之曰："迂哉，必古之合而後可書，則先儒之記是祠也，無乃非與？"曰："不然也。余所謂憂益深，疑亦甚者，徒以風氣日異，去本愈遠耳。"三代之王也，域九州以居民，不特天子諸侯有君師之職也，公卿有師保之義，里居有父師、少師之教，故民聚而教行。極於春秋戰國之亂，民散久矣，然猶有聖賢在下，聚而教之。孔孟氏沒，俗流世壞，然專門名家之儒，猶足以為之師也。故生則職教於里閭，沒則釋奠于學校。習是經也，則祀是師。居是邦也，則祀是賢。記《禮》之儒，釋《經》之士，習見其事而筆之於書，而有國有家者，相承不廢。事雖不純于古，不猶愈於日降日下，師廢而民散者乎！父詔子承，師傳友習，以工文藝為儒者之巨擘，以決科第為稽古之極功，以善權利為用世之要道。間有不肯自混於俗，則入佛入老，鑿空架虛，疑周公仲尼未睹此祕。不有周程諸子為圖為書，披聾發瞽，如是而為極為儀為性為命，為仁義禮知，為陰陽鬼神，卽躬行日用之常，示窮理致知之要，則人將泯泯憒憒，無所於聞。然則於師異指殊之久，猶賴諸儒之書發藥而維持之，則是祠也，非扶世覺民之大務乎！雖然，余於此又有疑焉。自比歲以來，不惟諸儒之祠布滿郡國，而諸儒之書家傳人誦，乃有剽竊語言，襲義理之近似，以眩流俗，以欺庸有司，為規取利祿計，此又余所甚懼焉者。士登斯堂，合相共惟斯義，為其人以思之，除其害以持養之，則又郡侯所以望於吾儕者，併儳言之。（宋刻本）

鄂州州學四賢堂記　　宋　黃榦

陰陽分而五行具，人物生而萬事出。太極之妙，為之根柢，而周流其間，充塞宇宙，貫徹古今，不可須臾離也。形交氣感，而稟受不齊。慾動情勝，而好惡無節。心以形役，志以氣移，理以慾昏，性以情鑿。

鄉之不可離者，梏亡茅塞，莫之存矣。圖書出而天文始兆，聖賢生而人文始開。二儀肇分，仁義著矣。五氣順布，五事備矣。禮以天秩，典以天敘，而教行焉。因至顯之象，驗至微之理，即人事之當然，察天命之本然。加之以操存持養，則動容周旋，無適而不由於斯道之中矣。聖賢之功，與天無間。凡有血氣，莫不尊親，心之秉彝，不容已也。周德既衰，邪說並作，言道者祖虛無，論治者尚功利，談經者溺訓詁，工文者騁詞華，千有餘年，天理湮晦，雖閎博俊偉之才，未有能窮其旨歸者也，聖宋龍興，德配天地，尊道以儒，出治以仁。經術文章，一根於理。鴻儒碩士，彬彬輩出。上擬三代，下軼漢唐，何其盛哉！漸磨積累，其道之久蝕者復明焉。濂溪周先生不由師傳，洞見道體、推無極太極以明陰陽之本，人物化生，萬事紛擾，則定之以中正仁義，而人極立焉。蓋與《河圖》《洛書》，相為表裏。周子以授伊洛二程子，程子所言道德性命，皆自此出，而微詞奧義，學者未之達也。新安朱先生稟資高明，屬志剛毅。深潛默識，篤信力行，體用一源，顯微無間之旨，超然獨悟。而又條畫演繹，以示後學，周程之道至是而始著矣。窮理盡性以至命，存心養性以事天，非四先生孰能發之？道之不明，以學者無所見，而異端禍之也，四先生之道，本諸人心之所固有，天理之所不可易，則邪說不得肆，而皆趨於至正之途，至於至善之地矣。天下學者，尊信崇尚，以為孔孟之徒復生斯世。祠之學宮，以起學者敬慕之心，是則師儒之職，會稽石君繼喻之意也。石君為鄂州教授，而某適分符於沔。石君之先，太常寺簿師朱先生為門人高弟，以某為同門後進也。嘉定八年春二月，四先生祠堂成，遣其學正張熙孫來請記。四先生之書，家傳而人誦之矣。述其關於道體之大要，以見四先生之道，光明盛大，其本原固有自來也。夫以天命之在人甚明，前賢之教人甚至，聖朝之重道甚隆，師儒之衛道甚切，則游於學校而拜於祠下者，亦思所以自勉哉！（宋刻本）

江州濂溪書堂記　　宋　朱熹

道之在天下者，未嘗亡。惟其托於人者，或絕或續。故其行於世者，有明有晦。是皆天命之所為，非人智力之所能及也。夫天高地下，而二氣五行紛綸錯糅，升降往來於其間。其造化發育品物散殊，莫不各有自然之理。而最其大者，則仁義禮智之性，君臣父子、昆弟夫婦、朋友之倫是已。是其周流充塞，無所虧欠，夫豈以今古治亂為存亡者哉！然氣之運也，則有醇漓判合之不齊；人之稟也，則有清濁昏明之或異。是以道之所托於人，而行於世者，惟天所畀，乃得與焉，決非智巧果敢之私，所能臆度而強探也。《河圖》出而八卦畫，《畫洛①》呈而九疇敘。而孔子於斯文之興喪，亦未嘗不推之於天，聖人於此其不我欺也。審矣，若濂溪先生者，其天之所畀，而得乎斯道之傳者歟？不然，何以絕之久而續之易，晦之甚而明之亟也？蓋自周衰孟、軻氏歿，而此道之傳不屬，更秦及漢，歷晉隋唐，以至於我有宋，藝祖受命，五星集奎，實開文明之運。然後氣之漓者醇，判者合，清明之稟得以全付乎人。而先生出焉，不由師傳，默契道體，建《圖》屬《書》，根極領要。當時見而知之有二程者，遂擴大而推明之，使夫天理之微，人倫之著，事物之眾，鬼神之幽，莫不洞然畢貫於一。而周公、孔子、孟氏之傳，煥然復明於當世，有志之士得以探討服行，而不失其正，如出於三代之前者。嗚呼盛哉！非天所畀，其孰能與於此！

先生姓周氏，諱惇頤，字茂叔，世家舂陵，而老於廬山之下，因取故里之號以名其川曰“濂溪”，而築書堂於其上，今其遺墟在九江郡治之南十裡，而其荒莽不治則有年矣。淳熙丙申，今太守潘侯慈明與其通守呂勝己始復作堂其處，揭以舊名，以奉先生之祀，而呂侯又以書來，屬熹記之。熹愚不肖，不足以及此。獨幸嘗竊有聞於程氏之學者，因得伏讀先生之書，而親見其為人。比年以來屏居無事，嘗欲一泛九江、入廬阜，濯纓此水之上，致其高山景行之私，而病不得往，誠不自意。乃今幸甚，獲因文字以託姓名於其間也。於是竊原先生之道，所以得於天而傳諸人者，以傳其事，如此使後之君子有以觀玅而作興焉。是則庶幾乎兩侯之意也云爾。越明年丁酉春二月丙子，新安朱熹記。（周木本）

袁州萍鄉濂溪書堂記　　宋　李燔

燔之隸江西計幕也，洪之士相與言江西士之近質者惟袁。未幾，東

---

① “畫洛”：據文意當作“洛書”。

湖書院成，十一郡之士來集，燔與教事證之信。秩滿言歸，有士至自袁。
扣所習，援經對如響，則重然之。嘉定甲申秋，燔之潭，道過萍鄉，儒
冠候迓狎至，每進益恭。邑大夫商侯勞之郊，延之學，屬之為學子講說，
則更異其特然也。又三年，學長胡君安之過予廬皇之麓敘舊，既出商侯
書，且言應孫試邑無庸書，再考不敢弭吾學道愛人之心。比因臨江別駕
張侯耕得聞濂溪先生周元公嘗攝是邑，廬溪鎮官已屬鎮之士黃唐臣及其
從子天祐、天麟，建祠于彼矣。邑距鎮幾兩舍，不容以時展敬。得地大
圓驛之前，高明蕭爽，山會川至，竹木暢茂，輒効九江書堂，為屋三十
楹，通守潘侯傳適攝郡事，實助其役。前為祠堂，中設元公遺像，旁列
明道先生程純公、伊川先生程正公、橫渠先生張公、紫陽先生朱文公、
南軒先生張宣公，從以拙堂，屏以光風霽月之樓。堂之左右為齋，曰志
伊，曰學顏。下至椸湢，以次悉備，庶乎邑之士民有所風厲，可幸承流
宣化之萬一，敢累子記以開示之。

　　燔惟孟氏沒，儒者出，而小異於世俗則小震駭，大異於世俗則大震
駭。顧漢董氏、楊氏，隋王氏，唐韓氏，見謂安雅博洽，懇確奮逸，已
不逃當世之損抑，況不為數子者，則其抵冒殊扞，當何如也。元公生舂
陵，老廬阜，著書立言，神會心得。孔子之繫《易》，即陰陽以指太極，
為自末而緣本，逆推之也。元公之為圖，表太極以統陰陽，為自本而之
末，順數之也。一逆一順，或略或詳，若各出而不同，實並行而不悖，
真所謂廣前聖之所未發，秦漢以下，一人而已。然尚論其世，則自十五
六時友愛之篤，已孚于昆弟姻鄰。甫冠，行義名稱有聞於時。主分寧簿，
疑獄久不決，一訊立辨，士大夫交稱之。攝征官，袁之士流，就學於公
齋者甚眾。以至在南安，致使者之感悟；在郴縣，致守長之願學；在南
昌，致邑人之喜；在合陽，致俊秀之羣趨。莫辯博于荊國王公也，一旦
相遇，共話連日夜。既退精思，至忘寢食。莫豪逸于眉山蘇公也，作詩
稱述，既美其為全德，又極之以造物之徒。輾轉攷索，一無驚世駭俗之
事，果何為而然也？姿之所稟者全知之，所詣者極理之，所造者深德之。
所蓄者大，渾然全體，粲然大用。曾子所謂忠恕一以貫之，子思所謂溥
博淵泉而時出之，孟子所謂金聲玉振集大成者也。窺之不見其迹，乘之
寧有其隙哉！

胡君其歸，白爾長，告爾友，語爾鄰里鄉黨。永惟斯堂之建，匪曰具文，誦先生之詩，讀先生之書，又尚論先生之世，則言與意傳，理與事適，心與身融，忽不自知其有希聖希賢之功矣。二程、張、朱五君子者，言為世則，行為世法，庸非深有契於是乎？胡兄其亦歸而求之。商侯為淮西總卿諱飛卿之從子，官九江，日相與辦果州李侯道傳斂殯惟謹，今復事此，可尚也已。

曹叔遠跋云：周元公首闡太極之訓，為伊洛宗主，在在起敬。矧公嘗為盧溪鎮官，萍鄉學者至今知所趨嚮。則書堂之建，庸可後耶！縣令商君應孫，實與經始。司直李公燔，復為之記。余守宜春，邑士以顛末告，誂余書冊。余不得辭，且助錢七百緡，以訖其功。選堂長計諭三員，併委縣主簿總其事。餘既幸趣召去，將乞于朝，賜堂額。尚來者毋隳廢，以永淑後學云。後九十日某再書。（宋刻本）

宸翰閣恭記　　宋　楊允恭

臣伏讀國史，建隆三年壬戌，車駕再幸國子監，詔增葺祠宇，塑繪先聖先儒像。上自贊孔顏，又詔立十六戟于文宣王廟門，猗歟休哉！此千萬世立廟之本原也。開寶以後，嵩、岳、睢、盧，四書院相繼刱立，蒙被寵綏，而文風日益盛矣。至於天禧間元氣胥會，時則九疑之下，春陵之墟，有臣頤者出。不由師傳，默契道體，建圖著書，上以繼孔孟之絕學，下以啟伊洛之正傳。然後數千百年俗儒之習，異端之教，功利權謀之說，始不足以惑世而誣民。我朝治體之粹，所以參帝王陋漢唐者，實在乎此。中間雖歷艱難變故之會，而人心之正理，固存中國之正統，固常尊安也。恭惟陛下，同符藝祖，臨御以來，崇儒重道之典，視前朝為大備。用能再立人極，重開庚申循環之運。歲壬戌冬，御緝熙殿親灑“道州濂溪書院”六大字，以旌道學之源。奎畫渙頒，溪山改觀。蓋百年所望而不可得者，臣不佞，思以承天休而侈君賜，爰建傑閣以珍藏。闢臺門而摹揭勒，諸瑤珉貽，諸億萬與天地日月同垂無極。載念舊塾規制狹陋非稱，乃拓地鳩工，凡祠宇、講堂、齋舍，咸新之。既成，則集郡士相與勉之，曰：“國家之建書院，宸筆之表道州，豈徒為觀美乎？豈便之專習文詞為決科利祿計乎？蓋欲成就人才，將以傳斯道而濟斯民也。

士之由是路出入是門者，盍亦果確用工，希賢希聖，庶不負聖天子立道作人之意。"景定四年。（周語本）

濂溪小學記　　宋　趙櫛夫①

出道州城西二十里，曰濂溪保，元公故居在焉。未至十里許，兩峯插地，門立甚偉，扶輿兩峯間，平陸疎林，雲巘如畫，一水橫陳，乃濂溪也。溪南為先諫議墓，左龍山，右豸嶺，祭田在其下，元公遺券猶存。故居有元公祠，今奉諫議，以元公侑。環谿數百家，皆周氏子孫，率學農圃。郡守楊矦嘆曰："此非鄭公鄉乎？山川如此，何其子孫以鄭公莊也。"廼命立小學，俾知營道縣錢君寅翁經理之祠。右有功德院，蓋周氏所為奉浮屠者，扵元公家不類，宜改院為小學，聚周之子孫教焉。議已克合，乃易像設而俎豆之。去其異言異教而詩書之，為齋二，爐亭一，水竹扶疏，几席靜潔，足以助發性靈。洗凡滌陋，擇端愨士為之師，亡幾何，已有穎然悟者。矦又益喜，輟公田若干畝，別儲以廩之。予使粤之朙年，辟錢君為屬。矦寓書曰："吾州濂溪書院旣成，上灑奎畫，以賜參預，皮公辱載筆焉，敢以《小學記》為請，幸子勿辭。"謝，不獲。

竊惟舂陵以道名州，而元公扵是乎生，天所命也。今義理之學皆識宗祖，而詩禮之教不逮子孫，非長民者之責乎？古者上自國都，下至閭巷，莫不有學。凡公卿大夫之子與民之俊秀者，皆入學，所以發其良知良能而復性焉耳。故八歲入小學，教以洒掃、應對、進退之節，禮樂、射御、書數之文。十五入大學，教以窮理、正心、脩己、治人之道，肆成人有德，小子有造，以此具也。《記》曰："時過然後學，則勤苦而難成。"今之時則過矣，然性非自外來也。泉養扵《蒙》，木進扵《漸》，循循焉，毋欲速也；勉勉焉，毋自畫也。待其時至氣化，心開目明，然後精以四書，博以六籍、《易通》之誠、神、幾，《太極圖》之陰陽、動靜，皆可拾級而進。俗學秭稗也，夷學菰臘也，惟毋以是先錮其心，教可入矣。此矦所致意于周之子孫者，而子孫之所當自勉也。昔余景瞻守劍，黃子耕守台，皆能扶植先儒之裔。然龜山故廬已不能保，上蔡之孫

① 底本此處注云："景定甲子。"

至為人所陵夷，抑又微矣。元公先疇幸無恙，繇士而農，去本未遠，賢守令又從而振德之，鋤荒懇良，苕預秀苗，安知正考父之後無達人乎？政惠有限，教思無窮，侯際二公，功相近而德則遠矣，是宜書。侯名允恭，長沙人，嘗為國子博士，治狀有聞，擢持廣東憲節，蓋元公補處云。

（胥從化本）

濂溪書院上樑文　　宋　郡齋士作

伏以道待人而後行，當明正統；党有庠而孫業，宜在西郊。侈輪奐之鼎新，覺宮室之益壯。用涓吉旦，肇舉脩梁。洪惟我宋文明之朝，實生濂溪賢哲之士。不由師授，探先天太極之精微；得自心傳，蘊霽月光風之氣象。弗除庭草，獨愛池蓮。明道得師，有吾與點也之意；伊川苦卓，猶子曰參乎之時。對羑君之名山，存先生之舊址，祠堂雖有，書院未興。幸逢粉省之望郎，來作碧油之賢牧。主盟吾道，知化民成俗之方；振起斯文，建親友隆師之地。垣墉作堵，匠石鳩工。堂備七尋，應許淵騫之在寢；牆高數仞，肯使韓莊之倚門。頓還洙泗之遺風，永作潯陽之勝事。上棟下宇，方觀不日而成；春誦夏絃，更喜如雲之盛。好相兒郎之偉，同賡儒產之歌：

東　樓觀岧嶢氣象雄，知是黌宮今刱始，暮春同詠舞雩風。

南　《大學》《中庸》要飽參，悠久誠明存至理，湏知太極自函三。

西　性學淵源賴指迷，從此四方承學士，道原正統屬濂溪。

北　廈棟渠渠仍翼翼，來游衿佩得師資，端自賢侯諄誨力。

上　宮室廣居猶《大壯》，吟風弄月誦《通書》，此樂元來無盡藏。

下　負郭百間新學舍，文風濟濟士彬彬，服我史君能教化。

伏願上樑之後，景行前哲，啟迪後人。詩書禮樂之克勤，孝弟忠信之是講。窮居裡閈，悟正心誠意之端；達在朝廷，盡尊王庇民之業。無忘訓誨，永戴循良。（宋刻本）

禦書門屋上樑文　　宋　陳緯

伏以劍佩鏗鏘，萃見濂溪之學；門閭高大，益昭雲漢之章。非徒耀于眾觀，蓋欲彰於君賜。於皇聖世，丕闡斯文。在新安則錫以紫陽之名，於南康則賜以白鹿之扁。于以覺人心而開天理，于以繼絕學而興太平。
矧我元公，寂先諸老，得抽關啟鑰之妙，斥同門異戶之非。動而陽，靜而
陰，理明闔闢；及則賢，過則生，人識指歸。濯纓乎濂浦之濱，築堂于
蓮峯之下。宛存舊址，獨欠高閎。幸逢皇上之右文，每睠儒先之衛道。
諫大夫為天啟齒，庸新鳳矞之華；明師帥興學屬賢，特侈鳩工之助。鼎
新輪奐，觀改規模。禦書揭而《通書》有光，屋極建而太極並立。巍巍
乎宮牆數仞，洋洋乎宗廟百官。紫煙峯屹若在前，惟仁者靜；景星湖泓
然居左，迺聖之清。物與思以俱新，地因人而越勝。愛蓮堂上，各求所
學之精；翠草亭前，盡得其門而入，輒陳韻語，同舉脩梁。

兒郎偉拋梁：

東　龍章新渥為元公；卜吉築虹得天助，雲開晴日上簾櫳。

西　考亭伊洛出濂溪；諸賢會得圖書意，孰謂斯文不在茲。

南　雨後前山覺勝藍；寒鴉又成書塔字，行觀山色着青衫

北　入門傑閣雲霄逼；靜中萬物倚欄看，生意周流滿三極。

上　此香一瓣誰飯向；鄉坡郡帥有功多，會使斯堂成《大壯》。

下　朋來仰止如嵩華；入門志學便伊顏，盡為先生增道價。

伏願上樑之後，皇猷天廣，名教日尊。冠我我而圜門，屨沓沓而滿
戶。伊顏志學，人皆入自得焉；堯舜君民，誰能出不由此！（宋刻本）

燕都太極書院記　　元　郝經

書院之名，不以地以太極名者，推本而謹始也。書院所以學道，道
之端則著於太極。伏羲畫《易》，以之造始；文王重《易》，以之託始；
孔子贊《易》，以之原始。至於濂溪周子之圖《易》，則又以為動靜之機，
陰陽之根，建極承統，開後世道學始。至今建書院以明道，又伊洛之學
傳諸北方之始也。所為名五始並建，則幽都朔《易》，復一太極也。初孔
子贊《易》，以為《易》有太極，一再傳至於孟子，後之人不得其傳焉。
至宋濂溪周子，創圖立說，以為道學宗師，而傳之河南二程子，及橫渠
張子。繼之以龜山楊氏，廣平遊氏，以至於晦庵朱氏，中間雖為京檜恇
肯諸人梗踏，而其學益盛江淮之間，粲然洙泗之風矣。金源氏之衰其書
浸淫，而北趙承旨秉文，麻徵君九疇始聞而知之，於是北方學者，始得

見而知之，然皆弗得其傳，未免臨深以為高也。庚子辛丑間，中書令楊公當國議，所以傳繼道學之緒，必求人而為之師。聚書以求其學，如嶽麓、白鹿，建為書院，以為天下標準，使學者歸往相與講明，庶乎其可。乃於燕都築院，貯江淮書，立周子祠，刻《太極圖》及《通書》《西銘》等於壁，請雲夢趙復為師儒，右北平王粹佐之，選俊秀之有識度者為道學生，推本謹始以太極為名，於是伊洛之學遍天下矣。嗚呼！公之心，一太極也。而復見一太極學者之心，各一太極也。而復會於極畫前之畫，先天之《易》，盡在是矣。使不傳之緒不獨續于江淮，又續於河洛者，豈不在於是乎？是公之心也，學者之責也。其惟勉旃。（周誥本）

燕都周子祠堂碑　　元　郝經

道之統一，其傳有二焉。尊而王，其統在位，則以位傳；化而聖，其統在心，則以心傳。位傳者，人人得之，故常所在不忘。心傳者，非其人則不可得，是以或絕或續，不得而常也。三代而上，聖王在位，則道以位傳，堯、舜、禹、湯、文、武、周公是已。三代而下，聖人無位，則道以心傳，孔子、顏、曾、子思、孟子是已。周室東亡，秦人西并，祇一王位屹為爭奪之，具得之者，非血戰之豪傑，則推刃之子孫。其心則蠹於佛老，散於辭章，蔽於法律，瞀于功利，壞于智數。聖人不作，強有力者，掣位而不置，不復傳道，而道統紊矣。千有餘年之間，學士大夫致志用力，掇拾殘斷崎嶇章句，不為不勤，其獨造自得，力探特詣，以道自任者，如揚、王、韓、歐，絕無僅有，雖競于一時，而其學不復傳，是以終不能永聖人之統，續而復絕也。剝蝕糜爛之餘，債踣撐裂之極，獲聖人之心，紉緝道緒，傳諸其徒，益久益彰者，有宋春陵周子而已。其學不知其所自，不事章句，不工文辭，不務決科，沛然一致。諸道蹭蹬孔孟之後，瞰視羲文之前，揭振本根，後泐土苴，範圍天地，窮神知化，盡性至命。創為太極一圖，申明《大易》先後天之幾，著《通書》數十章，指陳聖學之極致，發前聖之蘊奧，先儒之所未言，為道學宗。傳心之統，蓋其欲慮淨盡，極於精一，篤於純誠，遂造高明，乃能如是。故太史黃庭堅稱其為人如光風霽月。其瑩絕洞出，猶可想像。一傳而得程顥、程頤、張載，再傳而得楊時、遊酢，卒之集大成于朱熹。

泛濫充匯，遂溢洶薄，君相服膺，師儒鼓篋，而學者徧天下。六經《語》《孟》，各為傳注；性理象數，各為論說，正千載之訛，復一貫之道。既傳諸其徒，又傳諸後世，又傳諸外國。迄今二百餘年，莫不知義理之所在，各為一太極，反諸吾身，各有一《易》，使人人自致聖域，而不以為難。由漢以來，未之有也。祠記之禮，盛於江南而未至於河朔，今領中書相國楊公始嗜其學，乃建太極書院于燕都，立祠於院，以祀周子，以二程、張、楊、游、朱六子配食，歲時釋菜，尊為先師。燕自安史之亂暌隔王化者，將四五百年，至於孔孟之祀，亦將廢墜。一旦祠祀道學宗師，而以其徒配，禮秩文采，警動幽朔，尤近世所未有也。嗚呼！道統為不亡矣。祠既成，適經貳於公而徵銘焉。遂序其事而為之銘。

周子諱敦頤，字茂叔，湖南道州人，仕至虞部郎，廣東提刑，分司南京，卒于江州。嘗築堂濂溪以自名，故門人號為濂溪先生。銘曰：

析木之津，上扶斗極。周子有廟，復一太極。民不鄙夷，會歸有則。

渺渺絕緒，如絲伊緝。聖遠弗續，又從而棼。祗揚其波，不探其源。

縱尋斧斤，自笺其本，舍轍而車，血手燥吻。客氣鼓勇，莫不債隕。

過高好奇，誘於誕空。看鳥應人，自忘其躬。不及與過，皆失乎中。

聖心有端，聖學有要。無欲而一，乃造其妙。無極之真，根柢茲道。

道有一極，極盡無餘。轉幹化府，推激神樞。天地人物，蜒殖貯儲。

心紀不傳，乃載於書。六經一《易》，道統之集。梁折山隤，千載寥聞。

無為升堂，更孰入室。日下有日，五星聚奎。發源湖南，流派江西。

肩顏踵孟，傳心仲尼。伊洛湯湯，會為一水。復生晦翁，又一程子。

坦坦一道，昭昭一理。《太極》有圖，《通書》有章。遂令燕雲，亦如荊揚。

嗚呼盛哉！吾道之光。（周誥本）

道州路重修濂溪書院記　　元　歐陽玄

道州路濂溪書院，是為子周子專祠。其址在郡城西偏，與學為儷。郡學有先聖廟，每歲春秋二仲，上丁郡侯率教授、山長各以其職率生徒，祀先聖於郡學。次丁則合祀子周子於書院之專祠，每月朔望，歆謁皆然。

原其初建，蓋由時制其獨祠濂溪，亦其事勢適然。故祠事之專，無間言者。歲久，祠宇寖弊，至正壬午，山長張議撤新之，郡侯李某樂助以相其志。未訖，代去，代者區誠能繼其事，於是祠宇一新。歲乙酉，番易吳侯肯來為判官，仰瞻新祠而門廡弗稱，謀諸郡長復加繕脩，適山長戴世榮又來代區，而郡士蔣通復亦請出貲，改作應門四楹兩廡稱是。祠之後舊為誠源堂，堂之後為故守高峯楊公之祠，左有愛蓮亭暨清遠樓，右有光風霽月之堂，至是斥故易新，丹艧相映。世榮割己俸，作石臺於應門之南，從廣二丈，衡倍之。又率郡士文某作瞻德亭，亭甃石為街，繩直砥平，中外改觀，前此未嘗有也。先是周子有子二人，長子司封郎中壽，次子徽猷閣待制燾。壽之後遷居江州，燾之後居道州。吳侯求得其八世孫善溥，薦之當道，請援顏、孟例，世以其後人之賢者為書院山長，以奉專祀。憲府是其議，移有司達之行省焉。明年丙戌冬，吳侯以遭事至，則偕世榮奉事狀謁予歐陽玄，請紀以文。玄惟周子祠事若春陵、若九江、豫章、邵陽皆有碑刻，作者多名世大儒。玄於是敘勞績，紀歲月斯可矣。然而抽繹父師之言，亦有可贅一辭者，不敢以勦說辭也。

　　昔者子貢謂"夫子之文章可得而聞也，其言性與天道不可得而聞也"，孔子言性與天道莫著於《易》，所謂"乾道變化，各正性命"，所謂"一陰一陽之謂道，繼之者善，成之者性也"。皆言性與天道者也。時門人可以與於斯者，鮮有人焉。子貢晚年始獲有聞，故有嘆美之言。及孔子沒，知此者，唯子思、孟子而已，兩漢以下諸儒見其彷彿焉。子周子生乎千有餘載之下，得孔孟之緒言，著《太極圖》《通書》，泄造化之機，發聖賢之秘，如指諸掌。故孔孟之後首言性與天道者，周子一人焉。世儒或疑周程授受不及《圖》《書》，殊不考程子之言，有曰："天地儲精，得五行之秀者為人，其本也真而靜，其未發也五性具焉。"曰："仁、義、禮、智、信，形既生矣，外物觸其形，而動於中，其中動而七情出焉，曰喜、怒、哀、樂、愛、惡、欲。"謂斯言非本於《太極圖說》《通書》可乎？孟子言天地之性，程子兼言氣質之性，然後荀、楊、韓子之說俱廢。氣質之論原於周子，昭然而無疑者也。自《太極圖說》《通書》行世，世之為儒苟知濂洛之書者，無不獲聞性與天道之言焉。假令子貢復出，當嘆今之學者得聞斯言為幸。而諸儒猶有橫議於當時者，果二書之為異歟？抑立論者之好異歟？皇元定宋，九儒從祀，周子居其首。尋又有制，進汝南伯，為道國公。蓋乾淳以來，新安朱子最先尊信其書，聖朝重朱子之學，以程式天下之士，則周子之書益表章於世，宜哉。雖然，國家興校官，廣書院，為學者之地，可謂至矣。周子曰：“師道立，則善人多；善人多，則朝廷正，天下治矣。”継自今以後，教者以師道自持，學者以善人自期，將見真儒之效施於朝廷四方，未有紀極。如是，則書院之脩，豈徒侈專祠示觀美而已？

某幼年侍先君子，職教是邦，讀書濂塾之側，追思昔賢来游来歌之地，又因吳侯之請，輒以舊所聞於家庭者，附書於斯焉。吳侯肯，字以堂，以教官入流，選為憲椽進行省，歷代昌、南海兩縣尹皆有善績，為政廉明，且知大體。是役也，達魯花赤塔海大中同知虎都魯實綱維之，其贊襄協恭則經歷李時，知事李信也。（胥從化本）

濂溪故居祠堂記　　元　歐陽玄

春陵郡之西，距城可十里，有鄉曰營樂，里曰濂溪，周子故居在焉。左有山曰龍山，其形蜿蜒如龍。右有嶺曰豸嶺，巖石崦岈，其狀若豸。中為平田，有水透迤田間，澄澈見底，卽濂水也。其居舊制有堂三間，門廡稱是，堂塑周子之父諫議大夫像，居其中，周子像居其右側。司封郎中壽、徽猷閣待制燾之像以次待坐，周子之二子也。在宋之代，春秋二仲，以次丁日，守令詣祭聖。元崇右濂洛之學，追封周子為道國公，祀事視昔加豐。而故居湫隘，歲久浸敝，祭畢飲福，守令以下雜列門廡。延祐七年，邑人熊偉調營道主簿，嘗預祭列，進里儒唐道舉而勉之曰：“周子故居淪沒弗稱，祠祀弗嚴，君生其里，可坐視乎？今以繕脩之責相屬，君其勿辭。”道舉對曰：“故居乃數歲有司輒一脩之，因陋就簡，餙故為新，補鑲為完而已。吾欲異於是，可乎？”主簿嘉其好義，卽白之郡侯，以公檄獎勵之。道舉聚財庀土，伐石陶瓦，除其旁地，斥大舊基，崇臺三間，立為專祠，以祀周子。列先賢碑刻于其側，後為重屋，上下皆施双梁，如廳事。上設諫議像，正坐，旁設司封、徽猷像坐，東西相向。下為與祭官止息之所。未及落成，而道舉卽世。後三年，應詔復作東西序凡十間，以畢先志。未幾，屬邑有警，兵事方殷，作輟者十餘年。

至正六年，府判吳潛寔來訪應詔，竟成之。應詔感激，扵是繚以周垣，袚以堅甓，丹垩彰施，新扁昭揭，規制完美，百倍于前。為屋大小內外以楹計者，百四十有奇。然後每歲祀事，籩豆有序，班次有位，陟降有儀，徹俎而讌，旅酬有所，僕從列為，咸有苄頼。乃介士子浚儀趙君嗣隆，奉事狀來請玄記之。

　　惟昔商容，商之賢人也。周武王伐商，有天下，過其閭而式之，史書于冊，召伯布政南國，聽民訟甘棠之下，南國之人為詩以相戒曰："蔽芾甘棠，召伯所茇，勿剪勿伐。"夫商容，一代之賢，其所居為時君之所敬禮；召伯，一日之居，其所止為邦人之所愛護，猶且如是。子周子上接孔孟之緒，下開程朱之學，有功斯道，昭被萬世，其故居脩營，是固王政之所當先，侯度之所當舉。然贊府熊君謀於其始，通守吳侯濟扵厥終，唐氏父子實克繼紹，是究是圖，垂三十年乃底成，績其可無記載乎？大德丁未戊申間，玄從先君子翼國公典教是邦，歲祠，屢造故居，蓋嘗目擊而能言者，乃記以授嗣隆，俾歸勒之石，以勸方來云。至正八年，歲在戊子，九月已酉記。(胥從化本)

重新三先生祠記　　元　金潤

　　日月星辰之懸象扵上者，天道也；山川海岱之成形於下者，地道也；仁義中正之糸贊乎其間者，人道也。應之為五行，配之為五嶽，賦之為五常，稟之全秀之萃者，其維聖賢乎？夫三皇繼而五帝，三王降而五霸，篤生吾夫子之聖，維持天紀，煥耀人文，襄集大成，纂述六籍，道貫天地之始，教垂天地之終，嗟乎！木鐸声稀，微言寝息，世道治忽，吾道隨之隱顯。一脉微微，不絕如線，秦焚焰雪，漢撥爐餘，三國鼎分，隋唐夷集，五季之衰壞亂極矣。天運好還，道不終窮，必有言而為經，行而為法，不河而圖，不洛而書，續千載道統之緒，啓六經性命之源者，出若周元公是也。堂上畫太極一圖，以授二程，示《大易》之妙，揭二五之精，化化生生而無窮，有天道焉，地道焉，人道焉，何也？男女一陰陽，吾心一太極也，散之一本而萬殊；斂之萬殊而一本，即吾夫子之一貫，曾子之一唯，可以默契而不可以語索，可以神領而不可以聲傳。此之謂見道之真，此之謂心與道一。自非二程親受道學之傳，以興起斯文為己任，則白晝而長夜者，何自而明哉？此有功扵天地，有功扵生民，宜其過化之地有祠而奉之也。歲久既沒，景泰四年癸酉，實潤至郡之明年，卽其故趾增闢而廣之，更新以復其舊，蓋諸賢從祀學宮，明時之通制也。嗚呼！慨先傳之既遠，欲妙指之常新，則茲祠之建，思其人，尊其道，庶幾有所感發焉者，潤之期望深矣，故為之記。（胥從化本）

創建作養濂溪先生後裔書院記　明　李楨

古今國學、鄉學，胥以淑士，惟家塾尤重，謂習服與處其浸化易也。古八歲皆入小學，豫習需之成元，凱濟美達，騙興門下，視饕餮不啻青漢黃壤。此非性遠，教與未教，習漸然也。周氏自諫議君來，若司封郎中壽，微猷閣待制燾，皆嗣顯厥，後代不乏人。顧未有紹先生學以興者，其故安出？夫梗梓豫章世共材之，至取而器之，非就輪斲不成。先生之裔，氣脉攸鐘，稍淬礪培植，其速肖必甚。余既落為濂溪祠，為書院，已復增置祀田，虔祀事。因掭訪裔孫農強，半有未嘗問學者。余太息曰："先生以道宗祖天下人士，獨奈何令先生之後失學若是？豈所云報稱先生者哉？"淳祐時有舉行，按其遺制，扵正堂就立儒學齋，求先生族派齠齔以上，得二十人，使山長領其事以教，其意良善，不知孰為廢之。將肉食者鄙，漫不加意修復之耶？抑時有待也。《語》云："有其舉之，莫敢廢也。"

今修書院矣，湖南吳糸政中傳業碑，其棐仍專。於祠左構書院一，區半廟制。中通為堂，楹凡四，略如褉室儀：外，群生儒遊息；內，容几榻肄業之所。凡在周氏子姓，皆得趨樞執經於此。又于弟子員中推擇六人，共修業。令世世守，毋涸。夫崇儒圖報者，熙朝之盛軌也。法祖繩武者，象賢之嘉樹也。方今崇儒之典，自國都郡邑，慮無不俎豆。復于子孫，爵以世之，田以業之，盡勝衣以上皆得與青衿選，即不能與闕里比隆，亦不可謂不優且渥矣。夫國家不負賢胤，若賢胤將何不負國家。令收得士之報，余聞孝以承家，即忠以報國。他人之孝三牲四牲享已爾，周氏胤蒙先生之休，千古常存。惟是闡繹其緒，玩圖契書，求所謂無欲主靜之旨，設誠行之，無矜名，無顜貨，無惰業，無靡寵榮而驕士，斯可當先生之廟，胤受國家之養，興教慎毋名先生，儳鮮先生之賢。令有司創建作興，而無所謂余何所取，亦爾祖先生何所取。是役也，始扵萬曆壬辰年七月十一日，成於本年九月初四日，遂勒為記。(胥從化本)

重建濂溪周先生祠堂記　　明　李楨①

道州古營地，濂溪周先生產也。余撫填思偏楚澤，得至其地，一展謁迹先生之遺風，馨夙日之渴慕。乃地越在三湘九疑，遠鮮公祛。竊計欲正人心，當明道術，欲明道術，當崇真儒。卽余下郡國，檄求古哲近世道德功業，士孰如先生者？亟下檄問先生祠，郡守李發報曰："先生舊祠在濂溪溪上，代建代燬，嘉靖辛卯新之，而今火矣，遺屋數楹，雜榛棘中，祀事未稱，乞新之，顧材無所出。"余手狀瞿然，起曰："先生祀可火哉？明祀不崇，世教不立，時余之辜，此豈余得徼先生靈，使得稍效門墻役哉？"檄所司亟治，不則圮費滋廣，所司欣然成之。奉計畫，聚方材，日勤匠石，攻之期月乃成業。二三大夫謂余當記。

記曰：夫大道甚夷，窾言無當。秦燼後，學者爭鶩，多押闓談，辯益騁，爭益熾。鴻儒達士，競為空虛，使人蕩而無歸。先生崛興千載後，超然妙悟，著書立言，主靜示本，無欲示要，尋孔顏樂處示程。契象月岩，濯纓濂水，愛蓮取德，喜拙矯俗，襟懷光霽，志學伊顏，實學彰彰，卒令伊洛得循遺教，延於今。高媿夫世之談叢辦囿者，余謂心教有悟不悟，而身教無悟無乎不悟。先生甫二十，仕分寧簿，分寧久獄不決，至卽立決，人驚稱曰："老吏不如也。"今之士，有能弱冠蒞民，一遇事卽照徹始終，立決如先生者乎？司南安，獄有囚，法不當死，轉運使王逵苛治之，先生力爭，不得，投手板去，曰："如此尚可仕乎！"今之士，有能持三尺法，不依阿如先生者乎？嘗令郴，郴守李初平知其賢，薦之。初平卒，子幼，先生曰："吾事也。"遂護喪歸，徃來經理其家。今之士，有能義不背恩，始終如先生者乎？嘗宦邸，一日暴死，或檢敝篋，無百錢，倘死，卽藁葬，無恨也。今之士，有能清脩勵節，至不以死生貧窶動心如先生者乎？由桂陽知南昌，其富室大豪，黠吏惡少，不獨以淂罪令君為憂，且以污穢善政為恥。今之士，有能化其民，格其心，至不忍

---

① 底本此處注云："万历壬辰。"

污善政如先生者乎？凡此，先生身教也，是仁義中正見諸行事者也。余以政事辨官材，故不敢深言玄遠之理，姑卽先生見諸行者，願諸大夫與二三有司，日取而內度之，曰：“某事當決，某法當執，某義無二心，某義窮約不以利污義，某民未若訓。”取先生脩政化民者，驗其成，此余所為建廟崇祀意乎！故性天之奧，造化終始之微，則在精義入神者，當自淂之，非余言所竟。

　　嗟夫！余少有志於道，慕先生獨深。先生道德永宇宙，非以祠存不祠而熄者，顧吾人在三之義安在？古之式里懷棠，非私其人也，出吾不可泯滅之真已爾。春陵，毓秀之鄉，先生長子孫以是，後進之観法以是。薦紳學士涖茲土者，登先生堂，思先生道，中無名教自振者乎？此祠尤不容後也。是役也，凡因之五，凡新之五，舊祠中為堂，堂五楹，像先生其上，左右為二程先生像，與翰博燕居，皆不煅。仍其故，稍新之，其前為聖學源流坊，旁為継徃開来坊，悉重餙之，相望若翼然。門內仰濂楼，偕廡共五楹，前為應門，扁曰“恩荣”。應門外為宋大儒第，門規制視前稍廣，門外甃石為道，丹艧相映，疉革聿昭，稱崇勝云。經始辛卯十月，告成壬辰八月，主之者為叅政吳中傳，副使張世科、劉大武，僉事徐學聚，而永州府知府葉萬景，同知張守剛，推官林汝詔，道州知州李發均有締造劳，併記。（胥從化本）

新置濂溪先生祭田記　　明　李楨

　　予圖周先生春陵棄梓地，若故里，若山川形勝，時得目寄而神遊焉。復捐貲新祠，建書院，創先生後裔塾，于予心未已也。考古祀典，凡功德顯懿者，法得俎豆于鄉，為之世業，名曰祭田，令世世保之，將儻法而永其傳。

　　先生自宋以來，歷勝國。我朝著令甲守臣歲祀，當其時有祭無田，殊為逸事。後洊加得廢寺田五十畝，数亦未廣，不足庖湢之需。予下檄言田事，道州守發報曰：“先生一十五代嫡孫聰官，襲翰林院五經博士，弟子員四名，一瞻以廩奉祀，生三名，餘業儒者三十八人兼耕事，田地隘少不足糊口。先撫按接置，僅供祀子孫日用急，殊為逸典。”予覽之愀然，茲非予涖土者咎耶？先生悟道，圖書朗映千古，人類能艷稱亦當豔報。自羲黃衍沠，鄒魯弘之，老、莊、楊、墨蔓暢浸淫，角吾道而識大識小。向云有聖知言養氣，向云有賢得有所藉，以私淑者幸。自佛說行而儒道絕，清虛詞章之徒又從而咻之。道至宋蕪如也。先生起南服，主盟斯道，蠹簡曷憑，師友靈臺，消息二五而象心超悟，遂使魯鄒秘傳，道德性命、仁義禮樂、君臣父子之常，燦然復明于世，伊誰之力？以故縉紳達士，挹彼清流，置榮名度外。而志幽貞者，景高風，修娇節，澹然釋窮苦鬱抑之氣，乃玩若圖，印若心，誦若書，飲若醇，千載神交用繼其不絕之緒者，月岩星墩，萬古如昨，伊誰之功？先生上接下啟，亦既舉賢聖之田，而穭蕘之能，令萬世下不盡榛莽者，伊誰之勳？不可亘人，尸戶祝之，獨奈何惜此小費，致令祀典不稱，而後裔養闕如耶。

予少始知學，寤寐先生，幸今遊先生鄉，恨不一至其里酹奠。每念先生祭舉於春秋次丁，関國家重事，祭田未廣，時祀欿然，古式閭封墓者，為其賢也，藉以風世。今夫樹木為社，凡過其下者，儼然敬焉。功如先生，而曾不祀典，隆重得比魯鄒百一，非予溢土者咎耶？爰捐金置之，令博士掌供常祀，推其牧，餘得周宗乏。噫嘻！先生生無置業，至無百錢，襄事明通公溥，一于無欲，宛然浮雲富貴，家法踵簞瓢，遺風歿而有知，又焉計享與厚否。善學先生者，自當有恬淡真味。獨念在三之義，而弗能已已如是。余不自知，其何心猶適南畝，深予耕，易予耨，胼胝予手足，非惟不自汗流筋劳為苦，殊以為楽，作之弗輟。却望後人種先生學，而日至熟之矣。予既田矣，當為田記。若曰田七十三畝五分，與捐助者之姓氏，俾周氏子孫世識其業，永念先生，予令太守發勒之瑉陰。本院助銀柒拾柒兩壹錢叄分，按院李助銀貳拾兩，本府推官林助銀拾兩，本州知州李助銀貳拾兩。共買田柒拾三畝伍分。（胥從化本）

宗濂書院記　明　蔣春生

永舊有東山書院，久圮。嘉靖庚申，巡撫陳公仕賢移文建復，郡守劉公格乃率教授秦紹益定卜于郡學之後，未果。歲壬戌，黃公翰來守茲土，適巡撫徐公南金、文宗楊公豫孫再申前議，且以"宗濂"名額。黃公乃捐俸佐費，不半載而美成焉。爰選士會課，日切劘其中。歲甲子，與計偕者三人，諸士謂盛舉，不可無記，屬余記之。

　　余也涵濡于濂溪道化之中，敢繹宗濂之義，為諸士勖，可乎？歷考書院建置固多，而惟四書院稱為獨盛。然其所以得名於天下者，嵩陽、睢陽會靈中土，岳麓、白鹿拱秀衡廬，而過化開來，寔以人重，士瞻其地，有遺思焉。後之人景前獻挹地靈與經紀而表章之，所謂靈傑攸萃，美盛並傳，宜非他郡比也。惟茲書院，面仰九疑，背負衡岳，崙峯列翠，瀟湘環碧，而高爽秀特，異昔湫隘，偉哉！蓋一郡矣，且舂陵永屬，而濂溪夫子之所產也。彼寓賢過化，尚啓繹思，矧故里流風，尤便私淑，諸士披圖玩旨，主靜敬脩，志伊學顏，期光前哲，得無高山仰止之思乎？此宗濂之所由名，而亦監司郡守期爾諸士之意也。計院大門三間，門外坊牌一座，堂後太極閣三間，東西號房二十間，西甃以堅石，袤二十餘丈。（胥從化本）

重作書院記①　　明　葉盛

　　嗚呼！周先生之道，孔子之道也。斯道也，原於天命，具於人心。非伏羲、神農、黃帝、堯、舜、禹、湯、文、武之聖，無以行斯道於時，以濟生民；非孔子之聖，無以明斯道於書，以球萬世。夫天豈不欲斯道之常行於世，以為生民無窮之幸哉？顧勢則有不能耳，世不恒然，而天之心則無時而不然。故孔子既徂千五百年之久，復有周先生者出，而斯道之傳不絕而復續。使時君世主動以伏羲、神農、黃帝、堯、舜、禹、湯、文、武之道為準則，為帝為王，迭為進退，而斯世斯民延頸想望，至治之如古昔盛時，而不至於糜爛之極，蓋亦非偶然之故矣。觀夫孔子之言，櫽在六經，蔑以尚矣，而鄒孟氏者聞而知之，自擬私淑，其為言，曰性善，曰義利。而前聖之道為愈明。周先生生乎孔孟絕學之後，乃以卑官辱寓南安。當時有程珦氏，獨能識先生，而令二子師之，是為河南兩程先生。父子、兄弟、師友之間淵源流派，耳聞目見，口傳手授。而其為書，則曰《太極》，曰《通書》，曰《易傳》，諸書發揮天人之蘊，

---

① 底本此處注云："成化三年。"

開示學者身心用功之要，其推明前聖之道為益切。所謂天地不悖，鬼神無凝，考前聖而不謬，俟後聖而不惑者。至于今人，知有孔氏、伏羲、神農、黃帝、堯、舜、禹、湯、文、武之道，的然如見，可舉而行，此天之愛生民，其心固如是，而必於孟子、周、程焉屬之，詎不然歟，南安之有道源書院，肇於宋乾道乙酉郭見義所創三先生祠。自是以來，終宋迄元，其間嚮慕之士，如江丞相萬里輩，皆累有興復之盛，寖久而廢。國初更為大庾縣學，學有祠，後學革而復廢。景泰中，郡人雖有復祠之舉，未備也。成化紀元之初，南安知府前刑科給事中桐城姚旭，大庾縣知縣前歷應城、新塗兩縣吳郡夏璣，皆以進士高科服官有年而出牧于此，曰：“吾徒先務之大，有如邦先賢三先生，宜不得而緩。”乃相與捐俸，躬為募率，得好義士民若干人，協力一心，重作道源書院於舊祠之後，榜其楣曰“景行之堂”，藏書其中，以待來學。前甃巨石為光風霽月亭，仍別為一室，載植理皇當日親染賜額之碑，而又有周垣之固，重闉之嚴也。書來圖狀與俱，而屬記於盛，且曰：“故縣學弟子員并入南安學，密邇書院，尤碩聞所以教諸生者。”噫！盛愚，何人而敢有言於三先生者乎？雖然，三先生不作又幾五百年矣，而三先生之遺書不亡而存，諸君有不聞而誦習之乎？志伊尹之所志，學顏淵之所學，此固周先生之言也。“一命之士，苟存心於愛物，於人必有所濟。”此程伯子之言，是亦叔子之言而已。爾士無志則已，苟志於道，必也終其身服膺乎三先生之言，以篤行乎三先生之道，庶幾有以副乎今日興復是舉之盛心，而為無負乎方今明盛之時。（胥從化本）

復興書院記　　明　謝鐸

　　南安守天台盧君濬既興復道源書院，而以書來告於鐸曰：“南安，故濂溪先生周公之仕國，實二程先生所從以受學之地也。”蓋宋慶曆中，先生嘗為南安司理，二程之父太中公適倅于茲，知其為知道者，因與之友，且使二子徃受學焉，即所謂每尋仲尼、顏子樂處，而吟風弄月以歸者也。南渡以來，九先生宦遊所至，若洪、若韶、若邵、若江州，皆有祠以尊奉之。況南安所謂道源書院之榜，實理宗御書以賜，顧得而後之哉？惟我國朝，益崇正學。先是，若姚守旭輩，雖嘗更新而歲久寖壞。弘治庚申，復圮于水。越明年，潘移守自黃，大懼弗稱。又明年，乃圖興復。因白于提學副使錫山邵公國賢，議以克合，遂經始于今年甲子之春，至仲夏而成。祠凡四楹，先生南向，二程先生左右列以侑焉。祠之後為景行堂，其前為光風霽月亭，亭之前為大門，取故御榜而揭之。提學公謂不可無一言以紀成績，因屬潘以請。

嗟夫！先生之道高矣！美矣！豈予末小子之所敢知？然竊嘗究觀儒先之說，抑不敢謂無志於其梗槩之萬一著，蓋先生道本天畀，學匪師傳，著作圖書，闡發精蘊，體用一源，隱顯無間。上接洙泗千載之統，下啓河洛百世之傳。脉絡分明，規模宏遠。遂使孔孟之後斯道再明，如日中天，如水行地。所謂“歷選諸儒授受之次，以論其興復，開創汛掃平一之功，誠未有高焉者也”。由是而觀，先生之道實天下之所共仰，百世之所當祀者。蓋嘗秩之孔廟，與天地相終始矣，夫豈區區一方之仕國所得而專之哉！惟覿其去思之蹟，仰其過化之神，則所以致其尊奉之誠。自有不能自已者耳。辟之指日窺天，鑿地得水，而謂天與水其專在是，夫豈可哉？雖然秩在廟祀，固天下百世之所共守，而仕國之祀則實繫乎守土之人，否則先生宦遊所至，豈值南安哉？豈直所謂若洪、若邵、若韶、若江州者哉？於是益足以見盧君之賢，若乃力取先生之遺言，探討服行，而不為異端俗學之所疑誤，則又提學公之責。而鐸竊亦預有愧焉者也，又豈直一書院之興復，竊名文字之末而已哉！（胥從化本）

道州重修儒學記　　明　瞿景淳

道州在荊楚南徼，去京師五千里，自唐以來建學造士，有學舊矣，唐衰，地入於馬氏，日尋干戈，文教寢微。至宋而周元公出，我明正統間，朝廷採言官議，復官周元公子孫，以屬世教，儒士向慕彬彬，與鄒魯河洛並稱矣。然廟學多宋故材，復有傾圮，海虞錢君兌嘉靖甲寅自京兆出，典州事，既謁文廟，退卽講堂，遍觀門廡，深懼不稱，時科目久闕，廼進師儒詢故實，慨然作曰：“十室之邑，必有忠信道之州域，不下數百里，而設科取士，比歲莫應，是有司訓迪不至也。”因白當道斥俸入出幣餘，鳩工斂材，先文廟，次明倫堂，次啟聖祠，次尊經閣，以嘉靖丙辰十月乙未日始事，逮丁巳年八月乙未日告成，道之學制弈然煥然，士類欣欣思奮，人以誦錢君之功，乃屬予記之。

予謂世道之升降係人材，人材之盛衰係學校，學校之廢，患在有司玩愒，忽其漸而不知救，遂至大壞莫文也。東漢之末，學舍鞠為園蔬，生徒相視解散，漢遂陵遲不振。學校興廢，夫豈細故哉？今海內之士，咸誦法周元公，而道州則其鄉也，元公論聖以誠為本，論聖可學，則以無欲為要，蓋無欲則一，一則誠。學而無欲則為顏子之學，可以達天德；仕而無欲則為伊尹之志，可以語王道。茲元公之所以訓後學者，道元公之鄉，尤宜敦篤而駿惠之也。夫學校之不修，有司之則；學術之不正，亦多士之恥也。元公去孔孟千餘歲，猶能得不傳之學，今多士去元公僅五百歲，獨無紹元公之傳者乎？遂敬書以復錢君，且以冀正學之復振云。嘉靖三十六年丁巳八月日記。（鄧顯鶴本）

會濂書院記　　明　郭崇嗣

會濂書院者，寧邑令所以祀周程者也。邑在道州東七十里，城東有故學址在焉，歲遠跡亦湮，蓁莽蔽塞，駸駸乎居人鹽食矣。萬曆改元，縣令缺兩院，疏薦江華令蔡君光加靖州知州來理縣事，甫下車，多所振舉，首崇教化，諸生具狀言曰：“濂溪周元公者，百世之師也，邑志載刺史周君二墓，皆其高祖，則元公雖家世營道，而寧遠實其木本水源之地也。又聞父老相傳二程先生嘗從元公盤桓於此，是學宮又其講道之所。夫昔人慕東坡者，建步蘇之亭，思元規者，有懷庾之閣。況周程發千載之祕，續道學之傳，尤吾儒之追思仰慕者，盍即學宮故地建祠祀之，以稱仰止之意乎？”蔡君喜躬往閱之，相關地形寬平高爽，風景壯勝，有水自舜源峯來，映帶左右，西抵道州，與濂水合，喟然太息，謂諸生曰：“斯道之在天下，猶水之在地中，道統之相傳，猶地脈之相通也，舜受執中於堯，為道學之祖，而元公當千載絕學之後，不由師儒，默契道體，其一脈之相傳非偶然也。觀此水之發源於舜峯，而會於濂溪，殆天造地設，顯示濂溪先生得斯道之正派乎？夫景行先哲者，諸生之志也，彰軌民風者，令長之責也，是誠在我。”乃芟荒蕪，畫為規制，中構中堂三間，以奉三主，而堂之後為太極閣，閣之旁為風月亭，左右列講堂，號房若干楹，以為諸生肄業之所，告成，揭其楣曰“會濂書院”，以其狀上之州，州上于府，太守丁君嘉其事，請予為記。

余惟元公從祀孔庭，載在令典久矣，而所產所遊之地，又各有專祠者，禮以文起也。寧遠，元公所自出，誠宜有專祀，而卽儒宮為書院，又足以作士而振民，甚善舉也。孟子有言："善政不如善教入人之深。"而崇儒重道，又教化之尤急者，寧遠地偪九疑，猺峒相雜，習弄戈矛，鮮知禮儀，有司往往文德不修，濫施箠楚，鳥驚鼠竄，終難望治，蔡君蒞邑三載，撫猺輯眾，禮教是崇，其為此役蓋深知政本者乎？諸生游息於斯，樹希聖希賢之業，百姓觀感而化洽，雍雍禮讓之風，當無忘其化道之原矣。是宜鐫於石以垂不朽云。（鄧顯鶴本）

崇正書院記　　明　朱應辰

崇正書院者，靖州太守蔡公建於寧遠，以明聖學、端士習者也，書院因古刹舊基為之，昔崇佛教於此，公毅然為之，揭以"崇正"之名。寧遠之民惑於佛教去父母，離宗族者，歲不知若干人，至於七八歲之童，負美質，堪讀書者，父母又遣去投佛為徒，故讀佛經者，較於讀儒書者為多。公憂之，乃卽近城建為書院者二，一曰會濂，一曰崇正，名雖異而明聖學、端士習之意則同。夫道，一而已。精一執中之說，昉於堯舜，傳於孔子，已而乃有異端之稱，及孔子沒，而楊墨之言，遂盈天下，非孟子辭而闢之，安能使之廓如也？厥後黃老於漢，佛於晉、宋、齊、梁、魏、隋之間，千餘年後，始得一周子倡明道學，而後程朱始有所傳，故濂溪之學，卽孔孟之學，教之正者也。濂溪近寧遠之鄉，鄉之後人乃近而遺之，而遠求異教，舛亦甚矣。使能近而會悟乎濂溪，斯為崇正也已矣。此公之意也，公之意既曉然於人，而緇流亦有所感化，願歸而養父母者凡若干人。其幼徒公又選而教之，願歸而讀儒書者又若干人，是公於緇流非驅而散之，乃反之於正，使得所歸也，一日走幣東安，委記於辰，辰於聖學雖未有得，願有以告。

夫肄業於此者，今之人孰不曰吾讀儒書？卽崇正也，而不知道存乎心，心之未正，將有儒名而墨行者，可為崇正也哉？經曰："欲修其身者，先正其心。"故學者欲崇正學，必自正心始，以周子之無欲為崇正要歸，以周子之主靜，為崇正工夫，則書非空文，誦非口耳，而心將無不正矣。心一正，則推之百為皆無不正，由是而居鄉，則為端士，可以正宗族，正鄉里，立朝則為正人，可以正朝廷，正百官，治民則為公平正大之政，可以正風俗，正人心，如是斯為無負崇正之教，不然今日之居是也，奚為也哉？（鄧顯鶴本）

重建濂溪故居祠堂記　　明　胡直

御史大夫汝陽趙公賢撫楚之二年，自鄂渚行部旋移旄鉞，趄道州，謁濂溪先生故里。睠家廟觕陋，屏在穹巖絕巃下，甚非所以妥神而芘嗣也。怳然登降，得其故址樓田洞中，諏所部吏曰："是地，故篤生大賢，其果勝耶。"所部進曰，地故稱勝，因舉直曩謁時眠所勝語符。公大悅，尋下所部出，鍰金若干，屬永郡理官崔君惟植成之。先是直讀元歐陽玄所撰祠記，稱左龍右豸之勝比承命督楚學坐迫場事，弗遑躬閱。明年自西粵歸，乃取道謁拜先生里下，獲尋故址，以左龍右豸驗，則當面南離矣。然南面皆叢嶺閼塞，靡足賭，若北昡，則前之數里，林林奇峯列漢表可矚。州大夫羅君進曰："斗嚮視之北昡，審矣，是當為右龍左豸。"其庶幾青鳥家協直因嘆昔之。君子或未躬閱而相襲于傳聞之淆，雖數百載其疇辨焉。然則學術之傳，以久而淆，亦何異之有哉。獨直已去楚轄，力莫能復祠故廥。羅君曰："斗也竊願就之。"尋卽構廟堂一區，會覯行崔君攝守，慨然有表章作新之志，既奉公檄，殫力夙夜，與羅君先後增修。正堂並列五楹，中妥舊像，又前闢儀門，大門鑿沼，藝蓮以識遺愛。右居宗屬，旁立學舍，嵬垣繚之，丹堊文之。垣之外，故有五星墩誌，載以為孕賢徵表，咸封土復焉。創始萬曆二年六月，至三年二月竣工。二君又捐鑹金，買旁便腴田若干畝，畀先生家孫博士君道世守供祀。曩見一荒區耳，一時猝睹言言翼翼、膴膴鱗鱗，蔚乎闕里之亞觀也。非獨子孫，雖遠近學士大夫忻忻奮躍，若復瞻儀刑，駿奔其側，宛有生氣。而公與二三君崇報夙心其酬矣。夫于是二三君暨博士君戒、仲子聯芳、季子聯輝，將公之意走八百里，以廟碑告執筆且欲發先生紀學之槩。直從雉髮讀先生書，將壯，浸聞父師訓，始識先生悝誠之旨，無欲之功，越千百年獨接堯舜、孔孟之緒，與後支末之學指蔓。今皓首，學未能拜，辱諸君命，益低回不能言。雖然，亦未易言也。因撰敘始末，納周氏伯

季，用復諸君歸加之石，永詔來者。若其故里山川之異，遷徙世系之詳，暨公之德猷，二三君之懿政，則各有載志者存。（胥從化本）

重修濂溪周先生祠記　　明　胡士容

濂溪先生未嘗臣吳也，迨四世孫興裔開閫於吳，靖節於吳，而吳遂有先生之祠。蓋吳之有先生祠也，其在宋嘉定間也。予嘗考吳郡《誌》："胥臺鄉有濂溪祠，春秋以官致祭，令勿絕。而其後以兵火廢。"蓋吳之無先生祠也，其在元至正間也。今士容來宰茂苑，徧舉諸祀典，而濂溪先生祭弗及。問其祠，則有在絃歌里者，其專祠也。中堂祀先生，後堂祀厥考，而以武功大夫興裔為配。又有在濂溪坊者，其家廟也。元公祀其上，而自興裔以來，數世考妣列昭穆於下，故其堂亦曰"崇本"，以示不敢比於公祠之義，則其無公祭固也。至專祠之建，亦既創議於太守朱公燮元，奠位於前宰鄧公雲霄矣。昔年而落成，釋菜以載木，則凡蒞茲土者，亦既輝煌其額矣。報成於秩宗，則又錄其嗣之賢，希夔衣冠奉祀矣。

祠之東，厥有信國公文丞相祠，云："庭燎之焰直與正氣俱升，忠烈之顏且與丹心比赤。"拜其像，登其堂，吳人之興起蒸蒸如也。獨是先生之俎豆、先生之堂寢，不及與文山廟貌焉奕一時。至令謁其祠者，興嗟於庭草之俱蕪，而圖書之竝杳也，豈非當事者之責耶？說者謂其後人實不欲祀其先也，誣也！水源木本，有心盡然焉，有子孫而不欲祀其先者哉？即如爾祖興裔之建祠也，官於吳，遂請祠於吳。孝子一日不忍亡其先，大抵如斯矣！移孝作忠，厥後遂有福山之事。當其時，孤臣戰骨白於霜，一旅忠魂清於月。其吞胡之恨，且先燕山之樓、柴市之慘而起也。吾於建祠之日而微覘之矣，爾後人獨不聞之乎？且也家廟以崇本，專祠以報功，載在祀典，於今為烈，爾後人亦不聞之乎？吾故曰誣也，雖然咸秩無文，天子之靈，修廢舉墜，長吏之責。予不佞，向為塘工之役，不惜與吳民作一頭陀。今舉百年之祀，又何難為先生作一祭主哉！況先生之道，既無日不南，則今日之吳，當無歲弗祀。吾故觀吳人士闡揚《圖說》，蔚起斯文。則夫彷彿風月之餘，追慕金玉之範者，葺祠崇祀，殆非予一人之心也，其又吳人士之心矣。屬歲儉公帑，不支不揣，捐俸數金，進其十七世孫與爵粗修之，為請於郡，列諸祀典，歲歲薦血食焉。蓋與爵者，即捐貲成先生之祠，與輯先生《大成集》行世者也，其亦武功之風類也，夫因勒石為記。皇明萬曆肆拾參年乙卯九月吉旦，賜同進士出身、文林郎直隸蘇州府長洲縣知縣、黃州胡士容撰，國子諸生長洲陳元素書丹，郡諸生崑山張幼文篆額。（周與爵本）

重建濂溪先生世祠記　　明　申時行[①]

有宋周元公濂溪先生之四世孫曰興裔，扈蹕南渡，以觀察使涖吳，請於朝建先生祠。祠之建於吳者自茲始。其後載舉載廢，百餘年莫能修復，而其裔孫浦者乃構家廟。又數十年，而裔孫與爵呈請建於長洲絃歌里，曰濂溪世祠云。先生闡明聖學，開世淑人，有功於斯文甚大。宋嘉定間賜諡曰“元”，以先生配食孔廟，著於彝典。迨我國家崇儒重道，世授其子孫一人為博士，追錄厥考諫議大夫輔成，從祀啟聖祠，不啻渥矣。而他郡國類有專祠，并祀諫議大夫，蓋推源意也。先生生於道州，筮仕分寧，稅駕南康軍，徙家廬山之下，所歷豫章、郴、桂、虔、韶之境，皆有名迹，以故在在俎豆之。其四世孫興裔，殉節於吳。雖先生宦跡未嘗至吳，而道則衍於吳。其祠於吳者，蓋出於觀察之請建，是禮之義起者也。夫陵谷有遷變，而道術常新。時代有更嬗，而人心常復。先生固道術宗，而人心之仰止，其神在天下，猶水之在地中，有其舉之莫敢廢也。而況先生之子孫，別籍於斯，聚族於斯，支系雲仍，綿永無替，則先生之靈，爽非憑式是，而胡以焄蒿悽愴如或見之者乎！且吳故才藪，乃今文靡而誕，習汰而澆，糠秕濂洛之緒論，而正學蓁蕪。司道脈者，過其祠想見其人，躍然景慕而興起，未必非明教之助也。夫一舉而光前德、維世風，是可紀也，故因與爵之請而為之記。（周與爵本）

永明縣仰濂祠記　　明　趙賢

周元公濂溪先生，道州營道人，今永明為道州屬邑，《志》稱古營道地云。歲甲戌，余觀民至道州，謁先生祠下，讀朱文公記先生事，郁乎

---

① 底本此處注云：“萬曆己亥。”

詳哉！乃永明令何守拙則進而請曰："先生里居去邑甚邇，而邑人又多先生族亂，邑中又有先生則嘗游覽之處，烏得無專祠祀先生如州也？邑庠之旁有浮屠氏廢宮，請卽其地建仰濂祠以係人之思。"余曰："可哉。"久之，祠成，乃問記。余曰："此禮也，孔門記之矣。"

《記》曰："釋奠，必有合，有國坎①則否。"所謂合者，釋奠先師合鄰國而祀之也，國故者，國之昔人可以為師，有是人則不必遠取，合祀也。扵乎！先王之制達人情矣。古者仕不出國，其政與教皆國人耳目所覩聞。取其等嘗覩聞之人以為之師，則政教之成憲未墜。揭其所尊信而示之範，本其所素習而要其成。此先王之教所以易行，而政易舉也。後世則不然，仕者既遠扵其國，而所仕之國或有國故可師者，又不卽諮省舉以徴祀，則博士諸生何所瞻效也？乃今永明有仰濂祠，非卽古者祀國故之意邪？先生挺起春陵，紹孟氏之絕學，開宋代之文明，漢以後千五百年儒者所僅見，謂之國故，誰云不宜？夫既以先生為國故，則將仰之為師。究心先生之學，豈但假餙剽獵乎國故之名，以為邑庠之光，乃于政與教無関哉？然先生嘗令桂陽矣，判永州、邵州矣，三任在楚域，與古之仕于國者不甚異。而其政與教不獨載之徃牒，為有司與諸生所睹聞也。卽田畝、閭婦、輿儓、市販，以莫不頌說先生而敬慕焉。乃有司與諸生或假設②剽獵，不能究心先生之學，而徒以俎豆事先生，則不惟無政與教，且先生辱矣，不將為田畝、閭婦、輿儓、市販所訾議乎？《詩》曰："高山仰止，景行行止。"太史公述以贊孔子，而継之曰："雖不能至，心竊鄉徃之。"夫心竊鄉徃而不舉足登焉，徒仰耳。仰濂者，亦在乎勉之而已。祠經始于萬曆二年三月，其年十月落成，記作于三年正月。
（胥從化本）

宋周元公祠記　　明　顧其志

濂溪先生表章聖道，使天下後世尊其學者，人所知也。濂溪生於道州，徙於廬山，而吳之遺裔，猶得世其家者，人不盡知也。夫得世其家

---

① 據文意，當作"故"。
② "設"：據文意應作"餙"。

於吳，蓋自四世孫興裔始。興裔以觀察使扈蹕南渡，駐劄平江，請建先生祠於吳縣胥臺鄉。後興裔為國死節，歿於王事，勑葬常熟虞山，而子孫遂畱吳焉。余嘗考蘇郡邑《誌》，方其建祠之初，春秋以官郡牧類祀，子孫冠帶彬彬焉。迨至正間，以兵火廢，百餘年莫能修復。而正統元年，裔孫浦者，乃構為家廟。又數十年，而十七世孫與爵於萬曆二十六年，呈請重建於長洲縣絃歌里。當與爵請建時，會國家追先生厥考從祀啟聖宮，於是中堂祀先生，後堂祀厥考，而以武功大夫興裔配焉。君子觀於其間，而知與爵之孝與禮備也。存先生之考者，明先生之道有所自始；存興裔者，明先生之澤有所自衍。蓋先生之祠，如舂陵、九江等郡，在在有之，獨吳中之祠，屢復屢廢，僅存家廟，雜而不專。今仍以與爵之呈請，建於絃歌里者，為世祠焉。余嘗與東林諸君子論道學之源，追畱吳之蹟，共謂國家報千載之斯文，則先濂溪，遡千古之道脈，則兼諫議；而原節義於繩武，則并錄武功，一舉而三善備。當事者尋請建故事以成與爵之志，則其若子若孫之世於吳者，豈有艾哉！茲重建成，恐世之不盡知也，特為之明所自始云。（周與爵本）

蘇州府重建濂溪世祠碑記　　明　諸壽賢

卓哉，周元公之為烈也，三代以下之庖羲也。《太極圖說》推明天地萬物之原，直與《河圖》《洛書》相表裏，《通書》四十章又與《太極圖說》相表裏。孔孟既沒，吾道不絕如綫，至宋而始一發明，元公實主盟焉。昌黎公謂孟子之功不在禹下，愚亦謂元公之功不在孟子下，信哉！維時所為推行其道，使得昌於當時者，程伯子也。所為推明其道，使得傳於後世者，朱晦翁也。今天下之號為儒者不少矣，或夷為腐，或夷為史，又逃而為禪，而元公之道幾晦。故後學有能統一者，為儒後裔。有能崇祀元公者，為賢胤。吾於與爵不無深契，云聞之孝，尚成先禮，隆廟食。故穆穆魯侯，獨美明禋之典；溫溫孔父，遠稱刻銘之休。誠以原委，是重情禮，用申繩武，君子必不忍令丕構之久湮也。若夫翼聖真而流慶，承皇命以揚輝，乃履遺址，思故宮，毅然遠躅五百餘禩之前，豈惟鴻儒流裔，藉以增光，寔惟司風紀者，興仁孝之一助，此濂溪世祠之重建，與爵所以大有關於名教歟。粵稽世祠，創制有宋，蓋自元公四世孫興裔者，授觀察使，駐劄平江，力請於朝，勑建元公祠於吳縣胥臺鄉道山之左，禋祀歲舉，孝思孔昭，將令垂徽猷以暎來裔，循鉅典而彰世守。不謂勑祠傾圮，湮廢有年，至元盛時，復建故址，至正兵亂，復罹煨燼。傳至與爵之高祖諱浦者，欲脩舊典，綿力弗逮，于正統元年，廼構家廟，名曰崇本堂。上祀元公，其下考妣序列昭穆。然家廟規制陋隘，非所以副歷朝隆重之典，是以與爵覩舊址之就蕪，毅然思復。會萬曆乙未，蒙勑論濂溪先生父諫議大夫輔成公從祀啟聖宮，感聖朝既優禮以崇儒，裔孫當承恩以重本。與爵居吳，為濂溪十七世孫，呈請郡尊，得朱公諱燮元，懷襲裳之思，起甘棠之想，為之申詳，助俸重建。與爵奉文，乃發其帑貲，集厥土木，成祠於長洲絃歌里。凤廢聿典，新構再起，若壖垣，若門廡，若堂寢，若庭庀，皆一時鼎成，儉而弗陋，華而弗逾，依然勑建舊規也。計其程，始營於戊戌之三月，竣工於已亥之仲春。繇是太府復命大尹鄧公諱雲霄顏其楣曰“濂溪世祠”，所以崇國典而別家廟也。中堂專祀濂溪先生，後堂專祀諫議大夫，以武功大夫興裔配焉。鐫木為主，鼓樂迎入，以時釋菜禮，委儒學訓導袁君本詣祠定位肅拜，所以申王恩而光俎豆也。仍進與爵而命之曰：“傳云，盛德必百代祀信矣，第清廟之設，仁祖考於無疆；紀載之傳，垂後裔於不朽。”於是謀述文詞，來托余手。余觀勑祠肇於宋朝，久湮非孝；追祀出自國典，奉享為忠。況茲渠劇理應嗣承，繼其後者遠遡經始之心，近思再造之力。歲時迭移，黍稷薦陳，敬恭之心不忒，在天之靈式憑。且出者宣道化以報朝廷，處者維道脈以開來學，萃忠孝於一門，衍慶澤於千載，明時重道之典，子孫隆本之思，庶幾永永弗替哉！是為記。十八世孫希皋、希夔立石。（周與爵本）

重脩濂溪先生墓記　　明　廖紀

　　濂溪周先生墓在九江郡南十里許，其境最幽勝。先生世為湖廣營道人，任南康郡守時愛廬山風景，不殊梓里，築書院於山之麓。時與二程先生講道其間。熙寧四年，遷封仙居縣太君鄭氏母夫人窆於清泉社蓮花之岑。越明年，先生卒，附於夫人之左。夷考先生，應五星聚奎之運，崛起於宋天禧間，毅然繼孔孟之緒，倡道學之功，泄造化之機，發聖賢之秘，歷吏治之事具載，前人朱晦庵有記，胡五峯有序，潘南豊有誌，趙清獻公輩有題辭，見諸名世大儒手筆居多，後學不敢復僭贅也。嗚呼！遡先生之墓，肇自熙寧六年，逮今五百四十餘年。此墓委扵蓁莽，謁者多嘆息。弘治二年，九江前守慈谿童公集石修治，聳然可瞻仰。正德辛未，今守蔚州李公重為繚垣，增飾廟宇，規制雖秩，然而墓之礛礛尚罅，馬鬣尚缺，墶尚有凸凹，潦淢豸篆，又或灌溉，而蹂躪寖弊若此，烏足妥先生神靈哉？

正德壬申春，戶部主事靖州宋君來司國計，謁文廟之明日，徃拜先生墓下。因覽山川尋故考實，謂瞻仰有像，展禮有廟，脩薦有樹，環衛有垣，供祀有田，守祀有十三代孫倫者，墓猶若此，揆先生神靈或未妥也。由是宋君慨然任起廢之責，捐公廩，陶甓數萬，傭工經營，越兩月畢。行釋菜禮告成。扵是罅者塞，缺者完，凸凹者夷，灌溉蹂躪者瀉而禁，種種完固，山川改觀，足成廟貌，而允妥先生神靈矣。君又謂祀有田，第未瞻，厥子孫復券置墓前田二十畝，以瞻守祀。夫宋君是心也，懷賢向道。卽晦庵朱先生每歷郡縣，輒訪先生祠墓，汲汲表章而尊崇之，使天下知聖賢道在天地，自不可一日忘者歟？嗚呼！濂溪先生道在萬世，崇比闕里，亦不為過。但世之窘遊者，舉因陋就簡，習常安故，如宋君之住意崇重者，能幾何人？繼自今始，凡讀濂溪先生書，仰其人，當思蹤其迹；誦其言，當思踐其行。窮則身體先生所謂學顏子之學，達則力行先生所謂志伊尹之志。相與勉之，何患聖賢之道不明、不行也哉。謹書此，以告來學云。（胥從化本）

濂溪祠墓記　　明　童潮

宋濂溪周茂叔先生，墓在郡城南清泉鄉栗樹嶺之下，迄今五百餘年。所謂濂溪書院，則在其北，相違五六里許。春秋釋菜之事多行於書院，而墓則罕謁焉。潮涖郡展禮於書院，因至墓所，林木覆蔽，榛棘叢生，命役剪薙以入，而墓塚鑿然始見。按墓表，宋熙甯辛亥，先生聞母仙居縣太君鄭氏墓為水所嚙，乞知南康，改葬廬阜清泉社三起山。次年壬子，上南康印綬，就廬阜書堂。又次年癸丑，先生不祿，就葬仙居縣太君墓左，配陸氏縉雲縣君、繼配蒲氏德清縣君，墓皆在是。嗚呼！先生之碧既化於斯，神豈遠乎？於是庀材命工，創祠堂一所於墓前，堂凡三間，尸先生像於中，匾曰"宋元公濂溪先生祠"。中又別建愛蓮室三間，室前鑿二池，植蓮於內，本其所愛也。前祠門一所，匾曰"濂溪先生墓"。外又置民田地、山塘四十七畝一分零，給付本都道紀司都紀蔡元微掌領之，收其所入以為祀事之需。數年，春秋祭祀皆行於中，祭畢，堆土於墓而歸。潮惟先生本道州人，而薄分甯，知南昌，又知南康軍，皆此一方之地，而又沒於此焉，則此地亦為先生闕里也。先生發伊洛之源，上繼洙泗千載不傳之絕學，而《太極》之圖、《易通》之書，直與六經相表裏，其功之大，自孔子以來未有之也。先生已從事孔子廟庭矣，茲墳墓所在之地，學先生學而祿於斯者，可忘其功而不為立祭田，思所以報其本乎？志有朱子祠堂記、畫像，記載先生事實甚詳。末學未敢贅言，以蹈潘氏銘墓之譏，聊取建堂、置田年月記於石上，使後有所考云。（彭玉麟本）

改脩濂溪祠記　　明　陳驥

學以孔子為宗，宗其道也。今制學必有廟，以祀孔子，正欲學者宗其道，以脩身正家，而為出治之本也。屬望之意不既深乎？何近世之士，徒誦孔氏書而不務師法，故乃徼福於文昌，惑之甚矣！文昌魁前，六星未嘗有肖像也。異端之徒誣加其號，以幻惑天下之人心。又恐學士大夫排斥其非也，於是因其情、投其好而援之。若曰常情，孰不欲登高科、縻好爵，多男子哉？於文昌謂其掌住祿嗣籍，則天下後世萌其徼幸之心者，皆信慕之矣。此其惑世誣民、奸情詭態，誠如此者。噫！愚夫愚婦惑之，固無足怪，奈何學者亦甘為所惑而不悟邪？孔子曰："務民之義，敬鬼神而遠之，可謂知矣。"然則人之知不知，係乎理之明不明。理明則見真力，定富貴、貧賤、生死，舉不足以動其中，何異端之能惑哉？雖然，理學之不講也久矣！欲人之無惑也難矣！吾甚為之懼，故所至學廟有祀文昌者，悉毀而投之江。復揭其幻惑之狀，明示諸子，而指其學之所向。惜其膏肓、沉痼未遽釋然，亦余學力膚淺，不足見信於人也。

成化癸巳夏四月，因謁江州學廟，見文昌像，亟命毀之。祠前有池，世傳周子植蓮於此，遂謀及郡守謝侯峻，肖濂溪先生像于祠中，書《太極圖說》於祠壁，刻晦庵所書"光風霽月"四字扵祠之楣。於乎！先生大明孔子之道于千百載之下者也。諸士子果能日究先生陰陽動靜之旨歸，緬想先生光風霽月之氣象，優游涵咏，遡流尋源，于以明乎天地之所以覆載，萬物之所以並育，聖賢之所以為聖賢，愚不肖之所以為愚不肖，與夫幽明之故，死生之說，鬼神之情狀，無一不了然於胷中，則卓然不為異端之所惑。夫然後知所以誦法孔子以脩其身而推以及人者，為有本。朝廷屬望之意，亦庶乎無忝矣。多士其深念之，毋忽。（胥從化本）

重修邵州愛蓮池四先生祠記　　明　陶琰

此濂溪先生舊游處，後之尋遺跡而亭而祠，所以識不忘者也，舊有東山書院尚祀先生，今已頹廢，稽是祠刱於宋郡守傳公伯崧，修於我明別駕劉公魁，郡守郭公學書，紀載有碑，巋然可考，迄今未百年，室宇雖存，徒供流連於詩酒興懷仰止，未聞俎豆之常新，而願學之意湮矣。余慚不讀先生書，深切嚮往，叨典是邦，躬履遺蹟，若吟風弄月，興尤不減也。爰於景濂堂，後為祠以祀先生，而無垢、晦庵子、壽，三先生祔焉。門人車以遵輩進曰："濂溪視吾州事，故吾郡始知有千載不傳之祕，而治效亦自卓越，俎豆固宜，三先生並祀何居？"余曰："此固爾郡過化儒宗，亦濂溪先生嫡派也，且敷政亦有可思者。"

余嘗考史傳，濂溪為政精密嚴恕，務盡道理，以洗冤澤物為己任，無垢守郡，核苗絹民得安堵，又知溫州戶部遣吏督軍糧，民苦之，陳其弊，晦翁治郡，懇惻愛民如己，隱憂興除，惟恐不及，至奸豪侵擾細民，橈法害政者，懲之不少貸。子壽為此邦，講明聖學，開導迷蒙，即教授興國，時湘南有寇侵軼，將及郡境，被檄調度有方，備禦有實，郡縣倚以為重，四先生者，吾將奉為經術吏治之斗枓焉，以興諸生共之耳。若謂洙泗以後，聖學至宋始明於世，四先生適于丁末季，疆宇日削，若於世無關，理亂之數是大不然。濂溪判虔、永未竟，大用無垢以和議遠竄，晦翁前後立朝僅四十日，子壽教授全州，俱未嘗與人家國事，宋不用諸君子，諸君子其如宋何？然則吾輩於四先生，讀其書，存其蹟，如見其人，而杖履侍焉。經術吏治能自得師，慢然恧然，若或臨我不則，神其吐之矣。余忝後塵，何足以知先生，第念如四先生而後，可以言愛人，而後可以言學道，棠陰蓮萼並峙，千古有以也夫，有以也夫。（鄧顯鶴本）

重修祠堂增置祭田記　　明　傅楫

皇明正德辛未春，子遊九江之匡廬山，父老輩欣欣然指顧曰："腋廬而峰者，為蓮花峯，頤峰而嶺者，為栗樹嶺。"實廬距峰之嶺而肖主厥墓者，營道周濂溪先生也。空左母夫人鄭仙居縣君者，從遺命也。去墓下三十步有祠，志銘顛末於祠之下者，先生友行潘君興嗣也。去祠七里有濂溪，不他名而仍營道"濂溪"者，先生不忘故里心也。溪上築室，榜以"濂溪草堂"者，先生來二程講道處也。堂下撰記壽石者，南康太守仲晦先生也。厥土坂德化清泉社，隸九江府，相遠僅十里許。數百年來，兵燹繼至，朝代交謝，有墓無祠，有祠無祀，有祀無子孫奉守之。我國朝相傳，一博士公僅奉守營道祠祀者。

弘治庚戌，浙東童公潮始置祭田，越戊午，陳公哲增置之，高公友璣亦然。癸亥，都憲莆田林公俊始柬營道博士公，求分派為奉守主。又明年，提學副使錫山邵公寶奏准，例朱仲晦兩下祀事。自茲祠有祀有，而奉守者兼有之也。祠如式祀額羊一、豕一，春秋行也，奉守者為先生十三代孫倫其人也。逮今又十年，歲有常祀，祠宇不葺，神將何樓？奉守有人，祀田浸廢，額辦胡自？間有二三君子雅重懷之，或艱於歲時之不登，或阻於去就之靡常，或緩於志力之不勇。悲夫！

正德庚午春，新安汪公淵来同知府事。明年春，王公惠以朝覲北上，興舉罔克就。公一日喟然嘆曰："我輩學者，賴先生指南，明道德，由禮義，牧郡土，位大夫，此事不為，更為何事？"遽振衣而起，相視墓所，計工審力，附山求材，琢石樹墓，大書"濂溪先生"四字刻于土，深近寸許。復增置祭田如後數坵畝，於碑之陰，殷勤斡旋其間，不減家事。嗚呼！汪公之心，其林、邵諸公之盛心乎。倫徵記於余，余不揣固陋，特述父老公論以實之，俾後之君子苟克奮起是心者，有所放焉。（胥從化本）

濂溪周氏世業田記　　明　周子恭

濂溪先生祠，有祭而無田；其嗣孫襲翰林五經博士，有爵而無禄。永州府知府唐公珌、同知魯公承恩暨通判子恭為之謀，淂僧寺廢田百四十有八畝，請于提學副使應公檟，沒入濂溪祠，供祭祀，且為博士常禄之需，名曰"世業田"。而属記扵予。

　　予惟濂溪之學，以造化為宗，以無欲為要。在南昌時，得暴疾幾殆，視其家，止一敝篋，錢不滿百。嘗以遷擢入京師，不可為資，則鬻其產以行。過潯陽，愛廬山之勝，築居于溪之上，名之曰濂溪，遂以歸骨焉。是豈惟能忘物，尚忘其身；豈惟忘其身，尚忘其家。學而至扵忘其身與家，又何有扵身後之祭不祭，與其子孫之禄不禄哉？而區區為之謀若此者，特以崇德象賢之義，報德報功之私，無所扵寄，則籍是以見志，可耳。乃若效法先生之學，以求內有諸己，則固自有真處，不在乎此也。
（胥從化本）

建故里廟宇書院祭田碑　　明　呂藿

　　州大夫羅侯諱斗，號仰垣，家銅仁，其先高安人。壬申歲，由國博奉命守道州，甫下車謁先聖，卽拜元公祠下，仰而歎曰："道，其先生之鄉乎，海內之士得其門者或寡矣，吾何幸而獲登其堂乎？"既而訪元公故居，去州治十五里。踰月，命車會僚屬徃觀之，拜元公廟宇，睹峻嶺聳逼，卑隘弗稱。謂僚屬曰："聚精衛靈，匪廟弗與，矧先生之廟獨可忽？"諸遂登昔誕生元公樓田洞中，見荒地茅塞，憮然歎曰："故里蓁蕪，斯道其蓁蕪乎？"乃仰顧俯盼，俳佪良久，忻然謂曰："吾得其居址矣。"與僚屬指示山川形勢，獨取北面之廣闊者，而朝向之不拘紀載之舊，而億萬年不拔之基以定。時文宗廬山胡公由西粵至侯道，其故請親閱之，果有前峯聳對龍豸，羅列濂水，旋繞五星，拱抱視昔之面南者為尤勝。公大喜曰："侯先得我心之所同然矣。"命建廟宇于其中，侯樂然承之，不數月而落成。癸酉冬，侯以奏績行，未獲大構。明年春，侯駕旋都御史汝陽趙公巡歷其地，登之甚歎賞焉。命侯復創廟宇，以奉公像，將前建為正堂，侯遂捐重貲，凡門廊、房屋、亭榭、牆垣之屬，匪不完美堅固，昔之卑隘弗稱者，今則見其牆高而宮廣矣。由此而入門，而升堂非元公導之於先，而羅侯倡之於後乎？豈惟故里為然？城西書院所以專祀元公也，侯又推元公愛蓮之意，鑿石池於階下，扁曰"紅白蓮池"，使植蓮以存公愛。念博士君道有爵無禄，撥寧遠屬縣腴田壹百餘畞，俾世守之。以至建邇濂書院于學宮，刻三勝紀畧於郡齋，立故居碑額于要路，殫心竭力，夙夜惓惓若此者，何莫而非為元公也哉。博士君遣子致書于余曰：
"羅侯故里廟宇之建，書院腴田之置，侯為若祖厥孫謀者厚矣。為祖及孫
者，寧敢負之？請記以垂不朽。"

余何足以發揚宣頌於萬一哉，雖然，亦竊知之矣。余觀此盛舉也，
雖崇報所當然，實曠古所僅見也。非元公復生，與夫實得元公之學者，
皆莫能致。昔孟子論聖人之生曰："五百有餘歲。"論道統之傳曰："見而
知之，聞而知之。"由元公而來以至於今，正五百余歲，侯則實應元公而
篤生者也，當聖遠言湮之後，侯於主靜無欲之旨，與多士闡明而發揮之。
侯寧非得聞知於元公者乎？侯惟元公復生而學，即元公之學，故能尊崇
乎元公，而又能推元公之愛，以愛及其子孫者是也。夫豈襲取勉強幸致
哉？余聞侯在郡，良法美意，若重學校，育人材，省里甲，均賦役，議
條法，置屯營，平瀧險，孚諸士民，載在史冊者，不暇詳述矣。而獨備
舉其能崇重元公者，以復博士君之請，以為嗣來守者勉焉。萬曆四年。
（周語本）

建濂溪書院碑記　　清　魏紹芳

斯道之傳，在天為日月，在人為水火，天非日月不明，人非水火不
活，道不傳則天人或幾乎息矣，仲尼沒而微言絕，自顏、曾以下，其於
道相去漸遠，楊雄《法言》倣《論語》，《太元①》擬《易》，文中子
《元經》摹《春秋》，二子於時，號知道者，然而本體不明，妄擬僭經，
君子羞之，至若董仲舒《天人策》，韓退之之《原道》論，雖各有所得，
而於窮理、盡性、至命之學不能合，下了徹此，可以窺其中之所守矣。
宋興，五曜聚奎，斯文蔚起，而濂溪周子產於九疑營道間，著《太極圖
說》及《通書》四十章，得河圖洛書之精意，以接羲、文、周、孔之傳。
道高愈下，德盛益恭。言以闡學，無立言之見；行以遂志，無矯行之心。
先生談《易》，殆通身是《易》者乎？在當日，賢如清獻，尚不能以一見
而知，伊川受業其門，終身未嘗表章一語，及作明道墓志，祇云"得不
傳之學於遺經"，是則先生之學，即伊川猶有未盡知者，況下此者乎？

------

① "元"：當作"玄"。

余燕人也，少慕先生之風，間嘗神交於夢寐，先生顧不吐，余庭揖之余，自謂與先生生異時，居異地，安所必升堂成拜，執弟子禮以事先生者。無何，而有臨湘之命，湘之源則先生故里也。余未遑覲先生故里，得與飲先生故里之湘，余樂之，越三年，遷丞岳陽，又越三年，遷知永州事。余官楚，溯湘而上，於先生之里日以益親，然後知前此之往來于夢寐者，蓋有因也。丁酉秋，郡境粗安，爰謀書院之舉，以祀先生，請之守憲黃公，公可其請。於是協僚屬高君不矜、汪君可準、史君秉直、劉君方至，地於府治之陰，庀材鳩工，相率告成事焉，前有堂，後有寢，左右有廊，中有校士官之舍，窗櫺垣戶各有其文，乃索先生遺像祀之，參差不異。余疇昔之夢者，余竊歎先生之靈，無往不在，而於余獨神交於未見之先也。嗟乎！道待人而傳，人不擇地而產，彼生先生之鄉，聞先生之風，相與講學明道，登斯堂而興起者，余殆將有厚望也。（鄧顯鶴本）

永州府鼎建濂溪書院碑記　　清　張壽祺

聖賢道脉相傳，有開之于先者，有繼之于後者。開于先者，刱古今未有之秘，以啟賢而迪愚，功固為難。繼于後者，續前人未墜之統，以承先而待後，功亦不易。約畧言之，總以養人心之拙，而各完其太極者也。未有乾坤，先有易理，伏羲畫卦，而太極之理彰。文、周、孔子係、象、爻、象詞，而太極之理備。古者帝王道統、治統合而為一，君則執中守靜，民則醇悶無知，上與下相忘于拙也，天下所以太平也。文武而後，統分而二矣。在下，聖人為道所崇屬，治統衰而道統盛。孔孟而後，治統衰而道統愈衰。天心不欲吾道之久湮而莫振也，生元公于瀟湘之濂溪，起而演太極，作《拙賦》，易理大著，道統復昭。自元公以迄今，幾經晦明，茲正大道，當興之運，闡而揚之，亟需後賢。

永陽太守魏君紹芳，生于燕之金臺，先生生于楚之道州，地分南北之遙，時復古今之隔。其與元公也，入乎其夢，則相感于二十載之前。官于其地，輒新堂搆于不日之間。嗚呼！亦奇矣哉！余觀元公《拙賦》曰：「天下拙，刑政徹。上安下順，風清弊絕。」旨哉斯言！其寓治統于道統之中，以啟後賢之祖述。魏君茲舉，上接濂溪之統，遠追混沌之風，非徒功在元公，而功在羲、文、周、孔也，又非功在羲、文、周、孔，

而功在三才也。正相悅以解于一"拙"中也。順治十五年歲次戊戌，江西張壽祺記。（吳大鎔本）

重修周子墓碑記　　清　彭玉麟

濂溪周子，吾楚道州人也，墓在江西德化縣栗樹嶺下。光緒七年，玉麟巡閱江海，道出潯陽，率同湖口鎮總兵丁義方、知縣胡傳釗等，徃謁墓，經湘鄉。羅忠節公澤南、李忠武公續賓，於咸豐乙卯重修，時當戎事方棘之秋，工尚未足以經久遠。玉麟因蠲金為倡，屬丁君營度其事。易陶甓而石，適繚以垣，閈閎其墓門，歷一周星蔵事。考宋熙甯辛亥，先生聞母仙居縣太君鄭太君墓在潤州為水所齧，乞知南康軍，改葬廬阜。越歲壬子，上南康印綬，就廬阜蓮花峯書堂，定室居之。又越歲癸丑，先生歿，就葬太君墓左，配陸氏繢雲縣君、繼配蒲氏德清縣君，墓皆祔地在德化栗樹嶺。有省志可據，蓋卽宋德化鄉清泉社地也。而羅《記》誤以蓮花峯為先生墓所，今宜改正再考。嘉定九年，蜀使者魏了翁為先生請易名典，詔諡曰"元"。明宏治三年，九江知府童潮於墓所建祠，題匾額曰"宋元公濂溪周先生祠"。及嘉靖甲寅，修墓者則題曰"宋知南康軍濂溪周先生"，繼修者則題曰"先賢濂溪周子"，漏諡不書，而書"知南康軍"，似不若先賢之為重，然諡亦不可漏也。玉麟因闡羅山所重之意，增題"元公"二字於碑，其於古禮，庶有合乎。先生發伊洛之源，繼洙泗之學，所著《太極圖說》《通書》，與六經並垂不朽。後之人苟不明乎中正仁義之道，以之修齊治平，而徒致力於先生之墓焉，末已。願同志者過墓生欽，擴充其志，讀先生之書，仰止先生之懿行，庶幾不負先生之教也。工既成，爰誌其顛末，且以發明先生之大者，勒於碑。至修墓諸君姓名、捐貲數目，例得泐石於後。時在光緒癸未春三月，太子少保兵部尚書衡陽後學彭玉麟謹撰。（彭玉麟本）

修濂溪先生墓記　　清　羅澤南

潯城東南蓮花峯下，濂溪先生之墓在焉。咸豐五年春，澤南與李子續賓督師潯陽，攻戰之暇往謁之，其中為鄭太君墓，廼先生所自卜者。先生歿，祔於其左，右則陸、蒲兩夫人也。歷年久墓圮，因與李子購甓與石重修之，監生李蘭亭外委謝維德暨先生之二十二世孫周文珍董其事，閱一月告成。吾道之明晦，世運之盛衰，所由係也。孔孟既沒，聖賢不作，天下之士不馳騖於功利，則陷溺於虛無，古人修己治人之學不復講求，六朝五代攘奪頻仍，生民之禍至此已極。無他，聖學不明故也。先生生千載下，奮起湖南，不由師承，默契道體，圖太極，著《通書》四十章，用以示天下後世，孔孟之道燦然大明，其所以為世道人心計者，至深且遠。蓋聖道明，則學術端；學術端，治術因之而正。經正民興，自有以消天下之邪慝而泯其亂。向使天下後世之士，盡能學先生之所學，求合乎中正仁義之道。以之修身，則身修，以之治世，則世治。上有禮，下有學，又何至賊民紛起，重貽斯世之憂也哉！救亂如救病，養其元氣，邪氣自無由而入。感懷時事，興念斯文，益不禁有味乎先生之道，且深有望於天下學先生之道者也。墓西北五里，為濂溪書堂，先生愛廬阜山水之勝，結廬於此。道光二十九年，圮於水兵火頻，驚不能為之復修，尚有俟乎後之君子。咸豐五年乙卯春二月。錄碑文。
（彭玉麟本）

邵州建濂溪祠於愛蓮池記　　清　惠體廉

濂溪先生得聖人不傳之祕於遺經，為諸儒倡，曾以永州倅來攝邵事，當時政蹟遠不可考，惟改建州學一事，具載志乘。迄今讀公上丁釋菜文，猶令人油然興勸學之思。通判署之左，舊有愛蓮池，相傳即濂溪先生種蓮處，池旁碑記頗悉顛末，頃者郡倅德君捐俸修理，闢之曠如，蠲之瀏如，搆造亭榭，環植花柳，以為息游勝地。而濂溪先生之祠，自明季郡守陶公、我朝郡守鄭公改而為四先生祠，為六先生祠，郡遂無專祠。余故特祠，榱楹黝堊，華樸適宜。或曰：「濂溪先生既配食宮墻，萬世弗替，且先生道州人也，道州已有專祠，茲祠不亦贅乎？」余曰：「不然。昔朱文公守漳，建濂溪、明道、伊川三夫子祠，三夫子皆非漳人也，而祀於漳，蓋化民莫大於崇儒，崇儒，天下之公心也。不特為一鄉、一邑之榮，即不特為一鄉一邑之事，況先生曾攝邵事，其除弊興利，加惠於士民者不少，又非其他古賢可比，安可無祠廟之隆，以繫謳思之念，而志景行之忱哉？」池旁隙地賃租，歲可得錢二十千，以作春秋二祭牲牢、果品之費，及修整房屋、垣墻之用。有祠則興觀，有藉有租，則俎豆常新。後之蒞斯郡者，嗣而葺之，拓而充之，庶斯祠之永遠弗替矣，道光十六年七月中浣。（鄧顯鶴本）

邵州重修希濂堂記　　清　黄宅中

郡城有愛蓮池，為濂溪周子遺蹟，池之西為通判署，康熙間所建也，道光十二年移通判治於桃花坪舊署，遂圮，十六年，惠太守體廉至郡，謂其地密邇，蓮池不宜湮廢，欲拓舊基，改建義學，以費艱不果，乃葺為郡屬，五邑公所，惟於池之北立濂溪專祠，肅奉俎豆，以示景仰先賢之意，且望後來者繼為之也，二十四年夏四月，余權郡篆祗謁祠前，其舊署之謂公所者，亦寖頹敗矣，徘徊蓮池之上，惟見祠東荒圃中，有碑露立，字幾剝落，捫而讀之，知為郭太守學書所建愛蓮亭碑記，蓋自潘邵州創希濂堂，其後郡守傅伯崧有願學堂，別駕劉晴川有顧諟亭，詳載碑中。又於郡庫得舊藏“景濂堂”三字廢額，乃董別駕承熠所書者，字尚完好，是其紹先垂後名義雖殊，總之不外希濂堂者。近世乃今訪其遺蹟，無一存焉，破瓦頹垣，鞠為茂草，即惠太守所望於後來者，猶且廢而不修，其他又何論乎？明年春三月，乃屬王秀才遐襄諏吉興工，兩閲月而事竣。

東西為屋十三間，中建堂三楹，謹以希濂額之，廳事前悉仍其舊，甫經落成，適余膺貴州大定之命，卸篆後居此月餘，朝夕斯堂緬懷前哲，覽蓮沼水亭之勝，想光風霽月之懷，百世之師，宛如親炙，讀書希古，何其幸也。雖然，希濂之名美矣，所以希之者，將何所從事乎？昔潘邵州治郡，以周子精密嚴恕為法，而楊誠齋先生作《希濂堂記》則云“苛似精，譎似密，刻似嚴，弛似恕”，嘗於臨民處事時虛心察之，自以為精，而不知其已失之苛；自以為密，而不知其已近於譎；自以為嚴，而不知其已鄰於刻；自以為恕，而不知其已流於弛。辨其似而非者，則省察宜精，去其似而非者，則克治宜力，即或辨之精而去之力矣，而非平日有涵養工夫，旋得旋失，與道終離，此《太極圖》主靜之旨，示學者希賢希聖之要，讀其書者，必體之於身，為其學者，必徵之於事，操存之功，一息不可間斷。千古儒者主敬存誠，其道不出乎此。半生碌碌，學道無聞，守郡一年，無所建立，惟此膠膠慕古之心，不能自已，卽書誠齋先生記語於郡署西廳之壁，時時省惕，復為文述之，用以自勵，且願與同志者共勉也，後之官斯土者，若能籌集經費，廣為義學，使承學之士，咸得絃誦一堂，希蹤往哲，固惠守未竟之志，亦余善頌禱之意歟。

（鄧顯鶴本）

謁周濂溪先生墓記　　清　方宗誠

宋儒周濂溪先生，葬母仙居太君於廬山之麓，元配、繼配兩夫人附葬墓右。先生卒，附葬太君墓左。及明嘉靖間，吉安羅公洪先重題墓碑。咸豐初，湘鄉羅忠節公澤南率師過九江，重脩其墓，為記而泐之石。兵燹之餘，凡廬山名勝、佛宇多被殘燬，而先生墓木、碑碣，獨無敢毀傷。民之秉彝，好是懿德，雖盜賊亦有未盡泯滅者。古所謂："不為堯存，不為桀亡。"其不信然歟！光緒八年，今兵部尚書宮少保衡陽彭公，屬所部丁燕山軍門，集資大為脩理。壘石為壙，級石為道，甃磚為垣，周圍丈八十有餘，重立豐碑四，建守冢精舍二，且以為有司祭墓時齋沐更衣之所。刊先生遺像於墓碑，題"濂溪夫子墓"為坊，以表於門俥。過墓者生欽，聞風者立懦，又考其言行政績，道德風節，輯《希賢錄》一編，以興學者高山景行之思。九年春，旣畢工，夏六月四日，公過安慶，邀同謁先生墓，文武賓僚從祭者數十人。先是數月常多陰雨，是日也，涉長江，泛重湖，波瀾不驚，山峯明潔，赤日當空，無纖雲之翳。禮成，而反致足樂也。予惟先生所著圖書，發義、文、周、孔之蘊奧，上纘顏、曾、思、孟之緒，下開二程、張、邵、朱子之先論者，謂為三代以後聖人。雖毛、鄭、董、韓皆不逮也，旣從祀學宮，諡"元公"，改稱先賢。凡二十一行省，府州縣二千有餘，有祀孔子之宮，卽無不有先生之位，凡讀孔子六經者，卽無不讀先生之書。且大孝尊親，並其父亦得稱先儒，而從祀啟聖，肇聖五王之下。先生之道，實與前聖冥契而無間，先生之神，殆與天地渾合而無跡，又豈拘拘於一墓之間哉！然而道不囿於器，亦不離於器，神固不滯於墓，而墓亦未始非神之洋洋如在者也。是以歷朝祀典，凡先聖先賢祠墓之所，皆必令有司春秋致祭。蓋帝王尊德重道之心，不如是不足以昭誠敬、垂法則也。世之有司徃徃視為具文，且或不親詣其地，漸致無知者毀傷其宰木，侵蝕其土地，墮壞其祠宇。嗚呼！是何秉彝好德之良，竟有泯沒無存者耶！然則彭公之所為，固足以發聾振瞶，而為民牧者，其尚善養其懿德之好也。夫光緒癸未夏六月，桐城方宗誠撰於石鐘山臥雪吟香之館。（彭玉麟本）

濂溪志新編卷之十

宗支蕃衍志

　　天之愛斯道也，甚矣！帝王行之，聖賢明之。帝王而聖賢者，慶流及子孫焉。虞夏商周之廕，可考而知也。其或不帝不王而祀以永存，爰及苗裔，抑又何耶？蓋嘗思之，孔子，殷人也，宋不足徵矣，孔子之世何如哉？由茲以觀，宜其周子之後，歷世二十，歷年六百，而振振繩繩遠哉，其未有艾也。志《宗支蕃衍》。

　　山陽度氏曰：“維周之先，自帝嚳生后稷，至太王邑于周，遂以為氏。漢興，封周後于汝南，世家青州。遠祖崇昌，唐永泰中為廉、白二州太守，因卜居道州之寧遠縣大陽村。其裔孫虞賓有子十二人，中子從遠始徙居營道。從遠生智強，智強五子，長識（一本作式），天聖五年王堯臣榜第二甲及第，終汀州上杭令。次鐸，次正，皆不仕。次輔成，次伯高，特奏名廸功郎。輔成，卽先生父也。淵源所自，積慶亦云遠矣。”按，《周氏譜》以從遠為始祖，則由從遠而至嘉耀，二十二世矣。今承襲文牒，以嘉耀為十九世嫡孫，蓋自先生數之。《禮》所謂“有功德始封之君，為始祖也”。圖系分明，瞭若列眉。《春秋》所以重與子之法，雖遺腹委裘，而名分素定也。考厥宗圖，蓋深得此意矣。（吳大鎔本）

濂溪先生周元公世家①

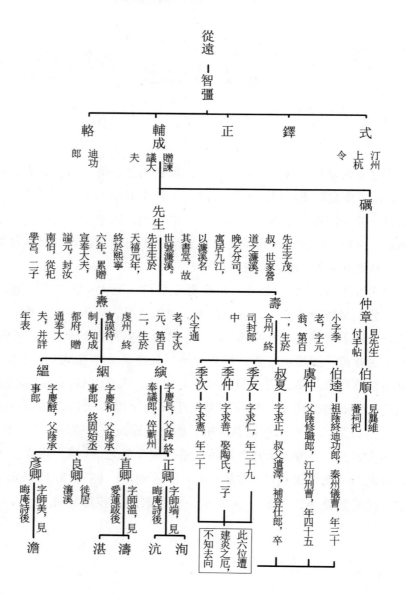

---

① 本圖選自宋刻本。

濂溪周元公世譜①

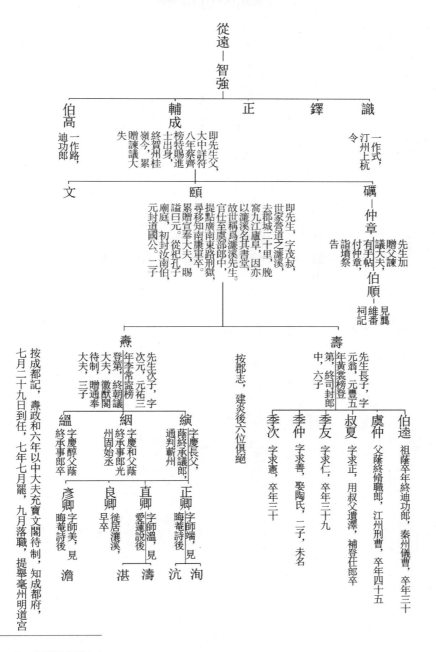

---

① 本圖選自周木本。

周元公世系圖①

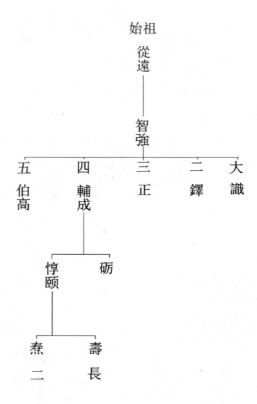

---

①　本圖選自吳大鎔本。

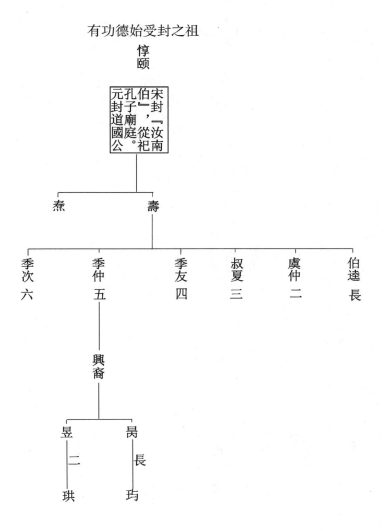

有功德始受封之祖

惇
頤

宋封「汝南伯」，從祀孔子廟庭。元封道國公。

煮　　壽

伯逵 長　虞仲 二　叔夏 三　季友 四　季仲 五　季次 六

興裔

晁 長　昱 二

珝　珙

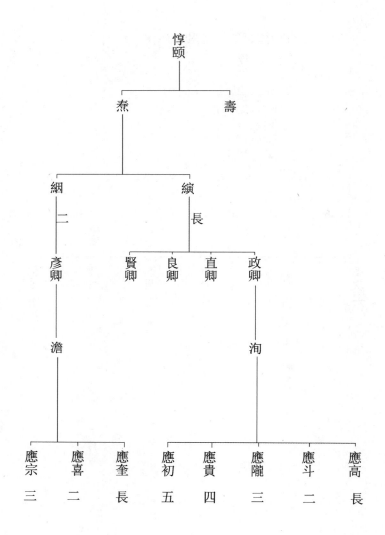

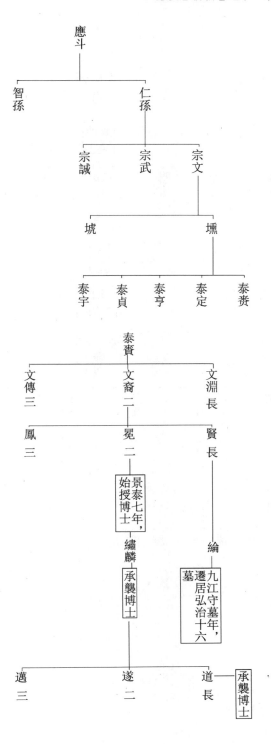

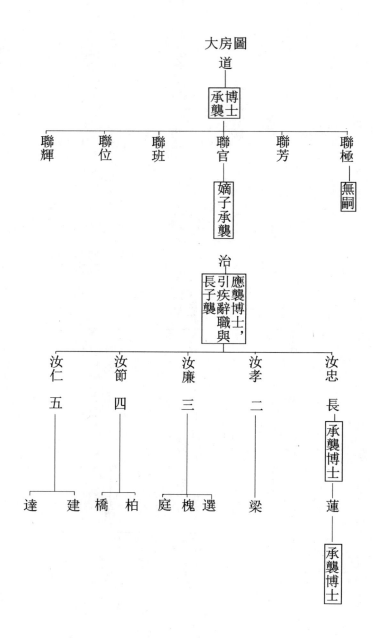

二房圖

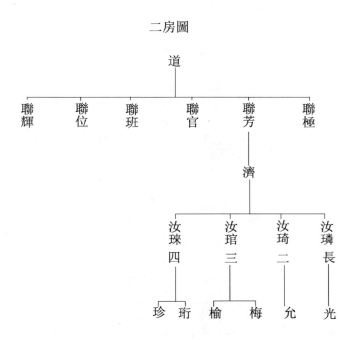

三房圖

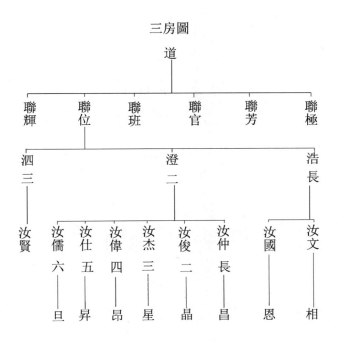

四房圖

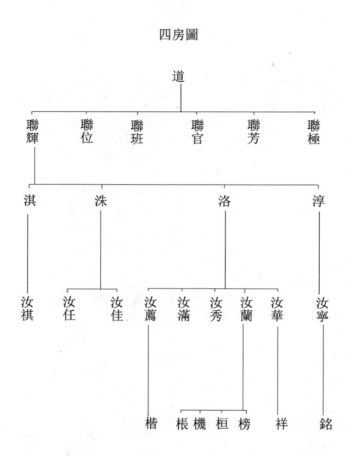

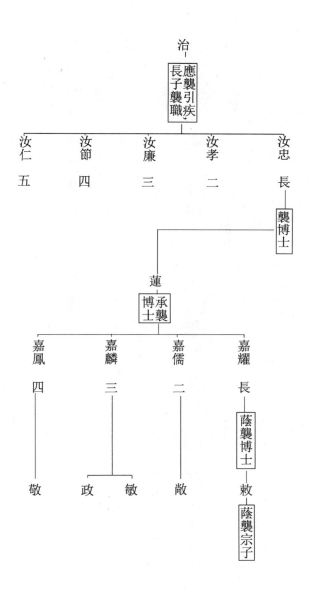

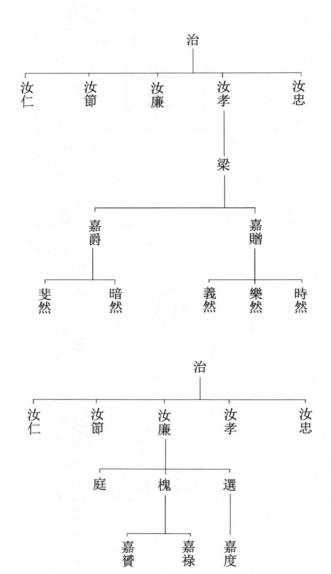

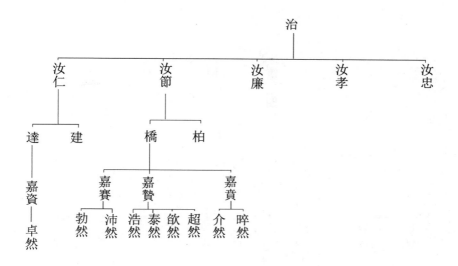

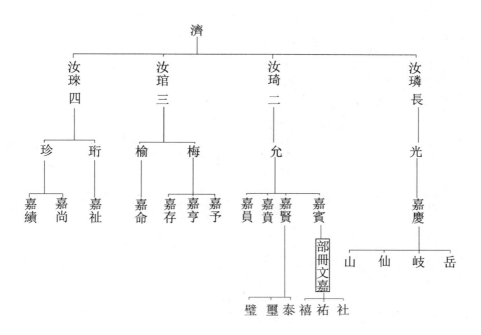

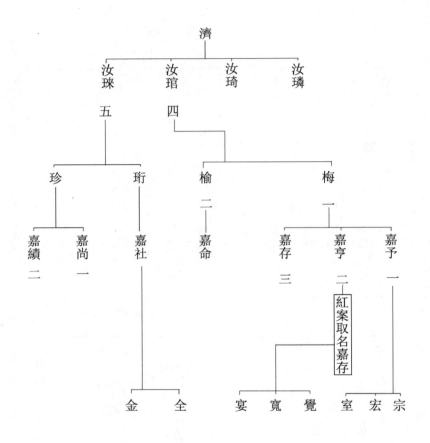

周元公世系圖①

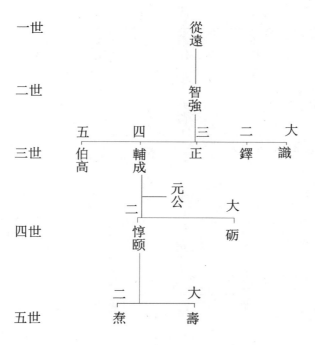

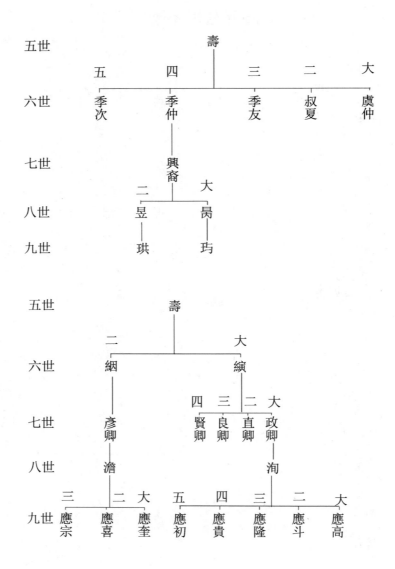

五世　　　　　　　　壽

　　　　　五　　四　　三　　二　　大
六世　　　季　季　　季　叔　虞
　　　　　次　仲　　友　夏　仲

七世　　　　興
　　　　　　裔

　　　　　　二　大
八世　　　昱　昺

九世　　　琪　玙

五世　　　　　　　　壽

　　　　　　二　　　大
六世　　　　綑　　　纊

　　　　　　　　四　三　二　大
七世　　　彥　　賢　良　直　政
　　　　　卿　　卿　卿　卿　卿

八世　　　澹　　　　　　洵

　　　　三　二　大　　五　四　三　二　大
九世　應　應　應　　應　應　應　應　應
　　　宗　喜　奎　　初　貴　隆　斗　高

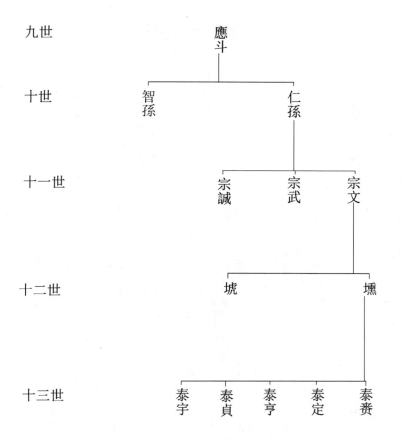

九世　　　　　　　　　　應斗

十世　　　　智孫　　　　　　　仁孫

十一世　　　　　宗誠　　　　宗武　　　宗文

十二世　　　　　　　　垙　　　　　　　壎

十三世　　　　　泰宇　泰貞　泰亨　泰定　泰賁

　　右濂溪世系舊志，詳先生以下且未明的，今考洪熙間張韶述譜，以晉揚州都督浚為始祖，浚子曰覬、仕、登。尚書僕射曰：“髙拜御史中丞，自時厥後，傳至從遠代多哲人。”從遠始適營道縣濂溪傍，讀書治產占籍焉。生子曰智強，智強生子曰懷式，又名伯髙，曰懷成，又名輔成，皆登進士。輔成則先生父也，淵源所自，積慶亦云遠矣。暨先生生二子，長曰壽，字季老，元豐五年，黃裳榜登第。次曰燾，字通老，元祐三年李常寧榜登第。皆致位，通顯有羙譽。盖先生克昌厥後，自然之理也。嗣是支泒蕃衍以迄於今，具載《周氏家譜》，茲不錄。（李嶧慈本）

周元公世系圖①

圖一

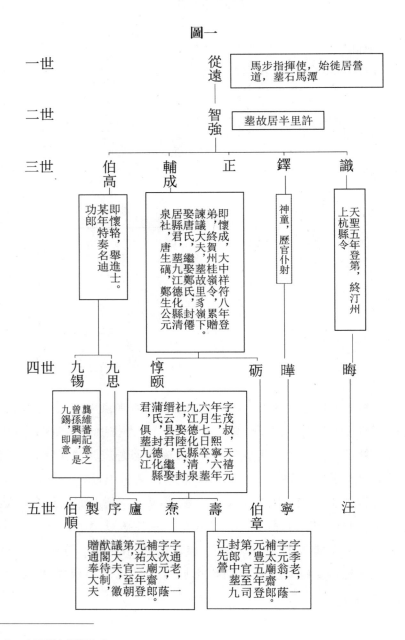

一世　從遠　馬步指揮使，始徙居營道，塟石馬潭

二世　智強　塟故居半里許

三世　伯高　輔成　正　鐸　識

（伯高）即懷轆，舉進士。某年特奏名迪功郎。

（輔成）即懷成，字大賀，州大中祥符八年登累下贈。弟諫議，終唐州桂嶺令。娶唐氏，夫娶鄭故里豸，封嶺清僊。居縣社，生塟九礴江，鄭德化縣元公泉。

（鐸）神童，歷官仆射

（識）天聖五年登第，終汀州。上杭縣令，

四世　九錫　九思　惇頤　砺　曄　晦

（九思）龔維蕃記，曾孫興嗣之意，九錫即意是

（惇頤）字茂叔，天禧元年生，七日封泉塟日熙寧六年卒，娶陸氏縣清，繼娶封君陸氏德化縣娶蒲君氏俱塟九江縣。社云月生，社繚緝，月生縣封君

五世　伯順　製　序　廬　燾　壽　伯章　寧　汪

（燾壽）字通老一廕，登朝議大夫，制至徽猷閣待制。太官三年，字元字補第次，祐贈猷議通奉大夫。

（伯章）字季老一廕，登朝，至五廕九司。字元字補第先營塟中，豐太官五廕九，江先郎，封豐中營塟九。

五世　制　序　廬　仲章　寧

六世　迪　器　遇　緼　贊

（緼）以明經官承事郎，知興業縣

七世　興嗣　興祖　興宗　利萬　國華　國安

（興嗣）見襲維蕃記

八世　元道　元亮　元泰　不比　師隆　師原

（不比）載故居高峯碑末

九世　安邦　安除　安潤　安發　安國　天然　天瑞　福達　福連

圖二

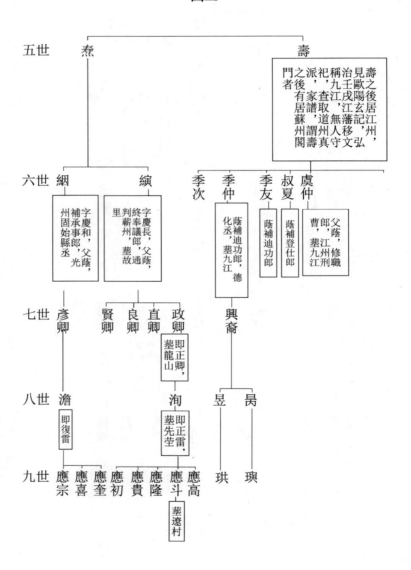

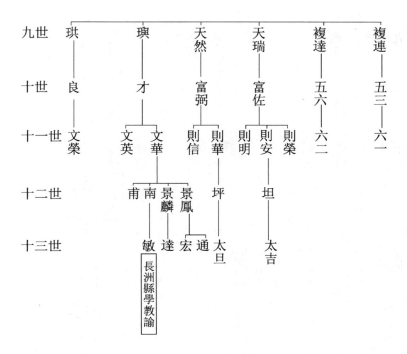

九世　　珱　　瑛　　天然　　天瑞　　複達　　複連——

十世　　良　　才　　富弼　　富佐　　五六——　五三——

十一世　文榮　文英 文華　則信 則華　則明 則安 則榮　六二　六一

十二世　　甫 南 景麟 景鳳　坪　坦

十三世　　敏 達 宏 通　太旦　太吉

長洲縣學教諭

圖三

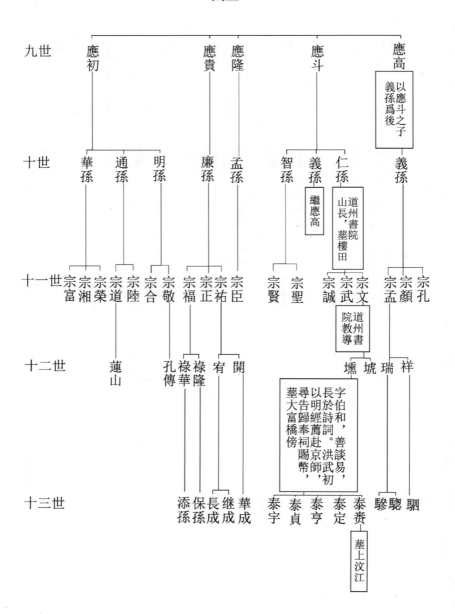

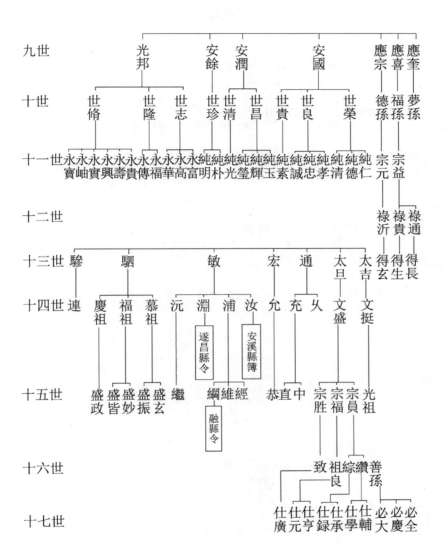

圖四

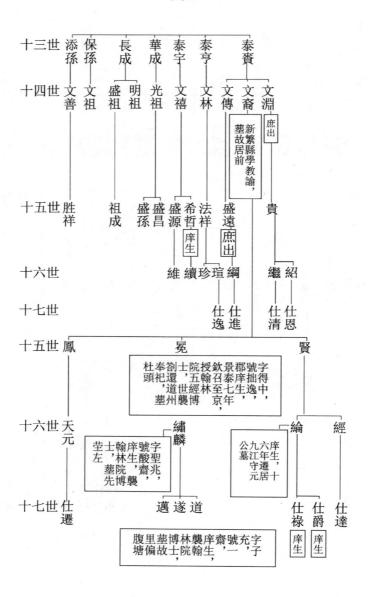

十三世　添孫　保孫　長成　華成　泰宇　泰亨　泰賓

十四世　文善　文祖　盛祖　明祖　光祖　文禧　文林　文傳　文裔　文淵　庶出

新繁縣學教諭，故居前

十五世　胜祥　　祖成　盛孫　盛昌　盛源　希哲（庠生）　法祥　盛遠（庶出）　　貴

十六世　　　　　　　　　　　維　續　珍　瑄　綱　　繼　紹

十七世　　　　　　　　　　　　　仕逸　仕進　　仕清　仕恩

十五世　鳳　　　　　　　　　冕　　　　　　　　賢

字得拙逸，號景欽授翰林院奉詔士頭祀還，世經至七生中京年，，五翰召泰庠州襲博道

十六世　天元　　　　　繡麟　　　　　繪　　經

字兆聖齋號，博襲士庠生院林左，莹先博襲

六年生，遷居十九公江邊墓守元

十七世　仕遷　　　邁　遂　道　　仕祿（庠生）　仕爵（庠生）　仕達

字充子齋號，一襲故博士院翰生，林襲偏里塘腹

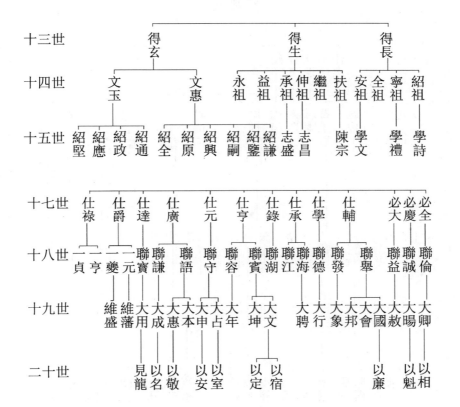

圖五

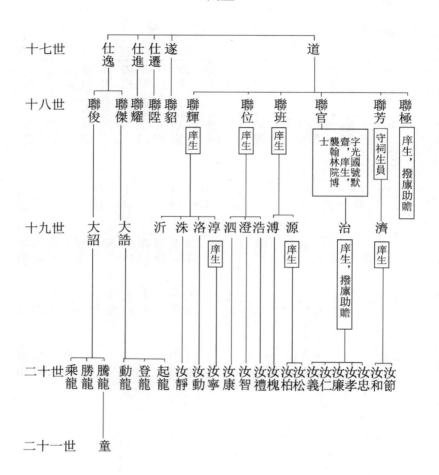

周元公世系圖^①

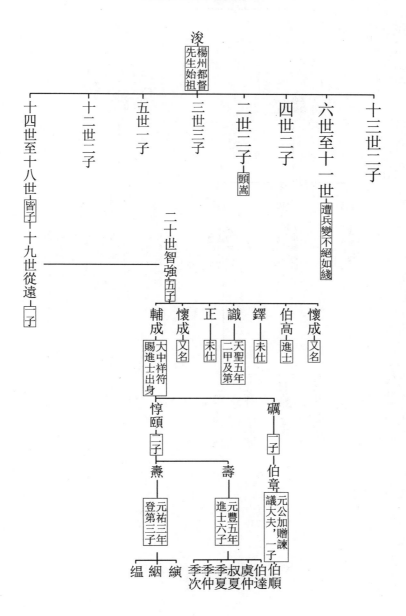

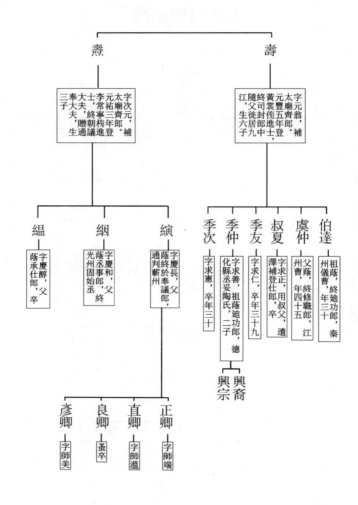

興裔

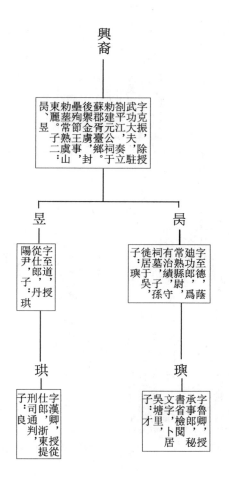

- 興裔
  - 昱
    - 珖
  - 昺
    - 璵

興裔下第一世（主傳）：
字克武，功振大夫，江元胥金節常昱。封山立于駐授除，奏祠鄉，事虞二子：熟王臺虏公，後苏勅軎勅昺、東麗華殉禦郡建平。

昱：字道至，從仕郎授，陽尹，子：丹琪。

珖：字漢仕，通卿，判浙東授，從提刑，子：司良。

昺：字廸德，功至熟治墓有常祠徙居，續縣郎尉爲蔭，守孫吳，子：璵。

璵：字承魯卿，事省書文，檢郎閱秘授，卜居里塘吳才，子：

才

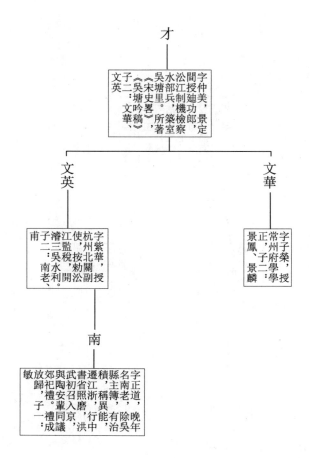

文英

文華

南

字仲美，景定間江授迪功郎，水部兵制檢察，泗塘里築室，著《宋史》、《吳塘吟稿》、《吳塘史畧》。子二：文英、文華。

字紫華，杭州北關，勑授泗塘副使，按江水利，監三稅。子二：甫南、甫吳老。

字子榮，常州府學授，正州學，子二：景鳳、景麟。

字江正道，縣名南正，積縣主簿，遷省稱異，書照浙中除，晚年吳治，武召京議，洪初安入磨，禮與陶祁，郊祀禮同，放祀禮成，敏歸禮，子一：成。

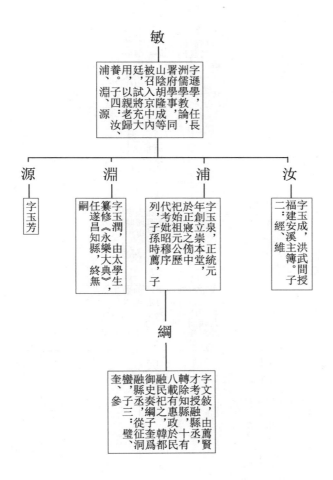

敏

浦養用廷被山署洲字、。，，召陰府儒逸遜淵子以試入胡學學，、親將京隆事教，任源：老充中成，論任長汝歸大內等同，

源　　淵　　浦　　汝

源：字玉芳

淵：纂字任修玉遂《潤昌永，知樂由縣大太，典學終》生無，嗣

浦：列代祀於年字考始正創玉姒祖寢立泉子昭之崇，孫元穆序正本統堂元，時公歷，子

汝：二福字：建玉經安成、溪，維主洪簿武。間子授

綱

奎蠻融御融八轉才字、史民載除考文參縣奏祀有知授敍三丞之綱惠縣融，：從子，縣由壁征奎韓於十丞薦洞爲都民有，賢

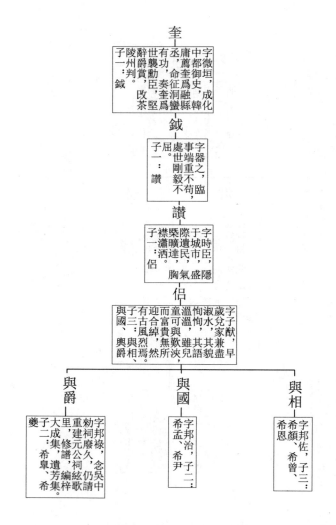

奎

字中庸，丞有世辭陵子一州，爵襲功，薦都微垣：判賞勳，命奎御史，臣奏征爲史，改，奎洞融成茶堅爲蠻縣韓化。

鈇

字器之，世端重不苟臨，剛毅不屈，處事一。：讚

讚

字時城遺曠瀟，際于襟槧民市臣，達隱盛氣胸，灑洒侶。一：侶

侶

字兌子歲淑恂温童而迎有子國三、：風緯綽貴與，興與烈，無歠雖其所狹兒語貌盡早，合富與，温恂水，家猷兼爵相焉然其。

與爵

字邦拊粉，建祠修元廢祿，集希久遺，譜公念仍吳希請中歌，皋芳編絃集梓。子二：大成，里重。

與國

字邦治，孟，希尹，子二：希。

與相

字邦佐，希顏，希曾，子三：希恩，希。

　　右濂溪世系，以晉揚州都督諱浚者為始祖，東周之後，亂汝墳之宗裔也，平王封次子烈于汝錫，土姓以立宗族，浚子曰顗，仕登尚書僕射，次曰嵩，拜御史中丞，自時厥後，傳至從遠，代多哲人，從遠始適營道縣濂溪焉，讀書治產，占籍焉，生子曰智強，智強生子曰懷式，又名伯高，曰懷成，又名輔成，皆登進士，輔成則元公父也，淵源所自，積慶亦云遠矣，暨元公生二子，曰壽，曰燾，皆登第，壽遂父徙居九江，生六子，伯達、虞仲、叔夏、季友、季仲、季次，季仲蔭廸功郎，德化縣

丞，生二子，興裔、興宗，興裔授武功大夫，扈高宗南渡，駐劄平江，禦金虜，對壘殉節王事，敕葬常熟虞山東麓。子二，曰昺，曰昱，昺奏為常熟縣尉，世守祠墓而居吳焉，次子昱為丹陽尹。昺生瑛，昱生珙，瑛生才，才生文華、文英，文英生南老，南老生敏，敏生汝、浦、淵、源，浦生綱，綱生奎，皆興裔之後。興裔父季仲，季仲父壽，為元公長子，嫡派嗣是居吳，支裔井然，但出仕有政績美譽及著述者，載郡邑誌傳間，已搜採錄輯，其恬隱未顯者，具載世譜，不復備述，其自燾之宗派，在道州者，事實更自有譜集，茲不重錄云。（周與爵本）

大宗承襲博士嫡長世次图

冕（明景泰七年始受封博士）——繡麟（冕長子，襲）——道（繡麟長子，襲）——聯官（道嫡子，襲）——治（聯官長子，應襲，引疾，與子汝忠）—汝忠（治長子，襲）——蓮（汝忠長子，明末襲）——嘉耀（蓮長子，康熙二十四年題准襲職）

贊曰：維周之先，肇自帝嚳。逮于汝南，大啟族屬。春陵載遷，朝陽始旭。沔彼朝宗，濂水之曲。椒聊遠條，景命有僕。俾熾俾昌，以似以續。（吳大鎔本）

世系遺芳①

諫議大夫事略

諫議大夫諱輔成，字孟匡，其事實已詳《元公年譜》，山陽度正著。宋代有專祠，公孫同堂，春秋享祀，亦詳載《國典》并歐陽玄《誌》中，俱不多贅。祗錄入《鄉賢祠傳》附左。宋周輔成，元公之父，世居營道之濂溪。大中祥符八年，蔡齊榜進士，所歷多善政，終賀州桂嶺令。以元公貴，累贈諫議大夫。載《永州府·道州誌》）

---

① 《世系遺芳》一節，未註明出處者，均選自周與爵本《周元公世系遺芳集》。

上祖諫議大夫配享啟聖祠，喜而謹賦　　明　周希孟

鳳闕巍峩雨露新，聖恩良沃宋儒臣。丹宸特諭追賢詔，黌校傳宣煥帝綸。祕祀百年沾配享，明禋千古恪遵巡。累沐國朝崇重典，寒微均被上皇仁。十八代孫希孟百拜題。

道國周元公世家

元公與諸賢竝列於人物，則繼往開來之功當亞于孔孟，非夫人所可擬倫也，故法太史公作"世家"，示尊也。公之書已行於世，與六經、四子並傳，其雜著、詩文有《濂溪大成集》，詳載前卷。四世孫興裔，扈蹕南渡，奏立元公祠于吳縣胥臺鄉，子孫遂留吳焉。嗣後累世出仕，治政事績輯錄於後。

紀敕祠故址

元公舊祠，四世孫興裔奏請敕建於吳縣胥臺鄉。春秋享祀，歲久傾圮。至元盛時，復建於故址。至正兵燹，復燼，數十年莫能修舉，祀典隨曠。迨正統元年，十一世孫浦始構家廟，名曰崇本堂。中祀始祖道國元公神主，武功以下歷代考妣序列左右，子孫時薦，在長洲縣東城利字一啚。大學士王直有記。

宋敕制置使周興裔兼幹辦皇城司丐養、提舉神佑觀誥命

朕聞虎闈戎司，固先於贊畫；麟臺祕府，尤重於提綱。膺斯顯除，宜屬舊弼，卿性全夷粹，德備直方，負經濟之宏才，蘊幾微之敏識。頃陪籌幄，密贊樞庭，荐出鎮於近藩，茲入佐於中禁。尚期效職，以副朕懷。欽哉！勿替！

宋撫問淮南東路沿海制置大使周興裔，賜銀合夏藥，口宣

有敕：卿比從舊弼，出殿帥藩，履茲炎燠之辰，嘉乃撫綏之畧。用頒名劑，以示至懷。今差入內，內侍省東頭供奉官譚璨，傳宣撫問及賜卿銀合夏藥，想宜知悉。

宋撫問淮南東路沿海制置大使周興裔并賜銀合臘藥，口宣

有敕：卿望高右府，寄重留都。當氣序之載嚴，諒節宣之無爽。肆頒良劑，昭示眷懷。今差入內，內侍省西頭供奉官韓繹，傳宣撫問并賜卿銀合臘藥，想宜知悉。

和州觀察使武功大夫行實

大夫諱興裔，字克振，濂溪之曾孫也。世居營道濂溪，徙居九江。祖諱壽，父季仲大夫。性質剛明，策略宏遠，政和間差充秦鳳路經略司，書寫機宜文字，召授閤門祗候。未幾，轉承節郎，差潼州府廉訪使，轉保義郎，特授閤門宣贊。宣和六年，差知岷州，轉承忠郎，特授武功大夫，文州刺史。靖康蒙塵，扈蹕臨安，即日召對，除帶御器械，為和州觀察使。尋差江東路，總管建康駐節。復差提舉宿衛親軍，權兩浙、淮南東路沿海置制司，領侍衛馬軍都虞候，兼幹皇城司丐養，提舉神佑觀，復領主管侍衛馬軍行司公事，以所部兵駐劄平江，鎮守沿海福山港。隨任奏立元公祠，勅建於吳縣胥臺鄉。後與金虜對壘，戰沒王事，勅葬虞山東麓積善鄉。配王氏，封汝南郡夫人，尚書左僕射岐國公珪之女。子昺，為迪功郎，蔭常熟縣尉，有治績。孫瑛，承仕郎，秘書省檢閱文字。曾孫才，迪功郎。祖孫四世，祔葬虞山。

錄武功大夫手劄一通　　宋　周興裔

建炎三年春，三月望後五日書：暨丙申歲仲夏，離家隨奉命差知潼州廉訪使。宣和六年，復差知岷州，後轉文州刺史。南北奔馳，歲無寧晷，視事如蝟，何暇於兒女事為念哉？況值國步多艱，復有靖康之禍，君臣遘難，又蒙懷愍之塵，是以朝廷去遠君子，內乏骨鯁之臣，任用小人，致貽天下之憂，四海生靈罹此倒懸困苦耶！今皇上播遷之後，黎元窘迫之際，措置張皇，進退失計。雖警蹕臨安，終非恢復之謨。耳目雖聰明，蔽惑於奸佞，此某之所以三復流涕，痛朝廷不自內省，又見沮於潛善伯彥之譖，掣肘莫伸。今金虜分道南侵，血我生民，腥羶茅土，此誠危急存亡之日。臣死於君，君死於社稷，效死勿去，泣思戴天之仇未

復，一腔忠赤未消，傾露葵藿，當紓國難。此我所以奄奄居外，夙夜皇皇，惟思當世之務；奉法宣化，憂形于東南境土；兢業自持，未暇于一夕安寢。幾欲告歸，灑掃祖廟先塋，奈何王事靡盬，弗克所願。想我祖宗在天之靈，必先鑒知。烝嘗久缺不能脩，時薦以盡裸獻之禮，人子之情抱恨終天，既不能盡孝，又不能盡忠，臣子之心良有歉。于是哉，今附歸薄祿數金，卽置備後開祭掃等儀，願我二子皆如所言，一一如我命。我雖不得與祭，使我子昺、昱攝之，當致其如在之誠，吾祖宗亦必格而臨之。少伸孝思，以報劬勞也。向後之事，難自逆料，且我身如犬馬，未足以為報國恩。況朝廷養士多年，我豈肯偷生于今日！既以許國，守正俟死，寧前死一尺，無退生一寸，誓志不與金虜並生，身蹈白刃，何足為辭！自雖不諒不訾之軀，臨不測之淵，甘為趙氏清白鬼，此我矢心如是，而樂於效死也。雖未必能整破碎綱紀，亦人臣當盡節之時，但有死之日，無生歸之期。故不以家為念，二子當自勉旃，不復以我為慮，臨楮飛血，不知慷慨所云。

　　長男昺，虔備牲醴、香帛、茶果祭品詣道州，祭掃列祖墳墓，卽祭告先諫議大夫廟暨諸祖考妣之靈。事奉禮畢，卽回九江。沿具祭品，同昱詣曾祖元公祠祭告。禮畢，卽祭掃先高祖妣僊居縣太君鄭氏墓暨曾祖考元公、曾祖妣陸氏緝雲縣君、蒲氏德清縣君、祖考司封郎中、祖妣鄭氏夫人，先考廸功郎、先妣陶氏淑人之墓。祭掃畢，卽撤餕。餘祭奠汝母王氏、汝南郡夫人之靈，特示男昺、昱知此，毋得造次，違亂來意，皆依我所言。建炎三年三月書。

追悼淮南東路沿海置制使周興裔死節福山以詩贊之[①]　　宋　虞允文

衰草吳天照夕陽，孤臣白骨委沙場。忠魂夢斷悲秋月，逆旅神凝望故鄉。報國赤心存壯烈，垂名青史死猶香。英雄未盡吞胡恨，千古遺芳重璧璋。

---

① 標題中"置制"二字誤倒，应作"制置"。

哭周興裔死節福山　　宋　郭元邁

孤臣戰骨臨霜白，一旅忠骴掛月清。海島復聞田氏義，首陽遠抗墨胎名。刀錐敢蹈惟知死，鼎鑊甘飴豈憚烹。一擲鴻毛輕太岳，只今野老哭吞聲。

歷任憲司、府縣及名碩扁額

濂溪世祠　蘇州府知府朱燮元　萬曆廿七年二月立

道學正宗　知長洲縣事東莞鄧雲霄　萬曆乙巳年孟夏吉旦立

正學淵源　大學士申時行書

倡明絕學　蘇州府署印同知韓子祁　萬曆丁末年清和吉旦立

倡明正學　宣化徐可行書　戶部清吏司

直承聖統　知長洲縣事澠池祁承爍　萬曆乙酉年孟冬吉旦立

宋周元公祠　滸墅鈔關戶部主事張銓　萬曆四十年五月吉旦立

并附部臺批語：纂脉黃虞，沂源洙泗。執斯文之牛耳，倡道東南。闢後學之迷途，有功儒教，允宜匾額，用光廟貌。

道統中興　長洲縣知縣韓原善　萬曆壬子年仲冬立

翼聖正宗　崑山縣知縣祝耀祖　萬曆壬子年仲冬立

倡道東南　蘇州府知府林紹明　萬曆癸丑年孟冬立

濂溪周先生祠　長洲縣知縣胡士容　萬曆乙卯年孟秋立

眞儒正印　蘇州府知府陳訏謨　萬曆丁巳年仲春立

南軒公事實

南軒公諱才，字仲美，道國元公七世孫也。賦性穎異，器宇弘暢。早失怙恃，勵志自學。六經為本，待人以誠。獎善嫉惡，不苟趨競。景定甲子，領沿江制機檢察水部兵，乙亥革命，征南行省。帥府檄公與武弁分撫郡之屬邑，時軍伍貪恣，日事剽掠，公撫諭之。又栝人輸物，不愜，則魚貫斬首，公悉解縶械釋之，不可勝數。士卒掠他處生口賈粥，公為館穀，詢其鄉里父母，歸之。同里朱氏、蘇氏世讐，朱賂千戶，期一夕爇蘇而屠之，亦欲賂公。公潛招蘇，語其故，俾亦啗千戶，以利兩全之，因招二氏，曉以禍福，令約為婚姻，遂釋怨。丁丑歲，有奸俠諜袤謀以動吳民，公歎曰：“吾始預撫安，今茲復不順義，一旦官兵來，吳民其無噍類乎！”因諭以氣運在天不在人之理，禁其奸不得發，乃亟給帥閫，撫諭符文迎勞，官兵遂不入境，人得以寧。比境來避者，亦廩給之。後置縣設官，領戶箅，同寅上其功，公曰：“吾前朝賤士也，所以與世委蛇，誠不忍生民塗炭耳。茲得為太平民幸矣，忍復希名位哉！”遂老於耕桑。嘗著《宋史略》十六卷、《吳塘集》若干卷，藏於家。子二，文華授常州儒學教授，次文英以儒克世其業，有《澤物親民》二稿及《庭芳集》，其官見“水利”條，載《郡誌》。

制機檢察水部兵自贊　　明　周才

早步宦途，晚耕田野。詩酒陶情，逍遙林下。以仁義而宅心，終不事乎虛假。噫！彼其所以深衣而幅巾者，亦庶幾無愧于儒雅也耶！

紫華先生事實

先生諱文英，字紫華，別號梅隱，元公八世孫。天資剛正，不妄談笑，好學篤行，博涉經史。世居道州，宋季徙吳城之東。讀書好道，薄宦四方。賓佐州縣，建言三吳水利，申明兩浙監法，詳讞疑獄，議擬戶婚。所著論利病，則有《澤物親民錄》。又善文辭音律，暇則教子讀書，琴尊自娛。凡為吟詠，援筆立就。積稿數十，伯命曰《庭芳集》，藏于家。訓其子曰：“吾詩不足傳，俾汝曹知予出處耳。可傳者，《澤物親民錄》云。”嘗有幸道者過之，見其讀《糸同契》，道者曰：“子有宿契，可與語。”至暮留宿，甚寒，將燉炭。道者止之，視其所衣，一木棉裘，其氣充然。時方雪積，道者所止，有光赫然出屋上，雪不積聚，隣人以為火，操水具至，則知非火。紫華尤異之，達旦留詩以別，問道者所止曰：“我舟泊於楓橋，大雪後可來一會。”紫華冒寒而往，幸方倚篷而笑，謂紫華曰：“子來矣。”即出一小鼎，授以坎離交會之功，紫華悟其意。幸又曰：“後五十年，戌亥間當成子志，余頃間便過洞庭七十二峯西遊也。”歲甲戌，紫華以幸所書展玩一過，曰：“茲惟時矣。”遂歛袵端坐，而逝其留別詩，亦寓意焉，并附錄於左。載在《長洲誌》。

幸仙留別紫華二首并引

梅隱周兄，火龍水虎，風雲間闊，亦一時之良遇也。源之深，流之長，不易測也。窓夜風雨，鸞和鳳鳴，不易聽也。旣早別，因梅隱壁間韻賡二首，以寓再會為意，乞不示人知，幸甚幸甚！

倐來萍水忻一會，巍崖秀谷泉流清。抱琴半世調不得，連榻一宵通此生。糸到無言方自覺，學須有志竟能成。他年再可雲龍際，息壤天涯寄某名。

晦圓圓晦月不損，影到澄江江更清。有限炎涼宜靜看，無閑日月且浮生。雲邊鸞鳳飛將倦，塵界蟠桃種不成。我向生前了身事，人於身後却虛名。

三吳水利條陳　　明　周文英

蘇湖常秀土，田高下不等，以十分為率，低田七分，高田三分。所謂天下之利莫大於水田，水田之美無過於浙右。五代末，吳越錢王獨居東南，專享此利。宋范文正公嘗論於朝曰："江南圍田，每一圍方數十里，中有河渠，外有門閘。旱則開閘引江水之利，澇則閉閘拒江水之害，旱澇不及，為農美利。"嘗詢訪高年云："曩時兩浙未納土，時蘇州有營田軍四部，共七八千餘人，又有撩清夫專為田事，導河築隄，以減水患。唐時，歲熟，錢五十文糴米一石。自歸宋之後，慢於農政，不復修舉，田圍河港，大半墮壞。"今江浙之米，石不下一貫，比之當時，其貴十倍。民不得不困，國不得不虛矣。前都水監於江面置閘節水，終非經久良法。且如見置閘三處，本意潮來則拒潮來之水，潮退則放江水決潮。殊不知江水源築塞之水，勢細緩，內水外水高低無幾。又，閘之相去不遠，決放之水旣淺且緩，又烏能衝激潮沙而不積於江也？施常年，初無損益；設遇澇歲，覯其傾洩江湖巨浸，則見其不能。此所謂徐行拯溺，緩步救焚者也。

海者，百川之所宗。水有所歸則不泛濫，善治水者，必識其源流可也。嘗經行太倉劉家港及吳松江之左右，登高眺遠，隨流尋源，為今之計，莫若因水勢之所趨，順其性而疏導之，則易於成功。劉家港南有一港，名南石橋港。近年天然深闊，直通劉家港，西南通橫塘，以至夏駕浦入吳松江。其中間有迂廻窄狹處，若使疏浚深闊，則太湖洩水一大路也。某今棄吳松江東南塗之地，姑置勿論，而專意於江之東北劉家港、白茅河等處，追尋水脉開浚入海者。蓋劉家港即古婁江，三江之一也。深港濶，此三吳東北洩水之尾閭，斯所謂順天之時，隨地之宜也。惟開浚之法，付之有司，例將有田之家差夫動擾，猶為未便。乞從省府差委諳通水利官，諳沿海各處，相視合浚港浦具數計工，擬議申聞。或都水監分官前來，或選省府能宜於浙間富戶，勸率百十家，斟酌遠近及功績巨細，照依捨糧賑饑例擾，以官祿擬定品給。令其開浚，考其成功，如工役輕省者，量行優叙。如功績重大者，優以一官激勸勉礪。庶幾勞而無怨，擾不及衆。假如凶年，勸令富戶捐糧賑濟，不過救一歲一處之災。上有以官推此恩例，成此美績，則可弭浙西數郡久遠之災，寧不偉歟？經治之後，更須都水監差官按行，嚴督各州縣每歲修葺，使其經久不廢。或委行省官專一提調。庶幾執督事嚴，免致有司樂歲則苟且玩視以為常程，設遇澇歲，則束手無措。《敗事傷農詩》所謂"迨天之未陰雨，徹彼桑土，綢繆牖戶"者，此也。水利有成，則樂歲相仍，國富民安，誠非小補。詳載《姑蘇郡誌》。

題紫華先生行狀卷後　　明　倪瓚

紫華上卿遊心恬澹之園，濯神清泠之渚，仕雖不顯，利澤甚溥。蚤遇真仙，故晚得尸解，上道學道之士，非祖澤流慶，骨相合仙，精修冥契，何由仙靈降室哉？觀陶真白《冥通記》，庶知之耳。因讀上卿碑及傳，為之慨歎久之。壬子九月二日雲林倪瓚書。

題黃省翁寫紫華先生真像贊　　明　高曦遠

神湛湛兮若淵，氣融融兮似春。兼文質之茂美，極言行之溫純。措諸事業，可使民物之咸遂；歙之方寸，能保元和而自珍。彼求之於眉睫之間者，宜得其形似之髣髴，孰若索之於形骸之外者，庶見其渾然天真也耶！

紫華先生自贊三首　　明　周文英

如斯面目，如斯性情。不史不野，非濁非清。松柏霜姿，芝蘭春英。既具爾瞻，必也正名。咦！玉堂茆舍，無心處四海，堯天樂太平。

瑞靄曈晴，荷風晝清。逍遙庭除，優游性情。淵淵如神，熙熙如春。惟松斯貞，惟蘭斯馨。宜爾壽康，德彼雲仍。

面目尋常，襟懷迥別。冶地陽春，炎天霜雪。蓮幬蓬牖，光風霽月。澤物仁深，隨時用拙。咄！用之行龍虎風雲，舍之藏煙霞泉石。

慶耆吟　　明　周文英

六十年來事可征，幾番風雨幾番晴。晚思投筆身先老，蚤計乘桴道不行。北闕上書憐孟浩，南溟搏翼笑莊生。如今老大俱休問，鼓腹堯天樂太平。

紫華先生題意　　明　周文英

紫素生華有自來，先天水火孕胚胎。九宮正位藏金室，三氣廻風上玉臺。充實光輝儒閫域，希夷恍惚道梯媒。靜觀虛白佳祥止，三十六宮春自回。

祖服傳孫二十韻

先人一麑裘，遺年四十春。當日授受時，此意慈既憐。屬我甫成人，冠帶慕整鮮。惬心感殷勤，稱體宜蹁躚。服置間歲寒，紉補常完全。貴之重華袞，寶之逾青氊。故人綈袍情，恩義尤絕懸。箕裘寓儆深，襲佩披誠虔。吾今臻耆年，先志固勿遷。書紳敬諄諄，帶韋衷拳拳。輕肥曷敢矜，靚素惟純緣。曩叨恩賜衣，胸臆金螺蜒。儀章制羅袍，鏨革丹輕聯。朱紫寧無期，時我適後先。難封信李數，易老知馮顛。庶幾寡悔尤，口體相安便。先裘幸不墜，謹以吾子傳。欽哉服祖禧，進修庸勉旃。衣冠三世存，子孫百世賢。為謝九方歌，與子遊於天。

登樓二十韻

我樓異他樓，俛仰成凴陵。山林猶森嚴，龍象先儀承。風月自樓遲，煙靄時依凭。良模契夙構，瑞應符佳徵。不矯元龍高，不屑王燦登。樓中緊斯人，毋伐亦毋矜。道義和如春，懷抱清逾水。麵生分久疎，觥斝量不勝。裙扇情已漸，斤斧警自懲。不為物之喜，不為物之憎。過從屏俗類，談笑多良朋。學不趨僊流，道不墮禪乘。教子耕研田，負耒勤擔簦。良農冀有秋，良士期賓興。老我抱黃卷，皓首惟青燈。讀《易》洗我心，明善服我膺。千篇優寸長，百拙槿一能。商聲歌我詩，忘形發鬅鬙。斯時惟何時，老子興題弘。韻語寄此懷，聊識當年曾。

過吳塘故居　　明　周文英

滿目荒涼惱壯懷，坐來猛省一場獃。幾年積善讀書地，一旦成坵作瓦堆。家國廢興同是理，山河險阻有餘哀。春深最是傷情處，悮却尋巢燕子來。

拙逸公行實

拙逸諱南老，字正道，本道州人，濂溪先生九世孫。宋季，徙居於吳。祖才，父文英，自有傳。公幼聰慧，識量過人，讀書覽輒記憶。元季，用薦授永豐縣學教諭，改當塗縣代還。會天下亂，省臣奏為吳縣主簿。有僧普益殺人，久不行尸，南老移檄責縣神，次日覺羣鳥飛繞，有異跡，其所止，護尸於湖濱，縣稱神明。尋辟為浙省掾，上書言時政六事，曰“開荒田，節財用，通監法，息奔競，辨禮分”。公銓選，除兩浙監運司知事，進淮南行省照磨，改浙江行省，進權理問。國朝洪武初，徵詣太常，議郊祀禮。禮成，發臨安居住，放還，卒。公生平端毅好學，其學本於義理而詳於制度，所著有《易傳集說》《喪祭禮舉要》《姑蘇雜詠》《拙逸稿》。

子敏，字遜學。洪武中，舉任長洲縣學教諭，後與金華胡隆成同召入京，以親老辭歸，親終服闋，改廣東軍器局副使。子四：汝、浦、淵、源。汝，安溪主簿。浦，齒德並邵，賜品服與鄉飲。淵，遂昌知縣。浦

之子綱，字文敘，以薦授廣西融縣丞，進知縣，治縣十有八年，有惠政
於融。成化中，都御史韓雍以融人思綱不忘，奏綱子奎為融縣丞，未幾，
進攝知縣，兼攝羅城、懷遠二縣。協贊韓襄毅公，區畫百計以靖洞蠻，
蓋奎隨父久任，熟知地與蠻賊巢穴，皆奎所知，經戰悉以指示，無不克
捷。功成之後，堅辭爵賞。後丁母憂，改茶陵州判，卒。載《姑蘇誌》。

題拙逸先生行實後　　明　王立中

拙逸翁卒年八十有三，葬吳縣落星涇道山先塋之傍，自誌其墓。既葬
之，數月，其孤敏復述家世之淵源及先考之平生行實，繕錄成卷，以謂
予與若翁交游至深，且久而獨存者，將以求訂正焉。詳觀所載周氏自汝
墳三遷來吳，由漢迨今，歷千有餘歲。衣冠文獻，代不乏人，可謂源深
流長矣。至拙逸，弱冠喪父，乃能篤志好學，修身勵行。稍壯，接武縉
紳，樂育後進，遂以文學起家。佐縣邑，糸省幙，推誠盡敬，悉能獲乎
上。不為皎皎之行，從容閒暇，所施無非濟物利民之事。終身無少玷缺，
可以見其賢能矣。使得時行道，盡攄所蘊，詎止於此而已乎！然仕不能
稱其德，抑有命焉。仁者必有後，若造物施報，不在於身，亦在于子孫
矣。敏之意，非欲為溢美也，始恐歲月愈久，泯沒無聞，是為憾爾。惜
予衰耄，無明於時，弗能為之重輕，將俟當世鴻筆膺斯文之任者，必能
發揮潛德，以成人子揚名之志矣。撫卷感愴竊識于後云，時洪武十六年
季冬朔月。

拙逸公家訓　　明　周南老

學不師古，非學也。師古而非以正，亦非學也。聖人之道，具在方
策，大而性命道德，細而名物度數，皆學也。夫學之道，不由誠意、正
心而加存養省察之功，則性命道德何有而明？不由致知、格物以盡夫事
物之理，則名物度數何由而知？故古之欲明明德於天下者，必盡夫格物、
致知、誠意、正心之功，而後能察夫義理，措諸事業也。六經、《論》
《孟》《學》《庸》，古莫古於此，學欲師古，舍是而何以為學耶？當今之
世，孰不家有是書，而讀之者亦未嘗無其人。然在愚不肖者，固不知斯
道為當世不易之理，或昧而不明，或習而不察。而賢知者，顧揣變測微，

驚世駭俗，陰祖異端，溺老莊之虛無，慕瞿曇之寂滅。或以竹林放曠為行，或以西崑組麗為文。掇集言辭，動以韓柳自許；鍛煉韻語，槩以陶韋為言；考索名數，則以圖畫之高古為據，視性命道德為虛文，曰不必學；以名物度數，為不切世用，曰不足學。不知韓、柳之精粹，陶、韋之沖澹，果外於道乎？圖畫之高古，不過圖形似之仿佛，豈能一一精備而可據以為制作耶？其所以為吾道之害者，莫大於此。其所以駭俗驚愚、誣惑後學者，又莫盛於此。或曰："人有天資之高下，豈能盡聖賢之事而造於道哉！"殊不知資稟之高者，必由學而成。資稟之下者，亦必由學而化。其曰天資云者，是甘於自棄也，其為不仁甚矣。顧予之言資稟固有高下，氣質固有不齊，雖不能一一到聖賢地位，然為學之法，則必當以聖賢為期。知之必致，行之必力。一師於古，一歸於正。毋詫詞章而鬭靡，毋泥傳註而穿鑿，則庶乎聖賢之學也。苟學之未至，亦不失為善人。夫鈞陶猶能變土，學豈不能變氣質哉？

　　予幼習父師之訓，拳拳服膺。今耄矣，未能致其實踐之功，而於正邪真妄之途，則不敢不審。若夫科場之程文，應世之詞章，特餘事耳，亦未嘗學焉。文以達辭，詩以寫情，字以正心，未始敢求異於人。講學之暇，輒著是說以為家學，訓若子、若孫，識之、勉之。洪武甲寅春三月朔旦，舂陵南老識。

拙逸自贊公服像　　明　周南老

　　形朴而氣舒，性拙而材疎。少馳騁於文藝之場，壯涉歷於艱難之途。其朱衣象笏者，即青燈華髮之故吾。噫！歲月之既往，聊遯逸於桑榆。

拙逸自贊深衣像　　明　周南老

　　幼力於學，老未聞道。敬以自持，是則是效。將致謹乎言行，顧此心之慉慉。服斯服而成此肖貌者，皆過庭之教也。

拙逸老人題孟孺人真贊　　明　周南老

　　係亞聖公五十三世孫潼之女也，享年五十有三，祔葬于落星涇祖塋之次。

甫笄而嬪，克敬克勤。相我内事，三十七春。繄工容之具美，惟德人之所有。斯孟氏之令女，實我宗之賢婦。

銘：惟茲惟淑，婦道雄肅。同穴有誓，爰宅茲隩。

答寶幢直指上人　　明　周南老

老儂欣病起，冒雨扣松扉。塵事愁相問，閑情喜蹔依。

喚晴鳩獨語，投暝鶴雙歸。坐久成歡劇，翛然與世違。

義猫傳　　明　周南老

頃有猫牝，色純白，體無雜文，兩目一金黄一紺碧，世所謂日月眼者是也。時來余家，家人深愛之，每設食於庭除以伺其至。至則巡墻而下，循除而食，徘徊顧瞻，呷舌搖尾，久之輒去。率以為常，而日必一至焉。如是者歲，餘遂兩忘，縱其所如。

時當兵變，里巷間鞠為茂草。貓失所宇家，其來食也愈頻，家人哀之，故食之也必時。其性類野貍，或出或沒，往來雖久，終不能留一日。忽呼鳴簷廡間哀號，若有訴，少間復聞乳猫聲，視之，乃知其銜所生兒，置余屋東廡而去。家人具鮮食食其兒。編草為棲以畜之。其牝日至如前，乳其兒，食既仍去。日或再至。朞月兒長，其牝遂不知所之。兒絕類牝，其色與目皆如之，遂呼為雪兒。兒猶警敏過常，倉廩庖廚，視之不少懈，鼠或跳樑，兒一舉目，輒墜地。由是庭除之間，絕無鼠迹，而或賓筵盛設魚肉盈案，兒枕籍於旁，與之食則食，不與則勿敢顧。衎衎焉、踆踆焉，柔馴可愛，舉家無有憎者。

余再罹兵創，遣入京，即日上道。家悉散軼，兒守故居哀鳴，不忍去。隣婦捕之將歸養，囓其指乃逸。翌日，余子女獲返舍，仍來依焉。自是家事益廢，日食或不備，兒亦終不厭。每即白飯，終月不知鮮味，服勤余家越十五年，迨今無恙。余嘗於亂離中收養流冗子二人，皆始髫齔，一全生於饑寒之餘，一脫命於兵刃之頃，鞠之、育之，亦十餘載。俱能成，乃視余之有無為去留計。間呼雪兒曰："終日號呶，得無饑乎？胡不舍而去，寧死於是耶？"雪兒終不易所守。二子不堪余貧，以漸乖離，悉去余。余觀今之人，炎而附，寒而棄，鮮有能類雪兒之為者。衆曰："雪兒，義貓。是可傳，以傳厥後。"周子曰："貓，義畜也，母子皆能循乎義，而不為獸畜之行。然而含齒戴髮，被衣粒食，為物之靈者，反乖於義。悲夫！此聖人之所以誦黃鳥之說，而曰可以人而不如鳥乎？"

題吳王宮梧桐園　　明　周南老

碧團宮園樹，曾宿朝陽鳳。花開襲香霏，葉密纖纖蓊。雨雜瑠佩聲，風生金石弄。初秋一葉零，深宮愁已動。前園忽橫生，怪入夫差夢。知匪棟梁材，盲僮斯俑從。

甲寅重九志感并序　　明　周南老

有懷壬子歲九日，值雨，子敏具觳觫節，留倪雲林在荒齋圖秋亭，雨意并賦詩。座中申屠仲權、金德進、徐彥純談笑終日。今年喜晴，而吾子上京未歸，德進助教國學，仲權留應天府，彥純訓導吳庠，雲林在江上，獨余困坐寂寥，感而賦之。

子能為養奉時羞，佳客紛紜為雨雷。圖寫雲林神妙品，坐談珠玉總儒流。人情會合難期再，節序推遷復兩周。自嘆吾生幾重九，胡為役役感行休。

和息菴衰老韻　　明　周南老

病後腰脚疲，蹣跚奚所之。坐占南簷暖，含哺娛孫嬉。舉世少青眄，老我憼白癡。瓊樓駕霎沈，玉宇凌嶮嶇。遙光恍隔霧，泪眼枯欲萎。壯懷衰已久，幼志貞不移。奈此遲暮何，富貴非吾時。居幽養期願，長年誦書詩。

九月十日得子敏書　　明　周南老

數罟橫江無縱鱗，幽潛何地遂沉淪。文身自絕猶荆俗，負末誰能似野人。束帶折腰非所樂，賣書供饡未全貧。子還有日殊堪喜，捧檄歸來祇為親。

孫源試周歌　　明　周南老

汝浦淵源原上遊，上遊來自崑崙丘。四字名孫與實侔，孫源今日始試周。敷茵布席羅膳羞，糗餌堆盤橘果稠。爵進玉醴液新篘，香泛碧雲茶滿甌。左陳經史及鴻疇，右橫戈弓并鋤鉤。東序中書積墨侯，西列槩量排牙籌。百爾縱橫各相攸，跫蹣跬進觀何由。電光炯炯明雙眸，頭角崢嶸匪凡流。首拈古《易》歡狃優，次握祖印莫他求。踞地注目形神虯，聲鳴欲與鳳皇儔。吾有此四百不憂，便擬從心與天遊。階下孫枝挺琳球，堂前桂樹搏螭虯。於焉游息而藏脩，濂溪德澤馨千秋。承家不願公與侯，熟讀詩書紹箕裘。行逢泰運恢皇猷，四海文同皆魯鄒。時歟時歟樂古謳，鋪張與國為匹休。

拙逸齋記　　明　陳基

惟天下大拙，能為天下之至巧。造物者，大拙也，而至巧存焉。今夫草木至微者也，而其生也，造物亦何容乎其間？而洪者、纖者、鉅者、細者、頫仰者、向背者、方圓而曲直者，林林總總，莫之有紀。雖直良工之刻鏤，曾不足以髣髴其萬一。非惟草木也，凡跂行啄息、雲飛淵泳、仰飲而俯啄者，亦莫不皆然。造物者亦未嘗弊弊然，若世之眾技，鑽其巧心紛紛攘攘，與百工角能哉！《易》曰："乾道變化，各正性命。"此之謂也。吳郡周君正道甫以詩書六藝為業。其先大夫大使府君，以儒術緣飾吏事，瓌瑋博達，為東南學者師。而正道少從府君宦遊四方。其外舅，故松江府判孟府君，實故宋信安郡王五世孫也。而正道出入二父間，皆異時老成典刑，為世師表。余不及識大使府君，而幸及識孟府君。正道以府君佳婿出入侍傍，應對唯喏，進退折旋如芝蘭玉樹，楚楚不凡。自是與正道交游，且三十寒暑不啻矣。間以習聞於二府間者出遊，與世酬酢，如庖丁解牛，動中肯綮。而其博學多能，雖醫方藥術，亦各臻其妙。若正道者，蓋所謂至巧也，而乃以"拙逸"命其齋，殆大巧若拙歟？正道裔出故宋汝南周先生元公，而拙逸云者，公之自謂也。公以道學繼孟氏千載不傳之緒，而其賦拙有曰："巧者勞，拙者逸。巧者凶，拙者吉。"而其卒章有曰："天下拙，刑政撤。上安下順，風清弊絕。"於戲！此非孔子所謂無為而天下治乎！余今與正道誦其詩，讀其書，光風霽月若將見之。而正道以習聞於二父間者，豈獨善其身哉！亦曰士大夫出處無常，惟義之歸而已。洪武元年四月甲子記。

餞周正道　　明　錢良右

春盡江城柳絮飛，送春未了送君歸。青山欲語煩囷客，綠水多情趣染衣。學道橫經傳閫奧，還鄉奉斝壽庭闈。一官捷徑須時俊，老我看書獨掩扉。

拙逸齋銘　　明　楊翮

舉世機變卽禮愿，疲爾形神心役役。外重內拙含厥德，恬淡無為安所逸。周父表之名其室，將終身焉永惟惕。銘其名者楊子翮。

遜學公行實

遜學諱敏，號天根月窟道者，元公十世孫也。龐凝端恪，器宏學博，頎然而長，尤美鬚眉。六歲時，母孟夫人口授《孝經》，小學卽能成誦。成童，侍父宦游永豐，習舉子業，學《易》於縣尹署中，探隱索奧而《易》旨大通。洪武六年，舉任長洲縣學教諭，兼權蘇州府學。由是諸生歆華務實，敦尚學行，翕然而興。洪武十年，應名儒徵，中內廷試，將充大用，以親老辭歸，親終服闋，改廣東軍器局副使。明年，以公事赴京，疾卒，歸葬于吳縣胥臺鄉祖塋之側。配孟氏，鄒國亞聖五十五代孫女。子四：汝、浦、淵、源。生平所著詩文及重輯《周氏世譜》，藏于家。詳載《訓導邊節墓誌》云。

應制二首　　明　周敏

五雲籠曉曙光分，禁柳青青三月春。金殿傳宣頒聖策，玉階序列選辭臣。葡萄酒綠來官寺，瑪瑙盤紅集異珍。自愧儒生無補治，願將忠義答皇仁。

其二

大明天子策儒臣，御筆親題翰墨新。信是人間野樗櫟，媿非天上玉麒麟。東風彩伏開黃道，白日金門繞瑞雲。文化一時昌泰運，布衣承寵拜丹宸。

送周遜學歸吳養親序　　明　胡隆成

洪武十年二月十日，隆成與常州教授儲惟德、太平教授孫大雅、松江教授沙溥、淳安教授汪大本、江陰教諭陳晟、於潛教諭周繹、長洲教諭周敏、長興教諭沈熙、丹陽教諭王觀、宜興教諭尹範、松江訓導林洵、紹興訓導黃鄰、長洲訓導邊節、海鹽儒士桑慎十五人，被召入大內。會上祠社稷禮成，法駕昕廻。上御奉天殿，命詣丹陛，授御製策題。上命退，退就東西兩廡為文。文成者，賜膳光祿。次第進卷，上親覽，喜溢宸衷。越七日，上御午門，命隆成與惟德、大雅、大本，助教國子；溥，主事秋官；觀，管勾地曹；晟、慎編脩國史；鄰，典籍翰林；繹，伴讀王官；範，丞太廟祠署；洵，以疾辭；敏、節，乞歸養。上許之，於是三人行。而敏獨請於隆成曰："敏與公等同被寵召，而今若此者，以親老故。無他，侍養故耳。雖尚健飯，而出或移時，且貽里門望跂。去家千里，憂思日積，寧無朝夕虞哉？"上既許歸，子盍道所以去？夫君猶親也，事君親，猶夫事天也。欲求事君，而可不知事親？欲求事親，而可不知事天？必也。事親能盡其誠，而後事君能盡其道。苟事親有一毫之未盡，則不能事天矣，不能事天，其何以能事君哉！周敏氏有見乎此，所以乞養於命官之初，宜其去之遠，而來之亦未為晚也。故因道其所以去，而并述其所以來者如此。敏字遜學，元公十世孫，長身玉立，尤美髯鬚，閭巹明潔，蓋純孝人也。是月之廿三日序。

送周遜學歸養　　明　張籌

聖主垂衣坐紫宸，內官傳詔進儒臣。風雲九五文明會，禮樂三千制作新。花繞鶯聲宮樹曉，波涵龍影御溝春。吳中孝子陳情切，喜動天顏賜養親。

送周遜學赴長洲儒學教諭序　　明　貝瓊

今年春，瓊與會稽趙俶，同被召至京師，授國子助教。秋八月望，預朝奉天殿，詔臣俶等至御前，命之曰："汝等一以孔子所定書誨諸生，若蘇秦、張儀，縲戰國尚詐，故得行其說，宜戒勿讀。"瓊等既受命，退而思曰："古人有言曰，孔子讀而儀、秦行，鷲翰而鳳音也。天語及此，豈非灼見。"其說不徒惑戰國之君，天下後世且惑之。心術之蠱，莫過於此歟？孔子之道，自堯、舜、禹、湯、文、武所傳，著之《易》《詩》《書》《禮》《樂》《春秋》者，大中至正，歷萬世而無弊也。不幸亂於百家，而百家之中縱橫為甚，以其功利中君所好，莫不說而從之。視儒者之言仁義，則為迂而不言矣。此一時習，於傾危險，頗前後一轍，不能回其所向之途，可勝嘆哉！然古今帝王皆知尊孔子而黜儀、秦，未有舉其詐以戒人，使禁所習、趨於正者，敬識于心，造次不忘，凡遇諸生，必懇懇告之焉。蓋學孔子，則進而為信、為善，以極於大而聖，聖而神，不翅梯之升高，航之涉遠也。儀、秦，智謀之末，君子之所羞道者，惡可襲其所為乎？大抵率人以正，猶懼不能勝其詐，矧以詐率人？彼不正，又何責矣？此上之命臣俶者，將一洗天下之習，而復乎三代之淳。大哉言乎！汝南周遜學者，正道先生之子也。器宏有學，縉紳咸器之，適蘇之長洲縣司教職缺，縣上之府，府上之部，試其文，考其行，遂授教諭以歸。人謂偃革右文之日，莫先於教化。師儒之位雖卑，藝優而德不足，譽隆而道不明者，弗與也。其慎而不輕如此，則遜學視彼屈於事何如哉？於是大夫、士歌詠以華之，且求序其首，因舉以為告焉。遜學其訓邑之子弟，必一於正，而無惑於蘇、張之邪說可也。洪武六年歲在癸丑冬十月初吉序。

餞周遜學詩　　明　倪瓚

遜學親契周廣文，其先居楚之道州，為寫春陵山色并詩，偕餞其行。
春陵嵐翠合，山勢楚雲高。春藹浮青壁，晴曛醉碧桃。
吟猿傳木客，飛瀑亂松濤。夢入千峰裏，雲霄一鳳毛。

送周遜學赴長洲儒學教諭　　明　劉基

朔風吹雪起寒波，送客中流發棹歌。酒至莫辭狼藉醉，情深無奈別離何。雲連白下山光暝，路入吳門景趣多。泮水紫芹香可擷，倚看衿佩樂菁莪。

贈周先生教諭長洲　　明　錢宰

建業姑蘇去復回，登臨懷古兩高臺。碧梧明月鳳皇至，黃草西風麋鹿來。雲送征帆催畫舫，江清別酒潋銀盃。明時賴有周文學，歸向長洲為育材。

誄姑蘇周先生并序　　明　宋玘

姑蘇周遜學先生，諱敏，元公十世孫也。父拙逸翁，其文章，簡古不事華藻，尤精於《易》，作《周易集說》，任信州永豐縣教諭。先生隨父讀書，從師傳經，後緣拙逸翁丁母艱，還姑蘇。先生於洪武癸丑，以明經為長洲縣庠弟子師，待人以信，訓教嚴勤，其授業生徒，鮮有不成才者。若李英，顧桓輩，皆中高第。先生興教長洲，凡十一載，既以親喪去職，服闋，改任廣東軍器局副使。公務之餘，惟事經書。丁卯典試鄉闈，其定取高下，靡不得其當，故主司咸服其學識。奈天年不永，不克遂志以竟其設施。於戲，惜哉！故為之誄以誌其實，詞曰：窮經勵志，才邁羣英。典教庠序，後進有成。菁莪樂育，表儀諸生。秋闈考文，如衡之平。其德若斯，寧不遐齡。壽踰五旬，遽隔幽冥。作此誄詞，永昭嘉名。

退菴公行實

退菴諱汝，字玉成，元公十一世孫也。性質剛毅，志行超卓。洪武間，以才薦，除福建安溪主簿。政務平易，不尚苛刻。削奸豪，去淫祀，縉紳殊重之。宣德已酉，以老賜歸，與故舊賓客日相宴遊，以終其高隱之志。享年八十有三。配蔣氏，子名維，孫名鏗。丙子舉人，授高安縣令。鏗生八子，其第八者名諒，以歲薦，授祁門儒學訓導，年老告歸而卒，祔葬道山。

安晚公行實

安晚諱浦，字玉泉，元公十一世孫也。為人端重詳慎，以名節自持。

事親奉祭，各盡其道。與人高論，必執道德仁義。博通經史，教諭里巷，循循有典則，孝弟篤塞踰四十年。布衣韋帶徜徉林下，若不知有寵辱得失。欲與弟淵舉復祕祠。時淵除遂昌縣尹，任畢歸至錢塘而卒，不竟其志。正統元年，浦於正寢之東，極力營建家廟，名曰崇本堂，子孫時薦。天順戊寅間，天子頒維新之命，有司舉公碩德宿儒，年高行重，給冠帶榮身，累與鄉飲賓筵。享年九十有六，葬吳縣道山先塋之側。配錢氏，武肅王十七世孫女。子綱，為融縣令，自有誌。

安晚軒序　　明　顧恂

姑蘇周玉泉先生，名浦，號安晚。家世衣冠，清白相尚，至先生則名節自持，隱德弗耀。鄉里稱善人，而先生則一於善也。年當六旬，自分無用於世，嘗闢一室于家，欲為遺老計，自號安晚，間徵予序之。

予謂人之生也，幼而學，壯而行，老而求安者，情也。然而或謂富貴所羈，貧賤所困，功名所耽，威武所屈，而不得其安，多矣。惟聖人則隨處而安，富貴不能淫，貧賤不能移，威武不能屈。窮則獨善其身，達則兼善天下，安其所安而已。曷不觀乎袗衣鼓琴，若固有之，舜之所以安於富貴也。蔬食水飲，樂在其中，孔子所以安於貧賤也。治亦進，亂亦進，此伊尹之安於仕也。躬耕南陽，不求聞達，此孔明之安於隱也。其安不同，其致則一也。今先生以安晚自名，豈非老者，人之晚景也？晚景而能安，則其終身之安可知矣。然其安也，不膠於物，惟適於心。或樽酒自娛，或琴書自適，或山水自怡。樂桑榆之晚景，飽松菊之清趣，檀風月之閒情。行無所期，止無所預。齊死生，一得喪，同物我。怡怡然，雍雍然，而不知其年之邁于六十矣。嗚呼，達哉！雖然達義者知幾，安分者守節，此君子之所以有亨通之道也。《易》曰："安節，亨。"先生以之。宣德五年，歲在庚戌孟陬望前三日序。

木蘭幔·壽祝安晚翁周老師　　明　陳圭

少微星燦爛，昨夜喜降雲邊。看壽域屏間，羣仙席上，安晚軒前。道先生初度，玉梅開雪月，兩嬋娟。更有桂子蘭孫，綵衣舞影翩躚。

春陵道脈有流傳，太極載遺編。會唾玉飛瓊，蒸雲洩雨，講道談玄。

記當年身登絳幄，氣淩空，尤勝玉堂仙。願祝岡陵鶴筭，霞觴頻進年年。

木蘭幔·壽安晚先生　　明　趙忠

羡汝南夫子，有風月浩無邊。恰冬至陽回，梅開數九，草長庭前。自家多少生意，對明星華彩照人圓。烏鵲巡簷喜報，飛來白鶴翩躚。

衣冠文物舊流傳，青史有遺編。但收歛英豪，撫時存用，玩理鉤玄。幅巾杖履微步，藹春容，和煦祇如仙。謾倚新詞為壽，從今共祝年年。

送周正道謁選序　　明　蔣堂

科舉行三十年，士之有志者，鮮不卓然表見於世。自非偃蹇鄉里間，放意文墨繩檢之外，以求一切速化者，孰肯旁蹊側逕，反自取於迂遠哉？吾鄉有周正道者，觀其質，粹然而溫也；聽其言，曄然而文也。探之以業術，驗之以志慮，扣之以事物之所疑，浩浩乎若未可詰而窮也。吾意若人之資身譁世者已具，蓋將為時之用也不遠矣。方且斷斷與羣儒較贏縮，司出納，疲精勞思，心切笑之，以是瑣瑣者，豈吾曹所宜為哉？況風紀之面試，難於初；有司之稽考，嚴於終。小夫賤隸，叫號衝突，日嚚嚚然，皆得誚而侮之，而正道處之恬不以為恥。一日代去，忻然來曰："吾雖不類，豈以是為功名哉？士患己之不修耳。萬鐘何多，一介何少，固不在外者為榮辱也。吾見世之建功立業，奔走於四方，非不誇且榮也，然捐親戚，棄祠墓，蹈不測之險，出沒于禍變憂懼中，以僥倖于一時，為不少矣。豈若居子游弦歌之鄉講學，道愛人之語，從容乎井邑之間，跬步于袵席之上，彼所謂卓然能自見者，度時可為而為之，不然亦不失為善。人以此較之，孰得孰失哉！"予感其言類知乎道者也，故錄以為序。

題吳王故宮香水溪

吳宮香水溪，俗傳脂粉塘。暖波浮漲膩，晴渚泛紅芳。美人曾此浴，魂銷水猶香。可憐清冷泉，照此妖冶粧。不濯郎衣塵，孰比華清湯。只今開寶林，曹溪源更長。

題城東採蓮涇

採蓮蓮有涇，涇帶城東南。美人棹輕橈，花深采芳蒂。
香風飄翠羽，明粧照紅酣。摘鮮駢紫荷，顧影墮瑤簪。
藕絲長不斷，君情短何慚。食甘心死苦，君樂非所堪。

題陽山丹井

鶴仙丁令威，宅枕陽山陲。仙化鶴不返，宅廢人已非。
餘遺丹井在，井口苔生衣。丹光時夜發，猶能照巖扉。
月斜人籟寂，鶴自遼東歸。為歌華表吟，但傷知音稀。載《姑蘇郡志》。

留別道翁先生　　明　倪瓚

一室蕭閑無市聲，浦雲沙鳥到階庭。朋來直諒惟三益，心醉《離騷》與六經。曠世久懷頭已白，經年不見眼終青。江村又作思君夢，睡起長吟月滿汀。

風雨夜宿拙逸齋中　　明　倪瓚

荒烟漠漠古長洲，倦客悲吟歎滯留。風雨打窗歸夢短，一尊且作醉鄉遊。

夜夢與周正道遊西湖　　明　王立中

夢入西湖泛畫船，覺來懷抱獨淒然。猶思翠幙張花底，尚憶金鞍繫柳邊。歲盡孤山愁老鶴，春深葛嶺怨啼鵑。欲尋向日繁華景，從此承平更百年。

賦九日登高　　明　王立中

今歲登高天氣好，已勝冒雨過蘇端。吳山楓冷猿聲晚，震澤波澄鴈影寒。紗帽尚懷高士落，茱萸還想故人看。老來豈為悲秋感，自是尊前且共歡。

題周正道篔簹圖　　明　楊維禎

自愛家雞特與傳，故將餘墨寫娟娟。風枝雨葉秋無籟，夢落湘雲楚水邊。

天根月窟軒記　　明　金文徵

蘇之周遜學，學《易》者也。闢軒於其居東偏，淵乎其虛，廓乎其容，洞而明、深而寂也。揭《先天圓圖》於中，題之曰"天根月窟"。晝瞩而夜，惟心領而神會，推而前之未畫之妙，躍如也；引而後之已畫之象，粲如也。曰："緊昔邵先，上隣太初，下視萬化，儵焉乘氣，機而遐征，則駕風鞭霆，歷覽無際，吾願有謁焉。月，陰之體也，陰終於《坤》，而其始生者《姤》乎？《姤》，其月之窟也。窟，其靜之藏也，天陽之體也。陽終於《乾》，其始生者《復》乎？《復》，其天之根也，根，其動之萌也。探乎月窟，靜斯測矣。躡乎天根，動斯識矣。陰陽，其無窮也；動靜，其無端也。翕之而或張也，伏之而或彰也。三十六宮之春，盎然其盈，藹然其和，而不息矣。"卓哉！邵先示我本原，按圖求象，得意忘言。茲其所以泝文王、周、孔之《易》，而上及於庖犧氏之天也歟？予聞而扣之曰："龍馬未形，孰為之數？庖犧未生，孰為之畫？俾邵先而出於斯世也，則夫天根月窟之往來，其遂無聞乎？子之求《易》，不猶有贅乎？"遜學曰："天為吾剛，性為之根。月為吾明，心為之窟。天根月窟，吾心性之《易》也。邵先不出，吾獨泯泯而已乎！"於是相視一莞，莫逆於心，書以為《天根月窟軒記》。

題天根月窟軒　　明　倪瓚

手攀月窟躡天根，已識乾坤卽此身。安樂窩中方寸地，浩然三十六宮春。

題天根月窟軒　　明　張適

陰陽消長自然機，奇耦初生要識微。惟有至人同造化，往來根窟受春暉。《復》《姤》已前纔二氣，誰名根窟躡猶攀。至人漏却春消散，人物分明一顧間。

天根月窟道者傳　　明　金琜

天根月窟道者，其上世道州春陵人，來吳久矣。道者自少時，從父拙逸翁授古《易經》，讀之卽粗知卦畫之所紹。始家有邵子像，闢一室以祠之，日居其中，誦讀不休，取圓圖揭之座，目視心悟者久之。一日假寐，若有神告曰："此天根也，此月窟也。一徃一來而造化之機不息矣。"寤以出，所告翁曰："必安樂窩老也，爾其以《易》專門乎！"後數日，翁呼而問曰："三十六宮，厥指攸歸？"具以邵意對。翁笑曰："天根月窟，奇童也。"因衍其說曰："其宇宙中最大者，莫如天地之大也。然天地，一《復》《姤》也。日往則月來，暑往則寒來，非此乎？其微者，草木之勞瘁也，昆蟲之變化也，一《復》《姤》也，一天根月窟之徃來也。驗之人語，默也，作止也，其窮達壽夭也，其智愚賢不肖也，其死生禍福也，一《復》《姤》也，一天根月窟之徃來也。"間以其說語於東吳劭生，生曰："此眉睫之見耳，烏觀天地之大道，精乎？邵子之所探者，月窟也。其探而不可得者，子知之乎？邵子之所躋者，天根也。其躋而不能者，子知之乎？淵乎微哉！非知道者，孰能與於此哉！"道者曰："索有於無，求實於虛。斯老莊之緒餘也。吾固不取於子。"道者姓周氏，名敏，字遜學，濂溪先生之十世孫，號天根月窟道者，學於《易》，故以是稱之也。

贊曰：人之言曰，九師具而易道晦。有是哉？昔者伏羲氏出也，畫焉而已，未嘗有文字之可睹也。而規而為圖者，先天之學，邵子之獨得者也。豈唯邵子，若道者，其亦得夫先天之學者乎！

送安溪主簿周君赴任序　　明　周叙

予嘗遊姑蘇，側聞其間能世以儒業相承，宦達勿替者，不一二數焉。若今周君玉成名汝者，世為郡舊族。洪武初，其先君遜學先生，典教長洲并攝府學。流風餘韻，至今人豔慕之。先生諸子俱敦厚周慎，克稱其家。玉成其長也，次玉泉，名浦，以文學教授于鄉。季玉潤，名淵，以明經選授遂昌縣令，予皆獲識之。嗚呼！何其一家之多賢若此耶！玉成治裝戒行，其鄉友徐孟得暨其素所交游者，共租餞之，而徵予文為贈，或者曰："玉成敆歷宦途三十餘載，茲行宜膺顯秩以展其施，顧乃棲遲於百里之邑，若未足副其意者。"余曰："不然。士之仕也，貴於行道，不在乎秩之崇卑也。況親民之職，莫逾於縣，縣有令有丞，而簿實佐之。民有利病，政有可否，簿皆得贊襄而一能行焉。苟使其道行而惠施，雖終身齒下士之位不為屈。否則，雖都高爵，享厚祿，其不內自作者幾希。且玉成，儒者，得聞於家庭之訓有自，其所以紹先緒，揚芳烈，顧在此而不在彼也。尚何不足副其意耶！吾知他日政化之洽，聲譽之隆，燁然有稱於東南者，必吾玉成矣。則超擢之榮，又奚可涯涘哉。"眾曰："韙。"遂序以送之。時永樂二十一年夏五月朔旦書。

誄周母孟孺人并序　　明　宋玘

維永樂十一年三月初九日，周母孟孺人以疾卒於家，爰用明年五月朔，祔葬于道山之原。嗚呼！予於孺人子淵同遊庠序，蓋亦有年，暨同脩書於秘舘，然孺人之行，則知之詳矣。矧古人有云："丈夫之德，見於事行。婦人之美，非誄不顯。"浦江趙先生既銘其墓，余竊以所知，而追其遺懿云。詞曰：

生于盛族，為人端莊。歸于周氏，獲配賢良。婦道無虧，閭里稱揚。
中饋自專，惟納酒漿。酉隕厥天，遠在異鄉。居喪盡禮，教子有方。
躬事紡績，勤於蠶桑。經營家業，弗替烝嘗。年企八旬，宜壽宜康。
有生有死，人道之常。克終天年，子孫滿堂。樹背之蕙，豈復重芳。
綵衣雖舊，篋笥深藏。孺人之德，必有餘慶。門祚綿延，寧不遐昌。
祔厝先塋，終焉允臧。是旌是告，庶永不忘。

挽周母孟孺人　　明　瞿緒

孟氏孺人兮亞聖孫，年既及笄兮歸周門。奉姑嫜兮顏色溫，相夫君兮樂儉勤。薦烝嘗兮南澗蘋，何中道兮鸞鳳分。有子立兮訓育成，登膴仕兮揚政聲。三遷教兮今儼存，周大族兮眾所聞。母範先兮婦道尊。嗚呼！孺人兮孺人！永無愧兮斯文。

挽周母孟孺人　　明　葛鏞

中吳文獻幾家存，言行無虧亞聖孫。綵服正隆天祿養，春風先老北堂萱。闈門共守為矜式，庭砌何曾見履痕。他日定編《賢母傳》，五花鸞誥賁重原。

周母錢碩人挽詩序　　明　尤安禮

大凡不可以力而致者，善之聲。聲之尤不可掩者，其咏歌乎！蓋秉彝好德，人之良心。感而發之，固有不得而然者，此吾於周碩人哀輓詩什，不自知其有深慕焉。碩人姓錢氏，武肅王十七世孫也。既長，歸蘇之周玉泉先生，先生亦名閥，聚指而居者甚夥。碩人奉舅姑，佐烝嘗，處姒娌，飭子孫，靡不各循其道。至於夫遭迍蹇，則喻善言以寬之。隣困婚喪，則脫簪珥以周之。故其行著於家庭，聞於鄉黨，而播於士君子之聲，詩者卓卓矣。雖然，世有偉人傑士翱翔當途，勢足以飛聲，智足以取譽，迨其歿也，泯然無稱者比比有之。今碩人一婦而已，闇然於閨門之內，足跡罕接於外，而人之慕之而咏歌之如此，非其善之所致，能如是乎？若然，則余知卷中諸作，不特為一時之觀美，且為周氏諸女若婦之良規。又不特為周氏之良規，將見為人婦者聞風而興起矣。碩人諱淑，徵其平生，志行已具於墓刻，茲不詳云。

玉潤公行實

玉潤諱淵，元公十一世孫。性重厚端朴，動不違禮。由太學生選入秘閣，纂修《永樂大典》。書成，試事於後軍都督府，以能稱。擢鉛山縣令，民樂其治。三轉，改遂昌知縣。以仁義待人，政務寬簡，操勵清貞，姦豪歛戢。秩滿，邑民老壯相率赴道院兩司保留。俄而以疾乞骸，百姓攀轅載道，晝夜不息，歸至錢塘而卒，享年六十。葬吳縣落星涇先塋之側。配金氏，無子。

送周玉潤赴遂昌知縣序　　明　劉鉉

吾鄉以儒業致顯者非一，然克以禮範其家，而後守之益固者，惟周氏為然。周氏之先，仕於前朝者，皆已隆然有聲。至遜學先生，尤博綜經史，日快快然於其間，若於閫奧無不得者；卓卓然以崇其志，若於古君子有不後者。恒患世之行禮者未悉其要，乃摭《禮經》冠、婚、喪、祭之急於日用者，糸訂而籍之，復置祭器，故徃徃驗諸事而致諸用，君子多之。旣而典教長洲，越二十載，弟子來從者，戶外屢恒滿。然而砥礪淬濯，隨材以造為時偉器者，不鮮也。先生雖不祿已久，至今稱周氏為有禮者，云："矧諸子蹈其家範，一如曩昔，故登仕版者益衆。"

先生季子玉潤，蚤以成鈞生出宰應城，轉鉛山，又轉電白，政皆有稱。今遷遂昌，吾知其又將有稱矣。蓋玉潤夙承家學，其於禮也，已聞之博，見之真，體之力，推之達。所謂如竹箭之在筠，松柏之有心，足以輝美其身，而貞固其心。以是而治邑，則將致夫紛者理，憂者寧、強者柔，戾者和，恌者敦，枉者直。與夫梗夫治者，舉將有以致其無不可也，是則禮之致治也大矣！故曰"措則政，施則行"，其以是歟？吾所以知玉潤又將有稱者，其亦以是歟！若然，則玉潤之禮學，可謂不忝厥世矣。故樂為之序。時宣德三年九月一日也。

送周玉潤赴遂昌知縣　　明　杜瓊

曉承恩命山金鑾，湛露沾衣尚未幹。三邑轉稱新治化，千年猶守舊郎官。風生淮海揚帆度，潮滿錢塘倚棹看。想到遂昌春欲近，梅邊仍取宓琴彈。

都門餞周玉潤之任遂昌　　明　鄭鏐

郎官出宰下蓬萊，餞別都門把酒盃。考最不慚文獻裔，濟時原尚老成才。吳士雪騎衝寒渡，浙水雲帆霽曉開。遙想吏民爭快覩，遠停車蓋候均來。

贈遂昌周侯九載秩滿序　　明　蘇祥

聖朝撫有四海，輿圖旣廣，生齒日繁，猶慮教化有所未被，故凡出宰百里者，必慎擇其人，以任厥職。士之懷材抱藝而獲與茲選者，莫不以為榮幸也。宣德戊申之冬，姑蘇周侯來尹括蒼之平昌。侯，縉紳士族也，幼卽警敏，讀書積文，進于成均。天官課其材藝，優出等夷，授令尹職，筮仕於鉛山，歷宰應城、電白，政成事集，蔚有能聲。且侯歷官既久，練達老成，熟於時政，故其尹茲邑也，如駕輕車以遵舊路，直易易耳。然遂昌為邑，雖在長山邃谷中，風俗頗厚，民遵禮教。前是，宰斯邑者，不失之剛，則失之柔，不失之怠，則失之迫，往往弗獲乎民者有焉。周侯之來邑也，持謙謹之德，行愷悌之政，因民之所利而利之，擇可勞而勞之，不剛不柔，不怠不迫。由是上官器其材，羣吏服其能。庶民懷其惠，皆忻忻然仰之若父母，敬之如神明。徵稅不督而自辦，庶務不期而自集，濟濟洋洋，咸稱道之。以為視古循吏，雖卓茂之治密，魯恭之宰中牟，殆不是過也。此亦周侯材藝之優，真足以任百里之寄，而不負朝廷慎擇之選也耶！其榮且幸為可知矣！予先時承乏六合邑庠訓職，既而歸閑田里，耳濡周侯之政，目染周侯之才，心感周侯之德，蓋亦有年矣。故其九載秩滿，將書最考也，諸耆老咸徵言贈之，遂書此以為序。

送周玉潤還吳省親序　　明　趙友同

余在吳中時，聞有周氏者，世以詩禮相承，治家有矩範，子弟咸恂恂佩服儒者氣習，私心恒景慕焉，而未遑一造詣也。後來京師官有謁余官舍者，秩然其禮，藹然其辭，濟濟然其風采。問之，淵其名，玉潤其字，則長洲教諭周遜學之季子，充貢於成均者。款語移日，為之喜不自勝，然猶未能悉其所蘊。丙戌之歲，朝廷纂修《永樂大典》，廣召儒臣，余與玉潤俱在選列。尋又與之同史館，相處閱三歲，然後知其操守之端，識見之敏，問學之勤，蓋真士之賢而能世其家者也，由是相締為忘年友。今年《大典》書完，玉潤私自念曰："聖朝著令諸生肆業成均者，三年歸省父母。今我母在閭，乖違已四寒暑，顧寧能遷延安處此耶？"遂陳辭請謁，果獲所請而歸。行有日，其友監察御史沈公德威徵言為贈。余不敏，言不成文，烏足以為行者華美哉？然竊念玉潤在家庭，則有詩禮之習，薰陶濡染以養其德性。出而膺貢於朝，則周旋師儒縉紳間，廣詢博問以增益所未能，斯為幸固已多矣。而又間獲歸省老母，奉觴上壽，作嬰蹄戲彩，娛慈親之顏色，以申愛慕之，誠以敘曠別之意。吾不知玉潤復何幸而得此也。昔韓退之謂歐陽詹在京師，雖有離憂，其志樂也。詹在親側，雖無離憂，其志不樂也。今玉潤或在京師以樂其志，或在親側以抒其憂，相望密邇，往來有期，可謂事出兩全，而優於古人者矣。抑所以優于古人者，玉潤尚當究其所因，勉自樹立，以圖報效於將來，庶幾人不特羨我朝為多賢，而且羨周氏為有後云。永樂七年春王正月序。

玉潤周侯像贊　明　汪繼宗

從容乎禮義之地，馳騁乎榮達之鄉。棠陰出政，德譽日彰。起列邑之豔慕，儼容儀之端莊。宜其膺朝廷之寵命，享祿祉而永康。

謹齋公行實

謹齋公諱綱，字文敘，元公十二世孫。資性剛敏，精《周易》，通經史。正統初試秋闈，侍御成規、程富交薦綱，經明行修，才德全備。中內廷試，送禮部，授廣西柳州府融縣縣丞，贊理宰事，撫字心勞，刑平政簡。會融有貲商業舟者十八人，以讎妒誣盜。柳慶二郡守具獄垂成，公力辯其枉，為得脫。後十八人共貲五十萬錢來謝，公竣卻之。時猺寇侵掠鄰境，公嚴督防守，寇不敢近。融之庠先在城外，常被寇警，公移置城中，且蒞獎作興。融俗淫祀，公悉禁止。景泰間，融民饑，公請發賑，全活甚衆。都御史王翱考綱頗有力量，幹辦公勤，民夷信服，陞本縣知縣。時值歲旱，公引咎自責，霖雨應禱。郊有虎患，公為文牒城隍，虎卽遠遁。重輯玉融《邑誌》，藏于縣署。又任九載，都御史葉盛考綱廉能，在任保障有方，憂勤盡職，徵科不濫，交薦于朝。詔旌異賢能，藩泉騰獎以黃封繡幣，寵異之，欲陞大用。未果，致政歸。公前後治融十八載，有惠政于融，融民迄今祀之。公解組後，會吳中狡獪，有以外籍欲升其役者，公因疏累世恩典上之例，得免役。茲吳族之不被編役者，皆公力也。林泉樂志，享年六十。配孟氏，封孺人，鄒國亞聖公五十六代孫，蓋周氏與孟氏寔三世締姻云。成化乙酉，祔葬道山祖塋之側，子三：璧、奎、參。公所著《謹齋詩文》《周氏遺芳集》《重編周氏世譜》二冊，一置道州，一藏于家，及《海內名公南遊贈咏》等集，詳載張祝《墓誌》中。

周綱字說　　明　陳繼

周君玉泉有子名綱，求字於予，乃字之曰："文敘。"玉泉復請曰："願為說，以暢厥義，俾踵懋績行。"因告曰："綱，總也。人之所以總持者，得非文乎？文，道之顯者也。以道之顯者，使秩而敘焉，則禮樂之昭章，尊卑之高下，才藝之明著，言語之敷施，皆足以顯而達之矣。至道之微而具於心，以為吾之性者，勿昧勿鑒，勿欺勿失。其光明洞徹，根彙萬物，而足以參天地，贊化育者，能致其力焉，則道之顯者，其文自然而敘矣。於乎人，孰無是性也？全其性者，其誰歟？人孰不由其道也？得其道者，其誰歟？人孰不修是文也？安其文而使其敘者，其誰歟？孟子曰：'人皆可以為堯舜。'綱也，吾望爾而為吾之言也。"時永樂二年春王正月望日。

送周文叙入覲　　明　趙季敷

余與文敘忝世誼，與尊公安晚先生、令先叔玉潤，皆屬忘年交。今己卯歲秋，文敘當明春大聘之期，因入覲，便道省事于親，迎養安晚於官舍。在任有九載，而親思故鄉，覓公便調護還家，此在為融縣丞之時。轉陞縣尹，又越五載，不能恒侍右左，以情申達于廣西兩臺，二司關會於蘇州府之俸奉養。而安晚先生年逾九十有六，膺天子維新之命，而進榮壽之官，修天爵之貴也，且康健而能飯。是歲，融宰衣錦還鄉，為親捧觴上壽。于是廣之司守郡牧聞之，挽道上之車，共祝安晚翁之修齡也。長安仙客進長生之酒，歌《紫芝》之賦。子舞萊綵之衣，娛白髮之親。文敘既能盡孝于親，亦能盡忠于國也，明矣。是以開樽北海，分壽南山，朱履填門，親朋燕會，已極榮盛也。冬之仲，文敘欲北上，餞者列于道，於是廬陵彭公塤，武陵顧公翼、陳公繼，吳門錢公紳、張公收，祖帳於金閶，折柳枝以相贈，各賦一言以壯行色也。詩并識之，屬予為弁首云。歲次巳卯仲冬之吉。

送周文叙入覲　　明　彭塤

依依高柳拂長亭，有客之官覲帝京。鶯轉綠陰春欲曉，馬嘶芳草雨

初晴。一尊酒盡征帆遠，兩岸潮生去浪平。後夜相思各千里，暮雲春樹
宵冥冥。

送周文叙入覲　明　顧翼

依依柳色動離情，送客朝天出故城。千里風雲瞻日月，九重宮闕謁
皇明。驪歌乍歇鶯聲宛，春路初晴馬足輕。料得此行應顯秩，善敷德教
澤羣生。

禁煙日拜道山墓下詩　明　周綱

是日，重立"道山"二字石刻，賦此。

惟道名山故得新，重看奎畫刻蒼珉。顧瞻鬱鬱岡頭樹，深閟幽幽泉
下人。便欲相從問窀穸，莫教老去欲沉淪。回頭猶未忘情處，子拜孫趨
俎豆陳。

清明掃墓

榆煙生火又清明，曉載扁舟過落星。喜見故山春自好，痛憐新塚草
縿青。花開隔霧嗟予耄，烏勸堤壺笑獨醒。幾處溫風散餳粥，紙錢撩繞
思冥冥。

十月朔日有感　明　周綱

此日在濂江口，吳人皆拜掃先隴，感時追慕，不勝哀愴，臨風灑泣
而已，寫示男奎。

玉露溥霜十月交，我心怵惕念劬勞。道山望遠增悲切，德澤時思轉
鬱陶。祠下獻粢陳俎豆，墓門芻棘薦豚羔。子今忠孝全無補，血淚臨風
濕布袍。

其二

臨風血淚濕沾巾，那更時驚物候新。霜白草荒迷古道，風高眼健識
通津。心懷先隴青山外，身繫微官廣海濱。更有琴川觀察墓，逢時拜掃
莫因循。

過道山見新石刻和謹齋先生題墓　　明　彭程

道山墳上草離離，回首長吟起慕思。千載高名遺製作，百年芳躅著崖碑。楓林有夢歸蒐夜，桂室生香集訓時。俎豆未寒宗祀盛，九原無復更傷悲。

和謹齋先生題墓　　明　徐達左

幾度論文接講筵，托交親故竟忘年。春陵芳躅應君繼，絕筆遺書有子傳。琬琰誌銘長夜宅，松楸烟雨道山阡。典刑耆舊凋零盡，獨立秋風淚泫然。

漢章公行實

漢章諱奎，別號微垣，元公十三世孫也。公幼穎敏，好讀武侯兵書。父綱為融縣令，在任十八載，公隨父任，日久熟察廣西民夷情，及探洞蠻大藤道路平險。成化丙戌，嶺表寇發，都御史韓公雍秉鉞南征，莫知嚮導，聞公諳習途徑，檄致軍門，公以不願爵祿辭，韓公紿之曰："高誼固不能強，且畫一圖見示，如何？"公信為然，遂以素所指畫者，作《大藤峽》《柳峒地輿圖》，及所著《繼政錄》以獻韓公。得之授意司道，俄而符檄興從登門迫徃，公不獲已，勉整戎服。韓公待以殊禮。凡軍興糧餉，必與議，謀調度，公謂大藤峽為賊籔本也，諸軍不先其本，乃分兵逐末，分兵勢弱趍末無威，我全師直搗，南可以援雷廉，東可以應南韶，西可以取柳慶，北可以斷陽峒，諸路彼分而拒，我聚而攻，首尾互應，破之必矣。韓公深以為然，遂統兵進攻，悉倣用之，無不奏捷，因直搗洞蠻巢穴，殲滅無遺，及計破九層樓，諸壁先後斬獲四萬一千七百有奇，賊遂蕩平，公實預有勞勛。司道嘉其功，賚以猛勝銀牌，韓公亦贈其詩，有"獻我平蠻策，多君衛國心"句。迨功成以後，奏為世襲勳臣，公以先賢後裔，不欲授武職，竟爾中止。公遂泯然無聞。嗟乎，今韓公祠祀方隆，而公且弗獲配享，何報功之典獨靳於公耶？抑意有所待耶？識者每有餘憾。時融軍民擁詣轅門，告曰："融先令周綱，撫治得宜，民夷引領，今其子有父風，願審以蒞茲土。"於是，僉議上，請遂擢公丞融邑，攝令尹事。公治融如理家事，興廢剔弊，政肅民安，且兼以懷遠二縣，值梁父諸蠻侵掠，公周視地勢，立關隘，建夫長為防禦計，夷民帖然，參議李公嘗刻石，紀其事。又慶遠沖乾諸寇從橫，公約束官兵，精猛進戰，俘獲甚眾，民得其寧。又擒桂林飄里等賊，械報當道，奏捷，賜以金幣，進階一級，以獎其忠。後丁內艱，韓公贈行詩云："草木山川皆失色，歸舟惟載萬民心。"暨服闋銓曹錄其勳，陞判茶陵，茶陵僻居山谷，俗梟詐健訟，公至州，鋤強暴，清訟源，以誠化下，以躬率人，故事，集民安不見其為難治。弘治已酉，羅夷寇作，融民冀公復任，相率詣闕道，經茶陵時，公已遘疾，而民聞之皆涕泣悲號，其感化民心如此，公以疾劇告歸，逾年而卒，享年六十有八，配張氏，附葬於吳縣落星涇祖塋之側，子鉞。

器之公行實

器之公諱鉞，別號守拙，元公十四世孫也。公生而穎異開爽，端重嚴毅，樂道不屈，初習舉子業，其為文璀璨，驚炫人目，咸擬其奮起有日。旋竟以茶陵公為判時，有弟卒於官舍，乃棄夫所學，往省其親，而茶陵公已遘疾，公侍親還吳，不二年，而親歿，居喪哀毀骨立。生平和以睦族，嚴以訓子，律己必正，待人必誠，德藝兼修，能繩祖父之志。享年五十有二，配陸氏，合葬於長洲縣十五都菜，字圩之，新阡，子讚。

時臣公行實

時臣，諱讚，別號隱溪，元公十五世孫也。公幼聰慧，於詩書大義悉能通曉，壯歲髮斑，隱於城市，氣槩曠達，有箕山穎水之致，甘為盛世之逸民。其處宗黨和氣藹然，與人交恂恂溫雅，未嘗疾言遽色，人皆敬愛之。享年八十有七，配顧氏，附葬於長洲縣十五都菜字圩新塋之側，子佀，先公卒。

子猷公行實

子猷，諱佀，別號三泉，元公十六世孫也。弱冠明經未遂，厥志力脩，堂構盡菽水歡，凡隱溪公未竟之志，欲舉之業，公悉以身任之，故隱溪公得逍遙，几杖不復知有家累也。公稟性誠朴勵志，好脩事親，以孝與人，以信睏恤里族，不事趨競，不履公庭。歲時伏臘，則置酒以召三黨，務使盡歡，卽平居客至亦必盤桓宴樂，未嘗厭倦。其貌恂恂，其語溫溫，雖童穉可與言而貴顯，無所迎合，吳人士咸稱為世善之家云。公追念始祖元公，特祠遭罹兵燹，僅存家廟，先靈未妥，祀典久虛，屢請撫按復建，坐以官帑不給，公志竟弗克伸。嘗曰：“但得吾子之有志者，請復始祖祠祀以成吾志，毋墜先業，吾願畢矣。”忽遘一疾，遂先隱溪公而歿，以奉養承志之事，悉付諸子，享年五十有七。元配滕氏，有宋兵部尚書，諱甫，謚章敏，公之裔孫也。閫範肅雍，相夫有道，訓勗諸子惟勵精勤，實陶令母也，享年六十，合葬於吳縣九龍塢之新阡。子三：與相，與國，與爵。與相業儒，數奇，弗售；與國治軒歧術，嘗刮股以療母，伯仲亦相繼辭世，遺命獨與爵承之。

邦祿翁傳略　　明　錢允治

邦祿翁者，濂溪先生十七世孫也，名與爵，別號餘濂，邦祿其字也。蓋濂溪四世孫武功大夫興裔公扈蹕南渡，靖節於吳，勅葬虞山，而子孫占籍長洲，世濟厥德，而翁在周氏尤為白眉云。翁素醇朴，孝友性生早失怙恃，孺慕靡忘，凡析產分爨息以聽之，伯兄無敢忤其意。及卜兆營葬，克盡大禮，更念祖塋無廢，躬自葺理，遍植松檜，蒼翠亭鬱，皆知翁孝思也。幼攻舉子業，數奇，不售，不為怨天尤人，唯隱居樂道，拮据農桑，徵輸不累，催科租稅，不責子母，喜與好施，見善必為，人咸稱為長者。翁狀貌恂恂，儒雅舉動，每以先民自程，恒喜披圖閱史，栽蓮種竹，瀟灑襟懷，綽有光風霽月氣象。尤亟於脩明祀典，闡揚前業，傷濂溪祠宇久廢，蒸嘗缺略，因力請郡縣鼎建，尚祠於絃歌里，官帑不足，盡捐己資，舉復二百年之曠典。邑侯胡公為請於臺察監司，俎豆千秋弗替，既作記，立石以傳其事，復致匾，先儒賢胤以旌其德。翁又喜藏書，每過市肆，婆娑檢閱偶得遺集，雖殘編斷簡必倍價收之，又纂輯《濂溪大成集》及《太極圖說》《世譜》《遺芳集》等書，鏤板置之家塾，倡明正學，炳如日星，而世系亦知考証。故翁鄉評推重，名震京國，儀部題給章服，累剳褒美，以風世教，時閩中吳公進士高第，視篆郡學，知翁令譽，卽以承先啟後，顏其堂於翁之行甚協，而吳中縉紳文學曁騷人墨士，競為詩歌以揚休風，連篇盈帙，好事者并為刻之俾，他日志乘纂述有稽翁。子二：長曰希皋，次曰希夔，俱文行兼脩，象賢濟美，克稱佳胤，孫枝遠膝，而翁之壽考未有艾矣。

餘濂翁便服小像贊　　明　錢允治

濂溪餘派衍於道州，蓮峰分秀道脉東流。恢弘先業式廓前修，七十古稀白雪盈頭。子孫秩秩迭舞獻酬。却冠服而不御，惟巾舄以遨遊。茲翁也，砌蘭庭玉，將九萬之鵬搏莊椿，實桂閭八萬之春秋者乎。

餘濂翁便服小像贊　　明　嚴澂

而貌脩然，而骨稜然，意度昂昂然，目光炯炯然，裳衣巾舄飄飄然。玩丘壑於坐上，擁琴書於膝前。或署為竹中之高士，或疑為鶴氅之神仙。夫夫也，身居塵壒而心中遊帝先，其斯為東吳之雋彥，而無忝濂溪氏是後賢也耶。

餘濂翁便服小像贊　　明　錢之泰

厥貌端莊，厥心孔良。好施樂義，不逐炎涼。克承世澤，肯構肯堂。鼎建專祠，請復蒸嘗。彙輯家乘，《大成》《遺芳》。壽諸梨棗，永垂無疆。義方迪後，蘭桂芬香。年德竝邵，壽而且康。池蓮共潔，光霽同彰。瞻者起敬，世篤其昌。

餘濂翁便服小像贊　　明　蘇隆

卽而近也，藹然可親；遠而望也，挺然不羣。立心光亨正大，作事好謀底成。建尚祠，崇祀典，井井有條。紀碑石，集羣書，循循不紊。遡其旣往，去《大成》十七傳，覿先生之壽容，如面覯元公之楷範，逆其將來，歷春秋千萬載，秘先生之壽像，如親炙元公之儀刑。濂溪啓美於前，餘濂繼武於後。竝照臨而著明，同覆載而不泯。

餘濂翁榮壽圖像贊　　明　嚴澂

以為仕乎，則條然山癯，若形骸而土木；以為隱乎，則儼然品秩，又雍容其章服。啓胤後嗣，娛菽水於高堂，表揚先烈，耀絲綸於幽谷。繡為口筒在腹，霞皎皎，風諓諓，匏樽兮土鼓，渾金兮璞玉，斯為元公之後賢，長表世而範俗。

餘濂翁榮壽圖像贊　　明　蔣之芳

皤然道貌，儼似清脩。首服峩峩，疑整孟嘉之帽；朱衣燁燁，恍披五月之裘。任一切之風波，不以關其笑口；豈轉眼之青白，乃足幻其雙眸。江湖是侶，廊廊若儔。甘聖世之逸，七十齡其難老；繩濂溪之武，革三正而作求。

餘濂翁榮壽圖像贊　　明　孫朝肅

卽其容也，松柏挺直。窺其度也，淵宏莫測。孝友則天性，獨成應酬則，人情各適，幹蠱剙祠，蒸嘗寵錫。園亭表愛蓮之額，克善繼述，富裕享無疆之曆。永垂燕翼，丹鉛所肖，傳記所覈固宜，為先儒之賢胤，而無忝元公之世澤者也。

餘濂翁榮壽圖像贊　　明　朱仲彥

翁之行誼，於今為稀。翁之脩齡，於古亦稀。霽月光風，而襟懷萃萃；承先啓後，而冠服巍巍之人也。纂述遺編，得以書香繼燄，鼎新祠宇，能令俎豆重傳，如是懿德懋功，直垂千秋而炳烺，將見池蓮亭草，還同亙古而芬菲。

餘濂翁榮壽圖像贊　　明　姚際隆

裔出元公之胄，生居泰伯之鄉。世譜珍藏，善述濂溪統緒，崇祠鼎剙，重增俎豆輝光。寄高懷於雪月風花之景，□濶跡於利名塵俗之場。稀齡方屆，眉壽長康。峩冠整整，章服煌煌。桂子蘭孫，斑衣遶膝。

元公十四世至十七世行畧　　明　周與爵

不肖與爵，既請復元公祠祀，吳中之血食千秋矣，復念祖宗典籍散佚無存，弈葉雲仍，子姓漸廣，因先刻《濂溪集》，復掞元公襮著詩文載焉，名曰《濂溪大成集》，附輯四世祖，諱興裔，扈蹕忠勇，殉節事實；七世祖諱才，任沿江制機水部兵勳猷；八世祖諱文英，開濬《三吳水利條陳》，及《遇仙傳》；九世祖諱南老，《拙逸稿》《姑蘇襮詠》《義猫傳》；十世祖諱敏，教諭，長洲敦化士子，并《列祖懿迹》，若通顯，若隱綸，傲天顧間，鄒允明所識周氏流芳之意，而復為補輯之，為《遺芳集》若干卷，或攷國史，或參家乘，或檢殘缺之遺書，或稽故老之稱說，篇章汗漫，僅存十一於千百，授諸梨棗，藏於世祠，俾後人追考先業，咸興紹述之思，此與爵之意也，唯世系相續，開卷秩然，而竊有餘憾者，則諱壽，諱燾二祖並出，元公今壽支遞傳以及吾父，皆與爵勉為敘次，而燾之支裔在道州者，實以地遠，宗繁一時，不能彙刻，姑闕以俟後之有志者。萬曆甲寅春月吳郡十七代孫與爵僅跋。

元公十四世至十七世行畧　　明　周與爵　周希阜　周希夔

不肖裔孫與爵，請建始祖道國元公祠于長洲縣絃歌里矣。復念祖宗典籍散軼，未經彙集，由是竭屢搜輯，重加鋟次，俾後起者知所考證，抑以見世系之綿延云。按吾濂溪周氏，殆自道國元公。元公父輔成，登大中祥符八年進士，為賀州桂嶺令，所歷多善政，後以子貴，累贈諫議大夫，入鄉賢，仍立專祠崇祀。其祖孫三代春秋享祀，載之《國典》。輔成于宋天禧元年，生元公于道州營樂鄉。時天應以五奎，今其地有五星墩、月巖洞，映帶于濂溪之濱者是也。元公生而神靈，繼往開來，紹孔孟道統之秘，啟程朱理學之源，著《太極圖說》《通書》四十章暨詩文詞記等書若干卷，開發蘊奧。歷官南康，愛廬山之勝，亦名其堂曰濂溪焉。

元公生二子，長曰壽，次曰燾，皆補太廟齋郎。壽登元豐五年進士，官司封郎。燾登元祐三年進士，官徽猷閣待制。燾之一枝世居營道，而壽則從元公徙居九江。壽生季仲，補祖蔭，授德化縣丞。季仲生興裔，任文州刺史。扈蹕南渡，除武功大夫、和州觀察使，領侍衛馬軍都虞侯，

駐劄平江，請立元公祠，勅建于吳縣胥臺鄉道山之左，春秋享祀。後興
裔禦金虜血戰，殉節王事，勅葬常熟虞山東麓積善鄉，表其子為縣尉。
詳載《姑蘇誌》。

　　興裔生二子，曰昺，曰昱。昺以父蔭，為常熟縣尉，昱為丹陽尹。
昺生璵，璵為秘書檢閱文字。璵生才，才任淞江制機檢察水部兵。值宋
運衰亡，胡元混擾，元公勅祠厄于兵燹。祠廢，祀亦曠。才生文英，文
英於元時，策"濬三吳水利"條陳，監稅松江。文英生南老，南老入國
朝。洪武初，徵至京師，議"郊社禮"，禮成放歸。南老生敏，敏任長洲
教諭。洪武七年，并攝府學事。十年，與山陰胡隆成等應"名儒"，徵中
內拜，試將充大用，以親老歸養。敏生四子：汝、浦、淵、源。汝，安
溪主簿，浦，榮壽官，年九十有六，每歲與鄉飲。淵為遂昌縣令，正統
元年，蒙聖朝尊崇儒道，凡聖賢子孫皆免徭役，其秀茂者，收錄待用。
浦感皇上之德，而益重本源之思。念吳中勅祠廢久，莫能修舉，構立家
廟於正寢之傍，樹碑記，名曰崇本堂。中祀始祖道國元公神主，及武功大
夫以下，歷代考妣序列左右，而子孫時薦焉。子綱，為柳州府融縣丞，
有惠政，轉授知縣。居任後先十八載，德政所被，融民祀之。綱子奎，
成化中復為融縣丞，攝縣事，兼羅城、懷遠二縣。以都御史韓襄毅公奏
舉從征洞蠻，策畫地理溪洞輿圖，用兵節畧，而韓公悉採用之。靖蠻有
功，堅辭爵賞，陞茶陵州判。奎生鉞，鉞生讚，讚生侶，侶生與相、與
國、與爵。為元公十七世孫。

　　先是，萬曆乙未，會朝廷追錄元公厥考諫議大夫周輔成從祀啓聖宮。
與爵念吳中勅祠寢蕪，祀典久曠，僅存家廟，神主繁沓窄藝不堪，先靈
未妥，呈請本府太尊朱公諱燮元，勘明詳允，奉文捐貲，重建專祠于長
洲縣絃歌里，一如勅建之制，以復聖朝崇儒重道之典。府檄長洲縣中尊
鄧公諱雲霄，命鐫木主，給扁曰"濂溪世祠"。委儒學訓導袁公諱本，以
綵旂、鼓樂迎主入祠。前堂祀元公，後堂祀諫議，以武功為配，行釋菜
禮正位肅拜，所以申王恩而光俎豆也。嗣後，歷任憲司、府縣，及名碩
諸公給扁，碑記在祠，以表濂溪世系云。夫諫議，以鐘靈積德，篤生大
儒，在宋固有專祠崇祀祖孫三代，計楹一百四十有奇，給田一百四十八
畝，名曰世業田。事具歐陽玄記中，詳載永州《誌》矣。今與爵請建元

公專祠，并祀諫議，寔寓推所自出之義，因博采歷代名公記載，復鋟元公雜著詩文，標曰《濂溪大成集》。附輯四世祖興裔扈蹕忠勇殉節，七世祖才任宋淞江制機水部兵，八世祖文英《開濬三吳水利條陳》并《遇僊傳》，九世祖南老《拙逸齋稿》《義貓傳》，十世祖敏教諭長洲，以敦化士子，并《歷代祖宗懿迹》，若通顯，若隱淪。倣天順年間鄒允明所識周氏流芳之意，而復為補輯之。積以歲月，芴搜博採，或攷國史，或糸家乘，或檢散軼之遺書，或稽故老之稱說，然篇章汗浸，姑採什一，授之棗梨，存之世祠。雖上不得比數于旬宣之科次，不得厠蹤夫立言之列，徒以編輯微勞，聊致羹墻以遺之後。然予猶不能無憾者，蓋壽與燾俱係元公正派後人，俱當採輯。今壽支已備修錄，而燾之支裔在道州者，誠以地遠，宗繁，不能彙刻，尚闕以俟補訂。後之覽是集者，庶諒予心云。吳郡十七代孫與爵，同男希阜、希夔謹跋。(周沈珂本)

濂溪志新編卷之十一

古今藝文志

　　文所以載道也，他志所紀，或省覽乎土風，或徘徊乎事故，或覽弔乎今昔，或感慨乎廢興。逖稽遐矚，要以昭垂法戒云爾。茲則景行先哲，誦法人宗，言有大而非夸，詞有美而非諛，所謂私淑諸人者。故雖一語足珍，片言可採，亦必謹而書之。而況先正鉅公，皆欲自附于道德之林者乎？詳登于冊，使後之學者得以興起焉。志《古今藝文》。（吳大鎔本）

辭銘頌說

濂溪辭并序　　宋　黃庭堅
　　舂陵周茂叔人品甚高，胸中灑落，如光風霽月。好讀書，雅意林壑，初不為人窘束世故，權輿仕籍，不卑小官，職思其憂。論法常欲與民決訟，得情而不喜。其為小吏，在江、湖郡縣，蓋十五年，所至輒可傳。任司理參軍，轉運司以權利變具獄，茂叔爭之不能得，投告身欲去。使者斂手聽之。趙公閱道，號稱好賢，人有惡茂叔者，趙公以使者臨之甚威，茂叔處之超然，其後廼悟曰：“周茂叔天下士也。”薦之於朝，論之于士大夫，終其身。其為使者，進退官吏，得罪者自以為不冤。中歲乞身老於瀼城，有水發源于蓮華峯下，潔清紺寒，下合于瀼江。茂叔濯纓而樂之，築屋於其上，用其平生所安樂，媲水而成，名曰濂溪。與之遊者曰溪名未足以對茂叔之美。雖然，茂叔短于取名而惠於求志，薄於徼福而厚於得民，菲於奉身而燕及煢嫠，陋於希世而尚友千古。聞茂叔之餘風，猶足以律貪，則此溪之水配茂叔以永久，所得多矣。茂叔諱惇實，避厚陵，奉朝請名改惇頤。二子壽、燾皆好學，承家求予作濂溪詩，思詠潛德。茂叔雖仕宦三十年，而平生之志終在丘壑，故余詩詞不及世故，猶髣髴其音塵。

溪毛秀兮水清，可飯羹兮濯纓，不漁民利兮又何有於名。弦琴兮觴酒，瀉溪聲兮延五老以為壽。蟬蛻塵埃兮玉雪自清，聽潺湲兮鑒澄明。激貪兮敦薄，非青蘋白鷗兮誰與同樂。津有舟兮池有蓮，勝日兮與客就閒。人聞拏音兮不知何處散發，醉高荷為蓋兮，倚芙蓉以當妓。霜清水寒兮舟着平沙，八方同宇兮雲月為家。懷連城兮佩明月，魚鳥親人兮野老同社而爭席，白雲蒙頭兮與南山為伍，非夫人攘臂兮誰予敢侮。（周木本）

遊濂溪辭并序　　宋　鄒勇

道州城西十五裡，有村曰濂溪保，蓋周茂叔先生之居也。先生宦游過九江，愛廬阜不能歸，故以"濂溪"榜書堂，示不忘本。山谷，一世治聞者也，而曰有水發源於廬阜蓮花峯下，茂叔樂之，用其平生所安樂，媲水而成名曰"濂"，而近世士大夫又謂本名"濂溪"，先生子求詩於山谷，避其叔父諱，遂加以水，且曰"廉"與"濂"，義殊而音暌，不應媲水以明其廉。其說具載《九江學宮先生祠堂記》。以勇觀之，俱失也。勇麋粟道州，考濂溪頗詳。因暇日遊焉，訪先生之遺跡，且悼世人之惑也，敢述以辭。

度营川之脩梁兮，遡其瀕而走西。路平原之瀰沱兮，容飛蓋而並馳。行將半於一舍兮，折而涉于荒陂。漸林開而阜斷兮，隱約聞乎犬雞。亟引鞭而前望兮，萃或瓦而或茨。逢翁問之奚所兮，翁告予以濂溪。閱民氏而皆周兮，本其系而為誰。伊茂叔之故家兮，自鼻祖而占兹。後昆出於丘墟兮，逢披淪於牛衣。詠先生之所服兮，已乎莫之知也。從先生其已遠兮，曷慰乎我之思也。雲山矗而崇崇兮，豈絕塵之姿乎？泉不激而泠泠兮，抑絃誦之遺乎？百卉秀而不枯兮，豈道德之光輝乎？少長羣而不囂兮，抑嫩俗之未衰乎，彷徨乎奚忍徊而去之。迫日暮兮，既去而猶遲遲。幸頹垣與敗級兮，存故基而未夷。環可耕者數畝兮，昔帶經之所治。森一丘之梧檟兮，亦夙昔之所規。蓋求其他而不得兮，尚瞩此而庶幾。悲先生之畣歲兮，逢彼百罹。奉親學於渭陽兮，仕謀歸而願違。故溢江之所築兮，志此溪於門楣。何山谷之不審兮，指蓮峯而實之。病後人之迷益遠兮，曰廉與濂義殊而音睽。妄取濂而增水兮，由媚客而請詩。嘻！其本之不覩兮，宜所言之皆非。吾聞南公之語此兮，云權輿於唐之時。元結之刺道兮，事率愛奇。以瀤浯與湞瀧兮，賈七泉而為題。道之人祖結之故智兮，溪得名之是依。曰義殊而非類兮，爾奚瀤浯之不疑。曰音睽而無取兮，湞與直亦參差而不齊。故濂者以德而媲水兮，遠矣昔人之所貽。先生之桑梓兮，他寓而是思。何以療世之惑兮，寄鍼砭於此辭。（周木本）

祠堂銘　　宋　黃維之

紹熙初元冬十一月丙辰，黃維之祇謁濂溪先生之祠堂。始堂之成，朱熹為之記而無其銘，於是銘之。銘曰：濂溪之水，清且漪兮。先生之德，不磷不緇。康廬之峯，秀而峙兮。先生之道，無成無虧。先生之存兮，學者之師。無極而太扱兮，洩天之機。死不可作兮，吾誰與歸！敬瞻其容而思其人兮，亦足以發吾道心之微。（周木本）

濂溪祠堂銘　　宋　臧辛伯

太極混成，萬象包括。《通書》簡明，言行有法。貫天地人，獨見昭徹。

成己成物，大巧若拙。學窮本原，文字抑末。吏隱州縣，一意全活。瘴煙可入，民冤難達。天生範模，伊洛講切。胡不假年，禮樂諸葛。嗚呼濂溪，道無生滅。朵前倚衡，光風霽月。（胥從化本）

邵州周元公祠銘　　明　廖道南

荊楚之墟，翼軫所躔。祝融截嶪，九疑蜿蜒。粵稽諸古，神聖誕育。炎皇先物，虞帝南狩。靈氣顯景，結為禎祥。日昭壁緯，斗煥奎章。惟茲郡土，理宗封越。錫以嘉名，岳猷有奭。自周元公，產自舂陵。月巖鳴鐸，濂溪濯纓。來攝於茲，肇創學制。尋孔顏樂，首崇祀事。太極有圖，理趣淵源。羲畫姬彖，得象忘言。發揮精蘊，天人心學。

上承洙泗，下啟關洛。五峯有記，考亭用光。宣公嗣音，妙道益彰。
肆我皇祖，加意讐校。鴻謨鉅典，揭厥綱要。迨我皇上，銳情經術。
睿藻天葩，昭哉敬一。眷茲湘楚，曠世相逢。涵濡帝澤，鼓舞靈風。
龍飛大狩，經營伊始。輪奐有輝，丹艧其美，新廟奕奕，聖謨洋洋。
俎豆禮樂，絃誦文章。凡我同人，采藻思樂。緬思大道，紹彼先覺。

（周諳本）

重修濂溪書院三君頌① 　　明　胡直

方余尋元公樓田舊址，屬州大夫羅君祠之。退伏念今肉食君子繽繽
多便文自營，有能覈簿牒、嚴期約、不瘝事者，十不一二矣。有能急隱
瘼、剔蠹羨、不瘝民者，百不一二矣。有能崇學術、篤風教、不瘝士者，
千不一二矣。余雖云然，疇克如余指，迺不知州大夫果遂營廟宇一區，
既覯行永郡理官崔君來攝，慨然作新，會領巡撫趙公檄乃復大構，語具
余所撰家廟碑中。二君又置近田若干畝，畀公家孫博士君道世守供祀，
崔君又刻公集。郡齋中，皆出余畫外，先是永明邑令何君，念永明去道
州故里最邇，已請廢寺，崇構仰濂書院，配用二程先生，存國故以興邦
人，意劬劬殷矣。趙公已自為文載碑，余故不詳著。趙公又檄何君，更
脩道州城內舊廟，亦大壯固，咸別有述。要此三君者，非篤意風教，有
味乎元公學術者，其烏能成世求之千不一二，而環百里中遽有其三，可
不謂幸事快賭哉！博士君以書抵余曰：“崔君名惟植，字應德，太平人。
羅君名丰，字汝南，家銅仁，其先高安人。何君名守拙，字子工，簡州
人。三君者，于風教固殷，其不瘝事與民，莫不稱良云。”余既謝病治
農，不與聞激揚事，乃為作頌。頌曰：

道國甫甫，春陵顒顒。月岩濂水，樓田之宮。五星奠隩，左豸右龍。
縮結九疑，羽翼祝融。是曰嶽降，篤生元公。逖邇精一，近嗣中庸。炳
幾握要，無欲為功。施之公溥，中實明通。至理溢焉，奚必外窮。三綱
九法，以敘以從。既殊寂滅，亦異玄同。闢天開地，如夜斯瞳。啟程夫
子，如日斯中。公鶱帝右，故里攸空。後幾百祀，化為荊蓬。狐豸儽儽，

① 底本此處註云：“萬曆四年。”

麀鹿攸叢。肉食者鄙，疇哉是崇。顯顯三君，眠眠焉惕衷。趙公既唱，三君同風。五峯之柏，三浯之松。是斷是度，是作是封。荒忽薈蔚，會朝穹崖。枚枚寢廟，神罔時恫。皇皇講堂，趨者雍容。春祀秋嘗，子孫樅樅。士者之來，廼繹廼宗。斯文之起，緜緜緜隆。匪自三君，疇哉是功。外無痲政，內為道忡。倬倬礳礳，頌辭匪豐。(胥從化本)

濂溪說　　宋　朱熹

熹舊記先生行實，采用黃太史詩序中語，若以"濂"之為字，為出於先生所自製，以名廬阜之溪者。其後累年，乃得何君所記，然後知濂溪云者，實先生故里之本號，而非一時媲合之強名也。欲加是正，則其傳已久，懼反以異詞致惑，故特附何君語於遺事中，以著其實。後又得張敬夫所刻先生墨帖後記、先生家譜，載濂溪隱居在營道縣營樂鄉石塘橋西。而春陵胡良輔為敬夫言，濂，實溪之舊名，父老相傳。先生晚居廬阜，因名其溪，以示不忘其本之意。近邵武鄒旉官春陵，歸為熹言，嘗親訪先生之舊廬，所見聞與何、張之記皆合，但云其地在州西南十五里許。蓋濂溪之源委，自為上下保，而先生居其地，又別自號為樓田。至字之為字，疑其出於唐刺史元結《七泉》之遺俗也，旉嘗有文辯說甚詳。其論制字之所從，則熹蓋嘗為九江林使君黃中言之，與旉說合。方將拜附其說於書後，以證黃序之失，而婺源宰三山張侯，適將鋟阪焉，因書以遺之，庶幾有補于諸本之闕。若此書所以發明聖學之傳，而學者不可以不讀之意，則熹前論之已詳矣，因不復重出云。淳凞己亥正月。
(周木本)

聚樂堂說　　宋　何士先

濂溪先生發孟氏不傳之祕，以淑諸人。始自伊洛，卒遍天下。厥今九江以南，暨五嶺之陴，先生足跡所至，皆立祠奉之惟謹。四方學者，凡有得于先生之緒餘，往往為正人端士。噫嘻，亦盛矣！吾鄉乃其正宗，薰陶漸漬，視他邦宜過之，而反不及焉，何哉？豈吾東家丘未尊信于魯人而傳之者眇耶？夫道不遠人，匹夫匹婦之愚可以與知。日用飲食，斯須違之不可，獨以先生所至而存，所去而亡，而學者必曰得于先生云者，蓋其師承源流之所自焉爾。惟人各尊其所自，於是相與尸而祝之，以報休德之亡窮。不然，捧土立木，為叢祠水濱竹間，若野甸然，焉攸用。吾曹既知，所以事先生之禮，抑思所以尊先生之實，春秋饋奠，盍簪於此。目先生之睟容，心先生之奧學，必求《太極》《通書》所喻者何旨，必求簞瓢飯疏，所樂者何事。切切偲偲，開誨琢磨。所見益明，聽得益豐。以善其身，以風其鄉，人莫不皆為仁義中正之歸，夫然後知斯堂之不虛設。先生之言曰："道義有諸身，則貴且尊。"人生而蒙，長無師友則愚。是道義由師友有之，而得貴且尊。其義不亦重乎，其聚不亦樂乎！今為斯堂，所以事先生，具為朋儕講貫之地，士先請用先生遺訓，榜之曰"聚樂"，諸君皆曰"然"，因屬士先為之說。（周木本）

希濂說　宋　傅伯崧

伯崧年未弱冠，誦濂溪先生《愛蓮說》，未嘗不起其敬，以謂"出淤泥而不染，濯清漣而不妖，中通外直，不蔓不枝"，真花之君子也。薄宦蹭蹬，歲在庚午，季秋之月，適叨邵陵之麾，偶睹郡治東偏，壁間留字，乃前守潘君燾貽書廬陵楊公求記之語，始知治平中先生因倅永來攝事，政尚精密嚴恕，潘竊希之，遂作希濂堂，楊實為之記，伯崧於是又得先生治政之要。倥侗顓蒙之人，乃亦濫吹於此。承宣之始，深有開發，益欽慕焉。繼問其堂，則今瑞粟，而希濂之名泯矣。壁題既以攝事不載，微楊公一記，則未易可考。嗟乎！先賢業履，不為時俗所尚也如是。一日，造郡圃東一隅，見敗屋數椽，廢沼一區，人指以為先生愛蓮之地。遐思先生當時獨羨之意，詠想先生同予何人之語，欣玩移晷，有意增葺，卻以"希濂"名揭之，庶幾賢者遺風復有作矣。臨蒞之際，則精密嚴恕之為貴；閒暇之時，則香清淨植之為貴，不猶愈於蘇州燕寢之樂乎！伯崧何人，敢以蕪類之辭為希濂說，附于諸賢法言之末云。（周木本）

道源書院集說　明　侯廷訓①

《道源書院集》者何？表儒先道學流傳之所自始，以風於士人也。儒

---

① 底本此處注云："嘉靖十八。"

先道學者何？吾濂溪周子與二程子本乎天理人心之至，以相授受，實極古今師友之懿者也。而謂其流傳有所自始者何？慶曆間，元公為南安司理，適程太中公自贛典國令來攝倅事，知雅敬焉，因令二子相從受學，而發千載不傳之秘，此其聚集之不偶，固天啓斯文之會矣。茲非謂道源耶？要之，由周程而遡于洙泗鄒魯，達於唐虞三代，又進而邃古羲黃，莫非先得我心之同然者，殆董子所謂“大原出於天，天不變，道亦不變者也”。此其為源，厥又遠矣。顧自軻死不傳，中更秦火，及雜學異術之餘，波蕩風靡，滔滔愈遠，幾何其源不遂涸也！幸有三先生之出，承先聖，以啓後人。其學根極要領，明示指歸，此固統宗之有自，而為創通之一初也。茲非謂道源耶？然表而風之者何？此為世道計，乃吾後人者之責也，蓋於三先生無所加損，而關於吾南安之治教文獻者。重孔孟、周程之道，固天下萬世之所同尊，而南安之講授，固猶夫鄒魯之私淑也。宋理宗額書之特頒，亦可比夫過魯之牢祀，其曰：“崇儒重道，以崇德化均耳。”是雖廢典，猶將舉焉。況夫有其舉之，曷可廢耶。此書院之錄所由輯也。

　　是故首以三先生傳贊，而繫以《太極圖說》與朱子論記諸篇，用見道源書院所立之由，為吾徒所當先講也。次之始自乾道建祠，淳祐創置書院，景定賜額，至以教授兼山長有租田以贍學，中更興廢，遷徙不一，則列年歷著為紀，用見書院之立，而此邦之治教文獻皆有稽徵矣。其有述作題咏，凡於道源有相發明、書院有關者，亦附錄之，用備叅考。此固非愚小子一人之私，卿大夫庶士與諸生之同志也。謹著為說，俟觀者採擇，僭踰之罪，不敢辭已。（胥從化本）

濂溪故里圖說　　明　王會

　　右濂溪故里，在州西十五里營樂鄉，有山曰安定，上有砦，鄉人所築以避寇乳者，俗呼為安心砦。其麓，周氏家焉，左龍山，右豸嶺，岡壠丘阜，拱楫環合。世傳有五墩遺宅，若五星然，世久為鄉人所夷，今僅存其一。濂溪先生實生於此山之西。石壁上有古刻“道山”二大字，下有石竇，深廣不可窮。有泉溢竇而出者，濂溪也。清泠瑩徹，如飛霜噴玉，大旱不涸，積雨不溢，莫知其來之所自。知州方進刻其上曰“聖脉”，故人呼為聖脉泉。泉之上為有本亭，迤東為風月亭，沿流而東為濯纓亭，又東為故居，家廟在焉，先生子孫居之。又東為大富橋，先生紉釣遊其上，濯纓而樂之，即其地也。（胥從化本）

月巖圖說　　明　王會

右月巖在故里西八里許，有山巍聳，中為巖洞，東西兩門可通往來。望之若城闕，當洞之中而虛，其頂自東望之，如月上弦，西而望之，如月下弦，就中望之，則又如月之望。隨行進退，盈虧異狀。俗以其形象月，故呼為月巖。好事者奇之，以為太極呈象，若河之《圖》，洛之《書》。會謂：“先生之道，未必因月巖而得，但此山不生於他，而生於先生之故里，則謂之太極洞也亦宜。”因磨崖刻之曰“太極洞”云。洞高可四五十丈，寬可容數千人，中有濂溪書堂，盛夏無暑，奇石峭壁如走猊相逐，如伏犀俯顧，如龜蹋跚，如鳳翱翔，如龍蛇蜿蜒，而石液凝注，望之如滴。西壁有竇，石筍矗立，如入乞僧在龕。又一竇深黑不可入，蜚鳥之音，行人之聲經其中，如奏笙簧，誠天造奇觀也。（胥從化本）

濂溪書院圖說　　明　王會

右濂溪書院，在州學西，以祀先生者也。紹興己卯，知州事向子忞始祀先生于學之稽古閣。淳熙已未，郡博士鄒勇遷于敷教堂。壬戌，知州事趙汝誼重建，并塑二程先生像。嘉乞間遷今所，元至正間，判官吳肯、山長區誠、戴世荣、郡士蔣通復先後脩葺。國初脩建之詳無考。弘治正德間，知州方瓊、知府曹來旬，相繼脩理，其制後為正堂，像設如舊，前為拜廳，歲久傾圮。嘉靖壬寅，御史姚虞檄視州事，通判金椿重建，嗣孫翰博繡麟捐貲增成之，費縮未俻。甲辰春，會為增餙，庶幾苟美，前有石墀，高丈餘，舊廣不盈數武。翰博君伐石增砌，廣平周正，視舊改觀。又前為御碑亭，即理宗所賜書院額。外為儀門。嘉靖辛夘，災。甲辰夏復建，為樓三間，扁曰“光霽樓”，翰博及嗣子庠生道實相成之，會無勞焉。又外為欞星門，舊用木，正德庚午，湖大參鐘舜臣以石易之。門臨通衢，左右二坊，曰“光風”“霽月”。弘治壬子，僉憲戚昂建其右，翰博居之，是為文獻世家之門。前為仰濂樓，俯瞰濂水，後有

太極亭、愛蓮亭，有山曰太極峯，岡巒聳拔，石蹬盤紆，城郭山林之勝也。（胥從化本）

重修濂溪墓記　　清　丁義方

濂溪周元公墓在九江郡南十里許，係隸德化縣屬之德化鄉清泉社，地名栗樹嶺，亦名三起山，卽廬阜了髻山西北之分支也。墓雖面蓮花峯，而相去二十餘里，廖《記》所稱窆於清泉社蓮花之岑，羅《記》所稱墓在潯城東南蓮花峯下，皆誤。義方始聞德化知縣劉君長景之言，得確知元公墓所。曁於光緒辛巳，隨侍彭大司馬，率同正任新昌知縣胡君傳釗徃謁之，乃定集貲修墓之舉。自壬午夏經始，洎癸未春藏事。計拓垣圍長八十餘丈，高視舊加倍，深其址而石疉以甃，而增厚焉。宰木數十株，周環於內墓之碨碨，原罅也則規石而封之。前有祠，明季已燬於兵，今且濂溪祠與書院遍天下，復可不亟遂度祠基建舍於左右，俾奉守者有棲息，展禮者有齋沐之處，崇高其門而坊表之。自門至墓，級石為道，舊有碑，仍之。新立碑四，中為元公母仙居縣鄭太君墓，左為元公墓，右為元公配縉雲陸縣君、繼配德清蒲縣君墓，皆彭公所敬題。義方則謹摹元公遺像兼圖所愛蓮花於石，以表潔而遺芳。庶俾過墓則式者有所宗仰乎！工竣以告，彭公為之記。彭公復以徵考文獻有繫於元公最要者，輯為《希賢錄》。命胡君傳釗繼方存之先生分校督刊，義方亦遵命繪鍥墓圖，且為說以附於後，抑更有說者，聖賢道大，原無不包，以墓為元公體魄所藏，則任修毋嫌越俎，況有京兆趙將軍重修濂溪祠宇之例在，責何敢辭，但不為希賢君子所譏，斯為幸耳。時光緒癸未秋八月，益陽丁義方謹撰。（彭玉麟本）

祠堂說　　清　吳大鎔

志祀典，繼以祠堂，神所馮依將在是矣。按，先生祠在道州城西營川門外儒學之右。自宋紹興己卯，向子忞再知州事，祀先生于稽古閣。淳熙己未，博士鄒勇遷于敷教堂。壬戌，知州趙汝誼重建。嘉定間，始遷今所祀先生，以二程配，歷代因之無改。元至正時，判官吳肯重修。明弘治正德間，知州方瓊、知府曹來旬，相繼修葺。萬曆二年，巡撫趙賢撤而新之，正廳三間，飛閣重檐，制度弘麗，祠前拜廳四楹。嘉靖時，巡按御史姚虞建春秋釋菜，朔望拜謁，班列于此。東西廻廊，升降由之。虛其中階，無敢闌入也。其基前俯營水，後枕宜山，高踞舜山之阜。沱水南來，濂溪東注。峭拔峻聳，俯視一切。遠山平疇，一目可了。祠下巖石突起，如伏犀怒猊，古柏參差，如飛隼棲鶻。每遇三春煙雨，釣艇漁罾，蕩漾波流，先生灑落襟懷，千古如新。清秋皓月臨空，碧天如洗。仰視樹影婆娑，覺太極虛明，時行物生，悠肰有會。于以妥先生之神靈。而境內大觀亦署具于此矣。故里祠見王刺史會《說》。他如江西有祠，廣東有祠，制不可考。謹附記文以便觀覽焉。春陵拙吏重鼎氏議。（吳大鎔本）

詩[①]

和周茂叔席上酬孟翱太博　　宋　傅耆

古人務樂善，見士卽推轂。今也多忌才，對面遠賢躅。
顧予嘗喜學，幽室未偶燭。幸會才翹翹，深慚識碌碌。
升堂聽高論，惟愁日景促。經義許叩擊，詩章容往復。
荷公引重語，玟瑂變良玉。一違几席來，羲娥迭昏旭。
遠聞落帽節，賓朋相追逐。剩摘籬下黃，痛飲杯中醁。
清談已忘倦，佳篇又相勗。畢力為徒弟，強勉攀高躅。
異時公行道，其勢不可獨。首願策疲蹇，助公施蘊蓄。
舒張太平策，散作蒼生福。此心答此惠，庶幾不忝辱。

和周茂叔暨闇裴三公招隱詩　　宋　傅耆

三賢趨向一家同，不欲塵埃作苟容。明逸招歸豹林谷，樂天邀入香爐峯。（周誥本）

賀周茂叔弄璋　　宋　呂陶

仁厚陰功素所施，熊羆佳夢此何遲。藍田寶璞眞希世，丹穴仙雛亦

---

① 《詩》一節未標明出處者，均選自胥從化本。

為時。善慶源流歸顯報，崇高堂構襲初基。他年若許林泉老，卻看兒孫振羽儀。(周諧本)

送周茂叔殿丞序並詩　　宋　呂陶

君子能信道，不能必信於人，能自知，不能必知於人。得乎中不奪於外，環視天下，而輕重在己。死生貴賤，否泰休戚，未嘗少遷，其思索以戻，其趣向故能也。人之分曠於義利取舍、好惡交攻、競騖而莫知合於至當，故不能也。予嘗持是說以觀世俗情偽，而憤君子之所不能，反而求諸傳記。至仲尼稱伯夷、柳下惠，荀卿氏推尊子弓、楊子雲、珍君平、畏仲元，而乃知君子之道雖晦必明，雖屈必伸。蓋聖人之待天下，必推之以至公而教存焉。然則道人之善而有警於世，非妄也，公天下而為言也。

春陵周茂叔志清而材醇，行敏而學博。讀《易》《春秋》探其原，其文簡潔有制，其政撫而不柔。與人交，平居若泛愛，及其判忠諛、拯憂患，雖賁育之力莫抗其勇。潚之深，流必長；趨之端，適必遠。廣而充之，斯民有望焉。然而常自誦曰：“俯仰不怍，用舍惟道，行將遯去山林，以全吾志。其信道篤而自知明歟？或知之，或不知之，其子之所不能歟？以子之所不能，於子何損益焉？惟知者，可與言其然，惟不知者，亦可與辯其不然，亦庶乎道人之善，而不為佞歟？今年夏六月官滿南歸，士大夫皆文以送，陶既序又繼以詩。

高帆颺漢水，六月南風溫。下流乘漲怒，一日千里奔。

潚威雷霆擊，石勢龍虎蹲。漂搖波濤際，渺漫天地昏。

君心浩溟渤，坐笑眾水煩。外任安濟德，中養澄靜源。

青雲路三峽，寄傲開琴樽。白日滿平楚，放懷清夢魂。

夷險既一致，卷舒惟義存。未易泛滄浪，時平斯道尊。(周諧本)

贈茂叔太博　　宋　潘興嗣

心似水輪浸玉淵，節如金井冽寒泉。每懷顏子能希聖，猶笑梅貞祇隱仙。仕儻遇時寧枉道，貧而能樂豈非賢。區區世路求難得，試往滄浪問釣船。(周諧本)

和茂叔憶濂溪　　宋　潘興嗣

憶濂溪，高鴻冥冥遯者肥，玉流來遠不知源，源重巘翠深遮圍。試將一酌當美酒，似有冷然仙馭飛。素琴攜來漫橫膝，無絃之樂音至微。胡為劍佩光陸離，低心俯首隨轉機。伊尹不忘畎畝樂，寧非斯人之與歸。（周譜本）

題濂溪　　宋　潘興嗣

鱗鱗負郭田，漸次郊原口。其中得清曠，貴結林泉友。
一溪東南來，瀲灩翠波走。清響動靈粹，寒光生戶牖。
峩峩雙劍峯，隱隱插牛門。疎雲互明晦，嵐翠相妍醜。
怳疑坐中客，即是関門叟。為歌紫芝曲，更擊秦人缶。
宿然忘得喪，形骸與天偶。君懷康濟術，休光動林藪。
得非仁智樂，夙分已天有。斲鼻固未免，安能混真守。
歸來治三徑，浩歌同五柳。皎皎谷中士，願言與君壽。
殷勤復懇惻，雜佩貽瓊玖。日暮車馬徒，橋橫莫回首。

同程公闢和益帥趙閱道寄周茂叔詩　　宋　潘興嗣

道交衷契少人行，況是雲霄自有程。目極一涯天共遠，心期千里月同明。春歸錦里豪華地，秋入浯溪冷淡情。山水高深無限意，為公分付玉徽聲。（周譜本）

乙巳歲除日收茂叔武昌惠書知已赴官零陵因偶成奉寄　　宋　蒲宗孟

歲除三十日，收得武昌書。一紙方寄遠（十二月中嘗附書入永州），數篇來起予（武昌遞中得新詩一軸）。

瀟湘流水濶，巫峽暮雲踈。不得從去[①]，春風正月初。

---

① 周譜本此句作："不得從容去"，當從。

想到零陵日，高歌足解顏。鄉閭接營道，風物近廬山。
萬石今興廢，三亭誰徙還。不知虔與永，二郡孰安閒。

三月春才過，君當始到官。朱袍爛紅日，白髮未盈冠。
喜靜心長在，耽詩性最懂。應從下車始，便起作題端。

始被南康責，誰知睿澤寬。還為半刺史，不失古虞官。
別乘今誰厚，朱幡舊最懂。遙憐春色好，並蓋縱遊鞍（茂叔書言與
永守陳郎中有舊）。

地與江淮近，鄉人慰久暌。重看斑竹淚，還聽鷓鴣啼。
湘水晴波遠，蒼梧霽色低。不知春日靜，何似在濂溪。

二子君家寶，知渠神骨清。初生俱嶷嶷，學語便鏗鏗。
鳳老雛方秀，珠圓蚌轉明。吾甥真宅相，可得不翹英。

山水平生好，嘗來說退居。無家歸紱冕，有子侍藍輿。
溢浦方營業，濂溪旋結廬。零陵官俸剩，應得更添書（茂叔濂溪有
書堂）。

八郡湖南使，稜稜盡有名。刑臺本鄉舊（提刑程公鄉丈人也），漕府
忝門生（運使薛丈嘗出門下）。
吾戚饒風力，伊人最直清。預知相見日，傾蓋便投誠。

宗邑祆災併，無如舊歲多（舊歲指乙巳歲）。凶霖浸宮闕，湧水注江
河（秋大雨）。
鬼盛天為疫（指夏大疫），陰強雪薦瘥（指冬大雪）。知君憂國甚，
搔首只吟哦（茂叔寄示詩中有“對雪寄吳廷之”之作）。

詩社久零落，所傳毛鄭餘。先生守章句，後輩老虫魚。

大義誰窺覷，微言尚闊疎。煩君來就索，但恨未成書。（周木本）

贈周叔　　宋　何平仲

及物人心稱物情，更將和氣助春榮。智深《大易》知幽賾，樂本《咸池》得正聲。竹箭生來元有節，冰壺此外更無情。幾年天下聞名久，今日逢君眼倍明。

聞周茂叔中年有嗣以詩賀之　　宋　何平仲

慶門崇構已多時，五百年方是此期。樹長瓊枝生較晚，珠根驪頷得來遲。桓溫貴骨天然別，韋相傳經道不衰。衡岳惟高湘水闊，共知長與福為基。（周譜本）

題周茂叔拙賦　　宋　何平仲

偽者勞其心，關機有時關。誠者任其真，安知拙為拙。捨偽以存誠，何須俟詞說。（周譜本）

同周敦頤國博遊馬祖山　　宋　趙抃

曉出東江向近郊，舍車乘棹復登高。虎頭城裏人煙闊，馬祖巖前氣象豪。下指正聲調玉軫，放懷雄辯起雲濤。聯鑣歸去尤清樂，數里松風聳骨毫。

次韻周茂叔國博見贈　　宋　趙抃

蜀川一見無多日，瀼水重來復後時。古柏根深寒不變，老桐音淡世難知。觀游邂近須同樂，離合參差益再思。籬有黃花樽有酒，大家尋賞莫遲疑。（周譜本）

次韻周茂叔重陽近見菊　　宋　趙抃

為僚初自喜，邀客亦逢嘉。把酒須同樂，分襟莫預嗟。
未成登畫舸，好共戴黃花。試向東籬看，秋業映曉霞。（周譜本）

次韻周國博不赴重九飲會見寄　　宋　趙抃

嫩菊浮香酒潑醅，命儔歡飲鬱孤臺。如何此會翻為恨，為欠公車一到來。九日年豐獄訟稀，望君同醉樂無涯。尊前慰我區區意，只得登高一首詩。（周誥本）

題周茂叔濂溪書堂　　宋　趙忭

吾聞上下泉，終與江海會。高哉廬阜間，出處濂溪派。
清深遠城市，潔凈去塵堘。毫髮難遁形，鬼神縮妖怪。
對臨開軒牕，絕勝畫圖繪。固無風波虞，但覺耳目快。
琴樽日左右，一堂不為泰。經史日枕籍，一室不為隘。
有蓴足以羹，有魚足以膾。飲啜其樂真，静正於俗邁。
主人心淵然，澄徹一內外。本源孕清德，遊咏吐嘉話。
何當結良朋，講習取諸《兌》。

寄周茂叔　　宋　趙抃

君向濂溪湖外行，倅旛仍喜便歸程，九疑南向參空碧，二水秋臨徹底清。詩筆不閑真吏隱，訟庭無事洽民情。霜鴻已到衡陽轉，遠緒憑誰數寄聲。

送周茂叔通判虞部赴零陵　　宋　程師孟

移官遠過耒陽西，好景重重合盡題。永水自然勝戀水，浯溪應不讓濂溪。沙頭候吏瞻旗腳，境上鄉人待馬蹄。曾是忠賢流落處，至今蘭芷尚萋萋。（周木本）

送周茂叔赴合州僉判　　宋　任大中

一帆風雪別南昌，路出涪陵莫恨長。綠水泛蓮天與秀，蜀中何處不聞香。

江上懷永倅周茂叔虞部　　宋　任大中

監州永陵去，遠目立江干。煙浪三湘濶，風帆八月寒。
不聞求進路，只見話休官。種竹濂溪上，歸因作釣竿。

寄廣東運判周茂叔　　宋　任大中

凍雲愁滿目，黯黯塞遙空。久客江湖外，殘年雨雪中。
醉鄉無伴入，吟社與誰同。莫訝音塵闊，天南絕去鴻。（周語本）

濂溪隱齋　　宋　任大中

溪遠門流出翠岑，主人廉不讓溪深。若教變作崇朝雨，天下貪夫洗
却心。

送永倅周茂叔還居濂溪　　宋　任大中

君去何人最淚流，老翁身獨寄南州。隨君不及秋來鴈，直到瀟湘水
盡頭。

再題虞部周茂叔濂溪　　宋　任大中

公廉如古人，利祿千鐘疎。照髮一簪墨，樂歸溪上居。
羣峯插雲秀，滿眼如畫圖。一甕酒自足，數畝稻有餘。
夜月搖吟筆，朝廚摘野蔬。渴飲溪中水，飢不食溪魚。
大溪深一丈，松筠自不枯。公心保如此，眞為廉丈夫。
廉名似溪流，萬古流不休。我重夷齊隱，日月光山邱。
夷齊魂若在，暢然隨公遊。（周語本）

零陵通判廳事後作堂，予以康功名之，仍賦鄙句　　宋　胡寅

政拙催科永陵守，實賴賢僚相可否。邦人復嗣海沂歌，倉廩雖空閭
里有。功成歸去朝日邊，吏闢虛堂得晝眠。後圃好花初着上，前簷新竹
已參天。貔貅未飽軍須急，赤子如魚釜中泣。若知王業在農桑，國勢何
勞憂岌岌。酒闌四壁讀前碑，吏隱猶勝五馬隨。千古濂溪周別駕，一篇

清獻錦江詩。(周木本)

濂溪謁周虞部　　宋　李大臨
簷前翠靄逼廬山，門掩寒流盡日閒。我亦忘機淡榮利，喜君高躅到松關。

題濂溪書堂　　宋　孔平仲
廬阜秀千峯，濂溪清一掬。先生性簡淡，住在溪之曲。深穿雲霧占幽境，就剪茅茨結空屋。堂中堆積古圖書，門外回環老松竹。四時風物俱可愛，嵐彩波光相映綠。先生於此已優遊，洗去機心滌塵目。樵夫野叟日相侵，皓鶴哀猿夜同宿。方今世路進者多，百萬紛紛爭轉轂。矯其言行鬻聲名，勞以機關希爵祿。由來物役無窮已，計較愈多彌不足。何如瀟灑靜中閒，脫去簪紳臥林麓。先生此趣殊高遠，不以尋常論榮辱。奈何才大時所須，猶曳緋衣佐方牧。鸑章鳳羽出為瑞，未得冥冥逐鴻鵠。先生何時歸去來，古人去就尤宜速。須憐溪上久寂寥，蒼煙白露空喬木。(周譜本)

書濂溪光風霽月亭　　宋　朱熹
淳熙八年，歲在辛丑，夏四月六日辛亥，後學朱熹、劉清之、張揚卿、王阮、周頤、林用中、趙希漢、陳祖永、許子春、王翰、余隅、陳士直、張彥先、黃幹敬再拜于濂溪先生祠下：惟先生承天畀，系道統，所以見端垂緒，啟佑于我後之人者，厥初罔不在斯堂用。咸歎慕低回弗忍去。熹乃復出所誦，說先生《太極圖》，贊其義以曉眾，咸曰休哉。退，先生之曾孫正卿、彥卿玄孫濤，設饌光風霽月亭，祁真卿、吳兼善、僧志南與熹敬書以誌。(周木本)

山北紀行二首　　宋　朱熹
予以辛丑閏三月二十七日罷南康郡，四月六日拜濂溪先生書堂遺像，子澄請為諸人說《太極圖》義，先生之曾孫正卿、彥卿，玄孫濤為設席于光風霽月之亭。

北度①石塘橋，西訪濂溪宅。喬木無遺株，虛堂唯四壁。
竦瞻德容晬，跪薦寒流碧。幸矣有斯人，渾淪再開闢。

平生勞仰止，今日登此堂。願以圖象意，質之巾几傍。
先生寂無言，賤子涕泗滂。神聽儻不遺，惠我思無疆。（周木本）

齋居感興詩②　　宋　朱熹

昆侖大無外，旁礴下深廣。陰陽無停機，寒暑互來往。
皇羲古神聖，妙契一俯仰。不待窺馬圖，人文已宣朗。
渾然一理貫，昭晰非象罔。珍重無極翁，為我重指掌。

吾觀陰陽化，升降八紘中。前瞻既無始，後際那有終。
至理諒斯存，萬世與今同。誰言混沌死，幻語驚盲聾。
勉齋黃氏謂首篇橫說，次篇縱說，故並錄之。（周木本）

愛蓮詩　　宋　朱熹

聞道移根玉井傍，開花十丈是尋常。月明露冷無人見，獨為先生引
興長。（周木本）

留題濂溪書堂　　宋　度正

維暮之春萬象都，望花尋柳過溪居。一源流水元清潔，幾片浮雲自
卷舒。獨對高山吟景行，細看芳草訂遺書。可憐魚鳥渾無意，相向欣欣
總自如。（周木本）

再題濂溪書堂　　宋　度正

千載斯文儻可求，暮春春服共行遊。向人魚鳥都和樂，滿眼溪山只
麼幽。

---

① “度”：據文意及李嵊慈本、吳大鎔本、周誥本，當作“渡”。
② 底本此處注云：“二十首之二。”

嘉泰二年三月二十有四日，正與趙琥伯玉、冉木震甫來謁先生之祠，索米作粥，采溪毛具杯羹，從容移日。伯玉仍載郡醞與俱，蜀人度正書。（周木本）

留題書堂　　宋　李壟

眉山李壟敬謁濂溪先生之祠，與先生五世孫澹、蒲塘蔡念成晤語久之。同來者普慈馮繼、丹棱程銤、壟之子鏞侍。嘉定癸酉孟夏朔。（周木本）

留題書堂　　宋　安公壟

尊賢重道，興廢振墜，以扶立世教，興起人心，此為政之先務也。秦漢以來，功利日勝，義理不明。祠所不當祠，於其所當祠者忽焉不問。惟忠定丞相守成都日，創橫渠張先生祠，市田以贍其後人，至今蜀士詠思不已。今江州史君恪守先訓，鼎新先生祠宇，為周氏後人立學，一用忠定公規。蜀人安公直祇拜祠下，伏讀史君奠謁之辭。蓋躬行先生而有得者，與俗吏庸夫視時之好尚而為興廢者相千萬也。三歎之余，書於拙堂。從游者，嘉定釋師戒。嘉定癸酉季秋七日。（周木本）

留題書堂　　宋　家大西

眉山家大西補外西歸，敬拜元公周先生于濂溪之上。游泳久之，想像程純公吟風弄月時氣象，尚庶幾萬一焉。寶慶三襈仲秋上浣。（周木本）

敬書祠下　　宋　吳昌裔

潼州吳昌裔、東平劉震孫、率壘仁范大淳、袁塤蘇廷珪，祇謁先生祠下。濯纓溪流，仰高廬阜。油然有發，泛舟而還。昌裔之子墺彙、猶子寅，震孫之子儒珍侍。端平改元孟秋吉日。

顯鶴案，《宋史·吳昌裔傳》："昌裔字季永，中江人，蚤孤，與兄泳痛自植立，得程頤、張載、朱熹諸書，研繹不倦。嘉定七年，舉進士，聞漢陽守黃幹得朱熹之學，往從之，為眉州教授，取諸經為之講說，祠周惇頤及顥、頤，載熹揭白鹿洞學規，倣潭州釋奠儀。"又云："昌裔剛正莊重，遇事敢言，與徐清叟、杜範一日並入臺，皆天下正士，四方想聞風采，後謚忠肅。"昌裔本傳中江人，此云潼川中江隸潼川，其為吳昌裔無疑，《濂溪志》譌"吳"作"呂"，今改正。又本傳："昌裔以端平元年由眉州通判權漢州，入為軍器監簿，此其過九江時所題也。"（鄧顯鶴本）

遊月巖　　宋　吳能進

謾傳月窟杳重玄，此地尋遊恍洞天。正視頂虛光似鏡，側看影轉巧如弦。一九秘透洪濛竅，幾畫圖成太極篇。識得當年吟弄處，自家剩有滿腔圓。（李楨本）

觀濂　　宋　吳能進

文獻名居傍聖泉，一泓清派靄雲烟。涓涓噴玉饒庭草，細細飛霜蔟畫筵。山蠹翠微潴有木，亭閒風月樂無邊。元公逸趣源頭遠，幾度豪遊幾愛蓮。（李楨本）

留題書堂　　宋　魏了翁

嘉定十五年秋七月庚申，臨邛魏了翁及眉山蔡震龍、李從周，合陽謝子欽，資中侯季任、楊約，太華李材，眉山張肇程立之，臨邛高斯謀，劍陽張資深，會於濂溪書堂，以易名得請告於元公。江山風月，儀如刑在。同遊之士，各適其分，充如也。了翁之子近思、約之子暉侍。（周木本）

魏鶴山督師領客溪堂分韵詩并序　　宋　魏了翁

端平三年春三月戊午朔，天子有詔，俾臣了翁以同書樞院奏事。旣上還山之請，乃休沐日丁丑，與賓佐謁濂溪先生祠。賓主凡二十有四，謂是不可無紀也，遂以明道先生雲淡風輕之詩分韻有賦而詩，有二言、四言，同一韻者則二客賦之，了翁得"雲"字。

書生不知分，奉詔行三軍。赤手張空拳，幸脫貙虎羣。

四望蓮花峯，濂溪漲清芬。擬求一勺水，浣我三斛塵。
翠斂明夕霏，晴雲盪朝氛。重上夫子堂，謦欬如有聞。
池蓮已濯濯，庭草長欣欣。重惟夫子書，千古拔昏囂。
善惡萌於幾，陰陽互而分。一落俗儒喙，謏謏齒牙齦。
流傳豈不廣，世道滋放紛。書生屢乞骸，歸耕故山雲。
願言與同志，相期任斯文。①（周木本）

茂叔先生濂溪詩呈次元仁弟　　宋　蘇軾

世俗眩名實，至人疑有無。怒移水中蟹，愛及屋上烏。
坐令此溪水，名與先生俱。先生本全德，廉退乃一隅。
因抛彭澤米，偶似西山夫。遂即世所知，以為溪之呼。
先生豈我輩，造化乃其徒。應同柳州柳，聊使愚溪愚。

濂溪詩　　宋　張舜民

洗耳褰裳本緒餘，何須外物表廉隅。碧梧脩竹藏丹鳳，空谷生芻老
白駒。水為不爭方作瀁，溪因我有始名浯。北人要識濂溪景，請問江州
借地圖。（周木本）

濂溪詩　　宋　王庶

先生帝王師，韞匵求善價。連城旣不售，抱恨歸長夜。
音容忽已遠，遺芳鄙蘭麝。至今西洛賢，猶識唐虞化。
俾之坐廟堂，小或齊諸霸。奈何與世違，揶揄困嘲罵。
嗟予晚聞道，味如倒食蔗。逢時多艱難，戎夷變華夏②。
歸來廬山邊，弛擔休征駕。尋幽經隱居，修竹樊田舍。
傳家惟稚子，感涕淚交下。濁醪再三傾，薄用菁茅藉。（周木本）

---

① 底本此處注云：“分韻二十四詩，督府一時名勝之所賦也，惟鶴山一篇為濂溪作。附錄
此編外，餘則自有集云。”
② 本句周諮本作：“軌蠆無休暇。”

營道齋詩并序　　宋　何弃仲[①]

春陵郭縣曰營道，三十里而近有村落曰濂溪，周氏家焉。族眾而業儒，有子曰惇頤，字茂叔，遠宦南歸，弛肩廬阜。力不能返故居，乃結屋臨流，寓濂溪之名，志鄉關在目中也。脩水江夏公敬慕之，每稱獎其子壽、燾。燾即次元，亦為坡公所知。坡有《故茂叔濂溪詩》，唯多其廉退，脩水亦上述其廉平，莫詳僑寓之意，殆子弟不能達先志之罪也。夫脩水相去甫數舍，坡其同時人，皆失本意，文字傳誤，吁可歎已。余與先生同邑人也，爰托宿於茲，且有墳隴留人。比創山房取吾邑名，吾齋因話前事，賦詩曉兒曹。

儒行篇中有至論，書齋鄉縣兩存存。南音楚國鐘儀操，仁術函人孟氏言。近信每隨流水到，舊廬凝望度雲屯。裡非勝母泉君子，循取佳名覩聖門。（周木本）

謁濂溪先生祠堂　　宋　王溉

有宋淳熙，歲承火羊，月臨水鼠，陽生後之三日，郡太守王溉同貳車趙希勉、周梓欵謁濂溪先生祠堂。陪禮者幕官呂蟻、唐紹彭、朱光祖、邑令尹黃灝廣、文應振、郡庠諸生六十有二人。行禮訖事，王溉賦詩二章，以紀其事云：

鄒魯宮牆世莫踰，先生深造類平居。功名歲晚雲歸岫，德業川增水到渠。潔靜精微窮太極，明通公溥見遺書。要知今古存清致，一派濂溪玉不如。

發明正學久無聞，千載寥寥獨見君。喜有人能弘此道，定知天未喪斯文。永陽遺俗堪垂則，溢浦流風又策勳。我率諸生拜祠下，要令今古播清芬。（周木本）

---

① 底本此處標明："道州本作何弃。"可參校。

題祠堂[①]　　宋　王子脩

先生粹德妙難名，霽月光風狀未成。獨有溪流環舊隱，道源一派至今清。（周木本）

題濂溪祠　　宋　鮑昭

昭家世括蒼，誦先生之文，覩先生之像舊矣，獨欲拜謁祠下而未能。開禧丙寅試吏治邑，滿秩而歸，道由九江，望祠宇咫尺，輒持香一瓣，躬造先生之堂而致敬焉。若夫心之所傳，誠有出於意言之表者，先生必有以鑒之。端拜之餘，謹書古詩以寫崇慕之意云。嘉定己巳九月二十日承學鮑昭書。

盤古得希夷，妙用彌宇宙。微言莫能祕，末派自穿溜。
世方尊兩耳，出入快馳驟。頰舌以騰說，鳴蟬咽風脰。
豈無後來英，出力徒自救。章分而句析，傳習轉訛謬。
先生道德尊，一洗當世陋。使人意已釋，醯鷄發其覆。
古聖不傳處，卓然獨神授。百世不磨滅，正聲日諧奏。
低頭愧微官，西望祠已舊。平生夢不到，肅然斂襟袖。
昔傳簡冊餘，精微未容究。登堂覩遺像，至理得心扣。
豈不思古人，淺末敢偏就。敬持一瓣香，百拜更三嗅。（周木本）

題濂溪[②]　　宋　薛袚

自秦已降非無術，由孟而來得此儒。開物於寅誰返拙，先天有極僅傳圖。故廬仍在光風裡，茂草能看生意無。末學咏歌溪上去，可應侯子獨摳趨。（周木本）

敬書濂溪　　宋　幸元龍

萬頃寒波浸碧天，蕭蕭茅屋冷爐煙。可憐薄俗趨時好，不為先生整舊椽。（周誥本）

---

① 底本此處注云："嘉定改元四月八日。"
② 底本此處注云："嘉定辛未十月二十七日"。

濂溪識行①　　宋　魏嗣孫

分得廬山水一溪，濂名萬古合昭垂。光風霽月依然在，肯與人間較盛衰。（周木本）

濂溪六咏　　宋　潘之定②

此心安樂莫非廉，媲水成名亦偶然。溢浦舂陵隨地在，不應太史失其傳。（黃太史稱先生以其所樂者，媲水成名曰"濂溪"，而先儒以為先生家舂陵之濂溪，其居九江亦曰"濂溪"，示不忘也，然太史與先生同時，豈真不知濂溪者？學者當味其言。）

先生雅愛水中蓮，尤愛蓮花峯下泉。此水此蓮誰會得，一熄生意草芊芊。（濂溪發源於廬阜蓮花峯下）

家住城南數畝宮，杖藜來往此堂中。吟風弄月人何處，極目閒雲數去鴻。（詢之士人云：先生居城南，往來此溪上，傍溪皆周氏之田。）

當年太極揭為圖，萬有皆生於一無。動靜互根誰是主，試於靜處下工夫。（圖意）

濯纓潭上小相羊，手把《通書》四十章。除卻誠通與誠復，更無一事可商量。（與圖發明）

參也竟以魯得之，拙堂存舊未為非。光風霽月新題扁，別作斯亭互發揮。（書院舊有拙堂，今更扁曰"光風霽月"，信美矣，然"拙"之一字，先生受用處不可廢也，書以識之。）（周木本）

---

① 底本此處注云："嘉泰辛酉十一月十五日。"
② 本詩胥從化本僅存前兩首。宋刻本作者題為"周以雅"。

題濂溪　　宋　林煥

我來濂溪拜夫子，馬蹄深入一尺雪。長嗟豈惟溪泉濂，化淂草木皆清潔。夫子德行萬古師，坡云廉退乃一隅。有室旣樂賦以拙，有溪何減名之愚。水性本清撓則濁，人心本善失則惡。安淂此泉变作天下雨，飲者猶如夢之覺。

題濂溪先生書堂二首　　宋　柴中行

有生同宇宙，所欠好江山。因自舂陵至，留居廬阜間。
斯文傳墜緒，太極妙循環。希聖誠何事，懷哉伊與顏。

出城三四里，矯首愜遐觀。頓覺市聲絕，忻從天宇寬。
康山書几淨，溢浦硯泓寒。一誦《愛蓮說》，塵埃百不干。

敬拜濂溪先生祠下　　宋　文仲璉①

跡踐心親四十年，口吟手舞亦欣然。眼明當日清溪上，身到平生霽月邊。天實有言誰啟祕，道從無極獨開先。持循不許秋毫失，期契堂中覿面傳。（周木本）

題祠堂　　宋　周剛

兩楹夢奠幾千年，軻死荀楊不得傳。《大學》《中庸》幾墜地，光風霽月忽開天。百王道統新吾宋，一代儒宗首此賢。身後斯文猶未喪，韋編有《易》付伊川。（周木本）

永嘉薛師董同兄筮从友刘仁愿同来　　明　孟春

縛屋匡廬老不歸，晨雲夜月手能揮。兩山夾植春風布，一水涓回鼓瑟希。翠柏偶成庭下蔭，游離何有夕陽暉。洗空天地銷餘滴，獨怪門前多魯衣。（周木本）

---

① 底本此處注云："嘉定七年九月十三日。"

濂溪祠　　明　孟春

我愛濂溪水，祠前晝夜流。散分泉下眼，聚向海東頭。
潦盡天光發，煙消日色浮。箇中含至理，會得始無憂。

謁周夫子　　明　孟春

六籍言湮道失傳，先生聞道性諸天。圖開《太極》追前聖，教闡
《通書》啓後賢。庭草近窓春有色，池蓮入咏思無邊。自從伊洛相承後，
文運亨嘉不計年。

謁元公祠　　明　熊昱

菊天冒雨謁華祠，官斾飛雲集碧墀。堂構营濱崇廟貌，道傳伊洛遠
宗師。池蓮屋後青猶在，庭草窓前翠未移。不是先生心自得，何由千載
緒歌斯。

愛蓮亭　　明　熊昱

净直亭亭自媚人，水生花草發天真。圓圖翠葉團團象，太極珠房顆顆
匀。菡萏花開紅似綺，淤泥藕切白如銀。元公探賾心先得，妙契陰陽萬
物春。

愛蓮亭　　明　黃仲芳

闌干十二俯清流，霽月光風景趣幽。簾動水晶銀兔濕，香浮書幌藕
花秋。圖傳太極探羲畫，學究天人継孔丘。景行高山懷仰止，斯文三復
賴餘休。

愛蓮亭　　明　盛祥

為愛軒亭瞰碧流，花開香遠益清幽。銀潢冷浸三更月，翠盖涼生九
夏秋。玩物適情探太極，臨流体道契尼丘。高情雅況誰能識，百世斯文
仰未休。

送周翰博荣歸　　明　高穀

璽書遠詔來京國，內翰荣除拜御筵。太極一圖明至理，仍孫千載紹前賢。詩書継業逢昭代，冠冕荣鄉屬妙年。歸讀遺書思祖訓，寸心應在五雲邊。

贈周翰博荣歸　　明　黄俊

濂溪有神，烈祖挺生。不由師傳，默契道凝。《太極圖說》，手授二程。《通書》文約，道大義精。誠立明通，名宗範亭。洪南令尹，九江道鳴。光風霽月，庭草交青。從祀孔廟，道貫六經。聖朝崇德，象賢嗣興。勑封博士，衣錦歸荣。在朝卿士，都門餞行。風飄衣兮，御香馨馨。光衝衡嶽，炫燿洞庭。鄉邦瞻美，鳳凰景星。冀承祖武，勿失其誠。爵傳萬世，炳燿鏗鈞。

贈周翰博荣歸　　明　方傑

天子崇儒道，先生荷國恩。圖書昭日月，世澤滿乾坤。棣棣威儀好，怡怡笑語溫。簪纓永無替，傳子又傳孫。

憶茂叔愛蓮四首　　明　方傑

久聞愛蓮池，昨登愛蓮亭。登亭見池蓮，蓮馨亭亦馨。

興來吟到希賢閣，池蓮暗與清風約。清風遠來香益清，清香撲鼻誰能覺。

出自淤泥不染泥，亭亭净直真堪奇，可遠觀兮不可褻，況兼不蔓尤不枝。

元公何獨心愛此，百萬花中一君子。李唐以來人不知，只把牡丹為至美。

嗟哉！元公之愛興不窮，元公之愛誰能同。池蓮風月依然在，愛蓮
須是同元公。

謁元公　　明　曾鼎

太極天開景運隆，寒灰吹燄照蒼穹。宅臨綠水青山外，人在光風霽
月中。滿渚蓮香飄院落，侵堦草色映簾櫳。溪流遠響通閩洛，千載斯文
賴啓蒙。

謁元公　　明　薛綱

提學年年造學宮，登祠長得拜元公。許多翠草紅蓮趣，都在光風霽
月中。太極一圖垂世教，道源千載共天窮。吾人得寓儒流者，敢忘開先
覺後功。

謁元公　　明　韓陽

欲知先哲用工夫，都在《通書》《太極圖》。道學源流宗孔孟，師儒
傳授賴程朱。庭存芳草新生意，像設光風舊範模。天相斯文如復起，摳
趨便擬作門徒。

讀濂溪考亭二先生年譜二首　　明　陳獻章

千年幾見南康老，嘆息人間兩譜開。但使乾坤留一緒，聖賢去後聖
賢來。

一語不遺無極老，千言無倦考亭翁。語道則同門路別，教君何處覓
高踪。

謁元公　　明　沈鍾

此州故以道為名，天降斯文乃誕生。百里山環鐘間氣，五星奎聚肇
文明。挽回有宋追三代，合配宣尼奠兩楹。志學伊顏真妙語，迂踈頗解
縶真情。

謁元公　　明　沈庆

觀風來謁廟，獨上愛蓮亭。池潔荷逾綠，庭幽草自青。

道傳由默契，圖著寓流形。千載斯文幸，披雲睹景星。

咏濂溪圖學二首　　明　王守仁

一竅誰將混沌開，千年樸子道州来。湏知太極原無極，始信心非明鏡臺。

始信心非明鏡臺，須知明鏡亦塵埃。人人有個圓圈在，莫向蒲團坐死灰。

過萍鄉謁濂溪祠二首　　明　王守仁

木偶相沿恐未真，清輝亦復凜衣襟。簿書曾屑乘田吏，俎豆猶存畏壘民。碧水蒼山俱過化，光風霽月自傳神。千年私淑心喪後，下拜春祠薦渚蘋。

曾向圖書識面真，半生常自愧儒襟。斯文久矣無先覺，聖世今應有逸民。一自支離乖學術，競將雕刻費精神。瞻依多少高山意，水漫蓮池長綠蘋。

題濂溪　　明　戚昂

一泒濂溪日夜流，滔滔東逝幾時休。須知此水同天地，天地窮時是盡頭。

憶元公　　明　周緝

荊楚何人獨擅名，舂陵周子應時生。淵源道學由心得，灑落襟懷共月明。庭草翠深湮几席，池蓮香遠襲軒楹。斯文仰德頻伸敬，一酹椒漿萬古情。

拜先子　　明　周冕

度越諸賢擅大名，五星奎聚應斯生。道山百世勤瞻仰，聖緒千年賴闡明。宋代綍綸崇上爵，孔庭俎豆侑陳楹。圖書括盡天人蘊，好向遺編理性情。(周語本)

憶元公　　明　周冕

度越諸儒擅大名，五星奎聚應期生。遺容百世起瞻仰，絕學千年賴闡明。元宋襃封崇上爵，孔顏從祀侑東楹。圖書包括天人蘊，誰謂言詞不盡情。

題月巖四首　　明　周冕

宋家天子受周禪，曆數相承逾百年。乾德雍熙迨天聖，端拱無為統緒傳。

五星奎聚文明兆，我祖應期生營道。来歌來遊於斯巖，仰觀造化生成妙。

闡圖著書授二程，千載絕學晦復明。聖朝崇重恩垂後，錫爵詞林奕世荣。

我今幸接真鴻翼，登臨此境長興喟。遺踪想像宛如昔，百拜謹刊巖石誌。

月巖　　明　蔣忠

一竅通天月出初，陰陽動靜兩模糊。元公契得扵中理，寫作先天《太極圖》。

濂溪詩二首　　明　郝相

千秋道岸仰先民，運啟文明第一人。流水高山三楚秀，光風霽月四時春。聖宗東魯宮牆遠，學闢南天俎豆新。幾望濂溪思薦芷，却衝煙瘴逐風塵。

瀟湘江上弄輕舟，咫尺高踪隔道州。香繞月巖庭草滿，峯廻豸嶺洞雲收。手編羲《易》耽丘壑，識透行藏縱釣遊。聖代卽今卹後裔，五星墩起瑞光浮。（吳大鎔本）

仰周子四首　　明　郝林

異學東周後，儒宗大宋初。人間有風月，天不愛圖書。
薄宦甘從拙，虛襟淂自舒。無邊生意好，庭草未教鋤。

圣脉泉犹在，千秋見道心。乾坤留月霽，伊洛溯源深。
玩易知通復，披圖範古今。濯纓亭畔路，何日愜幽尋。

冉冉香生處，芙蕖入愛深。江山還道國，俎豆重儒林。
月下憑誰弄，風前每自吟。不需攀豸嶺，顏樂已勘尋。

聖域開三楚，於焉五百春。祠依濂水立，書向道山陳。
博士崇經術，光風仰後人。遺編欣更輯，大雅見扶輪。（周諳本）

謁元公　　明　姚昺

衣冠整肅謁元公，儼接光風霽月中。庭草尚鋪當日綠，池蓮不改舊時紅。斯文脉續無先覺，《太極圖》傳有大功。聖代只今隆祀典，春秋血食永無窮。

愛蓮亭　　明　姚昺

元公亭上此登臨，風月無邊亘古今。讀罷先生《愛蓮說》，方知當日愛蓮心。

濂溪　　明　姚昺①

濂溪人去遠，溪水自常流。飽滿來泉眼，瀠廻轉石頭。
烟開雲影見，波静日光浮。真趣先生樂，能忘身世憂。

月岩二首　　明　姚昺

豪傑天生不等閑，濂溪生近月巖山。分明識破先天理，盡数圖歸太
極間。②

斯文氣脉久湮沉，幸有先生契道溪。又得月巖來感觸，遂成千載不
傳心。

坐愛蓮亭得句　　明　常在③

碧蓮淨植水亭開，馥馥香風撲面來。一自先生孤賞後，方知君子殊
庸才。（吳大鎔本）

讀拙賦　　明　常在

機智營營老一生，總因身世誤聰明。先生拙守一篇賦，贏得高風萬
古清。（吳大鎔本）

月岩　　明　徐瑚

怪得周程老不閑，月巖千古是名山。乾坤擘破陰陽判，一點真元在
此間。

濂溪　　明　徐瑚

今古濂溪水，悠悠不斷流。散分千脉絡，總出一源頭。

---

① 本篇吳大鎔本、周誥本《濂溪遺芳集》，作者題為"方瓊"。
② 同上。
③ 本篇周誥本《濂溪遺芳集》作者題為"姚昞"。

民物中間浴，乾坤裏面浮。世人俱解此，吾道更何憂。

謁周元公　　明　趙宏

昨日尋芳書院坡，無邊風月景如何？牖前尚有不除草，依舊年來生意多。

月巖　　明　黃廷聘

幾度來遊不厭頻，洞天深處迥無塵。泠泠瀑濺銀河水，片片花飛玉洞春。自是六時懸萬象，儘教千載御雙輪。青青又遍元公草，披拂東風見道真。（李楨本）

月巖　　明　黃應元

並馬悠悠破紫烟，千峰如隊綴喵鞭。崖前斷碣紛相向，石上殘棋故宛然。不是有光凝片月，那徯無始會先天。苔花藉處處搔首，釃酒臨風憶昔賢。（李楨本）

濂溪　　明　莫英

鄒魯言湮人已頹，斯文千載入秦灰。濂溪不是通洙泗，伊洛源流孰與開。

濂溪光風　　明　何文俊

水面波紋漾晴吹，動荡濂溪清意趣。遠逼芳蓮冉冉香，輕搖細草芊芊翠。賢哉幾聖周元公，圖書著述傳無窮。倡明道學開後覺，至今千載瞻光風。

愛蓮亭　　明　陳晶

說罷先生《太極圖》，曲欄頻倚詠芙蕖。翠雲弄影秋波溢，羅韈生香霽月初。色借瓊瑤侵几净，光湮玉液瑩窗虚。高風勝跡傳千載，景仰令人思有餘。

謁元公祠　　明　吳庭舉

三千里外想儀刑，此日衣冠進廟庭。軻道日孤餘寸綫，聖言天遠袪遺經。光風霽月悠悠境，芳草池蓮色色馨。夜入先生尋樂處，闌干十二夢魂清。

和謁元公祠　　明　方瓊

一代元公萬代刑，二程親炙得趨庭。降生不是承天意，穎悟安能契聖經。風月當時無限趣，圖書千古有餘馨。濂溪溪上徘徊久，真見源流徹底清。

仰元公　　明　方瓊

聞道窗前草不除，滿腔生意有誰如。獨扵羲《易》將心會，卻把秦灰著力噓。千載無人識誠字，吾生何幸見《通書》。元豐不有先生作，安得真儒啓後儒。

愛蓮亭　　明　方瓊

小池高處建高亭，池裏芙蕖照眼明。出自淤泥全素質，靜依玉井漾深清。香凝碧露風生几，色借瓊瑤月滿楹。舉世無人會真趣，紛紛只道牡丹荣。

濂溪　　明　方瓊

茂叔溪中水，儒家第一流。洛河分遠泒，洙泗是源頭。
靜引光風動，清漣霽月浮。孔孫知有此，鮮盡失傳憂。

愛蓮亭　　明　曾仁

彼美芙蕖花，明粧宛如玉。淨植水雲鄉，清絕濂溪曲。
素姿愜賞心，香氣薰詩骨。登亭發長吟，遺愛懷茂叔。

和學憲沈公韻　　明　曾仁

獨步元豐大有名，圖書著述見平生。千年正學絕還續，一代斯文晦復明。霽月光風遺廟貌，池蓮亭草映軒楹。我來官此名賢地，一瓣心香無限情。

愛蓮亭　　明　錢源

昔見《愛蓮說》，今登愛蓮亭。愛蓮人已去，池蓮有餘馨。

濂溪　　明　錢源

上流有洙泗，下流有伊洛。天不生此溪，何由通脉絡。

元公祠　　明　錢源

元公祠宇接吾門，一瓣心香日夜焚。霽月光風趣無限，吾生願得二平分。

和提學沈公韻　　明　錢源

一世文章百世名，後生誰不仰先生。圖推太極陰陽判，道寓《通書》日月明。流澤至今遺後嗣，光風依舊滿前楹。使君經此祠堂下，希聖希賢重有情。

和學憲沈公韻　　明　蔣灝

宋室真儒獨擅名，斯文後覺頼先生。道宗孔孟源來遠，學啓程朱理自明。一沼蓮香浮几席，滿庭草色映窗楹。胷襟風月無窮趣，企仰高山百世情。

愛蓮亭　　明　方良弼

自古花中有君子，花中君子真清致。玉井移來歲月深，獨得先生心所契。先生端坐池亭上，風月無邊有餘味。高情幸有二程知，一笑香生傳萬世。

謁元公　　明　邵寶

一脉濂溪水，中涵太極天。契符三聖後，道冠四儒前。
庭謁初除草，峯尋幾問蓮。略諳光霽在，有筆未能傳。

謁元公二首　　明　陳鳳梧

平生寤寐元公宅，今日瞻依願始償。千古圖書開鍵鑰，兩楹俎豆近
宮牆。春風庭草悠悠綠，秋月池蓮淡淡香。一勺濂溪溪上水，敢將蘋藻
薦芬芳。

愛蓮池下濯塵纓，端拜儀形啓後生。霽月光風平日夢，高山流水此
時情。心傳正印還三古，口授遺書有二程。侑食一堂真不偶，東南從此
際文明。

題月巖三首　　明　陳鳳梧

層崖峭直倚穹蒼，洞口虛明月影藏。兩畫陰陽分左右，一圈太極奠
中央。天生勝境非人迹，地入濂源是道鄉。鳥韻花香三十里，塵懷到此
自能忘。

月巖形勝聞天下，五載南巡始一臨。羸馬不辭山路險，涼風還愛午
雲陰。洞中掃石羅罇俎，澗下流泉鼓瑟琴。醉讀殘碑剔苔蘚，濂溪圖象
有遺音。

春陵山水郡，心賞獨悠然。磴險疑無路，巖虛更有天。
團圓中似望，上下兩如弦。我欲尋源去，風光正滿前。

遊月巖　　明　劉魁

好風為我啓行媒，勝地登臨眼界開。天地鑄成渾太極，元公發秘淑
將來。凌雲怪跡真奇絕，列席豪賢幸與陪。鎮日徘徊光霽裏，一團生意
覺春回。

遊月巖二首　　明　徐愛

扳奇殊未厭，澗谷披蓁莽。梯崖陟穹洞，中秋魄孤朗。
長消隨朔晦，東西窺偃仰。分明示太極，陰陽始析兩。

哲人同先天，肇物亦有象。字畫魚鳥因，圖書龜馬倣。
元公自溪《易》，證茲彌不罔。可以舂陵墟，仰配河洛壤。

出月巖口占　　明　朱應辰

月窟太陰精，弦望俱自然。造物呈天巧，不知幻何年。
聚奎肇文明，圖像空中懸。篤生周夫子，讀書月巖巔。
太極洩元祕，斯道賴以傳。二程自北來，風月故無邊。
弄吟歸去後，關閩契真詮。孟氏千載下，濂溪功孰前。
嗟予生也晚，來此徒自憐。徘徊不能去，此意良惓惓。（周諮本）

出月巖途中口占　　明　朱應辰

天不離乎地，地不離乎天。天地不相離，日星亦相連。
月巖太陰精，弦望皆週全。衆阜列星宿，雲霞障其緬。
造物露天巧，不知幻何年。聚奎兆文明，魄復耀曲田。
篤生周夫子，悟道月巖巔。太極洩玄祕，斯道賴之傳。
二程自北來，風月故無邊。吟弄一以歸，關閩遂翩然。
孟氏千載後，濂溪功孰前。嗟予生也晚，來此徒自憐。
徘徊不能去，比意良惓惓。

出元公故里值風月　　明　朱應辰

瞻拜元公故里，途中風月無邊。愧無弄吟佳興，也有登眺夙緣。

宿光霽樓見新月　　明　朱應辰

舂陵見初月，光霽一番新。雖是濂溪里，慚非弄月人。

遊月巖　　明　曹宏

混元無象亦無方，鬼斧何年鑿大荒。中竇分明環太極，兩門仿佛辨陰陽。人歸洞裏乾坤大，天在山中歲月長。坐玩玄機歸去晚，滿林風葉濕衣裳。

遊月巖次陳宗師韻二首　　明　周繡麟

陳公乘暇遊佳境，幸得追陪共一臨。澗谷春深花草茂，洞巖秋冷霧煙陰。馬蹄行踏供吟興，鳥韻調歌奏瑟琴。吾祖舊遊芳蹟在，吟風弄月有餘音。

斯巖名勝景，至理出天然。洞達開雙戶，虛明自一天。
仰觀圓似月，側視宛如弦。道妙乾坤象，昭昭在目前。

遊月巖　　明　周綉麟

使節尋遊自有媒，望中晴色片時開。兩弦霽月東西掛，一段光風上下來。石室重輝斯道合，人豪再出喜吾陪。徘徊未盡廣吟興，收拾詩囊滿載回。

咏濂溪　　明　蔣天相

寒玉沄沄漾碧溪，天光雲影兩相宜。源頭一脉宗洙泗，流泒千年啓洛伊。今古無窮明道體，往來端可沁詩脾。化機妙處誰能契，留與吾人仔細窺。

謁元公　　明　丁致祥

天將啓文運，于彼五季衰。元公茲挺生，允矣間世奇。
妙契羲畫前，作圖闡微辭。萬有天地間，範圍靡或遺。
上續千聖傳，下為百世師。蒙牖刪述餘，疇能分醇疵。
舂陵故桑梓，祠廟江之湄。意思自庭草，風韻亦蓮池。
載拜瞻儀容，光霽相見之。食報永來葉，端與斯文期。

謁濂溪書院　　明　顧璘

道喪餘千載，天南得異人。玄圖開太極，絕學指迷津。
庭草長交翠，池蓮不斷春。詠歌風月下，瀟灑挹公神。

題月巖　　明　顧璘

靈巖象唯月，盈昃巧為妍。正視團圓影，旁分上下弦。
龍開厓畔石，日轉竅中天。雕琢須神力，伊誰測帝先。

謁濂溪祠　　明　王績

自從洙泗分支遠，便到濂溪接泒流。欲向眼前尋樂處，直於山頂看源頭。一川風月誰當管，四面庭除草自幽。今日瓣香祠下拜，斯文天地共悠悠。

謁濂溪祠　　明　王汝賓

濂溪去後圖書在，天啟斯文續正傳。溪水有靈還泣墨，山峯如待獨名蓮。古祠自奠郊原外，精爽猶存草色前。千古人來裡瘞玉，徘徊溪上月光圓。

謁濂溪墓　　明　陸深

元公祠墓碧溪深，故里新阡一逕陰。世有圖書傳正學，天將風月寄徽音。山中佳氣為晴雨，草際浮光無古今。江漢自隨廬嶽抱，高山兼起望洋心。

題濂溪交翠亭　　明　柳邦傑

瑤草堦前翠色舒，四時春意益吾廬。咲渠蹊徑多茅塞，也學先生不剪除。

謁周元公　　明　陳塏

鄒魯微言後，濂溪正脉存。江山仍廟貌，風月自乾坤。

強作門牆拜，幾為利欲惛。盤銘有《拙賦》，此意夙能敦。

濂溪　　明　陳塏

炎方寒作雨，雪竇淡生烟。地脉通洙水，天瓢洒洛川。
就觀空眼界，掬飲灌心田。鮮我塵纓坐，清風太古前。

遊月巖　　明　戴嘉猷

石門穿出小山城，怎底乾坤獨擅名。鶴鸛一聲山谷應，管簫遞奏路
人驚。氣分溫爽壺天別，光透虛盈太極明。愁絕濂溪鳴道後，巖中光景
鎖雲深。

月巖　　明　唐珤

萬山深處路逶遲，三洞空明接翠微。大塊向人呈至巧，先天于此見
真幾。玄猿引類窺賓燕，石乳懸崖散酒巵。一笑歸來寬眼界，兩巖端合
豎降旗。

月巖　　明　周子恭

自我觀月巖，不居先天後。想昔濂溪子，因之見道妙。陰陽象弦晦，
太極法中竅。鑄為光霽顏，不除窓草茂。龜龍啟圖書，人文開先兆。允
矣上聖功，天與非人授。

寄周酸齋翰博　　明　魯承恩

酸齋自謂知酸味，乃祖元公已尚酸。素位功名皆底績，開天事業本
無端。工夫真實修之吉，今古宗依悖却難。君是本支余接派，通家勉力
莫邯鄲。

謁元公　　明　曹來旬

天地道常在，聖賢間世生。儀皇開秘密，鄒魯緝光明。
秦火灰煙散，漢儒補綴成。千年迷正泒，一旦起孤撑。
玉色金聲雅，光風霽月清。不由師指授，自得理微精。

《太極圖》無古，《易通》書有程。人心天理復，邪說異端平。
志向孔顏樂，功高伊傳名。犀英資表率，萬古啓愚盲。
王國褒封重，雲孫爵賞荣。仰瞻空有日，登拜鎮關情。

濂溪祠　　明　曹来旬

濂溪之水稱原泉，濂溪之學天地先。百家眾說如溝澮，雨溢時涸徒
涓涓。洙泗源流惟一貫，濂溪氣脉為真傳。著圖立言開後學，明白簡易
尤渾然。學焉自嘆未得要，長年如醉如夜眠。邇來幸飲溪中水，洗滌腸
胃知前愆。徘徊山頭日已暮，欲去未去尤盤旋。摳衣更上幽亭望，霽月
光風在目前。

謁濂溪書院　　明　尹襄

濯纓臨瀟水，憑軾過濂溪。溪流清且駛，逶迤學宮西。
元公遺迹在，上有御書題。登堂薦蘋藻，石路匪難躋。
表表圖書訓，至精諒在兹。聖域未云遠，微言乃堦梯。
惠我後來者，慇懃過手攜。平生瓣香念，焉辭道里睽。
哲人久不作，古路紛蒺藜。安能起風月，開彼俗學迷。

咏周子　　明　余鳴鳳

天未喪斯文，巋然大儒出。大道續其傳，昭如月與日。
尼山未盡蘊，太極發之筆。非云紙墨間，本統知所率。
吾師吾師乎，功寧獨著述。（吳大鎔本）

月巖　　明　康正宗

太極包渾日，陰陽欲判初。洞天含晦朔，巖月見盈虛。
易畫聊因馬，忘筌為得魚。明通渾自悟，端不在圖書。

謁濂溪祠　　明　顏鯨

先生崛起千年後，我後先生五百年。風月人間幾光霽，溪流漾碧涵
虛妍。春庭瑤草滿前綠，玉淵金井生瑞蓮。分明天地有至教，仁體流行

無間然。萬物本來俻扵我，聖學玄微誰的傳。人心靜覰妙元化，太空孤月澄百川。有無之間是真覺，鏡臺郛郭猶塵詮。春陵先生包羲氏，作聖一要開先天。浮生已踰五十載，意緒忽忽真堪憐。偶過祠下荐明藻，愧汗種種流如泉。不觀斷臂面壁者，異氏苦行何獨堅。身亦儒冠號男子，靈臺久曠甘拘纏。從今一洗欲根净，廓宇澄明希昔賢。

遊故里　　明　顏鯨

溪流曲曲抱平村，父老猶傳故里門。四面佳山如立壁，一川霽月尚盈軒。野橋烟樹曾遊釣，鄒嶧昌平共俎尊。為叩道源來特地，石臺芳草兩忘言。

遊月巖　　明　顏鯨

混淪一竅自天來，參兩分明此地開。象帝久知人世罔，真幾端有化土裁。盈虛弦望猶凡眼，閒静空明是聖胎。獨有春陵神解後，乾坤無處不春臺。

愛蓮亭①

蓮有花紅白，池無水淺深。何人千載下，獨契元公心。

謁濂溪先生故里祠　　明　張勉學

溪上懸明月，年年草色深。山川鄒魯脉，俎豆歲時心。
水潔纓誰濯，亭虛風自唫。拜瞻猶未已，瀟灑襲塵襟。

題月巖　　明　張勉學

竭來月巖遊，恍疑到城闕。天門一竅通，洞口雙峯揭。
是時值秋半，高天挂明月。巖虛因月勝，月白為巖發。
明晦分西東，虛實異凸凹。乾坤俯仰間，萬象晰毫髮。
圖畫開端倪，天然謝剞劂。獨對會予心，忘言坐超忽。

---

① 本篇作者為廬陵人，姓名缺。

題濂溪　　明　吳繼喬

蚤向圖書歎望洋，幾更寒暑費消詳。如今天假瀟湘便，直遡濂源日未央。

題月巖　　明　吳繼喬

巖裏清光總舊時，高風千載動遐思。焚香百拜心無限，陟降猶疑公在茲。

遊月巖　　明　戴科

月巖迴在道山隈，象月成形亦異哉。上下如弦雙闕曜，中心似望一輪回。擎掌有樹長生色，皎潔無雲更絕埃。歸騎清宵穿桂影，分明身向廣寒來。

又題月巖　　明　戴科

吾道包涵天地外，真機漏泄此山隅。巖形彷彿先天象，月影依稀《太極圖》。定静絕無塵俗累，虛明時與道心符。發揮此理周夫子，繼往開來萬古儒。

太極巖　　明　章淮

真機盡道洩圖書，地闢誰知此與俱。不得元公天授力，疇將樣子播寰區。

遊月巖同黃侍御二首　　明　趙賢

連日愁陰雨，乍晴亦喜人。山中春色好，巖上月華新。
座有同門客，名高侍從臣。聊為脩禊會，促席覺情親。

到處尋佳勝，無如此地偏，蒼崖晴作雨，白晝月生天。
洞口重門敞，山腰一徑懸。濂溪書屋在，圖說至今傳。

故里二首 明 趙賢

營道多幽林，月巖最奇特。行行十里許，中有濂溪宅。

暮春風月佳，彷彿臨光霽。豸嶺間龍山，徘徊夜忘去。

遊月巖 明 盧仲佃

瀟湘最深處，月蔭涸門偏。青剡三山竇，虛開半壁天。
圖書言外落，魚鳥鏡中懸。未鮮庭前草，千年道不傳。

故里二首 明 盧仲佃

嶷煙九朵青，月影半巖白。窓草覆池蓮，不是談玄宅。

風月滿空巖，孔顏真樂處。有懷無極翁，徘徊不能去。

懷元公四首 明 盧仲佃

一去濂溪五百年，先生此日在先天。若從底冊尋形影，終是粃糠洗
不幹。

四十年來夢道州，瀟湘深處一相求。眼中尋見周濂叔，窓草池蓮萬
古悠。

草在空庭蓮在池，風清月白兩相知。眼前都是尋常事，看得清時真
仲尼。

蓮未生時風未吟，草無青色月無陰。此中自有周夫子，分付吾人仔
細尋。

謁元公祠二首 明 唐顯悅

大道本現前，無極非強名。靜悟庭前草，都從無處生。

百卉亦娛人，蓮花獨見賞。霽月與光風，千載發逸想。（吳大鎔本）

謁濂溪先生祠　　明　羅洪先

春陵開曉霽，懷古見芳襟。溪水清堪遡，林風靜自吟。
山如蓮乍發，庭與草俱深。此日生芻奠，還同執贄心。（周誥本）

謁故里祠四首　　明　管大勛

春陵千載毓真儒，一派清溪接泗洙。誰道炎荒無聖脉，九疑山畔有
皇虞。

儒先宅里道山阿，碧嶂重重淑氣多。池上玉蓮香不斷，庭前青翠故
交加。

肅肅祠堂排兩山，五星羅列繞田間。邀尋風月依然在，更有何人樂
孔顏。

采蘋溪上薦元公，頃刻如從光霽中。無欲一言真秘訣，慚予偏為利
名籠。

詠聖脉泉二首　　明　管大勛

濂溪水，清且激，混混發蒙泉，潺潺出白石。飛洒元自虛受來，淵
停還向靜中得。一從伊洛分支流，至今海宇淑餘澤。任教世俗蕩塵氛，
惟有此溪長不息。

濂溪水，清且深，一鑑渾無滓，徹底空人心。千年俗學誰為洗，泓
泓嫡派流古今。顧予溷俗茫茫者，竭來蹤跡傷滯霪。幾從山下迷津間，
安得此水清煩襟。

月巖　　明　管大勛

兩儀至理洩先天，巖竇中虛太極懸。伊洛未承元有象，洪濛初啓總無傳。分明劃出陰陽體，漫擬斜看上下弦。欲向元公問消息，光風亭在草芊芊。

遊月巖　　明　閔應霨

中天太極邃還見，兩竅陰陽空復明。天造地設此奇境，月形弦望誰擬評。理窟百年淑後學，道源千載仰前英。洞府山靈欲招隱，雲軿風蹬趨去程。

春陵篇贈元公宗裔翰博默齋君歸道州　　明　曾朝節

明王不復周東日，周家學脉山之東。六經刪述杏壇上，萬世可以開群蒙。已知速肖見羽翼，七篇矯矯真豪雄。從前治運有消歇，要令海岱恢儒風。一源洙泗忽斷絕，日月晦蝕長夜同。諸家橫議作鬼語，漢儒訓詁徒能工。更來詞藝鬪藻繢，徃徃竄入儒林中。其間一二亦超卓，頗窺正緒收微功。升堂見鮮只影響，千年那許真詮融。中州以南說吾楚，洞庭雲夢涵虛空。元氣磅礴五峯頂，濂溪直與瀟湘通。曩初神物久扃閟，天豈終遺斯文壅。五星奎聚有徵兆，舂陵一日生人龍。圖將太極揭宇宙，三才萬象宣鴻濛。六經以後談著述，《通書》妙義天人窮。文章簡勁存渾噩，寥寥果足該幽崇。大儒未用發浩歎，誰從載籍瞻儀容。嗟予生晚數百載，鄉人尚愧孱且侗。頻年學道眇知識，異時何以酬蒼穹。先生後裔雅馴者，延賞新命君恩洪。都門遘見儼舊德，瓊瑤把贈情偏濃。月巖風月無邊在，他年會訪舂陵翁。

月巖　　明　許魁

舂陵有山曰月巖，石壁嶙嶙怪且巉。月巖之山空闢戶，月巖之月光虙函。月到巖中瞬息過，以巖為月日夜咸。一局圓空在山巔，二竅虛明透側邊。巖間月色光映地，巖頭月影畫生天。光映地兮天作月，影在天兮月亦肽。自有天地與月陳，豈意山中月色新。谷裏盈虛分上下，于中一望皎無塵。橫穿一徑通月窟，高懸素魄無時歇。雲煙湥鑠蒼崖壁，不撥金波增崒屼。靈巖垂象不由人，豈為陰陽始露真。奇巧天工渾是古，呼巖號月應糸因。濂溪悟道在心頭，太極何曾向此求。只覺虛明無一物，恍似先生主靜修。巖雖靈妙屬山妍，不因發秘始名傳。奧理豈從形跡究，漫將就裏覓先天。澤國名巖此最幽，寒光素影四時秋。詩趣歌情添多少，好把騷人紀勝遊。（吳大鎔本）

月巖　　明　許魁

洞口當年是舊遊，誰云太極此中求。虛明一竅渾無物，果似先生霽月不。（周誥本）

味道亭　　明　李發

漫說窮經歲幾移，道中深味少人知。一腔天趣春生日，千古心源月霽時。象外有言俱不盡，畫前得意已無疑。孔顏樂處今何覓，靜坐幽亭獨自怡。（周誥本）

遊月巖　　明　李發

勝地千年始縱遊，元公道岸望中收。一圓霽月當空湧，兩洞光風接靄浮。真境含心非外得，山靈呈象若天留。徘徊不盡無邊景，坐對清虛興轉悠。

再遊月巖　　明　李發

大道元從太極甄，分明混闢洩天真。兩巖進退窺弦望，一竅虛明渾化鈞。河洛未開原寓象，魯鄒沒後邈無循。悠悠千古不傳秘，賴有先生獨指津。

味道亭　　明　李發

曾慨言湮學晦時，道中真味幾人知。一腔奧趣獨能會，千古心源續有期。溪畔風聲吟不盡，江門月色照還奇。孔顏樂處今何覓，靜玩亭中意迥夷。

謁濂溪先生書院祠　　明　李發

憶昔當時夢裡真，采芳兹幸薦青蘋。古今上下三千載，濂洛関閩四五人。有道乾坤仍不老，無邊風月自常新。我來欲叩圖書秘，直探真儒默契因。

太極亭　　明　李發

平生窹寐真儒學，今詣先生倡道盟。千載圖書抽理奧，兩間象卦列心旌。映階庭草離離綠，馥岸池蓮冉冉生。瀟洒咏歌風月下，元山溪水兩含情。

濯纓亭　　明　李發

愛蓮亭上共尋盟，遠憶前修物外情。江漢秋陽原潔白，天光雲影自澄瑩。千年勝槩同心賞，一泒寒流滌慮清。日暮登臨增感慨，滄浪歌罷野雲橫。

有本亭　　明　李發

千年絕學月巖明，混混濂溪此地生。浩脉遠湮洙泗泒，淵源長衍洛河泓。眼餘净影浮空碧，心洗寒流徹底瑩。已會元公取水意，悠然川上有餘情。

詠濂溪　　明　王時春

洙泗隔已遠，一泒在春陵。聖脉何迢迢，汩潏復淵泓。淆之弗以濁，澄之匪以清。千疇頼餘潤，赴壑如飛瓊。却是元初水，臨流可濯纓。擾擾風波徒，沉昏喚靡醒。偶來溪上遊，松風起泠泠。試取一勺飲，洗我五臟靈。徘徊忽豁然，須臾破萬營。直欲窮其源，行行日未冥。

月巖　　明　閻煌

誰開渾沌透山巔，月影高懸此洞天。本是乾坤畱象異，豈因太極露形圓。兩弦上下猶班見，一竅虛明豈聖傳。千古清光常皎潔，滿巖芳草

自芊芊。（吳大鎔本）

濂溪　明　汪都

濂溪原自有先賢，理學分明在簡篇。十里瀾光清似鏡，還將載酒一探玄。

謁元公祠　明　羅倫

病中一敝篋，身後幾登堂。為語爭名者，謀生孰短長。（吳大鎔本）

學齋讀元公集二首　明　謝覞

鴻濛既剖洩，代寖宣色澤。魯鄒互揮邕，靈源悉繙譯。宇宙忽雲屯，晻靄無日白。悠悠千餘載，天南復朗劃。遡彼混闢根，一搄即真宅。鬼神無玄祕，碩果得其核。但勿使之蠹，枝條自紛籍。開關見千聖，窮古由茲脉。

髫非翫群籍，卓犖期古人。枘鑿鮮世諧，準繩自前因。志強骨力弱，道岸杳無垠。何以慰中懷，有如痾我身。偶今隨薄祿，幸接元公鄰。瞿然發深省，巨艦在長津。聖學曷為要，斯言請敬循。

有本亭觀水　明　杜漸

淺淺清溪發豸巖，龍山倒影落溪南。因知理物虛能受，萬丈巉峛尺水涵。

太極亭①　明　杜漸

元公此地未生前，月巖之景自天然。元公既生作圖後，遂云太極巖中有。元公霽月與光風，不在石巖一竅中。圖中萬物靡不備，巖月盈虧局一器。豸嶺龍山豈兩儀，五星繞宅亦堪疑。向令元公生別墅，太極玄圖其不作。與君姑舍月巖碣，深盃且把看巖月。

---

① 本篇李嶸慈本作者題為李發，吳大鎔本、周誥本標題作"月巖"。

重到月巖　　明　黃文科

月岩岩上月團團，對照人間玉宇寒。如會一機弦上下，滿天光景屬誰看。

月巖　　明　邢應文

峭壁何年鑿，中虛一竅通。虧盈呈月象，仰止見天工。
石乳垂陰洞，嵐光散曉餕。為尋千古迹，岩草自芄芃。

濯纓亭　　明　麹海

何方尋勝景，此地有幽潺。纓濯憑誰共，軒開盡日閒。
鳶魚俱自適，風月覺相関。坐久塵襟净，陶然忘往還。

遊濂溪故里　　明　王會

岌業道山岑，躋攀嘆陡絕。下有洙水源，伏行以蕩潏。
三冬浮紫煙，六月翻素雪。泠泠滿洛川，関闈洒餘洌。
我來遡其源，于焉聊一愒。坐居濯塵纓，睠言懷徃哲。（李槙本）

太極洞二首　　明　王會

四壁峻嶒一鑑圓，盈虧異象總天然。玄圖不自濂溪老，誰識圈前有此圈。

弦分上下卻能圓，造化機緘不偶然。坐到會心忘象處，山花山鳥我同圈。

此故太守王一川公題咏也。公守道州在世廟時，值州有兵興之變。公不肯殺降以媚，備兵使者，自請投劾，有南安軍置手版風。州人至今德之，尸祝不絕云。（李槙本）

題光霽亭　　明　李東芳

先生襟度當年事，亭構溪頭始自今。地敞虛明來秀色，池開芳潔映人心。八窓風月無俱徃，一脉圖書自可尋。前喆儀刑渾不遠，好期良會盍登臨。（李禎本）

謁濂溪先生祠漫述所見　　明　鄧雲霄

無極還居太極先，濂溪妙義更誰傳。閒中到處堪尋樂，象外忘機豈墮禅。霽月臨牕生綠草，光風吹沼放紅蓮。君看吟弄緣何事，吾欲求之未發前。（李禎本）

遊月巖次錢培垣太守韻　　明　周淑

星聚奎垣属卯丁，儒先曾此闢文明。一圈虛敞乾坤影，双闕高懸上下星。劃出圖書低二酉，護來風雨壓層城。標題更有名篇在，谷口千秋紫氣横。（李禎本）

月巖　　明　謝睍

月巖之月何太奇，洞門雙闢白雲垂。巔虛乍見渾幾望，磴轉廻看倏已虧。疑是靈魂蹲怪石，實多僊桂鬱寒枝。塵襟到此都忘却，猶有光風似舊時。（李禎本）

謁元公祠　　明　廖朝高

遺象森森孔廟同，我來瞻拜每從容。蓮開池畔自生意，圖闡先天妙化工。無欲一言呈秘訣，吉凶兩路啓朦朧。先生指點千年後，都在光風霽月中。（李禎本）

天開太極　　明　張喬松

太極陰陽真本體，如何認作月岩遊。予今識得乾坤意，混沌初開為道謀。（李禎本）

愛蓮二首　　明　王謙

一味清香自太華，滿池綠水映明霞。惟公獨得蓮中趣，不減峰頭十丈花。

又

世間盡愛牡丹花，籬菊陶潛隱者家。獨有清蓮似君子，先生垂愛意偏奢。（李禎本）

味道亭　　明　王謙

大道貞明麗太空，祇緣多翳竟塵蒙。先生默契鴻濛始，至理渾歸太極中。胸中舂陵懸霽月，人文楚漢際光風。何當末學沾私淑，道統應推第一功。

遊月巖二首　　明　王謙

千古月巖渾是道，何人便向此間求。先生獨契巖中意，因有先天《太極圖》。

月巖巖畔構斯亭，瞻仰於今具典刑。不是圖書覺來學，古今長夜幾時醒。（李禎本）

次張憲副韻　　明　王謙

昔面圖書窺象體，今登巖月壯神遊。乾坤萬古無他道，只在人心一竅謀。

讀月巖辨　　明　韓子祁

偶探月窟見天根，造設千年鬼斧痕。一極虧盈分動靜，五星攢布自乾坤。俗名久失山靈意，卓悟如登茂叔門。千古廣寒宮裏夢，却如長夜發朝暾。（李禎本）

題太極巖　　明　周官

圖開混沌漏先天，太極陰陽五氣全。道本無形昭有象，人徙假號失真詮。已先河洛呈靈秘，不用璇璣測運旋。欲問元公心得處，想於個裏會義玄。（吳大鎔本）

光霽亭　　明　周官

平生希慕濂溪子，今日何緣得及門。風月無邊圖已顯，乾坤有象道逾尊。教垂主靜立人極，識破支離畢聖言。幾看蓮池蘋長綠。漫從童冠說淵源。（李楨本）

謁周元公祠　　明　钱達道

溪上宮墻異代聑，每因風月憶前脩。千年絕學開河洛，萬古斯文接魯鄒。

草色尚餘庭下綠，蓮香如向座中浮。于今始遂龍門願，不是當年紙上求。（李楨本）

癸卯春日偕翟守戎暨程王二僚友同游月巖即景[1]

帝子何年遣六丁，鑿開混沌自空明。上清宮闕依稀見，太極儀形次第呈。飄忽乳泉晴作雨，瓏瓏石寶鐵為城。酒酣兩部笙歌沸，洞口蒼茫落照橫。（李楨本）

初夏同劉寶慶再游月岩仍用前韻[2]

忽報西郊雨乍晴，可人時節又朱明。虧盈月向團中照，上下弦徙谷口呈。狂興幸追劉禹錫，驚人誰挾謝宣城。名岩不厭頻登眺，醉倚青蒼劍氣橫。（李楨本）

---

[1]　本詩作者脫。
[2]　同上。

謁周元公祠次錢五卿韻　明　呂繼栮

霽月光風此尚雷，聖泉溪處事潛脩。誰云一派傳種穆，直是千年接魯鄒。太極岩前春草碧，五星亭畔紫烟浮。登堂若睹先生面，好把圖書仔細求。（李楨本）

故里　明　董汝弟

茂叔祠堂埀令名，五星環聚自天成。一圈收盡乾坤趣，千載猶餘風月情。廟貌嵯峨崇祀典，圖書世澤衍家聲。靜中生意今猶在，馥馥蓮香庭草菁。（李楨本）

遊月巖二首　明　王一之

為謁元公里，因探月窟奇。虛靈涵象數，俯仰識盈虧。
混沌誰開竅，淵源自潯師。一徇圖太極，曠世見包羲。

一竅空明如鏡圓，哲人曾此契先天。玲瓏仿佛團圞象，偃仰依稀晦朔弦。地結雲根穿石壁，天將月窟嵌峰巔。登臨擬傍清虛闕，兩腋風生爽氣偏。（李楨本）

遊月巖　明　祝先鑑

羣岫如雲湧，捧將月一輪。五星遙拱列，萬象自瀰瀹。
陟降分弦望，盈虛悟道眞。徘徊光霽邈，誰為指迷津。（吳大鎔本）

遊濂溪　明　祝先鑑

勺泉澄且碧，淵靜蘊文章。藻苒因風動，蒲新滋潤香。
雙亭迷舊址，斷碣有餘光。千載無盈涸，涓涓聖脉長。（吳大鎔本）

遊月巖　明　許宗魯

緩轡春陵西，逡巡濂水渡。翼趨茂叔堂，宛挹光風趣。
爰披《太極圖》，誰授先天數。咄彼青蒼崖，嶙峋風雨姤。

中涵一竅靈，至寶神訶護。如缺復如盈，光寒瑩練素。
是鑿混沌精，乾坤此陶鑄。炯炯洞中天，冥與哲人悟。
俯仰游太虛，徘徊起遐慕。對茲嵓月奇，幸有德星聚。
雲岑掛夕陽，好鳥鳴高樹。安得魯陽戈，一揮使日駐。
遲遲歌詠歸，漫踏蒼苔路。（李楨本）

游月巖　　明　許宗魯

誰鑿靈巖一竅通，分明千古破鴻濛。哲人自悟羲皇訣，大塊偏呈造
化工。青璧遠啣銀漢闕，紫烟深鎖玉虛宮。到來身際蓬壺境，縹緲天香
兩腋風。（李楨本）

讀濂溪先生《愛蓮說》漫賦　　清　陸達

舉世繁華境，高人靜潔懷。幽思隨感寄，觸物與情偕。
翠盍臨風舞，名花逐水湝。賞心應有故，千古許誰儕。（吳大鎔本）

遊月巖　　明　何大晋

造物豈無私，茲山獨奇特。表立而中空，如禪持定默。
我猶古人觀，云月亦有得。松風起精神，花鳥醉遊色。
眷此諱言歸，掬泉聊一息。不厭白雲罳，時鎖清虛域。
嘶馬怪遲遲，回首旋欲蝕。會當幽夢尋，選石守天則。（吳大鎔本）

咏光霽亭二首　　明　孟養浩

鴻濛竅剖抉先天，象罔珠探理學淵。吹累千年風自拂，無雲萬里月
長圓。看來留草窓前意，絕似拈花教外傳。光景遁陳湏認取，淤泥何處
不生蓮。

光風霽月兩悠悠，溪畔潺湲萬古流。悟後陰陽收郭几，靜時花草是
羲疇。氤氳元氣虛中合，掩映沖襟物外浮。我亦楚人思薦芷，景行無據
愧先猷。（李楨本）

咏光霽亭　　明　楊載植

幾年夢棹濂溪上，今到舂陵際美人。徧地雨滋窗草綠，照天燭映池蓮新。無欲境裏一腔靜，太極圈中萬象春。振衣随拜先生廟，風月依稀似有神。（李槙本）

咏光霽亭　　明　陳之京

萬山深處若為儕，誰啟先生味道真。一綫乾坤延絕學，雙懸日月照迷津。圖書想像先天上，俎豆輝煌澗水濱。自入舂陵頻景慕，清溪碧藻薦明禋。（李槙本）

咏光霽亭　　明　應世科

淑氣偏鐘自舜源，舂陵兀自挺高賢。機徯一線天光悟，學把千年聖訣傳。瑤輝碧浸滿腮草，清拂香飄半壁蓮。不是大夫憐綫脉，溪頭安得此亭懸。（李槙本）

遊月巖　　明　陳文進

賢里瞻星聚，穿巖探月奇。空明一片境，弦望兩分時。
巖壑晚爭秀，盤樽兩更移。幸陪玄度後，難和右軍詩。（李槙本）

和王郡尊①

伊誰鑿破這團圓，月在巖頭影在天。今古一輪渾是望，盈虛半瞬又似弦。廣寒帶雨探深處，蓬島依雲躡峻巓。可羨右軍修禊事，追陪那計燭花偏。（李槙本）

咏光霽亭　　明　蘇茂相

宋學稱理窟，濂溪抉其閟。根極主靜言，昭晰太極義。中懷謝磷緇，外象溢和粹。霽月映光風，夷然豁懣懑。程子深服膺，趙公竟臭味。侯

---

① 本文作者為"溫陵"人，姓名脫。

生待三日，識者遽驚異。千載想靈襟，令人猶融泄。明牧挹道淵，典刑勤寤寐。祠亭煥舊顏，庭草滋新翠。薄領此何湏，弦歌古所貴。

　　林志孝年丈守道州以鼎建光霽亭記見示，賦此奉答。（李楨本）

讀《濂溪志》用陽明先生韻寄舍弟道州　　明　林學曾

　　為愛濂溪洩道真，卻從主靜覺迷津。因糸太極元無極，正是先民覺後民。巖月至今遺朗照，池蓮自昔陪精神。千年仰止高山意，聊託連枝一薦蘋。

　　學曾：予告里中，適弟學閔守道州，脩先生志，索詩扵余，余不能詩，然誦法先生自来髫時矣。因寄小言于余季，勿論其詩之工拙可也。（李楨本）

次兄仲韻一首　　明　林學閔

　　瞻拜先生挹道真，依依光霽是前津。學顏樂處在陋巷，志尹達可為天民。象呈太極原非偶，星應奎文自有神。忝竊宮墻閩下士，今來幾度薦溪蘋。（李楨本）

咏光霽亭　　明　曾可立

　　星聚奎躔宋德新，真儒崛起首舂陵。一腔生意隨窓草，千古斯文屬後身。太極悟來渾是我，盆魚観處莫非真。憑渠吟弄襟懷豁，會得神情寫在亭。（李楨本）

咏光霽亭　　明　楊如春

宋代斯文啟，奎光瑞氣浮。濂溪開道脉，太極演玄修。
蓮愛香千古，巖虛月萬秋。令人思懿範，私叔①遡源流。（李楨本）

謁濂溪　　明　車登雲

道州自昔產名賢，敬謁祠傍寐正傳。舊日蓮花凝泮月，新春梅蕋映

---

　　①　"叔"：當作"淑"。

寒壇。人疑夫子吾應愧，脉接真儒爾勉旃。少壯勸君各努力，登壇馳騁
着先鞭。（李楨本）

謁濂溪　　明　周誌

森森古柏當年舊，脉脉清濂一派長。羲孔微言歸太極，程朱後學闢
荒唐。孤亭月落花碑半，峻石雲深草篆芒。光霽無邊千古景，穩將吾道
向南行。（李楨本）

謁濂溪祠咏愛蓮一律　　明　楊大行

夙仰先生獨愛蓮，登臨瞻拜繹真傳。光風霽月融枝幹，主靜存誠裕
本根。樂向孔顏尋自得，開天岩月識先天。卷舒妙徹陰陽理，淨剖新絲
道味綿。（李楨本）

題濂溪世祠　　明　錢有威

河洛真傳數百年，濂溪孫子有遺編。道通太極一丸外，志在羲皇六
畫前。默契淵微倡絕學，闡揚秘奧啟羣賢。知君世澤餘波遠，吳楚斯文
一脉傳。（周與爵本）

高宗純皇帝乾隆御制古風詩　　清　愛新覺羅弘曆

堯舜傳心學，危微十六字。禹湯繼其傳，執中與禮義。
文王躬亹亹，不已功常粹。唐虞三代初，大道中天麗。
比屋皆可封，無煩別義利。《詩》亡《春秋》作，風薄俗亦偽。
惟時王道衰，人人騁私智。天生我仲尼，金聲振洙泗。
刪《詩》定《禮》《樂》，堯舜功不啻。一自泰山頹，彌天布妖彗。
楊墨逞邪說，申韓建私議。鄒嶧乃揚徽，奮然辟險詖。
戰國逮嬴秦，道蝕斯文墜。祖龍輕狂兒，輒敢燔典志。
劉季提三尺，儒風豈云熾。武帝始求賢，董子明正誼。
三策醇乎醇，天人理咸備。昌黎稱聞道，猶未嚌其胾。
自漢迄宋初，道昏人如醉。偉哉無極翁，粹然秉道氣。
學不由師傳，理已臻極致。二程實見知，主敬標赤幟。

朱子集其成，經天復行地。緬維千載心，授受本同契。
絕續遞相衍，斯文統緒寄。午運數恰中，自協唐虞治。
作君兼作師，吉士踵相繼。（周誥本）

遊月巖　　清　吳大鎔

靈洞虛千古，南樓興不殊。巖垂明月象，人指《太極圖》。
灝氣浮眉宇，清光映壁隅。我來時一醉，靜裏會真儒。（吳大鎔本）

春陵四章　　清　吳大鎔

尋濂溪故里（第一章）

問政入春陵，驅車訪故里。龍山豸嶺間，霽月風光起。

禮元公祠（第二章）

拜薦濂溪水，先生鑒我心。幾年塵夢客，思念到于今。

讀《太極圖說》（第三章）

昔聞周子名，今誦元公書。高遠何由致，心惟此靜虛。

濂溪書院久廢，御額猶存，而亭亦毀矣（第四章）

書院杳無蹟，空留御賜碑。絲綸文字古，風雨豈能欺。（吳大鎔本）

謁元公祠有懷往事　　清　桑日昇

身帶烟霞老一生，宦情流水與行雲。但令到處冤無獄，不管于時好有名。客舍何妨題舊里，他鄉亦可樹孤塋。天寬地闊家誰是，看破寰中如弟兄。（吳大鎔本）

携《太極通書解》謁元公　　清　桑日昇

遠慕風流拜舊祠，濂溪一水見威儀。千年絕學書堪續，萬古生機圖在茲。夜靜龍雷還自守，戶開風雨亦隨時。行藏進退看舒卷，此理冥冥知者誰。（吳大鎔本）

携《通書解》謁元公　　清　桑日昇

遠慕高蹤拜舊祠，花中君子見丰規。千年正學書堪續，一點生機圖可思。夜靜龍雷還自守，戶開風雨亦隨時。行藏進退頻舒卷，此理精微識者誰。（周誥本）

過故里謁元公祠二首　　清　桑日昇

瞻拜殊無盡，知君諒我誠。千年高尚韻，百里故鄉名。
窗外草常翠，池中蓮自清。春風猶未散，或肯許相迎。

山色空濛裏，煙霞吐紫虛。溪幽風蕩漾，林靜日蕭踈。
野曠秋無限，壁寒古有餘。遙瞻太極閣，儼奉聖人居。（吳大鎔本）

月巖　　清　石國綸

月巖，舂陵八景之一也。周子《太極圖》或者謂于斯巖得之，且以《河圖》《洛書》為比，昔賢已有辯之者矣，乃作是詩。

巖以月名眞奇絕，天光透入巖之缺。當頭仰見月一輪，上下兩弦隨層折。月本在天不在巖，以天為月巖迥別。千壑奔赴響流泉，重門高爽積晴雪。飛鳥天邊幾廻翔，洞裏行人爭皎潔。谷口時有好風來，山腰無數嵐煙結。人言周子《太極圖》，曾于此中悟眞訣。假令斯巖不效靈，當年豈遂無圖說。先生理學貫三才，區區豈藉一坏垤。風景殊尤信有之，等閒應咋遊人舌。若將河洛強安排，先生聞之恐不屑。（吳大鎔本）

邵州祭濂溪先生文　　清　孟津

五星聚奎，獨產先生。默契道體，有開二程。紹孔與孟，永祀邵陵。迨我皇祖，鐘賢萃英。前有公甫，後有陽明。良知祕啟，入聖斯精。如綫之脈，江漢流行。津也早承師授，大寐宿惺。服膺乎志伊學顏之言，求之於首皓而未沃。精研於靜虛動直之理，歷之於耳順而無成。仰瞻祠宇，中心縈縈。烏呼先生，渾渾淪淪。與化俱往，與化俱生，探之冥如而莫測，其海闊天空之蘊，就之如見。而日坐於光風霽月之中，蓋不知幾。

神交契悟於數百載之上，而幸薰炙乎先生之餘韻清風，慨乎今之學優爾仕，仕優爾學者，無不仰先生之流芳。然而能求先生之學，實以主靜無欲為歸者，吾見亦罕矣，是可不為之大哀也哉！故津為文奠之而不足，復歎詠之以歌，歌曰：維彼高山，有泉且漣。先生之道，孰濬其原。維彼喬木，繁陰披佛。先生之道，千載誰植。瞻彼池蓮，出水鮮鮮。先生之道，嫡派誰傳？瞻彼庭草，青青秀好。先生之道，生意不槁。又歌曰：庭草庭草，勿剪勿掃。有握其樞，無欲貴早。希聖希天，一了百了。質之無極，庸以自考。（鄧顯鶴本）

端午日謁濂溪先生祠　　清　黃宅中

香草憶美人，蓮花緬君子。一般懷古情，百世聞風起。
我行涉沅湘，濯纓邵之水。猗歟無極翁，釋菜有專祀。
亭亭一池花，絕勝蘭與芷。先生顏孟徒，才豈屈賈比。
圖書啓祕笈，金聲揚闕里。濂溪衍閩洛，希聖躡同軌。
聲教甾是邦，高山且仰止。攬揆及茲辰，蒲陽薦筵几。
懇懇一瓣香，勸我郡人士。少讀《離騷》經，多究《通書》理。
（鄧顯鶴本）

希濂堂甾題二首　　清　黃宅中

昔者潘邵州，希濂名其堂。美哉誠齋記，千古為治方。
斯堂不復有，其名焉可忘。郡廨之東北，先生祠廟旁。
廢地三間畝，鞠為茂草場。經營復舊蹟，輪煥頗輝煌。
是時夏六月，蓮沼吐芬芳。我願君子花，遺愛如甘棠。

四野新穀登，一肩重負釋。喜近先賢居，聊為舊尹宅。
堆案無薄書，列架有經籍。舊業課兒曹，頗足樂晨夕。
曉立君子亭，菡萏濯波碧。把彼荷露香，研朱點《周易》。
涼夜雨初過，霽月照軒席。靜參《太極圖》，郎然室生白。（鄧顯鶴本）

月巖并序　　清　王遵度

月巖，濂溪先生學道處也。山四面起，上接天光，團圓肖月，體由東而上，歷一磴，窺月一灣。所歷更多，所窺漸滿。西下月𡨸漸掩，視所下之磴，天實生此靈境，以啟斯人矣。

> 陰魄有定象，氣數生虧盈。不欲少躁進，層累臻虛明。
> 先生早見道，觸類寓溪情。造極頃刻間，假途示經營。
> 危磴每閱歷，天必報精英。踐履如未竟，全體難窺偵。
> 既登圓通境，萬象自燦呈。反求仍靜壹，不見所變更。（吳大鎔本）

聖脉泉　　清　王遵度

> 溪響來天際，幽尋忽遇源。翕應通海窟，闢不礙山根。
> 獨徃涵羣象，千岐仰一門。若非窺靜密，空爾向潺湲。（吳大鎔本）

濂溪詩　　清　金憲孫[1]

道州為有宋道國周元公濂溪先生父母邦，道統文獻繫焉，先是兵戈滇洞，不獨乘載佚亡，卽祠廡几楹亦且燐飛狐處，刺史三韓吳君重鼎守茲土，慽焉心傷，以興復之任首先典籍，爰率州從事集學博，與郡中知名士摻採掌故遺文，浮舊志于斷爛之餘，芟穢訂譌，凡五歷塞暑，剞劂成書，共如千卷，適逢制可廷臣請復其苗裔五經博士官，會小子負笈嶺南歸，舟抵零陵郡，鄉故張獲祉氏典州尉，餙紀綱僕封題遠寄，余手其編卒業，心喜斯文，道際昌時，且嘉諸君子之克脩厥職也，作濂溪詩。

> 道脉遡淵源，洙泗接濂水。絕學在先生，斯文屬浚死。
> 春陵營樂鄉，樓田瞻故里。東山顒蒼龍，西嶺櫻白鹿。
> 環繞孕月巖，太極文明煒。五星列墩隍，旁羅天象比。
> 精華鐘間氣，爰產周夫子。嫡續鄒魯支，派衍伊洛委。
> 守先以待浚，不過傳其是。把釣大富橋，濯纓聖脉浍。
> 風月浩無邊，吟弄何能已。庭草閗生意，萬物一體視。
> 著書首《易通》，圖闢鴻濛旨。陰靜陽斯動，流行坎乃止。
> 志學存性誠，順化親天理。晚節《愛蓮說》，亭亭出泥滓。

---

[1] 底本此處注云："康熙乙丑冬。"

用拙慎語默，巧竊心所耻。行藏樂孔顏，用舍任通否。
南海達匡廬，講堂踵接趾。儀型比兩曜，尊仰無彼此。
褒崇代有加，春秋秩禋祀。盜弄潢池兵，戈戟迫桑梓。
祠宇鞠茂草，典籍廢故紙。天心未喪道，實來賢刺史。
夙夜事旁搜，裒輯野史氏。欣逢聖明朝，宗子官博士。
憲也返嶺南，舟傍芝城艤。遠貽煩親故，開撼劇心喜。
咫尺挹濂溪，末由采蘋芷。把書一再讀，溯洄悉掌指。
竊與同學生，賦頌深仰企。踵事葺屋宅，增華望繼美。（吳大鎔本）

遊太極亭　　清　李慎修

雪裡來登太極亭，陰陽森列本無形。先天妙理誰能識，萬古濂溪草
自青。（周誥本）

謁濂溪夫子祠二首　　清　楊汝轂

吾道興南服，州名豈偶然。心傳開後學，圖象演先天。
春發書窗草，源尋聖脈泉。衣冠瞻玉佩，風月想無邊。

萬有從無始，誰能識本源。山泉窺動靜，巖月耀乾坤。
五緯天垂象，千秋道自尊。遺編尋繹久，想像竟何言。（周誥本）

謁濂溪夫子敬賦　　清　程景伊

光霽千年在，名香一瓣參。薪傳承泗水，圖說授河南。
軫野文明啟，湘江教澤涵。依然階草長，生意綠毿毿。（周誥本）

謁月巖有述　　清　李徽

衡陽風景入瀟湘，派接濂溪是故鄉。戶外羣峯都具體，巖中一竅自
含光。東西偃仰知開闔，上下迴環悟顯藏。道妙無窮陳法象，分明月窟
在南方。（周誥本）

謁故里元公祠　　清　朱士傑

維嶽生申甫，南離峙壯模。嶷峯翠幛繞，濂水綠蘋濡。

縹緲雲華幻，間関鳥語酥。巖空時貯月，牖敞倦劉蕪。

皎皎凌虛奧，澄清噴雪壺。星文存石壘，象緯拱蓬樞。

閬境超塵俗，慚予淹宦塗。縱觀聞勝域，撫衷企真儒。

令望千秋樹，斯文一柱扶。傳心追孔孟，紹統啟程朱。

默契乾元蘊，昭垂《太極圖》。芳徽颺徽服，名業重洪都。

作哲探金版，鐘靈應玉符。宜民彰聖教，行己飭廉隅。

道國生非偶，昌期德不孤。立誠糸化育，主靜冥荣枯。

蓮沼看鴛鷺，松嵐聽鸝鴣。緣知情所適，豈必意皆無。

篆額輝龍衮，纓簪裕鳳雛。榱楹今古煥，俎豆後先娛。

繞砌森蘭桂，登堂簇琬瑜。麟祥稽性躅，燕翼肇新謨。

好爵承天寵，衣香惹御爐。殷勤志仰止，私淑愧吾徒。（周譜本）

謁元公祠　　清　董廷恩

曾讀先生說易書，天人一氣徹元初。光風道範垂千古，太極亭前草不除。（周譜本）

謁元公　　清　李敷

先生號濂溪，溪在先生前。上源接洙泗，下流及伊川。

藹藹不除草，亭亭净植蓮。圖書意不盡，風月永無邊。

謁元公　　清　李敷

地以濂溪重，名為聖脈泉。上流承泗水，下澤會伊川。

春滿庭前草，秋開雨後蓮。濯纓歸去後，風月自無邊。（周譜本）

文[1]

廬山志·濂溪先生墓

了鬐山東北為鳳凰山，天花井山西北為栗樹嶺，桑疏栗樹嶺，亦名

---

[1] 《文》一節未標明出處者，均選自胥從化本，下不再註。

三起山，了髻山之支也。其下有濂溪先生墓，墓在栗樹嶺東。初，先生少孤，與其母僑居縣太君鄭氏依其舅龍圖公向居潤州，鄭名其諸子以"惇"，故先生亦名"惇"。丁丑，太君卒，即葬丹徒縣龍圖公墓側。後四十四年辛亥，先生為廣南提刑，而水齧太君之墓，先生因乞知南康軍，遂改葬太君於江州三起山。明年壬子，先生卒，因葬諸太君墓左，蓋治命也。墓雖面蓮花峰，而相去乃二十餘里。弘治庚戌，九江守童潮始輯祠置田，以供祭祀，廖紀為記。後十四年，提學邵寶為請於道州，取先生裔孫周綸來主其祀焉。墓道碑在石塘橋南，距墓五里，所題曰"濂溪周元公之墓道"，今廢。（彭玉麟本）

仙居縣太君鄭氏墓志銘　　宋　潘興嗣

故賀州桂嶺縣令贈右諫議大夫周府君之配鄭氏，其先成都人，左侍禁諱璨之女，兵部郎中龍圖閣學士諱向之妹。府君諱輔成，舂陵人，祥符九年①進士及第，居官有清節。夫人左右之衣弊飯蔬，忻忻如也，性慈惠，平居喜為陰德事，生男曰敦頤，女曰季淳，嫁進士陸若瑜，一歲而亡。敦頤幼孤，自立好學不羣。府君既歿，夫人絜其孤歸舅氏，舅氏愛之猶己子。既壯，行義名稱有聞于時。夫人壽五十五，景祐四年七月十六日卒。因葬於潤州丹徒縣龍圖公之墓側。後二十年，水壞墓道，敦頤以虞部郎中為廣南東路提點刑獄，乞知南康軍，遂遷夫人之櫬窆于江州德化縣廬阜清泉社三起山，熙寧四年十二月十六日也。夫人贈仙居縣太君。有幼孫二人，曰壽，曰燾，皆爽邁，與羣兒頗異。曾孫蕃，孝敏好學，力幹襄事，志識殊遠，善慶之餘也。周氏其興乎，虞部君語予曰："吾後世子孫，遂為九江濂溪人，得歲時奉夫人之祭祀，亦無憾矣。子為我銘。"節約而起，其祉則蕃。厥蕃為何？不在其身，在其子孫。"（周木本）

九江墓祭

惟公闡明道學，上稽古先。指授圖書，下開統緒。功紹六籍，名垂兩間，體魄攸藏，光霽如在。茲維仲（春/秋），薦事有期。國典肇稱，

---

① "九年"：他本皆作"八年"，當從。

司存是寄。駿奔敢後，嚮往彌深。

祭文　宋　孔文仲

嗚呼！童蒙之歲，隨宦于洪。論父之執，賢莫如公。

公年壯盛，玉色金聲。從容和毅，一府皆傾。

公貳永州，嘗以旅見。公貌雖衰，不以憂患。

主簿江西，公使于南。視公如得，豈進之貪。

二十年間，再覿長者。雖云不屢，意則輸寫。

廬山之麓，是曰九江。皆非土人，來寓其邦。

此願彼期，終為鄰里。如何今歸，乃弔公子。

嗚呼！公之平生，耻不明時。壅培浸灌，厥聞大馳。

有文與學，又敏政事。絕今不比，伊傅自視。

出其毫纖，以惠百城。千里之足，尋尺于征。

民療已瘳，自病易州。謂宜復騁，遽搶一丘。

公之於人，惇篤久長。有志無年，孰聞不傷。

况如不肖，辱公知厚。通家之密，中外之舊。

再拜墓下，矢衰以辭。情長韻短，續以漣洏。（周木本）

奉安濂溪先生祠文　　宋　朱熹

惟先生道學淵懿，得傳于天，上繼孔顏，下啟程氏，使當世學者得見聖賢於千載之上，如聞其聲，如睹其容。授受服行，措諸事業，傳諸永久，而不失其正。其功烈之盛，蓋自孟子以來，未始有也。熹敬誦遺編，獲啓蒙吝，茲焉試郡又得嗣守條教於百有餘年之後，是用式嚴貌像作廟學宮，并以明道先生程公、伊川先生程公配神從享。惟先生之靈，實臨鑒之。謹告。

祭周諫議文　　宋　張守剛

尼山誕聖，自鄹叔禱。有開必先，竟食其報。聚奎之應，肇自先生。

儲靈毓秀，龍豸崢嶸。篤生元公，超悟絕世。默契真詮，大埽羣瞵。

三才之奧，千聖之根。玄而非祕，一為入門。遂令魯鄹，昭於日月。

統緒所埀，永存桴筏。功在斯道，允矣豐隆。得于其子，卽如其躬。
譬彼有源，洪流溢溢。生平善政，孰與兹匹。昔在永嘉，請闕專祠。
並崇所生，胡乃獨遺。論乏于今，登徑啓聖。闕典始完，文明之慶。
剛仰懷光霽，幸遊其鄉。恭逢懿舉，遠邇前芳。郡廟有嚴，敬安
新主。
言念發祥，柏森遺宇。復卽其地，寄奠溪毛，克昌之靈，尚佑譽髦。
（李楨本）

議春秋丁特祀諫議公祠

河澗沘沘，源出崑崙。樹陰靄靄，瞻彼鄧林。於惟我公，宋室諫議。
篤生濂溪，於道默契。圖書左右，風月今古。下衍關閩，上承鄒魯。
剔歷中外，無間勞勤。洗冤澤物，體立用行。是父是子，有功萬世。
今兹特祀，禮起以義。言念發祥，啟我斯文。廟貌有赫，俎豆維新。
（李楨本）

泰安周諫議從祀啟聖祠文　　宋　吳能進

繫啟聖之有廟，自景濂而萌芽。嗣增廓于篁墩，卒考成於永嘉。正
倫序以無惌，崇本源而非誇。然以先生之篤生哲人，雖屢議而曾弗逮，
固千慮之偶失，亦分功之有待。試思乎孟氏沒而微言幾絕，是誰修明千
五百年之不夷則霸、不佛則老？是誰澄清彼洛閩之接武？是誰為之顏行？
在元公，信有中興之烈，在先生，豈無開先之名，在程、朱，既追其所
出；在先生，胡不得於所生？生列祀於鄉哲，尚未快乎公評。今皇帝右
文，繩乎祖武，諸當塗謂此朱、程、張，一時宏議本之僉同鉅典，補乎
闕遺。霈恩綸，為扶世教，厚道脉，用壯國基。斯實舄奕乎史冊，匪直
焜耀乎衡疑。進夙讀元公之書，如沐先生之賜。仰瞻味道之亭，追論發
祥之地。奉宸俞之顯赫，躋澤在於怉閟。敬申告于斯文，將永垂為故誌。
（李嵊慈本）

奉安周諫議從祀告啟聖公文　　宋　吳能進

祭川先河，爰重本始。嘉靖之初，肇稱殊祀。公面乎離，從以諸賢。

體隆倫秩，籩豆有虔。顧惟元公，功實懿爍。遠翼魯鄒，近開閩洛。厥考諫議，偶獨見遺。永年靖獻，曾不同撥。遺議至今，衿紳奮筆。栢府騰章，春官獻實。帝曰俞哉，其視程、朱。禮斯大備，風厲寰區。進祇奉溫綸，敬諏吉旦。諫議之主，遷自社閒。升從于公，一堂孔安。式陳明薦，用告群懂。（李嵲慈本）

濂溪祠祭　明　王啓

洙泗迹逝，大義乖違。賢哲篤生，文明應奎。濂水之源一倡，月巖之光遂輝。意思發泄於庭草，道體灼見乎精微。闡百代圖書之秘，啓千載人心之迷。二程從游，道學復恢。偉哉有功於聖門，來今丕獲乎依歸。有祠翼翼，享祀維時。光霽如在，庶以慰吾人仰止之私。

白鹿洞祭文　明　邵寶

維弘治十有六年歲次癸亥十一月甲子朔越二十五日戊子，按察副使後學無錫邵寶敢昭告于濂溪先生周公、明道先生程公、伊川先生程公：

惟我周先生衡人也，兩程先生洛人也，地之相去數千餘里而乃授受於此，天作之會，中興斯文，夫豈偶然之故哉？嗚呼！仲尼之道，天地也，否孰泰之？仲尼之道，日月也，晦孰明之？三先生之功於是為大矣。故凡過化之地，莫不慕而祠之，況授受伊始如南安者，而可後乎？某也愚陋，幼學壯仕，夙仰止焉。今者承乏視學，再至茲郡，適當陽復之候，謹率諸生祭菜祠下。嗚呼！獨復之難久矣，惟三先生尚矜其志而惠相之，謹告。

九江致祭　明　周冕

惟我鼻祖，宋儒先覺。克承鄒魯，以啓河洛。壯則宦遊南康，終則安厝廬岳，歷代加增，有功道學。迨至聖明崇德象賢，子孫襲爵，冕等今承檄召，來自鄉國。祀守先隴，孝思維則。遠具脯醢，肅將牲帛。罄竭衷忱，敬陳幽宅。神若永存，庶知歆格。以鼻祖姚陸氏縉云縣君、蒲氏德清縣君侑食。尚饗！

白鹿洞祭文　　明　李夢陽

嗚呼！孔亡孟殂，言湮聖逝。六經僅存，異端為敵。天降夫子，起自南夷，繼絕開來，文乎在茲。圖書啓秘，我明我聰。譬晦而旦，江河池中。嗚呼！夫子貞履坦坦，道光跡幽。自彼魯鄒，匪我獨遭。峩峩廬山，公遊而棲。爰墓爰祠，百世是師。夢陽沐馨研粕，年逾三紀。志銳質劣，無成內悔。文鐸忝竊，言邁江邦。過公里阡，汗顏徬徨。式脩厥明，以奠以祀。品豐于豆，我酒伊旨。誰其配之，二程夫子。濬深貫奧，敢忘本始。神格相予，造化髦士。尚饗！

謁九江墓　　明　雷復

生先生之鄉，曠望乎百世之下；履先生之墓，慨乎有世之前。前乎百世絕學，賴先生以繼；後乎百世斯文，賴先生以傳。生意猶存，藹藹庭交之草；春風尚在，亭亭手植之蓮。嗚呼！廬山蒼蒼，九江湯湯，先生之風，山高水長。

謁元公祭文　　明　歐陽旦

斯文之喪，千有餘年。先生將起，乃嗣其傳。

《太極》之圖，《易通》之書。淵源理學，實啓程朱。

欽承朝命，職司學校。顧德弗類，忝茲遺教。

明山秀水，霽月光風。載瞻載肅，萬派之宗。

謁元公祭文　　明　王爵

堯、舜、湯、文之為君，皋、夔、伊、周之為臣，孔、思、曾、孟之為師，斯道之傳，如日中天。後此千載，抱遺經而尋墜緒，繼往聖而開來學。至扵今日而無窮者，謂非先生之功而誰歟？爵承乏先生舊邦，景仰先生賢範，私淑方殷，敢忘所自，謹陳襘祀，用表衷忱。

謁元公祭文　　明　方進

斗牛精光，扶輿清淑。上接魯鄒，下啓閩洛。圖書垂憲，千聖一作。

忝守過化之鄉，仰止降神之嶽。謹以菲儀，式陳微悰。

謁元公祭文　　明　符鍾

嗚呼！夫子之學，誠立明通，夫子之政，和毅從容。以學以政，教萬世無窮者，夫子之德之功。予生千載，竊仰高風。不圖忝守茲土，獲登夫子之堂，拜夫子之貌，而賭夫子後嗣之雍雍。嗚呼！乃知聖脉千古攸鐘，予生不敏，叨此官守，恒切衝衝。尚賴夫子，大啓我聰，俾弗迷于政，以免夫鰥痌。

謁元公祭文　　明　魯承恩

天地之道，具于吾心。先生先覺，覺我後人。三代以還，道喪文弊。或矯矯以立名，或栖栖為禄仕，或規規乎註疏，或囂囂然媚世。空言濫觴，真道之棄，一節雖高，于世無濟。先生蓋傷，究極根領。博學力行，自我立命。道苟可仕，不嫌蔭補。官可濟民，甘心書簿，久速仕止，步趨先師。圍範曲成，不識不知。或者以先生之道，在乎太極，不知先生道大光明，不在于圖，而在于躬行有素也。不然，未能孚于時，何以垂于後？未能行于人，何以質諸天地乎？或又以先生之學由静入門。嗚呼！先生終日行之，未見一語于及門之徒，天何言哉？先生真獨得孔氏之傳也。夫承恩愚陋，竊禄茲土，幸登故里，實切瞻依。羹牆癡寐，川遊雲馳。特牲醴酒，聊表仰思。

謁元公祭文　　明　金椿

於呼！慨自孔孟之道不傳，楊墨申韓之異端日熾。迨于有宋，天啓文明，我公挺生于千五百年之後，能自得師。潛心道妙，圖太極以探天地之秘藏，演《易通》以發聖賢之精蘊，上繼往哲之墜緒，下開來學於無窮。功在當時，澤垂永世。愚生也晚，願學有年。茲判永陽，獲賭遺像。登堂拜謁，浩氣若存。霽月光風，萬代瞻仰。爰備牲牢，式陳明薦。庶昭靈貺，鑒此微誠。

謁元公祭文　明　周子恭

仰惟先生遯世之聖，不由師傳，粹然至正。仕苟為貧，雖小官有不辭；學苟為道，雖人不知而無悶。道德性命之蘊，僅見扵圖書，而其無言不盡之教，卒莫窺其兆朕；從容和緩之色，僅覩夫光霽，而其行藏屈伸之妙，卒莫測其淵深。當時在門惟有二程先生，不強人以未到，惟開其說而不竟。既而二程有得，自稱體貼，尚不歸功於先生之門，而況於脩䋲之士、章句之儒，又烏足以知其貞乎！子恭自幼學道，既壯無聞，虛負歲月，良愧此生。幸而不死之良耿耿猶存，數年以來究先生之歷履，探先生之為人，而希慕一念若有投而授之者，恭亦不自知其所因也。今者拜官在永，得踐先生之位；巡歷在道，復造先生之庭，情切瞻仰，特致醮薦。嗟夫！蓮草俱在，風月傳神。先生之教，曷其有罄。子恭而苟不惰於向徃之志焉，徃而非先生之所陰佑而默成者哉。先生有靈，尚鑒斯文。

謁元公祭文　明　唐珤

嘉靖二十一年壬寅二月十六日丁卯，後學知永州府、武進唐珤，通判、吉水周子恭，敢昭告曰：惟斯文之興喪，實與世以汙隆。慨微言之既絕，紛千載而塵蒙。諒有開其必先，廼豫徵於星聚。緊夫子之挺生，葢早成而默契。極精蘊之沉郁，肇啟鑰於圖書。言有至而弗盡，意獨得而有餘。若大明之始升，夜暝晦而復旦。若多途之迷方，指大道而羣嚮。昔仲尼之眞樂，惟顏氏之庶幾。乃夫子之光霽，差異代而同歸。珤等早服膺於聖教，幸假守於茲邦。覩河洛而思績，入魯阜而升堂。嗟庭草之已宿，覽風月而慨然。聊寄辭於一奠，邈景行於前賢。以程淳公、程正公配。尚饗！（吳大鎔本）

謁元公祭文　明　王宗尹

公之學以無欲為功，以無極而太極為宗。自修自誠，自明自信，葢有聖人之德，闇然而不欲以自見也。昔孔子贊《乾》之初九曰："潛龍勿用，龍德而隱者也，不易乎世，不成乎名，遯世無悶，不見是而無悶。

樂則行之，憂則違之，確乎其不可拔，潛龍也。"公寔有焉。宗尹修行矯名，淺中揚己，不足以議於公之學也。然一念不死，嚮往有期。神固有知，啟我荒迷。

謁元公祭文　　明　陳鳳梧

道在天地，太和元氣。公得其全，中正純粹。體用一源，隱顯無二。
上探羲農，以承洙泗。二程授受，寔大其傳。斯文再闡，如日中天。
睠維舂陵，公之闕里。祠像儼然，雲仍伊邇。某幼讀圖書，長而無似。

幸叨公鄉，領諸教事。瞻望光霽，五年于茲。展謁云始，如寐斯蘇。
愛蓮有亭，濂溪有水。維公此心，千古如是。敬采泮芹，奠于祠下。
公其臨之，佑茲文化。

謁元公祭文　　明　鄧雲霄

維萬曆四十二年歲次甲寅九月庚戌朔越祭日壬申，湖廣等處承宣布政使司分守上湖南道右糸議鄧雲霄，謹以羊豕清酤之儀，致祭于宋大儒元公濂溪周先生之神曰：

坦坦聖道，異端弗之。俗儒訛惑，日與背馳。幸生夫子，振鐸提撕。
上繼洙泗，下開閩洛。太極一圖，先天獨覺。誠一為基，孔顏與樂。
有體有用，可仕可止。主靜立極，不墮禪理。宜師百世，為道嚆矢。
雲霄分守茲土，密邇賢鄉。洗心滌慮，披馨沐芳。展祠瞻拜，實獲周行。

孰覿公顏，光風霽月。孰測公心，溪澄蓮潔。孰知公趣，吟美不輟。
我生雖晚，式學庶幾。良知良能，是鉢是衣。瀝觴陳恂，虛往實歸。
尚饗！（李楨本）

謁元公祭文　　明　張勉學

於維先生實產此拜，秀鍾九疑，期應五星，豈偶然哉？其所以蘊之為道德，發之為圖書者，固已上繼孔孟，妙契六經矣。自宋迄今五百餘年，凡四海內有志之士，孰不欲一人其鄉，又孰不欲一睹其遺容，以慰仰止之思也。顧茲舂陵，介楚西南二千里外，山川遼邈，宦轍罕經。則夫慕蓮池縈亭之勝，鼓月岩舂水之奇者，吾不知其幾何人矣。勉學不敏，自結髮即知誦習先生之書，三十年間每思一闖其門而不可得，乃今承乏守土，觀風名邦，遂得奉謁祠宇而肅拜焉。夫海內人士，入其鄉者鮮矣，況得賭其遺容乎！即賭遺容者亦鮮矣，而況既賭其容又得窺其宗廟之美乎！洋洋乎，灑灑乎，光霽如見其眉襟，謦欬若聞於俎豆。此殆縉紳之罕遇，而實為勉學生平之至幸也。但念筮仕以來，習氣欲除而尚存，希賢有志而未逮。以故跋前躓後，坎坷無成，懲創之餘，動輒愧悔。則夫箴砭愚蒙之功，默啟心源之妙，誠不能不於先生是賴矣。爰酌蓮尊，式酹庭草，而且述其自幸之私，與夫願學之意如此，惟先生其降鑒之。尚饗！（李楨本）

謁元公祭文　明　尹襄

斯道久墜，至宋復明。伊洛之學，實本先生。性與天道，圖書則備。惟幾惟深，抽關啟秘。學聖有要，一以養心。堯舜以來，理無古今。開我後人，恩同罔極。尸而祝之，崇功報德。襄雖寡昧，誦讀有年。使經仁里，仰止益虔。採彼溪毛，祗奠祠下。恍如風月，以昭以洒。

謁元公祭文　明　顏鯨

皇帝即位之二年，是為隆慶戊辰，慈谿顏鯨提學楚藩，以六月庚辰行部至于湖南，由永郡竣事趨郴州道出舂陵，謹齋祓用牲釋奠于宋大儒周元公濂溪先生之祠，曰："於乎！先生生千載絕學之後，而能超然默契聖人不傳之秘，主靜兩言，無欲一要，直截易簡，昭如日星，於乎！小子乃其以形骸爾我之私勞勞焉，終身戰於煩惱醉夢之場，真先生之罪人也。修之則吉，悖之則凶。心為太極，汝將焉從。聖凡平等，天地同宗。敬述斯言，用告群蒙，而以質夫先生。尚饗！

謁元公祭文　明　蔡光

維夫子秀孕衡嶽，應期挺生。五星聚奎，一元文明。師授匪求，太極默契。

有圖有書，孰窺其秘。開關啓鑰，手示二程。河洛既衍，流溢関閩。昔在有宋，後學梯航。爰及我明，斯道益昌。光汝南末品，竊慕先哲。

叨吏下邑，庶幸展謁。庭草芊芊，風月融融。廼挹餘輝，廼滌塵悰。時日之良，敷衽陳辭。神英如在，尚其鑒兹。

謁元公祭文　　明　趙賢

先生生三湘九疑之間，當聖逖言湮之後。乃于斯道，不由師授，獨契本原。《圖說》《易通》，闡幽發秘。固羲、文、孔、顏千百年心法之傳也。蓋其人所謂豪傑之士無待而興，而其言雖聖人復起不能易者也。賢蚤歲讀其書，玩其旨，而想見其人，餘二十年矣。頃有天幸，過其故里，遡濂溪營水之源，覽龍山豸嶺之勝，池蓮庭草，霽月光風，若親炙之，豈非生平希奇之觀哉。願賢役役焉，日從事于口耳之末。簿書之煩茫乎，此心靡有得也。謁先生之祠，瞻先生之像，猛然深省，能無愧乎？能無懼乎？以先生之靈，而鑒于賢一念嚮徃之誠，亦將有以默啓之，而俾不終自棄已也。敬奠先生，不勝景仰。

謁元公祭文　　明　管大勛

於戲！道在天地，流而不息。待人則行，匪師弗得。羲皇以來，下迄孔氏。見知聞知，厥唯有自。夫以孟夫子負亞聖之才，猶不能不私淑于子思。乃先生則不由師傳，道体炳如，孟夫子近聖人之居，故能獨得乎周孔之秘。乃先生則崛起南服，寔云荒裔，蓋其人誠所謂豪傑之士雖無文王猶興。其生則所謂人傑地靈，獨超乎風氣之表者也。大勛生也晚，恨不及吟風弄月于先生之門墻，而叨按兹土，又未嘗不自謂千百年之奇遘。今者觀風入境，仰止益虔，祗奠祠下，遺像儼然。尚惟先生，延兹聖脉，佑我文明，萬年一日。

謁元公祭文　　明　丁懋儒

儒生也晚，幼承家學，周公而上，孔子而下，布在方冊者，靡不殫究。間入曲阜詣闕里，周封孔堂，如克見聖。經鄒嶧山，拜孟祠下，而巖巖氣象若酬酢焉。先生生於舂陵，去中土數千里，恨不能至其地以見，若曲阜、鄒嶧各山大川，考斯文之肇起也。客歲補永郡，訪故里，讀遺集。景嚮滋甚，積誠既久，敢申虔告。儒向有知，弱冠後博求佛老之書，兀然靜坐，窮日夜之力，謂庶幾有所啓發，然若空長生，皆未免有意。則求之先生之言而有悟，質之六經孔孟，無弗合焉。不外人倫日用，而通乎性與天道；不落言語文字，而非遺脫世事；不必求諸外物，而在我無所不有。但當隨處體認，而功效自然，斷不可誣。則先生之誨我已非一日，深愧夫未之有得也。竊怪乎學先生者，高明多求，速肖沉潛，不免牽滯。則所以印先生之心，飲先生之醇，紹先生之統，世豈無若人乎？儒不能無感扵斯，惟先生鑒尺。

祭濂溪周元公先生文　　明　李楨

道湮千載，夫子挺生。剛明果斷，博學力行。

政嚴以恕，事整以清。風月光霽，圖書會成。

道立教遠，傳正習弘。師表後學，如明道先生。

發揮聖經，如伊川先生。斯道不墜，斯文中興。

上接洙泗，下衍閩閭。楨讀佩遺編，撫茲全楚。

楚閭有宮，道實其里。仰止聿深，明薦式舉。

牖我後人，永睹至理。尚饗！

祭濂溪先生　　明　郭惟賢

扵惟先生，千載崛起。夙悟湛思，遡源窮委。太極一圖，獨契奧旨。

絕學以繩，訓詁為鄙。伊洛見知，考亭嗣美。斯道重明，云誰肇始？

舂陵之功，鄒魯可擬。遺澤迄今，川流嶽峙。覺我後人，淑爾儀軌。

有化其風，況遊其里。賢承乏于茲，媲黎是攷。遙瞻道祠，景行遺趾。

庭草芳菲，光霽在邇。先後一心，有為則是。蓮月虔脩，神其未喜。

祭濂溪先生　　明　孫成泰

於惟元公，千載一人。默探道妙，不由師承。上繼周孔，下開二程。

太極一圖，闡秘傳心。惟茲道郡，寔古春陵。山川靈秀，毓我先生。
巍巍廟貌，敬共明神。泰生也晚，恨弗及門。幸承帝命，來撫斯民。
仰瞻遺範，是訓是行。我鑒維何？濂溪之清。我把維何？霽月之明。
俔焉夙夜，敢弗兢兢。今兹承乏，違遠儀刑。吳山楚水，夢寐惟勤。
爰酌我醴，爰薦我牲。先生有靈，來格來歆。

祭濂溪先生文　　明　李發

嗟夫！聖道相傳，如日月江河，流行宇宙，無時可息。苟非其人，
則不明不行。自孟氏沒，學術多岐，道統不絕如綫，而真儒之效遂尟。
所幸天啓斯文，先生崛起，超然自得，妙契真詮。《太極》一圖，探造化
之原。《通書》四十章，揭脩為之要。千聖不傳之秘，燦然復明於世。河
洛関閩諸儒，始有所憑，藉以恢張其緒，而道統扵焉大振。先生之功何
其偉與！某不敏，蚤竊有志於學，其景仰先生，接扵夢寐者積有年矣。
顧日涸塵途此心茫然，未有印證。今忝守兹郡，乃先生誕育之鄉，得瞻
拜先生之祠。登陟對越，光霽如承。嚮慕之懷，恍然有覺。兹非生平一
大快哉。所冀先生在天之靈，憫其愚蒙，陰為啓佑，偕之大道，以不迷
于政。夫豈惟某一人之幸，抑亦邦人之休。

謁元公祭文　　明　何遷

嗚呼！先生之學，妙契先天，圖書之著，大道彰焉。以継徃聖，以
開後賢。混淪再辟，永衍正傳。廬山之麓，祠墓森然。春秋祇薦，儀典
相沿。遷夙志聖學，仰慕有年。兹倅是郡，益激惓惓。卜吉展拜，薄陳
豆籩。誰其配之，明道伊川。嗚呼！先生徃矣，神弗俱湮。冀牖我明，
冀鑒我虔。尚饗！

配享府學啟聖祠祭文　　明　孫成泰

維萬曆二十四年，歲次丙申二月辛卯朔越初九日已亥之吉，蘇州府
知府孫成泰等欽奉皇命，謹以牲醴之儀，致祭于宋先儒諫議大夫周輔成
之神，曰：惟天愛道，篤生哲人。抱粹顯懿，為宋名臣。挺誕大儒，羽
翼聖真。發揚秘奧，理學聿新。寔啟程朱，功烈竝臻。未崇昭報，特煥

帝綸。配享啟聖，列於明禋。推恩所自，俎豆是陳。永垂盛典，千古恪遵。尚饗！（周與爵本）

配享縣學啟聖祠祭畢口占　　明　江盈科

聖朝崇道重儒先，特煥綸音降九天。從祀校讐尊諫議，追隆禮樂念真傳。斯文未喪遺千載，道脈重光肇百年。彝典幸逢明盛世，推恩所自配諸賢。（周與爵本）

著《太極通書解》成告先生文　　清　桑日昇

康熙九年庚戌七月十日甲子，零陵後學桑日昇以庚子秋著《太極通書解》，來告成事，俯伏端拜，敷言于周子先師之前曰：

於惟夫子，力能崛起于荒服之中，而心透太極之始。道能行于卑官小秩之地，而志不屈王公大人之前。上下數千百年間承先引後，糹造物，扶元化，夫子以一身任之矣。予小子昇，烏足以知夫子者？竊幸生夫子之鄉，聞夫子之風，慕夫子之行，而仰止夫子之學也。間嘗取《太極圖說》一篇，沉潛反覆，匪朝伊夕于中正、仁義、主靜、立人極之言，微有省悟，知夫子之學，得之太極，太極不離一中，惟中故正。

惟中正故動而生陽，陽有其陰矣，靜而生陰，陰有其陽矣。在人之仁義亦狀，是故聖人定之以中正仁義而主靜，立人極。所謂主靜，非偏主于靜也，吾所主，自靜也，主靜則靜固靜，動亦靜也，此之謂主靜也。立天之道曰陰與陽，且地之道曰柔與剛，立人之道曰仁與義，主靜則人極立矣。此之謂聖人定之以中正仁義而主靜，立人極也，《洪範》之皇極，曷以異此？後之儒者，如象山、如晦菴，皆私淑我夫子者。象山認主靜過執，未免涉于偏，而晦菴則以中正為禮智，又不無淆于解，本末異同，紛紛聚訟，至今罕有折衷之者。不知天地之道，中焉止矣，天地不言而形之圖書，聖人不能如天地之不言而效之封畫，仲尼則闡發前古聖人所未發之言，而曰“易有太極”，我夫子則又闡發仲尼所未發之言。而曰“無極而太極”，要之夫子言亦言天地也，非但言仲尼也。秦漢及宋，帝王作君作師之道，至夫子生，世及如夢斯覺，用是六經肇啟，四子聿昭，昔人言孟子之功不在禹下，由夫子觀之，功又豈出孟子下哉！

予小子雅服膺晦菴表章夫子之學，而于中正仁義之解不能無疑。因是由夫子之言，推之前古之聖，由前古之聖推之天地之道，天地之道不外一中。《太極圖》，圖天地之中也，《太極圖》之說，蓋說天地之中之道也。夫子言天地之中之道，而晦菴必拘拘于禮智四德之見而析之。不與夫子之言轉相刺謬者乎？予小子烏足以知夫子者！狀竊謂南海、北海，心理或同。在夫子，固不以見所未見屏志士之能言。在晦菴，亦不以聞所未聞拒來學之自得。乃敢開罪儒先，著為一解，旁及《通書》四十章，成于庚子九月，梓于戊申孟秋。今年春，赴舂陵，登夫子之堂，瞻其象，拜而奠焉。且以其所妄著之解，敷陳于其前。憶在天之靈，其必知昇念昇，哀矜原宥，于昇而不忍吐之棄之也。尚饗！（吳大鎔本）

贊曰：太極無言，疇則能名。著書繪圖，仰止先生。維彼私淑，有觸則鳴。單詞隻句，寫性怡情。或然或否，時止時行。古語有之，見牆見羹。（吳大鎔本）

後　記

　　本書是教育部人文社科項目等的結項成果。書稿在 26 種、30 個不同的周敦頤文獻的基礎上編輯、校注而成，其反復考辨和校正的過程甚為繁瑣，有許多人給予我極大的幫助和支持，尤其是我團隊中的骨幹李紹麗、申瀟和范雅麗，她們做了許多前期文字錄入和校對工作，申瀟還製作了全書的圖表。她們篤始慎終勤奮進取，煥啟我精神上的汨汨生機。

　　書稿主體工作在博士後期間完成，感謝我南京大學的博士後合作導師孫亦平先生。孫師多次對我的研究做出方向性規劃，并積極鼓勵我申報項目，在先生指導下，我成功立項中國博士後科學基金面上項目，獲得一等資助，為本書出版免去了後顧之憂。

　　書稿的最後完成是我在美國康奈爾大學學術休假期間，感謝湖南科技學院原黨委書記陳弘教授、現任黨委書記曾寶成教授、副校長宋宏福教授、人文社科學院院長潘雁飛教授，他們對我申請學術休假給予了真誠支持，勉勵我乾乾不息，讓我得以專心開展本書工作。感謝康奈爾大學東亞圖書館提供的便利科研條件，滿足了絕大部分史料需求。感謝湖南科技學院楊金磚編審、周建剛教授、張京華教授、周宇劍教授多次為我答疑解惑，解決了很多實際問題。感謝福建師範大學陳慶元教授、文學院院長李小榮教授對我的鼓勵與指導，總是在關鍵時刻給我指明方向。感謝陝西省周至縣人大常委會前主任、縣委前副書記張長懷先生多年來如一日對我的關心包容和愛護，讓我有勇氣做自己。

　　南昌大學楊柱才教授、韓國建國大學鄭相峰教授對我開展本項研究給予了誠懇支持和鼓勵；中國社會科學出版社編輯宋燕鵬博士爲書稿完善提出了許多有益意見和建議，他的多次催問加快了完成的進度；湖南師範大學博士後陸露，福建師範大學陳瓊蓮博士、吳章燕博士，經常與我展開學術討論，勉勵持續進步，正所謂交友投分切磨箴規，她們的高見有時如湯沃雪及時雨，有時心有戚戚沐春風，其中或情根深培，或激發靈感，或思想火花，讓我們的友誼十七年來似蘭斯馨如松之盛。在此，一並奉上我深深的感謝！

　　最感謝我親愛的家人，陪鬱悶的我在紐約零下二十幾度的寒風酷雪中散步，給我豁然開朗的啟發；伴緊張的我在康大湖邊小道上一次次奔跑，予我熱氣騰騰的追求。感謝你們，陪伴我度過一個個不眠之夜。

王晚霞於湖南科技學院

2018 年 10 月 14 日